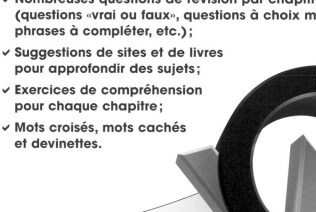

INTRODUCTION
à la PSYCHOLOGIE

LES GRANDES PERSPECTIVES

2e ÉDITION

SCIENCES HUMAINES

OUVRAGES PARUS DANS CETTE COLLECTION :

Initiation à l'économie, Robin Bade, Michael Parkin et Brian Lyons, adaptation française de Raymond Bienvenu, 2006.

Introduction à la psychologie sociale – Vivre, penser et agir avec les autres, 2e édition, Luc Bédard, Josée Déziel et Luc Lamarche, 2006.

Idéologies, idéal démocratique et régimes politiques, Terence Ball, Richard Dagger et Jean Des Lauriers, avec la collaboration de Pascal St-Pierre, 2005.

Histoire de la civilisation occidentale – Une perspective mondiale, 2e édition, Marc Simard et Christian Laville, 2005.

Les âges de la vie – Psychologie du développement humain, 2e édition, Hélène Bee et Denise Boyd, adaptation française de François Gosselin, 2003.

Défis sociaux et transformation des sociétés, édition revue et mise à jour, Raymonde G. Savard, 2002.

Introduction à la psychologie – Les grands thèmes, Carole Wade et Carol Tavris, adaptation française de Jacques Shewchuck, 2002.

Méthodologie des sciences humaines – La recherche en action, 2e édition, Sylvain Giroux et Ginette Tremblay, 2002.

Méthodes quantitatives – Applications à la recherche en sciences humaines, 2e édition, Luc Amyotte, 2002.

Économie globale – Regard actuel, 2e édition, Renaud Bouret et Alain Dumas, 2001.

La communication interpersonnelle – Sophie, Martin, Paul et les autres, Joseph A. Devito, Gilles Chassé et Carole Vezeau, 2001.

Démarche d'intégration des acquis en sciences humaines, Line Cliche, Jean Lamarche, Irène Lizotte et Ginette Tremblay, 2000.

Méthodes quantitatives – Formation complémentaire, Luc Amyotte, 1998.

Guide de communication interculturelle, 2e édition, Christian Barrette, Édithe Gaudet et Denyse Lemay, 1996.

INTRODUCTION
à la PSYCHOLOGIE
LES GRANDES PERSPECTIVES

2e ÉDITION

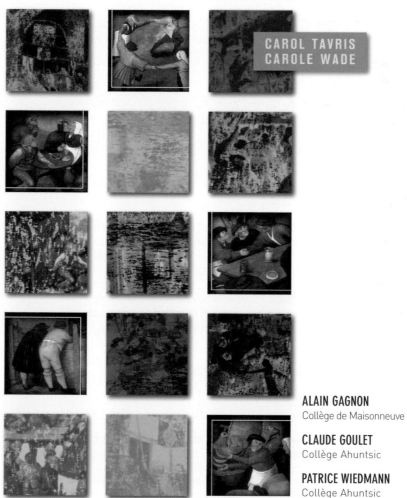

CAROL TAVRIS
CAROLE WADE

ALAIN GAGNON
Collège de Maisonneuve

CLAUDE GOULET
Collège Ahuntsic

PATRICE WIEDMANN
Collège Ahuntsic

ERPI
ÉDITIONS DU RENOUVEAU PÉDAGOGIQUE INC.

5757, RUE CYPIHOT, SAINT-LAURENT (QUÉBEC) H4S 1R3
TÉLÉPHONE: (514) 334-2690   TÉLÉCOPIEUR: (514) 334-4720
erpidlm@erpi.com   w w w . e r p i . c o m

DIRECTION, DÉVELOPPEMENT DE PRODUITS:
Pierre Desautels

SUPERVISION ÉDITORIALE:
Sylvie Chapleau

RÉVISION LINGUISTIQUE:
Philippe Sicard

CORRECTION D'ÉPREUVES:
Nathalie Dompierre et Odile Dallaserra

RECHERCHE ICONOGRAPHIQUE:
Nathalie Bouchard

DIRECTION ARTISTIQUE:
Hélène Cousineau

SUPERVISION DE LA PRODUCTION:
Muriel Normand

ÉDITION ÉLECTRONIQUE:
Infoscan Collette, Québec

COUVERTURE:
Alibi Acapella

Dépôt légal – Bibliothèque et Archives nationales du Québec, 2007
Dépôt légal – Bibliothèque et Archives Canada, 2007
Imprimé au Canada

ISBN 978-2-7613-2191-4

567890   II   13 12 11
20416 ABCD   SM9

Préface de l'édition anglaise

Avant d'élaborer un cours ou un manuel, un professeur se pose généralement la question suivante : « Qu'est-ce que je veux que les élèves apprennent à propos de la spécialité que j'enseigne ? » La réponse spontanée à cette question est presque toujours « Tout ! » Aucun enseignant n'aime mettre des sujets de côté, surtout si son cours d'introduction est le seul que les élèves suivront dans cette matière. En rédigeant ce manuel, nous avons donc dû faire face à un dilemme : comment proposer un contenu rendant parfaitement compte de l'avancement des connaissances en psychologie et dont la structure permet de tisser les liens nécessaires entre les thèmes couverts, sans pour autant produire un manuel si épais qu'il en devient rébarbatif ; comment, en éliminant les « détails », ne pas écarter du même coup les explications et les analyses fondamentales.

À cette fin, nous nous sommes inspirées des recommandations du rapport d'Appley et Maher (1989), qui porte sur les moyens d'améliorer la formation scientifique des étudiants, et qui recommande aux enseignants de donner la préférence à la *profondeur* plutôt qu'à la *largeur* dans les cours d'introduction en sciences humaines. En fait, nous nous sommes posé la question suivante : « Qu'est-ce qu'un élève bien formé devrait absolument savoir à propos de la psychologie ? » Pour nous, la solution est une structure qui permette à l'étudiant d'organiser efficacement ses connaissances afin d'améliorer sa compréhension des faits, des affirmations, des débats et des controverses reliés à la psychologie qu'il découvrira tant dans ses interactions quotidiennes que dans ses études. À nos yeux, cette structure est celle que constituent les cinq grandes perspectives de la psychologie, qui sont en quelque sorte cinq façons distinctes d'interroger et d'expliquer les conduites humaines et animales. En cela, notre démarche se démarque de celle des autres manuels d'introduction à la psychologie, qui adoptent tous une approche thématique.

Nous sommes conscientes que la structure de ce volume pourra quelque peu surprendre certains professeurs habitués à une présentation par thèmes. C'est pourquoi nous les invitons à parcourir la table des matières et l'index ; ils constateront indubitablement la présence de sujets familiers. En fait, l'enseignant y retrouvera la plupart des thèmes traités dans les autres volumes d'introduction à la psychologie présentement sur le marché, le tout bonifié d'ajouts importants regroupés autour des grandes perspectives de la psychologie.

Étant donné que nous avons décidé d'approfondir les concepts, nous avons inclus plusieurs aspects qui sont malheureusement évacués des principaux volumes d'introduction. Ce sont les principaux apports théoriques des grands auteurs que sont Freud, Skinner, Bandura, Shiffrin et Atkinson, ainsi qu'une présentation succincte des méthodes d'intervention thérapeutique des cinq grandes perspectives. Par ces ajouts, nous croyons être arrivées à présenter une vision non seulement plus complète de la psychologie contemporaine mais surtout plus près de ce qu'elle est réellement aux yeux de ceux qui la pratiquent quotidiennement, c'est-à-dire les psychologues chercheurs et cliniciens.

Cet ouvrage est le résultat des efforts que nous avons déployés pour favoriser l'enseignement non seulement des faits mais aussi des *idées*. Notre objectif était de présenter une véritable introduction à la manière dont les psychologues exercent leur profession dans le cadre de la perspective qu'ils ont choisie : les questions qu'ils soulèvent, les méthodes qu'ils emploient, les hypothèses qu'ils posent et les principales découvertes qu'ils ont faites. Nous avions aussi à cœur de favoriser le développement de l'*esprit critique* chez les élèves ; c'est pourquoi ce livre ne contient pas uniquement des réponses : il soulève aussi des questions importantes. De plus, nous avons inclus à la fin de chaque partie une évaluation critique de la perspective étudiée, où nous examinons ses apports et ses limites. Notre but est que l'élève apprenne à éviter le piège des explications uniques, qui présentent les choses sous un seul angle.

Nous avons fait de notre mieux pour rendre ce manuel aussi vivant et stimulant que possible. Aux recherches classiques et incontournables, nous avons ajouté l'analyse de sujets d'actualité afin d'illustrer les principaux concepts. De plus, le regroupement de la matière autour des cinq grandes perspectives nous permet d'aborder les grandes questions qui agitent la psychologie, par exemple l'écart grandissant entre les psychologues chercheurs et les psychologues cliniciens, qui pourrait mener éventuellement à une division à l'intérieur de la psychologie.

Nous avons fait tout ce qui était en notre pouvoir pour rendre la psychologie aussi captivante à vos yeux qu'elle l'est aux nôtres. D'ici là, bon voyage dans le monde de la psychologie !

Carol Tavris
Carole Wade

Préface de l'édition française

Au Québec, dans le réseau collégial, *Introduction à la psychologie – Les grandes perspectives* est le seul manuel à aborder la psychologie sous l'angle des objets d'étude et des grandes écoles de pensée qui ont marqué l'histoire de la psychologie moderne. Dans sa version originale américaine, ce livre présentait cinq grandes écoles ou perspectives : biologique, psychodynamique, béhavioriste, socioculturelle et cognitive. Dans le but d'adapter le contenu de ce livre à la réalité québécoise, nous avons choisi de remplacer la perspective socioculturelle par la perspective humaniste qui, comme on le sait, compte ici de nombreux adeptes. Nous avons également rédigé un chapitre intégrateur afin de satisfaire l'un des principaux objectifs du cours d'initiation à la psychologie. Ce chapitre comprend un volet recherche sur la consommation des drogues et ses abus et un volet thérapie sur le traitement de la dépression. Nous espérons qu'il permettra à l'élève de mieux comprendre comment les cinq grands perspectives contribuent, chacune à leur manière, à l'explication et au traitement de problèmes humains complexes.

Nous avons également fait un travail d'adaptation des autres chapitres afin de mettre à jour les connaissances de l'ouvrage original, en plus d'ajouter des encadrés présentant l'apport de chacune des perspectives à la compréhension des émotions, de la motivation et des problèmes en milieu scolaire.

Nous avons l'intime conviction que ces nombreux ajouts à la version originale favoriseront chez nos élèves un meilleur apprentissage de la psychologie et une plus grande réussite scolaire.

Nous tenons à exprimer notre gratitude à tous ceux et celles qui ont contribué à la conception de cet ouvrage. Nos remerciements vont tout d'abord à Pierre Desautels, directeur, développement de produits, aux Éditions du Renouveau Pédagogique, à qui revient l'initiative de cette seconde édition. Nous remercions aussi tous les professeurs, les psychologues chercheurs et cliniciens qui ont évalué et commenté cette seconde édition et qui nous ont fait profiter de leur vaste expérience d'enseignement et de travail. Merci à Sylvie Richard-Bessette, du Cégep André-Laurendeau, et à Odette Lacroix, du Cégep du Vieux Montréal.

Alain Gagnon
Claude Goulet
Patrice Wiedmann

Table des matières

Première partie Introduction
à la psychologie

Sixième partie

La perspective cognitive

Septième partie Les psychologues en action

Ce tableau de Peter Brueghel saisit
bien l'essence de la diversité étonnante
du comportement humain. Les psychologues
étudient cette diversité à partir de
cinq perspectives majeures.

Introduction à
la psychologie

Si vous alliez dans une librairie feuilleter les livres de la section
de psychologie (parfois indiquée par les termes « psychologie populaire » ou
« croissance personnelle »), peut-être en sortiriez-vous avec l'une ou l'autre des
impressions suivantes :

■ La psychologie traite de la façon de régler les problèmes personnels d'un individu. Elle
est donc synonyme de « psychothérapie ».

■ La psychologie vient en aide aux gens souffrant de différents syndromes : le « syndrome de la superfemme », le « syndrome du nid déserté » ou encore le « syndrome
de Peter Pan », qui se manifeste chez les hommes ayant peur de s'engager (lesquels
rendent la vie particulièrement difficile aux femmes atteintes du « complexe de
Cendrillon »), etc.

■ La psychologie peut vous aider à tenir tête à vos parents ou à prendre vos distances
par rapport à eux, ce qu'il vous faudra sûrement faire. Presque tout le monde en effet
a des parents « empoisonnants » et fait partie d'une famille « dysfonctionnelle ». Les
rares parents qui ont l'air bienveillant et affectueux se rendent en fait coupables
d'« inceste affectif » en étant trop proches de leurs enfants.

■ La psychologie abonde en conseils contradictoires : des titres tels qu'*En route vers la
qualité totale par l'excellence de soi* et *Pour en finir avec l'excellence* se côtoient sur
les rayons des librairies. *Parce qu'à deux, c'est mieux* voisine avec *Enfin seul(e) !* On

peut apprendre à *Renaître à l'amour,* à moins qu'on ne soit une de *Ces femmes qui aiment trop.* Il existe des livres faisant l'éloge de *La vertu d'égoïsme,* et d'autres de *L'art d'aimer.*

■ La psychologie peut venir à bout de tout ce qui ne va pas dans votre vie. Elle vous montrera comment travailler efficacement, surmonter les difficultés que vous éprouvez dans vos relations avec autrui, gagner de l'argent, avoir recours à votre subconscient pour guérir d'une maladie physique, développer l'hémisphère droit de votre cerveau (siège de l'intuition), vous remettre d'un chagrin d'amour et planifier vous-même une vie exempte de stress.

En fait, la psychologie dont nous traitons dans ce manuel est une véritable science, et elle n'a pas grand-chose à voir avec celle qui est décrite dans la plupart des ouvrages de vulgarisation. Elle est à la fois plus complexe, plus instructive et, à notre avis, beaucoup plus utile. Les psychologues s'intéressent à toutes les activités des êtres vivants, qu'elles se caractérisent par la bravoure ou la lâcheté, l'intelligence ou la folie, la beauté ou la brutalité. Le but des psychologues est d'observer le comportement des êtres humains – et d'autres animaux – et d'expliquer comment ils apprennent, se souviennent, résolvent des problèmes, perçoivent, réagissent sur le plan affectif et s'entendent avec leurs semblables. Bien sûr, certains psychologues étudient les troubles mentaux, les comportements anormaux et les problèmes d'ordre personnel, mais ils ne le font pas tous. Les psychologues peuvent également s'intéresser à des phénomènes aussi universels ou courants que l'éducation des enfants, la mémorisation d'une liste d'achats, le rêve éveillé, les potins, les relations sexuelles et le fait de gagner sa vie.

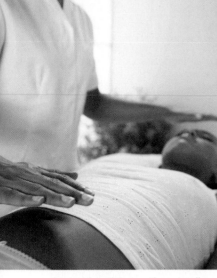

CHAPITRE 1

Le toucher thérapeutique est-il fondé sur des bases scientifiques ? C'est ce qu'Emily Rosa s'est efforcée de déterminer.

Qu'est-ce que
la psychologie ?

Ce chapitre a pour but de vous initier à la psychologie, même si, au premier abord, ce domaine d'études peut vous sembler plutôt familier. Après tout, vous pouvez facilement trouver une explication à de nombreux phénomènes que nous abordons : l'intelligence, les émotions, la signification de vos rêves, etc. Pourtant, à la lecture de ce volume, vous constaterez que plusieurs de ces phénomènes que vous croyez connaître se révéleront en fait fort différents de la perception que vous en avez en ce début de session. La raison en est simple : la psychologie populaire, véhiculée principalement par les médias et les non-spécialistes, est largement répandue, mais elle est fort différente de la véritable psychologie élaborée par les scientifiques. La psychologie populaire est basée sur la sagesse populaire, l'interprétation personnelle et l'intuition, alors que la psychologie en tant que science tire ses connaissances de recherches qui mettent l'accent sur la vérification empirique des faits et la quête de la plus grande objectivité possible.

Pour bien exposer notre point de vue, nous abordons la présentation de la psychologie, cette science du comportement, par une démonstration fort éloquente de la démarche scientifique, telle que l'a appliquée Emily Rosa, écolière en quatrième année du primaire à Loveland au Colorado. Emily est rapidement devenue une vedette de la psychologie, et de la science en général, après la publication de son article dans une prestigieuse revue médicale, le *Journal of the American Medical Association*. Personne avant elle n'avait publié un article scientifique à un si jeune âge. Qu'a-t-elle fait de si extraordinaire ? Elle n'a fait que s'interroger sur les croyances partagées par des milliers de thérapeutes et soumettre à l'épreuve de l'expérimentation les prétentions de ces prétendus experts.

En fait, Emily a remis en question les fondements du toucher thérapeutique (TT), une méthode de détection et de déplacement des champs d'énergie qu'un thérapeute utilise en déplaçant ses mains au-dessus du corps d'un patient, sans toutefois lui toucher. Cette technique est enseignée dans plus de 100 collèges et universités de 75 pays ; les praticiens soutiennent qu'elle peut traiter de nombreux problèmes psychologiques ou physiques, comme la dépression ou le cancer (Gorman, 1999). Le protocole de recherche expérimentale d'Emily mettait à l'épreuve un des aspects cruciaux de cette technique, soit la capacité des praticiens du TT à détecter la présence d'un hypothétique champ énergétique émanant d'une partie du corps d'un sujet. Hors de la vue du praticien, Emily plaçait l'une de ses mains au-dessus de l'une des mains du thérapeute, sans lui toucher, et celui-ci devait déterminer laquelle de ses mains était sollicitée par le champ énergétique émanant d'Emily. La recherche intégrait 21 praticiens du TT ayant entre 1 et 21 ans d'expérience. En ne se fiant qu'au hasard, les thérapeutes pouvaient espérer déterminer la bonne main dans 50 % des essais, mais le taux de succès ne fut que de 44 % (Rosa *et al.,* 1998) ! Ces résultats non seulement soulèvent de sérieux doutes sur l'efficacité réelle du TT, mais ils soulignent du même coup l'importance de remettre en question les affirmations non vérifiées et la nécessité de recourir à la méthode scientifique pour vérifier l'hypothèse d'un savoir.

La recherche d'Emily ne constitue en aucune façon une publicité pour le TT, bien au contraire ! En vous la résumant, vous avons voulu vous montrer comment une saine curiosité, associée à une bonne dose de scepticisme et de créativité, peut repousser les zones d'ombre de la psychologie et de la science en général. Une autre motivation, qui vous concerne particulièrement, nous a guidés : nous vous savons curieux, friand de nouvelles connaissances, et nous espérons qu'Emily saura vous inspirer et vous permettre de jeter un regard critique sur la matière dont vous abordez l'étude. Faites-vous plaisir : interrogez votre professeur, doutez de la psychologie populaire et remettez même en question, selon la méthode scientifique, la véritable psychologie. Bonne session !

La **psychologie** moderne peut être définie comme l'*étude scientifique du comportement et des processus mentaux.* Pour la plupart des psychologues, ces phénomènes sont influencés par les *caractéristiques de l'environnement* ainsi que par l'*état physique et mental du sujet.* Ainsi, une personne qui commet un acte répréhensible n'est pas nécessairement « mauvaise » pour autant. Son comportement peut avoir été causé par un dérèglement hormonal ou une réaction émotionnelle dont elle n'a pu contenir les débordements. Pour mieux cerner la psychologie, vous devrez étudier ses méthodes, ses découvertes et la façon d'interpréter l'information qu'elle adopte. Les méthodes et les manières d'aborder un sujet en psychologie distinguent ce domaine des autres – qu'il s'agisse de la littérature, de la philosophie ou de l'histoire – où l'on cherche aussi à comprendre le comportement. C'est également ce qui distingue la psychologie des idées populaires, mais non scientifiques, que véhiculent les médias, par exemple dans les tribunes téléphoniques peu objectives.

Psychologie

Étude scientifique du comportement et des processus mentaux.

LES PRÉTENTIONS SCIENTIFIQUES DU PSYCHOVERBIAGE

L'attrait du public envers tout ce qui touche à la psychologie a créé un vaste marché pour un domaine que R. D. Rosen (1977) qualifie de « psychoverbiage » (pseudoscience et charlatanerie masquées par le vernis d'un vocabulaire scientifique emprunté à la psychologie). Les exemples que Rosen a analysés sont variés : divers ateliers de croissance personnelle, qui permettent de transformer au cours d'une fin de semaine l'existence la plus terne en une vie de rêve ; la thérapie primale, grâce à laquelle les participants sont censés relier leurs malheurs du moment au traumatisme originel qu'est la naissance ; la thérapie thêta, basée sur le *rebirth,* qui offre la possibilité de « renaître » et d'accéder ainsi à la paix, à la prospérité et à la sagesse (selon le chef de file de la méthode thêta, « personne ne meurt à moins de le vouloir », ce qui constitue une admirable profession de foi prônant le pouvoir de l'esprit sur la matière !).

Les programmes et les écoles de thérapies fondées sur le psychoverbiage changent de nom et de dirigeant d'année en année, mais leur *credo* ne varie pas. Tous, ils promettent des solutions rapides aux problèmes émotionnels et utilisent un langage rappelant vaguement celui de la psychologie et des sciences. Aujourd'hui, alors que de nombreuses idées issues de la « psycho pop » (psychologie populaire) ont fortement imprégné la culture générale, le système scolaire et même le système judiciaire, il est plus que jamais impératif de savoir distinguer le psychoverbiage d'avec la véritable psychologie, les *croyances populaires* sans fondement scientifique d'avec les *faits attestés* par la recherche. Les exemples présentés dans le tableau 1.1 illustrent ces différences.

Les croyances liées à des sujets relevant de la psychologie ne sont pas inoffensives, et nous aurions tort de les sous-estimer : beaucoup de gens s'appuient souvent sur elles pour prendre des décisions capitales. C'est le cas, par exemple, de la croyance selon laquelle, en l'absence de modèles parentaux appropriés, on deviendrait nécessairement un mauvais parent. Cette croyance est à ce point répandue qu'un juge a refusé d'accorder à une femme la garde de ses enfants, invoquant le fait qu'elle avait été victime de mauvais traitements dans son enfance, et ce, même si elle-même n'avait jamais causé de tort à ses enfants. La prétendue inévitabilité des abus «en chaîne» ne s'appuie que sur l'observation de quelques cas, soit des enfants victimes de mauvais traitements qui, une fois adultes, commettent à leur tour des actes de violence. Une démarche appuyée sur la psychologie scientifique prendrait comme sujets d'étude des enfants victimes de mauvais traitements qui, une fois adultes, n'ont *pas* maltraité leurs enfants, et des enfants n'ayant jamais subi de mauvais traitements mais qui, une fois adultes, ont maltraité leurs enfants. Les chercheurs examineraient toutes les données relevant des quatre possibilités décrites dans le tableau 1.2.

Des données effectivement recueillies permettent de tirer les observations suivantes: le fait d'avoir été victime de mauvais traitements constitue bien un facteur de risque pour ce qui est de devenir un parent qui maltraite ses enfants; cependant, la majorité des parents ayant subi des mauvais traitements durant leur enfance *ne* maltraitent *pas* leurs propres enfants (Kaufman et Zigler, 1987; Widom, 1989).

Par ailleurs, il arrive qu'on mette sur le même plan la psychologie et des activités aussi peu scientifiques que la chiromancie, la graphologie, la cartomancie, la numérologie et, surtout, l'astrologie. Avez-vous des problèmes sentimentaux? Un astrologue vous conseillera de choisir un Gémeaux plutôt qu'un Lion pour votre prochaine relation amoureuse. Vous sentez-vous incapable de prendre une décision? Un médium vous expliquera que votre énergie vitale est simplement en déséquilibre. La question suivante se pose donc: les astrologues et les médiums possèdent-ils des connaissances ou des pouvoirs qui leur permettent de réussir des choses impossibles pour la science, comme prédire l'avenir ou bien entrer en contact avec des personnes disparues ou décédées?

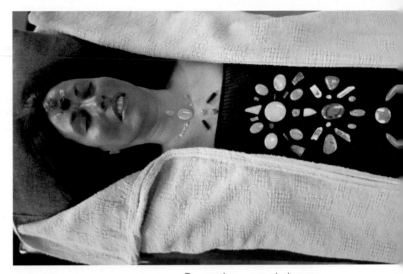

De nombreux psychologues s'inquiètent de la popularité des thérapies pseudoscientifiques, comme l'utilisation des cristaux, qui n'a reçu aucune confirmation scientifique.

TABLEAU 1.1	LE PSYCHOVERBIAGE ET LA PSYCHOLOGIE SCIENTIFIQUE
AFFIRMATIONS PSEUDOSCIENTIFIQUES	**FAITS SCIENTIFIQUES**
Un divorce est toujours une expérience douloureuse pour les enfants. Les conséquences néfastes d'un divorce se dissipent rapidement.	Les conséquences d'un divorce dépendent de la relation existant entre les parents ainsi que de l'âge et du sexe des enfants; il faut considérer aussi les mauvais traitements ou les actes de violence au sein de la famille, etc.
Les enfants victimes de mauvais traitements ou de négligence maltraiteront leurs enfants, le cas échéant. Les enfants d'alcooliques seront eux aussi alcooliques.	Ces affirmations sont fausses dans la majorité des cas.
Presque toutes les femmes «souffrent» du «syndrome prémenstruel».	La plupart des femmes ne sont pas plus maussades quelques jours avant leurs menstruations qu'à tout autre moment du mois.
La mémoire fonctionne comme un magnétophone; elle enregistre fidèlement tout ce que vit une personne à partir de sa naissance.	La mémoire fonctionne comme ces jeux où il faut former un dessin en reliant des numéros: on supplée plusieurs détails après que l'événement s'est produit. Pour des raisons physiologiques et psychologiques, la plupart des adultes ne se souviennent pas des événements qui sont survenus avant l'âge de trois ans environ.

		ENFANT VICTIME DE MAUVAIS TRAITEMENTS?	
		Oui	Non
PARENT QUI MALTRAITE SES ENFANTS?	Oui	Enfants victimes de mauvais traitements qui deviennent des parents qui maltraitent leurs enfants.	Enfants non victimes de mauvais traitements qui deviennent des parents qui maltraitent leurs enfants.
	Non	Enfants victimes de mauvais traitements qui ne deviennent pas des parents qui maltraitent leurs enfants.	Enfants non victimes de mauvais traitements qui ne deviennent pas des parents qui maltraitent leurs enfants.

En fait, lorsque les affirmations et les prédictions des astrologues et des médiums sont testées objectivement, c'est-à-dire de manière scientifique, elles se révèlent rarement exactes. Vous êtes-vous déjà demandé pourquoi si peu de médiums sont millionnaires? S'ils possédaient de réels talents (ou pouvoirs), pourquoi n'ont-ils pas encore fait fortune à la Bourse ou gagné à la loterie? Les astrologues, quant à eux, se bornent habituellement à des prédictions d'ordre général, par exemple «un événement malheureux frappera le Québec» (mais aucun n'a prédit l'inondation catastrophique survenue au Saguenay en 1996). Des organismes comme Les Sceptiques du Québec et des chercheurs proposent un exercice fort instructif: compiler chaque année les prédictions des astrologues et vérifier celles qui se réalisent vraiment. Geoffrey Dean (1987) s'est livré à cet exercice aux États-Unis et il a observé que la justesse des prédictions ne dépassait pas ce qui peut être obtenu par le seul hasard.

La différence fondamentale entre le psychoverbiage et la psychologie scientifique réside peut-être dans le fait que le psychoverbiage *confirme* les croyances et les préjugés du moment – d'où l'attrait qu'il exerce, alors que la psychologie scientifique ne craint pas de les *mettre en doute*. En fait, la psycho pop offre surtout du «prêt-à-penser» et du «prêt-à-se-comporter», elle fournit des réponses rapides à des gens qui n'ont pas le goût de faire de longues recherches, conclut Louise Grenier, psychologue et chargée de cours à l'UQAM (Doyon, 2006). En résumé, nous croyons que la connaissance de la psychologie scientifique peut aider à discerner le vrai du faux dans les notions véhiculées par la psycho pop. Du fait de sa complexité, le comportement humain ne peut être réduit à des formulations simplistes. Il faut donc se méfier de quiconque – même un psychologue – prétendrait le contraire.

« Je peux voir que vous serez moins crédule à l'avenir. »

PENSER DE FAÇON CRITIQUE ET CRÉATIVE

« L'objet de la psychologie est de nous donner une idée tout autre des choses que nous connaissons le mieux. »

Paul Valéry

Pensée critique
Pensée caractérisée par la capacité et la volonté de s'interroger sur la valeur de toute affirmation et de porter des jugements objectifs en s'appuyant sur des arguments fondés, ainsi que par la capacité de rejeter toute affirmation non étayée par des faits.

Nous croyons que l'un des principaux avantages que vous pouvez retirer de l'étude de la psychologie scientifique est la possibilité de mettre à l'épreuve votre capacité de penser de façon critique. La **pensée critique** suppose la capacité et la volonté de s'interroger sur la valeur de toute affirmation et de porter des jugements objectifs en s'appuyant sur des arguments fondés plutôt que sur des anecdotes et des réactions émotives. Elle implique aussi la capacité de déceler les lacunes dans les raisonnements et de rejeter toute affirmation non étayée par des faits. Il ne faut toutefois pas confondre pensée critique et pensée négative. La pensée critique favorise la capacité d'être *créatif et constructif* : proposer diverses explications des événements, réfléchir aux implications des résultats de recherches et appliquer les nouvelles connaissances à un large éventail de problèmes sociaux et personnels. La pensée critique peut également vous aider à distinguer la véritable psychologie du psychoverbiage qui encombre les émissions de radio ou de télévision et les librairies.

Patricia King et Karen Kitchener (1994) ont étudié la pensée critique ; elles ont observé que les individus âgés de moins de 25 ans et même ceux qui ont effectué plusieurs années d'études universitaires ne se servent pas toujours des connaissances et des habiletés qu'ils ont acquises. De nombreuses personnes croient que penser n'exige aucun effort et en profitent parfois pour justifier leur paresse intellectuelle en se déclarant fières d'avoir l'« esprit ouvert ». Pour elles, l'ouverture d'esprit signifie que toutes les opinions se valent et que les croyances de l'un sont aussi bonnes que celles de n'importe qui d'autre. Cela est vrai en ce qui concerne les croyances religieuses et les goûts personnels : si vous préférez l'apparence d'une Peugeot à celle d'une Honda, personne ne peut vous dire que vous avez tort. Par contre, si vous soutenez que « la Peugeot est une meilleure voiture que la Honda », vous portez un jugement, ce qui est bien plus qu'une simple opinion. Vous devrez donc l'appuyer à l'aide de données relatives à la fiabilité et à la sécurité de la voiture, aux résultats des essais sur piste, etc. (Ruggiero, 1988). De plus, la thèse largement répandue de nos jours, selon laquelle tout problème présente toujours deux aspects, accroît la confusion entre les croyances fondées sur des questions de goût ou de choix et les croyances fondées sur des raisonnements solides et des faits bien établis. Il n'y a pas deux façons de savoir si l'Holocauste a eu lieu, comme l'affirment les révisionnistes (Lipstadt, 1993). *Discuter* l'existence de l'Holocauste, c'est comme se demander si la Terre est ronde ou si la gravité existe.

Est-ce un ovni ? Les personnes qui croient passionnément à l'existence des objets volants non identifiés peuvent passer rapidement de « Je veux qu'ils existent » à « Ils existent ».

Apprendre à penser de façon critique exige d'abord de respecter les règles de la logique, mais ensuite de se conformer à plusieurs autres principes (Ennis, 1986 ; Paul, 1984 ; Ruggiero, 1988). Voici huit principes que nous vous encourageons à mettre en application au fil de la lecture de cet ouvrage.

1 **POSER DES QUESTIONS ET RÉFLÉCHIR.** Vincent Ruggiero (1988) a écrit : « Ce qui déclenche la pensée créative, c'est la curiosité, la réflexion et le questionnement. » Le fait de se poser des questions comme « Qu'est-ce qui ne va pas dans ce cas-ci ? » ou « Pourquoi cette chose est-elle comme elle est et comment en est-elle venue à être ainsi ? » mène à la détermination de problèmes. Dans certaines professions, on apprend même aux stagiaires à penser de cette manière. On demande par exemple aux ingénieurs industriels de faire le tour d'une entreprise en remettant chaque procédé en question, même ceux qui sont utilisés depuis des années. C'est ce qu'a fait Emily Rosa, dont nous avons parlé en début de chapitre : poser des questions et réfléchir au problème.

2 **DÉFINIR LE PROBLÈME.** Après avoir soulevé une question, le chercheur doit déterminer ce qui est en cause en termes clairs et concrets. Un adepte de l'hypnose issu de la psycho pop pourrait demander : « Comment l'hypnose améliore-t-elle la mémoire des événements ? », ce qui sous-entend que l'hypnose améliore effectivement la performance mnésique. Une personne faisant preuve d'esprit critique poserait une question plus neutre, qui laisse place à d'autres possibilités : « L'hypnose influe-t-elle sur la mémoire et, le cas

échéant, de quelle façon?» En fait, des expériences ont montré que l'hypnose peut accroître les *erreurs* de rappel; certaines personnes sous hypnose peuvent même inventer les détails d'un événement qui n'a jamais eu lieu (Dinges *et al.*, 1992; Spanos *et al.*, 1991).

3 **EXAMINER LES FAITS.** Accepter une conclusion non fondée sur des faits, ou attendre des autres qu'ils l'acceptent, constitue un signe indubitable d'une pensée qui n'est pas critique. Cela signifie que toutes les opinions se valent, ce qui est faux. Une personne à l'esprit critique demande: «Quelles données appuient ou réfutent cet argument et son contraire? À quel point ces données sont-elles fiables?»

Pourtant, de nombreuses personnes acceptent des idées propagées par la psycho pop en s'appuyant sur des données peu convaincantes, ou parfois même en l'absence totale de données. Ainsi, bien des gens croient qu'il est sain, tant sur le plan psychologique que sur le plan physique, de se décharger de sa colère sur la première personne venue. En réalité, des études s'appuyant sur des données **empiriques**, recueillies au moyen d'observations rigoureuses, d'expériences ou de mesures, suggèrent que, bien qu'il soit parfois bénéfique d'exprimer sa colère, la plupart du temps on n'en tire aucun avantage. Souvent, la colère ne fait qu'augmenter, et la personne visée risque de répondre par la colère, ce qui accroît l'hostilité et l'agressivité (Tavris, 1989). Malgré tout, la croyance selon laquelle il est toujours sain d'exprimer sa colère persiste.

Empirique
Qualifie des données obtenues par l'observation, l'expérimentation ou la mesure.

4 **ANALYSER LES PRÉSUPPOSITIONS ET LES CROYANCES.** Les personnes à l'esprit critique évaluent les présuppositions et les croyances qui sous-tendent une argumentation. Elles se demandent en quoi celles-ci ont influé sur les affirmations et les conclusions contenues dans les ouvrages qu'elles lisent, les bulletins d'informations qu'elles regardent et les annonces dont elles sont bombardées quotidiennement. Voici un exemple: dans une publicité, le fabricant d'un analgésique bien connu affirme que son produit est utilisé de préférence à tout autre par les hôpitaux. Nous sommes naturellement prêts à croire (et tel est bien l'objectif du publicitaire) que ce produit est le meilleur; en réalité, les hôpitaux lui accordent la préférence parce que le fabricant leur offre une ristourne supérieure à celle des concurrents. La pensée critique nous renvoie à la nécessité de préciser nos croyances lorsque nous sommes appelés à interpréter les faits de façon objective.

5 **ÉVITER LES RAISONNEMENTS QUI NE S'APPUIENT QUE SUR DES ÉMOTIONS.** Les émotions ont leur place dans la pensée critique; elles peuvent par exemple nous inciter à défendre une idée peut-être impopulaire, mais à laquelle nous sommes profondément attachés. Néanmoins, lorsque la pensée lucide cède aux impulsions du moment, le résultat peut s'avérer tout aussi désastreux. En lisant cet ouvrage, il vous arrivera peut-être de vous insurger contre des résultats de recherche qui vous déplaisent. Parfait! Cela dénote de votre part un esprit alerte. Cependant, avant de poursuivre votre lecture, il vous faudra vous interroger sur les raisons de ce désaccord: les résultats vous obligent-ils à remettre en question une croyance qui vous est chère ou bien les faits rapportés ne vous semblent-ils pas convaincants? Vous réagissez probablement de façon affective à certains sujets comme la drogue, l'avortement, les causes de la criminalité, le racisme, les différences entre les sexes, les programmes sociaux et l'homosexualité. Étant donné que nos sentiments nous semblent justifiés, il nous est parfois difficile d'accepter qu'une autre personne puisse tenir tout aussi fortement à un point de vue contraire au nôtre. Or, c'est habituellement ce qui se produit. Il faut donc admettre que les seuls sentiments ne peuvent nous guider à coup sûr vers la vérité et qu'il faut examiner de façon rationnelle les faits pertinents.

6 ÉVITER DE SIMPLIFIER À L'EXTRÊME. Un esprit critique ne s'arrête pas aux évidences et il évite les généralisations hâtives. Les idées de la psycho pop sont souvent fondées sur des anecdotes, ce sont des généralisations, pour toute une population, d'expériences personnelles ou de quelques exemples. Ainsi, si un ex-détenu en libération conditionnelle commet un crime, on déclare que tout le programme de libération conditionnelle est à rejeter. Les stéréotypes proviennent également de généralisations reposant sur des anecdotes : si on connaît une mère qui touche frauduleusement des prestations d'aide sociale, on en déduit que tous les bénéficiaires de l'aide sociale sont malhonnêtes. De même, beaucoup de gens se rendent la vie difficile en généralisant à partir d'un seul événement fâcheux et en élaborant ainsi un véritable modèle d'échec : « J'ai eu une mauvaise note à cet examen, donc je ne réussirai jamais à obtenir mon diplôme ni à obtenir un emploi. » Un esprit critique ne se contente pas d'un ou de deux événements pour tirer une conclusion ; il lui faut davantage de faits.

Est-il sain d'exprimer sa colère ? Oui, selon la croyance populaire, mais cette croyance résiste-t-elle à l'analyse par la pensée critique ?

7 FORMULER D'AUTRES INTERPRÉTATIONS. Un esprit critique et créatif énonce des hypothèses constituant des explications plausibles de situations, de comportements ou d'événements. Il vise à trouver l'explication susceptible d'intégrer le plus grand nombre de données possible et de comporter le moins de suppositions possible. Cette méthode met en application le principe du rasoir d'Occam, appelé ainsi parce qu'il a été énoncé, au XIVe siècle, par le philosophe anglais Guillaume d'Occam. Prenons le cas d'une diseuse de bonne aventure qui se déclarerait capable de prédire votre avenir en lisant les lignes de votre main. Il existe deux explications possibles à ses « exploits » (Steiner, 1989) :

■ La chiromancienne est capable de distinguer, dans le nombre infini d'interactions se produisant entre les êtres humains, les animaux, les événements et les objets, les facteurs spécifiques pouvant influer sur votre vie. En outre, elle est capable de contourner toutes les lois admises par la physique et de faire mentir les centaines d'études montrant que personne n'a réussi à prédire l'avenir lorsque des conditions appropriées de vérification des prédictions étaient présentes.

OU

■ La chiromancienne fait semblant d'en être capable.

Selon le principe du rasoir d'Occam, il vaut mieux retenir la seconde possibilité puisqu'elle comporte moins de suppositions que la première.

Par ailleurs, les personnes qui font preuve d'esprit critique prennent soin de ne pas rejeter trop rapidement certaines explications. Elles proposent un certain nombre d'interprétations des faits avant de choisir celle qui leur paraît la plus plausible. Imaginons, par exemple, qu'on annonce dans un bulletin d'informations que les individus souffrant de dépression profonde sont plus susceptibles d'être atteints d'un cancer. Quelles pourraient être les autres explications à envisager avant de conclure que la dépression cause le cancer ? Les personnes déprimées ont peut-être tendance à fumer et à consommer de l'alcool plus que les autres, et ces habitudes de vie néfastes sont susceptibles d'entraîner l'apparition d'un cancer. Par ailleurs, il est possible qu'un cancer non encore décelé soit à l'origine des sentiments de dépression que ressentent certaines personnes.

Cet objet bizarre ressemble peut-être à un vaisseau spatial, mais il s'agit en fait d'un simple nuage.

8 **TOLÉRER L'INCERTITUDE.** Enfin, apprendre à penser de façon critique nous enseigne l'une des leçons les plus difficiles de la vie : comment vivre dans l'incertitude. Il est important d'examiner les faits avant d'en arriver à des conclusions, mais il arrive que nous disposons de trop peu de données pour appuyer notre raisonnement. Parfois, les faits permettent de tirer des conclusions tout juste provisoires. Parfois, les faits semblent suffisants pour que nous puissions en tirer des conclusions solides… jusqu'à ce que de nouvelles données – et ce peut être exaspérant – viennent jeter le doute sur les connaissances établies. Les personnes à l'esprit critique acceptent volontiers cet état d'incertitude. Elles ne craignent pas de dire : « Je ne sais pas » ou « Je ne suis pas certaine ». Ces aveux ne sont pas des échappatoires mais des incitations à poursuivre la recherche d'explications.

METTEZ VOS CONNAISSANCES À L'ÉPREUVE

La psychologie scientifique commence à vous être familière et vous avez exploré les principes de la pensée critique. Il est temps de mettre à l'épreuve vos connaissances en la matière.

Dans chaque cas, indiquez si l'énoncé est vrai ou faux.

1. Un schizophrène est une personne aux multiples personnalités. _____

2. Tout ce que nous vivons au quotidien laisse une trace dans notre mémoire. _____

3. Alors que 90 % des Américains sont droitiers, on trouve une plus grande proportion de gauchers dans plusieurs pays en voie de développement. _____

4. Le polygraphe (détecteur de mensonge) est extrêmement fiable pour déceler les réponses physiologiques indiquant qu'une personne ment. _____

5. Ce ne sont pas tous les individus qui rêvent. _____

6. L'intelligence est un trait génétiquement déterminé qui ne peut pas être modifié au cours de la vie. _____

7. Certains commerçants réussissent à convaincre leurs clients à consommer davantage grâce à des messages subliminaux intégrés dans la musique ambiante. _____

8. Si vous êtes victime d'une agression dans la rue, vous êtes plus susceptible de recevoir de l'aide s'il y a trois témoins plutôt qu'un seul. _____

9. Contrairement à la croyance populaire, la capacité de mémoriser de nouvelles données ne décline pas chez les personnes âgées. _____

10. La majorité des gens refuserait d'administrer des décharges électriques dangereuses à un étranger dans le contexte d'une recherche scientifique. _____

Réponses : tous les énoncés sont faux.

A Les affirmations suivantes sont-elles d'ordre scientifique ou relèvent-elles du psychoverbiage ? Justifiez votre réponse.

1. « Un parent normal ne peut maltraiter son enfant, car son instinct lui dicte de le protéger. »

2. « Si vous êtes atteinte du cancer, madame, c'est à cause de toutes ces pensées négatives qui grugent votre énergie et qui permettent à la maladie de progresser. »

B Amélie et Hubert ont une discussion animée à propos de la peine de mort. « Écoute, je suis convaincu que c'est barbare, inefficace et immoral », dit Hubert. « Tu n'y es pas, rétorque Amélie. Je crois à l'adage "œil pour œil, dent pour dent" et, en plus, je suis sûre que ça permet de dissuader les criminels de récidiver. » Quels manquements à la pensée critique ce dialogue illustre-t-il ?

LA PSYCHOLOGIE D'HIER ET D'AUJOURD'HUI

Jusqu'au milieu du XIXe siècle, la psychologie ne constituait pas en elle-même un champ d'études, et il existait bien peu de règles formelles auxquelles devaient se conformer ceux qui œuvraient dans ce domaine. La plupart des grands penseurs, d'Aristote à Descartes, ont bien sûr soulevé des questions qu'on rattacherait aujourd'hui à la psychologie. Ils cherchaient à savoir comment nous recevons de l'information grâce aux sens, comment nous utilisons celle-ci pour résoudre des problèmes ; ils cherchaient également à déterminer ce qui motive une personne à agir de façon courageuse ou ignoble. Ils se sont interrogés sur la nature des émotions : nous dominent-elles ou pouvons-nous les dominer ? Cependant, contrairement aux psychologues modernes, les érudits des siècles passés ne s'appuyaient guère sur des données empiriques. Leurs observations n'étaient souvent fondées que sur des anecdotes ou la description de cas particuliers.

Les précurseurs de la psychologie moderne n'avaient pas pour autant toujours tort. Hippocrate, qui a vécu dans la Grèce antique et qui est considéré comme le père de la médecine moderne, a déduit de l'observation de patients ayant subi des blessures à la tête que le cerveau est certainement la source suprême « de nos plaisirs, joies, rires et plaisanteries, aussi bien que de nos peines, douleurs, chagrins et larmes ». Et en cela, il avait raison. Au Ier siècle après Jésus-Christ, les philosophes stoïciens ont observé que ce ne sont pas les événements en tant que tels qui mettent les gens dans un état de colère, de tristesse ou d'anxiété, mais c'est plutôt l'interprétation qu'ils en ont. Et eux aussi avaient raison.

Cependant, les précurseurs de la psychologie moderne ont commis d'énormes erreurs. Aristote, qui fut pourtant l'un des premiers grands philosophes à préconiser l'utilisation de méthodes empiriques, ne les a pas toujours appliquées correctement. Il croyait que le cerveau ne peut être le siège des sensations, puisqu'il n'est pas lui-même sensible à la douleur, et il en a conclu que cette structure n'est qu'une sorte de radiateur servant à refroidir le sang. Le cerveau est certes insensible, mais il est faux de croire qu'il fonctionne comme un radiateur. Aristote avait également tort de croire que les personnes de petite taille ont une mémoire peu étendue !

Même si depuis le début du XIXe siècle, en Europe et en Amérique, des scientifiques ont mené des recherches sur des sujets comme la sensation et la perception, ce n'est qu'à partir de 1879 que la psychologie a été reconnue comme une discipline à part entière, notamment grâce à l'utilisation de plus en plus répandue de méthodes de recherche empiriques. Cette année-là, en effet, Wilhelm Wundt (1832-1920), qui avait étudié la médecine et la philosophie, créa le premier laboratoire de psychologie à Leipzig en Allemagne. Il avait auparavant déclaré, en 1873, qu'il ferait en sorte que la psychologie devienne une véritable science. S'inspirant des progrès effectués en chimie et en physique, Wundt et surtout Titchener, un de ses élèves, élaborèrent une nouvelle théorie, le **structuralisme**[1], selon laquelle l'objet de la psychologie est l'étude des composantes de la conscience, envisagée comme la capacité de chaque individu d'accéder à sa propre expérience immédiate. Ainsi, pour ces théoriciens, tout comme les éléments chimiques indépendants se combinent pour produire des composés aux propriétés différentes, la pensée humaine est un agrégat d'unités distinctes qu'il s'agit de reconnaître pour mieux expliquer la conscience. Les éléments de la pensée, ou composantes de la conscience, sont les sensations, les sentiments et les images mentales.

L'une des méthodes de recherche préférées de Wundt était l'*introspection dirigée*[2]. Elle consistait, pour des personnes spécialement entraînées à cet effet, à observer et à analyser dans des conditions bien définies leurs propres expériences mentales, soit les sensations, émotions, idées, etc., qui leur traversaient l'esprit. Ce n'était pas une tâche facile puisque les sujets devaient s'astreindre à 10 000 observations au moins avant que Wundt leur permette de participer à l'une de ses recherches. De plus, faire le compte rendu d'une observation ayant duré 1,5 seconde pouvait prendre parfois 20 minutes (Lieberman, 1979). Wundt espérait que l'introspection fournirait des résultats fiables et vérifiables, susceptibles d'appuyer ses prétentions scientifiques. Cependant, alors que le but du chercheur était de faire de la psychologie une science objective, plusieurs psychologues contestèrent l'utilisation de l'introspection, jugeant cette méthode insuffisamment… objective.

Les idées de Wundt eurent une grande influence aux États-Unis, mais elles se heurtèrent à une forte opposition des adeptes d'une autre école de psychologie scientifique, le **fonctionnalisme**, qui mettait l'accent sur la fonction, ou le but, du comportement. L'un des chefs de file de cette école était William James (1842-1910), un Américain à la fois philosophe, médecin et psychologue. Selon lui, vouloir appréhender la nature de l'esprit au moyen de l'introspection, c'était «comme espérer comprendre le mouvement en saisissant une toupie ou essayer d'ouvrir le robinet de gaz assez rapidement pour voir à quoi ressemble l'obscurité» (James, 1890/1950).

Les fonctionnalistes s'inspiraient en partie des théories évolutionnistes de Charles Darwin (1809-1882). Ce dernier avait déclaré que le travail d'un biologiste ne consiste pas uniquement à décrire le plumage du paon ou les taches du lézard, mais aussi à déterminer comment ces attributs favorisent la survie: aident-ils l'animal à attirer une femelle ou à échapper au regard de ses ennemis? De la même façon, les fonctionnalistes voulaient savoir comment les comportements permettent à un organisme de s'adapter à son milieu. Ils recherchaient les causes sous-jacentes et les conséquences pratiques de comportements et de stratégies mentales spécifiques. Ils employaient plusieurs méthodes et ils ont ouvert le domaine de la psychologie à l'étude de l'enfant, de l'animal et de l'expérience spirituelle, de même qu'à ce que James a appelé le *courant de la conscience*, expression qui décrit merveilleusement bien le fait que les pensées coulent comme une rivière, se bousculant les unes les autres à l'instar des vagues, passant du calme à l'agitation et vice-versa.

Au même moment, en Europe, des progrès majeurs marquaient le traitement des maladies mentales. La psychologie en tant que méthode de psychothérapie vit le jour à Vienne, en Autriche, où un médecin publia en 1900 un livre intitulé *L'interprétation des rêves*. On ne peut guère dire que l'ouvrage ait fait sensation dès sa publication. En fait, en huit ans, les éditeurs

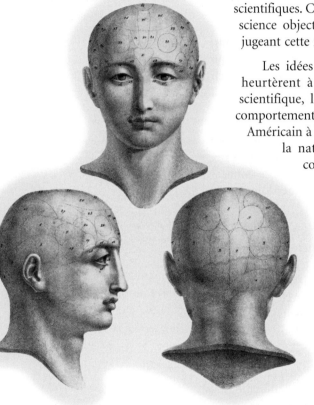

Au XIXᵉ siècle, la phrénologie a connu un très grand succès. Selon cette approche, chaque région du cerveau correspondait à un trait de personnalité particulier comme « impétuosité » ou « religiosité ». Les phrénologistes croyaient même que les traits de personnalité pouvaient être « lus » à partir des bosses présentes sur le crâne.

---

1. Selon plusieurs théoriciens, le structuralisme a été attribué à tort à Wundt et il conviendrait plutôt d'utiliser le terme «élémentarisme» pour qualifier l'orientation théorique de ce dernier (Hunt, 1993).

2. Des historiens l'appellent «introspection expérimentale» pour la distinguer de l'introspection utilisée par les philosophes et de celle utilisée par les psychanalystes (Hunt, 1993).

n'en vendirent que 600 exemplaires. L'auteur était Sigmund Freud (1856-1939), dont le nom est aujourd'hui aussi connu que celui d'Einstein.

Neurologue de formation, Freud désirait faire carrière dans la recherche médicale, mais ses responsabilités familiales l'obligèrent à pratiquer la médecine auprès d'une clientèle privée. C'est en écoutant ses patients lui parler de leur dépression, de leurs angoisses et de leurs obsessions que Freud acquit la conviction que les causes de plusieurs de ces symptômes étaient d'ordre non pas physique mais mental. Il en vint à la conclusion que la détresse de ses patients était due à des conflits et à des traumatismes émotionnels ayant eu lieu durant leur petite enfance. Freud élabora par la suite sa première théorie de l'inconscient ou de la personnalité. Sa théorie, de même que ses méthodes de traitement des personnes atteintes de troubles émotionnels, sont connues sous le terme de *psychanalyse*.

Wilhelm Wundt, troisième à partir de la gauche, en compagnie de quelques collaborateurs.

LA PSYCHOLOGIE ET LES AUTRES DISCIPLINES EN SCIENCES HUMAINES

Comme la psychologie, plusieurs disciplines en sciences humaines se consacrent à l'étude du comportement humain. Les plus proches de la psychologie, quant à leurs objets d'étude, sont l'anthropologie, la sociologie et la philosophie ; il convient donc de préciser ce qui distingue la psychologie de chacune d'elles.

L'anthropologie sociale étudie les interactions sociales propres à certaines cultures par l'analyse de leurs réalisations, telles que les techniques de travail, les institutions, etc. Même si l'unité d'analyse y est souvent l'individu, comme en psychologie, les anthropologues s'intéressent surtout à ce qui différencie les cultures entre elles, alors que la psychologie vise à déterminer ce qui est commun à l'ensemble des humains (Gergen et Gergen, 1992). L'anthropologie contribue à une meilleure compréhension du comportement humain en mettant en lumière l'influence de la culture sur le comportement.

La sociologie se consacre à l'étude des sociétés modernes et des rapports entre les différents groupes sociaux qui s'y développent. Contrairement à la psychologie, l'unité d'analyse y est la plupart du temps le groupe, et l'étude porte sur son évolution, sa structure et sa fonction au sein de la société.

La psychologie sociale – dont l'unité d'analyse est bien sûr l'individu – se distingue de la sociologie dans la mesure où l'explication du comportement porte sur les caractéristiques internes de la personne : ses comportements, ses émotions, ses attitudes et ses pensées, tels qu'ils sont influencés par les conditions de l'environnement dans lequel la personne évolue. Ainsi, le psychologue social étudiera non seulement l'effet du groupe sur le fonctionnement psychologique de l'individu, mais aussi les caractéristiques d'une personne qui peuvent influer sur un groupe.

La philosophie est la discipline où ont été formulées les premières tentatives d'explication du comportement humain. La psychologie ne s'en est réellement affranchie qu'à la fin du XIXe siècle et elle s'en distingue par la préférence qu'elle accorde à l'utilisation de méthodes scientifiques dans l'étude du comportement humain. Pour de nombreux psychologues, l'apport de la philosophie à la psychologie est surtout historique, même si certains domaines comme l'épistémologie des sciences, c'est-à-dire l'étude critique de l'origine des sciences et de leurs présuppositions logiques, contribuent à guider nombre de théoriciens.

LES PSYCHOLOGUES AU TRAVAIL

Pour la plupart des gens, le mot *psychologue* évoque l'image de Freud écoutant avec attention un patient qui, confortablement allongé sur un divan, lui confie ses difficultés. Bien que cette image corresponde effectivement au travail de certains psychologues (en général, le fauteuil a quand même remplacé le divan), elle n'a rien à voir avec nombre d'entre eux (Gardner, 1992).

Les activités professionnelles des psychologues se divisent généralement en deux grandes catégories: d'une part, la *recherche* et l'*enseignement,* qui consistent à étudier différentes problématiques et à en appliquer les résultats dans divers milieux ainsi qu'à enseigner au niveau universitaire ou collégial; d'autre part, l'*intervention clinique,* qui consiste à fournir des services psychologiques et à intervenir dans le domaine de la santé mentale. La première catégorie regroupe surtout les chercheurs en psychologie (ou psychologues chercheurs), alors que la seconde catégorie comprend l'ensemble des psychologues cliniciens et les psychologues-conseils. Cette classification ne suppose pas des activités mutuellement exclusives, puisque de nombreux psychologues passent facilement d'un type d'activité à un autre. Ainsi, certains feront non seulement de l'enseignement, mais aussi de la consultation dans un établissement de services en santé mentale; d'autres se spécialiseront soit en recherche, soit en consultation. Jetez un coup d'œil sur le tableau 1.3 pour avoir une vue d'ensemble des différents secteurs de travail des psychologues au Québec.

TABLEAU 1.3 RÉPARTITION DES PSYCHOLOGUES MEMBRES DE L'ORDRE DES PSYCHOLOGUES DU QUÉBEC PAR SECTEUR DE TRAVAIL DE L'EMPLOI PRINCIPAL (31 MARS 2006)

SECTEUR DE TRAVAIL	NOMBRE	POURCENTAGE
Pratique privée	2843	36,0
Fonction publique	407	5,2
Entreprises privées	348	4,4
Secteur de la santé et des services sociaux		
Centres hospitaliers	985	12,5
Centres locaux de services communautaires	553	7,0
Centres jeunesse	176	2,2
Centres de crise, de réadaptation et d'hébergement	614	7,8
Secteur de l'éducation		
Milieu scolaire – niveau primaire	667	8,5
Milieu scolaire – niveau secondaire	322	4,0
Cégeps et collèges	210	2,7
Universités	549	6,9
Organismes à but non lucratif	218	2,8
Total	7892	100,0

Source: D'après l'Ordre des psychologues du Québec, *Rapport annuel 2005-2006.*

Les chercheurs

La majorité des psychologues chercheurs possède un doctorat, et c'est le plus souvent dans le secteur de l'éducation qu'ils œuvrent. Ainsi, en plus de leurs tâches d'enseignement, les professeurs de psychologie effectuent différents types de recherches. Le travail du psychologue chercheur s'oriente selon deux axes principaux: la recherche fondamentale et la recherche appliquée. Dans l'ensemble, le but de la recherche fondamentale est d'accroître les connaissances relatives à un problème donné, alors que la recherche appliquée vise plutôt à résoudre des problèmes individuels ou sociaux en s'appuyant sur les connaissances fondamentales. Par exemple, un psychologue spécialisé en recherche fondamentale se demanderait: «En quoi les enfants diffèrent-ils dans leur façon d'aborder des questions d'ordre moral comme l'honnêteté?», alors qu'un psychologue spécialisé en recherche appliquée se demanderait: «Comment pouvons-nous utiliser nos connaissances du développement du sens moral pour prévenir la violence chez les enfants?»

Les psychologues qui font de la recherche fondamentale ou appliquée ont largement contribué à l'avancement des connaissances dans des secteurs aussi divers que la santé, l'éducation, la gestion, le comportement des consommateurs, le design industriel, la productivité et la satisfaction des travailleurs, ainsi que la planification urbaine. La majorité des découvertes dont il est question dans le présent ouvrage est le résultat des efforts de chercheurs en psychologie.

Les cliniciens

Les psychologues cliniciens et les psychologues-conseils, dont le rôle est de comprendre et d'améliorer la santé physique et mentale des individus, travaillent dans des centres hospitaliers, des établissements psychiatriques, des cliniques spécialisées, des centres locaux de services communautaires, des écoles et des cabinets privés. Ils évaluent et traitent les troubles et les déficiences d'ordre comportemental, psychique ou émotionnel. Leur formation les a préparés à pratiquer la psychothérapie tant auprès de personnes qui présentent des troubles profonds qu'auprès de personnes qui se sentent légèrement perturbées ou malheureuses, ou qui souhaitent apprendre à mieux faire face à leurs problèmes. Certains cliniciens assument, en plus de leur pratique clinique, des tâches d'enseignement et de recherche dans des collèges ou des universités.

Les psychologues se désignent habituellement soit par le terme « chercheur », soit par le terme « clinicien » ; certains œuvrent aussi bien en psychologie clinique qu'en recherche. Sur la photo de gauche, un chercheur étudie les changements neurologiques accompagnant les processus cognitifs. Sur la photo de droite, un psychologue clinicien vient en aide à un couple en thérapie.

Les psychologues ne sont pas les seuls thérapeutes à intervenir cliniquement sur le plan psychologique ; ils partagent ce champ d'exercice notamment avec les psychanalystes, les psychiatres, les psychoéducateurs et les psychothérapeutes.

Les psychanalystes.

Au Québec, la pratique de la psychanalyse n'est pas régie par des normes strictes, contrairement à la pratique de la psychologie ou de la psychiatrie, le titre de psychanalyste n'étant pas protégé par la loi. La plupart des psychanalystes ont un diplôme universitaire en sciences humaines (pas nécessairement en psychologie) ou en médecine, ils ont reçu une formation complémentaire en psychanalyse et ont eux-mêmes suivi une psychanalyse. Dans leurs interventions cliniques, ils ont recours aux concepts développés par la psychanalyse.

Les psychiatres.

Ce sont des médecins spécialisés en psychiatrie, une branche de la médecine qui s'intéresse aux troubles mentaux et affectifs. Le titre de psychiatre est protégé par la loi. Il revient plus souvent aux psychiatres qu'aux psychologues de traiter des patients atteints de troubles mentaux graves, en particulier ceux qui sont directement reliés à des dysfonctionnements biologiques. Comme les psychiatres sont médecins, ils sont autorisés à prescrire des médicaments, contrairement aux psychologues. Toutefois, la formation des psychiatres n'est pas aussi approfondie que celle des psychologues en ce qui a trait aux théories et aux méthodes d'intervention de la psychologie moderne. Toutes ces différences peuvent influer sur l'approche thérapeutique. Par exemple, un psychiatre pourra prescrire un antidépresseur à un patient déprimé, alors qu'un psychologue aura plutôt tendance à chercher les causes psychologiques et sociales de sa dépression et à orienter son intervention en conséquence.

Les psychoéducateurs.

Au Québec, le titre de psychoéducateur est protégé par la loi. Le domaine d'intervention de ces spécialistes touche surtout les problèmes d'adaptation sociale, comme la délinquance, et certains troubles du comportement. Les psychoéducateurs travaillent surtout en milieu scolaire, dans les centres jeunesse ou en cabinet privé et leur clientèle est la plupart du temps d'âge mineur. Ils ont recours à la plupart des techniques d'intervention clinique développées par la psychologie.

Les psychothérapeutes.

Au Québec, ce titre n'est pas protégé par la loi. N'importe qui peut donc accrocher à sa porte une enseigne portant l'inscription « psychothérapeute » ou « thérapeute », et de nombreuses personnes le font. Ainsi, M. Bedondaine, qui s'est attribué le titre de « psychothérapeute en cabinet privé », pourrait être diplômé en psychologie, en psychiatrie, en travail social ou en quoi que ce soit d'autre. Dans *The psychological society*, Martin Gross (1978) a dressé une liste de « thérapies » échappant à toute réglementation. On y trouve, entre autres, la thérapie par le marathon, l'urinothérapie, la thérapie par la nudité, la thérapie des états de crise, la thérapie par l'électrosommeil, la thérapie par la visualisation corporelle, la thérapie par la privation, la thérapie de l'espoir, la thérapie « art de vivre » et la thérapie du « faites-le maintenant ». Dès qu'une « thérapie » n'est plus à la mode, une autre la remplace aussitôt.

De nombreux psychologues, conseillers en orientation, travailleurs sociaux et thérapeutes familiaux s'inquiètent de cette marée montante de psychothérapeutes aux formations plus douteuses les unes que les autres (Dawes, 1994 ; Fox, 1994). Certains de ces psychothérapeutes n'ont pas le moindre certificat d'études, d'autres n'ont étudié aucune méthode de recherche et ne savent rien des principales théories psychologiques, d'autres encore emploient des techniques d'entrevue ou de thérapie n'ayant jamais fait l'objet d'une procédure de validation. Les clients qui se sentent lésés peuvent se retrouver démunis, car ces psychothérapeutes n'appartiennent à aucun ordre professionnel. C'est pourquoi les gens doivent faire preuve d'esprit critique et de discernement dans le choix d'un thérapeute ou de toute autre personne offrant des services susceptibles d'avoir des conséquences sur leur vie ainsi que sur leur santé physique et psychologique.

Au Québec, pour être autorisé à pratiquer la psychologie clinique, le psychologue doit être membre en règle de l'Ordre des psychologues du Québec. Ce titre réservé atteste que l'intervenant a reçu une formation professionnelle qui inclut un stage supervisé et l'obtention d'un diplôme de maîtrise ou de doctorat en psychologie*. La mission première de l'Ordre des

---

* Depuis le 27 juillet 2006, le doctorat en psychologie est une exigence pour devenir membre de l'Ordre des psychologues du Québec.

psychologues du Québec est la protection du public, notamment grâce à un code de déontologie que tout psychologue est tenu de respecter dans le cadre de son travail. Ce code est constitué de 83 articles qui précisent les devoirs et les obligations du psychologue envers le public, le client et la profession (www.ordrepsy.qc.ca). Par exemple, dans le chapitre I, *Devoirs et obligations envers le public,* l'article 1 stipule: «Le psychologue inscrit au tableau de l'Ordre des psychologues du Québec doit, dans l'exercice de sa profession, tenir compte des principes scientifiques généralement reconnus en psychologie.» Dans le chapitre II, *Devoirs et obligations envers le client,* l'article 38 stipule: «Le psychologue est tenu au secret professionnel.» Un client qui croit qu'un psychologue n'a pas respecté un de ces devoirs et obligations peut porter plainte à son ordre pour obtenir justice et empêcher que d'autres personnes ne subissent un tort semblable.

Les principaux domaines de travail

Afin de vous convaincre, si ce n'est déjà fait, de la très grande diversité des domaines, parfois surprenants, dans lesquels travaillent les psychologues, nous vous invitons à consulter le tableau 1.4, qui dresse la liste des sections reconnues par la plus grande association de psychologues du monde, l'American Psychological Association (APA). Dans les paragraphes qui suivent, nous passons en revue les principales catégories de psychologues selon leur domaine de travail.

Les psychologues chercheurs. Ils ne travaillent pas dans une branche précise de la psychologie; leur titre désigne plutôt l'approche utilisée par le chercheur, habituellement la méthode expérimentale, et ce, dans un des domaines présentés dans les paragraphes qui suivent. Par exemple, un psychologue chercheur pourrait étudier les effets de la durée de la présentation de certaines images sur la capacité de rétention de l'information visuelle.

Les neuropsychologues et les psychophysiologistes. Ils se spécialisent dans l'étude des composantes biologiques qui sous-tendent le comportement. Les neuropsychologues étudient plus particulièrement l'influence des différentes structures du système nerveux sur le comportement, notamment le cerveau; les psychophysiologistes étudient l'influence sur le comportement de diverses composantes corporelles, comme le taux de glucose dans le sang, le produit des glandes endocrines, etc. Par exemple, pour trouver le moyen de soigner un comportement violent, le neuropsychologue étudiera les zones cérébrales responsables du déclenchement ou de l'inhibition de ce comportement, alors que le psychophysiologiste effectuera une analyse de sang pour tenter d'y déceler la présence de certaines molécules responsables du déclenchement d'un tel comportement.

Les psychologues du développement. Ils étudient les changements physiques, affectifs, cognitifs et sociaux qui surviennent à tous les stades du développement, de la naissance à la mort. Par exemple, un spécialiste pourra étudier les étapes du développement de la relation d'attachement entre l'enfant et ses parents.

Les psychologues cliniciens et les psychologues-conseils. Les psychologues cliniciens ont pour tâche d'évaluer des personnes aux prises avec des troubles comportementaux et affectifs qui entravent sérieusement leur fonctionnement et leur bien-être; ils évaluent l'état du client et décident du traitement. Les psychologues-conseils effectuent un travail semblable à celui des cliniciens dans le cas de problèmes moins graves. Ainsi, le psychologue clinicien sera appelé à traiter une dépression grave, alors que le psychologue-conseil viendra en aide à une personne qui éprouve des difficultés passagères au travail ou dans sa famille.

Les psychologues en milieu scolaire. Deux branches de la psychologie se côtoient dans ce milieu: la psychologie scolaire et la psychopédagogie. Le travail du psychologue scolaire s'apparente à celui du psychologue-conseil. Il intervient surtout auprès des élèves, mais aussi auprès des professeurs et des parents qui traversent des difficultés temporaires reliées à l'environnement scolaire. Il aidera par exemple un élève à réduire son anxiété à l'approche des examens. Le psychopédagogue, lui, se penche sur l'ensemble du processus éducationnel dans le but d'améliorer les apprentissages. L'éventail de ses interventions est vaste : par exemple, il évaluera d'abord à l'aide de tests les difficultés d'apprentissage de certains élèves et suggérera ensuite une intervention ponctuelle ; il conseillera aux professeurs des méthodes pédagogiques plus efficaces, il mettra sur pied un programme destiné à accroître la motivation des élèves, etc.

Les psychologues sociaux. Ils étudient comment la présence des autres influe sur nos pensées, nos émotions, nos attitudes et notre comportement. Ils s'intéressent à toutes sortes de comportements sociaux, comme les préjugés, l'attirance interpersonnelle, le conformisme, etc. Un psychologue social analysera, par exemple, les stéréotypes que les Québécois

TABLEAU 1.4 LA LISTE DES SECTIONS RECONNUES PAR L'AMERICAN PSYCHOLOGICAL ASSOCIATION (APA)

1. La psychologie générale	30. L'hypnose psychologique
2. L'enseignement de la psychologie	31. Affaires concernant les associations de psychologues dans chaque État
3. La psychologie expérimentale	32. La psychologie humaniste
4. Sans objet*	33. L'étude des problèmes développementaux et du retard mental
5. La mesure, l'évaluation et les statistiques	34. La psychologie des populations et de l'environnement
6. La psychophysiologie et la psychologie comparée	35. La psychologie des femmes
7. La psychologie du développement	36. Les psychologues intéressés par les questions de religion
8. La psychologie sociale et la psychologie de la personnalité	37. Les services à l'enfance, à la jeunesse et à la famille
9. L'étude des problèmes sociaux	38. La psychologie de la santé
10. La psychologie de l'esthétique, de la créativité et des arts	39. La psychanalyse
11. Sans objet*	40. La neuropsychologie clinique
12. La psychologie clinique	41. La psychologie et le droit
13. La psychologie-conseil	42. Les psychologues en cabinet privé
14. La psychologie industrielle et organisationnelle	43. La psychologie de la famille
15. La psychopédagogie	44. L'étude des questions relatives aux homosexuels et aux lesbiennes
16. La psychologie scolaire	45. L'étude des questions relatives aux minorités ethniques
17. Le counseling	46. La psychologie des médias
18. Les psychologues de la fonction publique	47. La psychologie de l'exercice physique et du sport
19. La psychologie militaire	48. La psychologie de la paix
20. Le développement des adultes et le vieillissement	49. La psychologie des foules et la psychologie de groupe
21. La psychologie expérimentale appliquée et la psychologie ergonomiste	50. La toxicomanie
22. La psychologie de la réadaptation	51. L'étude des hommes et de leur masculinité
23. La psychologie du consommateur	52. La psychologie internationale
24. La psychologie théorique et philosophique	53. La psychologie clinique de l'enfant et de l'adolescent
25. L'analyse expérimentale du comportement	54. La psychologie de l'enfance
26. L'histoire de la psychologie	55. L'étude américaine pour le développement de la pharmacothérapie
27. La psychologie communautaire	56. La psychologie des traumatismes
28. La psychopharmacologie	
29. La psychothérapie	

* Il n'y a pas de sections 4 et 11.

Source : American Psychological Association, 2006 (traduction libre).

francophones, anglophones et allophones entretiennent les uns envers les autres avec l'objectif d'améliorer les relations entre tous ces groupes.

Les psychologues industriels et organisationnels. Ils étudient l'environnement de travail sous tous ses aspects, comme le processus de prise de décision ou la structure organisationnelle de l'entreprise, et proposent des interventions pour augmenter la productivité et diminuer l'absentéisme. Par exemple, un psychologue industriel suggérera aux dirigeants d'une entreprise d'accroître les responsabilités des employés afin d'améliorer leur estime de soi et, au bout du compte, leur motivation et leur satisfaction au travail.

Les psychologues de la personnalité. Ils cherchent à déterminer les facteurs qui influent sur la constance et les changements du comportement humain au fil du temps. Un psychologue de la personnalité étudiera, par exemple, les traits particuliers qui dénotent une grande sensibilité aux demandes d'autrui et qu'on peut observer chez certains individus.

Les psychométriciens. Ils se spécialisent dans la mise au point, l'administration et l'analyse de tests psychologiques dans le but d'évaluer la personnalité, l'intelligence et de nombreux types de comportements. Ils travaillent aussi à l'élaboration de nouvelles techniques d'analyse statistique. Un psychométricien pourrait, par exemple, être appelé à créer les outils psychométriques nécessaires pour évaluer un programme d'intervention communautaire en santé mentale.

LES PRINCIPALES PERSPECTIVES EN PSYCHOLOGIE

Imaginons un groupe de personnes discutant de leurs difficultés à accepter leur colère. Une femme déclare : « J'étais déjà en colère quand je suis née. Je montrais le poing aux passants quand on m'a transportée de l'hôpital à la maison. » Une autre femme avoue qu'elle se décharge de la colère qu'elle éprouve envers son mari en criant contre ses enfants, ses amis et sa mère. Elle ajoute : « Je me sens ensuite tellement coupable de m'être mise en colère que je m'empiffre ou que j'ai la migraine. » Un homme attribue son mauvais caractère à l'exemple que lui a donné son père : « Mon père avait l'habitude de se soûler et de se mettre en colère contre nous. Je me surprends maintenant à faire exactement la même chose. » Un autre interlocuteur affirme qu'il désire améliorer son comportement : « Moi aussi, je suis parfois colérique, mais je déteste me voir agir de cette façon, ce n'est pas comme ça que je me perçois. Je veux améliorer mes relations avec les autres, il n'y a que moi qui puisse faire quelque chose et j'entends bien y parvenir. » Un adolescent, membre d'un gang de rue, explique pourquoi il a attaqué un inconnu : « Je n'ai pas eu le choix. Cet homme était méprisant ; il m'a manqué de respect. »

Chacune de ces observations souligne un aspect de la colère, mais aucune n'en donne une vision globale. Les cinq commentaires, émis par des personnes bien différentes, correspondent aux cinq principales perspectives employées en psychologie au Québec pour étudier et expliquer les processus mentaux et le comportement : la perspective biologique, la perspective psychodynamique, la perspective béhavioriste, la perspective humaniste et la perspective cognitive.

Qu'avez-vous appris ?

RÉPONSES, p. 29

A
1. Les précurseurs de la psychologie s'appuyaient sur _____ ? (des observations informelles/ des méthodes empiriques)

2. Le fondateur de la psychologie moderne est _____. (William James/Wilhelm Wundt)

3. Les psychologues qui s'intéressaient principalement à l'aspect adaptatif du comportement étaient connus sous le nom de _____.

B Associez chaque énoncé avec l'un des cinq intervenants énumérés.

1. Il intervient en vue d'accroître l'estime de soi chez les élèves de première année du collégial.

2. Il possède une maîtrise ou un doctorat et intervient en santé mentale.

3. Il ne possède aucun diplôme ou en possède un dans n'importe quelle discipline.

4. Il étudie l'influence de la présence de spectateurs sur la performance sportive des athlètes.

5. Il est diplômé en médecine et adopte une approche médicale à l'égard des troubles émotionnels.

Intervenants

a) Psychothérapeute
b) Psychiatre
c) Psychologue clinicien
d) Psychopédagogue
e) Psychologue social

Ces perspectives reflètent plusieurs questions que les psychologues se posent sur le comportement humain, différentes hypothèses qu'ils formulent sur le fonctionnement de la pensée et, surtout, différentes explications qu'ils avancent sur les raisons qui poussent les gens à agir de telle ou telle manière. Les réponses à ces questions orienteront aussi les interventions des psychologues, que ce soit pour améliorer les conditions de vie de toute une communauté ou, plus simplement, pour intervenir auprès d'une personne en particulier. Vous serez bientôt à même de constater que les psychologues mettent en œuvre les principes de la pensée critique et créative que nous avons déjà expliqués. Dans cet ouvrage, nous étudierons en détail ces cinq perspectives. Voici d'abord un aperçu de chacune d'elles afin de vous permettre de vous familiariser avec les principaux concepts qui y sont liés.

La perspective biologique

Quand elles entreprennent l'étude de la psychologie, bien des personnes sont étonnées de découvrir que les psychologues s'intéressent non seulement aux comportements et aux pensées, mais aussi aux gènes, aux hormones et aux cellules nerveuses. Pourtant, l'approche biologique joue depuis toujours un rôle important en psychologie : Wilhelm Wundt a intitulé son ouvrage le plus connu *Éléments de psychologie physiologique*. En effet, Wundt, comme la plupart des chercheurs de son époque, voulait asseoir la science qu'il contribuait à fonder sur des bases solides, soit l'anatomie et la physiologie. La **perspective biologique** repose sur le postulat que tous les comportements, les sentiments et les pensées sont associés à des activités physiologiques. Des impulsions électriques parcourent à toute vitesse le réseau complexe du système nerveux ; des hormones circulent dans le système sanguin, indiquant aux organes internes s'ils doivent ralentir ou augmenter leur activité ; diverses substances chimiques, les neurotransmetteurs, traversent l'infime espace qui sépare les cellules cérébrales les unes des autres et régularisent ainsi le comportement et les pensées.

Perspective biologique

Approche du comportement centrée sur l'analyse des changements biologiques associés aux comportements, aux sentiments et aux pensées.

Un questionnement commun rassemble les psychologues spécialisés dans l'étude des composantes biologiques, soit les psychophysiologistes et les neuropsychologues : comment les changements internes interagissent-ils avec les stimulations environnementales pour produire des perceptions et des souvenirs, et influer sur le comportement ? Ces spécialistes se penchent sur la façon dont les changements corporels modifient notre rythme de vie, notre perception de la réalité, notre capacité d'apprendre, nos émotions, notre tempérament et, dans certains cas, le risque potentiel de souffrir de troubles émotionnels.

Au cours des dernières décennies, les progrès techniques ont permis l'exploration de régions du cerveau jusqu'alors inaccessibles. Il en est résulté, entre autres, une meilleure compréhension des interactions entre l'esprit et le corps chez un individu malade ou chez un individu en bonne santé. C'est sur cette question que se penchent les chercheurs en neuropsycho-immunologie. Ceux-ci ont récemment découvert que, s'il est vrai que les processus biologiques influent sur les humeurs et les émotions, la réciproque est

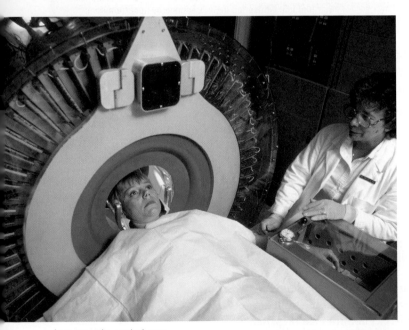

Les progrès techniques permettent aux chercheurs spécialisés dans l'étude des composantes biologiques du cerveau de mieux comprendre le fonctionnement psychologique de l'être humain.

aussi réelle : les émotions, les attitudes et les perceptions influent sur le fonctionnement du système immunitaire, d'où la prédisposition de certaines personnes à contracter des maladies comme la grippe (Andersen, Kiecolt-Glaser et Glaser, 1994). Les recherches en biologie, particulièrement celles sur le génome humain, ont fait resurgir le débat sur les apports respectifs de l'inné (prédispositions génétiques) et de l'acquis (éducation, environnement social) dans le développement des comportements et des traits de personnalité.

De nombreux psychologues spécialisés en biologie souhaitent que leurs découvertes contribuent à résoudre quelques-uns des mystères entourant les troubles mentaux et émotionnels. À propos de la femme mentionnée plus haut, qui croit être «née en colère», ces chercheurs se poseront plusieurs questions. Que se passe-t-il dans l'organisme des personnes qui, comme cette femme, s'emportent facilement? Souffrent-elles d'une affection physique qui expliquerait un tel comportement? Leurs émotions sont-elles reliées à la consommation d'alcool ou de drogues? Existe-t-il un facteur biologique – lié aux gènes, à la structure du cerveau ou aux hormones – responsable des comportements violents? Existe-t-il une relation entre la colère et le fait d'être soumis à un stress de nature physique?

Bien des gens pensent que l'explication d'un comportement anormal est *ou bien* d'ordre physiologique *ou bien* d'ordre psychologique, ce qui les empêche d'apprécier la complexité réelle des interactions entre le corps et la pensée. Mais la perspective biologique nous rappelle une évidence relative à l'être humain: nous ne pouvons isoler son fonctionnement psychologique de son fonctionnement biologique.

Cette psychologue clinicienne aide une cliente à faire face à un problème émotionnel.

La perspective psychodynamique

Certains psychologues contestent la place que la perspective psychodynamique occupe dans la psychologie scientifique. Cette perspective diffère radicalement des perspectives biologique, béhavioriste et cognitive en ce qui concerne le vocabulaire, les méthodes et les normes régissant la validité des observations. Selon certains psychologues chercheurs, l'orientation psychodynamique n'a pas sa place dans la psychologie scientifique. Alors que les perspectives biologique, béhavioriste et cognitive ont vu le jour dans le contexte de la recherche scientifique, soutiennent-ils, les racines de la perspective psychodynamique se trouvent davantage dans la philosophie, la littérature ou la psychanalyse freudienne que dans les sciences sociales. Pourtant, la psychologie actuelle dans son ensemble, notamment la psychologie clinique, a été grandement influencée par cette approche, et ce, de bien des façons. Nous examinerons donc la contribution de la perspective psychodynamique tout en mentionnant à l'occasion les controverses qu'elle suscite encore.

La **perspective psychodynamique** met l'accent sur la dynamique inconsciente de l'individu, où interviennent entre autres les forces intérieures, les conflits et l'énergie instinctuelle exprimée par les pulsions. Ces théories ont en commun une vision *intrapsychique* de l'individu et soulignent les mécanismes internes ou cachés de la «psyché», ou esprit. Selon Freud, la conscience en état de veille n'est que la pointe d'un iceberg mental. Sous la pointe visible, expliquait-il, on trouve la partie inconsciente de l'esprit, qui renferme les désirs inavoués, les ambitions, les passions, les pensées coupables, les envies inavouables ainsi que les conflits entre le désir et le devoir. Ces forces invisibles, croyait-il, ont sur la conduite beaucoup plus d'influence que la conscience. Le véritable objet d'étude de la psychologie consiste donc à s'efforcer de voir sous la surface des choses.

Freud considérait l'agressivité, tout comme la sexualité, comme une pulsion biologique inconsciente. L'énergie liée à la pulsion d'agression, si elle n'est pas canalisée vers des activités productives, est inévitablement déchargée ou déplacée vers des actions violentes, allant de la simple colère à la guerre entre les peuples. Revenons encore une fois au groupe de discussion sur la colère. La femme qui avoue «déplacer» sa colère sur ses enfants et exprimer sa culpabilité par de la goinfrerie et des migraines utilise des termes empruntés au vocabulaire de la psychanalyse. Les psychologues ayant adopté cette approche se demanderaient pourquoi elle se sent coupable d'être en colère et ils chercheraient à savoir quels motifs inconscients la poussent à se gaver et à exprimer son insécurité par des symptômes physiques comme la migraine.

Perspective psychodynamique
Approche qui met l'accent sur la dynamique inconsciente des forces intérieures, conflictuelles et instinctives, qui orientent le comportement de l'individu.

Plusieurs disciples de Freud se sont inspirés de ses idées pour élaborer leurs propres théories. Étant donné qu'ils accordent toujours une place fondamentale à la dynamique de l'inconscient mais qu'ils ont rejeté certains principes de la théorie psychanalytique, leurs théories sont qualifiées de *psychodynamiques* plutôt que de *psychanalytiques*. Bien que certaines hypothèses de la perspective psychodynamique soient invérifiables et demeurent des objets de controverse pour les philosophes, d'autres ont permis d'amorcer des courants de recherches majeurs. Ainsi, des psychologues étudient les mécanismes de défense, tels que les processus de rationalisation, de déni ou de formation réactionnelle, qui sont autant d'idées issues de la théorie freudienne selon laquelle la conscience cherche à se protéger contre l'information menaçante.

Aujourd'hui, les chercheurs dans leur ensemble estiment que les pensées et la conduite rationnelle sont susceptibles d'être perturbées par la culpabilité, l'anxiété et la honte. Un conflit émotionnel prolongé peut en effet s'exprimer par des symptômes physiques, des conduites infantiles et des actes autodestructeurs. Par ailleurs, la perspective psychodynamique s'interroge sur les grands dilemmes existentiels, tels que l'aliénation due à la solitude et la peur universelle de la mort. En ce sens, les théories psychodynamiques ont contribué au progrès de la psychologie et à la compréhension du comportement humain.

La perspective béhavioriste

Le psychologue John B. Watson (1878-1958) a publié en 1913 un article qui allait bouleverser la psychologie scientifique, alors une toute jeune discipline. Dans «Psychology as the behaviorist views it» («La psychologie vue sous l'angle du béhaviorisme»), Watson affirmait que la psychologie ne pourrait jamais devenir une science objective si elle ne renonçait pas à l'étude de l'esprit et de la conscience. Selon lui, les psychologues devaient mettre de côté l'introspection en tant que méthode de recherche et s'abstenir d'employer des termes tels qu'*état mental, esprit* et *émotion* dans les explications qu'ils donnaient du comportement. Ils devaient s'en tenir à ce qu'ils pouvaient observer ou mesurer directement: les comportements des êtres humains et des animaux, et les événements se produisant effectivement dans leur environnement.

Le comportement de cet enfant est-il une simple imitation ou le résultat d'un processus cognitif plus complexe?

Selon Watson, les psychologues doivent abandonner le mentalisme au profit d'une analyse scientifique du comportement, le **béhaviorisme**. Ainsi, pour lui, il ne sert à rien de demander à quelqu'un de décrire ce qu'il ressent quand on le pique avec une aiguille; un béhavioriste voudrait plutôt observer ce qui se passe lorsqu'on pique une personne au doigt avec une aiguille: se met-elle à pleurer? Retire-t-elle sa main? Se met-elle à jurer? Que fait-elle d'autre? Watson a repris à son compte les études du physiologiste russe Ivan Pavlov (1849-1936), qui avait montré que plusieurs types de comportements automatiques ou involontaires, tels que la salivation, n'étaient que des réponses conditionnées (apprises par associations répétées) à des événements donnés, ou stimuli, présents dans l'environnement. À l'instar de Pavlov, Watson croyait que les lois élémentaires de l'apprentissage peuvent expliquer les comportements des êtres humains et des animaux.

Par la suite, le psychologue B. F. Skinner (1904-1990) a inclus dans l'approche béhavioriste l'explication des comportements qui nous paraissent volontaires, par exemple allumer une lampe, faire du vélo ou s'habiller. Skinner a décrit comment les conséquences d'un comportement déterminent dans une large mesure la probabilité qu'il se reproduise. Ainsi, les conséquences qui ont pour effet d'accroître la probabilité d'apparition du comportement sont

Béhaviorisme

Approche psychologique qui met de l'avant l'étude du comportement objectivement observable et du rôle de l'environnement comme facteur déterminant du comportement humain et animal.

dites renforçatrices, alors que les conséquences qui ont pour effet d'en diminuer l'apparition sont dites punitives.

À ses débuts, le béhaviorisme a intéressé non seulement les psychologues, mais aussi les sociologues et les politologues. Tous ces chercheurs découvraient enfin une façon de fournir aux sciences sociales une base rigoureuse et de mettre fin ainsi aux critiques des sceptiques. Du même coup, le champ de la psychologie s'étendait à des sujets qui ne pouvaient être étudiés par l'introspection, comme les enfants, les personnes aux prises avec des troubles psychologiques ou encore les animaux. Aux États-Unis, le béhaviorisme s'est rapidement imposé comme l'école de psychologie expérimentale dominante, et ce, jusqu'à sa remise en question au début des années 1960.

Certains psychologues soulignèrent rapidement qu'il existait d'autres façons d'expliquer les apprentissages. En effet, nous apprenons également par l'observation et l'imitation, de même que par la réflexion sur les choses qui nous entourent. Le béhaviorisme social et cognitif, qui combine des éléments du béhaviorisme traditionnel et des résultats de recherche sur la pensée et la conscience, a donné naissance, entre autres, à la **théorie de l'apprentissage social**. Cette théorie insiste sur l'influence des projets, des perceptions et des attentes sur le comportement. « Si les récompenses et les punitions venant de l'extérieur déterminaient entièrement les actions, fait observer Albert Bandura (1986), les gens se comporteraient comme des girouettes, changeant continuellement d'orientation sous l'effet de n'importe quel agent qui exercerait sur eux une influence momentanée. » Le fait que nous ne nous comportons pas (toujours) comme une girouette donne à penser qu'une bonne part de l'apprentissage d'une personne est *autogérée*, c'est-à-dire modelée par ses pensées, ses valeurs, ses réflexions sur elle-même et ses intentions.

Mais alors, comment se fait-il que l'homme colérique, dont il a été question plus haut, reproduise le comportement de son père malgré son désir d'agir différemment? Les chercheurs qui ont adopté la perspective béhavioriste examineraient les conséquences des accès de colère des deux hommes: lorsqu'ils expriment leur colère, obtiennent-ils l'attention et les réactions qu'ils souhaitent? Les mêmes chercheurs se demanderaient également comment l'homme en est venu à associer la consommation d'alcool avec un comportement violent. Ils affirmeraient que l'alcool «ne libère pas la rage refoulée»; en fait, les gens pensent que, lorsqu'ils sont en état d'ébriété, ils peuvent accomplir certains gestes sans avoir à en subir les conséquences.

Les applications pratiques des techniques de modification du comportement issues du béhaviorisme ont eu des effets sur la vie de bien des gens. On les a utilisées pour aider des personnes à vaincre des peurs irraisonnées, à cesser de fumer, à perdre du poids, à apprendre la propreté à leur animal, à modifier des comportements agressifs destructeurs ou à acquérir une meilleure discipline d'étude. Les techniques fondées sur la théorie de l'apprentissage social ont été employées pour aider des personnes à accroître leur confiance en elles, leur motivation et leur désir de réussite. L'importance que le béhaviorisme accorde à la précision et à l'objectivité a grandement contribué à faire progresser la psychologie dans son ensemble.

Il est essentiel que les parents stimulent intellectuellement leurs enfants en leur faisant la lecture, en leur posant des questions et en leur procurant des livres et des jeux.

La perspective humaniste

Au cours des années 1950 et 1960, les critiques se firent plus nombreuses envers la psychanalyse et le béhaviorisme. Abraham Maslow (1908-1970), Rollo May (1909-1994) et Carl Rogers (1902-1987) remirent en cause la place attribuée par la psychanalyse à l'hostilité, aux conflits inconscients et à l'instinct: selon eux, en effet, il s'agissait là d'une vision pessimiste et réductionniste de la nature humaine, basée uniquement sur l'observation d'individus souffrant de troubles psychologiques. Ils remirent également en cause la place accordée par les béhavioristes aux principes du conditionnement: selon eux, en effet, ces principes mènent à une vision trop mécaniste ou «dénuée d'esprit» de la nature humaine et tout aussi réductionniste, basée sur la simple observation de rats et de pigeons. Pour ces chercheurs, il était temps d'envisager une troisième orientation en psychologie, qu'ils ont appelée **perspective humaniste**.

Maslow (1971) reprochait à Freud d'avoir largement construit sa théorie à partir de l'observation de patients aux prises avec des troubles majeurs comme l'hostilité et la dépression. Pourtant, écrit Maslow (1971), «si on choisit pour une étude consciencieuse des personnes en bonne santé, fortes, créatives, pleines de bonté et avisées, […] on acquiert une vision très différente de l'humanité. On se demande alors jusqu'à quel point une personne peut se développer, ce qu'un être humain peut devenir.» Selon Maslow, le blâme majeur que l'on peut formuler envers la psychologie, c'est d'avoir oublié que l'être humain vit aussi des événements heureux, marqués par la joie, le rire, l'amour, le bonheur, et quelques moments exceptionnels, suscités par l'atteinte de l'excellence ou la recherche de valeurs importantes.

La perspective humaniste se démarque également des autres perspectives par la place prépondérante qu'elle accorde aux caractéristiques qui nous distingueraient des autres animaux: une expérience subjective consciente composée de pensées, de sentiments et de croyances (le soi); la capacité de faire des choix pour orienter sa vie (le libre arbitre); un besoin inné de croître et de se réaliser pleinement (le besoin d'autoactualisation).

Pour Carl Rogers (1951, 1961), l'épanouissement de toute personne sur les plans affectif et fonctionnel dépend de l'amour et du soutien que lui apporte son entourage en l'acceptant inconditionnellement. Malheureusement, beaucoup de personnes accordent un regard essentiellement conditionnel, la condition étant formulée doublement: «Je t'aimerai si tu te comportes comme je le veux» et «Je ne t'aimerai pas si tu te comportes mal à mes yeux». Les personnes qui subissent un tel regard ont tendance à réagir en éliminant des comportements qui leur sont propres ou en supprimant des pensées qui les empêchent de recevoir le regard bienveillant de ceux qu'ils aiment. Selon Rogers, il en résulte un état d'incongruence où la personne a l'impression de ne pas être authentique, de s'isoler de ses vrais sentiments. À plus long terme, ces réactions sont associées à une faible estime de soi, à un état défensif et à de l'amertume.

Dans l'exemple de la violence présenté au début de cette section, l'homme qui affirme «ne pas aimer se voir comme ça» exprime probablement une incongruence entre son comportement et son concept de soi. La décision de modifier ses comportements peut s'expliquer par l'intention de se rapprocher du concept de soi désiré en développant pleinement son potentiel. De plus, cette personne montre qu'elle croit avoir le choix et la maîtrise de son avenir.

Il faut distinguer ici l'humanisme d'un courant de pensée proche, l'existentialisme, dont les racines philosophiques européennes se trouvent dans les écrits de Kierkegaard et de Sartre. L'humanisme et l'existentialisme portent un intérêt commun à la vie intérieure consciente et à ses répercussions sur le développement de la personne. Toutefois, alors que le but des humanistes est d'aider les gens à mieux se comprendre et à s'épanouir, les existentialistes (c'est ainsi que se qualifient certains psychologues) centrent leur réflexion sur l'effort déployé par chacun pour trouver un sens à sa vie, pour vivre selon des normes morales et pour comprendre le sens de la souffrance et de la mort (Becker, 1971, 1973; Yalom, 1980). Dans le cadre restreint de cet ouvrage, nous ne présenterons que le point de vue humaniste, qui a exercé – et qui exerce toujours – une influence majeure sur les psychologues spécialisés en intervention clinique.

Perspective humaniste
Approche qui favorise l'étude des caractéristiques uniques de l'être humain, comme le libre arbitre et le concept de soi.

Les psychologues se penchent sur de nombreuses questions dont la réponse n'est pas toujours évidente. Par exemple, pourquoi certaines personnes sautent-elles en élastique dans le vide?

La perspective cognitive

Durant les années 1950 et 1960, le nouvel intérêt accordé en psychologie au fonctionnement de la pensée humaine se trouva renforcé par un facteur inattendu: l'arrivée de l'ordinateur. Cette invention incita en effet les scientifiques à étudier la résolution de problèmes, la rétroaction de l'information et d'autres processus mentaux: la psychologie cognitive était née. (Le terme « cognitif » vient du latin *cognitum*, de *cognoscere*, qui signifie « connaître ».)

Selon les psychologues de la **perspective cognitive**, pour comprendre comment les humains utilisent le langage, acquièrent le sens des valeurs morales, vivent des émotions ou se comportent en groupe, il faut étudier la façon dont ils sélectionnent et organisent l'information sociale ainsi que les connaissances d'eux-mêmes et du monde dont ils disposent. De même, pour comprendre les comportements et les états affectifs des individus, il faut découvrir l'origine de leurs pensées, de leurs souvenirs, de leurs croyances, de leurs perceptions et de leurs autres processus mentaux. Cependant, les psychologues cognitifs ne voulaient pas revenir à l'ancienne méthode de l'introspection; ils mirent donc au point de nouvelles techniques afin d'obtenir de l'information sur les processus mentaux à partir de comportements observables. Par exemple, l'examen des types d'erreurs que les individus commettent en tentant de se rappeler les mots d'une liste donnée permet de tirer des conclusions sur la façon dont les mots sont emmagasinés dans la mémoire, soit sous la forme de sons, soit sous la forme de significations.

L'un des apports les plus importants de la perspective cognitive a été de montrer que les interprétations et les perceptions d'une personne influent sur ce qu'elle fait ou ressent. Chacun cherche constamment à trouver un sens au monde qui l'entoure et à son état physique ou mental du moment. Que nos pensées soient réalistes ou non, elles exercent sans cesse une influence sur nos actions et nos choix. Revenons au cas de l'adolescent qui a assailli un inconnu parce qu'il se croyait insulté par ce dernier. Même si ce jeune homme sentait qu'il n'arriverait pas à réprimer sa colère et qu'il n'avait pas d'autre choix pour réagir, il s'était mis en colère en réalité parce qu'il avait *interprété* le comportement de l'inconnu comme un signe d'irrespect. Il y avait peut-être d'autres interprétations possibles de la situation: l'inconnu n'avait peut-être aucunement l'intention d'être méprisant; il était peut-être myope et n'avait même pas vu l'adolescent. Dans la perspective cognitive, les chercheurs se demanderaient: comment l'interprétation d'un événement influe-t-elle sur les émotions et les réactions? Existe-t-il d'autres interprétations possibles?

Bien peu de sujets relevant de la psychologie ont échappé aux répercussions de ce qu'on a appelé la *révolution cognitive* (Gardner, 1985). Les psychologues qui ont choisi cette approche ont étudié les processus mentaux, tels que les explications données par les individus eux-mêmes sur leurs propres comportements et la façon dont ils comprennent une phrase, résolvent un problème intellectuel, raisonnent, se forment une opinion ou se souviennent d'un événement. Grâce à l'utilisation de nouvelles méthodes de recherches, les psychologues ont pu examiner des phénomènes qui avaient jusqu'alors appartenu au domaine de la spéculation, tels le sommeil, l'hypnose et les états de conscience provoqués par des drogues. Les psychologues ont conçu également des programmes informatiques capables d'accomplir des tâches cognitives complexes et de prévoir comment des êtres humains s'acquitteraient des mêmes tâches (Simon, 1992). La perspective cognitive est une des forces majeures de la psychologie contemporaine: elle est à l'origine d'un foisonnement de recherches sur les subtilités du fonctionnement de la pensée.

Perspective cognitive
Approche qui met de l'avant l'étude des processus mentaux dans la perception, la mémoire, le langage, la résolution de problèmes et d'autres aspects du comportement.

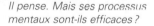

Il pense. Mais ses processus mentaux sont-ils efficaces?

Quelques autres perspectives

Il existe d'autres approches du comportement qui n'entrent dans aucun des cinq courants décrits ci-dessus. Parmi celles-ci, notons la perspective socioculturelle, la perspective évolutionniste et la perspective écologique.

La perspective socioculturelle

Au cours des années 1930 et 1940, certains psychologues ont remis en cause la tendance à centrer l'étude psychologique sur l'individu, que ce soit par l'analyse de l'influence de facteurs biologiques, par celle de l'inconscient ou par celle du conditionnement. Ils se sont penchés sur l'influence que pouvaient avoir le milieu social et les valeurs culturelles sur le comportement social. Par exemple, comment expliquer que des personnes en apparence bien équilibrées puissent, à l'occasion, exprimer des préjugés haineux et raciaux? C'est cette préoccupation à l'égard de l'influence de l'environnement social et culturel sur le comportement qui caractérise la **perspective socioculturelle**.

Perspective socioculturelle
Approche qui étudie l'influence du contexte social et culturel, de même que des caractéristiques situationnelles, sur les pensées et le comportement.

Tout comme les béhavioristes, les chercheurs qui ont adopté la perspective socioculturelle notent que la majorité des gens ont tendance à négliger l'influence du contexte environnemental sur leurs conduites. Pourtant, notre façon d'éduquer nos enfants, de gérer nos affaires personnelles ou de percevoir le monde est largement tributaire de notre milieu social et culturel. Si nous accordons si peu d'importance à ces influences, c'est probablement parce qu'elles sont aussi essentielles que l'air qui nous entoure et dont nous oublions la présence.

Les psychologues qui mettent l'accent sur l'aspect social de la perspective socioculturelle examinent l'influence que les êtres humains exercent les uns sur les autres, que ce soit en tant qu'employeurs, conjoints, parents, amis, amants ou étrangers. Ils étudient la manière dont nous imitons nos héros, nous conformons à la conduite de nos pairs, obéissons à l'autorité, nous épanouissons ou dépérissons dans une relation intime. Ils étudient également les caractéristiques du milieu physique, telles que l'agencement d'une pièce, le niveau de bruit ambiant, etc., qui ont des effets considérables sur l'individu.

Les psychologues qui insistent sur l'aspect culturel de la perspective socioculturelle étudient plutôt comment la culture influe sur les membres d'une communauté ou d'une société donnée. Le terme *culture* désigne ici un ensemble de règles régissant le comportement des membres d'un groupe, de même que les valeurs, les croyances et les attitudes communes à la majorité. Il peut s'agir de règles explicites (il ne convient pas de rire lors d'une cérémonie religieuse ou funéraire ni de jouer à la bataille navale durant un cours de psychologie) ou implicites, non verbales (la distance convenable pour s'adresser à un ami est de 50 centimètres). La culture dans laquelle baigne une personne exerce une influence sur chacun des aspects de sa conduite. Par exemple, les Occidentaux accordent une grande importance à l'individualisme, alors que la loyauté envers la communauté et la coopération comptent beaucoup aux yeux des Asiatiques et des Latino-Américains. Les dictons sont éloquents à ce sujet. Le dicton américain « On huile la roue qui grince » signifie qu'il faut faire du bruit pour obtenir ce que l'on veut. Le dicton japonais « On tape sur la tête du clou qui sort de la planche » signifie qu'il vaut mieux ne pas trop se faire remarquer et qu'il importe de s'intégrer au groupe.

La perspective socioculturelle peut être considérée comme une approche majeure en psychologie, au même titre que les cinq perspectives présentées dans cet ouvrage. Elle a contribué à faire de la psychologie une science plus représentative de la complexité de la conduite humaine en intégrant l'étude des contextes historique, social, situationnel et culturel.

La perspective évolutionniste

Contrairement aux autres approches, la perspective évolutionniste situe l'explication des comportements d'une personne au-delà des caractéristiques qui lui sont propres. Ainsi, certains de nos comportements ne seraient pas le résultat d'expériences en bas âge, d'apprentissages particuliers ni le fruit d'une réflexion personnelle; ils seraient plutôt présents chez tous les êtres humains en raison d'un patrimoine génétique commun. Pour bien comprendre cette perspective, il faut la situer dans le contexte de la théorie évolutionniste de Darwin. Selon cette théorie, par un processus de sélection naturelle, seuls les organismes les mieux adaptés pour survivre peuvent transmettre leurs gènes aux générations suivantes. Les caractéristiques associées aux gènes transmis contribuent par la suite à favoriser l'adaptation et la survie des organismes qui en sont porteurs et, par un très long processus de sélection, en viennent à faire partie d'un bagage génétique propre à une espèce.

Pour les tenants de la **perspective évolutionniste**, l'espèce humaine aurait ainsi hérité d'un ensemble de mécanismes mentaux, utiles à la survie de nos ancêtres chasseurs-cueilleurs et toujours actifs de nos jours, malgré les profondes transformations du milieu de vie de la majorité des êtres humains d'aujourd'hui. Ainsi, cet héritage commun comprendrait non seulement la répulsion pour les aliments avariés et la crainte des araignées, mais aussi des conduites plus complexes, comme la vie en société et l'attirance interpersonnelle. La recherche de Shackelford et ses collègues (2002) sur les tendances des sujets masculins et féminins à pardonner une infidélité comportementale ou affective illustre bien la perspective évolutionniste. Selon ce point de vue, l'homme devrait trouver plus difficile que la femme de pardonner une infidélité comportementale (avec comportement sexuel) étant donné qu'il ne pourrait être sûr d'être le père d'un enfant à naître (donc à protéger) le cas échéant, mais il trouverait moins difficile que la femme de pardonner une infidélité affective (sans comportement sexuel) avec un autre homme. À l'inverse, la femme devrait avoir plus de difficulté à pardonner l'infidélité affective de son conjoint avec une autre femme, puisque cet acte compromettrait la sécurité assurée par le mâle, mais elle pardonnerait plus facilement une infidélité sexuelle. Les résultats de la recherche appuient l'hypothèse évolutionniste, en ce sens que les hommes affirment être davantage prêts à rompre avec une conjointe faisant preuve d'infidélité comportementale qu'avec une femme faisant preuve d'infidélité affective, alors qu'on observe l'inverse chez les femmes.

Le type d'interprétations propres à la perspective évolutionniste suscite évidemment son lot de critiques. Parmi celles-ci, notons la négligence de l'influence des normes sociales sur la régulation des conduites et l'impossibilité d'expérimenter sur les bases génétiques postulées pour rendre compte des conduites observées.

La perspective écologique

Tout comme la perspective évolutionniste, la perspective écologique s'est inspirée du modèle darwinien, qui attribue un rôle majeur aux relations des êtres vivants avec leur environnement. La perspective écologique doit beaucoup à Urie Bronfenbrenner, qui en a posé les assises et en a démontré l'utilité pour l'étude du comportement humain dans son livre *The ecology of human development: Experiments by nature and design*, publié en 1979.

Perspective évolutionniste
Approche qui tente de rattacher certains comportements à des mécanismes adaptatifs hérités de notre passé de chasseurs-cueilleurs.

Perspective écologique
Approche qui tient compte, dans l'analyse du comportement, de l'interaction entre l'individu et les différents systèmes dont il fait partie.

L'objet d'étude de la **perspective écologique** est constitué des diverses relations qui s'établissent entre l'individu et les différents systèmes dans lesquels il est appelé à évoluer. Pour les tenants de cette approche, le comportement est certes influencé par certaines dimensions de la personne, comme le tempérament, les apprentissages ou les émotions, mais aussi par les liens complexes, parfois ténus, qui lient l'individu à son environnement. Par exemple, l'entrée en vigueur d'un nouveau règlement municipal interdisant l'utilisation de la planche à roulettes dans les rues pourrait affaiblir la cohésion d'un groupe d'adolescents qui s'y adonnent et provoquer l'isolement social d'un de ses membres, ce qui pourrait nuire à la réussite scolaire de ce dernier.

Nous subissons chaque jour de nombreuses influences sociales, objet de la perspective écologique.

La recherche de Roy et ses collègues (2005) constitue une excellente illustration de l'application de la perspective écologique à l'étude de la réussite scolaire au collégial. Les auteurs y présentent les différents niveaux d'influence à partir des six sphères proposées par Bouchard (1987): l'*ontosystème* est l'ensemble des caractéristiques, des compétences et des habiletés de l'élève (sexe, condition physique, origine sociale, etc.); le *microsystème* est constitué des environnements immédiats de l'élève (famille, collège, etc.); le *mésosystème* comprend les lieux fréquentés par l'élève au-delà de son environnement immédiat (lieu de travail, résidence des amis, etc.); l'*exosystème* correspond aux lieux que ne fréquente pas l'élève mais qui ont une influence sur sa vie (Parlement, qui vote des lois sur le travail; ministère de l'Éducation, du Loisir et du Sport, qui établit les règles d'attribution des prêts et des bourses, etc.); le *macrosystème* est l'ensemble des valeurs, des normes et des idéologies véhiculées dans la société (importance accordée à l'éducation, comportements acceptables, etc.); enfin, le *chronosystème* comprend toutes les considérations temporelles qui permettent de définir un événement (première session, projet de vie, etc.). À partir de ce cadre d'analyse, les auteurs ont déterminé un certain nombre d'éléments qui influencent la réussite scolaire des élèves au collégial. Ainsi, le parcours scolaire serait influencé non seulement par les valeurs importantes véhiculées par la communauté et auxquelles souscrivent les élèves, mais aussi par une façon de penser, qualifiée de « fonctionnelle », qui les guiderait dans la recherche d'une qualité de vie personnelle et professionnelle primant sur tout le reste.

L'intérêt principal de la perspective écologique est la prise en compte d'un large éventail d'influences dans l'analyse du comportement, ce qui permet de mieux cibler les interventions sociales auprès des groupes visés.

Qu'avez-vous appris ?

RÉPONSES, p. 29

A L'anxiété est un trouble fort répandu. Associez chacune des cinq explications possibles de l'anxiété avec l'une des cinq perspectives énumérées.

1. Les personnes anxieuses ont tendance à déformer les événements lorsqu'elles pensent à ce qui les attend.

2. L'anxiété est due à des désirs inconscients et défendus.

3. Les symptômes de l'anxiété sont souvent récompensés, par exemple lorsqu'ils permettent d'éviter un examen.

4. L'anxiété excessive peut être causée par un déséquilibre chimique, la caféine ou un problème lié au sommeil.

5. L'anxiété peut être provoquée par une trop grande différence perçue entre le soi idéal et le soi actuel.

Perspectives
a) Béhavioriste
b) Psychodynamique
c) Humaniste
d) Biologique
e) Cognitive

B Différents postulats sur le comportement humain peuvent mener à des conclusions différentes. Quels postulats permettent de distinguer la psychologie cognitive du béhaviorisme ? Quels postulats permettent de différencier la perspective psychodynamique de la perspective humaniste ?

À PROPOS DU PRÉSENT OUVRAGE

Les cinq perspectives que nous avons choisi d'examiner dans cet ouvrage constituent des approches qualitativement différentes de l'étude de la pensée et du comportement; ce sont aussi les plus productives en recherche et en intervention. Nous ne les exposons pas par ordre d'importance, ce qui suggérerait un jugement de valeur, ni selon une trame historique stricte, ce qui ne conviendrait pas toujours à une présentation globale. Nous avons choisi un ordre qui, tout en respectant l'évolution des perspectives, facilite selon nous l'intégration des connaissances.

Le livre est structuré en cinq parties. Chaque perspective fait l'objet d'une partie, composée d'un ou de deux chapitres. Chacune des parties met en évidence les questions importantes auxquelles la perspective s'intéresse, de même que les questionnements qu'elle suscite, les limites qui lui sont propres ainsi que quelques répercussions sur les plans social et éthique. Pour chaque perspective, nous examinons également ce qu'elle peut apporter à ce que les psychologues appellent, de façon charmante, la *vraie vie,* c'est-à-dire les applications des découvertes qui y sont liées, ce qui inclut la psychothérapie, la modification des comportements, l'amélioration de la vie des individus et des relations interpersonnelles, et la résolution de problèmes sociaux persistants.

Quoique, dans l'ensemble, les psychologues reconnaissent qu'il faut intégrer les cinq perspectives, une grande proportion d'entre eux ne le font pas en pratique, car ils sont spécialisés, à l'instar des professionnels d'autres disciplines. Le psychologue entraîné à chercher les causes biologiques du comportement n'a pas tendance à étudier l'influence de l'inconscient, ni même à y réfléchir, et l'inverse est tout aussi vrai. Certains psychologues ont tendance à croire que la partie de la psychologie qu'ils étudient constitue la discipline tout entière, ou du moins qu'elle en est la partie la plus importante. Cela explique que les différences entre les diverses approches aient suscité de la part de leurs défenseurs respectifs de vives discussions, des confrontations hargneuses et, parfois, un mutisme absolu.

Des spécialistes des sciences humaines souhaitent voir apparaître une approche unificatrice, qui rassemblerait toutes les tendances de la psychologie (Bevan, 1991 ; Gibson, 1994). Gregory Kimble (1994, 1995), par exemple, a proposé un cadre de référence unificateur pour la psychologie scientifique, intégrant des principes généraux empruntés à la biologie, à l'apprentissage, à la cognition et à la culture. Kimble (1994) écrit : « De l'ensemble des connaissances accumulées depuis [William] James, il apparaît que certains principes – à la manière des lois que Newton nous a laissées – suscitent l'adhésion d'un nombre suffisant pour favoriser l'intégration des différentes perspectives en psychologie. » Cependant, beaucoup de psychologues en sont venus à la conclusion qu'on ne pourra jamais réunir ces différents courants en une science cohérente et qu'il est donc inutile de tenter d'imposer une fausse unité – comme aiment le faire les auteurs de manuels scolaires (Gardner, 1992 ; Hilgard, 1991 ; Koch, 1981). Sigmund Koch (1992) suggère qu'on cesse de parler de l'« étude de la psychologie » comme s'il s'agissait d'une entité unique et qu'on adopte plutôt l'expression « les études psychologiques ». Howard Gardner (1992) se dit convaincu qu'il n'existera bientôt plus rien qui corresponde à ce qu'on appelle maintenant le *champ de la psychologie*. À son avis, les disciplines florissantes que sont les sciences cognitives et les neurosciences engloberont ce qui se rattache aux approches biologique et cognitive ainsi qu'à celle de l'apprentissage ; un vaste champ interdisciplinaire, soit les « études culturelles », inclura la perspective socioculturelle ; d'autres branches (comme la psychologie clinique, la psychologie industrielle et organisationnelle, et la psychologie de la consommation) deviendront des domaines d'application ; enfin, la perspective psychodynamique et les recherches sur la personnalité se rattacheront à la littérature, à la philosophie et aux arts.

Nous ne ferons pas nous-mêmes de prédictions sur l'avenir de la psychologie et nous chercherons aussi à éviter les jugements de valeur sur les différentes perspectives. Nous nous limiterons à affirmer qu'il existe plusieurs façons d'étudier un problème, quel qu'il soit, ou de formuler des solutions à des problèmes personnels ou sociaux persistants. Dans le dernier chapitre, nous montrerons comment il est possible d'étudier un problème social important à l'aide des cinq perspectives.

Si vous êtes prêt à partager notre enthousiasme pour l'étude de la psychologie, si vous portez un intérêt aux énigmes et désirez savoir non seulement qui a fait quoi, mais aussi pourquoi il l'a fait, si vous acceptez de remettre en question ce que vous pensez que vous pensez... Alors vous êtes prêt à poursuivre la lecture de ce manuel.

Réponses

Page 11

A Dans les deux cas il s'agit de psychoverbiage, puisque les énoncés confirment des croyances populaires, qui sont apparemment basées sur des faits, mais qui ne tiennent pas compte d'autres pistes possibles d'explication. Dans le premier cas, par exemple, que penser du parent qui punirait son enfant pour avoir traversé dangereusement la rue et qui, l'instant d'après, s'interposerait entre l'enfant et un chien dangereux ? Dans le second cas, que penser des personnes qui sont constamment tendues (pensées négatives), mais qui ne présentent aucun symptôme de cancer ?

B Voici quelques problèmes que soulève la façon de discuter d'Amélie et de Hubert : ■ Les émotions influent fortement sur leur raisonnement. ■ Leurs arguments ne sont pas basés sur des faits vérifiés. Par exemple, que nous apprennent les recherches sur le lien entre la peine de mort et le taux de criminalité ? La peine de mort est-elle appliquée également à tous les meurtriers, qu'ils soient riches, pauvres, blancs, noirs, hommes ou femmes ? ■ Ils n'ont pas examiné leurs présuppositions et croyances personnelles. ■ Ils n'ont pas bien défini la question. Par exemple, quel est l'objectif lié à la peine de mort ? Dissuader les criminels, satisfaire le désir de vengeance de la population ou empêcher les criminels d'obtenir une libération conditionnelle ?

Page 19

A 1. Des observations informelles. 2. Wilhelm Wundt. 3. Fonctionnalistes.

B 1. d. 2. c. 3. a. 4. e. 5. b.

Page 28

A 1. e. 2. b. 3. a. 4. d. 5. c.

B Les psychologues cognitifs croient pouvoir expliquer le comportement grâce aux pensées et aux sentiments, alors que les béhavioristes estiment qu'il faut plutôt étudier les caractéristiques des comportements et les conditions dans lesquelles ceux-ci se produisent. Les psychologues qui adoptent l'approche psychodynamique considèrent que le comportement est largement déterminé par des facteurs intrapsychiques, tels que les pulsions inconscientes, alors que les psychologues humanistes pensent que chaque individu est conscient et responsable de ses choix, et qu'il cherche à développer pleinement son potentiel humain.

RÉSUMÉ

1 La *psychologie* est l'étude scientifique du comportement et des processus mentaux que conditionnent le milieu ainsi que l'état physique et mental d'une personne. La psychologie se démarque du psychoverbiage ou des approches non scientifiques de l'étude du comportement, comme l'astrologie et le spiritisme, par ses méthodes de recherches et ses théories scientifiques.

2 L'un des principaux avantages que vous pouvez retirer de l'étude de la psychologie est l'amélioration de votre capacité à penser de façon critique. La *pensée critique* suppose la capacité et la volonté de s'interroger sur la valeur de toute affirmation et de porter des jugements objectifs en s'appuyant sur des arguments bien fondés. Les personnes dotées d'un esprit critique sont curieuses et posent des questions ; elles définissent les problèmes de façon claire et précise ; elles examinent les faits et analysent les présuppositions ; elles évitent les raisonnements fondés sur des émotions et les simplifications à outrance ; elles considèrent toutes les interprétations plausibles et tolèrent l'incertitude.

3 Jusqu'au XIXᵉ siècle, la psychologie ne constituait pas en elle-même un champ d'études, et peu de règles formelles en régissaient les recherches et les applications. De nombreuses généralisations sur le comportement humain reposaient sur des anecdotes ou la description de cas individuels. La psychologie en tant que science empirique a vu le jour en 1879, lorsque Wilhelm Wundt a créé le premier laboratoire de psychologie à Leipzig en Allemagne. Ses travaux s'appuyaient en grande partie sur l'introspection dirigée, que les autres chercheurs ont vite délaissée, considérant qu'elle n'était pas suffisamment objective.

4 Le fonctionnalisme fut l'une des premières écoles de psychologie à s'opposer aux idées de Wundt. Les fonctionnalistes s'inspiraient en partie des théories évolutionnistes de Charles Darwin. Ils cherchaient à savoir comment les conduites d'un être humain ou d'un animal l'aident à s'adapter à son environnement, et ils recherchaient les causes sous-jacentes, les motifs et les conséquences pratiques des comportements et des stratégies mentales spécifiques.

5 Les travaux de Sigmund Freud ont donné naissance à la psychologie en tant que méthode de psychothérapie. Freud a par la suite développé ses premières idées en une vaste théorie de la personnalité. Sa théorie et ses méthodes de traitement des troubles émotionnels sont connues sous le terme de *psychanalyse*.

6 Les activités professionnelles des psychologues se divisent généralement en deux grandes catégories : la recherche et l'intervention clinique. Les psychologues chercheurs étudient des problématiques et en appliquent les résultats dans divers milieux ou enseignent à l'université ou dans un collège. Les psychologues cliniciens offrent des services psychologiques et interviennent en santé mentale. De nombreux psychologues travaillent dans ces deux champs de compétence.

7 Le travail du psychologue chercheur s'exerce selon deux orientations principales : la recherche fondamentale et la recherche appliquée. La recherche dont le but est d'accroître les connaissances relatives aux comportements et aux processus mentaux est dite *fondamentale* ; la recherche qui fait appel aux connaissances fondamentales afin de modifier des conduites humaines est dite *appliquée*.

8 Les psychologues cliniciens, dont le rôle est de comprendre et d'améliorer la santé physique et mentale des individus, travaillent dans des centres hospitaliers, des établissements psychiatriques, des cliniques spécialisées, des écoles et des cabinets privés. Ils étudient, évaluent et traitent les problèmes et les déficiences d'ordre comportemental, mental ou émotionnel. Si l'usage du titre « psychologue » est réglementé, celui de « psychothérapeute » ne l'est pas. Bien des psychologues s'inquiètent du nombre croissant de psychothérapeutes qui pratiquent leur « art » sans avoir reçu de véritable formation et sans comprendre les méthodes de recherche et les découvertes de la psychologie moderne.

9 Les domaines dans lesquels les psychologues chercheurs ou cliniciens sont appelés à exercer leur profession sont nombreux et fort variés. Les principales catégories sont les suivantes: psychologues chercheurs, neuropsychologues, psychophysiologistes, psychologues du développement, psychologues-conseils, psychologues scolaires, psychopédagogues, psychologues sociaux, psychologues industriels ou organisationnels, psychologues de la personnalité et psychométriciens.

10 Il existe aujourd'hui cinq points de vue prédominants en psychologie, qui se distinguent par les questions soulevées, les hypothèses de travail et les explications proposées. La *perspective biologique* s'intéresse à la façon dont l'activité biologique et l'activité physiologique interagissent avec les événements extérieurs pour produire les perceptions, les pensées, les émotions, les souvenirs et les comportements, ainsi qu'aux contributions respectives de l'inné (les prédispositions génétiques) et de l'acquis (l'éducation et l'environnement) dans le développement des habiletés et des traits de personnalité. La *perspective psychodynamique* insiste sur la dynamique des forces de l'inconscient, comme les motifs, les conflits ou l'énergie exprimée par les pulsions; elle diffère grandement des autres perspectives quant aux méthodes et aux normes de validation des faits. La *perspective béhavioriste* met l'accent sur la façon dont l'environnement et l'histoire d'une personne influent sur son comportement. Dans cette optique, les béhavioristes étudient les modalités selon lesquelles nous adoptons de nouvelles conduites, et ce, notamment par l'étude du rôle des conséquences de nos comportements. La *perspective humaniste* accorde beaucoup d'importance au libre arbitre et au potentiel humain; elle exerce une grande influence sur la psychothérapie et sur les mouvements relevant de la croissance personnelle. La *perspective cognitive* étudie

la façon dont les processus mentaux interviennent dans de nombreux aspects de la pensée, tels que la perception, la mémoire, le langage, les émotions, la résolution de problèmes et la formation de croyances.

11 Les écoles de psychologie ne se rattachent pas toutes clairement à l'une ou l'autre des cinq perspectives présentées ici. Ainsi, la *perspective socioculturelle* situe l'individu dans son contexte social et culturel, c'est-à-dire qu'elle met l'accent sur la façon dont les rôles sociaux et culturels, de même que les exigences situationnelles, influent sur les croyances et le comportement. Par ailleurs, la *perspective évolutionniste* cherche à déterminer les influences sur le comportement qui pourraient être associées à l'évolution de notre espèce. Ces mécanismes adaptatifs, hérités de nos ancêtres chasseurs-cueilleurs, pourraient expliquer en partie des comportements comme la vie de groupe, l'attirance sexuelle et l'agressivité. Enfin, pour expliquer le comportement d'un individu, la *perspective écologique* prend en compte la complexité des interactions entre les différents systèmes où il évolue. Par exemple, une caractéristique propre à l'individu, comme son tempérament, et une valeur partagée par les institutions de son environnement peuvent interagir pour provoquer des comportements qui, à première vue, seraient difficilement explicables par l'analyse indépendante de chacun de ces facteurs.

12 Étant donné que les facteurs qui régissent le comportement sont intimement liés, chacune des perspectives est en elle-même limitée. Tisser ensemble tous les fils de la recherche en psychologie pour en faire une seule science cohérente et unifiée pourrait s'avérer une tâche irréalisable.

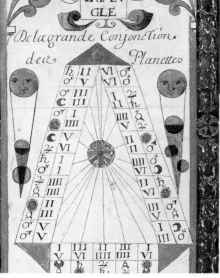

Dans la France du XVIIᵉ siècle, les gens cherchaient à résoudre leurs problèmes à l'aide d'une carte astrologique. Après avoir lancé les dés, on associait le chiffre obtenu au chiffre romain correspondant sur la carte, qui indiquait sous quelle influence planétaire se trouvait l'individu. La psychologie scientifique fait appel à des méthodes plus fiables et plus utiles.

CHAPITRE 2

La recherche
en psychologie

Supposons que vous soyez le parent d'un garçon autiste de neuf ans. Votre enfant vit dans un monde à part, silencieux, coupé des interactions sociales habituelles pour les enfants de son âge. Il ne vous regarde que très rarement dans les yeux. Il se balance d'avant en arrière pendant des heures. Parfois, il s'inflige volontairement des blessures, au point de s'arracher des lambeaux de chair. Il ne parle pas ou guère ; à l'école, il ne peut pas être intégré dans une classe ordinaire.

Imaginez alors l'intérêt et l'espoir que susciterait en vous un téléreportage portant sur une nouvelle technique, déjà appliquée dans plusieurs cliniques nord-américaines et capable de tirer votre enfant de sa prison mentale. Selon les promoteurs de cette technique, les enfants déficients mentaux ou autistes apprennent à composer des phrases en sélectionnant des mots dans un tableau avec l'aide d'un adulte qui leur tient délicatement la main ou l'avant-bras. Vous dénichez une clinique qui a recours à cette technique, appelée « communication assistée ». Certes, les frais sont élevés, mais comme vous vous trouvez dans une situation désespérée, vous décidez d'y faire une demande d'admission pour votre fils.

Ce scénario est tout à fait vraisemblable. Ces dernières années, des milliers de parents en détresse ont fondé tous leurs espoirs sur les promesses de cette technique. La communication assistée représente un « véritable miracle », clamaient ses promoteurs. Selon eux, des enfants, grâce à leur « assistant » (la personne qui leur tenait la main), étaient parvenus à maîtriser des habiletés en mathématiques et en lecture de la fin du secondaire. D'autres enfants avaient même écrit des poèmes d'une grande beauté. Mais qu'en était-il vraiment ?

Les psychologues chercheurs ne pouvaient pas accepter d'emblée les affirmations et les témoignages de succès de cette approche. Il leur fallait en vérifier l'efficacité au moyen d'études expérimentales contrôlées et portant sur des centaines d'enfants et d'adultes autistes (Jacobson et Mulick, 1994 ; Mulick, 1994). Des chercheurs ont mené une étude au cours de laquelle l'« assistant » ne pouvait voir les images présentées à l'enfant ni entendre les questions auxquelles celui-ci devait répondre. Dans ces conditions, il s'est avéré que l'enfant autiste n'avait acquis aucune habileté linguistique inattendue (Eberlin *et al.*, 1993). Dans une autre étude, des autistes adultes pouvaient observer la même image que l'« assistant » ou bien une image différente. Dans ces conditions, les seules descriptions correctes données par le sujet autiste correspondaient aux images qui n'avaient été observées que par l'« assistant » (Wheeler *et al.*, 1993). Les chercheurs ont conclu de ces études que l'interaction entre l'autiste et l'« assistant » est analogue à l'interaction entre le médium et la personne dont il guide la main sur le plateau d'un jeu de Ouija pour l'aider à capter les « messages » d'un « esprit » : la personne chargée de l'« assistance » dirige inconsciemment la main de l'autre personne dans la direction désirée. Quand on y regarde de plus près, la « communication assistée » constitue plutôt la « communication de l'assistant ».

De telles recherches contrôlées sont indispensables; en effet, lorsque les parents investissent temps et argent dans un traitement qui ne donne aucun résultat, ils perdent la possibilité d'obtenir une aide réelle et bénéfique pour leur enfant; en outre, la souffrance de voir tous leurs espoirs s'évanouir peut être terrible. Les méthodes de recherche abordées dans ce chapitre constituent les instruments de travail du psychologue. Elles lui permettent de départager des points de vue contradictoires ou de corriger de fausses idées, susceptibles de causer un tort important aux personnes qui ont des décisions majeures à prendre sur la base de ces idées. Nous verrons aussi, à plusieurs reprises dans le présent ouvrage, comment des méthodes de recherche innovatrices et astucieuses ont mené à la découverte de réponses à des questions fondamentales sur le comportement humain.

Certains élèves s'impatientent lorsqu'on leur demande de se pencher sur les méthodes de recherche, car ils n'en voient pas toujours l'utilité. « Pourquoi ne pas s'intéresser uniquement aux résultats ? » demandent-ils. Si tel est votre cas, demandez-vous comment vous devriez réagir aux nombreux conseils contradictoires susceptibles d'influer considérablement sur votre vie – par exemple, comment vous défaire d'une mauvaise habitude, maîtriser vos émotions, vous habiller de manière à faire bonne impression, mettre fin à un conflit, vaincre votre timidité, améliorer votre vie amoureuse ou réduire votre stress. L'étude des méthodes de recherche constitue une façon d'appréhender ces interrogations : elle fournit à l'élève des moyens d'évaluer les différentes étapes menant à l'obtention de résultats. Considérée sous cet angle, la connaissance des méthodes de recherche n'est certes pas un luxe superflu réservé aux scientifiques, mais bien une étape essentielle dans l'acquisition d'une pensée critique adaptée aux exigences de la vie moderne.

Forsyth et ses collaborateurs (1992) ont montré que les élèves du collégial n'ayant qu'une connaissance approximative de ces méthodes ont tendance à réagir à une recherche selon la conformité des résultats avec leurs propres attentes. Si les résultats sont en accord avec ces dernières, ils les acceptent volontiers, même si les méthodes employées ne justifient pas une telle confiance. Par contre, les élèves qui ont appris à évaluer les différentes étapes de la conception d'une recherche scientifique font davantage preuve de pensée critique et prennent le temps d'examiner les méthodes employées avant de tirer leurs propres conclusions (Forsyth et al., 1992). Nous espérons que vous aussi, en prenant connaissance de résultats de recherche en psychologie, vous interrogerez sur la collecte et l'interprétation des données en vous appuyant sur les lignes directrices présentées dans ce chapitre.

Certaines personnes pensent que la « communication assistée » représente une découverte capitale dans le traitement des troubles liés à l'autisme. Mais que nous apprend la recherche scientifique à ce sujet ?

EN QUOI UNE RECHERCHE PEUT-ELLE ÊTRE SCIENTIFIQUE ?

Lorsque nous disons que les psychologues sont des scientifiques, cela ne signifie pas qu'ils travaillent avec des machines et des instruments compliqués ou qu'ils portent un sarrau blanc (bien que ce soit le cas de certains d'entre eux). Le domaine scientifique correspond bien plus aux attitudes et aux méthodes des chercheurs qu'aux appareils qu'ils utilisent. De nombreux philosophes et scientifiques ont écrit des ouvrages volumineux sur ce qui différencie la science des autres formes du savoir. Nous ne pouvons reprendre ici toutes les différences étudiées, mais nous décrirons quelques-unes des caractéristiques qui distinguent le travail du scientifique de celui du pseudoscientifique. L'encadré de la page 35, qui porte sur le prétendu pouvoir des sourciers, illustre bien ces caractéristiques.

Contexte du problème. Certaines personnes, qu'on appelle «sourciers», croient qu'elles peuvent localiser des eaux souterraines en se promenant avec une baguette à la main jusqu'à ce que celle-ci se courbe en direction d'une nappe d'eau. Certains d'entre eux utilisent une baguette faite d'acier, alors que d'autres préfèrent employer des objets aussi ordinaires qu'un cintre redressé ou une branche fourchue. Ils pensent tous que le mouvement de l'objet utilisé s'explique par le fait qu'une force métaphysique les informe de la présence de l'eau.

Question. Les sourciers sont-ils réellement dotés d'un pouvoir métaphysique leur permettant de localiser les sources d'eau potable souterraines?

Réponse. Tâchons de répondre à cette question en appliquant les principes scientifiques présentés dans le présent chapitre. Envisageons tout d'abord le problème sous l'angle du *scepticisme*. Plusieurs questions se posent alors: a-t-on évalué de manière objective le taux de réussite des sourciers? Peut-on expliquer autrement que par l'intervention de forces métaphysiques les performances des sourciers? Si tant est que ces forces existent, comment pourrait-on en mesurer la présence? En nous inspirant du principe du rasoir d'Occam présenté dans le chapitre 1, nous pouvons formuler une explication beaucoup plus simple: c'est le sourcier lui-même qui fait ployer la branche. C'est ce que croyait l'illusionniste et démystificateur professionnel James Randi (1982), qui a mis au défi les sourciers de faire la preuve de leur pouvoir. Il a adopté une *démarche publique* pour vérifier ce prétendu pouvoir. Il s'est engagé à verser plusieurs milliers de dollars à tout sourcier reconnu comme tel qui ferait preuve d'une plus grande efficacité à déceler les sources d'eau qu'une méthode fondée sur la sélection aléatoire des emplacements. Randi n'a pas encore eu à verser un cent. L'épreuve de Randi a eu le mérite de préciser la *réflexion* sur le pouvoir des sourciers. C'est un peu comme s'il disait: «Vous affirmez posséder des pouvoirs particuliers auxquels je ne crois pas; démontrez-moi tout d'abord l'existence de ces pouvoirs, puis nous essaierons de les expliquer.» Par ailleurs, Randi ne s'est fié ni aux souvenirs des sourciers ni à ceux des différents témoins pour évaluer l'exactitude de leur repérage d'emplacements; il s'est appuyé sur des observations *empiriques* qui lui ont permis de conclure à l'absence de pouvoir particulier. Randi a aussi noté que l'échec faisait rarement perdre confiance aux sourciers dans leur pouvoir: ils attribuaient plutôt leur piètre performance à l'alignement des planètes, à la présence de taches solaires ou aux «mauvaises vibrations» des spectateurs. Un scientifique qui chercherait à expliquer comment une personne peut déceler la présence d'une source d'eau devrait recourir à des méthodes de recherche scientifique. Par exemple, il pourrait se pencher sur d'autres explications qui ont le mérite d'être plus objectives, telles que l'utilisation consciente ou inconsciente d'indices environnementaux, comme le relief du terrain, les caractéristiques de la végétation ou les types de sol.

1 **LE SCEPTICISME.** Certains des progrès scientifiques les plus remarquables ont été effectués par des personnes qui ont osé mettre en doute ce qui était à leur époque considéré comme une vérité absolue: par exemple, que le Soleil tourne autour de la Terre, qu'on peut guérir des individus en appliquant des ventouses sur leur peau ou que les malades mentaux sont possédés du démon. Dans la vie quotidienne du chercheur, être sceptique signifie faire preuve de prudence à l'égard de toute conclusion, récente ou ancienne. La devise du chercheur pourrait être «Prouvez-le-moi». Cette prudence doit toutefois s'accompagner d'une ouverture aux idées et aux faits nouveaux, sinon le scientifique risque de devenir aussi borné que le célèbre physicien Lord Kelvin qui, à la fin du XIXᵉ siècle, était fermement convaincu, selon des historiens des sciences, que la radio n'avait aucun avenir, que les rayons X n'étaient qu'une plaisanterie et que jamais on n'arriverait à faire voler des machines plus lourdes que l'air.

2 **LA PRÉCISION.** Le travail du psychologue chercheur commence habituellement par un questionnement sur un problème théorique ou pratique. Par exemple, vérifier si les personnes aux prises avec une détresse psychologique passagère recherchent la présence d'autres personnes dans le même état. La démarche scientifique du chercheur débute alors par la formulation d'une **hypothèse**, c'est-à-dire un énoncé offrant une description ou une explication provisoire d'un comportement (voir les figures 2.1 et 2.2). Cette hypothèse peut d'abord être énoncée de façon très générale, comme «La détresse rapproche». Cependant, avant d'entreprendre la recherche, il faut reformuler l'hypothèse en termes plus précis. Par exemple, «La détresse rapproche» pourrait devenir «Les personnes anxieuses qui appréhendent une situation menaçante ont tendance à rechercher la compagnie de personnes qui font face au même danger».

> **Hypothèse**
> Énoncé qui vise à prédire un ensemble de phénomènes. Une hypothèse scientifique précise les relations entre deux ou plusieurs variables et doit être soumise à un processus de vérification empirique.

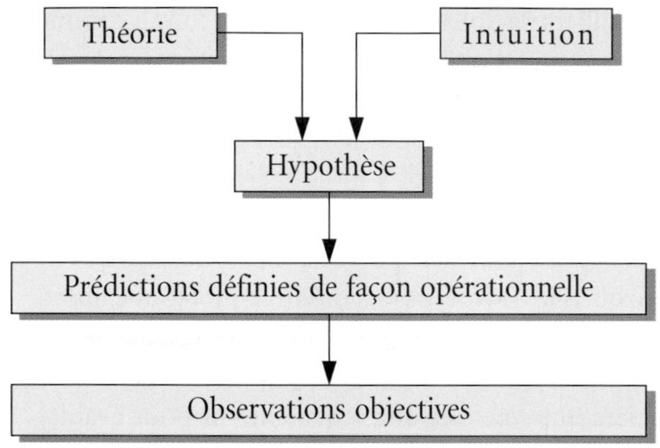

FIGURE 2.1 **Les premières étapes de la recherche scientifique**

Les hypothèses peuvent être formulées à partir d'observations personnelles ou être déduites d'une **théorie**, c'est-à-dire d'un système de suppositions et de principes organisés, visant à expliquer certains phénomènes et leurs interrelations. Une théorie n'est pas un calque parfait de la réalité, c'est plutôt un ensemble de postulats ou d'énoncés fondés sur des observations et des données empiriques qui rendent compte d'un ensemble d'éléments interreliés. L'intérêt d'une théorie pour un scientifique est qu'elle permet, d'une part, d'orienter la réflexion sur le phénomène étudié et surtout, d'autre part, de faire des prédictions et d'en vérifier, à l'aide de méthodes scientifiques, l'exactitude. À l'opposé, les opinions et les expériences d'un individu qui ne sont pas soumises à ce processus de vérification ne peuvent être ni confirmées ni infirmées: cet individu est donc le seul juge de la véracité de ses observations. Les théories acceptées par la communauté scientifique sont généralement confirmées par de nombreuses recherches et ne peuvent être en contradiction qu'avec un petit nombre d'autres recherches (Stanovich, 1992). Une théorie scientifique n'est pas un ramassis d'observations personnelles ou d'intuitions, malgré ce que laisse entendre l'expression populaire «Ce n'est qu'une théorie».

> **Théorie**
> Système de suppositions et de concepts organisés, visant à expliquer un ensemble donné de phénomènes et leurs interrelations.

Dans les limites du cadre théorique choisi, une hypothèse doit conduire à des prédictions explicites sur ce qui devrait se produire dans une situation donnée. Ainsi, pour justifier une prédiction, des termes vagues, tels qu'«anxiété» et «situation menaçante», ne sont pas acceptables; il est nécessaire de donner des *définitions opérationnelles*, qui préciseront la façon dont le comportement ou la situation seront observés et mesurés. Dans notre exemple, l'«anxiété» pourrait être définie comme le résultat à un test d'anxiété ou bien comme une réaction comportementale (par exemple, se ronger les ongles), et la «situation menaçante» pourrait correspondre à l'éventualité de recevoir une décharge électrique. La prédiction s'énoncerait alors de la façon suivante: «Si l'on accroît le score d'anxiété de certaines personnes en les avertissant qu'elles vont recevoir des décharges électriques et qu'on leur donne ensuite le choix d'attendre seules ou avec d'autres personnes dans la même situation qu'elles, elles auront davantage tendance à choisir d'attendre en compagnie d'autres personnes qu'elles ne le feraient si elles n'étaient pas anxieuses.» Puis, cette prédiction sera testée au moyen de procédures précises et systématiques. La

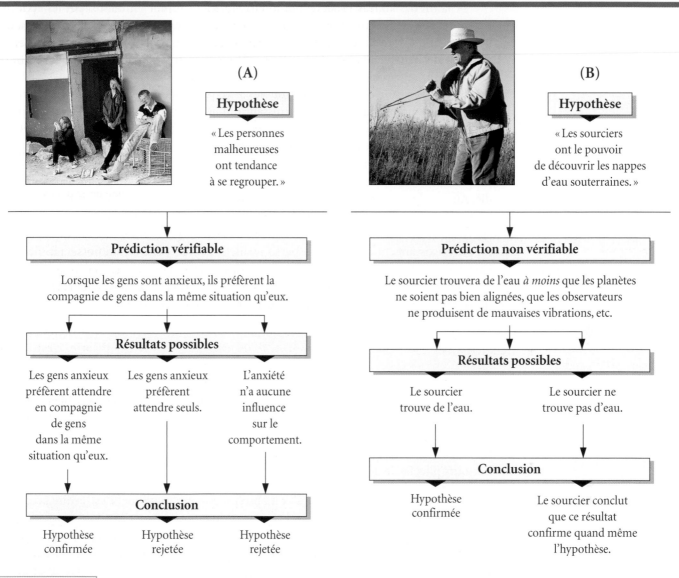

(A)

Hypothèse

« Les personnes
malheureuses
ont tendance
à se regrouper. »

(B)

Hypothèse

« Les sorciers
ont le pouvoir
de découvrir les nappes
d'eau souterraines. »

Prédiction vérifiable

Lorsque les gens sont anxieux, ils préfèrent la
compagnie de gens dans la même situation qu'eux.

Prédiction non vérifiable

Le sourcier trouvera de l'eau *à moins* que les planètes
ne soient pas bien alignées, que les observateurs
ne produisent de mauvaises vibrations, etc.

Résultats possibles

| Les gens anxieux préfèrent attendre en compagnie de gens dans la même situation qu'eux. | Les gens anxieux préfèrent attendre seuls. | L'anxiété n'a aucune influence sur le comportement. |

Résultats possibles

| Le sourcier trouve de l'eau. | Le sourcier ne trouve pas d'eau. |

Conclusion

| Hypothèse confirmée | Hypothèse rejetée | Hypothèse rejetée |

Conclusion

| Hypothèse confirmée | Le sourcier conclut que ce résultat confirme quand même l'hypothèse. |

FIGURE 2.2 La vérification d'une hypothèse

La démarche scientifique requiert du chercheur l'énonciation des résultats attendus sous la forme d'une hypothèse précise et observable. Les résultats qui infirment les hypothèses indiquent au chercheur qu'il doit raffiner son hypothèse de base ou le contexte de son expérimentation. À l'opposé, les pseudoscientifiques ne font généralement pas de cas des résultats qui infirment leurs croyances; ils trouvent toujours le moyen de justifier un échec sans remettre leurs croyances en question.

démarche scientifique du chercheur se démarque ainsi de la façon de faire des pseudo-scientifiques (voir le chapitre 1), qui se cachent derrière des termes vagues et des prédictions si générales qu'elles ne peuvent être véritablement ni confirmées ni infirmées.

3 **LA VÉRIFICATION EMPIRIQUE.** Une théorie ou une hypothèse scientifique ne sont pas jugées comme une pièce de théâtre ou un poème, à savoir si cela est agréable ou présente une valeur esthétique. Une idée peut paraître stimulante au premier abord, simplement parce qu'elle est plausible, séduisante et originale. Cependant, quel que soit son attrait, une crédibilité ne peut lui être accordée que si elle est étayée par des faits. Ignorer ce principe entraîne des conséquences désastreuses, comme l'illustre l'exemple suivant à propos de l'autisme.

À la fin des années 1960, de nombreux cliniciens furent influencés par les écrits de Bruno Bettelheim, éminent psychanalyste selon lequel l'autisme était dû à la peur ressentie par l'enfant que sa mère destructrice et glaciale rejetait. À cette époque, la prise de position de Bettelheim reposait sur des données bien fragmentaires. Dans *La forteresse vide* (1967), le psychanalyste présenta l'étude de cas de trois enfants autistes dont les mères souffraient elles-mêmes de troubles psychologiques. Il y faisait aussi allusion à 37 autres cas pour lesquels il ne fournissait toutefois aucune donnée précise. La réputation de Bettelheim était si bien établie que beaucoup acceptèrent ses conclusions telles quelles, malgré la faiblesse de ses appuis empiriques. Cependant, des chercheurs se mirent à douter de cette théorie et décidèrent d'effectuer une comparaison approfondie entre des parents d'enfants autistes et des parents dont aucun enfant n'était atteint de cette maladie. Au lieu de se fonder sur des impressions subjectives, comme l'avait fait Bettelheim, ils firent appel à des tests normalisés d'adaptation psychologique et effectuèrent une analyse statistique des données recueillies. Les résultats furent significatifs : en ce qui concerne les rapports existant entre les traits de personnalité et l'entente entre conjoints ou la vie familiale, les chercheurs ne constatèrent aucune différence notable entre les parents d'enfants autistes et ceux d'enfants normaux (DeMyer, 1975 ; Koegel *et al.*, 1983). Bettelheim s'était donc trompé ; et ses conclusions, acceptées trop rapidement, avaient amené des milliers de parents à se croire responsables des troubles dont souffraient leurs enfants et à se culpabiliser à tort.

4 **UNE DIMENSION PUBLIQUE.** Les psychologues et les autres scientifiques se montrent-ils toujours à la hauteur des normes élevées qui leur sont imposées ? Non, bien entendu. Il leur arrive, comme à tout être humain, d'accorder trop d'importance à leur expérience personnelle, de se leurrer et même, parfois, de laisser leur ambition prendre le pas sur leur honnêteté. Ils peuvent s'abstenir de mettre véritablement à l'épreuve leurs théories : il est toujours plus facile de douter des idées des autres que de ses propres croyances.

La démarche des scientifiques doit absolument être publique, c'est-à-dire accessible à la communauté scientifique. C'est la raison pour laquelle il est demandé au scientifique de préciser la source de ses idées, la façon dont il les a vérifiées et les résultats qu'il a obtenus. Il doit fournir sur tous ces aspects de l'information claire et détaillée pour permettre à ses collègues de reprendre ou de *reproduire* ses études et d'en analyser les résultats. Pour faciliter ce processus, le scientifique publie cette information dans des revues spécialisées que ses pairs peuvent consulter. Il doit persuader ses collègues, même les plus sceptiques, que ses affirmations reposent sur des bases solides. La communauté scientifique joue le rôle d'un jury en examinant minutieusement les données, en distinguant le vrai d'avec le faux, en acceptant certains points de vue et en jetant les autres aux oubliettes. Ce processus a lieu au grand jour et il représente, malgré ses imperfections, un mécanisme d'autocorrection garantissant une certaine maîtrise sur l'avancement des connaissances en psychologie. Les individus n'étant pas toujours objectifs, rationnels ni même honnêtes, la communauté scientifique doit mettre en place les conditions qui permettent de vérifier la véracité de leurs affirmations.

L'exemple suivant montre que la reproduction des expériences constitue un élément important de la démarche scientifique, car ce qui peut apparaître comme un phénomène fabuleux se révèle parfois n'être que le fruit d'un hasard extraordinaire. Il y a quelques décennies, une équipe de chercheurs apprit à des vers plats à reculer au signal d'une lumière clignotante. Ils tuèrent ensuite les vers et en firent une purée qu'ils donnèrent à manger à un second groupe de vers. Grâce à ce régime cannibalesque, expliquèrent les chercheurs, le second groupe acquit la réponse de recul plus rapidement que le premier (McConnell, 1962). La réaction du milieu scientifique fut vive : si on peut accroître la vitesse d'apprentissage des vers en leur faisant ingérer des « molécules de mémoire » provenant de leurs semblables, ne pourrait-on pas envisager la mise au point de « pilules de mémoire » spécialisées ? Et pourquoi pas une pilule pour le cours d'introduction à la psychologie ? Cependant, aucun chercheur ne put reproduire ces résultats et plus personne ne parla des « pilules de mémoire ».

Le recours à la démarche scientifique

Comme tout scientifique, le psychologue chercheur doit suivre une *démarche scientifique* (Robert *et al.*, 1988 ; Vallerand et Hess, 2000). Avant tout, il doit formuler clairement le problème de sa recherche. Un **problème de recherche** est une question pour laquelle il n'existe pas actuellement de réponse claire, satisfaisante et définitive. Les principales étapes de la résolution d'un problème de recherche sont les suivantes : préciser le phénomène à étudier ou la question à laquelle nous voulons répondre en nous inspirant de notre expérience personnelle et des connaissances contemporaines en psychologie ou dans les autres sciences, formuler une hypothèse ou une question de recherche précise, déterminer une méthode de recherche et des outils de mesure appropriés afin de vérifier notre hypothèse, réaliser la recherche et procéder à la collecte des données, analyser ces données et, enfin, interpréter et publier ses résultats (voir le tableau 2.1).

Problème de recherche
Question pour laquelle il n'existe pas actuellement de réponse claire, satisfaisante et définitive.

TABLEAU 2.1 LES PRINCIPALES ÉTAPES DE LA RÉSOLUTION D'UN PROBLÈME DE RECHERCHE

	ÉTAPES	TÂCHES DU CHERCHEUR	EXEMPLE DE MILGRAM	CARACTÉRISTIQUES SCIENTIFIQUES
1	Formuler un problème de recherche et une hypothèse ou une question de recherche.	Lire les travaux essentiels sur le sujet (articles scientifiques, livres, etc.). Rédiger la problématique, y compris la définition des principaux concepts, la présentation des résultats de recherche et la formulation d'une question ou d'une hypothèse.	Lire sur le concept d'obéissance, d'autorité et de contrôle social. Examiner les causes et les conséquences sociales de ces phénomènes. Formuler une question ou une hypothèse.	Scepticisme à l'égard de « ce que nous croyons savoir ». Précision dans la définition des concepts importants. Clarté et précision de la formulation d'une hypothèse.
2	Déterminer une méthode et réaliser la recherche.	Déterminer la méthode en fonction de la nature du problème. Déterminer les outils de mesure et procéder à la collecte des données.	Reproduire en laboratoire une situation de soumission à l'autorité.	Confrontation de l'hypothèse avec les faits (vérification empirique). Élaboration d'un outil de mesure pour des variables déterminées précisément.
3	Analyser et évaluer les données recueillies.	Faire l'analyse statistique des données.	Faire ressortir que la majorité des sujets ont administré les décharges électriques jusqu'à la fin.	Précision et rigueur de l'analyse statistique.
4	Interpréter et publier les résultats.	Vérifier si l'hypothèse est confirmée ou infirmée et publier un article ou un livre pour présenter les résultats.	Conclure que certaines personnes acceptent de poser des gestes graves quand l'autorité est grande.	Précision et justesse de l'interprétation + publication de la recherche = dimension publique

« Je n'ai pas encore toutes les réponses, mais je commence à poser les bonnes questions. »

L'exemple suivant, tiré de la psychologie sociale, illustre bien cette démarche.

1 **LE CONTEXTE THÉORIQUE DU PROBLÈME DE RECHERCHE.** La soumission à l'autorité est un phénomène fort répandu : il se produit chaque fois qu'une personne obéit aux ordres d'une autre personne occupant une position hiérarchique supérieure. La plupart du temps, les conséquences sont bénignes ; tel est le cas de l'élève qui accepte de reprendre une partie de son travail parce que son professeur estime que la syntaxe est incorrecte. En d'autres occasions, la soumission à l'autorité mène à des comportements susceptibles de causer des torts irréparables à autrui. Par exemple, dans le film *La liste de Schindler*, réalisé par Steven Spielberg, des fonctionnaires et des soldats obéissent aux ordres de leurs supérieurs et en viennent à tuer systématiquement et froidement d'autres êtres humains. Comment expliquer des comportements si barbares ? On a longtemps pensé que les personnes qui obéissaient à des ordres immoraux étaient trop faibles pour refuser de le faire ou atteintes de troubles psychologiques graves. Stanley Milgram, psychologue social, a voulu connaître davantage l'influence de la situation sur le comportement du sujet sommé d'obéir à une personne en position d'autorité. Dans sa recherche pour résoudre ce problème, Milgram (1963) s'est démarqué, par l'utilisation d'une démarche scientifique, de tous les penseurs qui s'étaient déjà penchés sur ce sujet.

2 **LA MÉTHODE DE RECHERCHE.** L'étude de la soumission à l'autorité est un domaine très vaste qu'il fallait tout d'abord circonscrire. L'objectif de recherche de Milgram se limitait, dans un premier temps, à évaluer le nombre de personnes qui se plieraient jusqu'à la fin à des ordres qu'elles désapprouvaient. Pour atteindre son objectif tout en respectant une démarche scientifique, Milgram choisit la méthode expérimentale : il s'agissait de

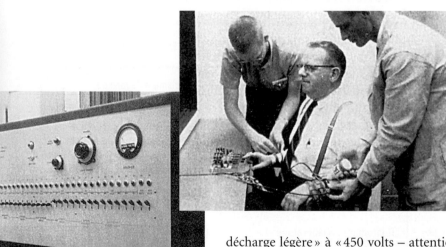

reproduire en laboratoire des conditions de soumission à l'autorité comportant trois composantes fondamentales : une personne en position d'autorité (en l'occurrence un professeur d'université vêtu d'un sarrau blanc), un sujet naïf ne connaissant pas les objectifs de la recherche et une victime. Pour le sujet naïf, l'expérience se déroulait de la manière suivante : il devait aider un étudiant à apprendre en lui infligeant des décharges électriques en présence du professeur, assis en retrait. Le sujet se trouvait devant une console où des boutons et des vignettes indiquaient l'intensité des décharges, de « 15 volts –

À gauche, la console permettant d'administrer des décharges électriques. Ci-dessus, un « étudiant » est relié à l'appareillage par l'expérimentateur et par le sujet naïf qui agira à titre de « professeur ».

décharge légère » à « 450 volts – attention : décharge dangereuse ». Le professeur donnait au sujet la consigne d'augmenter l'intensité des décharges au fur et à mesure que l'étudiant commettait des erreurs. En fait, l'étudiant était de connivence avec l'expérimentateur et sa tâche consistait non seulement à faire constamment des erreurs pour forcer le sujet à lui administrer des décharges électriques de plus en plus intenses, mais aussi à simuler une vive douleur à chaque décharge (en réalité, aucune décharge n'était infligée). Lorsque le sujet manifestait des réticences à donner une décharge électrique, le professeur insistait.

3 **L'ANALYSE DES DONNÉES.** L'approche expérimentale de Milgram a permis de recueillir des données qui ont causé une véritable commotion dans le domaine de la recherche en sciences humaines. Alors que Milgram et de nombreux experts avaient prévu qu'une infime minorité de sujets exécuteraient les ordres les plus extrêmes, les résultats ont montré au contraire que la majorité des sujets avaient administré les décharges électriques jusqu'à la fin.

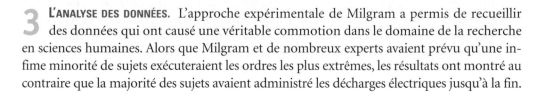

4 **L'INTERPRÉTATION DES RÉSULTATS.** Ces résultats ont donné lieu à diverses interprétations, dont certaines étaient plus émotives que rationnelles. Pourtant, c'est devant des résultats de recherche aussi spectaculaires que les scientifiques doivent faire preuve de la plus grande objectivité possible ; en somme ils doivent recourir à leur pensée critique. Ainsi, des études subséquentes, menées par Milgram et d'autres chercheurs, ont permis de définir les conditions qui favorisent ou qui freinent la soumission à l'autorité. Par ailleurs, ces travaux ont évidemment soulevé des questions éthiques, qui seront traitées plus loin dans ce chapitre. Quoi qu'il en soit, la démarche scientifique de Milgram a littéralement bouleversé les connaissances sur un phénomène social important et en a rendu possible l'étude objective. (À ce propos, nous vous suggérons le film *I… comme Icare* du réalisateur Henri Verneuil, qui illustre bien l'expérience de Milgram.)

Cette expérience montre que les recherches scientifiques peuvent susciter d'importantes remises en question. Elles requièrent une très grande rigueur ; c'est pourquoi les chercheurs doivent veiller à déterminer la méthode d'investigation la plus appropriée pour répondre aux questions qui sont à l'origine de leur démarche.

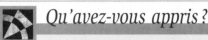

Qu'avez-vous appris ?

RÉPONSES, p. 61

Vérifiez votre compréhension de ce qu'est la science en relevant les principes scientifiques qui n'ont pas été suivis dans chacune des situations suivantes.

1. M. Latendresse est un excellent bricoleur ; il prétend avoir inventé un appareil qui équilibre les ondes cérébrales et harmonise les pensées des gens. Il affirme que, grâce à son invention, son voisin a guéri de ses ulcères de l'estomac. M. Latendresse refuse toutefois de laisser des gens étudier son dispositif, car il ne veut pas se faire voler son invention.

2. Mme Martin a gagné un million de dollars à la loterie en choisissant les chiffres selon son signe astral. Elle croit aux pouvoirs surnaturels et est fascinée par la communication avec les personnes décédées. Elle a engagé des médiums qui animent des séances où des défunts semblent se manifester, mais, à son grand regret, ils ne se manifestent qu'aux médiums. Elle fait confiance à ces derniers et est persuadée de la validité de leurs expériences.

LES MÉTHODES DE RECHERCHE EN PSYCHOLOGIE

Les psychologues emploient diverses méthodes de recherche ou des combinaisons de méthodes, selon la nature des questions auxquelles ils cherchent à répondre. Un peu comme les enquêteurs de police qui utilisent à la fois l'examen d'indices à la loupe, le relevé d'empreintes digitales et l'interrogation de suspects pour découvrir un coupable, les psychologues chercheurs peuvent faire appel à différentes méthodes selon le stade de leur investigation. Par ailleurs, la recherche en psychologie peut être subdivisée en trois grandes catégories : la recherche descriptive, la recherche corrélationnelle et la recherche expérimentale.

Il importe d'abord de différencier les méthodes de recherche et les outils de recherche. Alors que les méthodes de recherche se distinguent par leurs objectifs particuliers, les outils de recherche ont tous le même but : recueillir des données sur les personnes ou les groupes de personnes étudiés. Parmi les principaux outils de recherche, mentionnons les tests, les questionnaires, les grilles d'observation et les entrevues (voir le tableau 2.2). Ils peuvent être utilisés dans chacune des trois catégories de méthodes de recherche. Pour simplifier la présentation, nous décrirons les outils de recherche dans leur emploi le plus fréquent : la recherche descriptive.

La recherche descriptive

La **recherche descriptive** englobe de nombreuses méthodes de recherche en psychologie qui permettent non seulement de décrire, mais aussi de prédire le comportement d'une personne ou d'un groupe. Cependant, ces méthodes ne renseignent pas nécessairement sur le choix entre plusieurs explications contradictoires. Certaines sont employées principalement par les cliniciens pour décrire le comportement d'individus, alors que d'autres sont surtout utilisées par les chercheurs pour comparer des groupes de personnes et parvenir à des généralisations sur le comportement humain. Dans cette section, nous examinerons les méthodes de recherche descriptive les plus courantes.

Recherche descriptive
Type de recherche qui permet d'observer et de décrire les comportements, mais qui n'en fournit pas une explication causale.

TABLEAU 2.2 | LES MÉTHODES ET LES OUTILS DE RECHERCHE EN PSYCHOLOGIE

TYPES DE RECHERCHE	MÉTHODES	OUTILS	VARIABLES
Recherche descriptive	Observation systématique en laboratoire ou en milieu naturel	Grille d'observation	Variable observée
	Étude de cas	Observation Test Questionnaire Entrevue	Variable observée ou décrite
	Enquête	Questionnaire Entrevue	Variable décrite
Recherche corrélationnelle	Méthode corrélationnelle	Questionnaire Test Observation	Variables x et y
Recherche expérimentale	Expérience	Test Grille d'observation Questionnaire	Variable indépendante Variable dépendante

L'OBSERVATION SYSTÉMATIQUE DU COMPORTEMENT

Observation systématique

Méthode selon laquelle le chercheur observe et enregistre méticuleusement et systématiquement le comportement, sans intervenir.

L'**observation systématique** du comportement par le chercheur consiste à observer et à enregistrer le comportement de manière systématique et rigoureuse, sans interagir de quelque façon que ce soit avec les individus étudiés (êtres humains ou animaux). L'observation systématique porte habituellement sur un grand nombre d'individus. Dans la mesure du possible, il est préférable que les individus ne sachent pas qu'ils sont observés : ils se comportent alors comme ils le font habituellement, ce qui accroît la justesse des observations. Cette méthode constitue souvent la première étape d'un programme de recherche : en effet, il est habituellement essentiel de décrire de façon juste un comportement avant de tenter de l'expliquer.

Grille d'observation

Outil de recherche scientifique qui permet de consigner les comportements observés.

Variable observée

Tout phénomène qui varie et qui peut faire l'objet d'une observation à l'aide d'une grille d'observation.

Lorsque cette méthode est utilisée, les comportements sont consignés de manière systématique afin que les biais liés aux observateurs soient limités. Un des outils privilégiés pour y parvenir est la **grille d'observation** des comportements. La définition précise ou opérationnelle de chaque comportement répertorié dans cette grille doit faire l'objet d'une entente préalable entre les observateurs, qui pourront, de cette façon, comparer leurs résultats après une séance d'observation et déterminer les principales tendances comportementales des sujets. Ces comportements constituent donc la **variable observée** de la recherche. En science, le mot « variable » désigne un phénomène susceptible de varier (un phénomène qui ne varie pas est une « constante »). Par exemple, l'agressivité chez les enfants est une variable, car certains individus sont plus agressifs que d'autres (voir le tableau 2.3).

L'observation systématique du comportement peut avoir lieu dans un environnement recréé de toutes pièces en laboratoire par le chercheur ou dans le milieu naturel des sujets de l'observation, soit à la maison, sur le terrain de jeu, à l'école, au bureau, etc. L'objectif principal de l'observation en milieu naturel est de décrire le comportement tel qu'il s'y produit

	GARÇON 1	GARÇON 2	FILLE 1	FILLE 2
Pousser	XXX	X		X
Mordre	X			
Lancer un objet	XX		X	
Tirer les cheveux	X		XX	XX
Donner un coup de poing	X			

À la verticale, se trouve la liste des comportements agressifs et à l'horizontale, les sujets observés au cours de la recherche. La variable observée est l'agressivité sous la forme de comportements agressifs. Chaque X représente une observation du comportement en question.

habituellement. Les éthologistes, notamment Jane Goodall et Dian Fossey, ont employé cette méthode pour étudier les singes et d'autres animaux en pleine brousse.

Il est parfois préférable, voire indispensable, d'effectuer des observations en laboratoire plutôt qu'en milieu naturel. En ce qui a trait à l'*observation en laboratoire*, le psychologue maîtrise davantage la situation. Il peut utiliser un équipement perfectionné, déterminer le nombre de personnes à observer simultanément, disposer les meubles d'une certaine façon, etc. Par exemple, supposons que vous désiriez savoir comment des enfants de différents âges réagissent lorsqu'ils sont laissés en compagnie d'un étranger. Vous pourriez aller observer les enfants dans une garderie, mais comme la plupart d'entre eux la fréquentent depuis un certain temps, ils connaissent le personnel. Vous pourriez vous rendre à leur domicile, mais cela prendrait beaucoup de temps et ce serait peu commode. Il existe une autre solution : inviter dans votre laboratoire des parents accompagnés de leur enfant. De cette façon, vous pourriez les observer tous ensemble à travers un miroir sans tain (qui permet de voir sans être vu). Vous pourriez ensuite faire entrer une personne étrangère dans la pièce et, quelques minutes plus tard, demander aux parents de sortir. Vous pourriez alors observer divers comportements chez l'enfant, tels des signes de détresse, des interactions avec la personne étrangère, etc.

Une psychologue observe et consigne dans une grille d'observation les comportements d'un enfant lors d'une situation de jeu reproduite en laboratoire.

Les particularités associées à l'observation systématique du comportement, comme la présence des chercheurs ou des appareils de mesure, ou encore l'aménagement des lieux pour l'observation en laboratoire, sont susceptibles d'amener les sujets observés à se comporter autrement qu'ils ne le feraient habituellement. On parle alors de la *réactivité* des sujets ou de réponses provoquées par le contexte de l'observation. Par exemple, lorsque les chercheurs sont présents au cours de l'observation, ils peuvent, sans en être conscients, fournir des indices révélateurs de leurs attentes en matière de comportements (Rosenthal, 1966). Pour limiter la réactivité, les chercheurs s'assurent que les sujets auront le moins conscience possible d'être observés, par exemple en utilisant un miroir sans tain en laboratoire. Ils peuvent aussi user de subterfuges originaux pour l'observation en milieu naturel. Ainsi, Eibl-Eibesfeldt (1970), qui a étudié les expressions faciales des êtres humains, avait recours à un appareil photo truqué dont la lentille photographiait en fait à 90 degrés de l'endroit sur lequel l'appareil était pointé.

Employée seule, l'observation systématique, en milieu naturel ou en laboratoire, sert davantage à décrire le comportement qu'à l'expliquer. Quand vous constatez que de jeunes enfants protestent lorsque leur père ou leur mère quitte la pièce, vous ne pouvez être sûr des *raisons* pour lesquelles ils le font. Sont-ils très attachés à leurs parents et ont-ils besoin de les avoir constamment près d'eux ou bien l'expérience leur a-t-elle appris qu'ils peuvent obtenir l'attention et l'affection de leurs parents en pleurant? Il est difficile de répondre à de telles questions en s'appuyant uniquement sur l'observation systématique des comportements.

L'ÉTUDE DE CAS

Contrairement à l'observation systématique, l'**étude de cas** est une méthode par laquelle une personne ou un petit groupe de personnes sont décrits par l'observation des conduites (variable observée) ou l'administration de tests psychologiques (**variable décrite**). Elle comporte habituellement de l'information sur l'enfance de la personne étudiée, ses rêves, ses fantasmes, ses expériences, ses relations avec ses proches ou, encore, ses espoirs – en somme tous les éléments permettant de mieux étudier son comportement. Les études de cas sont employées en particulier par les cliniciens afin d'illustrer certains principes psychologiques à l'aide du portrait détaillé d'un individu, ce que ne permettent pas les généralisations ou les méthodes statistiques. De plus, les études de cas sont très utiles aux chercheurs qui ne disposent parfois d'aucun autre moyen pour étudier un problème donné. Mentionnons, à titre d'exemple, les recherches sur l'hypothèse d'une période critique dans le développement normal des capacités langagières, située entre un et six ans (Curtiss, 1977). Cette hypothèse ne pouvait être étudiée qu'à partir de certains cas tragiques d'enfants maltraités et enfermés sans stimulation langagière pendant des années et auxquels les psychologues tentaient d'apprendre à communiquer normalement (Rymer, 1993).

Cependant, les études de cas comportent aussi certaines limites. Elles dépendent souvent des souvenirs que les personnes conservent et qui peuvent se révéler inexacts ou avoir fait l'objet d'une sélection. De plus, du fait que les études de cas sont centrées sur des individus, leur utilité peut être limitée pour les psychologues qui tentent d'élaborer des généralisations sur le comportement humain. La personne qui fait l'objet d'une telle étude, notamment lorsqu'elle se trouve aux prises avec des difficultés d'ordre psychologique, ne ressemble pas nécessairement à la majorité des personnes dans la même situation, c'est-à-dire le groupe sur lequel le chercheur essaie de tirer des conclusions. (Rappelez-vous que l'une des erreurs de Bettelheim a été de supposer que les mères sur lesquelles portait son étude étaient représentatives de tous les parents d'enfants autistes.) De plus, il est souvent difficile de choisir entre plusieurs interprétations possibles à partir de la description d'un seul cas.

Les études de cas s'avèrent fort utiles lorsque des considérations d'ordre pratique ou éthique ne permettent pas de faire appel à d'autres moyens pour recueillir de l'information ou lorsque des circonstances exceptionnelles rendent impossible l'étude de certaines questions d'ordre général. La plupart des études de cas servent de source d'hypothèses; elles ne sont que rarement utilisées pour vérifier des hypothèses. Vous devez vous montrer extrêmement prudent à l'égard des ouvrages de psycho pop, qui n'appuient leurs affirmations que sur des témoignages et des expériences vécues.

L'ENQUÊTE

Il est parfois difficile de différencier l'**enquête**, qui est une méthode de recherche, du test psychologique (voir l'encadré qui porte sur les tests utilisés en psychologie, p. 45), qui est un outil de recherche. Alors que les tests permettent d'évaluer des caractéristiques ou des capacités dont l'individu n'a pas forcément conscience ou connaissance, comme son quotient intellectuel (QI), ou certains aspects de son concept de soi, les enquêtes permettent plutôt de recueillir des

Étude de cas

Méthode qui consiste à décrire de façon détaillée une personne faisant l'objet d'une recherche scientifique ou d'un traitement dans le cadre d'une thérapie.

Variable décrite

Toute caractéristique d'une personne ou de son entourage qui ne peut être observée, mais qui peut néanmoins faire l'objet d'une description par le sujet lui-même grâce à un questionnaire ou à une entrevue.

Enquête

Méthode de recherche qui consiste à interroger les gens sur des aspects d'eux-mêmes qu'ils sont en mesure de décrire.

Le **test psychologique** ne constitue pas à proprement parler une méthode de recherche : il s'agit plutôt d'un outil dont les psychologues se servent pour parfaire leur étude de la personne, notamment en ce qui concerne les aspects difficilement accessibles par l'observation systématique. La majorité des gens passent un test psychologique à un moment ou à un autre de leur vie, que ce soit en vue d'évaluer leur intelligence, d'entreprendre une psychothérapie ou de postuler un emploi.

Test psychologique

Outil de recherche permettant de mesurer et d'évaluer les traits de personnalité, les états émotionnels, l'intelligence, les intérêts, les habiletés et les valeurs.

Valide

Qualifie une recherche ou un test qui mesure ce qu'il est censé mesurer.

Fidèle

Qualifie un test qui donne des résultats constants, quel que soit l'endroit ou le moment où il est administré.

On utilise des centaines de tests en éducation, en recherche et en psychologie clinique pour mesurer et évaluer les traits de personnalité, les états émotionnels, les aptitudes, les intérêts, les habiletés, les intentions comportementales et les valeurs. Sur le plan clinique, ils sont surtout utilisés pour favoriser la connaissance de soi ou pour évaluer un traitement ou un programme, alors qu'en recherche, ils servent à déterminer certaines caractéristiques générales du comportement humain. Ils permettent soit de définir des différences entre les individus, soit de mettre en évidence la diversité des réactions d'un même individu selon la situation ou son stade de développement.

Il est possible d'administrer un test à un seul individu ou à de grands groupes. La personne qui passe un test doit habituellement répondre oralement ou par écrit à une série de questions. Les réponses sont ensuite compilées afin d'obtenir un ou des scores reflétant quelques-unes des singularités de la personne. Certains tests sont dits *objectifs* : ils évaluent des éléments dont le sujet est conscient, comme les croyances, les sentiments et les comportements ; d'autres sont dits *projectifs* : ils mettent au jour les sentiments et les motifs inconscients du sujet (voir le chapitre 5).

Le test du détecteur de mensonge.

Il faut être très prudent dans l'interprétation d'un test. Prenons le cas du fameux détecteur de mensonge. La confiance dont jouit cet appareil repose sur l'hypothèse selon laquelle toute personne qui ment subit des changements physiologiques particuliers, comme l'accélération du rythme cardiorespiratoire ou l'augmentation de la conductivité électrique de la peau. L'interprétation de ces phénomènes indique alors sa culpabilité ou son innocence.

Le test du détecteur de mensonge a suscité beaucoup d'intérêt parce que les gouvernements, les employeurs, les conjoints et les enquêteurs désirent avoir à leur disposition des moyens sûrs pour découvrir la vérité. Selon la Commission du travail du Sénat américain, on a administré, en 1988, 2 millions de tests de ce type. Pourtant, des psychologues ont évalué ce test à l'aide de méthodes scientifiques et ont découvert qu'il n'existait pas de réponse physiologique propre au mensonge. Ainsi, si le rythme cardiaque d'une personne varie lorsqu'elle entend le mot « banque », c'est peut-être parce qu'elle a déjà connu des difficultés après avoir fait un chèque sans provision et non parce qu'elle en a déjà dévalisé une. Pourtant, quelle que soit la raison, la réponse physiologique sera interprétée comme révélatrice d'un mensonge. Par ailleurs, des menteurs invétérés se sont montrés capables de tromper intentionnellement et systématiquement l'appareil en tendant leurs muscles ou en songeant à une expérience agréable au moment où on les questionnait (Lykken, 1981). De plus, il n'y a pas une concordance suffisante entre les jugements de différents testeurs et, pis encore, ceux-ci ont davantage tendance à accuser des innocents d'avoir menti qu'à laisser des coupables se tirer d'affaire (Gale, 1988 ; Kleinmuntz et Szucko, 1984). Par ailleurs, deux études menées par Sporer et Schwandt (2006, 2007) indiquent clairement qu'il n'existe pas, ou alors très peu, de comportements verbaux et moteurs associés aux mensonges, contrairement à ce que laissent entendre les croyances et les prétendus spécialistes dans le domaine de la détection des mensonges. À cet égard, le détournement du regard ou les yeux fuyants est un cas fort intéressant : alors qu'il s'agit d'un comportement qui fait l'unanimité comme indice du mensonge chez les « spécialistes », les recherches scientifiques montrent qu'il n'en est rien.

Étant donné le peu de validité et de fidélité du détecteur de mensonge, l'American Psychological Association (APA) s'est opposée à son utilisation et a en même demandé le bannissement total.

données en interrogeant directement les gens (au moyen d'entrevues ou de questionnaires) sur des aspects d'eux-mêmes qu'ils sont en mesure de décrire, comme leurs expériences, leurs attitudes et leurs opinions. À partir des résultats obtenus auprès d'un groupe d'individus, les chercheurs tirent des conclusions sur les caractéristiques de l'ensemble de la population de référence. La forme d'enquête la plus connue est probablement le sondage d'opinion, qui peut porter sur les sujets les plus variés, depuis les habitudes de consommation jusqu'à l'orientation sexuelle.

Dans la première étape d'un sondage d'opinion, le chercheur sélectionne un *échantillon représentatif* de la population qu'il veut décrire. Pour ce faire, les catégories de sujets de l'échantillon doivent correspondre à leur répartition dans l'ensemble de la population étudiée : femmes, hommes, personnes à faible revenu, personnes à revenu élevé, résidents de la ville,

résidents de la campagne, etc. La taille d'un échantillon est moins importante que sa représentativité : des résultats extrêmement précis peuvent être obtenus avec un petit échantillon très représentatif. Par contre, un sondage fournira des résultats discutables si les techniques d'échantillonnage ne sont pas appropriées. Une des règles incontournables de l'échantillonnage précise que chaque membre de la population générale doit avoir la même probabilité d'être choisi pour faire partie de l'échantillon. Transgresser cette règle risque de causer des biais importants qui réduisent la validité des résultats.

L'une des difficultés de l'enquête est le *biais dû au volontariat* des sujets. Voyons ce qui en est. De nombreuses revues effectuent des sondages sur les habitudes et les attitudes de leur lectorat. Les lecteurs qui sont favorables à un questionnaire sur la sexualité et qui le remplissent ont peut-être, en moyenne, une vie sexuelle plus (ou moins) active que ceux qui n'y répondent pas. De plus, les lecteurs habituels des revues sont en général plus jeunes, plus instruits et plus aisés que l'ensemble de la population, ce qui constitue des facteurs susceptibles d'influer sur les résultats. Quand vous prenez connaissance des résultats d'un sondage, demandez-vous toujours quels types de personnes y ont participé. Le fait que l'échantillon soit biaisé ou non représentatif de l'ensemble de la population ne signifie pas nécessairement que le sondage n'a aucune valeur ou qu'il est totalement dépourvu d'intérêt, mais les résultats ne doivent être ni généralisés ni étendus à d'autres groupes.

Les sondages comportent d'autres difficultés : il arrive que les personnes interrogées mentent, et cela risque d'autant plus de se produire que la question abordée est délicate. Il existe diverses façons de réduire les «mensonges» ; la plus efficace consiste encore à garantir aux participants l'anonymat de leurs réponses. Malgré tout, certains sujets auront tendance à «embellir la réalité», c'est-à-dire répondre aux questions de façon à ne pas se différencier de ce qu'ils perçoivent comme socialement acceptable (Elmes *et al.*, 1989).

Qu'avez-vous appris ?

RÉPONSES, p. 61

A Quelle serait la méthode la plus appropriée pour chacun des sujets de recherche suivants ? (Ces sujets ont déjà fait l'objet de recherches.)

1. Les différences entre les jeux des garçons et ceux des filles.

2. Le changement d'attitude à l'égard du désarmement nucléaire à la suite de la télédiffusion d'un film sur l'holocauste nucléaire.

3. La mesure des changements physiologiques survenant pendant la projection de films violents.

4. Le développement d'un garçon élevé comme une fille à la suite de la perte de son pénis au cours d'un accident.

Méthodes
a) Étude de cas
b) Observation systématique en milieu naturel
c) Observation systématique en laboratoire
d) Enquête

B Un chercheur demande à des cégépiens de se prononcer sur l'augmentation des droits de scolarité à l'université. Sont-ils d'accord ? Pour connaître leur opinion, le chercheur utilise un questionnaire. Dans cet exemple, la variable qui intéresse le chercheur est l'opinion des étudiants. S'agit-il d'une variable observée ou décrite ?

La formulation des questions constitue également un aspect important de l'enquête. Une formulation tendancieuse ou imprécise peut influer sur les réponses. Prenons la question suivante: «Pensez-vous que le taux de criminalité diminuerait si l'on condamnait à la prison à vie les criminels coupables d'au moins trois crimes violents?» La question propose une solution parmi d'autres, qui ne sont pas précisées. Avec cet énoncé, nous obtiendrons probablement des réponses différentes de celles qu'auraient données les mêmes personnes si nous leur avions demandé de choisir une solution à la criminalité parmi un certain nombre de propositions. Les sondeurs engagés par des organismes politiques formulent parfois les questions de manière à obtenir les résultats désirés.

L'enquête présente un aspect dont il est rarement question et dont il faut être conscient: les résultats de sondages exercent une *influence* sur les attitudes et le comportement des individus; ils n'en sont pas seulement le reflet. En effet, ils suggèrent aux personnes qui désirent «être comme les autres» ce qu'elles devraient penser ou faire pour être appréciées ou se conformer à la mode (Noelle-Neumann, 1984). À ce propos, comment réagiriez-vous si, en lisant ce livre, vous preniez connaissance de résultats de recherche indiquant que vos opinions et vos habitudes sont celles d'une minorité de gens?

« *Êtes-vous (a) satisfait, (b) heureux, (c) très heureux, (d) extrêmement heureux, (e) follement heureux.* »

La recherche corrélationnelle

Les psychologues qui effectuent des recherches descriptives désirent souvent approfondir leur étude du comportement. Il leur arrive de vouloir déterminer si deux ou plusieurs phénomènes sont reliés et, si oui, jusqu'à quel point. Pour ce faire, ils ont recours à la **méthode corrélationnelle**. Une *corrélation* est l'évaluation numérique du degré de dépendance entre deux «éléments» susceptibles de varier de façon quantifiable. Dans le vocabulaire de la recherche, ces éléments portent le nom de variables. Pour les distinguer l'une de l'autre, on les appelle «variable *x*» et «variable *y*».

Les variables utilisées sont nombreuses: la taille, le poids, l'âge, le revenu, le QI, le nombre d'éléments retenus à un test sur la mémoire, le nombre de sourires esquissés durant une période donnée ou tout autre élément auquel on peut attribuer une mesure, un taux ou tout autre résultat chiffré.

On établit toujours un rapport entre deux **variables corrélationnelles** ou ensembles d'observations, *x* et *y*. Dans les recherches en psychologie, les ensembles d'observations mis en corrélation se rapportent habituellement à plusieurs individus et on les utilise afin de comparer des groupes de personnes. Par exemple, les psychologues qui s'intéressent aux origines de l'intelligence cherchent à déterminer s'il existe une relation entre le quotient intellectuel (*x*) et les résultats scolaires (*y*). Les élèves au QI plus élevé ont-ils de meilleurs résultats scolaires? Pour répondre à cette question, il faut mesurer le QI d'un ensemble d'individus au moyen d'un test d'intelligence et déterminer leur niveau de scolarité au moyen d'un questionnaire. Il est impossible de calculer une corrélation avec le QI et le niveau de scolarité d'un seul individu. Pour pouvoir affirmer qu'il existe une relation entre deux variables, il faut être en mesure de rapprocher plus d'une paire de valeurs.

Une *corrélation positive* signifie que des valeurs faibles et des valeurs élevées d'une variable correspondent respectivement à des valeurs faibles et à des valeurs élevées de l'autre variable. Par exemple, il existe une corrélation positive entre la taille et le poids, de même qu'entre le QI et les résultats scolaires. Toutefois, il est rare qu'une corrélation soit parfaite: il existe des personnes de grande taille dont le poids est inférieur à celui de personnes de petite taille; certains élèves ayant un QI moyen se classent parmi les meilleurs, alors que d'autres ayant un QI élevé obtiennent des notes médiocres. Le graphique de la figure 2.3(a) représente la corrélation positive, établie au cours d'une étude de Wright (1976), entre le niveau de scolarité des sujets et leur revenu annuel. Chaque point est associé à un individu; nous trouvons son niveau de scolarité en traçant un segment horizontal reliant le point à l'axe vertical et son revenu annuel, en traçant un segment vertical reliant le point à l'axe horizontal.

Méthode corrélationnelle

Type de méthode qui permet de mesurer le degré de dépendance entre deux variables, *x* et *y*.

Variables corrélationnelles (ou *x* et *y*)

Caractéristiques du comportement ou de l'expérience de la personne qui varient naturellement, et qui peuvent être décrites et mesurées sur une échelle numérique.

Une *corrélation négative* signifie que des valeurs élevées d'une variable correspondent à des valeurs faibles de l'autre variable et vice-versa. La figure 2.3(b) représente une corrélation négative entre le revenu moyen et la fréquence des cas de problèmes dentaires dans des groupes composés de 100 familles. Chaque point est associé à un groupe: nous pouvons voir qu'en général, plus le revenu moyen d'un groupe est élevé, moins ses membres souffrent de problèmes dentaires (Wright, 1976). Les exemples abondent: plus un élève est absent de ses cours, moins ses résultats sont élevés; plus le score obtenu par une personne à une épreuve évaluant la timidité est élevé, moins le nombre de personnes avec lesquelles elle interagit est grand, etc. Vous pouvez essayer de trouver d'autres variables reliées par une corrélation négative. Rappelez-vous toutefois que vous ne pouvez parler de corrélation négative entre deux variables que si elles sont interdépendantes. S'il n'existe *aucune* relation entre deux variables, on dit qu'elles sont non corrélées. Par exemple, la longueur des cheveux et la note finale au cours d'initiation à la psychologie sont *non corrélées*.

Le niveau et le sens de la corrélation sont indiqués par le *coefficient de corrélation*. Le coefficient + 1,00 indique une corrélation positive parfaite et le coefficient − 1,00, une corrélation négative parfaite. Une corrélation de + 0,80 entre deux variables indique qu'elles sont étroitement reliées; une corrélation de − 0,80 indique une relation tout aussi étroite, mais dans le sens négatif. Lorsqu'il n'existe aucune relation entre deux variables, le coefficient de corrélation est nul ou presque nul.

Les chercheurs peuvent faire des prédictions en se fondant sur les corrélations observées entre deux variables. Mais comme la plupart des corrélations observées chez un groupe d'individus ne sont pas parfaites, il faut être très prudents lorsque nous faisons des prédictions pour un individu donné. Ainsi, une corrélation positive entre le niveau de scolarité et le revenu ne permet pas de déterminer le salaire exact d'une personne. Nous ne pouvons conclure que ceci: plus le niveau de scolarité de cette personne est élevé, plus son salaire devrait être élevé.

(a) Corrélation positive
entre le niveau de scolarité et le revenu
chez un groupe d'hommes

(b) Corrélation négative
entre les problèmes dentaires
et le revenu familial moyen

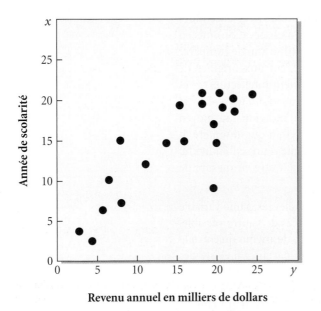

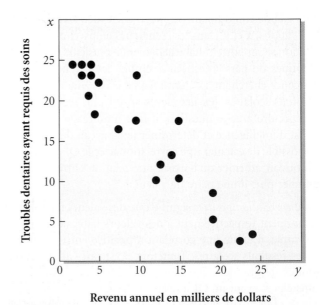

Source: Wright, 1976.

| FIGURE | 2.3 | Deux exemples de corrélation

Les études de corrélation sont fréquentes en sciences humaines et leurs résultats font souvent la manchette des journaux. Nous croyons souvent à tort que, si *x* est associé à *y*, alors *x* est la cause de *y*; or, ce n'est pas nécessairement le cas. Il est essentiel de vous rappeler qu'*une corrélation n'indique pas une relation de cause à effet*. Au mieux, elle indique la *possibilité* d'une telle relation. Le principal inconvénient des études corrélationnelles est lié au problème des **variables contaminantes**. Il s'agit de variables non incluses dans une recherche, mais susceptibles d'exercer une forte influence sur les variables étudiées. Illustrons ce phénomène à l'aide de l'exemple le plus connu, soit le rapport entre l'écoute de la télévision et l'agressivité chez les enfants.

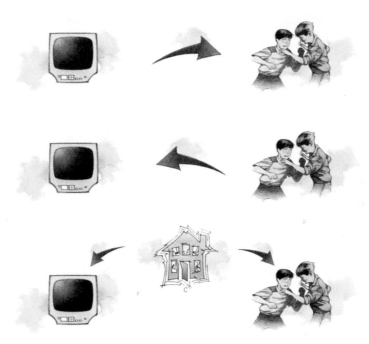

Variable contaminante

Variable qui ne fait pas partie du plan de recherche, mais qui peut exercer une forte influence sur les variables étudiées. Synonyme : variable parasite.

Partant de l'hypothèse qu'il existe une corrélation positive entre l'écoute de la télévision et l'agressivité chez les enfants, de nombreuses personnes en concluent que l'écoute de la télévision (x) suscite l'agressivité chez les enfants (y).

Pourtant, d'autres personnes peuvent tout aussi bien penser qu'une forte agressivité (y) amène les enfants à regarder plus souvent la télévision (x).

Mais il existe une troisième possibilité, impliquant une variable contaminante : le fait de grandir dans un milieu familial violent (c) peut amener les enfants à être plus agressifs et à regarder plus souvent la télévision.

Les psychologues cherchent encore à déterminer laquelle de ces trois relations de cause à effet est la plus forte; on dispose actuellement de données appuyant chacune des trois hypothèses (APA – Commission on Violence and Youth, 1993; Eron, 1982; Eron et Huesmann, 1987; Oskamp, 1988). Toutefois, les recherches corrélationnelles ne suffisent pas à établir des relations de cause à effet; elles permettent seulement de mettre au jour des relations quantifiables entre des variables. Que faut-il en conclure? Lorsque deux variables sont interreliées, il est possible que l'une soit la cause de l'autre, mais ce n'est pas nécessairement le cas. Pour s'assurer qu'il y a bel et bien une relation de causalité entre deux variables, les chercheurs en psychologie font appel à la méthode expérimentale, présentée dans la section suivante.

 Qu'avez-vous appris ?

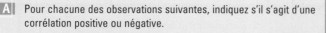

RÉPONSES, p. 61

A Pour chacune des observations suivantes, indiquez s'il s'agit d'une corrélation positive ou négative.

1. Plus le résultat au test d'intelligence d'un enfant est élevé, moins sa mère aura à recourir à la force physique pour l'éduquer.

2. Plus le taux de testostérone d'un singe mâle est élevé, plus le singe a tendance à être agressif.

3. Plus les adultes vieillissent, moins ils ont tendance à avoir des relations sexuelles.

4. Plus la température grimpe, plus les crimes contre la personne tels que les agressions augmentent.

B Afin de montrer qu'une corrélation n'implique pas nécessairement l'existence d'un lien de causalité, essayez de trouver une nouvelle explication illustrant l'influence d'une variable contaminante pour chacune des observations de la question précédente.

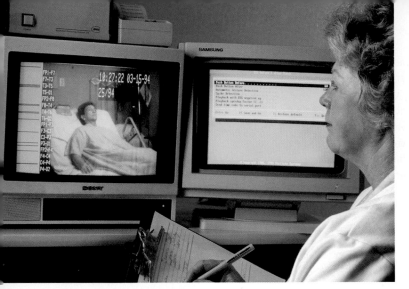

Les bénévoles qui acceptent de dormir dans un laboratoire plutôt que chez eux aident les chercheurs à obtenir des renseignements au sujet de l'activité du cerveau et des muscles pendant le sommeil.

La recherche expérimentale

Si les chercheurs ont recours à la méthode descriptive pour formuler des hypothèses à propos d'un comportement et à la méthode corrélationnelle pour associer différentes variables à un comportement donné, ils utilisent toutefois la méthode expérimentale pour déterminer les causes d'un comportement. La recherche des causes n'est pas une tâche facile, car les facteurs à l'origine des comportements sont nombreux et interreliés: bases biologiques, expériences personnelles, influences situationnelles, etc. C'est pourquoi les chercheurs préfèrent la méthode expérimentale à la méthode corrélationnelle: elle permet de neutraliser avec plus d'efficacité les variables contaminantes qui peuvent influer sur les résultats.

La **méthode expérimentale** permet à l'expérimentateur de contrôler les conditions d'une expérimentation afin de tester ses hypothèses. Pour ce faire, il modifie certaines conditions qui, selon lui, influeront sur le comportement des sujets, il maintient constant l'ensemble des autres conditions expérimentales pour tous les sujets et il observe ensuite ce qui se passe. Selon les résultats obtenus, il pourra tirer des conclusions pour déterminer la présence ou l'absence de relations de cause à effet entre les différentes variables sélectionnées.

Méthode expérimentale
Méthode qui rend possible la mise à l'épreuve d'une hypothèse dans des conditions données, au cours de laquelle le chercheur manipule les caractéristiques d'une variable pour déterminer l'influence qu'elle exerce sur une autre variable.

LES VARIABLES

Variable indépendante
Variable qui est manipulée ou provoquée par l'expérimentateur et qui constitue la cause présumée de la variable dépendante. Synonymes: traitement expérimental et variable manipulée.

Variable dépendante
Variable qui est mesurée par l'expérimentateur et qui peut être modifiée par l'influence de la variable indépendante. Synonyme: variable mesurée.

Chaque expérience a pour but de tester au moins une hypothèse et comporte toujours deux types de variables: la ou les **variables indépendantes** et la ou les **variables dépendantes** (voir la figure 2.4). L'hypothèse prend généralement la forme du triplet suivant: «Si je fais ceci ou si je sélectionne des gens qui ont telle caractéristique», «je devrais observer cela», «toutes autres choses étant égales par ailleurs». La première partie est contrôlée par l'expérimentateur et constitue la variable indépendante. La deuxième partie est la variable dépendante, ainsi qualifiée parce qu'elle est censée varier selon les caractéristiques de la variable indépendante. Enfin, la troisième partie est un énoncé sur les conditions générales de l'expérimentation: elle signifie que, si l'expérimentateur a respecté les règles de la recherche expérimentale, tout ce qu'il ne contrôle pas (les variables contaminantes) devrait se répartir de façon égale entre les différentes conditions de l'expérimentation et ne devrait pas perturber les résultats.

Imaginez un moment que vous êtes psychologue et que le gouvernement vous confie une étude sur les liens entre la consommation de tabac et les accidents de la route. Vous notez tout d'abord que, selon les statistiques, les fumeurs sont plus souvent impliqués dans des accidents

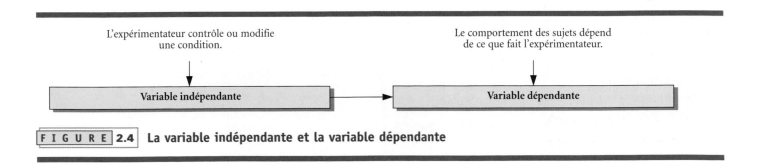

L'expérimentateur contrôle ou modifie une condition.

Le comportement des sujets dépend de ce que fait l'expérimentateur.

Variable indépendante → Variable dépendante

FIGURE 2.4 **La variable indépendante et la variable dépendante**

de la route que les non-fumeurs, même en tenant compte des différences de consommation d'alcool, d'âge et d'autres facteurs (DiFranza *et al.*, 1986). Vous savez que l'existence de cette relation ne prouve pas que le fait de fumer soit la cause des accidents. Il se peut que les fumeurs soient plus téméraires que les non-fumeurs ou encore que le fait de fumer provoque des distractions dangereuses pour la conduite, comme chercher des allumettes, déposer la cendre dans le cendrier, etc. Vous décidez de mener une expérience pour clarifier la question.

Vous commencez par formuler une hypothèse : « La nicotine diminue les habiletés propres à la conduite automobile. » Pour la tester, vous définissez un ensemble de conditions expérimentales. Vous demandez à des sujets d'effectuer un tracé sinueux sur un simulateur de conduite doté d'une transmission manuelle et d'un accélérateur. Les sujets ont pour consigne de parcourir la plus grande distance possible en conduisant le plus rapidement possible, tout en évitant de heurter les véhicules qui les précèdent. Dans cette recherche, la variable indépendante est l'usage de la nicotine et la variable dépendante, le nombre de collisions par l'arrière.

En tant qu'expérimentateur, vous devez prendre les moyens pour neutraliser les variables contaminantes afin que seul le traitement associé à la variable indépendante puisse être la cause des effets observés sur la variable dépendante. Il est hors de question que certains sujets aient des consignes ou des tâches différentes de celles des autres. De cette façon, vous vous assurez que les résultats obtenus avec la variable dépendante ne pourront être attribués qu'aux variations introduites par la variable indépendante.

LE GROUPE CONTRÔLE

Dans la méthode expérimentale, le traitement, ou manipulation, de la variable indépendante doit aussi s'accompagner d'une condition où il est absent, c'est-à-dire une condition de contrôle utilisée dans un **groupe contrôle**. Cette façon de procéder permet de déterminer ce qui se produit en l'absence de tout traitement. L'hypothèse d'une influence du traitement ne peut alors être confirmée que par l'observation d'une différence statistiquement significative entre le groupe expérimental et le groupe contrôle, aussi appelé « groupe témoin ». Si les mêmes effets se produisent dans la condition expérimentale et dans la condition de contrôle, ils ne peuvent alors être attribués au traitement expérimental. Dans votre recherche, les sujets qui fument juste avant de conduire constituent le groupe expérimental et ceux qui s'en abstiennent forment le groupe contrôle. La planification de cette expérience est schématisée à la figure 2.5.

Groupe contrôle
Dans une expérience, groupe de référence où les sujets ne sont pas soumis à la variable indépendante. Synonyme : groupe témoin.

LA RÉPARTITION DES SUJETS

Il est important de respecter certaines règles au cours de la répartition des sujets entre le groupe expérimental et le groupe contrôle. Dans la plupart des cas, les deux groupes sont constitués à l'aide de la technique de la distribution aléatoire, qui assure à chaque sujet une probabilité égale de se retrouver dans l'un ou l'autre des groupes. Une des façons de procéder consiste à assigner au hasard un numéro à chacun des sujets, puis à former le groupe expérimental avec les nombres pairs et le groupe contrôle, avec les nombres impairs. Si l'étude porte sur un nombre assez élevé de sujets, une grande similarité devrait être observée entre les deux groupes pour un ensemble de dimensions susceptibles d'influer sur les résultats, comme le niveau de scolarité, les habitudes de conduite automobile ou de consommation du tabac, etc. Les expérimentateurs peuvent aussi créer plusieurs groupes expérimentaux. Ainsi, dans votre étude sur le tabac, les sujets d'un groupe pourraient être appelés à fumer une cigarette avant l'épreuve de conduite, alors que ceux d'autres groupes en fumeraient deux ou trois. La comparaison entre ces différents groupes révélerait par exemple que la consommation accrue de nicotine nuit davantage à la conduite. Mais, pour le moment, penchons-nous sur les sujets expérimentaux n'ayant fumé qu'une seule cigarette.

Sommes-nous prêts à commencer ? Pas encore ! Un élève astucieux pourrait faire remarquer que le groupe expérimental et le groupe contrôle ne sont pas équivalents. En effet, seuls les

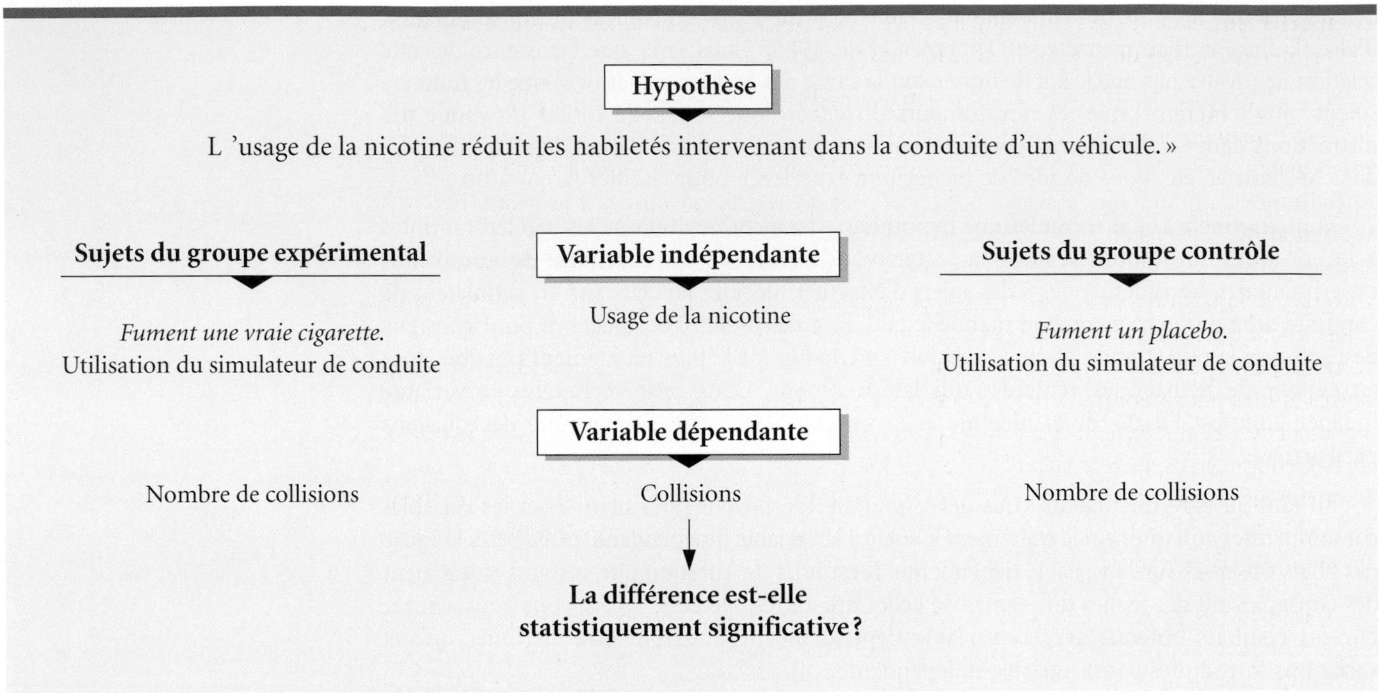

Hypothèse

L'usage de la nicotine réduit les habiletés intervenant dans la conduite d'un véhicule. »

Sujets du groupe expérimental	**Variable indépendante**	**Sujets du groupe contrôle**
Fument une vraie cigarette. Utilisation du simulateur de conduite	Usage de la nicotine	*Fument un placebo.* Utilisation du simulateur de conduite
	Variable dépendante	
Nombre de collisions	Collisions	Nombre de collisions

La différence est-elle statistiquement significative ?

FIGURE 2.5 La nicotine nuit-elle à la conduite automobile?

Cette recherche expérimentale vise à vérifier l'hypothèse selon laquelle la nicotine nuit à la capacité de conduire.

Placebo

Substance neutre ou simulation de traitement utilisées comme mesure de contrôle au cours d'une expérience ou comme traitement par un médecin.

sujets expérimentaux accomplissent certaines activités, comme allumer une cigarette et inhaler de la fumée, lesquelles peuvent avoir des répercussions importantes sur le niveau de détente ou la confiance en soi, par exemple. Il faut donc vous assurer que les sujets du groupe contrôle fassent exactement la même chose, mais sans consommer de nicotine. Ainsi, plutôt que de s'abstenir de fumer, les sujets du groupe contrôle auront à fumer une cigarette **placebo** (substance neutre). Ces cigarettes ont le même goût et dégagent la même odeur que les vraies cigarettes, mais elles ne contiennent aucun ingrédient actif, comme de la nicotine. S'il s'avère que les fumeurs de ces fausses cigarettes provoquent sensiblement moins de collisions que ceux qui fument de vraies cigarettes dans le groupe expérimental, vous pourrez en conclure à juste titre que c'est bien la consommation de nicotine qui accroît la probabilité d'avoir un accident de la route. (Notons qu'un placebo produit parfois des effets presque aussi marqués que la substance qu'il remplace. Les injections factices qui s'avèrent efficaces dans le traitement de la douleur en constituent un exemple éloquent. Que les placebos puissent avoir de tels effets demeure toutefois une énigme pour la science.)

L'INFLUENCE DE L'EXPÉRIMENTATEUR

Les chercheurs doivent aussi s'efforcer de limiter l'influence du contexte expérimental sur les résultats, notamment en ce qui a trait aux interactions entre l'expérimentateur et les sujets. Étant donné que les sujets ont des attentes susceptibles d'influer sur les résultats d'une étude, il est essentiel de leur laisser ignorer la nature du groupe auquel ils appartiennent. Lorsque cette condition est respectée (ce qui est le cas la plupart du temps), il s'agit d'une *étude en simple aveugle*. Dans ce genre de recherche, les sujets ne sont pas les seuls à avoir des attentes, les chercheurs en ont aussi. L'espoir d'obtenir un résultat positif, en particulier, peut amener les expérimentateurs à réagir différemment en face des sujets expérimentaux et en face des sujets de contrôle, ce qui peut influer indûment sur les résultats. Cette différence de comportement chez les expérimentateurs peut être involontaire et inconsciente, et elle peut s'exprimer par le ton de la voix, la posture, l'expression du visage, etc.

Il y a quelques décennies déjà, Robert Rosenthal (1966) a montré à quel point l'*influence de l'expérimentateur* peut être considérable. Il a demandé à des étudiants d'apprendre à des rats à parcourir un labyrinthe. Les étudiants étaient amenés à croire que les rats avaient été sélectionnés soit pour leur habileté à s'orienter dans un labyrinthe, soit pour leur faible capacité d'orientation. Il n'existait en réalité aucune différence génétique entre les deux groupes de rats, mais au cours de l'expérience, les rats prétendument brillants apprirent en fait plus vite à traverser le labyrinthe, apparemment grâce à l'attitude des étudiants à leur égard. Rosenthal en a conclu que, si les attentes d'un expérimentateur peuvent influer sur le comportement de rongeurs, elles peuvent certainement influer sur celui des êtres humains. Il a effectué plusieurs autres études pour démontrer qu'il en est bien ainsi. Dans l'une d'elles, il a découvert que les signaux envoyés aux participants par l'expérimentateur peuvent être aussi subtils que le sourire de la Joconde. Ainsi, Rosenthal a observé que les chercheurs de sexe masculin avaient tendance à sourire davantage aux sujets de sexe féminin qu'à ceux de sexe masculin. Étant donné qu'un sourire en attire un autre, un tel comportement de la part de l'expérimentateur est susceptible de réduire à néant une étude sur l'amitié ou la coopération.

Il est possible de remédier au problème de l'influence de l'expérimentateur en menant une *étude en double aveugle*. Dans ce cas, la personne qui dirige l'expérience (c'est-à-dire celle qui se trouve directement en contact avec les sujets) ignore quels sujets appartiennent à l'un ou l'autre groupe jusqu'à la fin de la collecte des données. Pour mener en double aveugle votre expérience sur les effets de la nicotine, vous ferez en sorte que la personne chargée de distribuer les cigarettes ignore lesquelles sont de vraies cigarettes et lesquelles sont des placebos. En psychologie, il est souvent plus difficile de concevoir des expériences en double aveugle que des expériences en simple aveugle. Malgré tout, l'objectif demeure toujours de contrôler tout ce qui peut l'être afin de limiter les influences, à l'exception de celles qui sont reliées à une variable indépendante.

L'expérimentation est depuis longtemps considérée comme la méthode de recherche par excellence en psychologie, parce qu'elle permet de tirer des conclusions sur les causes et les effets. Cette méthode a pourtant, comme toutes les autres, des points faibles. Il arrive que des conditions expérimentales conçues pour faciliter le travail du chercheur faussent les résultats d'une recherche. Une analyse récente porte sur cette problématique. Par exemple, la plupart des recherches où on utilise des rats, des souris ou des hamsters s'effectuent le jour, sous un éclairage artificiel. Or, ces rongeurs sont des animaux nocturnes : ils sont normalement actifs la nuit et dorment le jour. Comme le font observer les auteurs de l'analyse : « On a souvent reproché à la psychologie de s'appuyer dans une large mesure sur des expériences menées sur des rats blancs mâles. [...] Il faudrait peut-être réviser cette accusation et parler plutôt de "rats blancs mâles et *endormis*!" » (Brodie-Scott et Hobbs, 1992)

Lorsque les sujets sont des êtres humains, les activités de laboratoire favorisent un type particulier de relation avec le chercheur. Ce dernier décide des questions à poser et des comportements à observer, et il s'attend à ce que les participants se conforment à ses directives. Dans leur désir de coopérer, de favoriser l'avancement des connaissances scientifiques ou de se présenter sous leur meilleur jour, les participants peuvent agir de façon contraire à leurs habitudes (Kihlstrom, 1995). Un problème se pose donc aux chercheurs : plus ils essaient de contrôler une situation, moins cette situation présente de ressemblances avec la vie réelle. C'est pour cette raison que nombre d'entre eux souhaitent non seulement que soient effectuées plus de recherches sur le terrain et dans des contextes naturels, mais aussi que soit évaluée soigneusement la façon dont les participants perçoivent la situation expérimentale et le rôle qu'ils sont censés y jouer.

Maintenant que nous avons terminé la présentation des méthodes de recherche en psychologie, dressez une liste d'avantages et d'inconvénients pour chacune et comparez vos résultats avec le tableau 2.4.

AVANTAGES	INCONVÉNIENTS
Étude de cas	
Cette méthode est une bonne source d'hypothèses. Elle fournit de l'information détaillée sur des individus. Les cas exceptionnels servent à clarifier des situations ou des problèmes qu'on ne peut étudier autrement pour des raisons d'ordre éthique ou pratique.	L'individu étudié n'est pas nécessairement représentatif ou typique. Il est difficile de déterminer la meilleure interprétation subjective.
Observation systématique en milieu naturel	
Cette méthode permet la description du comportement tel qu'il se produit en milieu naturel. Elle s'avère souvent utile au cours des premières étapes d'un programme de recherche.	Le chercheur n'a aucun contrôle, ou très peu, sur la situation étudiée. Les observations peuvent être biaisées. Cette méthode ne permet pas de tirer des conclusions solides sur les relations de cause à effet.
Observation systématique en laboratoire	
Cette méthode permet d'exercer un plus grand contrôle que l'observation systématique en milieu naturel. Elle permet l'utilisation de matériel perfectionné.	Le chercheur n'exerce qu'un contrôle limité sur la situation étudiée. Les observations peuvent être biaisées. Employée seule, cette méthode ne peut permettre de tirer de solides conclusions sur les relations de cause à effet. On l'utilise souvent pour confirmer des résultats expérimentaux. Le comportement en laboratoire n'est pas nécessairement identique au comportement en milieu naturel.
Enquête	
Cette méthode fournit des quantités importantes d'information sur un grand nombre de personnes.	Si l'échantillon est non représentatif ou biaisé, il est impossible de généraliser les résultats. Cette méthode soulève le problème de désirabilité sociale. Il peut exister un écart entre les intentions exprimées et les comportements réels.
Recherche corrélationnelle	
Cette méthode montre s'il existe une relation entre deux ou plusieurs variables. Elle permet de faire des prédictions générales.	Cette méthode ne permet pas de déterminer les relations de cause à effet. Elle peut suggérer de fausses pistes.
Recherche expérimentale	
Le chercheur contrôle la situation étudiée. Cette méthode permet de déterminer les causes et les effets.	La situation étudiée est artificielle ; il est parfois difficile de généraliser et d'étendre les résultats à des situations réelles. L'influence de l'expérimentateur sur les résultats est parfois difficile à éviter.

Qu'avez-vous appris ?

A Déterminez la variable indépendante et la variable dépendante pour chacune des questions de recherche suivantes.

1. Le fait de dormir après avoir appris un poème par cœur en facilite-t-il la mémorisation ?

2. La présence de témoins influe-t-elle sur le désir d'une personne de venir en aide à quelqu'un en danger ?

3. Les amateurs de « métal hurlant » deviennent-ils plus agités à l'écoute de cette musique ?

B Relevez les erreurs méthodologiques dans chacune des deux études suivantes.

1. Un psychiatre s'est associé à un spécialiste du rein afin de traiter ses patients, qui souffrent de troubles psychologiques, à l'aide d'un procédé de filtration du sang. Les médecins ont présenté plusieurs cas de patients dont la santé s'était nettement améliorée, ce qu'ils ont attribué à l'élimination d'une toxine inconnue présente dans leur sang (Wagemaker et Cade, 1978).

2. Une sexologue a mené une enquête pour connaître les sentiments des femmes à propos des hommes et de l'amour. Elle a expédié 100 000 questionnaires à des associations de femmes ; 4 500 lui sont revenus remplis, soit un taux de retour de 4,5 %. À partir des données ainsi recueillies, elle indique que 84 % des femmes ne sont pas satisfaites de leur relation amoureuse, que 98 % d'entre elles désirent améliorer leur communication avec leur conjoint et que 70 % des femmes mariées depuis 5 ans ou plus ont eu des relations extraconjugales (Hite, 1987).

LA RECHERCHE EXAMINÉE À LA LOUPE

Les méthodes de recherche sont au cœur de la science. Il n'est donc pas surprenant que les psychologues passent autant de temps à justifier la rigueur des méthodes qu'ils utilisent pour recueillir, évaluer et présenter leurs données. Au cours des dernières années, les débats ont porté sur des problèmes comme la justification de l'utilisation des tests psychologiques, l'éthique en recherche et la signification même des découvertes en psychologie.

Le mauvais usage des tests psychologiques

L'emploi des tests psychologiques à des fins inappropriées fait actuellement l'objet d'une controverse. L'anthropologue F. Allan Hanson (1993) soutient que les tests constituent une menace pour le droit à la vie privée : ce sont des « instruments utilisés par des institutions formant de plus en plus un système dominateur qui s'oppose à la liberté et à la dignité individuelles ». Selon ce chercheur, les tests d'aptitudes et d'intelligence minent la motivation, conduisent les individus à se conformer aux prédictions faites à leur sujet et glorifient le potentiel hypothétique d'une personne au détriment de ses accomplissements réels.

La controverse sur le détecteur de mensonge illustre bien le propos de Hanson. Ainsi, l'interdiction faite aux employeurs, par le gouvernement américain, d'utiliser couramment le détecteur de mensonge (parce que sa validité et sa fidélité sont insuffisantes) n'a pas empêché ces derniers de tenter de mettre au point un outil permettant de découvrir les éventuels tricheurs, voleurs ou drogués.

On met présentement à l'essai des « tests d'intégrité », qui mesureraient la probabilité qu'un futur employé commette des vols sur son lieu de travail. Bien que les tests de ce type soient soumis à des millions de personnes chaque année, on s'interroge encore sur leur fidélité et leur validité (Saxe, 1991). Les experts s'inquiètent du fait qu'un grand nombre de personnes (sinon la majorité) qui échouent aux tests ne sont peut-être pas en réalité des personnes malhonnêtes (Camera et Schneider, 1994). Par ailleurs, quel taux d'erreurs peut être toléré pour un test de ce genre ? Ce taux est-il acceptable s'il ne condamne qu'un innocent sur 10, sur 100 ou sur 1 000 ? Avant de répondre, imaginez que vous ayez eu à réussir un test évaluant votre « tendance à tricher » pour être admis au cégep. Qu'auriez-vous ressenti ?

Les défenseurs des tests répliquent à ces critiques en faisant remarquer que les tests sont de simples outils et qu'il ne faut pas les condamner en bloc lorsque certaines personnes en font un mauvais usage. Pour eux, il convient de distinguer leur emploi rigoureux à des fins de recherche ou de diagnostic de troubles mentaux d'avec leur utilisation négligente ou malveillante, qui se solde par une atteinte à la vie privée des gens. Dans tous les cas, toute personne qui accepte de passer un test, quel qu'il soit, devrait être informée au préalable des raisons pour lesquelles on lui demande de subir le test et de l'utilisation prévue des résultats.

L'éthique et la recherche

Les relations entre les psychologues et les participants sont encadrées par des règles déontologiques strictes, qui précisent les conditions dans lesquelles les recherches doivent être menées. L'American Psychological Association (APA) a publié en 1982 un guide complet sur les principes éthiques qui doivent guider le chercheur dans les études menées sur des êtres humains; au Québec, le Code de déontologie des psychologues (1994) répond aux mêmes préoccupations. Les principes énoncés ont pour but de protéger les sujets contre tout tort physique ou psychologique que pourrait leur occasionner la participation à une recherche.

Malgré ces précautions, de nombreux psychologues s'inquiètent des torts que peut causer une pratique assez répandue, la *tromperie*. Cette dernière consiste à cacher au sujet les véritables objectifs de la recherche afin d'éviter qu'il ne modifie son comportement selon les demandes apparentes de la situation. Par exemple, si un sujet apprend que le but de la recherche est d'évaluer l'empressement à aider les autres, il peut se transformer temporairement en émule de mère Teresa et fausser ainsi les résultats.

Si la tromperie a le mérite d'accroître la validité des résultats, elle peut, dans certains cas limites, provoquer un embarras, voire des torts, aux sujets. Rappelons la célèbre recherche de Milgram (1963) sur la soumission, où les participants étaient persuadés d'administrer de vraies décharges électriques à des individus. Plusieurs participants ont ainsi cru qu'ils provoquaient réellement des douleurs intenses à une autre personne et ont subi un stress important durant l'expérimentation. Est-ce acceptable? Milgram aurait probablement des difficultés à reproduire sa recherche aujourd'hui. Une enquête ultérieure a cependant montré que seulement 1% des sujets regrettaient d'avoir participé à la recherche et qu'aucun d'entre eux n'a souffert de traumatisme permanent (Milgram, 1974). De plus, les travaux de Milgram ont permis de faire progresser de façon décisive les connaissances sur le phénomène de la soumission à l'autorité.

Il n'est pas possible de rejeter en bloc l'utilisation de la tromperie, car elle s'avère parfois incontournable; toutefois, le code de déontologie de l'APA exige, d'une part, que le chercheur envisageant de l'utiliser démontre qu'elle est nécessaire et justifiée par le caractère essentiel du potentiel théorique, éducationnel ou appliqué des résultats attendus et, d'autre part, qu'il examine toutes les possibilités qui pourraient lui éviter d'y avoir recours. Le code de déontologie stipule également qu'il incombe au chercheur d'informer le sujet des risques associés à sa participation et de son droit de mettre fin à tout moment à sa collaboration.

L'expérimentation sur des animaux est un autre aspect de la recherche en psychologie qui soulève des interrogations d'ordre éthique. On utilise des animaux dans environ 7% à 8% des études en psychologie; dans 95% des cas, il s'agit de rongeurs (APA, 1984), mais les psychologues emploient aussi à l'occasion des pigeons, des chats, des singes et d'autres espèces animales. Dans la plupart des expériences, on ne cause aucun tort aux animaux et on ne les fait pas souffrir (par exemple, dans les études sur la reproduction des hamsters), mais ce n'est pas toujours le cas (par exemple, dans les études où des bébés singes sont élevés à l'écart de leur mère et acquièrent des comportements anormaux). Dans certaines recherches, il est même nécessaire de tuer des animaux; par exemple, des rats élevés dans un environnement présentant toutes les caractéristiques de la pauvreté ou de l'abondance seront autopsiés afin qu'on examine leur cerveau, dans le but de découvrir d'éventuelles modifications.

D'un autre côté, certaines études sur les animaux ont eu plusieurs conséquences bénéfiques pour leur population. Ainsi, des fermiers ont réussi à réduire la destruction de leurs récoltes par les oiseaux et les chevreuils en appliquant des principes béhavioristes, ce qui leur a évité d'avoir recours à la solution traditionnelle, soit de les tuer. La recherche sur les animaux a aussi largement contribué à l'amélioration de la santé et du bien-être des êtres humains. Ainsi, des psychologues et d'autres chercheurs ont utilisé les résultats de ce type d'études dans la mise au point de méthodes pour traiter l'énurésie (incontinence nocturne), apprendre aux enfants retardés à communiquer avec leur entourage, lutter contre la malnutrition qui met en danger la vie des jeunes bébés souffrant de vomissements répétés, rééduquer des patients souffrant de troubles neurologiques ou de pertes sensorielles, réduire la douleur chronique, entraîner des animaux à venir en aide à des handicapés ou encore comprendre les mécanismes à la base de la perte de la mémoire et de la sénilité (Feeney, 1987; Greenough, 1991; Miller, 1985).

Les codes de déontologie des associations professionnelles de psychologues comportent un certain nombre de clauses sur l'utilisation d'animaux à des fins de recherche (APA, 1981; Société canadienne de psychologie, 1985). On recommande de traiter les animaux avec bienveillance et de leur épargner toute souffrance et tout stress inutiles. Néanmoins, de nombreuses personnes s'indignent de certains traitements infligés aux animaux de laboratoire et remettent en question l'existence même des recherches portant sur eux. Une enquête a révélé que 85 % des militants en faveur des droits des animaux, comparativement à 17 % dans un groupe contrôle, étaient d'accord avec l'énoncé « S'il n'en tenait qu'à moi, on mettrait fin à toute recherche utilisant des animaux » (Plous, 1991). Mais la plupart des scientifiques s'opposent à toute proposition visant à bannir ou à réduire considérablement les expériences sur des animaux. L'APA et d'autres organisations professionnelles préconisent plutôt une législation pour protéger les animaux sans compromettre les recherches qui contribuent à accroître la compréhension scientifique et le bien-être des êtres humains. Le problème, difficile à résoudre, consiste à trouver un équilibre entre les nombreux avantages de la recherche sur les animaux et une attitude de compassion envers les espèces autres que la nôtre.

Les chercheurs en psychologie utilisent des animaux pour étudier l'apprentissage, la mémoire, les émotions, la motivation et bien d'autres sujets. Ici, un rat apprend à trouver sa nourriture dans un labyrinthe en étoile.

POURQUOI LES PSYCHOLOGUES FONT-ILS APPEL AUX MÉTHODES STATISTIQUES ?

Une fois qu'un psychologue a terminé une observation systématique, une enquête ou une expérimentation et qu'il a ses données en main, il doit en analyser les résultats. Dans les deux sections suivantes, nous utiliserons l'étude sur l'influence de la nicotine pour illustrer cette troisième étape de la recherche selon la démarche scientifique (pour avoir une vue d'ensemble de cette démarche, revoir le tableau 2.1): l'analyse des résultats à l'aide de la statistique descriptive et l'évaluation des résultats à l'aide de la statistique inférentielle.

Analyser les résultats : la statistique descriptive

Supposons que 60 personnes aient participé à votre expérience sur les effets de la nicotine: 30 ont fumé de vraies cigarettes et 30 ont fumé des placebos. Étant donné que vous avez noté le nombre de collisions que chaque participant a provoquées avec le simulateur de conduite, vous disposez de 60 résultats numériques. Qu'allez-vous en faire?

Il faut d'abord résumer les données. Ce qui intéresse les chercheurs, ce ne sont pas les résultats individuels, mais plutôt la comparaison entre les résultats du groupe expérimental et ceux du groupe contrôle. Pour obtenir cette information, il faut recourir à la statistique descriptive, qui fournit les chiffres permettant de résumer l'ensemble des données. La présentation de ces valeurs numériques sous la forme de graphiques et de tableaux facilite l'interprétation des résultats (voir le tableau 2.5).

Une façon simple de résumer des données consiste à calculer la moyenne de chaque groupe. On utilise le plus souvent la *moyenne arithmétique,* obtenue en divisant la somme des notes individuelles par le nombre de notes. Ainsi, pour connaître la moyenne du groupe ayant consommé de la nicotine, nous devons additionner les 30 résultats du nombre de collisions provoquées par chaque individu, puis diviser cette somme par 30. Nous devons procéder de la même façon pour le groupe contrôle. Cela nous permet de réduire les 60 données initiales à 2 valeurs numériques. Supposons que le nombre moyen de collisions ait été de 10 pour le groupe expérimental et de 7 pour le groupe contrôle.

Il faut être prudent dans l'interprétation des moyennes. Une moyenne ne décrit pas nécessairement un comportement «typique»; elle ne fait que résumer une masse de données. Il est possible qu'aucun des sujets du groupe expérimental n'ait effectivement provoqué 10 collisions: il se peut que la moitié d'entre eux, de véritables fous du volant, aient provoqué 15 collisions chacun et que les 15 autres, plus prudents, n'en aient provoqué que 5. Il se peut également que presque tous les sujets du groupe expérimental aient provoqué 9, 10 ou 11 collisions, ou encore que le nombre de collisions par sujet soit distribué uniformément entre 0 et 15.

| TABLEAU 2.5 | LA COMPARAISON ENTRE LES HOMMES ET LES FEMMES SELON LE NIVEAU DE SCOLARITÉ ET LE SALAIRE |

VARIABLES *y*	GROUPE (*x*1 = homme; *x*2 = femme)	n =	MOYENNE	CORRÉLATION
Niveau de scolarité (en années)	Hommes	30	18,7	
	Femmes	30	18,5	
				0,65
Revenu annuel (en milliers de dollars)	Hommes	30	35 786	
	Femmes	30	29 786	

Ce tableau contient cinq catégories d'éléments: (1) les deux variables *y* mesurées dans la recherche; (2) les deux groupes de participants de la variable *x* qui ont été comparés (hommes et femmes); (3) le nombre de participants pour chaque groupe de la variable indépendante *x* ; (4) la moyenne (ou niveau) pour chaque groupe de la variable indépendante *x*; (5) le résultat de la corrélation entre la scolarité et le revenu.

Évaluer les résultats : la statistique inférentielle

Dans l'étude sur les effets de la nicotine, nous avons supposé que la moyenne du nombre de collisions était de 10 pour le groupe expérimental et de 7 pour le groupe contrôle. S'il s'agissait de véritables résultats, devrions-nous pour autant sabler le champagne? Rencontrer un journaliste de *Québec Science*? Un instant! Il nous faudrait d'abord vérifier si les résultats sont **statistiquement significatifs**, c'est-à-dire déterminer dans quelle mesure ils pourraient être attribués au hasard et non aux effets de la nicotine.

La statistique inférentielle permet de répondre à ce questionnement en recourant aux lois de la probabilité. La question essentielle est la suivante: la différence observée entre les deux groupes est-elle suffisamment grande pour confirmer votre hypothèse d'une influence de la nicotine sur les habiletés de conduite et permettre de rejeter les variations dues au hasard? Les psychologues considèrent qu'un résultat est significatif lorsque le test d'inférence indique que ce résultat peut être obtenu aléatoirement au plus 5 fois en 100 répétitions de l'expérience; en d'autres termes, le résultat est significatif au seuil de 0,05. Si ce seuil n'est pas atteint, le psychologue doit conclure que les résultats ne lui permettent pas de confirmer son hypothèse. Il a alors le choix entre reprendre l'expérience – telle quelle ou en recourant à des mesures de contrôle plus strictes – ou remettre en question l'hypothèse de départ.

Il est indispensable de recourir à la statistique inférentielle, car plusieurs phénomènes, en apparence surprenants, n'ont rien d'étonnant sur le plan statistique. Par exemple, selon vous, quelle est la probabilité que, parmi 25 personnes se trouvant dans la même pièce, il y en ait deux dont l'anniversaire tombe le même jour? La majorité des gens croient que cet événement est très peu probable, mais il y a en fait plus d'une chance sur deux qu'il se produise (pourquoi ne pas le vérifier dans votre cours de psychologie?).

Une étude sur les effets de la nicotine, semblable à notre exemple fictif, a effectivement été menée; elle faisait appel à des procédés différents et plus complexes (Spilich *et al.*, 1992). Les fumeurs qui avaient fumé une cigarette juste avant de conduire ont parcouru une distance légèrement plus grande au volant du simulateur, mais ils ont également provoqué un nombre moyen de collisions (10,7) beaucoup plus élevé que les fumeurs qui s'étaient abstenus de fumer (5,2) dans les mêmes circonstances et que les non-fumeurs (3,1). Après avoir pris connaissance de cette étude, la direction de FedEx a interdit à ses 12 000 chauffeurs de fumer durant leurs heures de travail (communication personnelle de George J. Spilich).

Interpréter et publier les résultats

La quatrième et dernière étape de toute recherche menée selon la démarche scientifique englobe l'*interprétation* et la *publication des résultats*. Tenter de comprendre un comportement au moyen de données brutes, c'est comme essayer d'apprendre à parler couramment l'anglais en lisant un dictionnaire anglais-français. De la même façon qu'il faut connaître la grammaire pour tirer un sens d'une suite de mots, les psychologues doivent faire appel à des hypothèses et à des théories pour établir des relations entre les faits mis en évidence par une recherche. De plus, en psychologie comme dans toutes les autres disciplines, il est rare qu'une seule étude permette de prouver quoi que ce soit. C'est pourquoi il faut se méfier des gros titres annonçant une « Percée majeure en science! » Les progrès scientifiques s'effectuent généralement petit à petit; la science progresse rarement à pas de géant.

Il est parfois difficile de choisir entre différentes explications concurrentes. La nicotine perturbe-t-elle la conduite parce qu'elle diminue la coordination? Ou parce qu'elle accroît la tendance du conducteur à être distrait? Ou parce qu'elle modifie la capacité du conducteur à interpréter l'information? Ou, encore, parce qu'elle obscurcit le jugement ou fausse la perception du danger? Fort heureusement, les psychologues peuvent s'appuyer sur des techniques statistiques pour préciser la contribution spécifique de chacune des variables dans l'obtention d'un résultat, de même que le rôle de l'interaction de ces facteurs. On considère en général que la meilleure explication est celle qui tient compte du plus grand nombre de données et qui permet de prédire d'autres faits avec la plus grande exactitude. Il peut arriver que plusieurs explications rendent compte également des résultats; les chercheurs doivent alors effectuer des recherches supplémentaires pour déterminer laquelle est la meilleure.

Il est parfois nécessaire de procéder à plusieurs vérifications différentes avant de trouver la meilleure interprétation d'une hypothèse. Pour ce faire, il est judicieux d'utiliser plus d'une méthode de recherche (voir le tableau 2.6). Il est possible aussi de faire appel à une autre méthode pour confirmer, infirmer ou généraliser les résultats obtenus grâce à une méthode

TABLEAU 2.6 LA COMPARAISON DES MÉTHODES DE RECHERCHE EN PSYCHOLOGIE, ILLUSTRÉE PAR L'ÉTUDE DU COMPORTEMENT AGRESSIF

APPLICATION	EXEMPLE
Étude de cas	
Comprendre le développement du comportement agressif d'un individu donné; formuler des hypothèses de recherche sur les origines de l'agressivité.	Étude du développement d'un tueur en série.
Observation systématique en milieu naturel	
Décrire la nature des actes traduisant de l'agressivité chez les jeunes enfants.	Observation, décompte et description des coups (coups de pied et autres) durant des périodes de jeu libre dans une maternelle.
Observation systématique en laboratoire	
Déterminer si l'agressivité chez les paires d'enfants de même sexe et de sexe opposé diffèrent quant à la fréquence et à l'intensité.	Observation à travers un miroir sans tain de paires d'enfants de même sexe et de sexe opposé, fréquentant la maternelle. Chaque paire d'enfants doit s'entendre pour savoir lequel jouera avec un jouet attrayant qui avait été promis à chacun des deux.
Enquête	
Déterminer le taux de violence conjugale au Québec.	Questionnaire demandant, sous le couvert de l'anonymat, à des personnes constituant un échantillon représentatif de la population québécoise s'il se produit entre les membres de leur famille des échanges de gifles, de coups, etc.
Recherche corrélationnelle	
Examiner la relation entre l'agressivité et le fait de regarder la télévision.	Administration, à des élèves de cégep, d'un test d'agressivité et d'un questionnaire sur le nombre d'heures passées à regarder la télévision chaque semaine; calcul du coefficient de corrélation.
Recherche expérimentale	
Déterminer si une température ambiante élevée suscite des comportements agressifs.	Création d'une situation où est demandé à des individus d'infliger des « décharges électriques » à des « personnes en situation d'apprentissage » (qui sont de connivence avec l'expérimentateur), dans une pièce où la température est maintenue soit à 22°C, soit à 30°C.

donnée. La convergence des résultats accroît leur fiabilité, alors que les contradictions renvoient à une reformulation des hypothèses ou à de nouvelles recherches.

Après avoir terminé l'interprétation des résultats, le chercheur rédige un article ou un livre afin de rendre public le fruit de ses efforts. Cette publication scientifique vient enrichir nos connaissances, « ce que nous savons » du phénomène étudié. Elle permet aux autres chercheurs dans le même domaine de porter un jugement critique sur les divers aspects de la recherche: le problème a-t-il été clairement posé? L'hypothèse est-elle suffisamment précise? Le chercheur a-t-il choisi la meilleure méthode? Les données ont-elles été analysées avec précision? L'interprétation des résultats est-elle pertinente et cohérente avec le savoir actuel? Toutes ces questions, et bien d'autres, constituent à la fois le point final d'une recherche en particulier et le point de départ de nouvelles recherches dans le domaine.

 Réponses

Page 41

1. M. Latendresse a peut-être réalisé une véritable invention, mais il n'en donne aucune preuve. En effet, il n'a pas précisé ce qu'il entend par «ondes cérébrales équilibrées»: il ne peut donc appuyer ses affirmations sur des données empiriques. De plus, il ne veut pas rendre sa démarche publique: donc personne ne sait comment procéder pour reproduire l'expérience.

2. Mme Martin est crédule. Il vaudrait mieux qu'elle fasse preuve de scepticisme (son compte en banque ne s'en porterait que mieux).

Page 46

A **1.** b. **2.** d. **3.** c. **4.** a.

B L'opinion est une variable qui ne peut être vue ni observée; le chercheur doit s'en remettre à la description que le sujet en fait. Il s'agit donc d'une variable décrite.

Page 49

A **1.** Corrélation négative. **2.** Corrélation positive. **3.** Corrélation négative. **4.** Corrélation positive.

B Il se peut que le recours à la force physique nuise au développement cognitif de l'enfant; peut-être que les mères plus intelligentes ont des enfants plus intelligents et utilisent moins la force physique. ■ Il se peut qu'un comportement agressif stimule la production d'hormones. ■ Il est possible que les personnes âgées soient plus souvent malades; il se peut qu'elles croient que leur intérêt pour la sexualité devrait diminuer avec l'âge et qu'elles devraient se conformer à cette croyance. ■ Il est possible que la chaleur fasse sortir les gens de chez eux et que le nombre de victimes potentielles dans les rues soit ainsi plus grand; il se peut que les auteurs de ces crimes préfèrent sortir quand il fait chaud.

(Notez que plusieurs autres explications sont possibles; discutez avec votre professeur de celles que vous avez trouvées.)

Page 55

A **1.** Le fait de dormir ou de ne pas dormir après la lecture est la variable indépendante et la mesure du degré de mémorisation du poème, la variable dépendante. **2.** La présence de témoins est la variable indépendante et le désir d'apporter son aide, la variable dépendante. **3.** L'écoute de «métal hurlant» est la variable indépendante et le niveau d'agitation, la variable dépendante.

B **1.** L'étude sur le traitement du sang n'incluait pas de groupe contrôle et elle ne s'est pas déroulée en double aveugle. Les attentes des patients et des chercheurs, qui croyaient que l'appareil de filtration allait guérir les patients de leur maladie, peuvent avoir influé sur les résultats. Plus tard, des études en double aveugle ont inclus un groupe contrôle: le sang des sujets de ce groupe circulait dans le même appareil que celui des sujets du groupe expérimental, mais il n'était pas réellement filtré. Les résultats ont montré peu d'amélioration dans les deux groupes et, surtout, que le traitement réel ne produit pas de meilleurs résultats que le traitement simulé (Carpenter *et al.*, 1983). **2.** Les résultats pouvaient être faussés par le biais dû au volontariat; en effet, la façon de recruter les sujets et le faible taux de retour des questionnaires soulèvent la question de la qualité de l'échantillonnage. C'est pourquoi les résultats de cette étude n'étaient pas nécessairement valides pour l'ensemble de la population.

1 Les méthodes de recherche permettent aux psychologues de distinguer les résultats fiables des conclusions non fondées. La compréhension de ces méthodes peut aussi aider les individus à acquérir un esprit critique à l'égard des découvertes en psychologie et dans les autres sciences.

2 Le scientifique accompli pose des *hypothèses* et fait des prédictions précises; il se méfie des affirmations reposant uniquement sur des questions de croyance et d'autorité; il s'appuie sur des méthodes empiriques, il décrit en détail les méthodes qu'il emploie et les résultats qu'il obtient de manière que ceux-ci puissent être reproduits. Au contraire, les pseudoscientifiques se dissimulent souvent derrière des explications ou des prédictions vagues, qui ne peuvent être soumises à une vérification empirique rigoureuse, ou alors ils prédisent des événements dont la probabilité est très grande.

La résolution d'un problème de recherche comprend *quatre étapes*: (1) formuler clairement un problème et une hypothèse ou une question de recherche; (2) déterminer une méthode et réaliser la recherche; (3) analyser et évaluer les données recueillies; (4) interpréter et publier les résultats.

3 Selon les objectifs poursuivis, les psychologues font appel à différentes *méthodes* pour étudier le comportement et les processus mentaux. Les méthodes de recherche en psychologie peuvent être subdivisées en trois grandes catégories: la recherche descriptive, la recherche corrélationnelle et la recherche expérimentale. Chaque méthode s'appuie sur des outils de recherche, tels que les tests, les questionnaires, les grilles d'observation et les entrevues.

4 La *recherche descriptive* permet au chercheur de décrire et de prédire le comportement, mais pas nécessairement de choisir entre plusieurs explications plausibles. Elle englobe l'observation systématique du comportement, l'étude de cas et l'enquête. Certaines de ces méthodes sont utilisées aussi bien par les cliniciens que par les chercheurs.

5 L'*observation systématique* du comportement consiste à observer minutieusement et de façon systématique le comportement en milieu naturel ou en laboratoire, sans intervenir de quelque façon que ce soit, et à consigner ce qui est observé. Le comportement en laboratoire peut différer sous certains aspects du comportement en milieu naturel. Une *étude de cas* est la description détaillée d'un individu. Les études de cas servent plus souvent à formuler des hypothèses qu'à les vérifier parce que la personne observée n'est pas nécessairement représentative de la population en général. L'*enquête*, sous forme de questionnaire ou d'entrevue, permet de recueillir des données en demandant explicitement à des personnes de faire part de leurs expériences, de leurs attitudes et de leurs opinions. Le chercheur doit s'assurer que l'échantillon étudié est représentatif de la population plus vaste qu'il veut décrire; il doit aussi veiller à ce que les résultats ne soient pas faussés par le volontariat des participants.

6 Dans une *recherche corrélationnelle*, le chercheur tente d'établir des relations quantifiables entre différents phénomènes. Une corrélation est une évaluation numérique du degré de dépendance entre deux variables, c'est-à-dire deux éléments susceptibles de varier de façon quantifiable. Une corrélation n'est pas nécessairement une relation de cause à effet.

7 La *recherche expérimentale* permet au chercheur d'exercer un contrôle sur la situation étudiée; il sélectionne ou modifie une condition, la *variable indépendante*, et tente d'en évaluer les effets sur une *variable dépendante*. Dans une expérimentation, il est habituellement nécessaire de constituer un *groupe contrôle* (ou groupe témoin) qui ne reçoit pas le traitement de la condition expérimentale, ce qui permet d'isoler les effets propres au traitement expérimental. Étant donné que la recherche expérimentale permet de tirer des conclusions sur les relations causales, elle est depuis longtemps considérée comme la méthode par excellence en psychologie.

8 Les psychologues passent beaucoup de temps à débattre des procédures qui leur permettent de recueillir, d'évaluer et de présenter leurs données. Il existe des controverses sur les usages appropriés et inappropriés des tests psychologiques, de même que sur l'éthique de la recherche en psychologie, principalement en ce qui a trait à l'emploi de la tromperie et des expérimentations sur les animaux en laboratoire.

9 Les psychologues ont souvent recours à différentes méthodes statistiques pour évaluer et interpréter les résultats d'une recherche. Ils font appel aux méthodes de la **statistique descriptive**, telles que la moyenne, pour compiler et résumer les données d'une étude. Ils utilisent aussi la **statistique inférentielle** pour déterminer dans quelle mesure les résultats sont attribuables au hasard; les résultats sont dits **statistiquement significatifs** si la probabilité qu'ils soient dus au hasard est très faible. Les psychologues se servent de résultats statistiquement significatifs pour faire de nombreuses prédictions relatives au comportement humain. Cependant, en psychologie comme dans toutes les autres sciences, les résultats probabilistes n'indiquent pas de façon certaine ce qu'un individu donné fera dans une situation donnée. Il est parfois difficile de choisir entre des interprétations concurrentes d'un même résultat. Il faut en effet prendre en compte différents facteurs et veiller à s'en tenir aux faits. Il arrive qu'une interprétation n'apparaisse la meilleure qu'après de multiples vérifications de l'hypothèse de départ.

Pour les psychologues de la perspective biologique, les comportements trouvent leur origine dans les caractéristiques et l'organisation des composantes biologiques du système nerveux.

La perspective biologique

ar un après-midi pluvieux, Sheila Allen se présenta à l'hôpital en disant avoir besoin de soins psychiatriques. La jeune femme était à bout de forces, elle était incapable de marcher et avait de la peine à se tenir assise. Pendant des années, elle avait consulté médecin après médecin, mais elle se sentait de plus en plus malade. Les médecins n'avaient pas pris au sérieux les malaises physiques dont elle se plaignait, si bien qu'elle avait fini par suivre leurs conseils et s'était adressée à un établissement psychiatrique, qu'on appelle parfois « hôpital pour dingues ». Au moment de son admission, un médecin établit le diagnostic suivant à son sujet : « Comportement bizarre, manque de précision dans les associations d'idées et dépression grave accompagnée de tendances suicidaires. »

Sheila Allen eut de la chance. Un neurologue de l'hôpital établit par la suite le bon diagnostic : elle était atteinte de myasthénie, une affection rare se caractérisant par un affaiblissement des muscles. On peut heureusement traiter cette maladie, et Sheila Allen recouvra la santé (Roueché, 1984). D'autres personnes dont la dégradation physique avait été attribuée à tort à des causes psychologiques ont eu moins de chance. Par exemple, le grand compositeur américain George Gershwin suivit des années durant une psychanalyse à cause de maux de tête et de dépression. Ses analystes attribuaient ses souffrances à la haine qu'il éprouvait envers sa mère et au manque de considération qu'il avait pour son père ; en réalité, ses souffrances étaient dues à une tumeur au cerveau,

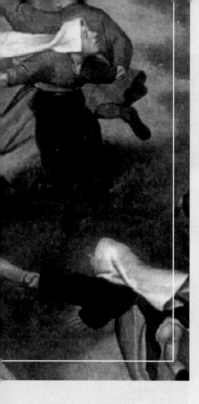

qui finit par entraîner sa mort. De même, on a longtemps qualifié à tort l'auteur-compositeur Woody Guthrie d'alcoolique ; il était en fait atteint de la chorée de Huntington, une affection héréditaire mortelle qui se manifeste au début de l'âge adulte et qui provoque des spasmes, des mouvements de torsion et des grimaces involontaires, des trous de mémoire, un comportement impulsif, et qui s'accompagne parfois de paranoïa, de dépression et d'autres symptômes psychologiques.

Les psychologues de la perspective biologique tirent une importante leçon de pareils cas : en tant qu'organisme biologique, tout être humain est influencé sur le plan psychologique par le fonctionnement de son corps et, plus particulièrement, de son cerveau. Ainsi, pour comprendre l'être humain – son comportement, son tempérament, ses émotions, ses souvenirs, ses perceptions et ses troubles mentaux –, il est indispensable de comprendre l'action des structures cérébrales, des organes sensoriels, des gènes, des hormones, des neurotransmetteurs et des neurones.

Dans cette partie de l'ouvrage, nous allons examiner le comportement humain du point de vue du psychophysiologiste et du neuropsychologue. D'abord, nous verrons de quelle façon la structure, la biochimie et les réseaux du système nerveux influent sur le comportement. Ensuite, nous examinerons en détail le sens de la vision, puis nous évaluerons la perspective biologique.

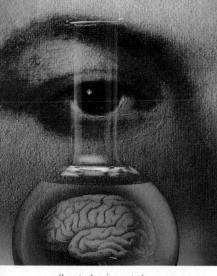

Les composantes,
les structures et les fonctions du système nerveux

« Il est ahurissant de penser que le corps fournit du sucre et des acides aminés au cerveau, et que celui-ci produit de la poésie et des pirouettes. »

Robert Collins

C hristina, une jeune Britannique, souffrait d'une mystérieuse inflammation qui avait causé des dommages permanents à ses fibres nerveuses propres à la kinesthésie, la sensation interne des mouvements et de la position du corps. Le cerveau de Christina ne recevait plus de signaux des récepteurs de la douleur et de la pression situés dans ses muscles, ses articulations et ses tendons. Au début de son traitement, son corps était aussi flasque qu'une poupée de chiffon et elle était incapable de s'asseoir, de marcher ou de se tenir debout. Puis, peu à peu, elle y parvint à l'aide d'indices visuels et à force de volonté. Ses mouvements paraissaient toutefois artificiels, et elle se sentait étrangement désincarnée. «Je sens mon corps comme sourd et aveugle à lui-même, confia-t-elle. [...] Il n'a pas le sens de lui-même. [...] C'est comme si on avait extirpé quelque chose en plein milieu de moi-même. »

Le docteur P. était un musicien plein d'esprit, cultivé et célèbre. Le cortex visuel de son cerveau avait subi de graves dommages, probablement à la suite d'une tumeur ou d'une maladie dégénérative. Malgré une bonne acuité visuelle et une excellente capacité de raisonnement, il ne distinguait plus ni les visages ni les objets. Dans la rue, il tapotait affectueusement les bornes d'incendie et les parcomètres en les prenant pour des têtes d'enfant, il s'adressait sur un ton amical aux meubles et s'étonnait de ne pas obtenir de réponse. Il ne reconnaissait même plus sa propre image dans un miroir. Un jour, alors qu'il cherchait son chapeau, il attrapa sa femme par la tête et tenta de la soulever: il l'avait prise pour un chapeau ! Le neurologue Oliver Sacks, qui étudiait le cas du docteur P., finit par le désigner comme l'«homme qui prenait sa femme pour un chapeau » (Sacks, 1985).

Ces deux cas cités par Sacks illustrent combien le cerveau est à la base du comportement. Les **neuropsychologues**, de même que les autres neuroscientifiques, étudient les fondements du comportement à partir du cerveau et des structures du système nerveux dans le but de découvrir les phénomènes biologiques qui agissent sur la conscience, la perception, la mémoire, les émotions, le raisonnement et l'activité cognitive.

Neuropsychologue
Psychologue spécialisé dans l'étude des bases biochimiques et neurologiques du comportement et des processus mentaux.

William Shakespeare a qualifié le cerveau de « fragile maison de l'âme ». En réalité, si nous considérons le système nerveux comme une maison, le cerveau en serait plutôt la pièce principale. Avant d'en examiner les fenêtres, les murs et les meubles, il nous faut d'abord en étudier le plan d'ensemble. Comme ce dernier est fort complexe, la connaissance de nombreux termes spécialisés est indispensable pour comprendre les explications des phénomènes psychologiques avancées par les psychologues qui privilégient le point de vue biologique. Nous pourrons ainsi illustrer la compréhension du monde mystérieux du sommeil et des rêves selon la perspective biologique.

LA STRUCTURE DE BASE DU SYSTÈME NERVEUX

Le système nerveux a pour fonctions de recueillir et de traiter l'information, de produire les réponses aux stimuli et de coordonner l'activité des cellules et des organes. Même la modeste méduse et l'humble ver de terre possèdent un tel système à l'état d'ébauche. Chez les organismes primitifs, qui ne font à peu près rien d'autre que se mouvoir, manger et éliminer leurs déchets, le « système » peut être constitué uniquement de une ou deux cellules nerveuses. Chez les êtres humains, qui accomplissent des activités complexes comme danser, cuisiner ou suivre un cours de psychologie, le système nerveux comporte des milliards de cellules. Pour en faciliter la description, les scientifiques ont divisé ce réseau complexe en deux parties principales : le système nerveux central et le système nerveux périphérique (voir la figure 3.1).

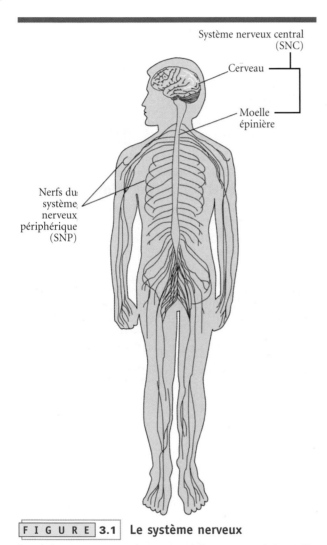

Système nerveux central (SNC)

Cerveau

Moelle épinière

Nerfs du système nerveux périphérique (SNP)

FIGURE 3.1 Le système nerveux

Le système nerveux central est composé du cerveau et de la moelle épinière. Le système nerveux périphérique comprend 43 paires de nerfs qui transmettent l'information liée au système nerveux central.

D'une part, le **système nerveux central (SNC)** reçoit, traite, interprète et emmagasine les stimulations sensorielles, c'est-à-dire l'information relative aux saveurs, aux sons, aux odeurs, aux couleurs, à la pression sur la peau, à l'état des organes internes, etc. D'autre part, il envoie des signaux aux muscles, aux glandes et aux organes internes. On le décrit habituellement sous forme de deux composantes : le cerveau, que nous examinerons en détail un peu plus loin, et la moelle épinière, qui est en fait un prolongement du cerveau[1]. Celle-ci sert en quelque sorte de pont entre le cerveau et les nerfs sensitifs et moteurs situés au-dessous du cou. Elle est rattachée à la base du cerveau et longe la colonne vertébrale qui la protège.

> **Système nerveux central (SNC)**
> Partie du système nerveux composée du cerveau et de la moelle épinière.

Bien que le cerveau soit le maître d'œuvre du traitement des stimulations sensorielles et qu'il soit à l'origine de la majorité des comportements, la moelle épinière n'en gère pas moins, indépendamment, certains comportements simples : les **réflexes**. Ceux-ci sont des réponses automatiques à des stimulations externes et ne requièrent aucune analyse consciente.

> **Réflexe**
> Réponse simple et automatique à un stimulus.

Par exemple, si vous touchez accidentellement une assiette très chaude, vous retirerez aussitôt votre main, avant même que votre cerveau enregistre exactement ce qui se passe. Les nerfs sensitifs transmettent le message « brûlant » à la moelle épinière, qui envoie immédiatement aux muscles, par l'intermédiaire des nerfs moteurs, la commande de se contracter pour éloigner la main de l'assiette. Le cerveau reçoit également toute cette information, qu'il peut analyser par la suite.

Le **système nerveux périphérique (SNP)** règle l'entrée et la sortie du SNC. Il comprend toutes les parties du système nerveux autres que le cerveau et la moelle épinière. Il est composé de deux types de nerfs, sensitifs et moteurs, dont les ramifications s'étendent jusqu'aux points extrêmes du corps, du bout des orteils à la surface du crâne.

> **Système nerveux périphérique (SNP)**
> Ensemble des parties du système nerveux, à l'exception du cerveau et de la moelle épinière. Il comprend les nerfs sensitifs et les nerfs moteurs.

---

1   Soulignons une nuance terminologique importante : nous utilisons le mot « cerveau » au sens large ; en effet, pour les anatomistes, le cerveau fait partie, avec le cervelet et le tronc cérébral, de l'encéphale (il en est la partie supérieure).

Les nerfs sensitifs transmettent à la moelle épinière les stimulations captées par des récepteurs spécialisés situés dans la peau, les muscles et les autres organes sensoriels, internes ou externes; la moelle épinière relaie ces signaux au cerveau. C'est grâce à ces nerfs que l'être humain est en relation à la fois avec le monde extérieur et avec les activités de son propre corps. Si le cerveau était incapable de recueillir les stimulations de l'environnement au moyen du SNP, il ressemblerait à une radio dépourvue de récepteur. Les nerfs moteurs transmettent les signaux en provenance du SNC aux muscles, aux glandes et aux organes internes. Ils permettent le mouvement et commandent aux glandes de se contracter et de sécréter diverses substances, y compris les hormones, des messagers chimiques sur lesquels nous reviendrons plus loin dans le chapitre.

Le SNP comprend deux sous-systèmes: le système nerveux somatique et le système nerveux autonome. Le **système nerveux somatique** est composé de nerfs reliés aux récepteurs sensoriels et aux muscles squelettiques, qui permettent le mouvement volontaire. Quand nous réagissons aux stimulations de l'environnement, que nous éteignons une lampe ou que nous tournons la page d'un livre, le système nerveux somatique entre en action. Par ailleurs, le **système nerveux autonome** règle le fonctionnement des vaisseaux sanguins, des glandes et des organes internes, tels que la vessie, l'estomac et le cœur. Il régit en quelque sorte le fonctionnement des organes qui nous maintiennent en vie sans que nous ayons à exercer quelque action consciente que ce soit. Après avoir dégusté un bon repas, il n'est pas nécessaire de prendre délibérément la décision de le digérer, tout comme nous n'avons pas besoin de penser à accélérer notre rythme cardiaque quand nous courons.

Le système nerveux autonome comprend lui aussi deux sous-systèmes: le système nerveux sympathique et le système nerveux parasympathique. Ces deux systèmes travaillent de concert, mais de manière opposée, afin d'adapter les réactions physiologiques aux différentes demandes situationnelles. Pour simplifier, nous pouvons dire que le **système nerveux sympathique** joue le même rôle que l'accélérateur d'une voiture: il mobilise l'organisme en vue d'une action ou d'une dépense d'énergie. C'est lui qui vous fait rougir, transpirer ou respirer plus profondément; c'est aussi lui qui accroît votre rythme cardiaque et votre pression artérielle. Quand vous vous trouvez dans une situation exigeant une réaction physique – vous battre, vous enfuir ou faire face à un danger –, votre système nerveux sympathique entre rapidement en action. À l'opposé, le **système nerveux parasympathique** joue plutôt le rôle d'un frein. Il n'arrête pas le mouvement du corps, mais il s'efforce de le ralentir ou de le faire fonctionner de façon harmonieuse. Il aide l'organisme à emmagasiner l'énergie et à en maintenir le niveau. Si vous devez vous écarter rapidement de la trajectoire d'un motocycliste roulant à vive allure, le système nerveux sympathique accélérera votre rythme cardiaque; par la suite, le système nerveux parasympathique le ralentira et contribuera à sa régularité. La figure 3.2 vous aidera à mémoriser l'organisation de tout le système nerveux.

Système nerveux somatique

Sous-système du système nerveux périphérique reliant les récepteurs sensoriels et les muscles squelettiques qui permettent le mouvement volontaire.

Système nerveux autonome

Sous-système du système nerveux périphérique qui régit les organes internes et les glandes.

Système nerveux sympathique

Sous-système du système nerveux autonome qui mobilise les ressources de l'organisme en vue d'une action.

Système nerveux parasympathique

Sous-système du système nerveux autonome qui s'active pour détendre l'organisme et qui agit de façon à conserver l'énergie.

 Qu'avez-vous appris?

RÉPONSES, p. 101

1. Quelles sont les principales fonctions du système nerveux?

2. Nommez les différentes parties du système nerveux à l'œuvre dans l'exemple suivant.

   « Jean s'est allongé sur le divan pour faire la sieste. Il est sur le point de s'endormir lorsqu'un bruit provenant de la pièce voisine attire son attention, une sorte de grattement continu. Jean se lève et se dirige vers la cuisine afin de déterminer la source de ce bruit. Soudain, une forme bondit devant lui: c'est son chat, qui profitait de l'inattention de son maître pour fouiller dans des restes de table. Jean éclate de rire, mais il a du mal à retrouver son calme. »

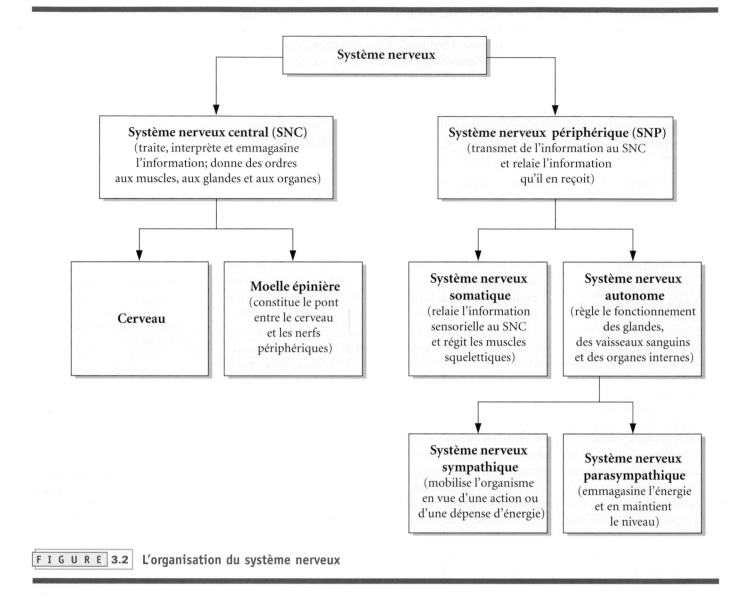

FIGURE 3.2 L'organisation du système nerveux

LA COMMUNICATION DANS LE SYSTÈME NERVEUX

Les systèmes et les sous-systèmes décrits précédemment donnent une vue d'ensemble de la structure du système nerveux. Examinons-en maintenant les composantes les plus fines.

Neurone

Cellule qui transmet les signaux électrochimiques. C'est l'unité fondamentale des tissus nerveux.

Cellules gliales

Cellules qui maintiennent les neurones en place et leur fournissent des éléments nutritifs.

Le système nerveux est en partie formé de cellules nerveuses, ou **neurones**, maintenues en place par les **cellules gliales**. Ces dernières, beaucoup plus nombreuses, fournissent aux neurones des éléments nutritifs, les isolent et éliminent les débris de neurones morts. Selon de nombreux neuroscientifiques, les cellules gliales transmettraient aussi des signaux électriques ou chimiques aux diverses parties du système nerveux, influant ainsi sur l'activité des neurones adjacents (Cornell-Bell *et al.*, 1990; Murphy, 1993; Nedergaard, 1994; Ullian *et al.*, 2001). Ce sont cependant les neurones qui sont les spécialistes de la communication, puisqu'ils assurent la transmission interne et externe des signaux du SNC.

Les neurones sont les unités fonctionnelles du système nerveux. Bien qu'on les compare souvent à des cubes dont l'assemblage formerait le système nerveux, leur apparence est tout autre: ils font plutôt penser à des délicats flocons de neige de tailles et de formes variées (voir la figure 3.3). Chez les animaux, ils peuvent se différencier énormément. Par exemple, chez la girafe, un neurone issu de la moelle épinière se prolonge jusqu'à une patte arrière et peut mesurer 2,7 mètres! Chez les êtres humains, les neurones du cerveau sont microscopiques. On n'en connaît pas le nombre précis, mais on l'estime généralement à une centaine de milliards, soit à peu près le nombre d'étoiles de notre galaxie; certains scientifiques croient même que ce nombre serait beaucoup plus élevé.

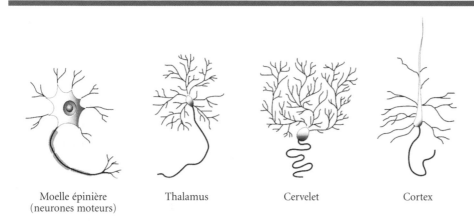

Moelle épinière   Thalamus   Cervelet   Cortex
(neurones moteurs)

FIGURE 3.3 **Les types de neurones**

Les neurones varient en forme et en taille selon leur localisation et leur fonction. On a identifié plus de 200 types de neurones chez les mammifères.

La structure du neurone

Un neurone est formé de trois parties principales: les *dendrites*, le *corps cellulaire* et l'*axone* (voir la figure 3.4). Les **dendrites** font penser au branchage d'un arbre; en fait, le terme *dendrite* vient d'un mot grec dérivé d'un mot signifiant «arbre». Ces ramifications jouent le rôle d'antennes; elles reçoivent des signaux d'autres neurones (jusqu'à 10 000 neurones différents) qu'elles transmettent au **corps cellulaire**. Ce dernier ressemble à une sphère ou à une pyramide. Il contient les éléments biochimiques nécessaires pour maintenir le neurone en vie. En fonction des signaux qu'il reçoit d'autres neurones, le corps cellulaire détermine si le neurone auquel il appartient doit transmettre à son tour des signaux à d'autres neurones. L'**axone**, quant à lui, ressemble à un tronc

Dendrites

Ramifications du corps cellulaire qui reçoivent l'influx nerveux en provenance d'autres neurones.

Corps cellulaire

Partie du neurone qui assure sa survie et en détermine l'activation.

Axone

Partie du neurone qui transmet l'influx nerveux du corps cellulaire à d'autres neurones.

d'arbre effilé. Il transmet les signaux en provenance du corps cellulaire à d'autres neurones, à des cellules musculaires ou à des cellules glandulaires. Il se ramifie généralement à son extrémité en fibrilles, appelées «arborisations terminales». Chez un être humain adulte, l'axone mesure de 0,1 mm à un peu plus de 1 m. Chaque partie du neurone joue donc un rôle particulier: les dendrites reçoivent les signaux, le corps cellulaire assure la survie du neurone et prend la «décision» d'émettre ou non un signal, tandis que l'axone transmet ce signal aux autres neurones.

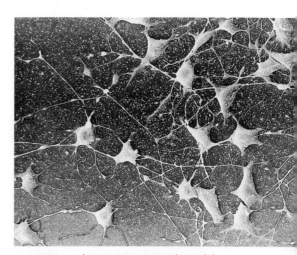

Les neurones sont les unités fonctionnelles du système nerveux.

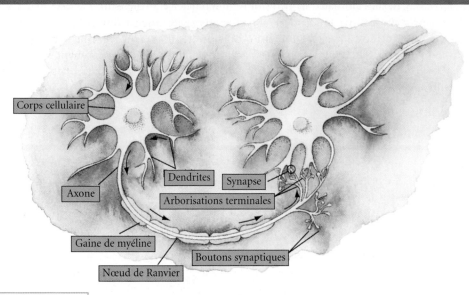

FIGURE 3.4 La transmission de l'influx nerveux

Les dendrites reçoivent l'influx nerveux et le transmettent au corps cellulaire. L'influx nerveux parcourt ensuite l'axone jusqu'aux arborisations terminales du neurone émetteur. Les flèches indiquent la direction de la transmission de l'influx nerveux.

Nerf

Faisceau de fibres nerveuses dans le système nerveux périphérique.

Gaine de myéline

Couche d'isolation qui entoure certains axones.

Dans le SNP, les axones et, parfois, les dendrites de neurones individuels sont assemblés en faisceaux pour former les **nerfs**, un peu à la manière des fils d'un câble téléphonique. Dans le SNC, ces faisceaux de fibres nerveuses sont appelés «voies nerveuses». Le corps humain compte 43 paires de nerfs périphériques: dans chaque paire, il y a un nerf pour chaque côté du corps. La plupart de ces nerfs entrent dans la moelle épinière ou en sortent, mais les nerfs crâniens, 12 paires de nerfs situées dans la tête, sont directement reliés au cerveau.

De nombreux axones, surtout les plus gros, sont isolés par une **gaine de myéline**, une couche de substance graisseuse produite par les cellules gliales. Cette gaine se compose de segments et d'intervalles réguliers, les nœuds de Ranvier, ce qui donne à l'axone l'apparence d'un chapelet de saucisses (voir la figure 3.4). Elle a la fonction, entre autres, d'empêcher les interférences des signaux de neurones adjacents. Elle permet également d'accroître la vitesse de l'influx nerveux au besoin, comme dans le cas des réflexes: en sautant d'un nœud de Ranvier à l'autre, l'influx nerveux se déplace beaucoup plus rapidement qu'en parcourant l'axone sur toute sa longueur. Si la vitesse de l'influx nerveux est plus faible chez les bébés que chez les enfants et les adultes, c'est parce que les gaines de myéline ne sont pas entièrement formées à la naissance. Chez les personnes atteintes de sclérose en plaques, la perte de sensation ainsi que les problèmes de coordination et de vision sont dus à la disparition graduelle des gaines de myéline, si bien que les neurones n'arrivent plus à assurer une bonne transmission nerveuse.

Durant la plus grande partie du XXᵉ siècle, les neuroscientifiques pensaient que les neurones du SNC ne pouvaient ni se reproduire ni vraiment se régénérer. Des études effectuées sur des animaux ont remis en question ces convictions. En effet, des chercheurs ont réussi à faire croître des axones sectionnés de la moelle épinière chez des rats en neutralisant les effets de substances inhibitrices de la croissance des nerfs contenues dans la gaine de myéline (Schnell et Schwab, 1990). Au cours d'une autre étude, des scientifiques ont provoqué la régénération de nerfs optiques sectionnés chez des hamsters en traçant une «piste» au moyen du tissu nerveux provenant des pattes de l'animal (Keirstead *et al.*, 1989). Par ailleurs, des neuroscientifiques canadiens ont découvert que l'immersion de certaines *cellules souches* (ou cellules indifférenciées) du cerveau d'une souris dans une protéine favorisant leur croissance produit de nouveaux neurones qui se divisent et qui se multiplient à leur tour (Reynolds et Weiss, 1992). Samuel Weiss raconte qu'il a tout d'abord eu du mal à croire ces résultats: «Cela remettait en question tout ce que j'avais lu et appris au cours de mes études.» (cité dans Barinaga, 1992) Depuis, on a obtenu des résultats similaires avec des cellules souches provenant de cerveaux humains (Kirschenbaum *et al.*, 1994). On sait désormais que les cellules souches du cerveau humain se reproduisent et croissent durant l'âge adulte (Eriksson *et al.*, 1998).

La recherche en neurobiologie ne cesse de réaliser des découvertes sur les neurones de plus en plus étonnantes. Il se pourrait que ces résultats entraînent des changements importants dans notre compréhension du système nerveux et mènent à la mise au point de nouveaux traitements des lésions cérébrales et des maladies dégénératives du cerveau (Purves *et al.*, 2005). Ce serait là une des contributions les plus extraordinaires de la perspective biologique.

La communication entre les neurones

Dans le système nerveux, les neurones individuels ne forment pas une chaîne continue. Si tel était le cas, le nombre de liaisons potentielles serait bien insuffisant, compte tenu de la prodigieuse quantité de signaux que le système nerveux doit traiter. En fait, les neurones individuels sont séparés par un espace infime, la *fente synaptique*, situé entre l'arborisation terminale d'un neurone et une dendrite ou le corps cellulaire d'un autre neurone. La **synapse** est la région de contact tout entière, soit l'arborisation terminale et le bouton synaptique qui la termine, la fente synaptique et la membrane de la dendrite ou du corps cellulaire récepteur. Étant donné qu'un axone possède des centaines, voire des milliers d'arborisations, un même neurone est susceptible d'établir des connexions synaptiques avec un nombre impressionnant d'autres neurones. On estime que le nombre de connexions dans le système nerveux varie de 10^{12} à 10^{15}, soit de 1 000 000 000 000 à 1 000 000 000 000 000 liens. Ces chiffres astronomiques rendent bien compte de la complexité du système nerveux humain.

Au cours de notre vie, chaque nouvel apprentissage entraîne la formation de nouvelles liaisons synaptiques dans notre cerveau; ainsi, plus l'environnement est stimulant, plus les modifications sont importantes (Greenough et Anderson, 1991; Greenough et Black, 1992). La figure 3.5 illustre la croissance considérable de la taille et du nombre des neurones ainsi que du nombre de leurs connexions au cours des 15 premiers mois de la vie. Par ailleurs, lorsqu'une information est emmagasinée à long terme, on observe que des arrangements

Synapse

Site où se produit la transmission de l'influx nerveux d'un neurone à un autre. Elle comprend la terminaison axonale, la fente synaptique et les récepteurs situés sur la membrane du neurone récepteur.

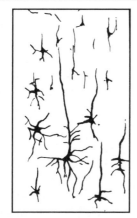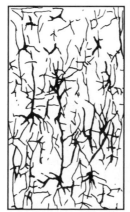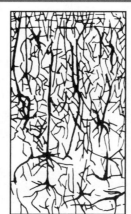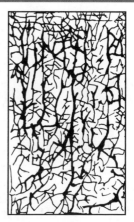

FIGURE 3.5 **La communication entre les neurones**

À la naissance, les neurones sont fortement espacés, mais ils commencent immédiatement à former des connexions. Ces dessins illustrent le remarquable accroissement de la taille et du nombre des neurones, de la naissance (à l'extrême gauche) jusqu'à l'âge de 15 mois (à l'extrême droite).

particuliers de neurones se forment en une chaîne complexe de changements biochimiques. Les neurones récepteurs de cette chaîne répondront à l'avenir plus rapidement aux signaux provenant des neurones transmetteurs. À l'inverse, les liaisons synaptiques non utilisées semblent disparaître sans être remplacées (Camel *et al.*, 1986; Bruer, 1999). Les «réseaux» du cerveau ne sont pas immuables: ils varient constamment selon la nature des stimulations et des changements de l'environnement (Spear, 2000).

Les neurones communiquent entre eux et, dans certains cas avec des muscles ou des glandes, au moyen d'un langage de nature électrique et chimique. L'influx nerveux, ou potentiel d'action, est une onde électrique qui se déplace le long de l'axone émetteur un peu à la manière dont le feu se propage le long de la mèche d'un pétard. Lorsque l'influx nerveux atteint le bouton synaptique de l'arborisation terminale, il doit transmettre son signal à un autre neurone, au-delà de la fente synaptique. C'est à ce moment-là que les vésicules synaptiques, des petits sacs situés dans le bouton synaptique, s'ouvrent et libèrent quelques milliers de molécules d'une substance chimique appelée **neurotransmetteur** (voir la figure 3.6).

Après avoir traversé la fente synaptique, les molécules du neurotransmetteur se lient brièvement à des molécules particulières, appelées «récepteurs membranaires», situées dans la membrane des dendrites du neurone récepteur; puis, elles s'ajustent à celles des dendrites du neurone récepteur, comme une clé dans une serrure. Cela provoque certains changements dans la membrane des dendrites du neurone récepteur, ce qui en fait fluctuer brièvement le potentiel électrique. Les conséquences finales de cette modification varient selon la nature des récepteurs membranaires activés. Ce peut être une excitation, c'est-à-dire une fluctuation de potentiel

Neurotransmetteur

Substance chimique que le neurone émetteur libère dans la fente synaptique et qui modifie l'activité du neurone récepteur.

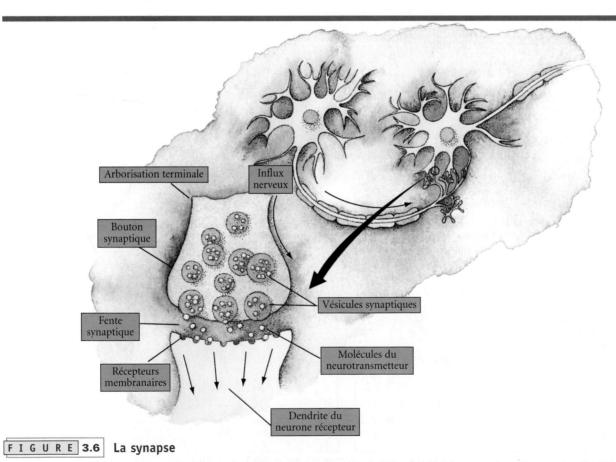

FIGURE 3.6 La synapse

Les vésicules synaptiques du neurone émetteur libèrent des molécules de neurotransmetteur dans la fente synaptique. Après avoir traversé cette fente, les molécules se lient aux récepteurs membranaires situés sur les dendrites du neurone récepteur. Il en résulte un changement dans la charge électrique du neurone récepteur, qui le rend plus prompt à émettre à son tour si le neurotransmetteur a une influence activatrice ou, inversement, qui le rendra moins susceptible d'émettre si l'influence est inhibitrice.

dans le sens positif, ce qui accroît la probabilité d'émission du neurone récepteur. Il peut s'agir, au contraire, d'une inhibition, c'est-à-dire une fluctuation de potentiel dans le sens négatif, ce qui diminue la probabilité d'émission du neurone récepteur. L'inhibition des neurones joue un rôle primordial: sans elle, le sommeil et la coordination des mouvements seraient impossibles car l'excitation du système nerveux augmenterait constamment, au point de produire des convulsions.

L'action réelle d'un neurone donné à un moment précis dépend de la résultante des actions de tous les neurones avec lesquels il communique. Une cellule n'émet que si son potentiel atteint un certain seuil. De plus, l'activité du neurone est du type «tout ou rien», il émet ou il n'émet pas, un peu comme une lampe sans gradateur: la lumière est soit allumée, soit éteinte. Ainsi, la communication entre les neurones ne peut dépendre de l'intensité de la stimulation des neurones individuels, puisque les neurones sont soit au repos, soit en train de transmettre leur potentiel d'action. Chaque neurone est susceptible de recevoir des milliers de signaux, excitateurs ou inhibiteurs, et il doit en quelque sorte en calculer la «moyenne». Cependant, on ne comprend pas encore comment le neurone établit cette «moyenne» ni dans quelles conditions il émet ou non. Ce qu'on sait en revanche, c'est que le signal arrivant à la destination finale dépend du rythme auquel des neurones donnés émettent, du nombre et du type de neurones émetteurs et de leur localisation.

Les messagers chimiques du système nerveux

Le système nerveux est constitué d'un très grand nombre de neurones. Cependant, sans messagers chimiques, il ne pourrait pas fonctionner adéquatement. C'est pourquoi il a besoin des neurotransmetteurs, des endorphines et des hormones.

LES NEUROTRANSMETTEURS: DES MESSAGERS POLYVALENTS

Nous avons vu que c'est grâce aux neurotransmetteurs qu'un neurone peut exciter ou inhiber un autre neurone. À l'heure actuelle, on a répertorié des dizaines de substances qui agissent comme neurotransmetteurs, et on en découvre sans cesse de nouveaux. Les neurotransmetteurs ne se trouvent pas seulement dans le cerveau: il en existe également dans la moelle épinière, les nerfs périphériques et certaines glandes, telles que le foie. Comme un neurotransmetteur donné se lie uniquement à certains types de récepteurs membranaires, la diversité des neurotransmetteurs et des récepteurs garantit l'acheminement d'un signal à la bonne destination.

Les neurotransmetteurs agissent sur des réseaux neuronaux déterminés, et c'est de cette façon qu'ils influent sur l'humeur, la mémoire ainsi que le bien-être physique et psychologique. Voici quelques-uns des neurotransmetteurs les mieux connus et certains de leurs effets.

- La *sérotonine* agit sur les neurones qui jouent un rôle dans le sommeil, l'appétit, la perception sensorielle, la régulation de la température, la suppression de la douleur et l'humeur.

- La *dopamine* agit sur les neurones qui jouent un rôle dans le mouvement volontaire, l'apprentissage, la mémoire et l'émotion.

- L'*acétylcholine* agit sur les neurones qui jouent un rôle dans l'activité musculaire, le fonctionnement cognitif, la mémoire et l'émotion.

- La *noradrénaline* agit sur les neurones qui jouent un rôle dans l'augmentation du rythme cardiaque et la réduction de l'activité intestinale en période de stress, dans l'apprentissage, la mémoire, le rêve, le réveil et l'émotion.

- L'*acide gamma-aminobutyrique (GABA)* est le principal neurotransmetteur inhibiteur dans le cerveau.

- Le *glutamate* agit comme un important activateur dans le cerveau. Il a notamment des effets bénéfiques sur le plan de la mémoire à long terme (Bliss et Colhingridge, 1993).

La présence d'une quantité trop élevée ou trop faible de neurotransmetteurs peut se traduire par divers effets néfastes. Ainsi, on a établi un lien entre de faibles taux de noradrénaline et de sérotonine et la dépression grave. Il y a aussi une corrélation entre un taux anormal de GABA et des troubles du sommeil et de l'alimentation, ainsi que différentes affections accompagnées de convulsions, y compris l'épilepsie (Bekenstein et Lothman, 1993). Certaines recherches donnent à penser que le système immunitaire des gens souffrant de sclérose en plaques crée un excès de glutamate, ce qui endommage les cellules gliales qui produisent la myéline (Werner, Pitt et Raine, 2001).

Le taux peu élevé de certains neurotransmetteurs serait également lié à la maladie d'Alzheimer, une maladie dégénérative qui touche particulièrement les personnes âgées et qui entraîne la perte de la mémoire, des modifications de la personnalité et, au bout du compte, la très grave détérioration de toutes les aptitudes physiques et mentales. Chez les personnes atteintes de cette maladie, un grand nombre de neurones cérébraux producteurs d'acétylcholine sont détruits, ce qui expliquerait en partie la perte de la mémoire. De plus, les récepteurs de la sérotonine, normalement présents dans certaines couches de neurones cérébraux, disparaissent presque complètement durant les premiers stades de la maladie (Cross, 1990). Il existerait un lien entre ce déficit et l'accroissement de l'agressivité et la détérioration de l'humeur observés chez de nombreux patients, même s'il peut aussi s'agir de réactions psychologiques, tout à fait compréhensibles, à la maladie.

La dégénérescence des neurones cérébraux sécrétant et utilisant la dopamine est, semble-t-il, un aspect de la maladie de Parkinson, maladie qui se manifeste par des tremblements, des spasmes musculaires et un accroissement de la rigidité musculaire. Les patients gravement atteints peuvent rester « figés » pendant quelques minutes, voire des heures. L'injection de dopamine est inutile, car ses molécules sont incapables de traverser la barrière hématoencéphalique, un système très compact de capillaires et de cellules gliales dont la fonction consiste à empêcher les substances potentiellement nuisibles de pénétrer dans le cerveau. L'administration de lévodopa (L-dopa), un composé chimique susceptible d'être transformé en dopamine, réduit la gravité des symptômes chez bon nombre de patients, mais il faut augmenter continuellement la dose, d'où l'apparition éventuelle d'effets indésirables, comme la dépression, la confusion mentale et même des épisodes psychotiques, ce qui crée un état pire que la maladie elle-même.

Au cours des dernières années, des chirurgiens de divers pays ont adopté une toute nouvelle approche, d'ailleurs susceptible d'être utilisée pour d'autres maladies, dans le traitement des parkinsoniens. Ils ont prélevé sur des fœtus morts par avortement des tissus cérébraux sécrétant de la dopamine et les ont greffés au cerveau de parkinsoniens et d'autres patients présentant des symptômes similaires. Les résultats de plusieurs expériences cliniques font état d'une réduction des symptômes, tels que les tremblements et la raideur musculaire (Freed *et al.*, 1993 ; Lindvall *et al.*, 1994 ; Widner *et al.*, 1993). Certes, les patients n'ont pas tous vu leur état s'améliorer, mais certains d'entre eux, quasiment impotents avant l'opération, ont été par la suite capables de se mouvoir librement, de s'habiller et de se nourrir de façon autonome. Des études effectuées sur des animaux donnent à penser que ce type de transplantation pourrait également être bénéfique à des personnes atteintes de la chorée de Huntington, une maladie causée par la dégénérescence des neurones qui sécrètent l'acétylcholine et le GABA (Giordano *et al.*, 1990 ; Sanberg *et al.*, 1993).

LES ENDORPHINES : DES OPIACÉS NATURELS

Les peptides opioïdes endogènes, mieux connus sous le nom d'**endorphines**, constituent le deuxième groupe de messagers chimiques. Dans l'ensemble, ces substances ont les mêmes effets que les opiacés naturels, c'est-à-dire qu'elles atténuent la sensation de douleur et accroissent la sensation de plaisir. On pense qu'elles agissent également sur l'appétit, le désir sexuel, la pression artérielle, l'humeur, l'apprentissage et la mémoire. Certaines endorphines sont de véritables neurotransmetteurs, mais la plupart agissent surtout comme des **neuromodulateurs**, c'est-à-dire qu'elles accroissent ou réduisent l'activité de certains neurotransmetteurs.

Endorphines

Substances chimiques présentes dans le système nerveux et semblables aux opiacés naturels par leur structure et leur action. Elles jouent un rôle dans la régulation de la douleur, le plaisir et la mémoire.

Neuromodulateurs

Substances chimiques présentes dans le système nerveux dont la fonction est d'augmenter ou de réduire l'activité de certains neurotransmetteurs.

Il semble que la peur ou le stress fassent monter en flèche le taux d'endorphines d'une personne ou d'un animal. Ce n'est pas un hasard : en maintenant la douleur à un degré supportable dans de telles situations, les endorphines procurent aux espèces qui en sont pourvues un avantage sur le plan de la survie, donc de l'évolution (Levinthal, 1988). Par exemple, chez un soldat blessé à une jambe, elles peuvent diminuer la sensation de la douleur assez longtemps pour lui permettre de fuir et d'augmenter ainsi ses chances de survie.

LES HORMONES : DES MESSAGERS AU LONG COURS

Les **hormones** forment le troisième groupe de messagers chimiques ; elles agissent dans tout l'organisme grâce à la circulation sanguine. Elles remplissent de multiples fonctions, de la stimulation de la croissance à la facilitation de la digestion, en passant par la régulation du métabolisme. Elles sont sécrétées principalement par les **glandes endocrines**, qui les libèrent directement dans la circulation sanguine (voir la figure 3.7). Les hormones sont ainsi transportées jusqu'à des organes ou des cellules parfois relativement loin du point de départ. L'activité de certaines glandes endocrines dépend de signaux émis par le système nerveux ; inversement, les hormones sont susceptibles d'influer sur le fonctionnement de ce dernier. Les composantes du système nerveux et celles du système endocrinien qui entrent en interaction constituent le *système neuroendocrinien*. Les hormones suivantes retiennent particulièrement l'attention des psychologues.

Hormones

Substances chimiques sécrétées par des glandes et libérées dans la circulation sanguine. Elles peuvent influer sur le comportement et les émotions.

Glandes endocrines

Organes internes sécrétant les hormones et les libérant dans la circulation sanguine.

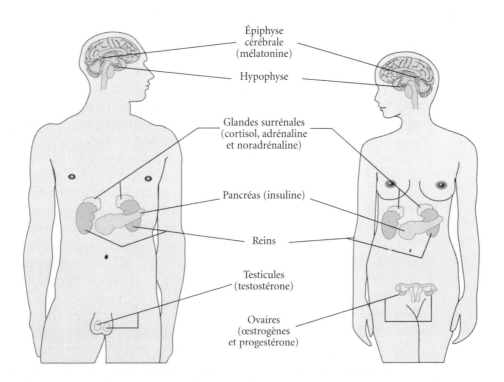

FIGURE 3.7 **Le système endocrinien**

Certaines composantes du système endocrinien intéressent particulièrement les psychologues à cause de leurs effets connus ou soupçonnés sur le comportement et les émotions.

1 **LES HORMONES DES GLANDES SURRÉNALES.** Les glandes surrénales sont situées de part et d'autre de la colonne vertébrale, juste au-dessus des reins. Elles sécrètent diverses hormones qui jouent un rôle dans l'émotion et la réaction au stress. Leur région périphérique sécrète le *cortisol*, qui augmente le taux de sucre dans le sang et qui accroît l'énergie. Leur partie centrale sécrète l'*adrénaline* et la *noradrénaline*. Lorsque ces deux substances sont libérées dans l'organisme, elles stimulent le système nerveux sympathique, qui augmente le degré d'excitation de l'organisme et qui le prépare ainsi à agir. Durant la période d'excitation, les pupilles se dilatent pour laisser entrer plus de lumière, le rythme cardiovasculaire s'accélère, le taux de sucre dans le sang augmente, si bien que l'organisme dispose d'une plus grande quantité d'énergie, et la digestion ralentit, ce qui permet à la circulation sanguine ainsi détournée de l'estomac et des intestins de se diriger vers les muscles et la surface de la peau. C'est pourquoi une personne ne ressent pas le besoin de manger lorsqu'elle est excitée, effrayée ou passionnément amoureuse. De plus, la libération des hormones peut améliorer la performance dans diverses tâches simples. Cependant, un taux d'hormones trop élevé provoque l'effet inverse, c'est-à-dire une forte agitation, surtout dans les tâches complexes. Ainsi, s'il est bon de ressentir une légère nervosité juste avant un examen, il n'est certes pas souhaitable de trembler de peur.

Rythme biologique

Fluctuation périodique, plus ou moins régulière, d'un système biologique. Il a parfois, mais pas nécessairement, des effets psychologiques.

2 **LA MÉLATONINE.** Il semble que certains rythmes biologiques soient réglés par la *mélatonine*, une hormone sécrétée par une petite glande située profondément dans le cerveau, l'*épiphyse cérébrale* (ou glande pinéale). On appelle **rythme biologique** la fluctuation périodique, plus ou moins régulière, d'un système biologique. Il en existe des dizaines, dont certains, mais pas tous, ont des effets psychologiques. Les chercheurs ont cru pendant longtemps que le cerveau était muni d'une «horloge» biologique commandant directement les dizaines de rythmes circadiens de l'être humain. On pense plutôt maintenant que plusieurs horloges, reliées mais autonomes, marquent le temps dans diverses régions du cerveau. Elles seraient toutes reliées à une «horloge maîtresse», une sorte de quartier général situé dans l'*hypothalamus*, une région du cerveau. La mélatonine, dont le taux fluctue en fonction de la variation de la lumière du jour, aurait comme rôle de maintenir cette horloge maîtresse en phase avec le cycle du jour et de la nuit (Reppert *et al.*, 1988). Dans deux cas au moins, on a utilisé la mélatonine pour synchroniser le cycle perturbé de la veille et du sommeil chez des aveugles, dont les troubles du sommeil semblaient être dus à l'incapacité de distinguer le jour de la nuit (Arendt *et al.*, 1988 ; Tzischinsky *et al.*, 1992).

Hormones sexuelles

Hormones qui régularisent la croissance et le fonctionnement des organes reproducteurs et qui stimulent le développement des caractéristiques sexuelles mâles et femelles.

3 **LES HORMONES SEXUELLES.** Les **hormones sexuelles** sont sécrétées par des tissus situés dans les gonades (testicules et ovaires). Les trois principaux types d'hormones sexuelles sont présentes chez les deux sexes en quantités et en proportions différentes après la puberté. Les *androgènes* (dont le plus important est la *testostérone*) sont des hormones masculinisantes, sécrétées principalement par les testicules, mais aussi par les ovaires et la corticosurrénale. Ce sont eux qui déclenchent les changements physiques à la puberté, comme la mue de la voix et l'apparition des poils faciaux chez l'homme, ou l'apparition des poils pubiens et axillaires chez la femme comme chez l'homme. Les *œstrogènes* sont des hormones féminisantes, sécrétées principalement par les ovaires, mais aussi par les testicules et la corticosurrénale. Ils provoquent les changements physiques chez la femme à la puberté, comme le développement des seins et le déclenchement des menstruations, et influent sur le cycle menstruel. La *progestérone* est une hormone sécrétée principalement par les ovaires, mais aussi par les testicules et la corticosurrénale ; chez la femme, elle contribue à la croissance et au maintien de la muqueuse utérine en vue de l'implantation d'un œuf fécondé.

Dans chaque cas, associez la définition avec le mot approprié entre parenthèses.

1. Unité fonctionnelle du système nerveux. (Nerf ou neurone)

2. Partie du neurone qui reçoit l'influx nerveux. (Axone ou dendrite)

3. Région de contact entre deux neurones. (Synapse ou gaine de myéline)

4. Substance analogue aux opiacés et présente dans le cerveau. (Dopamine ou endorphine)

5. Composé chimique qui rend possible la communication entre les neurones. (Neurotransmetteur ou hormone)

6. Hormone étroitement associée avec l'activation émotionnelle. (Adrénaline ou œstrogène)

LE CYCLE MENSTRUEL, L'HUMEUR ET LE COMPORTEMENT

Aucun rythme biologique n'a suscité autant de controverses que le cycle menstruel, caractérisé par le flux et le reflux des œstrogènes et de la progestérone pendant environ 28 jours. Pour les psychologues, il est important de savoir si l'on peut vraiment associer ces variations physiologiques à des changements émotionnels, cognitifs et comportementaux, comme le laisse entendre la croyance populaire.

Depuis les années 1970, le *syndrome prémenstruel (SPM)*, c'est-à-dire les quelques jours précédant la menstruation, est souvent considéré comme une «maladie». Les symptômes comprennent notamment la fatigue, les maux de dos, les maux de tête, l'irritabilité et la dépression. Les auteurs d'ouvrages populaires parlent de millions de «malades» et soutiennent que la majorité des femmes souffrent de ce syndrome, même si cette affirmation ne repose sur aucune étude statistique. Plus de 20 années de recherche biomédicale n'ont fourni *aucune* base solide à cette hypothèse; au contraire, il existerait plutôt des preuves qui l'infirment.

En traitant de la question du syndrome prémenstruel, on omet souvent de faire la distinction entre les symptômes physiques et les symptômes émotionnels. Personne ne nie l'existence des symptômes physiques, comme les crampes abdominales, la plus grande sensibilité des seins et la rétention d'eau; même si leur apparition varie énormément, certaines femmes en présentant plusieurs et d'autres, aucun. Cependant, il y a lieu de mettre en doute l'association de *symptômes émotionnels* au cycle menstruel.

Il est vrai que de nombreuses femmes disent souffrir du syndrome prémenstruel. Il ne faut cependant pas perdre de vue que les témoignages des femmes interrogées ne sont pas toujours un reflet exact de la réalité, même quand ces femmes sont foncièrement sincères. Ainsi, une femme peut attribuer un coup de cafard à la venue prochaine de ses règles, alors qu'à un autre moment, elle le mettrait plutôt sur le compte d'une journée stressante. Bien d'autres facteurs peuvent influer sur la perception d'une femme, comme ses attentes et ses attitudes envers la menstruation ou les attitudes dominantes dans son milieu.

Pour contourner ces problèmes, des psychologues ont effectué des recherches portant sur le bien-être physique et psychologique auprès de femmes *sans leur en mentionner le véritable objet* (Alagna et Hamilton, 1986; Burke *et al.*, 1978; Chrisler, 2000; Englander-Golden *et al.*, 1978; Hardie, 1997; Parlee, 1982; Slade, 1984; Vila et Beech, 1980). Au cours d'une recherche basée sur une procédure en double aveugle, on demandait aux participantes soit de citer les symptômes qu'elles avaient notés au cours d'une journée précise, soit de tenir un journal pendant un certain temps. Les expérimentateurs vérifiaient ensuite à quelle phase du cycle correspondaient les données obtenues. D'autres chercheurs ont fait appel à un groupe témoin formé de sujets généralement exclus des études portant sur les hormones et l'humeur: des hommes! Voici les principaux résultats de ces recherches.

■ Dans l'ensemble, *il n'existe pas de différence importante* entre les femmes et les hommes quant aux symptômes émotionnels perçus ou au nombre de fluctuations d'humeur ressenties au cours d'une période d'un mois (McFarlane *et al.*, 1988) (voir la figure 3.8).

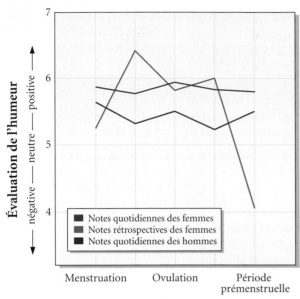

Phases du cycle menstruel

Source: McFarlane *et al.*, 1988.

 **3.8** **La variation de l'humeur**

Le graphique rend compte de l'autoévaluation quotidienne de l'humeur en fonction du sexe par des élèves du collégial. Dans le cas des filles, on a tenu compte du cycle menstruel. Les données portent sur 70 jours.

Qu'avez-vous appris?

RÉPONSES, p. 101

Il n'y a aucune excuse d'ordre hormonal pour éviter de répondre à ces questions!

A Pour la plupart des femmes, à quoi peut-on associer sur une base scientifique les jours qui précèdent la menstruation?

1. À la dépression.
2. À l'irritabilité.
3. À l'euphorie.
4. À la créativité.
5. Aucune des réponses précédentes.
6. Réponses 1 et 2.

B Un chercheur veut étudier les effets du taux de testostérone chez l'homme. Il dit à ses sujets que le taux maximal de l'hormone est observé le matin et qu'il est probablement associé à l'hostilité. Il leur demande ensuite de remplir matin et soir un questionnaire intitulé *Enquête sur le syndrome de l'« hypertestostérone »*.

1. Selon vous, quels résultats le chercheur devrait-il obtenir?
2. Comment pourrait-il améliorer sa recherche?

■ Certaines femmes sont effectivement plus irritables ou plus déprimées juste avant leur menstruation; d'autres, par contre, sont plus énergiques et plus heureuses durant cette phase de leur cycle. Toutefois, chez la majorité des femmes, la relation entre la phase du cycle et l'humeur est faible ou inexistante, même si plusieurs d'entre elles entretiennent la croyance que le SPM les touche (Hardie, 1997; McFarlane et Williams, 1994). Certaines femmes *se rappellent* avoir été d'une humeur particulièrement exécrable juste avant ou pendant leur menstruation, mais leurs notes quotidiennes ne corroborent pas ces « souvenirs » (voir la figure 3.8). On constate l'importance, dans le cadre d'une telle recherche, de demander aux sujets de noter quotidiennement leur humeur plutôt que de se fier à leurs souvenirs plusieurs semaines après.

■ Même lorsque les femmes savent que l'étude porte sur la menstruation, la plupart ne font pas état de changements constants (négatifs ou positifs) d'un cycle à l'autre. Leur humeur et leurs symptômes émotionnels sont beaucoup trop variables pour être attribuables à des variations hormonales (Walker, 1994).

■ On n'a pas établi de relation fiable entre, d'une part, la phase du cycle menstruel et, d'autre part, l'efficacité au travail, la résolution de problèmes, la performance physique, les résultats à des examens au collégial, la créativité ou quelque autre comportement ayant une certaine importance dans la vie courante (Golub, 1992).

Ces résultats vous surprennent-ils? La plupart des gens ne connaissent ni ces données ni les résultats similaires de diverses études. De nombreux médecins et thérapeutes n'en tiennent d'ailleurs pas compte, pas plus que les médias (Tavris, 1992).

Le mythe du syndrome prémenstruel illustre également l'importance du contexte sociopolitique de la recherche. Quand on a délimité le syndrome prémenstruel, de nombreuses femmes se sont réjouies qu'on reconnaisse l'existence des changements physiques normaux associés au cycle menstruel et qu'on prenne enfin au sérieux leurs préoccupations de santé. Cependant, dans les années 1980, les plus hautes autorités médicales et psychiatriques ont présenté le syndrome prémenstruel comme un trouble mental qu'il fallait soigner. Des critiques ont alors dénoncé la terminologie qui, au lieu de valider la normalité des changements hormonaux chez les femmes, confirmait les croyances selon lesquelles les hormones les rendaient instables sur le plan émotionnel (Caplan, 1995; Gise, 1988; Koeske, 1987). Frances Conley, une neurochirurgienne réputée, rattachée à l'Université de Stanford, a raconté que, lorsqu'elle se plaignait de ses conditions de travail et du harcèlement sexuel dont elle faisait l'objet, ses collègues se moquaient d'elle en lui disant que ce devait être à cause de son SPM.

LE CERVEAU

Abordons maintenant l'« unité centrale » du système nerveux : le cerveau. « Il est ahurissant de penser que le corps fournit du sucre et des acides aminés au cerveau, et que celui-ci produit de la poésie et des pirouettes », a un jour noté le neurologue Robert Collins. Nous avons en effet toutes les raisons de nous étonner des capacités extraordinaires de cette masse de tissus nerveux, et il faut beaucoup d'imagination pour se représenter cet organe, en apparence si modeste, comme la source d'inspiration de grandes œuvres artistiques, de la découverte du radium ou de l'invention de la télévision.

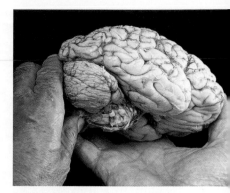

L'apparence banale du cerveau humain ne laisse pas soupçonner ses grandes capacités.

La cartographie du cerveau

La boîte crânienne protège de façon très efficace le cerveau d'un individu. Comment les scientifiques peuvent-ils étudier cet organe? On recourt à diverses approches. L'une d'entre elles consiste à examiner les personnes souffrant de lésions cérébrales à la suite d'une blessure ou d'une maladie ou ayant dû subir l'ablation d'une région du cerveau. La *méthode de la lésion* est une autre approche utilisée avec des animaux : on crée une lésion dans une région du cerveau ou on procède à l'ablation d'une région pour en observer ensuite les effets.

Par ailleurs, on peut sonder le cerveau d'un individu à l'aide d'*électrodes*. En fixant de tels conducteurs sur le cuir chevelu, on peut enregistrer l'activité électrique de millions de neurones dans des régions données du cerveau. On utilise fréquemment cette technique en recherche ou pour établir un diagnostic médical. On connecte les électrodes à un électroencéphalographe, un appareil qui traduit l'énergie électrique du cerveau en tracés ondulatoires à l'écran ou sur une feuille, d'où l'appellation « ondes cérébrales ». On associe ainsi certains types d'ondes au sommeil, à la détente ou à la concentration mentale.

Un **électroencéphalogramme (EEG)** est un tracé résultant de l'enregistrement des ondes cérébrales. L'EEG standard présente une certaine utilité, mais il manque de précision, car il reflète l'activité électrique simultanée de plusieurs cellules. « Écouter » le cerveau à l'aide de l'électroencéphalographe, c'est un peu comme suivre un match de l'extérieur du stade : on sait à quel moment un événement survient, mais on ne sait pas exactement de quoi il s'agit ni qui en est l'auteur. On peut heureusement utiliser l'informatique pour l'électroencéphalographie : on obtient une image plus claire de l'activité cérébrale liée à tel ou tel type d'événement ou de processus mental. Pour analyser les divers types d'activité (ou potentiels), les chercheurs ont recours à un ordinateur qui supprime le « bruit de fond » provenant du cerveau pour ne conserver que les ondes propres à la réaction de l'événement étudié.

Électroencéphalogramme (EEG)

Enregistrement de l'activité neuronale du cerveau captée par des électrodes.

Depuis le milieu des années 1970, de nouvelles méthodes sont apparues, laissant entrevoir des résultats encore plus spectaculaires. Ainsi, la **scanographie**, ou tomographie par émission de positons (en anglais, *PET scanning*), ne fournit pas seulement des données anatomiques, elle permet aussi d'enregistrer en temps réel les changements biochimiques qui se produisent dans le cerveau. Cette méthode tire parti de la transformation du glucose en énergie par les neurones. On injecte à un patient une substance analogue au glucose et contenant un élément radioactif inoffensif ; cette substance s'accumule dans les régions du cerveau les plus actives, qui consomment donc rapidement le glucose, et elle émet des radiations qui constituent un indice éloquent de l'activité mentale. Un dispositif à balayage capte ces radiations, et l'ordinateur traite ces données pour produire une image de l'activité biochimique du cerveau, chaque couleur correspondant à une intensité d'activité déterminée (voir la figure 3.9).

Scanographie

Méthode d'analyse de l'activité biochimique du cerveau par injection d'une substance analogue au glucose et contenant un élément radioactif. Synonyme : tomographie par émission de positons.

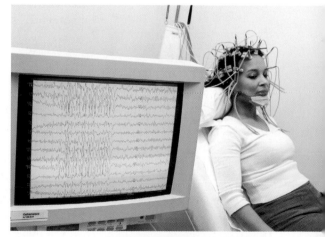

Dans l'électroencéphalographie, on utilise des électrodes pour obtenir un tracé de l'activité électrique dans différentes régions du cerveau.

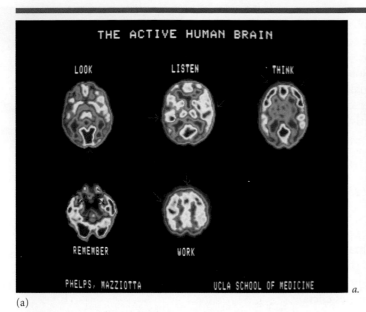

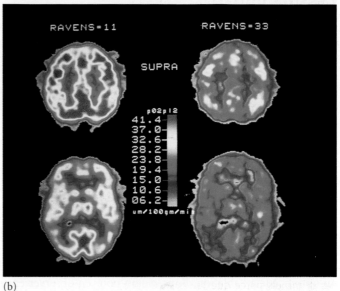

(a)   (b)

FIGURE 3.9 | **La mesure de l'activité cérébrale**

Ces images de l'activité cérébrale ont été obtenues par scanographie. Dans l'image de gauche (a), le rouge indique les régions où l'activité est la plus grande et le violet, celles où l'activité est la plus faible. Les flèches indiquent les régions les plus actives lorsqu'une personne regarde une image complexe (en haut à gauche), écoute un son (en haut au centre), accomplit une tâche cognitive (en haut à droite), se remémore des faits d'une histoire qu'elle vient d'entendre (en bas à gauche) ou déplace sa main droite (en bas au centre). L'image de droite (b) donne à penser qu'il existe un lien entre l'intelligence et l'activité cérébrale. Durant une tâche de raisonnement abstrait, le cerveau des sujets obtenant les meilleurs résultats (à droite) consomme moins de glucose par minute que le cerveau des sujets dont les résultats sont plus faibles (à gauche), ce qui peut signifier que le cerveau de ceux qui réussissent mieux travaille de façon plus efficace (Haier *et al.*, 1988).

Imagerie par résonance magnétique (IRM)

Méthode employée pour étudier, entre autres, les tissus cérébraux et faisant appel à des champs magnétiques et à des récepteurs radio.

On a conçu le scanographe pour diagnostiquer des anomalies physiques, mais on peut l'utiliser pour déterminer quelles régions du cerveau sont actives lorsque l'individu s'adonne à une activité ou ressent une émotion. Les images à l'écran indiquent ce qui se passe dans le cerveau d'une personne quand elle écoute une chanson, se sent déprimée ou détourne son attention d'une tâche pour la fixer sur une autre. Les données obtenues jusqu'à présent établissent que certaines régions du cerveau des personnes qui présentent des troubles émotionnels sont soit anormalement calmes, soit anormalement actives.

L'**imagerie par résonance magnétique (IRM)** est une technique d'exploration de l'« espace intérieur » sans injection de substance chimique. Elle fournit des images extraordinairement précises des tissus du cerveau et d'autres organes. On emploie des champs magnétiques puissants et diverses fréquences radio pour produire des vibrations dans le noyau des atomes composant un organe. Des récepteurs spéciaux captent ces vibrations sous forme de signaux qu'on analyse par ordinateur en tenant compte de leur intensité et de leur durée ; le résultat est une image en couleurs à contraste élevé. On se sert de l'IRM, tout comme de la scanographie, à la fois pour établir des diagnostics et pour étudier des cerveaux normaux. Certains appareils d'IRM perfectionnés peuvent même capter des changements rapides survenant au cours de certaines activités mentales, comme penser à un mot ou regarder une image (Rosen *et al.*, 1993).

Des nouvelles techniques font leur apparition chaque année. Certaines permettent d'animer des images statiques pour montrer le passage d'un état du cerveau à un autre ! La forteresse que constitue le crâne ne protège donc plus le cerveau du regard fouineur des chercheurs. Il est maintenant possible d'obtenir sans aucun scalpel une image visuelle précise de l'organe le plus mystérieux du corps humain !

Les principales structures du cerveau

Nous examinerons le cerveau, de sa base, juste au-dessus de la colonne vertébrale, jusqu'au cortex, qui en constitue la partie supérieure. En général, plus un comportement est de nature réflexe ou automatique, plus les chances sont grandes qu'il soit commandé par les régions inférieures du cerveau ; inversement, plus un comportement est complexe, plus les chances sont grandes qu'il fasse intervenir les régions supérieures. La figure 3.10 montre une coupe sagittale du cerveau : on peut voir la surface interne de l'hémisphère droit, c'est-à-dire la moitié droite du cerveau. Au fil des pages, nous décrirons chacune des structures présentées dans ce schéma.

LES STRUCTURES INFÉRIEURES

Le **tronc cérébral**, situé à la base du crâne, ressemble à une tige sortant de la moelle épinière. Les voies menant aux régions supérieures du cerveau et celles qui en descendent passent par ses deux structures principales : le bulbe rachidien et la protubérance annulaire. Le **bulbe rachidien** assure des fonctions indépendantes de la volonté, comme la régulation du rythme cardiorespiratoire, alors que la **protubérance annulaire** joue un rôle, entre autres, dans le sommeil, le réveil et le rêve. On a longtemps utilisé la pendaison comme méthode d'exécution des criminels parce que la rupture du cou entraîne le sectionnement des voies nerveuses du bulbe rachidien et, par conséquent, l'arrêt de la respiration (Bailey, 1975).

La **formation réticulée**, qui part du centre du tronc cérébral et qui s'étend vers le haut, constitue un réseau compact de neurones relié à plusieurs des régions supérieures du cerveau.

Tronc cérébral

Partie du cerveau située au-dessus de la moelle épinière, qui assure des fonctions automatiques, telles que les battements du cœur et la respiration.

Bulbe rachidien

Structure du tronc cérébral qui assure des fonctions automatiques, telles que la régulation du rythme cardiorespiratoire.

Protubérance annulaire

Structure du tronc cérébral qui joue un rôle, entre autres, dans le sommeil, le réveil et le rêve.

Formation réticulée

Dense réseau de neurones situé au centre du tronc cérébral, qui stimule le cortex, qui filtre l'information entrante et qui contribue à la régulation du sommeil, de l'éveil et de la vigilance.

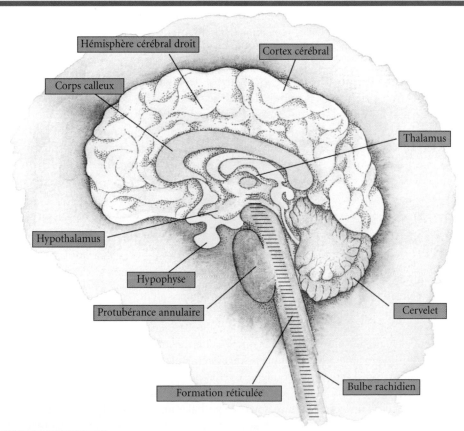

FIGURE 3.10 **Le cerveau humain**

Vue de la surface interne de l'hémisphère droit et des structures inférieures du cerveau (coupe sagittale).

Elle filtre les signaux en provenance de la moelle épinière et stimule les centres supérieurs pour tout événement susceptible d'y être traité. De plus, elle contribue à la régulation du sommeil, de l'éveil et de la vigilance. Une personne privée de cette structure ne saurait être alerte ni peut-être même consciente.

LE CERVELET

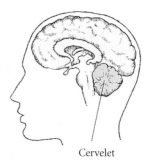

Cervelet

Le **cervelet** est une structure située à l'arrière du cerveau qui a la taille d'un petit poing. Il intervient dans le maintien de l'équilibre et il coordonne les muscles pour rendre les mouvements harmonieux et précis. Une personne atteinte de lésions cérébelleuses (relatives au cervelet) est généralement très maladroite et elle manque de coordination ; elle aura, par exemple, du mal à se servir d'un crayon, à enfiler une aiguille ou à faire de la bicyclette. Le cervelet contribue à l'apprentissage et à l'emmagasinage de réponses simples.

Des études ont montré que les lapins n'arrivent pas à apprendre à cligner des yeux en réponse à des sons si certaines régions de leur cervelet sont détruites ou sous sédatifs (Thompson, 1986 ; Krupa *et al.*, 1993). D'autres recherches donnent à penser que le cervelet pourrait jouer un rôle dans des fonctions cognitives complexes, comme l'analyse de l'information sensorielle, la résolution de problèmes et même la compréhension des mots (Fiez, 1996 ; Gao *et al.*, 1996 ; Müller, Courchesne et Allen, 1998).

LE THALAMUS

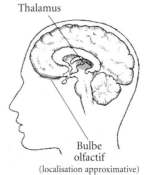

Thalamus

Bulbe olfactif
(localisation approximative)

Le **thalamus** est situé au-dessus du tronc cérébral, au centre du cerveau ; toujours sollicité, il est l'agent de circulation de l'information dans le cerveau. Au fur et à mesure que les stimulations sensorielles parviennent au cerveau, le thalamus les achemine vers les centres supérieurs de traitement. Par exemple, la vue d'un coucher de soleil envoie des signaux au thalamus, qui les dirige vers le cortex visuel. De même, le son d'une guitare envoie des signaux que le thalamus transmet au cortex auditif. Le seul sens ne faisant pas appel au thalamus est l'odorat, qui possède son propre poste d'aiguillage, le *bulbe olfactif*, situé à proximité des régions qui gouvernent l'émotion. Cela explique peut-être pourquoi il arrive souvent qu'une simple odeur (par exemple, des vêtements fraîchement lavés, un gardénia en fleur ou un steak sur un barbecue) ravive le souvenir d'une expérience personnelle importante.

L'HYPOTHALAMUS ET L'HYPOPHYSE

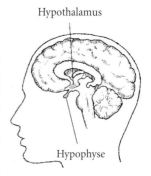

Hypothalamus

Hypophyse

L'**hypothalamus** est une petite structure située sous le thalamus (l'élément *hypo-* vient d'un mot grec qui signifie «en-dessous»), mais il ne faudrait pas juger de son importance par sa taille. Cette région joue en effet un rôle dans les puissantes pulsions qui assurent la survie aussi bien de l'individu que de l'espèce, soit la faim, la soif, les émotions, les pulsions sexuelles et la reproduction. Elle régularise la température de l'organisme en déclenchant la sudation ou le frisson et elle contrôle les opérations complexes du système nerveux autonome. Comme nous l'avons déjà souligné, c'est là que se situe l'« horloge maîtresse » des rythmes biologiques. L'**hypophyse**, quant à elle, est une petite glande endocrine de la taille d'une cerise, située sous l'hypothalamus, auquel elle est reliée par une courte tige. On la qualifie souvent de «glande maîtresse», car les hormones qu'elle sécrète influent sur plusieurs autres glandes endocrines. En réalité, le véritable maître d'œuvre est l'hypothalamus. C'est en effet lui qui envoie à l'hypophyse les messages chimiques lui indiquant à quel moment elle doit faire parvenir des messages hormonaux aux diverses glandes endocrines.

Cervelet

Structure du cerveau qui régit le mouvement et l'équilibre et qui est à l'œuvre dans l'apprentissage de certains types de réponses simples.

Thalamus

Structure du cerveau qui transmet les messages sensoriels au cortex cérébral.

Hypothalamus

Structure du cerveau intervenant dans les émotions et les pulsions essentielles à la survie, telles que la peur, la faim, la soif et la reproduction. Il régit le système nerveux autonome.

Hypophyse

Petite glande endocrine qui est située à la base du cerveau, qui sécrète plusieurs hormones et qui commande d'autres glandes endocrines.

LE SYSTÈME LIMBIQUE

L'hypothalamus est relié à deux autres structures, le corps amygdaloïde et l'hippocampe, ce qui forme le **système limbique**. Ce système se situe en quelque sorte à la limite inférieure du cerveau (voir la figure 3.11). Le système limbique joue un rôle essentiel dans certaines émotions, telles que la rage et la peur, communes à d'autres espèces. Des chercheurs croyaient même avoir découvert des «centres du plaisir» distincts dans le système limbique (Olds, 1975; Olds et Milner, 1954), mais d'autres scientifiques sont d'avis maintenant qu'il faut plutôt parler de «voies neurales». Le corps amygdaloïde et l'hippocampe présentent un intérêt particulier pour les psychologues.

Le **corps amygdaloïde** semble servir à évaluer les stimulations sensorielles et à les associer aux différentes modalités sensorielles dans la mémoire. De plus, il est responsable de la prise de décision initiale dans certaines situations impliquant un changement brusque. Selon le neuropsychologue Joseph LeDoux (1989), certaines voies neuronales du système limbique amènent le corps amygdaloïde à déclencher une réaction émotionnelle à une nouvelle stimulation sensorielle, réaction susceptible d'être «annulée» à la suite d'une évaluation plus précise du cortex cérébral. C'est ce qui explique qu'une personne ayant d'abord sursauté de frayeur en sentant une main se poser soudainement sur son épaule, alors qu'elle marchait dans une ruelle sombre, se sent rassurée lorsque le cortex enregistre le fait qu'il s'agit d'un ami. Le système limbique est heureusement apte à traiter sans délai la perception d'un danger ou d'une menace; autrement, nous pourrions rester figés dans la rue à nous demander: «Est-ce prudent de traverser maintenant, alors que ce gros camion roule vers moi à toute allure?» Les personnes dont le corps amygdaloïde est endommagé ont souvent de la difficulté à déceler leurs propres peurs de même que celles des autres (Damasio, 1994). De plus, le corps amygdaloïde joue un rôle essentiel dans l'expression de l'anxiété et de la dépression: des scanographies montrent une activité nerveuse plus importante dans cette structure chez les patients déprimés et anxieux (Schulkin, 1994; Davidson *et al.*, 1999; Drevets, 2000).

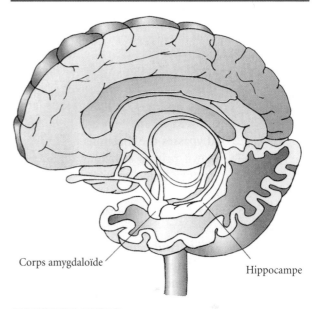

FIGURE 3.11 Le système limbique

Les composantes du système limbique sont représentées par les régions bleutées.

L'autre structure majeure du système limbique, l'**hippocampe**, est de plus grande dimension chez l'être humain que chez toute autre espèce. Cette région semble avoir comme fonction, entre autres, de comparer les stimulations sensorielles avec ce que le cerveau a appris à attendre de l'environnement. Si les stimulations sont conformes aux attentes, l'hippocampe indique à la formation réticulée, qui est le centre d'activation du cerveau, de «rester calme». Il n'est en effet pas souhaitable de toujours réagir par une grande excitation: que se passerait-il si la sonnerie d'alarme neuronale retentissait à chaque automobile qui passe à proximité, à chaque gazouillement d'oiseau ou à chaque déglutition de salive?

L'hippocampe est aussi qualifié de «portail de la mémoire». Il jouerait un rôle particulièrement important dans la formation de nos souvenirs des lieux, de notre représentation de l'espace (Maguire *et al.*, 2000). De façon plus générale, il semble permettre, de concert avec d'autres régions du cerveau, le stockage de l'information nouvelle portant sur des faits ou des événements en vue d'une utilisation ultérieure (Mishkin *et al.*, 1997). Sans l'hippocampe, cette nouvelle information ne pourrait jamais atteindre sa destination finale, le cortex cérébral. Une étude d'un cas spectaculaire illustre bien cette fonction. Un homme, H. M., souffrait de graves crises d'épilepsie qui mettaient sa vie en danger; les neurochirurgiens décidèrent de procéder à l'ablation presque complète de l'hippocampe et d'une partie du corps amygdaloïde (Corkin, 1984; Milner, 1970; Ogden et Corkin, 1991). L'intervention chirurgicale permit effectivement de sauver la vie de H. M., mais sa mémoire fut atteinte de façon dramatique. Il se souvenait des événements qui avaient précédé l'opération, mais par la suite, il ne pouvait se rappeler que les événements des 15 dernières minutes. Il ne pouvait apprendre de nouveaux mots ni le nom d'une nouvelle connaissance. À chaque rencontre, ses médecins devaient se présenter de nouveau; il relisait souvent le même magazine sans s'en rendre compte. Durant les décennies qui ont suivi, il n'a jamais reconnu les gens qui, jour après jour, prenaient soin de lui ou étudiaient son cas. Avec l'âge, il se reconnaissait de moins en moins sur des photographies récentes, car il gardait toujours de lui-même l'image du jeune homme qu'il était avant l'opération.

LES HÉMISPHÈRES CÉRÉBRAUX ET LE CORTEX CÉRÉBRAL

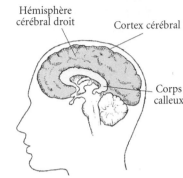

Au-dessus du système limbique se trouvent les deux **hémisphères cérébraux**, qui constituent le siège des formes supérieures de la pensée. La complexité des réseaux du cerveau humain dépasse de loin celle de n'importe quel ordinateur actuel, et une bonne partie de ces réseaux est concentrée dans ces deux hémisphères qu'on désigne souvent simplement par le «cerveau». Les hémisphères cérébraux sont reliés par le **corps calleux**, un large faisceau de fibres nerveuses. En général, l'hémisphère droit reçoit l'information sensorielle provenant de la moitié gauche du corps à laquelle il commande aussi, alors que l'hémisphère gauche exerce les mêmes fonctions pour le côté droit. Nous verrons plus loin que chaque hémisphère possède ses talents propres: cette spécialisation est la **latéralisation du cerveau**.

Les deux hémisphères sont recouverts de plusieurs couches minces mais très denses de neurones, dont l'ensemble forme le **cortex cérébral**. Comme c'est le cas dans bien d'autres régions du cerveau, les corps cellulaires des neurones du cortex forment un tissu grisâtre, d'où le terme *matière grise*. Même si son épaisseur n'est que d'environ 3 mm, le cortex renferme presque les trois quarts de tous les neurones cérébraux (Schneider et Tarshis, 1986). Dans 1 cm² de cortex se trouvent environ 2500 km de neurones reliés par des connexions synaptiques; la longueur totale des neurones connectés du cortex tout entier équivaut à environ 3 fois la distance qui sépare la Terre de la Lune (Davis, 1984)!

La surface du cortex présente un grand nombre de fissures profondes et de replis, ce qui explique qu'il puisse contenir des milliards de neurones sans que les êtres humains aient pour autant une tête énorme. Chez les autres mammifères, le cortex, composé d'un plus petit nombre de neurones, est moins plissé; chez les rats, par exemple, il est presque lisse.

Des scissures, ou sillons particulièrement profonds, divisent le cortex de chaque hémisphère en quatre régions distinctes: les *lobes* (voir la figure 3.12).

- Les *lobes occipitaux* constituent la partie postéro-inférieure du cerveau. Ils contiennent, entre autres, le *cortex visuel*, où sont traités les signaux visuels. Des lésions du cortex visuel peuvent entraîner des troubles de la reconnaissance de l'information visuelle et même la cécité.

- Les *lobes pariétaux* forment la partie supérieure du cerveau. Ils contiennent le *cortex somesthésique*, qui reçoit de toutes les régions du corps des données relatives à la pression, à la douleur, au toucher et à la température. Ce sont ces stimulations sensorielles qui indiquent à l'individu ce que les parties mobiles de son corps font à un instant précis. Les diverses parties du cortex somesthésique sont associées aux différentes régions du corps; les régions associées aux mains et au visage sont d'une taille disproportionnée étant donné que ces zones sont particulièrement sensibles.

- Les *lobes temporaux* constituent les parties latérales du cerveau, juste au-dessus des oreilles et derrière les tempes. Ils jouent un rôle dans la mémoire, la perception, l'émotion et la compréhension du langage. Ils contiennent aussi le *cortex auditif*, qui traite les sons.

Hémisphères cérébraux

Les deux moitiés opposées qui forment la portion supérieure du cerveau antérieur. Chez l'être humain, ils régissent la plupart des processus sensoriels, moteurs et cognitifs.

Corps calleux

Faisceau de fibres nerveuses reliant les hémisphères cérébraux.

Latéralisation du cerveau

Spécialisation de chacun des hémisphères cérébraux pour des opérations psychologiques données.

Cortex cérébral

Structure composée de plusieurs couches minces de neurones recouvrant les hémisphères cérébraux. Les fonctions supérieures en dépendent dans une large mesure. Le mot latin *cortex* signifie «écorce».

■ Les *lobes frontaux* forment, comme leur nom l'indique, la partie antérieure du cerveau, située juste sous le crâne dans la région du front. Ils contiennent le *cortex moteur*, qui commande les 600 muscles du corps liés au mouvement volontaire. Ils semblent aussi jouer un rôle majeur dans l'aptitude à faire des projets, à penser de façon créative et à prendre des initiatives.

Cette description simplifiée n'explique pas pourquoi les fonctions des diverses régions du cortex se recouvrent largement. Néanmoins, quand un chirurgien sonde les quatre paires de lobes à l'aide d'électrodes, des phénomènes différents ont tendance à se produire. Si le courant est transmis au cortex somesthésique, situé dans les lobes pariétaux, le patient ressentira probablement des picotements ou des légères caresses. Par ailleurs, si la stimulation est appliquée au cortex visuel, situé dans les lobes occipitaux, le sujet indiquera peut-être qu'il a vu une lueur ou un tourbillon de couleur. Cependant, dans la majorité des régions du cortex, la stimulation électrique n'a aucun effet.

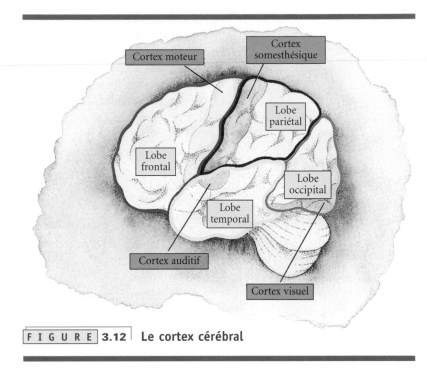

FIGURE 3.12 Le cortex cérébral

Ces régions «silencieuses», les *aires associatives*, semblent toutefois jouer un rôle primordial dans les processus mentaux supérieurs, tels que le raisonnement et le langage.

Les chercheurs ont commencé à percer les secrets des aires associatives du cortex. La région du cortex qui intéresse le plus les psychologues est la partie antérieure des lobes frontaux, soit le *cortex préfrontal*. Cette zone est à peu près inexistante chez les souris et les rats; elle représente environ 3,5 % du cortex cérébral des chats, 7 % de celui des chiens et 17 % de celui des chimpanzés, tandis qu'elle constitue au moins 29 % du cortex cérébral humain (Pines, 1983).

Les scientifiques savent depuis longtemps que les lobes frontaux ont un rapport avec la personnalité. Le premier indice date de 1848. Un jeune employé des chemins de fer, Phineas Gage, subit un accident et une barre de fer de 2,5 cm d'épaisseur (exposée à l'Université de Harvard) lui traversa la tête : elle était entrée sous son œil gauche pour ressortir par le dessus du crâne. Malgré la destruction d'une grande partie de la région frontale de son cerveau, non seulement Gage survécut-il, par miracle, mais il continua à pouvoir parler, penser et se souvenir. Cependant, ses amis se plaignaient qu'il n'était plus le même. Ayant subi une métamorphose à la Jekyll-Hyde, l'ouvrier doux, sympathique et efficace s'était transformé en un goujat grincheux sur qui on ne pouvait plus compter et qui était devenu incapable de conserver un emploi ou de mener à bien un projet.

Les études de cas de patients ayant subi des dommages aux lobes frontaux, y compris à la suite de tumeurs ou de blessures de guerre, semblent indiquer que certaines régions de ces lobes jouent un rôle dans la planification, la fixation d'objectifs et l'intention. Ces régions régissent l'aptitude à effectuer une série de tâches dans l'ordre approprié et à mettre fin à une activité au moment voulu. Le psychologue russe A. R. Luria (1980) a examiné plusieurs patients chez qui des lésions des lobes frontaux avaient entraîné la perte de cette double capacité. L'un des patients continuait à essayer d'allumer une allumette déjà enflammée; un autre, travaillant dans l'atelier de menuiserie de l'hôpital, rabotait non seulement une pièce de bois au complet, mais l'établi qui se trouvait dessous !

Certains chercheurs estiment que des lésions au cortex préfrontal, causées par des complications périnatales ou des mauvais traitements durant l'enfance, permettent d'expliquer certains comportements criminels violents (Raine, Brennan et Mednick, 1994). Des études menées à l'aide de la scanographie ont montré que l'activité cérébrale de sujets accusés de meurtre était moindre dans cette région du corps que celle de sujets du même âge et de même sexe (Raine, Buchsbaum *et al.*, 1994). En employant la technique de l'IRM, Birbaumer et ses collaborateurs (2005) ont relevé des différences dans l'activité du cortex préfrontal entre des hommes reconnus comme psychopathes à la suite d'un diagnostic et des hommes normaux. Ces résultats pourraient susciter une importante remise en question sur le plan juridique : peut-on tenir criminellement responsable d'un acte violent un individu souffrant d'une lésion au cortex préfrontal ?

Qu'avez-vous appris ?

RÉPONSES, p. 101

Dans chaque cas, associez la définition avec le terme approprié.

1. Filtre et élimine l'information inutile ; contribue à la régulation du sommeil, de l'éveil et de la vigilance.
2. Aussi appelé le « portail de la mémoire ».
3. Régit le système nerveux autonome intervenant dans les pulsions associées à la survie.
4. Commande la plupart des processus sensoriels, moteurs et cognitifs.
5. Tissu plissé qui recouvre la partie supérieure du cerveau.
6. Partie du cortex moteur associée à la planification.

Termes

a) Formation réticulée
b) Hémisphère cérébral
c) Hippocampe
d) Cortex cérébral
e) Lobe frontal
f) Hypothalamus

L'indépendance des hémisphères cérébraux

Nous avons vu que le cerveau est divisé en deux hémisphères, chacun gouvernant le côté opposé du corps. Dans un cerveau normal, les deux hémisphères communiquent entre eux par le corps calleux, le faisceau de fibres nerveuses qui les relie. Tout ce qui se produit dans un hémisphère est instantanément signalé à l'autre. Qu'arriverait-il si les voies de communication étaient coupées ? Chaque hémisphère produirait-il ses propres pensées et emmagasinerait-il ses propres souvenirs ?

On sait déjà que les deux moitiés du cerveau ne sont pas l'image inversée l'une de l'autre. Chez la plupart des êtres humains, l'hémisphère gauche est en grande partie le siège du langage, dont la production relève d'une région du lobe frontal gauche, l'*aire de Broca*, et dont la compréhension et l'interprétation relèvent d'une région du lobe temporal gauche, l'*aire de Wernicke*. Ces deux aires portent le nom des scientifiques qui en ont fourni les premières descriptions. Ainsi, une personne atteinte d'une lésion à la suite d'un accident vasculaire cérébral (blocage ou rupture d'un vaisseau sanguin cérébral) risque beaucoup plus de souffrir de troubles du langage si la lésion se situe dans l'hémisphère gauche. Quels seraient les effets de la séparation des hémisphères sur le langage et d'autres aptitudes ?

Une équipe de chirurgiens, sous la direction de Joseph Bogen, ont eu l'occasion de répondre à des questions de ce genre. Ils furent les premiers à tenter, au début des années 1960, l'expérience de la section du cerveau chez des patients atteints d'une forme d'épilepsie handicapante et réfractaire à tout traitement. Les chirurgiens espéraient que le sectionnement du corps calleux empêcherait la propagation de l'activité électrique entre les hémisphères. L'opération était une solution de dernier recours, mais les résultats se sont avérés dans l'ensemble très satisfaisants. Les crises ont diminué et elles ont même disparu chez certains patients. Les scientifiques ont mis à profit cette opération pour étudier ce dont est capable chaque hémisphère lorsqu'il est littéralement coupé de l'autre.

Les patients n'ont pas semblé touchés par l'absence de communication entre les hémisphères séparés. Leur personnalité et leur intelligence générale étaient intactes ; ils pouvaient marcher, parler et mener une vie normale. Apparemment, des connexions situées dans le tronc cérébral (non divisé) assuraient le maintien d'une motricité normale. Cependant, au cours d'une ingénieuse série d'études, Sperry et ses collaborateurs ont démontré que la perception et la mémoire des personnes opérées étaient profondément altérées. En 1981, Sperry a d'ailleurs reçu le prix Nobel de médecine. Pour mieux comprendre les travaux de ce chercheur, il faut se rappeler que ce qui se trouve dans la partie gauche du champ visuel est projeté dans l'hémisphère droit et vice versa (voir la figure 3.13).

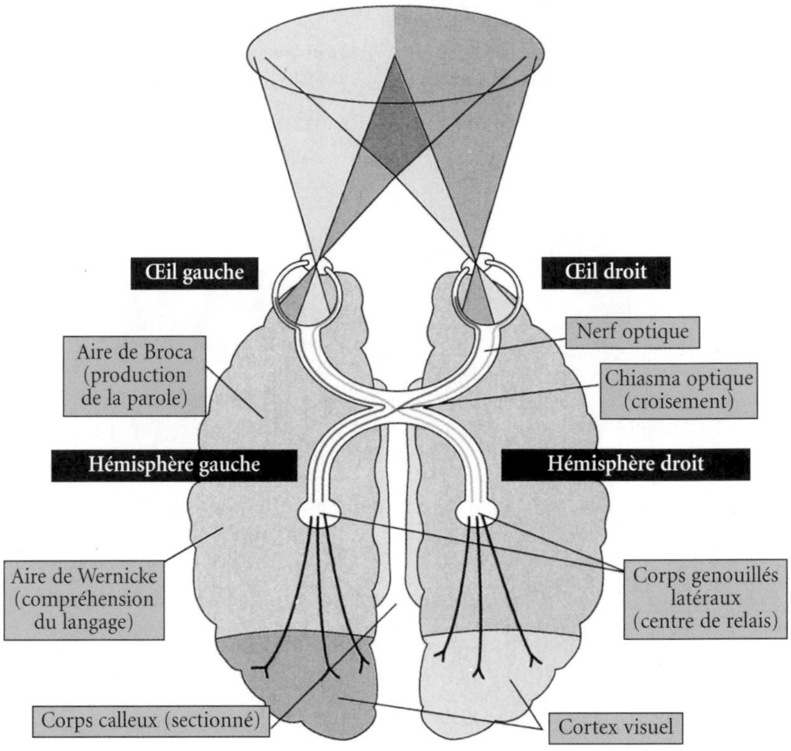

Le procédé de base employé au cours des tests administrés aux sujets dont le corps calleux avait été sectionné consistait à présenter des images à un seul des deux hémisphères à la fois. Au cours de l'une des premières études (Levy *et al.*, 1972), les chercheurs ont découpé en deux des photographies de visages d'individus différents, puis ils ont recollé deux à deux les moitiés provenant de photographies différentes. On a projeté aux patients les diapositives de ces photographies reconstituées. On leur demandait de fixer un point situé au milieu de l'écran, en fait au centre du visage projeté. On faisait défiler les images assez rapidement pour que les sujets n'aient pas le temps de bouger les yeux. Quand on les invitait à dire ce qu'ils avaient vu, ils nommaient la personne dont la moitié du visage constituait la partie droite de l'image ; par contre, lorsqu'ils devaient désigner à l'aide de la main gauche le visage vu, ils indiquaient la personne apparaissant dans la moitié gauche de l'image (voir la figure 3.14). Par ailleurs, les sujets ont affirmé

Œil gauche   **Œil droit**

Nerf optique

Aire de Broca (production de la parole)

Chiasma optique (croisement)

Hémisphère gauche   **Hémisphère droit**

Aire de Wernicke (compréhension du langage)

Corps genouillés latéraux (centre de relais)

Corps calleux (sectionné)

Cortex visuel

FIGURE 3.13   **L'indépendance des hémisphères cérébraux**

Chaque hémisphère reçoit l'information du champ visuel situé du côté opposé. Si vous fixez directement l'arête formée par deux murs, tout ce qui se trouve à la gauche de l'arête est projeté dans l'hémisphère droit et tout ce qui se trouve à sa droite est projeté dans l'hémisphère gauche. Le phénomène est causé par le croisement, dans le chiasma optique, des axones des nerfs optiques d'un côté à l'autre. Normalement, chaque hémisphère communique aussitôt cette information à l'autre hémisphère ; cet échange est cependant impossible si le corps calleux est sectionné.

n'avoir rien remarqué d'inhabituel dans les photographies ! Chaque hémisphère avait vu une demi-image différente et avait automatiquement suppléé la partie manquante. Aucun hémisphère ne savait ce que l'autre avait vu.

Pourquoi les patients reconnaissaient-il sur le plan verbal la moitié de droite de la photo et sur le plan moteur (en désignant de la main) celle de gauche ? Les centres du langage sont situés dans l'hémisphère gauche : lorsqu'un sujet donnait une réponse verbale, c'est cet hémisphère qui « parlait » et nommait l'information visuelle reçue, c'est-à-dire la moitié droite de la photo reconstituée. Par contre, quand le sujet montrait la photo originale de la main gauche (régie par l'hémisphère droit, « muet » sur le plan du langage), il reconnaissait la moitié gauche de la photo reconstituée.

D'autres recherches ont été effectuées auprès de sujets au cerveau intact afin de déterminer les différences fonctionnelles des deux hémisphères. On a utilisé des électrodes et on a mesuré la circulation sanguine à l'aide de la scanographie pour évaluer l'activité de chaque hémisphère pendant l'exécution de diverses tâches. Les résultats ont confirmé que l'hémisphère gauche de presque tous les droitiers et de la majorité des gauchers gouverne dans une large mesure le langage. Cet hémisphère est également plus actif au cours de l'exécution de diverses tâches de nature logique, symbolique ou séquentielle, comme la résolution de problèmes mathématiques

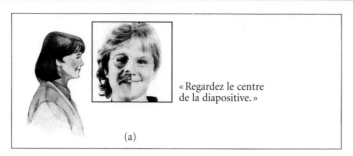

« Regardez le centre
de la diapositive. »

(a)

« Montrez du doigt la personne
que vous avez vue. »

(b)

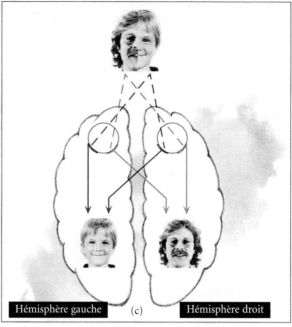

Hémisphère gauche   (c)   Hémisphère droit

FIGURE 3.14 **Une expérience liée au sectionnement du corps calleux**

On a demandé à des patients au cerveau divisé de regarder des photographies reconstituées à partir de moitiés différentes. On les invitait ensuite à choisir, parmi une série de photos intactes, le visage qu'ils venaient d'observer. Ils disaient avoir vu le visage présenté dans la moitié droite de la photo reconstituée, mais s'ils désignaient de la main gauche la photo, il s'agissait de l'individu correspondant à la moitié gauche de cette photo. Puisque les deux hémisphères ne pouvaient communiquer, l'hémisphère gauche, qui régit la parole, ne reconnaissait que la partie droite de la photo reconstituée et l'hémisphère droit, qui commande la latéralisation gauche, n'en reconnaissait que la partie gauche.

et la compréhension de sujets techniques. De nombreux chercheurs ont qualifié l'hémisphère gauche de *dominant* à cause de ses liens avec les aptitudes cognitives; on pense que l'hémisphère gauche commande habituellement l'hémisphère droit. Michael Gazzaniga (1983), un scientifique célèbre qui s'est intéressé au cerveau divisé, a affirmé que, sans l'aide de l'hémisphère gauche, les habiletés mentales de celui de droite seraient probablement « largement inférieures aux habiletés cognitives d'un chimpanzé ».

D'autres chercheurs, dont Sperry (1982), se sont portés à la défense de l'hémisphère droit, soulignant que ce dernier n'est pas idiot. Il est supérieur à l'hémisphère gauche pour résoudre des problèmes exigeant des aptitudes spatiovisuelles, comme lire une carte géographique ou tailler une robe d'après un patron, et il excelle dans la reconnaissance des visages et l'interprétation des expressions du visage. Le docteur P., dont nous avons parlé au début du chapitre, était atteint d'une lésion de l'hémisphère droit. Cet hémisphère joue un grand rôle dans la création artistique et musicale ainsi que dans l'appréciation des œuvres artistiques. Il reconnaît les sons non verbaux, tels que les aboiements d'un chien. Il possède certaines aptitudes langagières. Par exemple, il est la plupart du temps capable de lire un mot brièvement présenté et de comprendre les instructions données par un expérimentateur. Chez quelques patients au cerveau divisé, les aptitudes verbales de l'hémisphère droit sont passablement développées et des recherches effectuées auprès d'individus souffrant de diverses lésions cérébrales ont montré qu'il surpasse l'hémisphère gauche dans la compréhension des locutions, des métaphores et des expressions figées, comme « donner carte blanche » (Van Lancker et Kempler, 1987). Par ailleurs, des spécialistes du cerveau ont attribué à l'hémisphère droit un style cognitif propre, de nature intuitive et holistique, qui permet de considérer les choses dans leur ensemble et qui contraste avec le mode de pensée rationnelle et analytique de l'hémisphère gauche.

De nombreux chercheurs s'inquiètent cependant des interprétations populaires des découvertes scientifiques sur le sujet. Ils font observer que les livres et les «programmes d'exercices» des hémisphères du cerveau qui promettent une amélioration considérable des capacités cérébrales sont généralement simplistes et exagèrent les différences entre les hémisphères. La plupart des études scientifiques ont montré des différences relatives plutôt qu'absolues; autrement dit, c'est une affaire de degré et non de «tout ou rien». Prenons l'exemple des émotions. Il semble que certaines régions de l'hémisphère gauche soient aptes à traiter des émotions positives, telles que la joie, alors que des régions de l'hémisphère droit seraient spécialisées dans le traitement des émotions négatives, telles que la peur, la colère et le découragement (Davidson *et al.*, 1990; Fox et Davidson, 1988). Ce qu'il importe par-dessus tout de retenir, c'est que les deux hémisphères semblent travailler ensemble dans les activités de la vie courante, comme deux partenaires naturels, chacun apportant sa précieuse contribution à l'efficacité de la personne (Kinsbourne, 1982; Levy, 1985). Sperry (1982) lui-même a souligné que «la dichotomie hémisphère gauche-hémisphère droit... est une notion pouvant facilement engendrer des extravagances».

 Qu'avez-vous appris?

RÉPONSES, p. 101

En gardant quand même présent à l'esprit que les deux hémisphères du cerveau sont engagés dans la plupart des activités, essayez de déterminer l'hémisphère le plus actif au cours de chacune des activités suivantes:

a) Apprécier une pièce musicale.
b) Agiter le gros orteil du pied gauche.
c) Prendre la parole devant la classe.
d) Équilibrer un compte-chèques.
e) Reconnaître un ami d'enfance 15 ans plus tard.

LES ÉMOTIONS SELON LA PERSPECTIVE BIOLOGIQUE

Pour un profane, les émotions sont des sentiments ressentis, c'est-à-dire des expériences subjectives plus ou moins plaisantes. Du point de vue biologique, ce sont plutôt des processus neurophysiologiques. Quelle que soit l'émotion ressentie, il se passe en nous quelque chose qui implique des parties du système nerveux, des neurotransmetteurs, des hormones et bien d'autres éléments. Ce sont ces processus mystérieux dont nous n'avons pas conscience dans notre quotidien qui intéressent les tenants de la perspective biologique. Prenons l'exemple de la peur. Nous savons tous ce que c'est pour l'avoir éprouvée, mais que savons-nous de son substrat biologique? Les chercheurs sont justement en mesure de nous en dire assez long sur le sujet.

Selon Carlson (2007), la peur dépendrait, entre autres, du noyau central du corps amygdaloïde. Ce dernier serait, en fait, *la* partie la plus importante du cerveau pour l'expression de réponses émotionnelles provoquées par des stimuli aversifs. Des dommages à cette structure aboliraient ou diminueraient un grand nombre de réponses physiologiques et de comportements émotionnels. Des animaux dont le corps amygdaloïde a subi une lésion ne montreraient plus de signes de peur devant des stimuli préalablement associés à des événements aversifs. Ils se laisseraient plus facilement manipuler par des êtres humains et seraient moins portés à développer des ulcères gastriques ou d'autres maladies souvent induites par le stress. Par contre, en stimulant leur corps amygdaloïde à l'aide d'un léger courant électrique, ces animaux semblent montrer très nettement des signes physiologiques et comportementaux de peur.

Chez les êtres humains, il semble que la stimulation de certaines parties de l'hypothalamus produirait aussi des réponses autonomiques souvent associées à la peur et à l'anxiété, mais les sujets disent *ressentir* ces émotions seulement lorsqu'on stimule le corps amygdaloïde (Halgren *et al.*, 1978; Gloor *et al.*, 1982). Les dommages au corps amygdaloïde pourraient aussi interférer avec l'effet des émotions négatives sur la mémoire. Chez les gens normaux, les événements bouleversants laissent un souvenir plus vif que les événements neutres, mais pas chez des patients dont le corps amygdaloïde est endommagé (Cahill *et al.*, 1995). De même, chez des gens normaux, le rappel d'événements pénibles semble provoquer une activation (détectable par scanographie) du corps amygdaloïde, ce qui n'est pas le cas pour les souvenirs d'événements neutres (Cahill *et al.*, 1996).

Si le corps amygdaloïde contribue à nous faire ressentir la peur, il ne serait pas pour autant la seule structure impliquée dans le processus. Le cortex préfrontal, par exemple, jouerait un rôle important dans le contrôle de l'expression des émotions : il pourrait inhiber la réponse de peur. C'est ce qui se produirait dans le processus d'extinction d'une peur conditionnée : le souvenir de l'association entre un stimulus neutre et un stimulus aversif ne serait pas effacé, mais la réponse de peur serait inhibée par une activité du cortex préfrontal. Chez les animaux, une lésion dans ce dernier pourrait d'ailleurs empêcher l'extinction d'une réponse de peur apprise (Quirk *et al.*, 2000 ; Milad, Vidal-González et Quirk, 2004 ; Santini *et al.*, 2004).

Par ailleurs, on a beaucoup étudié l'activité cérébrale liée à la colère et à l'agressivité. Il semble qu'elle implique dans une large mesure l'hypothalamus et le corps amygdaloïde. En stimulant à l'aide d'une légère impulsion électrique certaines parties précises de ces structures chez un chat, on provoque des comportements typiques soit de rage, soit de prédation (Siegel *et al.*, 1999).

Encore là, le cortex préfrontal jouerait un rôle d'intermédiaire entre les mécanismes du cerveau impliqués dans les réponses émotionnelles automatiques (apprises ou non) et le contrôle des comportements complexes. Il contrôlerait l'expression de réactions émotives dans un contexte social. En ce sens, la rage et l'agressivité impulsive peuvent non seulement dépendre d'une activité intense de l'hypothalamus et du corps amygdaloïde, mais également résulter d'un manque d'activité du lobe préfrontal, qui assure normalement la régulation de ces émotions. Ainsi, Raine et ses collaborateurs (1998) ont trouvé des indices d'activité préfrontale réduite et d'activité subcorticale intense (y compris dans le corps amygdaloïde) chez des sujets reconnus coupables de meurtres. Il s'agirait ici toutefois de meurtriers émotionnels et impulsifs, non de tueurs calculateurs et froids, dont l'activité préfrontale serait plutôt normale.

Bien que d'autres émotions n'aient pas reçu autant d'attention de la part des chercheurs et que plusieurs questions demeurent encore sans réponse, une chose est certaine : pour les tenants de l'approche biologique, nos émotions ne flottent pas dans le vide d'un esprit immatériel, elles sont bien le produit du fonctionnement de notre système nerveux et de la chimie corporelle.

LA BIOLOGIE DU SOMMEIL ET DU RÊVE

Nous allons maintenant examiner la façon dont les neuropsychologues étudient deux sujets étroitement liés et qui ont de tout temps fasciné les êtres humains : le sommeil et le rêve. Les êtres humains et la plupart des autres espèces animales dorment une fois par cycle de 24 heures, mais on en ignore les véritables raisons. Après tout, le sommeil place l'individu dans une situation vulnérable : ses muscles, habituellement prêts à réagir au danger, se relâchent et ses sens s'émoussent. Comme l'a fait remarquer le psychologue britannique Christopher Evans (1984) : « Il saute aux yeux que les modèles de comportement inhérents au sommeil sont contraires au bon sens, pour ne pas dire démentiels. » Pourquoi alors le sommeil est-il essentiel ?

Pourquoi dormons-nous ?

L'une des fonctions probables du sommeil est de procurer au corps une période d'arrêt durant laquelle il refait son plein d'énergie, élimine les déchets accumulés dans les muscles, répare ses cellules, renforce son système immunitaire et retrouve ses capacités physiques, perdues au cours de la journée. L'idée que le sommeil sert au repos et à la récupération du corps concorde avec le fait indéniable que nous nous sentons fatigués à la fin d'une journée et que nous éprouvons le besoin physiologique de dormir.

De nombreux chercheurs estiment que le sommeil est aussi important pour le bon fonctionnement du cerveau que pour celui du corps. Seuls les animaux dotés d'un cerveau, ou du moins d'une ébauche de système nerveux central, montrent des signes indéniables de sommeil (Evans, 1984). Chez l'être humain, l'agilité mentale, l'originalité et d'autres aspects de la pensée créative peuvent souffrir d'un manque de sommeil (Horne, 1988). L'insomnie chronique peut nuire à la performance dans les tâches requérant de la vigilance ou une attention soutenue; elle peut provoquer des accidents au volant comme au travail (Dement, 1992; Roehrs *et al.*, 1990). Des recherches effectuées en laboratoire et l'observation d'individus participant à des «marathons de veille» ont montré que la privation de sommeil pendant plusieurs jours de suite rend irritable, provoque des hallucinations et fait apparaître des signes de paranoïa (Dement, 1978; Luce et Segal, 1966). De plus, cette privation augmente anormalement le niveau de cortisol dans l'organisme, ce qui peut endommager les cellules du cerveau qui jouent un rôle important dans la mémoire et l'apprentissage (Leproult, Copinschi *et al.*, 1997).

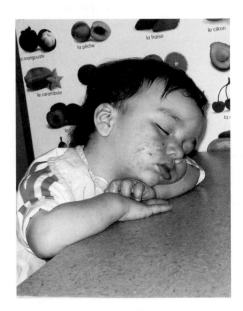  

À n'importe quel âge, l'envie de dormir est parfois irrésistible, probablement parce que dans le monde moderne beaucoup de personnes ne dorment pas autant qu'elles le devraient.

Le cerveau a donc périodiquement besoin de repos. Les chercheurs tentent présentement de déterminer de quelle manière le sommeil contribue à la régulation du métabolisme cérébral, au maintien de l'activité normale des neurones et au réapprovisionnement en neurotransmetteurs. Il est clair cependant que le cerveau ne fait pas que se reposer durant le sommeil. La plupart des régions du cerveau demeurent en réalité passablement actives.

Au royaume du sommeil

Avant les années 1950, on connaissait bien peu de choses sur le sommeil. C'est à cette époque qu'Aserinaky et Kleitman (1955) ont observé pour la première fois le mouvement rapide des yeux durant le sommeil, ce qui a suscité d'importants progrès dans la recherche sur le sommeil et le rêve. En faisant appel à l'électroencéphalographe pour mesurer les ondes cérébrales, signes de l'activité électrique du cerveau, les chercheurs ont réussi un autre tour de force: établir une corrélation entre les mouvements oculaires des dormeurs et des modifications de leurs ondes cérébrales (Dement, 1992). Le sommeil commençait à révéler certains de ses secrets, et les recherches se multiplièrent. Dans les laboratoires, les scientifiques observaient et mesuraient chez des dormeurs les variations de l'activité cérébrale, de la tension musculaire, de la respiration et d'autres réactions physiologiques.

Grâce à ces travaux et à bien d'autres, on sait aujourd'hui que le sommeil n'est pas un état de repos ininterrompu, comme on l'a longtemps cru. Chez les adultes, des périodes de **sommeil paradoxal** (en anglais, *rapid eye movement sleep* ou *REM sleep*) alternent avec des périodes de sommeil lent, pendant lesquelles les mouvements oculaires sont moins fréquents, selon un cycle moyen de 90 minutes. Lorsque la période de sommeil paradoxal débute, les ondes cérébrales du dormeur se modifient et commencent à ressembler aux ondes associées à la vigilance de l'état d'éveil. L'expression «sommeil paradoxal» vient de ce que le cerveau est alors extrêmement actif, tandis que le tonus musculaire est presque nul. Les périodes de sommeil lent se divisent elles-mêmes en quatre stades, plus brefs, associés chacun à un type d'ondes cérébrales (voir la figure 3.15).

Lorsque vous vous allongez, que vous fermez les yeux et que vous vous détendez, votre cerveau émet de façon intermittente des **ondes alpha**. Sur un EEG, ces ondes présentent un rythme régulier, une grande amplitude (ou hauteur) et une faible fréquence, de 8 à 12 cycles par seconde. L'activité de type alpha est liée à la détente, à l'absence de concentration de l'esprit. Les ondes alpha ralentissent graduellement jusqu'à ce que vous entriez dans le pays des songes et que vous passiez par quatre stades de sommeil de plus en plus profond.

LE STADE 1. Les ondes cérébrales ont une faible amplitude et un rythme irrégulier, ce qui indique une activité associée à un faible voltage et à des fréquences diversifiées. L'individu se sent dériver hors du champ de la conscience, dans un état de sommeil léger. Si on le réveille à ce moment, il se rappellera peut-être certaines sensations ou quelques images visuelles.

LE STADE 2. Le cerveau émet brièvement et de façon intermittente des ondes au rythme rapide et présentant des pics, les *fuseaux du sommeil*. Pendant ce stade, les sons faibles et les bruits légers ne dérangent habituellement pas le dormeur.

LE STADE 3. En plus des ondes caractéristiques du stade 2, le cerveau émet occasionnellement des ondes très lentes, d'une fréquence de 1 à 3 cycles par seconde et de forte amplitude. Ce sont les **ondes delta**, qui indiquent infaillible-

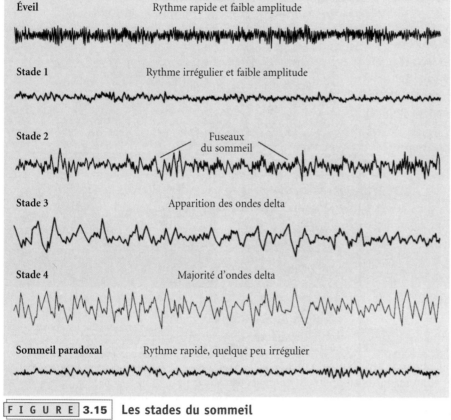

FIGURE 3.15 **Les stades du sommeil**

La plupart des types d'ondes cérébrales sont présentes durant le sommeil, mais certaines prédominent à différents stades.

ment qu'il sera difficile de réveiller le dormeur. La respiration et le pouls ont ralenti, la température corporelle a chuté et les muscles se sont relâchés.

LE STADE 4. Les ondes delta sont maintenant prédominantes et le dormeur est en état de profond sommeil. Il faudrait probablement le secouer vigoureusement ou faire beaucoup de bruit pour le réveiller – ce qui ne lui plairait certainement pas! Fait étonnant, les personnes qui parlent ou qui marchent pendant leur sommeil le font le plus souvent durant ce stade. D'ailleurs, on ne sait pas trop comment expliquer ces comportements, mais certaines recherches donnent à penser qu'ils sont accompagnés d'une activité inhabituelle du cerveau (Bassetti *et al.*, 2000).

Généralement, ce processus en 4 stades dure de 30 à 45 minutes, puis il s'inverse : stade 4, stade 3, stade 2, stade 1. À ce moment-là, soit à peu près de 70 à 90 minutes après l'endormissement, il se produit une chose étrange. Le stade 1 n'est pas suivi d'une période de somnolence, comme on pourrait s'y attendre. Le cerveau se met en réalité à émettre pendant de longs intervalles des ondes très rapides et plutôt irrégulières, similaires à celles qui caractérisent le stade 1. Le rythme cardiaque s'accélère, la pression artérielle augmente et la respiration devient plus rapide et plus irrégulière. On observe parfois de faibles contractions du visage et des doigts, tandis que les yeux bougent rapidement. Chez les hommes, le pénis est légèrement en érection parce que les tissus vasculaires se détendent et que le sang arrive plus rapidement aux organes génitaux qu'il n'en sort ; chez les femmes, il y a expansion du clitoris, engorgement des parois vaginales et augmentation des sécrétions vaginales. En même temps, les muscles squelettiques deviennent flasques, ce qui empêche le cerveau éveillé de déclencher des mouvements corporels. Il est difficile de réveiller le dormeur durant cette période, car il est entré dans une phase de sommeil paradoxal.

Le sommeil paradoxal et le sommeil lent alternent toute la nuit, le premier ayant tendance à occuper des intervalles de plus en plus longs et rapprochés (voir la figure 3.16). La première période de sommeil paradoxal peut durer quelques minutes seulement, alors que la dernière peut s'étendre pendant 20 à 30 minutes, parfois même 1 heure. C'est pourquoi les gens sont souvent en train de rêver quand leur réveil sonne. Durant la seconde moitié de la nuit, les stades 3 et 4 sont très courts ou disparaissent complètement. Les cycles du sommeil sont cependant loin d'être uniformes. Certains individus passent directement du stade 2 au stade 4 ou du sommeil paradoxal au stade 2, puis de nouveau au sommeil paradoxal. En outre, la longueur des intervalles entre le sommeil paradoxal et le sommeil lent varie beaucoup non seulement d'une personne à l'autre, mais également chez un même individu. Les scientifiques doivent donc avoir recours à des méthodes statistiques complexes pour visualiser la régularité des cycles de sommeil paradoxal et de sommeil lent.

C'est durant le sommeil paradoxal que le dormeur est le plus susceptible de rêver (Aserinaky et Kleitman, 1955 ; Dement, 1955). Au cours d'études, même les personnes qui affirment catégoriquement ne jamais rêver se rappelleront un rêve si on les réveille durant une période de sommeil paradoxal. En réalité, ces individus rêvent aussi fréquemment que les autres (Goodenough *et al.*, 1959). Certains disent parfois avoir fait un rêve durant une période de sommeil lent, mais cela est moins fréquent et les images dont ils se souviennent sont moins vives et plus réalistes.

L'étude du sommeil paradoxal a ouvert une fenêtre sur le monde du rêve. Ainsi, on sait maintenant que les rêves ne sont pas instantanés,

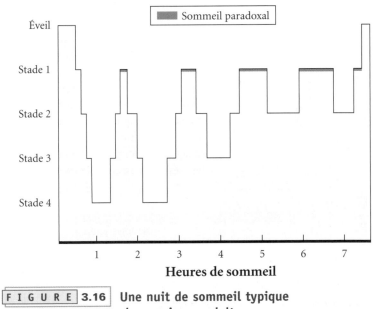

FIGURE 3.16 Une nuit de sommeil typique chez un jeune adulte

Dans ce graphique, le trait horizontal épais représente les périodes de sommeil paradoxal, qui ont tendance à s'allonger au fur et à mesure de la nuit. Les stades 3 et 4 prédominent au début de la nuit, mais ils peuvent avoir complètement disparu au petit matin.

comme on l'a longtemps cru, mais qu'ils se déroulent en « temps réel ». Les sujets volontaires indiquent une durée de rêve plus brève après 5 minutes de sommeil paradoxal qu'après 15 minutes (Dement et Kleitman, 1957). Si vous rêvez que vous chantez tous les couplets de *Chevaliers de la Table ronde*, votre rêve durera vraisemblablement le temps qu'il vous faudrait pour le faire si vous étiez éveillé. La plupart des rêves s'étendent sur quelques minutes, mais certains sont beaucoup plus longs.

Le rôle du sommeil paradoxal fait toujours l'objet de controverses, mais ce type de sommeil semble essentiel. Ainsi, lorsqu'on en prive une personne pendant une certaine période et qu'on la laisse par la suite dormir sans la déranger, on observe que les périodes de sommeil paradoxal totaliseront une bien plus longue durée qu'à l'accoutumée. L'activité électrique cérébrale associée au sommeil paradoxal pourra débuter au milieu d'une phase de sommeil lent ou même à l'état de veille. L'organisme semble compenser la privation. De nombreux chercheurs pensent que, chez les adultes du moins, l'objet de cette privation serait lié au rêve et aux fonctions qu'on lui attribue.

Le rêve

Quand un adulte se trouve en sommeil paradoxal, ses yeux semblent suivre les images, les actions et les événements qui forment la trame de son rêve (Herman, 1992 ; Schatzman *et al.*, 1988). Mais pourquoi ces images oniriques surgissent-elles ? Pourquoi le cerveau ne se contente-t-il pas de *se reposer* en bloquant les pensées ou les images et en faisant entrer le dormeur dans une sorte de coma ? Pourquoi chacun passe-t-il au contraire ses nuits dans le monde imaginaire des songes à se battre contre des monstres ou à faire la cour à un ancien amour ?

La plupart des théories sur le rêve sont de nature psychologique. Elles supposent, par exemple, que la fonction du rêve consiste à satisfaire des souhaits ou des désirs inconscients, souvent à caractère sexuel (Freud, 1900/1953), ou à faciliter la résolution de problèmes émotionnels survenus en période de veille, comme des difficultés dans les relations interpersonnelles, au travail, dans la vie sexuelle ou en matière de santé (Webb et Cartwright, 1978). Cependant, des théories plus récentes mettent plutôt l'accent sur la physiologie du cerveau. Ainsi, la **théorie de l'activation-synthèse**, d'abord proposée par Hobson et McCarley (1977), puis affinée par Hobson (1988, 1990), donne à penser que ce ne sont pas les désirs inconscients qui causent les rêves, mais des signaux émis spontanément par des neurones du tronc cérébral, plus particulièrement de la protubérance annulaire. Ces neurones régissent les mouvements oculaires, le regard, l'équilibre et la posture, ils envoient des signaux aux régions du cortex qui traitent, à l'état de veille, l'information visuelle et l'action volontaire. Ces types de signaux émis durant le sommeil n'ont pas en eux-mêmes de signification psychologique, mais le cortex tente de leur en donner une en les combinant avec les connaissances et les souvenirs existants, de manière à les interpréter de façon cohérente, d'en faire la *synthèse*, tout comme il le fait pour les signaux provenant des organes sensoriels à l'état de veille.

> **Théorie de l'activation-synthèse**
>
> Théorie selon laquelle le rêve résulte de la synthèse et de l'interprétation faites par le cortex des signaux neuronaux que l'activité du tronc cérébral déclenche.

Selon cette théorie, lorsque des neurones de la région du cerveau qui régit l'équilibre émettent des signaux, le cortex élabore, par exemple, un rêve de chute ; quand le cortex reçoit des signaux habituellement associés à la course, il fabrique, par exemple, un rêve à propos d'une poursuite. Étant donné que les signaux eux-mêmes manquent de cohérence, l'interprétation, c'est-à-dire le rêve, est également susceptible d'être incohérente et de prêter à confusion. Cela ne signifie pas pour autant que les rêves soient dépourvus de sens. Hobson (1988) souligne que le cerveau est à ce point axé sur la recherche de sens qu'il prête une signification aux données à traiter, même lorsque ces dernières n'en ont que très peu ou pas du tout. L'étude de ces significations inventées permet à l'individu de mieux connaître ses propres perceptions, conflits et préoccupations, non pas en essayant de creuser sous la surface de ses rêves, comme le préconisait Freud, mais en examinant la surface elle-même.

Les tenants d'une explication purement psychologique du rêve sont loin de s'avouer vaincus. Nous savons par expérience

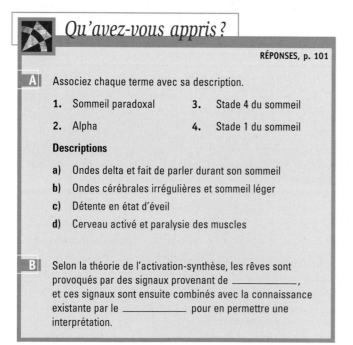

Qu'avez-vous appris ?

RÉPONSES, p. 101

A Associez chaque terme avec sa description.

1. Sommeil paradoxal
2. Alpha
3. Stade 4 du sommeil
4. Stade 1 du sommeil

Descriptions

a) Ondes delta et fait de parler durant son sommeil
b) Ondes cérébrales irrégulières et sommeil léger
c) Détente en état d'éveil
d) Cerveau activé et paralysie des muscles

B Selon la théorie de l'activation-synthèse, les rêves sont provoqués par des signaux provenant de _____, et ces signaux sont ensuite combinés avec la connaissance existante par le _____ pour en permettre une interprétation.

que les rêves ne sont pas tous identiques : certains se rapportent nettement à des problèmes de la vie quotidienne, d'autres appartiennent à la catégorie des « rêves angoissants », reliés à un état de tension ou à des préoccupations, et d'autres encore sont nébuleux ou incohérents. On découvrira peut-être un jour que les différents types de rêves possèdent des fonctions et des origines distinctes. Freud et les autres psychologues de la perspective psychodynamique proposent d'ailleurs une tout autre explication des rêves. Il reste, en fait, beaucoup à apprendre sur le rôle des rêves et du sommeil lui-même.

LA MOTIVATION SELON LA PERSPECTIVE BIOLOGIQUE

Les êtres humains peuvent être attirés ou motivés par une foule de choses, des récompenses bien matérielles et immédiates aux objectifs lointains et abstraits. On ne connaît peut-être pas les processus neurologiques et physiologiques qui sous-tendent toutes ces motivations, mais on en comprend assez bien quelques-uns. Prenons une motivation des plus élémentaires : la soif. McKinley et Johnson (2004) ainsi que Carlson (2007) ont résumé les connaissances en la matière ; nous présentons ici la synthèse de leurs travaux.

La soif est une motivation élémentaire, qui s'inscrirait dans le processus de l'homéostasie.

La soif s'inscrirait dans un processus général, l'*homéostasie*, c'est-à-dire la tendance à maintenir à un niveau optimal les conditions internes du corps. Les fluides, essentiels à la survie, font évidemment partie de ces conditions internes. On distingue deux catégories de fluides, selon les endroits de l'organisme où ils se trouvent : d'une part, les fluides *intracellulaires*, situés comme leur nom l'indique à l'intérieur des cellules ; d'autre part, les fluides *extracellulaires*, comme le sang et le liquide interstitiel qui entoure les cellules. Cette distinction permet de mieux comprendre les processus associés à deux sortes bien distinctes de soif, qui inciteraient toutes deux à boire de l'eau, mais par des chemins neurophysiologiques différents.

Nous ressentirions particulièrement la première, la *soif osmométrique*, après avoir mangé quelque chose de salé ; mais nous pourrions aussi la ressentir lorsque l'organisme perd de l'eau par évaporation, soit principalement par la respiration et la transpiration. Un surplus de sodium se trouverait alors dans les fluides extracellulaires. Or, la concentration en sodium tend à s'équilibrer, de part et d'autre de la membrane cellulaire. Cependant, comme l'excès de sodium n'entrerait pas lui-même dans les cellules, puisqu'il ne peut pas traverser la membrane, ce serait plutôt le fluide qui serait extrait des cellules. En d'autres termes, une partie du fluide intracellulaire deviendrait extracellulaire. Ce phénomène aurait pour effet de rétablir l'équilibre de la concentration en sodium en provoquant par ailleurs une dangereuse déshydratation cellulaire. C'est pour cette raison que la concentration en sodium des fluides extracellulaires activerait des *osmorécepteurs*. Ces neurones se trouveraient principalement dans une petite structure, la *lame terminale*, située tout près de la limite antérieure de l'hypothalamus et étroitement reliée au noyau préoptique médian. De là, des signaux seraient envoyés au cortex cérébral : nous prendrions alors conscience d'une sensation de soif et nous serions motivés à boire.

Le second type de soif, la *soif volumétrique*, serait causé par un manque de fluide extracellulaire, particulièrement par une baisse du volume sanguin dans l'organisme. Ce type de soif serait généralement causé par une perte de sang, une diarrhée ou un vomissement. Ce serait pour cette raison que les personnes blessées ayant perdu du sang réclament souvent de l'eau. Ce type de soif pourrait également être causé par l'évaporation. Deux types de récepteurs détecteraient cette baisse du volume de sang : le premier se trouverait dans les reins, alors que le second se trouverait dans le cœur et les gros vaisseaux. Lorsque les récepteurs des reins détecteraient une baisse de volume sanguin, ils sécrèteraient la rénine, une enzyme qui favoriserait la production d'angiotensine, une hormone qui agirait sur une partie de la lame terminale. De plus, les récepteurs situés dans le cœur et les gros vaisseaux enverraient des signaux au noyau du faisceau solitaire, situé à l'intérieur du bulbe rachidien, dans le tronc cérébral. De là, le signal atteindrait aussi la lame terminale et le noyau préoptique médian ; il causerait donc également une sensation de soif et motiverait à boire.

La prochaine fois que vous aurez envie d'un grand verre d'eau bien fraîche, vous ne vous souviendrez sans doute pas des détails de ces processus complexes ; cependant, vous entrevoyez certainement l'éventualité de la compréhension des processus neurologiques encore plus complexes qui nous motivent à poursuivre nos études, à aimer la musique ou à rechercher l'âme sœur. Pour le moment, nous en sommes encore loin, mais sachez que les chercheurs n'abandonneront pas facilement la partie.

L'HÉRITABILITÉ

Depuis de nombreuses années, les chercheurs de la perspective biologique tentent d'expliquer pourquoi les êtres humains sont si semblables et si différents à la fois. Partout sur la planète, nous élevons nos enfants, nous célébrons des mariages, nous pleurons les morts, nous aidons nos amis, nous combattons nos ennemis, nous nous amusons, nous nous lamentons et nous songeons au passé en planifiant notre avenir. D'où ces similarités proviennent-elles ? Les différences entre les gens sont aussi fort nombreuses. Certains sont extravertis, toujours prêts à fêter, alors que d'autres sont introvertis et timides. Certains débordent d'ambition, alors que d'autres se contentent de peu. Certains se sentent dépassés par le problème le plus simple, alors que d'autres affrontent calmement les pires difficultés. D'où ces différences proviennent-elles ? La réponse à ces questions réside dans l'étude de l'interaction entre l'influence de l'hérédité et celle de l'environnement, un domaine dans lequel travaillent les chercheurs de la perspective biologique.

Par le passé, les échanges entre les partisans de l'hérédité et ceux de l'environnement tenaient du combat de boxe, chacun s'efforçant de vaincre l'adversaire à coups d'arguments. De nos jours, ce type d'affrontement a pratiquement disparu ; les scientifiques s'entendent plutôt sur l'importance d'étudier l'interaction entre l'hérédité et l'environnement, à l'origine non seulement de la plupart de nos caractéristiques physiques, mais aussi de nos aptitudes et de nos comportements (Turkheimer, 2000).

L'unité de base de l'hérédité est le **gène**. Il est formé de longues chaînes d'acide désoxyribonucléique (ADN) portant les codes qui déterminent la structure des protéines. À leur tour, ces protéines influent directement ou indirectement sur presque toutes les caractéristiques structurales et biochimiques de l'organisme. Chacun de nous est porteur d'une centaine de milliers de gènes situés sur 46 **chromosomes**. Si les gènes sont les garants de la diversité humaine, ils le sont aussi de certaines similarités fondamentales qu'ont en commun les êtres humains, comme la capacité de se tenir debout, d'imiter ses congénères ou de reconnaître certaines expressions émotionnelles. Ces similarités sont présentes à la naissance ou apparaissent plus tard dans certaines conditions environnementales.

Darwin (1872/1965) avait émis l'hypothèse que l'expression faciale de certaines émotions chez les êtres humains est déterminée biologiquement. Les recherches que Paul Ekman a effectuées pendant plus de 20 ans auprès d'individus appartenant à différentes cultures sur plusieurs continents confirment cette hypothèse sur l'universalité de l'expression de certaines émotions. Avec ses collaborateurs, il a noté que la majorité des individus appartenant à l'une

Gène

Unité de base de l'hérédité qui est composée d'ADN et qui détermine la structure des protéines.

Chromosome

Structure allongée qui renferme les gènes.

ou l'autre des cultures étudiées pouvaient reconnaître l'expression de sept émotions : la colère, la joie, la peur, la surprise, le dégoût, la tristesse et le mépris (Ekman, 1994, 2003 ; Ekman et Heider, 1988 ; Ekman *et al.*, 1987). Une autre recherche (Campos *et al.*, 1984) confirme que certaines expressions émotionnelles, comme la colère, la surprise, le dégoût et le plaisir, semblent même présentes dès la naissance. Ces émotions pourraient avoir évolué chez notre espèce à cause de leur valeur adaptative, car elles nous permettent de communiquer plus facilement nos intentions et de mieux comprendre celles des autres.

L'**héritabilité** se trouve au centre du questionnement sur l'origine génétique des similarités et des différences entre les êtres humains. Quelle proportion de la variation d'une caractéristique particulière peut-on attribuer aux variations génétiques individuelles dans un groupe donné ? En fait, cette proportion varie de façon importante. Par exemple, dans un groupe d'individus bien nourris, la variation de la taille est plutôt liée aux différences génétiques, alors que les préférences musicales sont davantage liées aux variations environnementales. Certains faits sont essentiels à la compréhension de la notion d'héritabilité.

Héritabilité

Estimation de la proportion d'un trait attribuable aux variations génétiques individuelles dans un groupe donné.

1 L'HÉRITABILITÉ NE S'APPLIQUE QU'AUX CARACTÉRISTIQUES VARIABLES DANS UNE POPULATION DONNÉE. Le fait de savoir que la capacité de respirer est déterminée génétiquement ne nous est d'aucune utilité, puisqu'il n'y a pas de variation à expliquer.

2 L'ESTIMATION DE LA PART D'HÉRITABILITÉ S'ÉTABLIT TOUJOURS EN FONCTION DES CARACTÉRISTIQUES DU GROUPE DE RÉFÉRENCE. Plus un groupe est issu d'un environnement homogène, plus on peut expliquer les variations par les différences génétiques, et vice versa. Par exemple, une personne qui habite un quartier favorisé a de meilleures chances d'avoir un régime alimentaire équilibré et d'avoir accès à de bons établissements d'enseignement. Dans un tel milieu homogène, les différences de performance intellectuelle seront plutôt attribuables aux variations génétiques. À l'opposé, imaginons un quartier hétérogène où se côtoient des gens riches et des gens pauvres, où certains ont une alimentation équilibrée, alors que d'autres se nourrissent comme ils le peuvent, que certaines écoles sont excellentes, alors que d'autres sont inadéquates. On pourrait alors attribuer une plus grande part des variations de performance intellectuelle aux différences existant dans cet environnement hétérogène.

3 L'ESTIMATION DE LA PART D'HÉRITABILITÉ S'APPLIQUE AU GROUPE ET NON À UN INDIVIDU. On ne peut pas préciser la part de l'hérédité dans quelque caractéristique intellectuelle ou émotionnelle que ce soit pour une personne donnée. Affirmer, à l'instar de certains journalistes ou auteurs à sensation, que telle personne doit 80 % de ses talents musicaux à sa lignée maternelle est tout à fait erroné. Chaque personne constitue une mosaïque génétique unique et a une histoire différente, bâtie à partir de relations interpersonnelles, de stimulations intellectuelles et d'expériences qui lui sont propres.

4 L'ENVIRONNEMENT PEUT MODIFIER UNE CARACTÉRISTIQUE À FORTE PROPORTION D'HÉRITABILITÉ. Même si la taille est grandement déterminée par les gènes, un enfant mal nourri n'atteindra peut-être pas sa taille maximale, alors qu'un autre, grâce à alimentation très nutritive, surprendra peut-être ses parents quand il les dépassera d'une tête. De la même façon, même si l'intelligence relève surtout de l'hérédité comme le croient les partisans du déterminisme biologique, les stimulations de l'environnement sont absolument essentielles à son expression.

Les scientifiques ne peuvent évaluer directement l'héritabilité d'une caractéristique ou d'un comportement : ils doivent la déduire en étudiant une population dont les individus ont une similarité génétique connue. L'approche la plus simple consiste à étudier les membres d'une même famille, mais le fait qu'ils vivent dans le même environnement constitue le problème majeur de cette méthode : en effet, les similarités observées peuvent être attribuables à la génétique, à l'environnement ou encore à l'interaction de ces deux facteurs. Deux autres approches permettent de mieux déterminer les influences respectives de l'environnement et des gènes. La première porte sur l'étude de cas d'enfants adoptés. De par leur famille naturelle, ces enfants ont la moitié de leurs gènes en commun avec chacun de leurs parents, mais ils vivent dans un environnement différent de celui de leurs frères et sœurs ; de par leur famille adoptive, ils ont un bagage génétique différent de celui de leurs parents, frères et sœurs d'adoption, mais ils partagent le même environnement. La seconde approche est l'étude des **jumeaux identiques** (ou jumeaux monozygotes) et des **jumeaux fraternels** (ou jumeaux dizygotes). Comme les jumeaux identiques proviennent du même ovule et du même spermatozoïde, ils possèdent le même bagage génétique, alors que les jumeaux fraternels proviennent de deux ovules, chacun fertilisé par un spermatozoïde distinct. Sur le plan génétique, les jumeaux fraternels ne sont pas plus similaires que deux frères et sœurs ordinaires. Une recherche commencée en 1979 à l'Université du Minnesota (Bouchard, 1984, 1995, 1996 ; Bouchard *et al.*, 1990, 1991 ; Tellegen *et al.*, 1988) a porté sur plusieurs centaines de jumeaux identiques séparés à la naissance. Des jumeaux identiques séparés à la naissance possèdent bien sûr les mêmes gènes, mais ils ne vivent pas dans le même environnement ; c'est pourquoi leurs similarités peuvent être plutôt attribuées à la génétique et constituer ainsi une bonne estimation de l'héritabilité d'une caractéristique ou d'une habileté particulière. De façon générale, l'hypothèse de l'héritabilité établit que plus les sujets sont similaires sur le plan génétique, plus leur performance devrait être similaire, que l'environnement soit le même ou différent.

Plusieurs recherches liées à l'héritabilité ont porté sur des sujets controversés, comme l'intelligence et les **traits** individuels. Le concept d'intelligence est approfondi dans la partie du manuel consacrée à la perspective cognitive. Examinons de plus près l'héritabilité des traits.

L'héritabilité des traits

Il arrive souvent que les parents considèrent les différences entre leurs enfants comme déterminées par l'hérédité : « Ma fille a toujours été une fonceuse, alors que mon garçon était plutôt timide : ils sont nés comme ça ! » Ce type d'affirmation renvoie à la mesure de l'héritabilité des traits. Pour mesurer l'héritabilité d'un trait, on peut d'abord chercher à déterminer les gènes qui en sont à l'origine. Les généticiens ont déjà répertorié un gène qui pourrait être à l'origine du trait qu'on appelle « recherche de nouveauté » (Benjamin *et al.*, 1996 ; Ebstein *et al.*, 1996). On peut également étudier les variations physiologiques associées à certains traits. C'est ainsi que Kagan et Snidman (1991) ont déterminé deux tempéraments opposés, « inhibé » et « désinhibé », qui sont reconnaissables en bas âge et qui, sans intervention, ont tendance à demeurer stables durant toute l'enfance. On peut enfin s'appuyer sur des études effectués auprès de jumeaux, selon lesquelles certains traits, comme l'altruisme, l'agressivité et même l'attitude religieuse dans un groupe donné, pourraient être déterminés dans une proportion de 40 à 60 % par des différences génétiques (Loehlin, 1988 ; Waller *et al.*, 1990). Ces études donnent à penser que l'éducation reçue des parents et la stabilité de l'environnement ne semblent pas avoir d'influence marquante sur les traits de personnalité à l'âge adulte (Loehlin, 1992 ; Plomin et Daniels, 1987 ; Plomin *et al.*, 2001). Ces résultats peuvent choquer, car ils remettent en question le point de vue optimiste selon lequel l'expérience permet à l'individu de changer (McCrae et Costa, 1988).

Séparés à la naissance, les jumeaux Mallifert se rencontrent par hasard.

Dessin par Chas Addams ; © 1981, The New Yorker Collection/Cartoonbank.com.

Avant de conclure que les différences dans les traits sont surtout dues aux variations génétiques, il convient d'examiner les résultats de ces recherches en tenant compte des difficultés inhérentes à la mesure de l'héritabilité. En effet, il est extrêmement difficile de cerner les influences environnementales : les grandes catégories de regroupement, comme la classe sociale, l'éducation religieuse, etc., sont trop vagues et trop générales. Cette sous-évaluation de l'influence environnementale a pour corollaire la surévaluation de l'héritabilité. Par ailleurs, la plupart des jumeaux séparés à la naissance ont grandi dans des environnements où les stimulations et les expériences étaient, somme toute, assez semblables. Cette caractéristique a aussi pour effet de nous faire surestimer l'héritabilité aux dépens de l'environnement. Alors, quel contrôle la biologie exerce-t-elle sur les traits ? La réponse est que… tout dépend des caractéristiques étudiées. Certaines caractéristiques sont plus facilement modifiables que d'autres, mais, en dépit des prétentions de la psycho pop, certains aspects de votre personnalité ne peuvent sûrement pas être modifiés en 30 jours, ni même en 30 ans.

Qu'avez-vous appris ?

1. Quelle est l'unité de base de l'hérédité ?

   a) Le chromosome.

   b) Le gène.

   c) La molécule d'ADN.

2. Tout comme plusieurs membres de sa famille, André est menuisier. Pourquoi ne peut-il pas en conclure qu'il a hérité d'un gène qui le prédispose à ce métier ?

Réponses

Page 69

1. Recueillir et traiter l'information, répondre aux stimuli et coordonner l'activité des cellules nerveuses. **2.** Lorsque Jean s'allonge sur le divan pour faire la sieste, le SNC a ordonné au sous-système somatique du SNP d'effectuer les mouvements nécessaires pour s'allonger. Lorsque Jean est sur le point de s'endormir, c'est le sous-système parasympathique du système nerveux autonome qui est surtout actif. Le bruit suspect éveille le SNC, qui analyse continuellement la situation durant l'incident, tout en ordonnant au système nerveux somatique de commander les comportements nécessaires pour déterminer la provenance du bruit. Le mouvement soudain du chat active le sous-système sympathique du système nerveux autonome, même si le cerveau (une partie du SNC) a déjà trouvé l'origine du bruit.

Page 79

1. Neurones. **2.** Dendrite. **3.** Synapse. **4.** Endorphine. **5.** Neurotransmetteur. **6.** Adrénaline.

Page 80

A 5.

B 1. Le chercheur devrait remarquer la tendance à noter la présence d'hostilité le matin, à cause des attentes suscitées par ses explications. **2.** Divers moyens s'offrent à lui pour améliorer sa recherche : ne pas présenter les hypothèses de sa recherche aux sujets ; utiliser un titre plus neutre pour le questionnaire, comme *Questionnaire sur l'humeur* ; mesurer le taux d'hormones matin et soir pour tenir compte des variations individuelles ; ajouter un groupe témoin composé uniquement de femmes afin de vérifier si leur niveau d'hostilité varie de façon analogue à celui des hommes.

Page 88

1. a. **2.** c. **3.** f. **4.** b. **5.** d. **6.** e.

Page 91

Hémisphère droit : a, b, e ; hémisphère gauche : c, d.

Page 96

A 1. d. **2.** c. **3.** a. **4.** b.

B La protubérance annulaire ; cortex cérébral.

Page 101

1. b. **2.** Les membres d'une famille ont en commun aussi bien l'environnement que les gènes.

Chapitre 3 ■ Les composantes, les structures et les fonctions du système nerveux 101

⊞ RÉSUMÉ

1 La fonction du système nerveux est de recueillir et de traiter l'information, de réagir aux stimuli et de coordonner l'activité des cellules et des organes. Le système nerveux se subdivise en *système nerveux central (SNC)* et en *système nerveux périphérique (SNP)*. Le SNC, formé du cerveau et de la moelle épinière, reçoit, traite, interprète et emmagasine l'information sensorielle; il envoie des messages aux muscles, aux glandes et aux organes. Le SNP échange de l'information avec le SNC au moyen des nerfs sensitifs et des nerfs moteurs.

2 Le SNP se subdivise en *système nerveux somatique* et en *système nerveux autonome*. Le système nerveux somatique est constitué des nerfs connectés aux récepteurs sensoriels et aux muscles squelettiques qui contrôlent le mouvement volontaire. Le système nerveux autonome règle le fonctionnement des vaisseaux sanguins, des glandes et des organes internes.

3 Le système nerveux autonome se subdivise en *système nerveux sympathique* et en *système nerveux parasympathique*. Le premier mobilise le corps en vue de l'action, le second en maintient l'énergie.

4 Le *neurone* constitue l'unité de base du système nerveux. Chaque neurone comprend des *dendrites*, un *corps cellulaire* et un *axone*. Dans le SNP, les axones, et parfois les dendrites, se rassemblent en faisceaux: ce sont les *nerfs*.

5 La *synapse* est la région de contact et de communication des neurones. Quand l'influx nerveux, ou potentiel d'action, atteint l'extrémité de l'axone d'un neurone émetteur, des *neurotransmetteurs* sont libérés dans la fente synaptique. Si ces molécules se lient à des récepteurs membranaires du neurone récepteur, les chances que ce dernier « émette » augmentent ou diminuent.

6 Les axones et les dendrites continuent de croître tout au long de la vie de l'individu, en raison à la fois de la maturation physique et de l'expérience vécue. Les « réseaux » nerveux du cerveau ne sont ni fixes ni immuables: ils changent constamment pour s'adapter à l'information provenant de l'environnement.

7 Les neurotransmetteurs, les endorphines et les hormones sont les messagers chimiques indispensables au bon fonctionnement du système nerveux. Par leurs effets sur les réseaux neuronaux, les *neurotransmetteurs* jouent un rôle essentiel dans l'humeur, la mémoire et le bien-être psychologique. On associe un déficit en neurotransmetteurs à plusieurs affections, comme la maladie d'Alzheimer et la maladie de Parkinson. Les *endorphines* agissent avant tout comme *neuromodulateurs*, elles réduisent la douleur et accroissent le plaisir. Certaines hormones retiennent particulièrement l'attention des psychologues: les hormones des *glandes surrénales*, qui jouent un rôle dans les émotions et le stress; la *mélatonine*, qui règle apparemment divers rythmes biologiques, comme le cycle de la veille et du sommeil; les *hormones sexuelles*, qui assurent les changements physiques survenant à la puberté, le cycle menstruel et l'excitation sexuelle.

8 Le fameux syndrome prémenstruel (SPM) a fait l'objet de nombreuses recherches. Personne ne nie les symptômes physiques associés à la menstruation; par contre, les scientifiques contestent l'existence de symptômes émotionnels. Des études contrôlées ont montré que la relation entre cette phase du cycle menstruel et les symptômes émotionnels est faible ou nulle chez la majorité des femmes. Il n'y a donc aucune base solide pour appuyer l'association des symptômes émotionnels avec le cycle menstruel.

9 Pour étudier le cerveau, les chercheurs ont recours à l'observation de patients atteints de lésions cérébrales, à l'utilisation de la méthode de la lésion sur des animaux et à des techniques telles que l'électroencéphalographie (EEG), la scanographie et l'imagerie par résonance magnétique (IRM). ▶

10 Le *tronc cérébral* régit diverses fonctions automatiques, comme les battements du cœur et la respiration ; la *formation réticulée* filtre l'information entrante et contribue à la fonction de vigilance ; le *cervelet* joue un rôle dans l'équilibre et la coordination des muscles ; le *thalamus* dirige les messages sensoriels vers les centres appropriés ; l'*hypothalamus* intervient dans les émotions et les pulsions essentielles à la survie, il régule le fonctionnement complexe du système nerveux autonome et transmet à l'*hypophyse* des substances chimiques lui indiquant à quel moment elle doit donner des consignes aux autres *glandes endocrines.*

11 Le *système limbique* joue un rôle dans les émotions chez les êtres humains et les animaux ; il comporte des voies nerveuses intervenant dans le plaisir. Ce serait la fonction du *corps amygdaloïde,* qui fait partie de ce système, d'évaluer l'information sensorielle et d'en déterminer rapidement l'importance sur le plan émotionnel, de même que de prendre la décision initiale de rechercher ou d'éviter le contact avec une personne ou une situation. On qualifie parfois l'*hippocampe* de « portail de la mémoire » parce qu'il joue un rôle primordial dans le stockage des souvenirs durables.

12 La plus grande partie des réseaux neuronaux du cerveau s'entassent dans les deux *hémisphères cérébraux,* eux-mêmes recouverts de plusieurs couches minces et denses de cellules formant le *cortex cérébral.* Les lobes occipitaux, pariétaux, temporaux et frontaux du cortex sont spécialisés dans certaines fonctions, mais ces dernières se recoupent partiellement. Les aires associatives du cortex semblent responsables des processus mentaux supérieurs.

13 L'étude de patients au cerveau divisé (dont le *corps calleux* a été sectionné) montre que les deux hémisphères cérébraux se spécialisent dans certaines tâches. Chez la majorité des individus, le traitement du langage se fait principalement dans l'hémisphère gauche, qui semble également spécialisé dans les tâches à caractère logique, symbolique et séquentiel. L'hémisphère droit est responsable des tâches spatiovisuelles, de la reconnaissance des visages et de l'appréciation artistique ou musicale. Toutefois, les deux hémisphères travaillent de concert et de façon importante dans la plupart des activités mentales.

14 La recherche en biologie contribue à la compréhension du sommeil et du rêve. Le sommeil semble essentiel non seulement à la récupération physique, mais aussi au bon fonctionnement du cerveau. Durant le sommeil, des périodes de *sommeil paradoxal* alternent avec des périodes de sommeil lent. Celui-ci comprend quatre stades distincts, associés chacun à un type donné d'ondes cérébrales. C'est durant le sommeil paradoxal que la majorité des rêves ont lieu.

15 D'après la *théorie de l'activation-synthèse,* les rêves résultent du fait que le cortex tente d'attribuer un sens à des émissions spontanées de neurones, déclenchées dans le tronc cérébral. Selon cette théorie, les rêves ne sont pas une manifestation déguisée de désirs inconscients, mais ils sont susceptibles de révéler les conflits et les préoccupations de l'individu.

16 L'unité de base de l'hérédité est le *gène.* Il est formé de longues chaînes d'acide désoxyribonucléique (ADN) portant les codes déterminant la structure des protéines. À leur tour, ces protéines influent directement ou indirectement sur presque toutes les caractéristiques structurales et biochimiques de l'organisme. Chacun de nous est porteur d'une centaine de milliers de gènes situés sur 46 *chromosomes.*

17 Les psychologues ont étudié les différences individuelles qui pourraient avoir une origine génétique. La notion d'*héritabilité* rend compte de la proportion de la variation d'une caractéristique attribuable aux variations génétiques individuelles dans un groupe donné. Il convient d'être très prudent dans l'interprétation des études sur l'héritabilité, car elles comportent plusieurs pièges.

La condition humaine *(1933)* de
René Magritte rappelle la fragilité
de la frontière entre la réalité
et l'illusion et, par le fait même,
les limites de la perception.

CHAPITRE 4

Les sensations
et la perception

À l'âge de 10 mois, S. B. contracta une infection de la cornée qui le rendit aveugle. Son développement fut malgré tout relativement normal et S. B. devint un adulte comme les autres. Il se maria et mena une vie active, tout en rêvant de recouvrer un jour la vue.

À 52 ans, S. B. se fit greffer avec succès de nouvelles cornées. Très rapidement, il put reconnaître des objets familiers et des lettres de l'alphabet. Après quelques jours, il se déplaçait seul dans les corridors de l'hôpital sans avoir à se guider sur les murs. Il pouvait même lire l'heure sur une grosse horloge. Il y avait cependant d'étranges vides dans son monde visuel. En effet, même s'il avait recouvré complètement la vue, il n'arrivait à voir que les objets et les parties d'objets qu'il avait auparavant touchés. Par exemple, S. B. avait dessiné le croquis (voir l'illustration ci-dessous) d'un autobus sans l'avant, qu'il n'avait jamais touché de ses mains. De même, il n'interprétait pas bien les expressions faciales et il ne reconnaissait pas les photographies de paysages. D'une certaine façon, S. B. a continué à vivre partiellement comme un aveugle jusqu'à sa mort, trois ans après l'opération (Gregory et Wallace, 1963).

Bien sûr, ce n'est pas une histoire banale, mais elle n'en comporte pas moins des leçons universelles. Tout comme S. B., nous avons besoin à tout moment de nos sens pour comprendre la réalité physique. Même si notre vision et notre audition sont normales, nous sommes aveugles à la plupart des ondes électromagnétiques et sourds à la plupart des ondes sonores de notre environnement. En outre, malgré le fonctionnement normal de nos sens, nos attentes, fondées sur nos expériences antérieures, nous font parfois regarder sans voir et écouter sans entendre.

Malgré ces limites, nos capacités sensorielles et perceptuelles sont étonnamment complexes et sensibles aux variations environnementales. Dans les pages qui suivent, nous examinerons la façon dont les sens perçoivent l'information du milieu ainsi que la façon dont le cerveau interprète et organise cette information pour en tirer une représentation cohérente du monde. La frontière entre ces deux phénomènes n'est pas facile à tracer avec précision. En effet, ce sont des phénomènes rapides et l'information sensorielle s'organise minimalement avant même que les signaux atteignent le cerveau. Malgré cela, les psychologues désignent le premier phénomène par le terme *sensation* et le second, par le terme *perception*.

La **sensation** englobe, d'une part, les processus de détection des changements physiques dans l'environnement ou dans l'organisme et, d'autre part, les processus de transmission de cette information au système nerveux central. Les cellules qui détectent ces changements sont des *récepteurs sensoriels* situés dans les yeux, les oreilles, la langue, le nez, la peau et

Sensation

Détection par les récepteurs sensoriels des changements physiques survenant dans l'environnement ou dans l'organisme et transmission de cette information au système nerveux central.

les tissus des organes internes. Les mécanismes sensoriels de ces récepteurs nous procurent une connaissance immédiate du son, de la douleur, des formes et des autres composantes de base traduites par la conscience. Ils nous indiquent ce qui arrive, tant à l'intérieur de notre corps que dans l'univers qui s'étend au-delà de la surface de notre peau. En l'absence de sensation, nous perdrions littéralement « contact » avec la réalité.

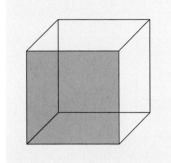

Cependant, la sensation ne suffit pas à rendre compte de la complexité de ce contact. C'est la **perception,** soit l'ensemble des processus d'organisation et d'interprétation des stimulations sensorielles, qui rend possible l'assemblage des informations sensorielles en unités significatives. La perception nous permet de délimiter les objets et de distinguer une image en trois dimensions quand les récepteurs visuels ne transmettent qu'une information bidimensionnelle au cerveau. Observez le croquis du cube ci-contre. Fixez-le un bon moment, et vous verrez son orientation dans l'espace se modifier : la surface ombragée sera tour à tour l'avant du cube et l'arrière. Vos récepteurs visuels situés en arrière de l'œil captent des lignes noires sur un fond jaune, mais comme votre cerveau vous permet d'interpréter l'information sensorielle, vous percevez deux cubes différents. L'ambiguïté ne réside pas dans l'image, mais dans le cerveau de l'observateur.

> **Perception**
> Ensemble des processus par lesquels le cerveau organise et interprète l'information sensorielle.

LES CONCEPTS FONDAMENTAUX DE LA SENSATION

La mesure des sens

Comment peut-on évaluer la sensibilité des sens? La réponse nous est fournie par la **psychophysique,** une branche de la psychologie qui étudie le lien quantitatif entre les propriétés physiques des stimuli et leur perception par l'être humain. Pour étudier la sensation, les spécialistes de la psychophysique s'appuient sur des principes empruntés tant à la physique qu'à la psychologie. Ils ont proposé un certain nombre de concepts pour mieux comprendre le lien entre le monde physique et la perception que nous en avons.

> **Psychophysique**
> Discipline psychologique qui étudie les relations entre les propriétés physiques des stimuli et les perceptions que nous en avons.

LE SEUIL ABSOLU

Le **seuil absolu** correspond à la plus petite quantité d'énergie détectable de façon fiable. Pour déterminer ce seuil, on présente à un sujet des signaux d'intensité progressive jusqu'à ce qu'il en détecte la présence. On fixe alors le seuil absolu à un taux de réussite aux présentations de 50 %. Les études montrent que nos sens sont très aiguisés. Si vous ne souffrez d'aucune déficience sensorielle, vous pouvez apercevoir la flamme d'une bougie jusqu'à 48 km la nuit par beau temps, vous pouvez déceler les effluves d'une goutte de parfum dans un appartement de trois pièces et vous pouvez sentir l'aile d'une abeille tomber sur votre joue d'une hauteur de 1 cm (Galanter, 1962).

> **Seuil absolu**
> La plus petite quantité d'énergie physique qu'une personne peut détecter de façon fiable.

LE SEUIL DIFFÉRENTIEL

On définit le **seuil différentiel** comme la plus petite différence qui permet de distinguer de façon fiable deux stimulations (dans 50 % des essais). Selon la **loi de Weber,** la variation nécessaire à une différence perceptible entre deux stimuli est fonction d'une proportion constante du stimulus original. Par exemple, supposons que vous cherchiez à savoir lequel de deux cailloux est le plus lourd. L'un des cailloux pèse 100 g, mais vous ne pourrez distinguer le second que s'il pèse au moins 2 g de plus, soit une différence de 1/50e. Supposons maintenant que vous vous vouliez différencier deux grosses pierres et que le poids de la première soit 10 kg. Quel devrait être le poids minimal de la seconde pour que vous puissiez percevoir une

> **Seuil différentiel**
> La plus petite différence qui permet de différencier deux stimulations de façon fiable.
>
> **Loi de Weber**
> Loi de la psychophysique qui stipule que le changement nécessaire pour produire la plus petite différence perceptible entre deux stimuli est une proportion constante du stimulus original.

différence? La réponse est 10,2 kg: on ajoute au stimulus original 1/50e de son poids. Dans les deux cas, c'est la constante qui permet d'établir le seuil différentiel. La loi de Weber stipule que la variation de proportion, ou constante, diffère pour chacune des modalités sensorielles. Par exemple, pour distinguer une variation entre deux stimulations sonores, la proportion constante du stimulus original à modifier est de l'ordre de 1/10e.

Dans la vie de tous les jours, nous ne sommes pas toujours en mesure de faire la différence entre deux stimuli. Il y a plusieurs années, des étudiants universitaires américains ont vérifié la capacité des individus à distinguer deux sortes de boissons gazeuses très populaires. Leur recherche a montré que la plupart des sujets avaient de la difficulté à y arriver (Solomon, 1979). Les étudiants en ont tiré la conclusion que la différence entre ces boissons gazeuses se situait sous le seuil différentiel des sujets.

L'habituation sensorielle

Nos sens sont conçus pour répondre aux contrastes de l'environnement; c'est pourquoi le maintien de la sensation exige des stimulations variées. Si une stimulation est stable ou répétitive, la sensation diminue ou disparaît – soit les récepteurs sensoriels s'épuisent, soit les neurones spécialisés du cerveau cessent de répondre. Ce déclin de la réponse des sens est l'**habituation sensorielle.** Ce phénomène se produit lorsqu'on ne sent plus sa montre sur son poignet ou qu'on ne distingue plus l'odeur étrange qu'on avait sentie en rentrant à la maison.

On ne s'habitue jamais complètement aux stimulations intenses: pensez à un mal de dent lancinant, à l'odeur piquante de l'ammoniac ou aux 20 °C au-dessous de zéro en janvier. Qu'arriverait-il, en fait, si nous nous adaptions complètement à la plupart des stimuli de notre environnement? C'est sur cette question que s'est penché Heron (1957) dans sa recherche sur la **privation sensorielle** menée à l'Université McGill. Les participants volontaires de cette recherche devaient s'allonger et demeurer immobiles dans une pièce insonorisée. Ils ne se levaient que pour boire et manger ou aller aux toilettes. Ils étaient privés de la plupart des stimulations normales: leurs yeux étaient couverts d'une visière translucide; ils portaient des gants et des cylindres de carton entouraient leurs bras, de façon à réduire le toucher; l'audition était limitée par un oreiller en forme de U et le ronronnement constant d'un climatiseur. La plupart des sujets ont signalé la perte d'équilibre, la désorientation, la confusion et même des hallucinations.

Les résultats de cette étude ont évidemment fait les gros titres des journaux: beaucoup en ont déduit que la privation sensorielle était dangereuse. Pour Suedfeld (1975), une telle conclusion est cependant erronée. En effet, plusieurs recherches subséquentes ont montré que la privation sensorielle non seulement ne provoque pas nécessairement des hallucinations, mais qu'elle peut améliorer les performances perceptuelles et intellectuelles. Les conséquences de la privation sensorielle sont probablement associées aux attentes et à l'interprétation du sujet. Cette privation peut être atroce pour une personne enfermée indéfiniment, mais fort agréable pour une autre qui a payé pour passer un moment dans un environnement dépourvu de stimulations sensorielles. Il semble toutefois clair que le cerveau humain a besoin d'un minimum de stimulations pour fonctionner normalement au quotidien.

> **Habituation sensorielle**
> Diminution ou disparition de la réponse sensorielle qui survient lorsque la stimulation est inchangée ou répétitive.

> **Privation sensorielle**
> Absence de stimulations sensorielles minimales.

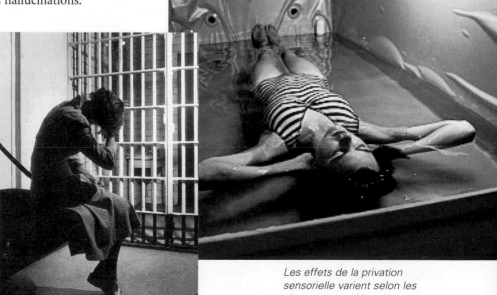

Les effets de la privation sensorielle varient selon les circonstances. Une détente d'une heure dans un bain flottant n'est pas tout à fait la même expérience que l'emprisonnement à vie.

LE RITALIN ET LE TRAITEMENT DU TROUBLE DÉFICITAIRE DE L'ATTENTION AVEC HYPERACTIVITÉ

Tout enseignant du primaire le moindrement expérimenté a certainement déjà eu l'occasion de noter des observations comme les suivantes à propos d'un élève: «Agite souvent les pieds et les mains», «Se tortille sur sa chaise», «Parle souvent et beaucoup», «Se laisse facilement distraire par des stimuli anodins», «Ne semble pas écouter quand on lui parle», etc. Ce sont des comportements fréquemment observés et répertoriés dans le *Manuel diagnostique des troubles mentaux* (American Psychiatric Association, 2000a), qu'on appelle communément le *DSM-IV*; en effet, ces comportements sont parfois associés à un trouble psychologique, le trouble déficitaire de l'attention avec hyperactivité (TDAH). Cette appellation désigne une grande variété de comportements dont les trois principales caractéristiques sont l'inattention, l'impulsivité et l'hyperactivité. Les élèves atteints du TDAH sont agités et distraits, ils ne respectent pas les règles, ils dérangent les autres et éprouvent des difficultés d'apprentissage.

La proportion exacte d'enfants d'âge scolaire aux prises avec le TDAH n'a pas été établie; néanmoins, les chercheurs nord-américains la situent entre 3 et 7%, dont une nette majorité de garçons (Barkley, 1990; Root et Resnick, 2003). On a pu en déterminer certaines causes: les dommages cérébraux dus à une lésion, un retard de maturation du système nerveux, une carence en dopamine (un neurotransmetteur) et des facteurs génétiques. Jusqu'à présent, les recherches ont surtout mis en évidence la concomitance de facteurs (Dubé, 1992; Carlson, 2007).

Dans les faits, le diagnostic du TDAH n'est pas facile à poser: les critères de définition ont évolué au fil des ans et aucun test spécifique unique, psychologique ou médical, ne permet d'établir le diagnostic. Idéalement, l'enfant agité et distrait devrait être suivi par un psychologue qui évaluerait d'abord pendant quelques mois ses capacités cognitives, ses stratégies d'apprentissage, ses relations avec les adultes, etc.; ce n'est qu'après une telle évaluation qu'on peut recourir à un traitement médicamenteux. Malheureusement, on procède rarement de cette façon. Les parents alertés par l'enseignant ou la direction de l'école sont plutôt invités à consulter un médecin qui, à partir des critères répertoriés dans le *DSM-IV*, diagnostiquera ou non le TDAH et, s'il y a lieu, conseillera la prise d'un médicament.

Le médicament le plus fréquent est le méthylphénidate (Ritalin); contrairement à la croyance populaire, il ne s'agit pas d'un calmant, mais bien d'un stimulant. On observe une amélioration comportementale à court terme chez la majorité des enfants qui en prennent. Plus précisément, ce médicament améliore l'attention, la concentration et la mémoire à court terme (Solanto et Wender, 1989). Le méthylphénidate n'entraîne pas de dépendance physique et le suivi médical permet habituellement d'en limiter les effets secondaires.

Malgré son efficacité apparente, l'usage du Ritalin chez les enfants d'âge scolaire fait l'objet d'une controverse. Certains dénoncent le recours abusif à ce médicament, d'autres en vantent l'utilité. En fait, ce que les intervenants devraient évaluer, c'est le rôle même du Ritalin dans le traitement du TDAH. Il ne s'agit pas d'un médicament miracle: le Ritalin n'est pas efficace chez tous les enfants et il ne compense pas les carences cognitives ou comportementales. De plus, la majorité des élèves en traitement continuent à présenter des comportements inadaptés (Desrosiers et Royer, 1995). Le Ritalin s'avère toutefois indispensable pour certains enfants dont il améliore l'attention et la concentration, ce qui laisse quand même la porte ouverte à d'autres types d'interventions visant à renforcer les capacités cognitives et l'apprentissage de comportements adaptés. On peut donc considérer le Ritalin comme un traitement d'appoint temporaire, qui aide l'enfant à développer les capacités et les habiletés qui l'aideront à s'adapter au milieu scolaire.

En 1957, James Vicary, cadre dans une entreprise de relations publiques, causa tout un émoi en affirmant avoir mis au point une nouvelle technique de vente qui lui permettait d'influer sur les comportements des consommateurs à leur insu.

La technique consistait à intercaler des messages publicitaires entre les images d'un film. On présentait des messages comme « Buvez Coca-Cola » ou « Mangez du maïs soufflé » si rapidement à l'écran que les spectateurs n'en étaient pas conscients. Vicary n'a jamais fourni de chiffres sur l'efficacité de la technique, mais il affirmait que les spectateurs se ruaient vers les comptoirs de restauration. Les critiques fusèrent de toute part pour condamner cette odieuse mainmise sur les esprits et pour formuler les craintes les plus folles à l'égard du contrôle des masses par les chefs d'État et les entreprises. Le tollé prit fin lorsqu'on révéla qu'il s'agissait d'un canular, et que Vicary n'avait effectué aucune étude scientifique sur le sujet (Rogers, 1992-1993).

Depuis, de nombreuses recherches donnent à penser que des stimuli subliminaux (trop brefs ou trop faibles pour être perçus consciemment) peuvent être traités dans une certaine mesure par l'individu sur un plan non conscient. Par exemple, Dimberg, Thunberg et Elmehed (2000) ont d'abord exposé des sujets à l'image subliminale d'un visage soit joyeux, soit colérique ; puis, on leur a présenté l'image d'un visage tout à fait neutre. Les chercheurs ont observé que les sujets adoptaient eux-mêmes, sans s'en rendre compte, une expression faciale correspondant à l'image subliminale qu'on leur avait montrée. Il s'agit de *perception subliminale,* un phénomène qu'on connaît et qu'on étudie depuis de nombreuses années.

Pouvons-nous en conclure que la *perception* subliminale peut mener à la *persuasion* subliminale ? De tels stimuli permettent-ils d'influer de façon significative sur les décisions d'un individu dans la vie de tous les jours, comme celles qui sont liées à l'achat d'un produit de consommation ? Certains chercheurs disent qu'une telle influence est extrêmement faible ou carrément inexistante (Moore, 1991). D'autres soutiennent qu'elle est réelle mais modeste, et seulement si les sujets sont déjà motivés à faire un geste (Strahan, Spencer et Zanna, 2002).

La croyance dans l'influence puissante des communications subliminales sur les individus est néanmoins largement répandue dans la population. Ainsi, les parents d'un adolescent ont intenté un procès au groupe rock Judas Priest parce que leur fils se serait suicidé après avoir écouté une de ses chansons comportant le message subliminal « Fais-le » enregistré à l'envers. Les psychologues appelés à témoigner par la défense ont montré que ce type de message n'était pas traité comme un élément du discours et qu'il ne pouvait donc pas influer sur les attitudes et le comportement d'un individu (Begg *et al.*, 1993 ; Vokey et Read, 1985).

Dans le même ordre d'idées, on trouve sur le marché des enregistrements subliminaux, censés aider à cesser de fumer, à perdre du poids, à apprendre une langue étrangère durant le sommeil, etc. Ces enregistrements sont-ils efficaces ? Les conclusions de plusieurs recherches mettent en doute les promesses des producteurs ; les gens ne peuvent en effet pas distinguer entre un enregistrement contenant ce qu'on appelle des *messages subliminaux* et un enregistrement normal (Eich et Hyman, 1992 ; Merikle et Skanes, 1992 ; Moore, 1995). Au cours d'une étude, Greenwald et ses collaborateurs (1991) ont réparti les sujets en deux groupes : dans le premier, les enregistrements subliminaux devaient permettre d'améliorer la mémoire ; dans le second, ils portaient sur l'amélioration de l'estime de soi. Au préalable, les chercheurs avaient pris soin d'intervertir une partie des étiquettes d'identification des cassettes. Ainsi, il se pouvait qu'un sujet écoute ce qui était indiqué sur l'étiquette ou non. Au bout d'un mois, la moitié des sujets ont fait part d'une amélioration de leurs habiletés dans le domaine… indiqué sur l'étiquette de la cassette, sans égard à son contenu réel. Il s'agit là d'un exemple éloquent de l'effet placebo !

Depuis de nombreuses années, on étudie la perception subliminale, qu'on peut définir comme la capacité de détecter un signal au-dessous du seuil de perception avec une acuité plus grande que ce qui peut être attribué au hasard. Or, les études scientifiques sérieuses montrent que ce type de perception n'a pas d'influence, ou fort peu, sur l'individu. Les agences de publicité ont donc intérêt à concevoir des messages que les consommateurs peuvent percevoir.

La surcharge d'information

Si la privation d'information peut être nuisible, une trop grande quantité d'information l'est tout autant. Une stimulation excessive peut mener à la fatigue ou à la confusion mentale. Si vous vous êtes déjà senti épuisé et nerveux à la fin d'une journée interminable, avec l'impression de ne pas arriver à accomplir toutes vos tâches dans les délais requis, vous avez une bonne idée de ce que représente la surcharge d'information. En présence de stimulations trop nombreuses, nous réagissons souvent en concentrant notre attention sur ce qui est réellement important ou utile : il s'agit de l'**attention sélective.** En fait, le cerveau n'interprète pas toutes les informations captées par les récepteurs sensoriels ; il accorde en quelque sorte la priorité à certaines. Les psychologues parlent souvent de ce phénomène comme de l'effet de «cocktail party» : dans une pièce bondée, une personne se concentre sur une seule conversation, en faisant abstraction des rires, de la musique tonitruante, de la fumée des cigarettes, etc. Toutes ces stimulations sont effectivement captées par les récepteurs sensoriels, mais la plupart ne sont traitées que superficiellement par le cerveau ; par contre, toute information importante attire instantanément votre attention (par exemple, vous entendez quelqu'un prononcer votre nom à quelques mètres de vous). Cette capacité d'attention sélective nous protège contre le flot de l'information qui assaille nos sens.

L'étude des principaux concepts liés aux sensations montre la grande adaptation des sens aux exigences de l'environnement. Les informations retenues par les sens subissent une série de processus qui mènent à la perception. Pour décrire ces processus, examinons en détail le sens de la vision, car c'est celui par lequel circule la plus grande partie des informations extérieures.

Attention sélective
Concentration de l'attention sur certains aspects de l'information et blocage des autres informations.

Comment pourrions-nous suivre une conversation dans un environnement bruyant si nous n'avions pas la capacité d'attention sélective ?

LA VISION

Nous voyons grâce à la lumière visible qui provient soit du soleil, soit des autres astres, soit de sources artificielles, comme les ampoules et les lampes fluorescentes ou halogènes. La lumière voyage sous forme d'ondes dont les caractéristiques sont associées à différentes dimensions psychologiques qui rendent compte de notre perception visuelle. La figure 4.1 illustre le spectre électromagnétique. Ainsi, la variation de la longueur d'onde est liée à la perception des couleurs et de leurs tons, alors que la quantité de lumière émise ou réfléchie par un objet détermine la clarté des couleurs perçues. La longueur d'onde constitue une propriété physique de la lumière, tandis que la couleur et son intensité correspondent à une dimension psychologique de l'expérience visuelle.

La lumière pénètre dans le système visuel par l'œil. Pour mieux comprendre le contenu de cette section, examinez la figure 4.2. La partie antérieure de l'œil est recouverte par la cornée. Cette membrane protège le globe oculaire des poussières et autres substances irritantes ; elle permet aussi d'orienter les rayons de lumière vers le cristallin. Utilisons une analogie. Pour faire la mise au point de la lentille d'un appareil photo, nous l'approchons ou nous l'éloignons de la source lumineuse. Pour l'œil, c'est le cristallin qui modifie sa courbure pour permettre l'accommodation, c'est-à-dire la formation sur la **rétine** de l'image des objets selon leur distance. La rétine tapisse le fond de l'œil ; c'est le site des récepteurs visuels qui transmettent les stimulations au cerveau par l'entremise du nerf optique. L'image projetée sur la rétine est inversée, mais le cerveau la perçoit correctement. La quantité de lumière qui pénètre dans l'œil est régie par l'iris, une membrane qui détermine la couleur des yeux : brun, bleu, vert, gris. L'iris recouvre la pupille, l'ouverture qui laisse entrer la lumière et qui a la propriété de se dilater et de se contracter. Ainsi, lorsqu'on éteint les lumières avant la présentation d'un film dans un cinéma, l'iris se relâche pour permettre à la pupille de se dilater et de laisser entrer davantage de lumière. À l'inverse, lorsqu'on rallume les lumières à la fin du film, l'iris se contracte pour réduire l'ouverture de la pupille et la quantité de lumière qui pénètre à l'intérieur de l'œil.

Rétine
Mince couche de cellules qui tapisse le fond de l'œil et contient les récepteurs de la vision.

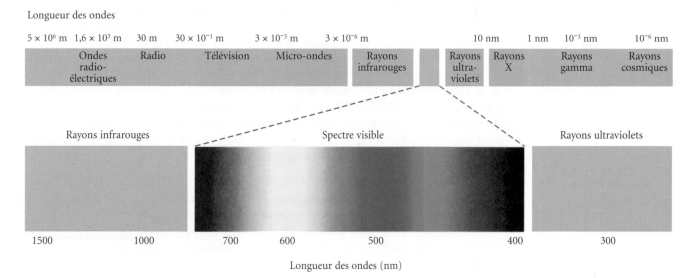

Spectre électromagnétique

Longueur des ondes

| 5×10^6 m | $1,6 \times 10^3$ m | 30 m | 30×10^{-1} m | 3×10^{-3} m | 3×10^{-6} m | | 10 nm | 1 nm | 10^{-3} nm | 10^{-6} nm |

| Ondes radio-électriques | Radio | Télévision | Micro-ondes | Rayons infrarouges | | Rayons ultra-violets | Rayons X | Rayons gamma | Rayons cosmiques |

Rayons infrarouges   Spectre visible   Rayons ultraviolets

1500   1000   700   600   500   400   300

Longueur des ondes (nm)

FIGURE 4.1 **Les composantes visibles du spectre électromagnétique**

Le système visuel de l'être humain ne distingue qu'une petite partie de l'énergie électromagnétique environnante.

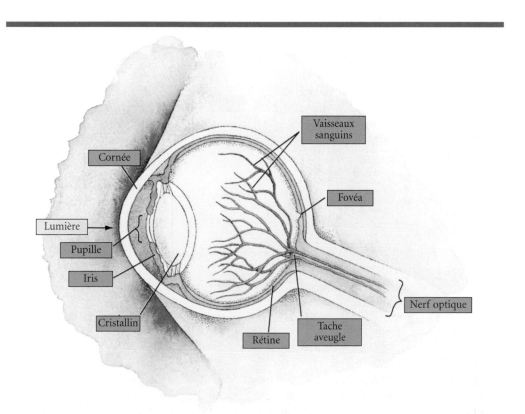

FIGURE 4.2 **La structure générale de l'œil**

La lumière passe par la pupille pour être infléchie par le cristallin qui la projette sur la rétine, située au fond de l'œil. La vision la plus nette se situe sur la fovéa.

La rétine humaine comporte deux principaux types de récepteurs visuels : les cônes et les bâtonnets. Les **cônes,** au nombre de sept à huit millions, sont sensibles aux variations des longueurs d'onde et permettent de percevoir les couleurs. Ils ont besoin d'une plus grande quantité de lumière que les bâtonnets pour réagir, d'où la difficulté à distinguer les couleurs lorsque l'éclairage est faible. Le centre de la rétine, la fovéa, est l'endroit où la vision est la plus claire. C'est sur cette partie de la rétine, qui ne contient que des cônes, que sont projetés les objets vers lesquels nos yeux convergent. En fait, les cônes sont surtout concentrés au milieu de la rétine et presque totalement absents à la périphérie. Les **bâtonnets,** au nombre de 120 à 125 millions, sont plus sensibles à la lumière que les cônes ; ce sont eux qui nous permettent de voir lorsque la lumière est faible. Ils se retrouvent surtout à la périphérie de la rétine. Ce sont eux qui rendent possible la vision latérale. C'est pourquoi on peut apercevoir une étoile du coin de l'œil et ne plus la voir en faisant le point sur elle.

Les cônes et les bâtonnets sont reliés par des synapses à des cellules bipolaires, lesquelles communiquent avec des **cellules ganglionnaires** (voir la figure 4.3). Chaque cône communique habituellement avec une cellule ganglionnaire par l'intermédiaire d'une cellule bipolaire, alors que de nombreux bâtonnets utilisent une même cellule ganglionnaire. Les axones des cellules ganglionnaires se rassemblent pour former le nerf optique qui relaie l'information au cerveau. Ni cônes ni bâtonnets ne se trouvent à la sortie du nerf optique : cette zone est appelée **tache aveugle.** L'exercice présenté à la figure 4.4 vous aidera à localiser votre tache aveugle.

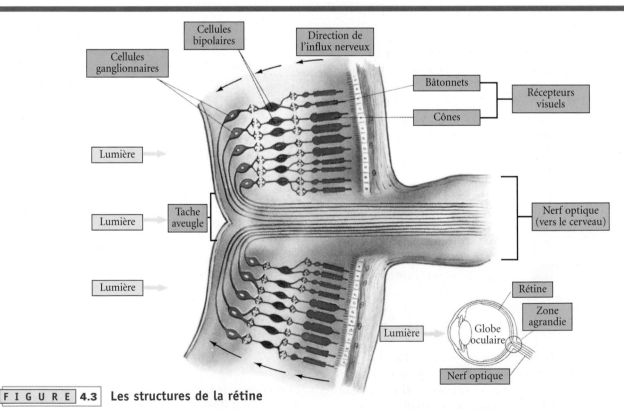

FIGURE 4.3 **Les structures de la rétine**

Pour des raisons de clarté, la taille des cellules n'est pas à l'échelle.
Avant d'atteindre les cônes et les bâtonnets, la lumière doit passer par des cellules bipolaires et des cellules ganglionnaires ainsi que par des vaisseaux sanguins.

FIGURE	4.4	À quelle distance se trouve votre tache aveugle?

Afin de situer la tache aveugle de votre œil gauche, fermez l'œil droit. En fixant le magicien, rapprochez et éloignez le manuel. Le lapin (tout comme le chapeau!) devrait disparaître lorsque le manuel se trouvera entre 20 et 30 cm de votre œil.

La perception de la couleur

Depuis des siècles, les scientifiques cherchent à comprendre comment le cerveau perçoit les couleurs. Deux courants dominent: la théorie trichromatique et la théorie des processus antagonistes. Chacune s'appuie sur des travaux de recherche et permet d'expliquer en partie le traitement de l'information visuelle qui aboutit à la perception des couleurs.

La **théorie trichromatique** rend compte du premier niveau de traitement, qui se produit sur la rétine. Cette théorie postule que chacun des trois types de cônes est sensible à un éventail de longueurs d'onde correspondant respectivement au bleu, au rouge et au vert. Les centaines de couleurs que nous percevons résultent de l'activité combinée de ces trois types de cônes.

La **théorie des processus antagonistes** s'applique à la seconde étape du traitement de l'information visuelle, qui se produit dans les cellules bipolaires et ganglionnaires de la rétine ainsi que dans certains neurones du thalamus. Ces cellules réagissent à certaines longueurs d'onde et sont inhibées par d'autres (DeValois, 1960; DeValois et DeValois, 1975; Hurvich et Jameson, 1974). Certaines cellules réagissent de façon opposée au rouge et au vert: elles s'activent en réponse à l'une de ces couleurs et sont inhibées par l'autre. Le même phénomène se produit pour le bleu et le jaune ainsi que pour le noir et le blanc. Il en résulte un code de couleur composé de variations de l'influx nerveux transmis aux centres supérieurs de traitement de l'information visuelle.

Théorie trichromatique

Théorie de la perception de la couleur qui postule l'existence de trois types de cônes qui sont sensibles à différentes longueurs d'onde et dont l'interaction serait à l'origine des variations de couleur.

Théorie des processus antagonistes

Théorie de la perception de la couleur qui postule que le système visuel réagit de façon opposée à certaines paires de couleurs et à la présence du noir et du blanc.

Qu'avez-vous appris?

RÉPONSES, p. 124

Malgré la surcharge d'information possible, répondez aux questions suivantes.

1. Même par beau temps, nous ne pouvons pas voir certaines étoiles à l'œil nu parce qu'elles sont au-dessous de notre _____.

2. Vous plongez dans l'eau froide d'un lac et, quelques minutes plus tard, vous ne la trouvez plus froide. Ce phénomène s'appelle _____.

3. Vous êtes confiné dans un lit d'hôpital, sans compagnon de chambre, sans télévision ni radio. Vous vous sentez tendu et désorienté. Vous souffrez peut-être de _____.

4. Vous êtes serveur dans un restaurant. Durant votre pause, vous reprenez la lecture d'un roman passionnant. Vous êtes tellement absorbé par l'intrigue que vous n'entendez ni le tintement des assiettes ni les ordres lancés par les cuisiniers. Ce phénomène s'appelle _____.

5. Catherine doit juger si deux tiges de métal sont de la même longueur. Elle arrive à détecter une différence seulement lorsque la seconde tige mesure au moins 11 mm, alors que la première mesure 10 mm. On lui demande ensuite de comparer deux autres tiges dont la première mesure 20 mm. Selon la loi de Weber, quelle devrait être la longueur de la seconde tige pour que Catherine arrive à les différencier?

La théorie des processus antagonistes permet d'expliquer un phénomène surprenant, l'image consécutive (ou rémanente): lorsqu'on fixe un objet d'une couleur donnée pendant un certain temps et qu'on pose ensuite le regard ailleurs, on continue à voir cet objet, mais dans sa couleur complémentaire (voir la figure 4.5). Ce phénomène s'expliquerait par le fait que les cellules inhibées par une couleur donnée disposeraient d'un surcroît d'énergie lorsque cette couleur disparaît, ce qui provoquerait leur activation, même si la couleur qui les déclenche habituellement est absente du champ visuel. Ainsi, le retrait du vert et du jaune lorsque vous détournez le regard de la figure 4.5 provoque l'activation des cellules sensibles à la présence du rouge et du bleu.

Malheureusement, ces deux théories ne fournissent pas une explication complète de la vision des couleurs. Edwin Land (1959), l'inventeur de l'appareil photo Polaroïd, a montré que la couleur qu'on perçoit d'un objet dépend de la réflexion de la lumière sur l'ensemble des objets qui l'entourent. Par exemple, on ne peut voir le rouge intense que si l'entourage réfléchit les longueurs d'onde correspondant au vert et au bleu. Land a élaboré des règles précises qui permettent de prédire exactement comment un objet apparaîtra en fonction des ondes réfléchies par les objets qui l'entourent. Jusqu'à présent, les chercheurs ne sont pas parvenus à expliquer exactement comment le cerveau applique ces règles.

FIGURE 4.5 **Le cœur changeant**

Pour obtenir une image consécutive, fixez le point noir central pendant au moins 20 secondes. Puis, dirigez votre regard sur une surface blanche (une feuille, un mur, etc.). Vous devriez «voir» l'image d'un cœur rouge bordé de bleu.

Notons enfin que le trouble de la vision des couleurs le plus répandu est le daltonisme, mot formé à partir de *Dalton*, le nom du chimiste et physicien qui a été le premier à décrire le phénomène. Les daltoniens sont incapables de distinguer le rouge du vert et le monde leur apparaît en variations de teintes de bleu, de jaune, de brun et de gris. La transmission de cette anomalie héréditaire étant liée au sexe, ce sont presque toujours les hommes qui en sont atteints (Sekuler et Blake, 1994). La cécité totale aux couleurs est habituellement le résultat d'une anomalie génétique fort rare qui empêche le développement des cônes ou en limite le fonctionnement. Le monde visuel se borne alors au blanc, au noir et à des nuances de gris.

La perception visuelle

Nous ne voyons pas vraiment l'image projetée sur la rétine; elle ne constitue en fait qu'une matière première que le cerveau utilise pour construire une représentation de l'environnement. Le processus de la perception consiste à combiner, à tout moment, l'ensemble des signaux provenant des sens de façon à produire une représentation cohérente du monde qui nous entoure (voir la figure 4.6).

LA PERCEPTION DE LA FORME

Les psychologues gestaltistes*ont été parmi les premiers à étudier la façon dont les individus divisent le monde en unités significatives. Le substantif allemand *gestalt* signifie «forme» ou «configuration». C'est pourquoi on parle de théorie de la forme (ou gestaltisme) quand on

---

* Compte tenu de leurs travaux sur l'organisation perceptive, on présente souvent les gestaltistes comme les pionniers de la perspective cognitive. Nous intégrons leurs travaux dans cette section parce qu'ils constituent un complément essentiel à la présentation des notions de base sur la vision.

parle d'école gestaltiste. Le principe général de cette théorie est que le tout est plus grand que la somme de ses parties, ce qui signifie que l'observation d'un objet en fait ressortir des propriétés de configuration d'ensemble qui n'appartiennent à aucune des composantes individuelles. Par exemple, lorsque vous regardez un film, le mouvement que vous percevez n'est pas dans le film lui-même, qui consiste en une série d'images statiques habituellement projetées à la vitesse de 24 images par seconde.

Les gestaltistes ont énoncé un certain nombre de principes, appelés parfois *lois de la gestalt* et utiles à la compréhension de l'organisation perceptive. Par exemple, lorsque nous percevons une forme (ou figure) qui émerge d'un ensemble d'éléments constituant alors un arrière-plan diffus, nous effectuons une première organisation de l'information sensorielle, la *distinction figure-fond* (voir la figure 4.7). Ainsi, quand vous entrez dans une salle de classe où des élèves étudient, vous voyez des personnes qui se détachent sur un fond composé de pupitres et de murs. Toutefois, votre perception serait sûrement différente si vous étiez mandaté pour inspecter les murs de cette pièce. Certains stimuli sont plus susceptibles d'être perçus comme des figures, que ce soit en raison de leur intensité (tel le flash d'un appareil photo), de leur taille (tel un géant au milieu d'une foule), de leur particularité (telle une personne vêtue de blanc dans un groupe de personnes vêtues de rouge) ou encore de leur mouvement (telle une étoile filante dans le ciel). En fait, il est difficile de ne pas noter un changement soudain ou un contraste dans l'environnement, parce que notre cerveau est conçu pour y réagir. Heureusement, notre capacité d'attention sélective nous permet de distinguer ce que nous percevons comme figure ou comme fond.

Examinons quelques lois de la gestalt qui expliquent notre façon de regrouper certains éléments perceptuels en unités significatives.

1 LA PROXIMITÉ. Nous avons tendance à percevoir les éléments les plus rapprochés comme s'ils étaient regroupés. Ainsi, en regardant l'illustration ci-dessous, vous percevez 3 groupes de 4 points et non 12 points. De même, lorsque vous observez les élèves dans le corridor pendant la pause, ceux qui sont plus rapprochés les uns des autres vous semblent former des sous-groupes distincts.

2 LA FERMETURE. Le cerveau a tendance à combler les vides dans l'information afin de percevoir des formes ou des séquences d'actions complètes, ce qui est très utile pour décoder des images imparfaites ou une suite incomplète d'événements. Ainsi, vous percevez facilement dans l'illustration ci-dessous un triangle, un visage et la lettre « e », même si aucune de ces formes n'est complète. De même, le réalisateur d'un film n'a pas besoin de montrer à l'écran des séquences particulièrement violentes pour faire comprendre au spectateur que la scène est un meurtre.

FIGURE 4.6 La perception donne du sens

La perception consiste à donner un sens aux stimulations. Par exemple, vous percevez probablement autre chose qu'un ensemble de taches noires et blanches dispersées sur cette image. Sinon, éloignez le manuel de vos yeux et regardez à nouveau.

FIGURE 4.7 La distinction figure-fond

On peut percevoir cette photographie de deux façons, selon la figure ou le fond. Voyez-vous un vase ou deux personnes (têtes et épaules) face à face?

3 **LA SIMILARITÉ.** Nous avons tendance à percevoir les éléments qui partagent des caractéristiques (par exemple, la couleur, la forme, la taille) comme s'ils étaient regroupés. Ainsi, dans l'illustration ci-dessous, vous voyez à gauche un « X » formé par les cercles et à droite des lignes horizontales plutôt que verticales. Si vous apercevez quelques adolescents dans une gare remplie de personnes âgées, vous en conclurez qu'ils font partie du même groupe.

4 **LA CONTINUITÉ.** Nous avons tendance à percevoir les lignes et les formes comme si elles se prolongeaient dans le temps ou dans l'espace. Ci-dessous, vous percevez la figure de gauche comme une ligne droite couverte en partie par un cercle plutôt que comme deux lignes indépendantes touchant un cercle. À droite, vous voyez deux lignes, une courbe et une droite, plutôt que deux lignes droites et deux lignes courbes. L'ornithologue en tenue de camouflage peut s'approcher très près d'un oiseau parce qu'il s'intègre dans la continuité du paysage et qu'il devient ainsi pratiquement invisible.

Ces principes d'organisation perceptive nous facilitent la vie, mais les fabricants des objets que nous utilisons dans la vie courante ne les mettent pas toujours en pratique. Avez-vous déjà eu des difficultés à faire fonctionner pour la première fois un micro-ondes ou une chaîne stéréo ? En fait, on conçoit de nombreux produits manufacturés d'utilisation courante sans tenir compte des principes d'organisation perceptive (Bjork, 2000 ; Norman, 1988). C'est une source certaine de problèmes lorsqu'on sait qu'un individu adulte peut être amené à distinguer près de 30 000 objets différents au cours de sa vie (Biederman, 1987). Tout objet bien conçu comporte une série d'indices visuels permettant à l'utilisateur d'en reconnaître rapidement les fonctions. Par exemple, les commandes d'un magnétoscope devraient varier en couleur, en forme et en texture pour qu'on puisse bien les distinguer en tant que « figures ».

LA PERCEPTION DE LA PROFONDEUR

Indices binoculaires

Indices visuels de profondeur qui requièrent l'utilisation des deux yeux.

Convergence binoculaire

Indice de profondeur provenant de l'information des muscles qui contrôlent le mouvement des yeux.

Disparité rétinienne

Indice de profondeur lié à la légère différence de perception entre l'œil gauche et l'œil droit.

Puisque l'information visuelle ne précise pas directement la distance des objets, il faut utiliser certains indices pour en estimer la profondeur. Pour y parvenir, nous devons compter en partie sur les **indices binoculaires,** qui requièrent la participation des deux yeux. L'un de ces indices est la **convergence binoculaire.** Les yeux sont situés à environ six centimètres l'un de l'autre et leur angle de convergence varie en fonction de l'éloignement de l'objet observé : de moins en moins aigu au fur et à mesure que l'objet se rapproche. L'information musculaire sur le mouvement des yeux prévient ici le sujet de la variation de profondeur. La **disparité rétinienne** est un autre indice binoculaire de profondeur : les deux yeux reçoivent une image légèrement différente de l'objet regardé ; cette disparité croît en fonction de la distance. Le cerveau utilise spontanément cette information sur un plan non conscient pour déduire la profondeur et calculer la distance. Le cinéma en trois dimensions utilise ce procédé pour intensifier la perception de la profondeur. D'abord, on filme à l'aide de deux caméras légèrement décalées afin de simuler la vision binoculaire. Ensuite, on projette les deux enregistrements sur l'écran et les spectateurs portent des lunettes leur permettant de capter ces deux versions légèrement différentes, ce qui crée une illusion de profondeur très nette.

D'autres indices permettent de percevoir la profondeur sans qu'il soit nécessaire d'avoir recours aux deux yeux: ce sont les **indices monoculaires.** Ils sont très utiles aux artistes des médias visuels pour simuler la profondeur (voir la figure 4.8).

Indices monoculaires
Indices visuels de profondeur accessibles par l'utilisation d'un seul œil.

(a)

(b)

(c)

(d)

(e)

(f)

FIGURE 4.8 **Les indices monoculaires**

(a) Le recouvrement. (b) La parallaxe de mouvement. (c) L'ombre et la lumière. (d) La grandeur relative. (e) Le gradient de texture. (f) La perspective linéaire.

1 **LE RECOUVREMENT.** Un objet qui en masque partiellement un autre se trouve forcément devant ce dernier : l'observateur le perçoit donc comme plus proche de lui que l'objet caché. Par exemple, une montgolfière qui en cache partiellement une autre est perçue comme plus proche.

2 **LA PARALLAXE DE MOUVEMENT.** Lorsqu'un observateur se déplace, les objets les plus éloignés de lui semblent se déplacer moins rapidement que les objets plus proches. Par exemple, si vous balayez lentement de votre regard la salle de classe, vous constaterez que les objets sur votre pupitre et les personnes près de vous semblent se déplacer plus rapidement dans le sens inverse de votre regard que les objets et les personnes à l'extrémité de la pièce.

3 **L'OMBRE ET LA LUMIÈRE.** Plus un objet est éclairé, plus il semble rapproché. Par ailleurs, l'ombre qui recouvre une surface donnée indique que l'objet qui la projette est situé à une certaine distance en fonction de la source de lumière.

4 **LA GRANDEUR RELATIVE.** En règle générale, plus la projection d'un objet sur la rétine est petite, plus l'objet semble éloigné. Dans un film d'animation, on réduit la taille des objets pour simuler leur éloignement et, inversement, on les agrandit pour simuler leur rapprochement. Par ailleurs, la familiarité de l'objet ou de la personne observés nous informe aussi sur leur distance approximative. La vue d'un ami tout petit à l'horizon nous indique qu'il est très loin, alors que s'il occupe tout le champ visuel, il est nécessairement très proche.

5 **LE GRADIENT DE TEXTURE.** Plus un objet s'éloigne, plus sa surface apparaît uniforme et dense. À l'opposé, plus un objet se rapproche, plus les détails de sa surface apparaissent. En faisant varier le gradient de texture des différentes parties d'un même objet, un artiste peut donner une très grande impression de profondeur.

6 **LA PERSPECTIVE LINÉAIRE.** Des lignes parallèles qui convergent vers un point de fuite sont l'un des indices de profondeur les plus utilisés par les artistes. Plus la convergence est forte, plus grande est l'impression de profondeur.

LES CONSTANCES VISUELLES

Lorsque nous nous déplaçons, la distance entre nous et les objets immobiles se modifie. Il en va de même de l'angle d'observation et des conditions d'éclairage. Pourtant, notre perception des objets demeure stable. Par exemple, lorsqu'un ami penche la tête vers vous, une partie de son corps occupe alors une plus grande partie de votre rétine, sans que vous ayez une perception déformée de son visage. Cette capacité à percevoir les caractéristiques physiques des objets comme stables malgré les modifications de l'information sensorielle est la **constance perceptuelle.** Cette aptitude est essentielle à notre survie ; en effet, sans elle, l'environnement serait terrifiant, car il changerait constamment au gré des stimulations sensorielles.

Parmi les constances perceptuelles, ce sont surtout les constances visuelles qui ont été étudiées : la constance de la forme, de la localisation, de la luminosité, de la couleur et de la taille. Par exemple, si vous tenez à la main un disque volant (*frisbee*) devant vous, sa projection sur votre rétine aura une forme arrondie. Si vous le déposez sur une table, sa forme, en se projetant sur votre rétine, deviendra elliptique, mais vous continuerez à percevoir votre *frisbee* comme rond. Il s'agit de la constance de la forme. De même, il est possible qu'un objet noir placé en plein soleil puisse refléter plus de lumière qu'un objet blanc à l'ombre. Notre cerveau n'est pourtant pas dupe, puisqu'il enregistre l'ensemble des variations de luminosité des

> **Constance perceptuelle**
> Perception stable des objets en dépit des changements de configuration sensorielle qui y sont associés.

différentes parties du champ visuel et qu'il tient automatiquement compte de cette information dans sa perception de la luminosité de chacun des objets qui composent la scène. Ainsi, la perception de la luminosité de l'objet situé à l'ombre sera automatiquement ajustée pour tenir compte de ce facteur.

LES ILLUSIONS VISUELLES

Les constances perceptuelles nous permettent de vivre dans un environnement stable et sécurisant. Toutefois, il peut arriver que des indices environnementaux trompent notre cerveau, ce qui provoque des **illusions perceptuelles.** Ces illusions sont des erreurs systématiques qui permettent aux psychologues d'étudier les stratégies que le cerveau déploie pour donner un sens à l'environnement visuel. Elles peuvent toucher tous les sens, mais on a surtout étudié les illusions visuelles. L'exemple le plus connu est sûrement l'illusion de Müller-Lyer, du nom du chercheur qui l'a décrite en 1889. Comparez la longueur des deux lignes ci-contre. La majorité des gens percevront la ligne de droite comme légèrement plus longue que celle de gauche. Mesurez-les, et vous constaterez qu'elles sont exactement de la même longueur.

Certaines illusions sont propres aux lois de la physique. Ainsi, un bâtonnet plongé dans un verre d'eau à moitié rempli semble plié parce que l'eau et l'air propagent la lumière différemment. La plupart des illusions visuelles sont cependant causées par l'adaptation sensorielle, c'est-à-dire que le cerveau utilise des indices ou applique des règles perceptuelles là où il ne le devrait pas. La figure 4.9 illustre quelques illusions perceptuelles.

Illusion perceptuelle
Perception erronée ou trompeuse de la réalité.

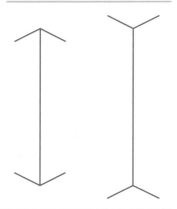

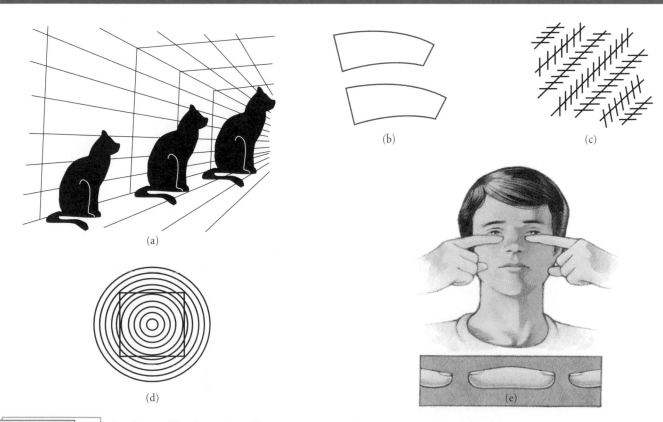

FIGURE 4.9 **Quelques illusions visuelles**

(a) Les trois chats ont la même taille. (b) Les deux figures sont identiques. (c) Toutes les diagonales sont parallèles. (d) Les côtés du carré sont des lignes droites. (e) Pour observer cette illusion, placez vos index de 10 à 25 cm de vos yeux et regardez droit devant vous. Voyez-vous une forme flotter entre vos index? Pouvez-vous la faire rapetisser ou grossir? Comment expliquez-vous cette illusion?

Dans la vie courante, la plupart des illusions sont sans danger et même amusantes, comme les illusions de mouvement. Par exemple, certaines enseignes lumineuses sont composées de milliers d'ampoules qui s'allument et s'éteignent selon une configuration donnée pour créer une **illusion de mouvement.** Le phénomène phi est une illusion de mouvement qui se produit lorsqu'on allume et qu'on éteint successivement des ampoules placées en série, ce qui crée l'illusion du mouvement de la lumière. Le mouvement stroboscopique, dont dépend la perception du mouvement au cinéma, représente une autre illusion de mouvement bien connue. Il consiste en une série d'images fixes qui défilent à la vitesse d'au moins 16 images par seconde, ce qui produit chez le spectateur l'illusion d'un mouvement continu.

Malheureusement, certaines illusions visuelles peuvent avoir des conséquences dramatiques. Ainsi, un automobiliste peut être amené, par un effet de perspective linéaire, à prendre pour un adulte un piéton traversant la rue, alors qu'il s'agit d'un enfant. Le phénomène de la constance de la taille lui fera penser à tort que l'enfant est plus éloigné qu'il ne l'est en réalité, si bien qu'il n'arrivera peut-être pas à freiner à temps pour l'éviter (Stewart *et al.*, 1993).

Qu'avez-vous appris ?

RÉPONSES, p. 124

Les questions suivantes ne sont pas des illusions ! À vous d'y répondre… en utilisant le bon sens.

1. Par une nuit claire, vous arrivez à reconnaître plusieurs groupes d'étoiles. Comment les principes de la gestalt peuvent-ils rendre compte de votre performance ?

2. Placez une main à environ 30 cm de votre visage et l'autre, à environ 15 cm.

    a) Quelle main produit la plus petite projection rétinienne ?

    b) Pourquoi cette main ne vous paraît-elle pas plus petite ?

biologique

L'APPORT DE LA PERSPECTIVE BIOLOGIQUE

La psychologie s'est rapprochée de la biologie et des neurosciences au fur et à mesure que s'accumulaient les découvertes sur le fonctionnement biologique du comportement humain. Voici quelques-unes des principales contributions de la perspective biologique à la psychologie dans son ensemble.

1 Le rejet de l'environnementalisme extrême

En psychologie, les trois décennies qui ont suivi la fin de la Seconde Guerre mondiale ont été dominées par la doctrine selon laquelle la culture et l'environnement étaient les déterminants principaux, sinon les seuls, de la personnalité, de l'intelligence et du comportement. Cet extrémisme environnementaliste était probablement lié à l'interaction de trois facteurs : la popularité du béhaviorisme, la croyance occidentale dans l'égalité et la perfectibilité des êtres humains ainsi que le rapprochement que certains ont fait entre l'explication biologique et le racisme. Il faut en effet se rappeler que, durant les années 1930 et 1940, les nazis ont eu recours à des thèses vantant la supériorité génétique de leur « race » pour justifier l'extermination de millions d'individus. Cet épisode tragique de l'histoire de l'humanité explique l'aversion qu'éprouvent encore certains psychologues pour toute explication biologique des aptitudes et des comportements humains.

Les découvertes des neuroscientifiques ont amorcé un retour du balancier. On a en effet montré qu'il faut tenir compte du cerveau, de la physiologie et des gènes pour espérer parvenir à comprendre la personnalité et les comportements. La perspective biologique nous rappelle aussi que, malgré la complexité de notre système nerveux et les grandes réalisations de l'être humain, nous avons plusieurs caractéristiques en commun avec les autres espèces animales. Comme toutes les espèces, l'être humain subit l'influence de caractéristiques héritées au fil de l'évolution. Par exemple, il nous est plus facile d'acquérir la phobie des araignées ou celle des hauteurs que la phobie des distributeurs automatiques ou des grille-pain, puisque les araignées et les hauteurs ont représenté un danger durant l'évolution de l'espèce humaine.

2 La reconnaissance de la contribution de la santé physique au bon fonctionnement du cerveau

La perspective biologique nous enseigne que le manque d'exercice, les troubles du sommeil et les mauvaises habitudes alimentaires sont susceptibles de perturber nos activités cognitives et émotionnelles. Des recherches montrent que l'exercice physique régulier contribue à diminuer les réactions physiologiques au stress (Brown, 1991), à accroître l'estime de soi chez les enfants d'âge préscolaire (Alpert *et al.*, 1990) et même à améliorer le fonctionnement cognitif (Taylor, 1995). L'alimentation peut aussi influer sur l'humeur, car certains éléments nutritifs sont essentiels à la production de certains neurotransmetteurs (Wurtman, 1982). Les tenants de la perspective biologique nous mettent donc en garde contre les régimes alimentaires à la mode qui font constamment la promotion d'un nouveau produit vedette – aliment ou vitamine – et qui prônent la suppression complète d'autres types d'aliments. Le meilleur régime pour le cerveau et l'humeur est une alimentation équilibrée, qui comprend une variété d'aliments, des protéines et des glucides entre autres. Malheureusement, la pauvreté et la négligence nuisent trop souvent à une saine alimentation.

Les toxines présentes dans l'environnement peuvent aussi nuire au développement des habiletés cognitives. Selon une recherche longitudinale effectuée par Needleman et ses collaborateurs (1990), l'exposition à de fortes concentrations de plomb durant l'enfance est associée, à l'adolescence, à un vocabulaire restreint, à des temps de réaction plus lents, à une faible coordination œil-main et à une faible aptitude à la lecture – même si l'on tient compte d'un grand nombre d'autres facteurs explicatifs. Une autre étude menée sous la direction de Needleman (1996) a montré que certains garçons dont les os comportaient de fortes concentrations de plomb présentaient davantage de problèmes d'attention ainsi que de comportements agressifs et délinquants. Ces résultats sont désolants. Malgré la réduction du plomb dans notre environnement, notamment dans l'essence et la peinture, de nombreux enfants vivent encore dans des taudis où la peinture, à base de plomb, date d'une époque antérieure à la réglementation en la matière. Ces observations illustrent un problème social important : les répercussions de la pauvreté sur les capacités cognitives et les comportements des individus qui forment une couche importante de la population.

3 Une meilleure compréhension des fondements biologiques des troubles mentaux

On sait désormais que plusieurs troubles mentaux longtemps considérés comme purement psychologiques ou comme des conséquences normales du vieillissement, telle la sénilité, sont en fait liés à des anomalies génétiques, neurologiques ou biochimiques. Par exemple, les scientifiques pensent maintenant que la sénilité peut résulter de plusieurs maladies, comme la maladie d'Alzheimer. Le cerveau des patients atteints de cette maladie contient des dépôts inhabituels de bêta-amyloïde, une protéine dont certaines formes seraient toxiques pour les neurones ou activeraient d'autres substances toxiques. Selon certains scientifiques, ces dépôts causeraient la dégénérescence du cerveau. Il se pourrait cependant que diverses autres protéines soient également susceptibles de jouer un rôle dans ce phénomène, peut-être même un rôle prépondérant (Pennisi, 1994).

On a incriminé plusieurs gènes pour leur rôle dans la maladie d'Alzheimer. La mutation d'un de ces gènes, situé sur le chromosome 14, pourrait être la cause de 80 % des nouveaux cas de maladie d'Alzheimer de type précoce, c'est-à-dire qui se déclarent tôt dans la vie, soit à partir de 40 ans (Sherrington et al., 1995). La version normale de ce même gène produit une protéine qui pourrait jouer un rôle dans la production de la bêta-amyloïde. On a récemment découvert un gène, sur le chromosome 1, qui pourrait être la cause des autres cas de la forme précoce de la maladie d'Alzheimer (Levy-Lahad et al., 1995a, 1995b). Un autre gène, sur le chromosome 19, semble accroître le risque de déclenchement tardif de la maladie (Corder et al., 1993). Ces recherches et d'autres en cours nous aideront à mieux comprendre cette terrible maladie et à découvrir un traitement approprié.

Les progrès réalisés par la perspective biologique sont si extraordinaires qu'on peut en perdre tout sens critique. Ainsi, pour certains chercheurs, il sera bientôt possible de savoir quel gène est à l'origine de chaque tendance de la personnalité, depuis l'attrait pour la télévision jusqu'au génie

mathématique ! Cependant, la majorité des chercheurs sont d'avis que ces attentes sont largement exagérées, voire irréalistes. Avant de s'engager à toute vitesse sur l'autoroute biologique, il faut tout de même prendre le temps d'analyser et d'interpréter les découvertes au fur et à mesure.

LES LIMITES DE LA PERSPECTIVE BIOLOGIQUE

La plupart des psychologues tiennent compte de l'influence de l'environnement dans leur explication des comportements. Cependant, certains, peut-être un peu trop enthousiasmés par les réussites de la perspective biologique, font parfois preuve de réductionnisme : ils ont tendance à expliquer des problèmes personnels et sociaux complexes uniquement en fonction de quelques mécanismes physiologiques de base.

Tout réductionnisme fausse et limite la compréhension du comportement humain, et tel est le cas du réductionnisme biologique, qui exerce un attrait bien particulier sur nombre de personnes à l'heure actuelle. Cet attrait est dû en partie à la croyance que la biologie – injection d'hormones, prise de médicaments ou greffe de tissu nerveux – peut guérir rapidement bien des maux. Dans ces conditions, l'excès ou l'absence d'une sécrétion suffirait à justifier le comportement déviant de certains individus et à les disculper de tout blâme. En Angleterre, une femme accusée du meurtre de son compagnon – qu'elle avait écrasé contre un poteau avec sa voiture – a été acquittée parce qu'elle souffrait du « syndrome prémenstruel ». À San Antonio, au Texas, un violeur a tenté, en vain, de faire admettre qu'il n'était pas responsable de ses actes parce que son taux de testostérone était élevé. L'idée que les hormones seraient en elles-mêmes la cause directe d'un meurtre ou d'un viol – « Cette personne n'est pas coupable, elle est en fait victime de ses gènes » – est une forme extrême de réductionnisme biologique. Les deux cas mentionnés soulèvent évidemment des questions fondamentales sur le plan juridique.

Le réductionnisme entraîne trois types d'erreurs fréquentes dans l'interprétation des découvertes de la biologie.

1 Les conclusions trop hâtives

Le processus scientifique est, de nature, lent et ardu ; par ailleurs, les découvertes soudaines et spectaculaires font d'excellentes manchettes dans les journaux. Il en résulte que les médias exagèrent souvent les résultats des recherches en biologie ou qu'ils tirent des conclusions en s'appuyant uniquement sur une ou deux études. Le public, avide de réponses rapides et de sensationnalisme, ne demande souvent pas mieux que d'y croire.

Il y a quelques années, par exemple, les journalistes ont immédiatement réagi avec enthousiasme à certaines études qui laissaient entrevoir la possibilité d'un lien entre un gène donné et les **troubles bipolaires** (anciennement, troubles maniacodépressifs), troubles de l'humeur caractérisés par l'alternance de périodes de dépression extrême et de périodes d'euphorie exagérée. Les auteurs de ces études incriminaient un gène situé tantôt sur le chromosome X, tantôt sur le chromosome 6 ou le chromosome 11 (Baron *et al.*, 1987; Egeland *et al.*, 1987). Cependant, des recherches ultérieures n'ont pas confirmé la présence d'anomalies chromosomiques chez les personnes atteintes de troubles bipolaires (Faraone *et al.*, 1990; Kelsoe *et al.*, 1989). Il semble que les différences observées au cours des premières études n'aient été que pures coïncidences ou qu'elles aient été propres aux sujets examinés.

> **Trouble bipolaire**
>
> Trouble de l'humeur caractérisé par l'alternance de périodes de dépression et de périodes d'euphorie.

Il est parfois difficile d'attendre la réalisation de telles études supplémentaires, surtout lorsque la recherche porte sur un sujet brûlant d'actualité et que les résultats semblent confirmer des croyances répandues. En 1982, après avoir disséqué 14 cerveaux humains, deux anthropologues ont affirmé avoir observé des différences notables, selon le sexe des individus, dans la taille et la forme de la partie postérieure du corps calleux, soit le faisceau de fibres reliant les deux hémisphères (de Lacoste-Utamsing et Holloway, 1982). Ils en ont déduit que la latéralisation du cerveau, c'est-à-dire la spécialisation des hémisphères, est moins prononcée chez la femme que chez l'homme en ce qui a trait à diverses fonctions, dont les aptitudes spatiovisuelles. Cette nouvelle a été accueillie par certains groupes avec autant d'enthousiasme que la découverte d'un autre manuscrit de la mer Morte et elle a rapidement été transmise par les journaux, les revues et même certains manuels scolaires, qui l'ont présentée comme une différence vérifiée entre les sexes.

Après une décennie de recherches, la réalité n'est plus la même. Le neuroscientifique William Byne (1993) a constaté que, parmi toutes les études portant sur ce sujet, seule l'étude de 1982 avait conduit les chercheurs à relever que la partie postérieure du corps calleux était plus grosse chez les femmes. Dans 2 études antérieures, effectuées en 1906 et en 1909, les auteurs avaient conclu qu'elle était plus grosse chez les hommes et, dans 21 études réalisées plus tard, on n'avait observé aucune différence liée au sexe. Les recherches portant sur la forme de la partie postérieure du corps calleux ont également donné des résultats contradictoires: dans quatre études, les auteurs ont constaté qu'elle était plus sphérique chez les femmes; dans une autre étude, qu'elle était plus sphérique chez les hommes; selon six autres études, il n'existe pas de différence liée au sexe. Mais personne ne sait ce que peut signifier la taille ou la forme de cette partie du corps calleux! Les spéculations abondent, bien sûr, mais pour le moment ce ne sont que des spéculations. Par conséquent, s'il faut être attentif aux nouvelles découvertes, la circonspection est de mise si nous ne voulons pas interpréter faussement les résultats ou en exagérer la portée.

2 Les conclusions non fondées à propos des relations de cause à effet

Il est vrai que le cerveau influe sur la manière dont l'individu perçoit l'univers, mais il ne faut jamais oublier que l'expérience individuelle modèle également le cerveau (Byne et Parsons, 1993). Chaque fois qu'on évalue des données, surtout s'il s'agit d'études corrélationnelles, il faut se poser les questions suivantes: Des facteurs biologiques influent-ils sur le comportement ou est-ce l'inverse qui se produit? Ou bien s'agit-il d'une influence réciproque? Par exemple, Archer (2006) soutient que la relation entre la testostérone et l'agressivité chez l'homme est beaucoup plus complexe que le cliché simpliste: «Un niveau élevé de testostérone entraîne l'agressivité.» En fait, ce sont souvent les situations de défi, d'agressivité et de compétition qui augmentent le niveau de testostérone dans le sang!

D'un autre côté, il arrive souvent que l'expérience exerce une influence déterminante sur les caractéristiques biologiques. Par exemple, chez les singes, et probablement aussi chez les êtres humains, la privation de contact social en bas âge ou un traumatisme peut entraîner des anomalies touchant des neurotransmetteurs (Kraemer *et al.*, 1984; Kramer, 1993). De même, des dizaines d'études portant sur des animaux ont montré qu'un environnement stimulant peut être à l'origine de modifications structurales bénéfiques pour le cerveau. Les rats qui apprennent à effectuer des tâches complexes ou qui ont l'occasion de s'amuser avec de nombreux jouets au cours de leur développement présentent un cortex plus épais et plus lourd, et certaines régions de leur cerveau contiennent des réseaux de connexions synaptiques plus riches, par comparaison avec des rats vivant dans un environnement peu stimulant (Diamond, 1993; Greenough et Anderson, 1991; Greenough et Black, 1992; Rosenzweig, 1984).

Des études réalisées à l'aide de la scanographie ont montré que le cerveau des personnes qui réussissent bien à certains tests est moins actif durant l'exécution de certaines tâches intellectuelles: leur cerveau transforme le glucose à un rythme plus lent que celui des individus qui réussissent moins bien (Haier *et al.*, 1988; Parks *et al.*, 1988). L'efficacité du cerveau sur le plan neurologique est-elle la cause ou le résultat d'une performance supérieure à la moyenne? La seconde interprétation est étayée par les données d'une étude au cours de laquelle les sujets ont eu l'occasion de s'adonner à un jeu électronique pendant plusieurs semaines. D'une séance à l'autre, le rythme du métabolisme du glucose des sujets a ralenti graduellement (Haier *et al.*, 1992) au fur et à mesure que les résultats des sujets s'amélioraient.

Ces recherches sont fascinantes et soulignent une contribution intéressante et inattendue de la perspective biologique : alors que bien des gens tiennent pour acquis la détermination de l'intelligence par des facteurs biologiques, les auteurs de ces études laissent entendre que l'expérience vécue et l'environnement influent sur le cerveau, que ce soit au détriment ou à l'avantage de l'individu.

3 L'exagération de l'importance des gènes

À la lecture de comptes rendus consacrés à l'influence des gènes sur le comportement ou les troubles psychologiques, les gens ont tendance à supposer que les gènes sont seuls en cause. Le langage employé par certains chercheurs est en partie la cause de cette erreur. La biologiste Ruth Hubbard et l'écrivain Elijah Wald (1993) ont fait observer que, lorsque les scientifiques et les journalistes disent que les gènes « régissent », « programment » ou « déterminent » le comportement ou qu'ils parlent des gènes « de » tel ou tel trait distinctif, leur discours contribue à masquer la complexité réelle des processus biologiques et sociaux. En fait, la plupart des chercheurs de la perspective biologique sont les premiers à reconnaître que tout comportement complexe dépend de nombreux facteurs.

 Qu'avez-vous appris ?

RÉPONSES CI-DESSOUS

A Nommez trois contributions majeures de la perspective biologique.

B Qu'est-ce que le réductionnisme biologique ?

1. La tendance à minimiser l'apport de la biologie dans le fonctionnement du corps humain.

2. La réduction des découvertes biologiques complexes à quelques principes psychologiques.

3. La réduction de problèmes sociaux et personnels complexes à quelques mécanismes biologiques.

4. L'explication de découvertes psychologiques à l'aide de processus biologiques.

B Le docteur Folamour définit la tendresse comme l'influence de la protéine « XKHJGT78498 » sur certaines régions du système limbique.

1. Comment peut-on qualifier son point de vue ?

2. Donnez les trois conséquences qui y sont associées.

 Réponses

Page 113

1. Seuil absolu. **2.** Habituation sensorielle. **3.** Privation sensorielle. **4.** Attention sélective. **5.** La constante étant de 1/10e, la seconde tige doit mesurer au moins 22 mm.

Page 120

1. Le principe de proximité incite à regrouper certaines étoiles plus rapprochées ; le principe de fermeture permet de combler les vides et de percevoir des formes complètes, même si les étoiles ne sont pas reliées entre elles. **2. a)** La main la plus éloignée produira la plus petite image sur la rétine. **b)** Le cerveau tient compte des différences de distance dans l'évaluation de la taille ; de plus, vous connaissez très bien la taille de vos mains (constance de la taille).

Page 124

A Rejet de l'extrémisme environnementaliste, reconnaissance de la contribution de la santé au bon fonctionnement du cerveau et meilleure compréhension des fondements biologiques des troubles mentaux.

B 3.

C 1. Il fait preuve de réductionnisme biologique. **2.** Les conclusions trop hâtives, les conclusions non fondées à propos de relations de cause à effet et l'exagération de l'importance des gènes.

RÉSUMÉ

1 La *sensation* est la détection par les récepteurs sensoriels des changements physiques survenant dans l'environnement ou dans l'organisme et la transmission de cette information au système nerveux central. La *perception* est l'ensemble des processus qui organisent et interprètent les stimulations sensorielles.

2 Les psychologues spécialisés en *psychophysique* étudient les capacités sensorielles. La mesure du *seuil absolu* indique la plus petite quantité d'énergie détectable par un sens. Le *seuil différentiel* est la plus petite différence qui permet à un sens de différencier deux stimulations de façon fiable.

3 Nos sens réagissent aux changements de stimulations et aux contrastes dans l'environnement. L'absence presque totale de stimulations peut causer une *privation sensorielle.* Une surabondance de stimulations peut produire une surcharge d'information: l'individu doit alors faire appel à l'*attention sélective* en se concentrant sur ce qui est réellement important ou utile pour lui. La stimulation répétitive entraîne l'*habituation sensorielle.*

4 La *perception subliminale* est la capacité de détecter inconsciemment un signal au-dessous du seuil de perception et avec une acuité plus grande que ce qui peut être attribué au hasard. On étudie ce phénomène depuis de nombreuses années. Des recherches sérieuses montrent que les messages utilisant ce procédé ne peuvent influer sur les comportements complexes, tels que la perte de poids ou l'amélioration de l'estime de soi.

5 Nous voyons grâce à la lumière visible qui provient soit du soleil, soit des autres astres, soit de sources artificielles, comme les ampoules et les lampes fluorescentes ou halogènes. Les récepteurs visuels, les *bâtonnets* et les *cônes,* sont situés sur la *rétine* de l'œil. Les bâtonnets sont sensibles aux variations de luminosité, alors que les cônes permettent la perception de la couleur.

6 La *théorie trichromatique* et la *théorie des processus antagonistes* permettent de rendre compte des étapes du processus de la vision des couleurs. Dans un premier temps, les trois types de cônes réagissent de façon sélective à différentes longueurs d'onde. Dans un second temps, certaines cellules nerveuses du système visuel répondent de façon opposée aux différentes longueurs d'onde de lumière.

7 La perception met en œuvre la construction continue d'une représentation du monde. Les gestaltistes ont énoncé un certain nombre de principes, les *lois de la gestalt,* qui permettent de comprendre l'organisation perceptive. On peut appliquer ces principes pour faciliter l'utilisation des produits manufacturés.

8 Les *indices binoculaires* et les *indices monoculaires* permettent de percevoir la profondeur; c'est à ces derniers que les artistes ont recours lorsqu'ils veulent simuler la profondeur dans une œuvre à deux dimensions. Grâce à la *constance perceptuelle,* nous pouvons maintenir une représentation stable d'un objet en dépit des changements dans les stimulations sensorielles. Les *illusions perceptuelles* surviennent lorsque notre cerveau est trompé par des indices environnementaux; ces illusions sont très utiles dans l'étude des processus que le cerveau utilise pour donner un sens à son environnement.

9 Les principales contributions de la perspective biologique sont les suivantes: le rejet de l'environnementalisme extrême, la reconnaissance de la contribution de la santé physique au bon fonctionnement du cerveau et une meilleure compréhension des fondements biologiques des troubles mentaux.

10 Le réductionnisme biologique, soit la tendance à expliquer des problèmes personnels et sociaux complexes en fonction de quelques mécanismes physiologiques de base, conduit à trois erreurs fréquentes dans l'interprétation des découvertes de la recherche en biologie: les conclusions trop hâtives, l'établissement de conclusions non fondées à propos des relations de cause à effet et l'exagération de l'importance des gènes.

Les tenants de la perspective psychodynamique pensent que les comportements
s'expliquent en grande partie par des désirs
inconscients et que, pour vivre en harmonie
dans la société, les gens doivent apprendre
à maîtriser leurs pulsions.

La perspective psychodynamique

Imaginez la scène suivante : de 300 à 400 personnes ne se connaissant pas sont réunies dans la même salle. On leur propose de former des
groupes de deux. Ensuite, on leur demande de poser sans relâche la même
question à leur partenaire : « Que désirez-vous ? » Chaque fois qu'il a tenté cette
expérience, le psychiatre Irvin Yalom (1989) a constaté le déclenchement de réactions
d'une force extraordinaire.

Souvent, en quelques minutes, l'émotion submerge la salle entière. Hommes et femmes
[...] sont ébranlés au plus profond d'eux-mêmes. Ils lancent un appel à ceux qu'ils ont à
jamais perdus – parents, conjoints, enfants, amis, morts ou absents : « Je veux te revoir »,
« Je veux ton amour », « Je veux savoir que tu es fier de moi », « Je veux que tu saches
que je t'aime et combien je regrette de ne te l'avoir jamais dit », « Je veux que tu reviennes,
je me sens si seul », « Je veux l'enfance que je n'ai jamais eue », « Je veux être en bonne
santé, je veux retrouver ma jeunesse », « Je veux être aimé, être respecté », « Je veux que
ma vie ait un sens », « Je veux accomplir quelque chose » ou « Je veux compter, être
reconnu, qu'on se souvienne de moi ».
[...]
Tant de désir, écrit Yalom. Tant d'attente. Et tant de peine. Si proches de la surface, prêts
à jaillir.

Les adeptes de la perspective psychodynamique soutiennent que les autres perspectives ne fournissent pas d'explication adéquate de la souffrance émotionnelle et des tensions intérieures qui sommeillent au fond de nous. Pour saisir dans son ensemble le mystère du comportement humain, disent-ils, il est indispensable de comprendre la vie intérieure : les conflits qui gouvernent les actions et qui échappent à la conscience ; l'angoisse liée à la mort et à la perte, que nous cherchons à réprimer ; l'insécurité et les peurs qui trouvent leur source dans l'enfance et que nous revivons à l'âge adulte ; enfin, les symboles et les thèmes qui envahissent l'imagination.

CHAPITRE 5

Freud
et l'inconscient

Pour Freud et les psycho-dynamiciens, la source des comportements se situe dans les méandres de l'inconscient.

Robert Hobson (1985), thérapeute d'orientation psychodynamique, essayait depuis plusieurs semaines d'établir un contact avec Stephen, un garçon de 15 ans souffrant d'un trouble psychique, qui refusait de lui parler et de le regarder. Un jour, au bord de la frustration, Hobson a dessiné une ligne ondulée sur une enveloppe, puis il a invité le jeune garçon à ajouter quelque chose au dessin. Stephen a tracé un bateau, transformant ainsi en une énorme vague la ligne sans signification de Hobson.

Hobson s'est alors demandé si Stephen ne craignait pas d'être « submergé » sur le plan émotionnel. Il a donc dessiné un quai, symbole de sécurité ; mais ce n'est pas ce que le jeune garçon recherchait, car il a ajouté, sur le bateau, une personne agitant la main en signe d'adieu.

Hobson, pressentant que les difficultés de Stephen venaient du manque de relation affective avec sa mère, a dessiné une femme, debout sur le quai et faisant au revoir de la main. Sans prêter attention à la femme, Stephen a ajouté une créature prisonnière de la vague et, parlant pour la première fois, il a dit : « Un poisson volant. » Hobson a alors dessiné une pieuvre dans l'eau.

Stephen a incliné la tête en signe de tristesse. Il a couvert le dessin de lignes, puis il a dit : « Il pleut. » Hobson, dans l'espoir de lui communiquer son optimisme, a ajouté un soleil dont les rayons traversaient le rideau de pluie.

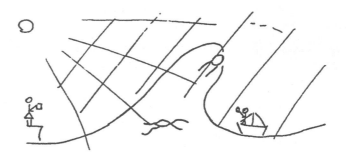

Stephen s'est arrêté un instant et a regardé Hobson très attentivement pour la première fois. Il a ensuite tracé de grands arcs entourant le dessin tout entier. « Un arc-en-ciel », a-t-il dit, et il a souri.

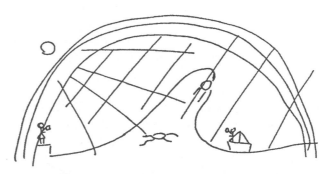

Les psychologues d'orientation biologique, béhavioriste, humaniste ou cognitive auraient du mal à expliquer cet entretien chargé de sens et d'émotions profondes entre Stephen et son thérapeute. Pour un psychologue d'orientation psychodynamique, cette information permet de descendre sous la surface afin de comprendre la vie intérieure d'une personne.

Plus que la plupart des autres perspectives en psychologie, l'approche psychodynamique du comportement humain est intégrée à la culture populaire. Nous pouvons l'observer dans la façon d'expliquer les problèmes et les comportements de la vie quotidienne. Un homme s'excuse de « déplacer » sur sa famille des frustrations qu'il vit à son travail. Une femme se demande si elle ne « refoule » pas un traumatisme vécu dans son enfance. Un alcoolique affirme avoir franchi le stade du « déni » de sa dépendance à l'alcool. Une femme s'interroge sur les « raisons inconscientes » qui auraient pu amener son mari à s'enfoncer dans la dépression. Une enseignante explique à un couple en instance de divorce que leur enfant de huit ans, qui avait jusque-là connu un développement normal, est en train de « régresser » et a adopté un comportement infantile dans la cour de récréation. Un homme dit à sa femme que les maux de tête et les allergies dont elle souffre sont « psychosomatiques ». Enfin, tout le monde médite plus ou moins sur la « signification » de ses rêves.

Tous ces termes utilisés à propos du déplacement, du refoulement, du déni, de la régression, de l'inconscient et de la signification des rêves sont tirés de la première théorie psychodynamique de la personnalité, soit la **psychanalyse** de Sigmund Freud. Il existe aujourd'hui bien d'autres théories de ce type, qui diffèrent les unes des autres et diffèrent aussi de la psychanalyse classique sur divers points. Mais elles ont en général les cinq éléments suivants en commun.

1. L'importance accordée à la dynamique **intrapsychique** inconsciente, soit l'action des forces psychiques dont l'individu n'a pas connaissance.

Psychanalyse
Théorie de la personnalité et méthode de psychothérapie élaborées par Sigmund Freud, mettant l'accent sur les motifs et les conflits inconscients.

Intrapsychique
À l'intérieur de l'esprit (psyché) ou de soi.

2. La supposition que le comportement et les difficultés de l'adulte sont essentiellement déterminés par les expériences vécues dans la petite enfance.

3. La croyance que le développement psychologique se fait en plusieurs stades bien définis, au cours desquels des événements mentaux prévisibles ont lieu et des problèmes inconscients, ou crises, doivent être résolus.

4. L'attention accordée à l'imaginaire et à la signification symbolique des événements tels qu'ils sont perçus par l'inconscient – soit la *réalité psychique d'une personne* – en tant que sources principales de motivation du comportement.

5. Le recours à des méthodes subjectives, plutôt qu'objectives, pour accéder à la réalité intérieure d'une personne : par exemple, l'analyse des rêves, des mythes, du folklore, des symboles et, avant tout, des révélations de la personne en cours de thérapie.

Dans ce chapitre, nous aborderons principalement la théorie freudienne classique. Dans l'évaluation de la perspective psychodynamique, nous examinerons les raisons pour lesquelles cette perspective s'est, dans une large mesure, trouvée en conflit avec les autres approches de la psychologie et nous tenterons de voir s'il existe des points communs entre ces diverses perspectives.

LA PSYCHANALYSE FREUDIENNE

Personne ne met en doute l'influence universelle des travaux de Sigmund Freud (1856-1939), mais leur pertinence est l'objet de controverse à l'heure actuelle. Certains y voient une œuvre de génie et d'autres, une fraude intellectuelle. Essayons d'abord de comprendre cette théorie qui suscite des réactions aussi diverses que passionnées. Selon Freud, les motifs qui guident notre comportement sont dérivés de pulsions fondamentales, sexuelles ou agressives. Dans leur forme primitive, ces pulsions représentent pour nous une menace. Nous les chassons donc de notre conscience pour les reléguer au plus profond de notre inconscient. Malgré tout, elles refont surface sous maintes formes, dans les rêves, dans ce qui semble être des événements

« Bonjour, ma bien-décapitée... heu, je veux dire ma bien-aimée. »

fortuits, dans les plaisanteries, de même que dans les mythes, l'art et l'imagination. Freud (1954) a écrit : « Celui qui a des yeux pour voir et des oreilles pour entendre constate que les mortels ne peuvent cacher aucun secret. Celui dont les lèvres se taisent bavarde avec le bout des doigts ; il se trahit par tous les pores. » Selon Freud (1920/1960), un **lapsus** n'est pas une erreur fortuite. Ainsi, raconte-t-il, le parlementaire britannique qui a fait allusion à « l'honorable député de Hell », alors qu'il voulait dire « Hull », a révélé par là ce qu'il pensait vraiment, de façon inconsciente, de son collègue (en anglais, le mot *hell* veut dire « enfer »).

Afin de dresser la carte des chemins sinueux de l'inconscient, Freud a élaboré la théorie et la méthode de la psychanalyse. En s'appuyant sur les confidences de ses patients, il a proposé une vaste théorie de la personnalité.

Lapsus
Fait d'employer par erreur un mot à la place d'un autre.

Sigmund Freud (1856-1939) est le fondateur de la psychanalyse.

La structure de la personnalité

D'après Freud, la personnalité est constituée de trois systèmes principaux: le *ça*, le *moi* et le *surmoi*. Bien que chacune de ces trois composantes ait ses propres fonctions et propriétés, le comportement humain résulte presque toujours de leur interaction (Freud, 1905b, 1920/1960, 1923/1962).

Le **ça** existe déjà à la naissance. C'est le réservoir de toutes les énergies psychiques et des tendances héréditaires. Il est imperméable à la réalité objective; il ne subit pas l'influence du milieu ni celle de la culture et n'est modifié par aucun apprentissage. Ce système fonctionne selon le **principe de plaisir**: il cherche à diminuer la tension, à éviter la douleur et à procurer du plaisir. Selon Freud, la tension est ressentie comme quelque chose de désagréable et le relâchement de la tension, comme un plaisir. Par exemple, si une lumière violente frappe vos yeux, vous ressentirez une tension désagréable. Vous aurez sans doute le réflexe de fermer les paupières, ce qui aura pour effet de faire disparaître la tension, et vous ressentirez alors un soulagement, du plaisir.

C'est dans le ça que réside ce que Freud considère comme deux groupes de **pulsions** antagonistes: d'une part, les pulsions de vie, ou pulsions sexuelles, alimentées par l'énergie psychique appelée **libido**; d'autre part, les pulsions de mort, ou pulsions agressives. Lorsque la quantité d'énergie pulsionnelle augmente dans le ça, un peu comme la pression de la vapeur dans une cocotte-minute qui chauffe, il en résulte un état de tension désagréable. Le ça peut alors décharger cette tension soit sous forme d'actions réflexes et de symptômes physiques, soit sous forme d'images mentales non censurées et de pensées spontanées.

Une des caractéristiques importantes du ça est d'ailleurs son incapacité de faire la distinction entre les images mentales ou les pensées et les objets réels que ces images et ces pensées représentent. Ce phénomène peut se manifester, entre autres, par des hallucinations: une personne dont le ça prend le dessus peut se mettre à voir des choses qui ne sont pas réellement là, mais qui correspondent à ses désirs. Un exemple moins «spectaculaire», mais plus souvent observable, est celui d'une personne impatiente d'arriver à destination qui sous-estime nettement le temps nécessaire au trajet. Cette personne laisse son ça guider sa perception des choses, elle confond ses désirs avec la réalité.

Par ailleurs, le ça recherche la satisfaction *immédiate*. Il ne réfléchit pas aux conséquences à long terme d'un geste et pousse à des comportements impulsifs. Il peut inciter la personne à se gaver de bonbons, l'éventualité d'une indigestion ne faisant simplement pas partie de ses préoccupations.

Le **moi** est le deuxième système à se former. Contrairement au ça, le moi est capable de pensée rationnelle et réaliste. Il est régi par le **principe de réalité** et peut distinguer très nettement le monde des fantasmes du monde réel. Il met un frein aux pulsions du ça – qui exige le plaisir immédiat – jusqu'à ce qu'un objet réellement approprié se présente. C'est parce que nous avons un moi solide que nous pouvons patienter quelques minutes de plus pour nous préparer un bon petit plat au lieu de grignoter immédiatement n'importe quoi. Le moi joue aussi le rôle d'arbitre entre les demandes des pulsions et les exigences du monde réel ou du surmoi. «Le *moi*, écrit Freud (1923/1962), représente ce qu'on appelle la raison et la sagesse […] Dans ses rapports avec le *ça*, on peut le comparer au cavalier chargé de maîtriser la force supérieure du cheval […] Si le cavalier ne veut pas se séparer

Ça

Terme psychanalytique (traduction du mot allemand *Es*) désignant la partie du psychisme où résident les pulsions sexuelles et agressives; le ça confond les fantasmes avec la réalité et pousse l'individu à agir impulsivement.

Principe de plaisir

Principe qui, selon Freud, régit le fonctionnement du ça en cherchant à diminuer la tension, à éviter la douleur et à procurer du plaisir.

Pulsion

Terme psychanalytique désignant une poussée qui prend sa source dans une excitation corporelle (tension) et qui fait tendre l'organisme vers un but. Exemple: les pulsions sexuelles.

Libido

Terme psychanalytique désignant l'énergie psychique qui alimente les pulsions sexuelles du ça.

Moi

Terme psychanalytique désignant la partie du psychisme qui voit les choses de manière réaliste, qui contrôle les actions de l'individu et qui peut retarder la satisfaction des pulsions; le moi joue le rôle de médiateur entre le ça et la réalité ou entre le ça et le surmoi.

Principe de réalité

Principe qui, selon Freud, régit le fonctionnement du moi en cherchant des exutoires pour les énergies pulsionnelles tout en tenant compte des contraintes du monde réel.

La Jeune fille et la mort, d'Edvard Munch. Le ça renferme deux types de pulsions: les pulsions de vie et les pulsions de mort.

du cheval, il ne lui reste souvent qu'à se laisser conduire là où le cheval veut aller ; de même le *moi* traduit généralement en action la volonté du *ça* comme si elle était sa propre volonté. » Mais si le rôle du moi est ainsi souvent réduit à celui d'un simple exécutant des demandes du ça, l'idéal thérapeutique de Freud est justement de le consolider. Selon lui, une personne mature et en bonne santé psychique devrait posséder un moi assez solide pour maîtriser ses pulsions, trouver des moyens réalistes de les satisfaire et renoncer aux illusions qui lui font prendre ses désirs pour des réalités. « Le *moi* doit déloger le *ça*. C'est là une tâche qui incombe à la civilisation. » (Freud, 1933)

Le **surmoi** est le dernier système de la personnalité à se développer. Il représente la voix de la moralité, les règles émises par les parents et la société ainsi que le pouvoir de l'autorité. Il est régi, non par le principe de plaisir ou le principe de réalité, mais par ce qu'on pourrait appeler le **principe de morale ou de perfection** (Bergeron et Bois, 1999, p. 27).

Surmoi

Terme psychanalytique désignant la partie du psychisme qui représente la moralité et les normes sociales intériorisées.

Principe de morale ou de perfection

Principe qui régit le fonctionnement du surmoi en cherchant à conformer les actions du moi aux conceptions du bien et du mal que l'individu a intériorisées par l'entremise de ses parents et de la société.

Intériorisation

Processus inconscient par lequel l'individu, au cours de son développement, intègre de façon durable dans sa propre personnalité des actions, des idées ou des sentiments qu'il observe chez des personnes importantes de son environnement.

Dans la théorie freudienne, le surmoi se forme par l'**intériorisation** que fait l'enfant des règles et des principes moraux que lui inculquent ses parents et, par leur intermédiaire, la société. Avant cette intériorisation, l'individu peut obéir à de telles règles, mais il ne le fait que s'il perçoit qu'une autorité extérieure bien présente et visible le récompensera ou le punira en fonction de son comportement. Après l'intériorisation des règles, l'individu s'y conforme généralement, même en l'absence de toute autorité visible. Si jamais il les transgresse, il se sentira probablement coupable et honteux : c'est alors son surmoi qui le punit, jouant ainsi envers son moi, à l'intérieur même de sa personnalité, le rôle que jouaient ses parents quand il était plus jeune.

Le surmoi est constitué de deux sous-systèmes : l'idéal du moi et la conscience morale. L'*idéal du moi* comprend des normes morales et sociales que l'individu finit par faire siennes. Il correspond à notre conception de ce qui est bien. La *conscience morale* représente la voix intérieure qui avertit que nous avons fait quelque chose de répréhensible. En d'autres termes, c'est notre conception de ce qui est mal.

Le surmoi juge les activités du moi, suscitant chez une personne des sentiments agréables (fierté, satisfaction) lorsqu'elle a bien agi et des sentiments désagréables (culpabilité, honte) lorsqu'elle a enfreint les règles. Il peut également inciter la personne à se récompenser ou à se punir elle-même par des gestes concrets. La personne fière d'elle-même parce qu'elle vient d'agir conformément aux règles de son surmoi peut s'offrir de petites gâteries dont elle se serait privée autrement : un repas dans un bon restaurant, de nouveaux vêtements, etc. Inversement, la personne écrasée par la culpabilité peut se punir elle-même en se privant de ses plaisirs habituels ou en s'infligeant des sévices corporels (comme les religieux qui, autrefois, se flagellaient).

Conflit intrapsychique

Terme psychanalytique désignant l'opposition entre des exigences contraires à l'intérieur même de la personnalité, c'est-à-dire entre ses trois systèmes (le ça, le moi et le surmoi).

Acte manqué

Petit geste de l'individu, opposé à son intention consciente. Les actes manqués semblent être de simples accidents, mais, selon Freud, ils peuvent exprimer des pulsions plus ou moins bien contrôlées par le moi et toucher de façon inattendue le comportement de la personne.

Une plaisanterie connue résume bien les rôles respectifs du ça, du moi et du surmoi. Le ça dit : « Je veux cela et je le veux tout de suite. » Le surmoi réplique : « Tu ne peux pas l'avoir parce que c'est mauvais pour toi. » Alors, le moi, ce médiateur rationnel, intervient : « Voyons ! Tu pourras l'avoir en partie, mais plus tard. » Selon Freud, une personnalité normale présente un équilibre relatif entre les trois systèmes, et les conflits qui les opposent sont d'une intensité modérée. Par contre, dans une personnalité perturbée, se trouvent des déséquilibres marqués ou des conflits particulièrement aigus. Par exemple, si le ça est trop fort, la personne est gouvernée par ses impulsions et ses désirs égoïstes ; si le surmoi est prédominant, la personne est rigide, moralisatrice et tyrannique ; si le moi est trop faible, la personne est incapable de faire la juste part entre, d'un côté, ses besoins personnels et ses désirs, et, de l'autre, les exigences sociales et les limites imposées par la réalité. De même, si un surmoi très rigide s'oppose à un ça dont les pulsions sont particulièrement fortes, le conflit risque d'être trop intense pour le moi, qui ne sera plus capable de concilier les tendances opposées le tiraillant. Freud explique de nombreux phénomènes par l'intensité particulière de tels **conflits intrapsychiques** : **actes manqués**, symptômes névrotiques, angoisse, etc.

RÉPONSES, p. 156

Selon Freud, la structure de la personnalité est composée de trois systèmes: le ça, le moi et le surmoi. Le texte ci-dessous décrit le comportement de trois personnes. Déterminez le système qui semble prédominer chez chacune d'elles et justifiez vos réponses.

Vous accompagnez votre nouvel ami dans sa famille pour célébrer le jour de l'An. Vous rencontrez trois de ses cousins.

Le premier s'appelle Eugène. Après les présentations, il vous demande des renseignements sur les programmes offerts dans votre cégep parce qu'il projette de reprendre bientôt ses études. Il vous raconte qu'il a parfois le fantasme de devenir le mahatma Gandhi du XXIᵉ siècle: celui qui, à la lumière du flambeau de la Raison, mènerait les masses opprimées de la Terre vers une Ère nouvelle de Justice et de Liberté. Cependant, il ajoute aussitôt que son véritable objectif, plus modeste, est de devenir travailleur social, ce qui représente pour lui une sorte de compromis entre son idéal social et la nécessité de gagner sa vie. Puis, quelqu'un lui offre des hors-d'œuvre, mais il les refuse en disant qu'il veut garder un peu d'appétit pour le dessert.

Le deuxième se prénomme Octave. Il se présente à vous en se tenant très raide, les lèvres pincées, le regard froid. Il commence par vous dire – en fixant votre verre de bière d'un œil sévère – qu'il regrette d'être venu, qu'il ne devrait pas participer à des soirées où les gens s'enivrent comme des barbares. Il ne danse pas, ne chante pas, ne rit pas. Durant toute la réception, il ne mange qu'un morceau de pain sec et un bout de céleri. À la fin de la soirée, quelqu'un a réussi à le convaincre de boire la moitié d'un verre de vin. Il sourit même furtivement, lorsque le vieil oncle Eusèbe raconte une de ses traditionnelles plaisanteries grivoises. Mais tout de suite après, vous le voyez prendre brusquement son manteau et partir en catastrophe. Par la suite, quelqu'un vous raconte qu'il l'a vu tomber dans l'escalier et se relever en s'apostrophant lui-même: «Espèce de brute! Ça t'apprendra!»

Le troisième s'appelle Albert. Vous ne l'avez pas vu s'approcher, et il est soudain planté devant vous. Tout en mangeant et en buvant, il vous explique que ce n'est pas toujours drôle d'être une grande vedette de cinéma comme lui. Pourtant, vous avez la certitude de n'avoir jamais entendu parler de lui. Puis, aussi brusquement qu'il est arrivé, il vous quitte et se précipite vers une de ses charmantes cousines qu'il vient d'apercevoir. Un peu plus tard, vous le croisez dans le couloir menant à la salle de bain. Il est seul, mais il s'adresse à une interlocutrice imaginaire, et tout laisse présager qu'ils finiront la soirée ensemble. Finalement, vous apprenez plus tard que son frère a dû le ramener de force chez lui lorsqu'il a voulu se battre avec quelqu'un qui avait eu un morceau de gâteau plus gros que le sien.

Conscient, préconscient ou inconscient?

Le ça, le moi et le surmoi constituent donc pour Freud les trois grandes composantes de la personnalité. Pour lui, chaque pensée ou émotion qui résulte de l'action de l'une ou de plusieurs de ces instances peut être consciente, préconsciente ou inconsciente.

Freud définit comme **conscient** ce à quoi nous pensons très exactement en ce moment même. Présentement, vous êtes donc conscient de cette définition, que vous êtes en train de lire. C'est ce à quoi vous pensez ici et maintenant. La conscience est ainsi une qualité très momentanée d'un phénomène psychique: ce dont nous sommes conscients change très rapidement d'un moment à l'autre. Il y a cinq minutes, vous étiez peut-être conscient d'une autre partie de ce chapitre ou de ce qu'un de vos camarades était en train de vous dire. Dans quelques instants, vous serez peut-être conscient d'un rayon de soleil qui entre par la fenêtre ou d'une démangeaison au petit orteil gauche.

> **Conscient**
>
> Dans la théorie psychanalytique, terme qui qualifie ce à quoi nous pensons très exactement en ce moment, ce à quoi nous sommes occupés à penser ici et maintenant.

Ce qui est **préconscient**, c'est ce à quoi nous ne sommes pas en train de penser en ce moment même, mais qui pourrait facilement devenir conscient avec un petit effort. Par exemple, il y a quelques instants, vous ne pensiez probablement pas à la date de votre anniversaire ni à votre numéro de téléphone. Ces idées étaient à ce moment préconscientes. Elles ont pu devenir brièvement conscientes si, en lisant la phrase précédente, vous vous êtes arrêté pour y penser, ce qui a pu facilement se produire. Dans quelques instants, vous n'y penserez plus: ces idées seront redevenues préconscientes. Nous voyons donc que, pour Freud, les pensées circulent assez facilement et librement entre le conscient et le préconscient.

Il en va tout autrement de ce qui est **inconscient**. Ce mot qualifie ce à quoi nous ne pouvons pas penser parce que le moi et le surmoi s'y opposent, parce que ce serait trop angoissant.

> **Préconscient**
>
> Dans la théorie psychanalytique, terme qui qualifie ce à quoi nous ne sommes pas en train de penser en ce moment même, mais dont nous pourrions facilement nous souvenir avec un petit effort.
>
> **Inconscient**
>
> Dans la théorie psychanalytique, terme qui qualifie ce à quoi nous ne pouvons pas penser parce que le moi et le surmoi s'y opposent, parce que ce serait trop angoissant. Selon Freud, les pensées et les désirs inconscients exercent une influence indirecte mais importante sur les comportements, les émotions et les pensées conscientes de l'individu.

Selon Freud, une bonne partie de nos pensées sont ainsi maintenues automatiquement à l'écart de notre conscience. Peu de mères, par exemple, se complairaient longuement dans des fantasmes où elles verraient avec joie mourir leurs propres enfants. Pourtant, il n'est pas impossible que plusieurs d'entre elles aient un certain regret du temps où elles n'étaient pas encore chargées des responsabilités de mère et ressentent un certain désir de retourner à cette époque plus libre et insouciante. Peu de gens, de même, passent beaucoup de temps à se souvenir de moments de leur vie où ils ont pensé ou agi d'une manière qu'ils trouvent eux-mêmes condamnable ou honteuse.

Qu'advient-il alors de telles pensées? Pour Freud, elles ne disparaissent pas simplement parce qu'elles sont inacceptables sur le plan moral ou dérangeantes sur le plan émotif. Elles demeurent simplement inconscientes, à des degrés divers. Or, c'est justement parce qu'elles échappent ainsi au contrôle conscient qu'elles peuvent avoir un effet indirect sur les comportements et les pensées conscientes de l'individu.

La psychanalyse se définit d'ailleurs par un intérêt marqué pour la partie inconsciente de l'être humain. Pour Freud comme pour ceux qui se sont ensuite réclamés de lui, l'inconscient individuel contient un grand nombre de pensées et d'émotions: certaines sont récentes et liées à des situations présentes; d'autres sont refoulées depuis longtemps, comme les désirs sexuels ou agressifs ressentis au cours de notre enfance à l'égard de membres de notre propre famille. Dans cette perspective théorique, les désirs et les conflits inconscients exercent une influence aussi considérable qu'insidieuse sur le comportement général de l'individu et ils jouent un rôle majeur dans la genèse des troubles psychologiques. C'est donc tout cela qui doit être le principal objet d'étude de la psychologie.

LA MOTIVATION SELON LA THÉORIE FREUDIENNE

En psychologie, le mot « motivation » évoque un moteur, une force qui incite l'individu à se mouvoir. Pour Freud, cette force est constituée de ce qu'il appelle les *pulsions*.

Il s'agit là d'un concept complexe, chaque pulsion comprenant quatre aspects: la source, le but, l'objet et la poussée (Freud, 1915/1968). Prenons l'exemple de la faim. La *source* serait un ensemble de processus physiologiques se déroulant, entre autres, dans le système digestif et le cerveau de l'individu qui n'a pas mangé depuis un certain temps et qui lui font ressentir une tension. Le *but* serait l'activité à laquelle la pulsion incite, c'est-à-dire l'ingestion de nourriture, et qui pourrait apaiser les processus physiologiques à la source de la faim. L'*objet* serait la chose extérieure, nécessaire pour accomplir cette activité: une pomme, un gâteau, etc. Enfin, la *poussée* désignerait l'intensité de la pulsion, la force avec laquelle elle incite l'individu à agir. Dans notre exemple, la poussée serait ce qui fait la différence entre avoir une petite fringale et être carrément affamé.

Dans une des parties les plus spéculatives de sa théorie, Freud (1920) distingue deux grandes pulsions fondamentales innées. La première est la *pulsion de vie*, qui pourrait aussi être appelée pulsion sexuelle, à condition de donner à cet adjectif un sens très large, recouvrant tous les plaisirs qui, dans le langage courant, sont qualifiés de sensuels. La seconde est la *pulsion de mort*, ou pulsion agressive, que Freud considère comme présente chez tous les êtres vivants.

Lorsqu'il qualifie ces pulsions de « fondamentales », Freud veut dire que tous les petits désirs que nous pouvons ressentir quotidiennement sont *dérivés* d'au moins une de ces deux grandes pulsions. C'est notre expérience passée qui a canalisé les pulsions fondamentales dans des directions particulières, qui les a attachées à des objets précis. Par exemple, être amoureux d'une collègue de travail ou raffoler du sorbet au citron seraient deux désirs dérivés de la pulsion fondamentale de vie. Ces désirs seraient alimentés par cette pulsion, un peu comme la musique de votre chaîne stéréo et la lumière de votre lampe sont « nourries » par une même source, à savoir le courant qui provient de la centrale électrique.

Un des grands objectifs de la psychanalyse en tant que méthode de traitement est d'ailleurs de rendre conscient l'inconscient. Freud et ses disciples considèrent qu'en devenant conscients de nos conflits intrapsychiques, nous serons davantage en mesure de leur trouver une solution rationnelle et de les contrôler, nous libérant ainsi de leur emprise.

L'angoisse selon la théorie freudienne

L'**angoisse** joue un rôle important dans la théorie freudienne. C'est l'angoisse qui force le moi à recourir à ses mécanismes de défense (voir la section suivante). C'est elle qui, parfois, submerge complètement le moi et qui lui fait vivre une expérience traumatisante. C'est elle, enfin, qui constitue souvent le principal symptôme poussant un patient à consulter un psychanalyste.

Nous connaissons tous plus ou moins l'angoisse. Chacun de nous peut la ressentir comme une expérience émotionnelle désagréable, voire pénible. En ce sens, elle ressemble à d'autres états déplaisants, tels que la douleur ou la tristesse, mais elle s'en distingue tout de même assez nettement. Pour Freud, l'angoisse est, par définition, une expérience subjective consciente, il n'y a pas d'angoisse inconsciente. Nous ne pouvons pas être conscients des causes et des sources de notre angoisse, mais nous sommes conscients de l'angoisse elle-même. Si nous n'en ressentons pas, c'est qu'il n'y en a pas. Freud distingue trois sortes d'angoisse en fonction de leur source: l'angoisse devant un danger réel, l'angoisse névrotique et l'angoisse morale.

La source de l'*angoisse devant un danger réel* se trouve dans le monde extérieur, qui présente une menace réelle pour l'individu. En d'autres termes, il existe quelque chose dans le monde extérieur qui risque de créer beaucoup de douleur et de déplaisir à l'individu. C'est exactement ce qui se passe quand nous rencontrons un ours affamé au cours d'une promenade en forêt, quand nous sommes à bord d'un avion qui pique du nez ou quand nous nous trouvons face à quelqu'un qui brandit un couteau de façon menaçante. Devant des situations réellement angoissantes, nous apprenons tous à réagir soit par la fuite, soit par le combat. Ainsi, l'angoisse éprouvée devant un danger réel ne se limite pas à un sentiment désagréable, elle a aussi son utilité. C'est un signal d'alarme envoyé au moi pour lui faire prendre les mesures qui s'imposent afin que nous échappions au danger.

Si le moi ne peut éviter le danger, la personne peut être submergée par l'angoisse. C'est ce que Freud appelle une expérience traumatisante. Le petit enfant est particulièrement exposé aux expériences traumatisantes, car il dispose de bien peu de moyens pour affronter l'angoisse. Son moi est trop faible: sa musculature et sa coordination musculaire ne sont pas assez développées, et il n'a pas une connaissance suffisante du monde pour comprendre ce qui lui arrive.

Dans l'*angoisse névrotique*, la menace ne provient pas d'une chose extérieure réelle, mais de l'intérieur de la personne, de son ça. La personne a peur de ce qui se produirait si son moi perdait la maîtrise des pulsions du ça et se montrait incapable de réprimer ses envies de commettre des actes interdits ou d'avoir des pensées immorales. Par exemple, un patient obsessif-compulsif pourrait craindre de retourner dans un parc après y avoir aperçu au cours de sa dernière promenade une grosse branche d'arbre tombée sur le bord du chemin, de peur d'être saisi du désir incontrôlable de s'en emparer pour assommer les passants.

Une personne peut ressentir une angoisse névrotique sans toutefois être consciente de sa cause. Elle croit alors que l'angoisse provient d'un danger extérieur, alors qu'en réalité, sa peur est disproportionnée par rapport à la menace réelle. Par exemple, une personne a la phobie des couteaux au point de refuser de s'en servir, même pour faire la cuisine. Bien sûr, le propre d'un couteau étant de couper, cet objet présente un danger réel. Cependant, il est évident que l'angoisse éprouvée par cette personne dépasse de loin le risque réel de se couper. Selon Freud,

Le Cri, *d'Edvard Munch.*
L'angoisse sous toutes ses formes joue un rôle important dans la théorie de Freud.

il pourrait s'agir en réalité chez cette personne de la peur de ses propres pulsions agressives, de la peur de perdre le contrôle de ses actes et de tenter de poignarder quelqu'un si jamais elle tenait un couteau à la main.

Une telle peur de perdre la maîtrise des pulsions du ça a d'abord été une angoisse éprouvée devant un danger réel avant de devenir une angoisse névrotique. C'est parce que certains désirs

sont frappés d'interdit durant l'enfance, parce que leurs manifestations sont sévèrement punies par des sanctions très réelles et très humiliantes que nous finissons par avoir peur de nos propres pulsions. Sans punition pour nos actes impulsifs, sans développement d'un surmoi, il n'y aurait aucune raison d'avoir peur de nos propres pulsions. L'angoisse névrotique est beaucoup plus difficile à éliminer que l'angoisse devant un danger réel, principalement parce que la personne qui en souffre ne peut pas éviter le danger aussi facilement. Comme ce danger se trouve, d'une certaine façon, en elle-même, elle ne peut le fuir en allant ailleurs ou en luttant.

L'*angoisse morale* est perçue généralement comme un sentiment de culpabilité ou de honte. La source du danger n'est ni la réalité extérieure ni les pulsions du ça, mais plutôt le surmoi, en particulier la conscience morale. Calvin Hall (1957) illustre cette notion par l'exemple suivant. Un patient

Il est normal de ressentir de l'angoisse lors d'un premier saut en parachute. Cependant, une personne aux prises avec une angoisse névrotique peut éprouver un symptôme de la même nature dans une situation qui ne comporte pas de menace réelle.

avait peur des hauteurs: qu'il s'agisse de tours, de montagnes ou de falaises, il craignait de tomber et de se tuer. Il y avait bel et bien un danger pour ce patient, mais seulement s'il se montrait inattentif ou maladroit. Son angoisse était clairement disproportionnée avec la réalité. D'un point de vue freudien, il est possible qu'un tel patient ait peur de son propre surmoi. S'il a commis auparavant des actes que son surmoi réprouve, il peut avoir peur que ce dernier, pour le punir de ses fautes, le pousse à se suicider en sautant du haut d'une tour ou d'une falaise.

LES ÉMOTIONS SELON LA THÉORIE FREUDIENNE

Pour Freud, les émotions sont en lien étroit avec les pulsions. Les sentiments que nous éprouvons résultent de la satisfaction ou de la frustration de nos pulsions. Cela engendre non seulement le plaisir ou la douleur en tant que tels, mais aussi l'attachement et l'affection à l'égard des personnes, des objets ou des endroits que nous associons à la satisfaction ou, au contraire, l'aversion et la haine à l'égard de ce qui est lié à la frustration.

Même la fierté ou la honte dépendent des pulsions. Lorsque l'individu réussit un exploit qui remplit ou qui dépasse les exigences de son surmoi, il satisfait certaines pulsions sexuelles, de façon indirecte et sublimée, en se prenant lui-même pour objet. L'individu fier de lui-même est en quelque sorte amoureux de lui-même ou, en d'autres

termes, il éprouve une satisfaction narcissique. Inversement, celui qui transgresse les règles de son surmoi devient lui-même un obstacle à la satisfaction de ses pulsions sexuelles narcissiques. Il devient donc pour lui-même un objet de haine et d'aversion: il se sent coupable ou honteux.

Freud souligne d'ailleurs que la même personne ou le même objet peut à la fois faciliter et restreindre la satisfaction des pulsions, engendrant ainsi à la fois l'amour et la haine. C'est ce qu'il appelle des sentiments *ambivalents*, c'est-à-dire des sentiments opposés envers la même personne. Beaucoup de gens ont d'ailleurs du mal à accepter consciemment cette ambivalence et doivent refouler au moins un des sentiments opposés pour éviter l'angoisse.

Afin de soulager leur angoisse morale, certaines personnes cherchent à expier leurs fautes. Ainsi, elles agiront de façon à attirer sur elles-mêmes une punition extérieure. Par exemple, un homme se sent coupable d'avoir détourné à son profit une somme d'argent qui revenait de droit à son frère. Quelques semaines plus tard, bourrelé de remords, il commet un acte totalement inhabituel pour lui : un vol à l'étalage. Il le fait cependant de manière tellement maladroite qu'il se fait immédiatement repérer. Nous pouvons supposer que c'est exactement le résultat recherché : en se faisant arrêter, il s'attire une punition réelle qui lui permet d'expier psychologiquement l'acte dont il s'est rendu coupable au détriment de son frère, ce qui soulagera son angoisse morale.

Avec ses études de cas, Freud a voulu montrer combien les êtres humains peuvent faire preuve d'une prodigieuse imagination dans la mise en œuvre de tels moyens symboliques et « magiques » pour tenter de conjurer l'angoisse névrotique ou morale. C'est ainsi qu'il a élaboré sa conception des mécanismes de défense, à laquelle de nombreux psychologues font toujours référence.

Les mécanismes de défense

Lorsque les désirs de son ça se heurtent aux interdits de la morale ou lorsque la réalité impose des exigences qui dépassent ses capacités d'adaptation, la personne peut ressentir de l'angoisse.

« Désolé, je ne parle à personne ce soir. Mes mécanismes de défense ne fonctionnent pas bien. »

Son moi cherchera à atténuer cette tension en recourant à des mécanismes de défense. Ceux-ci présentent deux caractéristiques : ils servent à nier ou à déformer la réalité ; et ce sont des phénomènes inconscients. Freud affirme que les mécanismes de défense du moi sont utiles et nécessaires pour échapper à des conflits désagréables et à l'angoisse ; ils ne deviennent nuisibles que lorsqu'ils causent des troubles émotionnels ou des comportements autodestructeurs. Freud décrit 17 mécanismes de défense ; d'autres psychanalystes ont par la suite enrichi et modifié cette liste. Voici quelques-uns des principaux mécanismes de défense reconnus de nos jours par la plupart des psychodynamiciens (Horowitz, 1988 ; Vaillant, 1992) et par la fille de Freud, Anna (1946), elle-même éminente psychanalyste.

1 LE REFOULEMENT consiste à empêcher une idée, une émotion ou un souvenir menaçants d'atteindre la conscience. Par exemple, nous disons d'une personne qui ne peut se rappeler une expérience terrifiante vécue durant son enfance qu'elle en refoule le souvenir. Le terme « refoulement » n'a rien à voir avec le fait de se mordre consciemment la langue pour ne pas révéler un secret coupable. Il désigne l'effort du moi pour garder cachés des pensées et des sentiments honteux résidant dans l'inconscient, de sorte que la personne elle-même n'en est pas consciente. Du point de vue psychodynamique, ceux qui disent ne jamais se souvenir de leurs rêves ou n'avoir jamais de fantasmes sexuels ont probablement recours au refoulement. Le refoulement est généralement considéré comme la base de tous les autres mécanismes de défense, chacun d'entre eux y ajoutant quelque chose de particulier.

2 LA PROJECTION consiste à refouler les pulsions que le surmoi considère comme honteuses ou menaçantes et à les attribuer ensuite à quelqu'un d'autre. Ainsi, un garçon qui déteste son père (pulsion agressive) peut se sentir angoissé de ne pas aimer une personne dont il dépend (conscience morale). Il projettera alors (défense du moi) ses propres sentiments sur son père et affirmera : « Il ne m'aime pas. » De même, une personne se sentant mal à l'aise d'éprouver une attirance sexuelle envers des membres d'une ethnie autre que la sienne est susceptible de projeter son embarras sur eux, en disant par exemple: «Ces gens ont l'esprit mal tourné: ils ne pensent qu'au sexe.»

3 LA FORMATION RÉACTIONNELLE consiste à transformer un sentiment suscitant de l'angoisse sur le plan inconscient en son contraire sur le plan conscient. Par exemple, une personne excitée par des images purement érotiques (manifestation du ça) affirmera sur un ton indigné que la pornographie est dégoûtante (réaction du moi et du surmoi). De même, une femme ayant peur d'admettre qu'elle n'aime pas son mari se raccrochera sur le plan conscient à la croyance qu'elle l'aime vraiment. Comment déterminer, alors, l'authenticité d'une émotion? La plupart du temps, quand il y a formation réactionnelle, le sentiment conscient est excessif: la personne «en fait trop», elle ne peut s'empêcher de manifester de façon exagérée ce qu'elle prétend ressentir (par exemple, «Est-ce que je l'aime? Mais *bien sûr* que je l'aime! Je *n'ai jamais* eu la moindre pensée malveillante à son égard! Il est parfait!»).

4 LA FIXATION ET LA RÉGRESSION sont respectivement le maintien et le retour d'un individu à un stade primitif de son développement psychique. Selon Freud, la personnalité se développe en suivant des stades, s'échelonnant de la naissance à la maturité. Notons toutefois que chaque stade s'accompagne d'une certaine frustration et d'anxiété. Dans le cas où ces sentiments sont trop intenses, le développement normal est interrompu, et l'enfant reste *fixé* au stade en cours (par exemple, il continuera indéfiniment à dépendre étroitement des autres). Une expérience traumatisante peut aussi causer une régression. Ainsi, un garçon de huit ans que le divorce de ses parents a rendu anxieux recommencera à sucer son pouce ou à se cramponner aux autres. Les adultes font parfois preuve de *fixations partielles* qu'ils ne dépassent jamais (par exemple, se ronger les ongles) et certains régressent quand ils sont soumis à de fortes tensions, adoptant alors un comportement immature (par exemple, se mettre en colère à la moindre contrariété).

5 LE DÉNI est le refus de reconnaître qu'une chose désagréable est en train de se produire, pratiquement sous nos yeux. Par exemple, une personne au visage empourpré serre les poings en disant rageusement qu'elle n'est pas en colère ou un alcoolique nie sa dépendance à l'alcool. Par ailleurs, le déni entretient l'illusion d'invulnérabilité («Cela ne m'arrivera jamais») et il explique bien des comportements autodestructeurs ou dangereux. Une femme qui fait semblant de ne pas savoir qu'elle a une tumeur à un sein, un homme qui se dit «Ce n'est qu'une indigestion» alors qu'il vient d'avoir une crise cardiaque, une personne diabétique qui ne prend pas ses médicaments, voilà autant d'exemples de déni.

6 L'INTELLECTUALISATION consiste à transformer un problème concret auquel nous ne voulons pas faire face en un problème théorique très abstrait, plus vague et moins menaçant. Par exemple, à la puberté, un adolescent peut éprouver de la culpabilité à se masturber (surmoi, conscience morale) tout en ayant l'impression d'être incapable de s'en abstenir (ça, pulsion sexuelle). Une fois intellectualisé, le problème peut se transformer en interrogation philosophique sur le rôle du plaisir sensuel dans la vie humaine: s'agit-il d'un penchant naturel bénéfique ou d'un asservissement avilissant au monde limité de la matière et des sens? Ce qui était à l'origine un problème personnel et concret devient un problème théorique hautement abstrait. Cela ne veut pas dire que ce questionnement philosophique ou moral n'ait pas de valeur en lui-même: cela signifie que les réflexions de cette personne sont teintées d'une dynamique affective très personnelle.

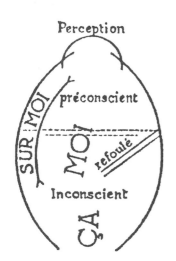

Perception

SUR-MOI

préconscient

MOI

refoulé

Inconscient

ÇA

Dessin de Freud illustrant la structure de la personnalité psychique.

7 **LE DÉPLACEMENT ET LA SUBLIMATION** sont des processus par lesquels une pulsion (souvent agressive ou sexuelle) délaisse un objet pour s'orienter vers un autre, plus accessible ou moins menaçant. Par exemple, un jeune garçon à qui on a interdit de se mettre en colère contre son père « se déchargera » de cette pulsion sur ses jouets ou sur sa sœur cadette. Nous pouvons déplacer des pulsions agressives suscitées par un conflit vers les sports de contact plutôt que de les exprimer directement. Dans le cas où le déplacement sert un but supérieur utile, de nature culturelle ou sociale, comme la création artistique ou l'invention scientifique, il porte le nom de *sublimation*. Ainsi, la sublimation des pulsions sexuelles peut mener l'individu à écrire des poèmes ou d'autres textes littéraires dans lesquels il exprime la passion. Pour Freud, la sauvegarde de la civilisation et de la vie elle-même exige le déplacement d'une bonne part des énergies sexuelles et agressives, et leur sublimation en des formes constructives et convenant à la vie en société.

8 **LA RATIONALISATION** consiste à donner une explication moralement acceptable à une action dont les véritables motifs sont refoulés. Imaginons un père qui déteste le petit ami de sa fille par jalousie, parce qu'il éprouve lui-même des désirs sexuels envers sa fille. S'il exprime son hostilité à l'égard du jeune homme, il n'en dévoilera cependant pas les véritables motifs, ni aux autres ni à lui-même. Il s'inventera donc une raison parfaitement « raisonnable » de ne pas l'aimer : il dira que ce n'est pas un garçon convenable, qu'il est insolent ou que c'est un bon à rien.

Selon Freud, les mécanismes de défense protègent le moi contre l'angoisse et lui permettent ainsi de remplir ses tâches sans trop d'inconfort, mais ils entraînent par ailleurs une perception faussée de soi-même ou du monde extérieur. La diversité des personnalités naît, d'une part, du fait que les individus n'emploient pas les mêmes défenses avec le même degré de rigidité et, d'autre part, du fait que les mêmes défenses permettent à certains individus d'agir adéquatement, alors qu'elles causent des troubles chez d'autres (Bernstein et Warner, 1993 ; Vaillant, 1992).

 Qu'avez-vous appris ?

RÉPONSES, p. 156

Pour chacun des exemples suivants, déterminez le mécanisme de défense probablement à l'œuvre selon la théorie freudienne.

1. Quand on lui a présenté Robert, un nouveau collègue de travail, Artémise a soudain éprouvé une sensation de chaleur intense. Quand Robert est venu lui demander un renseignement, elle a senti ses jambes flageoler et n'a pu retenir un sourire radieux. Plus tard, en voyant sa collègue Sophie aider Robert à s'installer dans son bureau, elle a eu nettement l'impression que Sophie avait des manières aguichantes et flirtait avec le nouveau venu. Pourtant, Sophie voulait simplement être polie à l'endroit de Robert.

2. Gontran fait partie d'une troupe de théâtre. Dans sa vie quotidienne, il se comporte de façon aimable et réservée, il n'exprime jamais d'agressivité. Au théâtre, il aime surtout jouer des rôles de personnages puissants et cruels. Le plaisir qu'il en tire rend son jeu tout à fait remarquable et rehausse de beaucoup la qualité des spectacles.

3. Monsieur Harpagon est un homme irritable dont le caractère semble empirer d'année en année. Il administre régulièrement à ses enfants des corrections et les brutalise à tout propos. On dirait qu'il tire plaisir de cette violence, bien qu'il ne veuille pas l'admettre. Il prétend agir ainsi pour le bien de ses enfants, ajoutant qu'ils ont besoin d'apprendre la discipline pour aboutir à quelque chose dans la vie.

4. Jean-Guy s'est réveillé tout en sueur la nuit dernière. Il avait rêvé qu'il se trouvait dans un bar gai et se sentait vaguement flatté des regards admiratifs et séducteurs des hommes qui l'entouraient. À son réveil, il s'est senti particulièrement troublé d'avoir eu ce rêve, lui qui ne cesse de se moquer des homosexuels, qui brûle les feux rouges parce qu'il trouve cela viril et qui refuse de s'excuser quand il bouscule quelqu'un au passage, de peur d'avoir l'air efféminé.

5. Antoine est propre depuis l'âge de trois ans. À sept ans, il déménage avec sa famille dans une autre ville. Au cours de la première nuit de sommeil, il mouille son lit.

6. M. Hector se rend d'urgence à l'hôpital. Son fils a été victime d'un accident de la circulation et les chirurgiens tentent désespérément de le sauver. Après plusieurs heures d'attente anxieuse, M. Hector voit venir un médecin qui lui annonce avec regret la mort de son fils. M. Hector s'assied pour mieux encaisser le choc. Au bout de quelques minutes, il retourne voir le médecin et lui demande : « Quand mon fils sera-t-il rétabli ? »

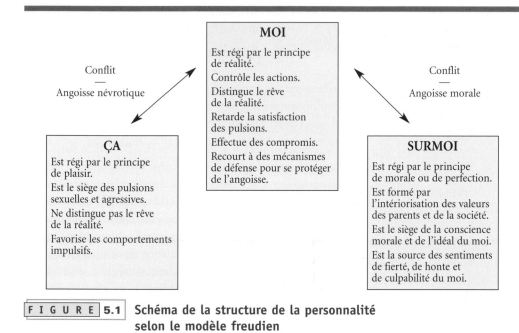

MOI

Est régi par le principe
de réalité.

Contrôle les actions.

Distingue le rêve
de la réalité.

Retarde la satisfaction
des pulsions.

Effectue des compromis.

Recourt à des mécanismes
de défense pour se protéger
de l'angoisse.

Conflit
—
Angoisse névrotique

Conflit
—
Angoisse morale

ÇA

Est régi par le principe
de plaisir.

Est le siège des pulsions
sexuelles et agressives.

Ne distingue pas le rêve
de la réalité.

Favorise les comportements
impulsifs.

SURMOI

Est régi par le principe
de morale ou de perfection.

Est formé par
l'intériorisation des valeurs
des parents et de la société.

Est le siège de la conscience
morale et de l'idéal du moi.

Est la source des sentiments
de fierté, de honte et
de culpabilité du moi.

FIGURE 5.1 Schéma de la structure de la personnalité
selon le modèle freudien

Somme toute, la théorie psychanalytique repose sur l'idée que tout être humain est perpétuellement en état de conflit, que ce soit à la recherche de l'équilibre intérieur entre les demandes du ça et celles du surmoi ou à la recherche de l'équilibre extérieur entre ses désirs et les exigences du milieu (voir la figure 5.1). Freud était tout à fait conscient que la culture, les coutumes et les lois modèlent le comportement et les désirs d'un individu. Il parle en effet avec compassion et de façon poignante des conséquences psychologiques pour les femmes de la sublimation sexuelle que la société de son époque exigeait d'elles (Freud, 1908) et des tensions inévitables entre les pulsions des êtres humains et les besoins de la société (Freud, 1930).

L'INTERPRÉTATION PSYCHANALYTIQUE DU RÊVE

Pour Freud, les rêves ont une signification très précise. Pourtant, les individus trouvent souvent leurs propres rêves bizarres, illogiques et dépourvus de sens. Pour comprendre cette contradiction apparente, Freud propose de distinguer deux éléments : le rêve manifeste et les idées inconscientes, sous-jacentes au rêve.

Le *rêve manifeste* correspond aux souvenirs que l'individu garde de son rêve à son réveil et qu'il peut raconter assez facilement. Cependant, ce rêve manifeste ne constitue, selon Freud, qu'une simple façade. Derrière ce déguisement se cacheraient des idées inconscientes qui entrent en conflit avec d'autres aspects de la personnalité du rêveur : elles exprimeraient des désirs dont celui-ci se sent coupable, des réalités qu'il ne veut pas voir, etc.

Selon Freud, le rêve permet à ces idées inconscientes de s'exprimer, mais seulement de manière indirecte. Ce n'est qu'après être passées par un mécanisme de censure, qui les rend moins facilement reconnaissables, qu'elles peuvent devenir conscientes et apparaître dans le rêve manifeste. Freud considère que le caractère souvent « bizarre » et « illogique » du rêve manifeste s'expliquerait par cette forme de censure : c'est elle qui viendrait semer la confusion pour empêcher le rêveur d'exprimer trop clairement et directement ses désirs refoulés.

L'interprétation du rêve a pour but de percer le déguisement du rêve manifeste et de démasquer les idées inconscientes que la censure cache. C'est pourquoi l'analyse du rêve est souvent employée en thérapie psychanalytique : on cherche ainsi à déterminer les désirs qui créent des conflits à l'intérieur de la personnalité.

Pour illustrer comment se fait l'interprétation psychanalytique du rêve, examinons un cas présenté par le psychanalyste Franz Alexander (1968). Un jeune homme d'affaires ambitieux rapporte en analyse le rêve manifeste suivant : il apprend qu'un de ses oncles s'est enrhumé et a succombé à une pneumonie. Ce rêve manifeste est extrêmement court et simple. Pourtant, la technique psychanalytique va le relier à un tissu très riche et complexe d'idées, de désirs et de peurs.

Pour interpréter ce rêve, le psychanalyste commence par le décomposer en ses éléments : l'ONCLE, le RHUME, la PNEUMONIE et la MORT. Puis, à partir de chacun de ces éléments, le rêveur doit faire des *associations libres* : il doit exprimer toutes les idées qui lui viennent à l'esprit.

Sur le thème de l'ONCLE, les associations sont les suivantes. Plusieurs années auparavant, le patient s'était retrouvé avec sa mère devant de graves difficultés financières à la suite du décès de son père. Le jeune homme avait alors demandé du travail à son oncle, un riche entrepreneur, mais ce dernier avait refusé de l'engager. Le patient s'était trouvé un emploi ailleurs et avait obtenu de réels succès, si bien que son patron lui avait accordé plusieurs promotions. Depuis,

le jeune homme est resté en très mauvais termes avec cet oncle, il lui en veut de ne pas l'avoir secouru dans le besoin. L'idée que son oncle puisse mourir ne lui cause aucun chagrin, bien au contraire. Par contre, le patient ne comprend pas pourquoi il a rêvé de son oncle, puisqu'ils ne sont plus en contact depuis longtemps.

Sur le thème du RHUME et de la PNEUMONIE, le patient se souvient que, le jour précédant le rêve, son patron lui a téléphoné pour l'avertir qu'il était enrhumé et qu'il ne viendrait pas travailler. Le patient a alors, pendant un bref moment, pensé que la maladie de son patron pourrait se compliquer et mener à la MORT. Le thème du patron amène le patient à faire d'autres associations. Au début de son analyse, il venait d'être promu à un poste de haute direction qu'il briguait et qui faisait de lui le bras droit de son patron. Il avait alors commencé à montrer des symptômes de dépression accompagnés d'idées suicidaires. Il était devenu compulsivement soumis à son patron, il rougissait en sa présence, il n'arrivait plus à le regarder en face et se croyait obligé de lui offrir ses services dès qu'il le croisait. Il avait refusé l'augmentation de salaire liée à cette promotion, puis s'était soudainement senti incapable d'assumer ses nouvelles responsabilités.

Sur la base de ces associations d'idées, le psychanalyste fit l'interprétation suivante du rêve. Le patient avait atteint le poste le plus élevé auquel il pouvait aspirer sous l'égide de

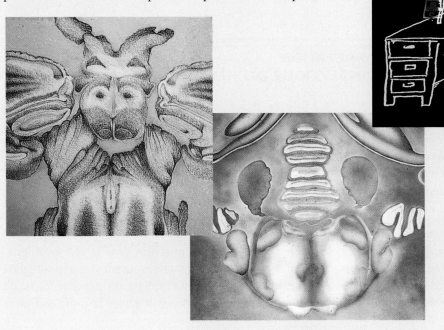

Ces dessins montrent que les rêves peuvent comporter des images abstraites ou semblables à la réalité. Ainsi, les deux dessins de gauche ont été réalisés par une personne qui étudie le cerveau, alors que le dessin ci-dessus a été effectué par un ingénieur qui, en 1939, avait rêvé d'un système automatique de classification pour le bureau.

son patron. Dès lors, la seule promotion possible était de prendre la place de son patron, qui devenait ainsi un rival et un obstacle, tout en demeurant son bienfaiteur et son modèle. Le désir du patient de voir disparaître son patron le remplissait de culpabilité. Cela se manifesta, entre autres, par l'état dépressif qui suivit sa promotion et tous les comportements de soumission exagérée à son patron, comme si le jeune homme voulait se faire pardonner les désirs hostiles dont il n'avait même pas conscience. Dans le rêve, ses désirs de mort étaient *déplacés* sur l'oncle, parce que le patient n'éprouvait aucune culpabilité à souhaiter la mort de celui-ci. Par contre, l'expression directe de l'idée de la mort de son patron aurait été pour lui effrayante et angoissante. Elle devait être *refoulée*, car elle exprimait trop explicitement un désir coupable.

Les éléments de ce rêve semblaient au départ sans rapport : l'oncle, le rhume et la mort n'apparaissaient pas reliés aux yeux du rêveur. Ce que soutiennent les psychanalystes, c'est que les idées inconscientes sous-jacentes au rêve forment en réalité un tout cohérent qui a une signification. Si le rêve manifeste semble être un assemblage d'éléments disparates, c'est qu'un mécanisme de *censure*, de *refoulement*, a brouillé les cartes. Le schéma suivant illustre bien le phénomène.

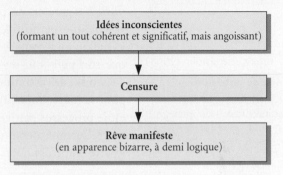

Idées inconscientes
(formant un tout cohérent et significatif, mais angoissant)

↓

Censure

↓

Rêve manifeste
(en apparence bizarre, à demi logique)

Le développement de la personnalité

Freud soutient que la personnalité s'élabore durant l'enfance en suivant cinq stades successifs bien définis. Il qualifie ces stades de *psychosexuels* parce que, selon lui, le développement psychologique dépend du fait que l'énergie sexuelle se manifeste dans différentes parties du corps au fur et à mesure que l'enfant grandit.

1 LE STADE ORAL s'étend du 12e au 18e mois de la vie. La bouche sert non seulement au bébé à s'alimenter, mais aussi à aborder le monde extérieur ; cet organe est donc, selon Freud, le centre des sensations de plaisir durant ce stade. Les adultes qui souffrent d'une fixation au stade oral rechercheront constamment une satisfaction orale, par exemple en fumant, en buvant ou en mangeant de façon excessive. Leurs relations avec leur entourage seront aussi centrées sur ce qu'elles peuvent « absorber » et « recevoir », qu'il s'agisse d'aide, d'affection ou d'idées.

2 LE STADE ANAL, qui correspond à peu près à la deuxième année de la vie, marque le début de l'élaboration du moi : l'enfant commence à prendre conscience des exigences de la réalité. Le principal enjeu de ce stade est la maîtrise du sphincter anal, l'entraînement à la propreté constituant pour l'enfant une leçon de maîtrise de soi. La fixation à ce stade, précise Freud, se révèle chez les adultes par une attitude de « rétention anale », qui consiste à tout garder pour soi et à avoir un sens obsessionnel de l'ordre et de la propreté, ou par une attitude d'« expulsion anale », caractérisée par l'hostilité grossière, la malpropreté et le caractère brouillon.

Cette femme a-t-elle une fixation au stade oral ?

3 LE STADE PHALLIQUE (OU ŒDIPIEN) s'étend approximativement de l'âge de trois à six ans. La zone érogène prépondérante est alors le pénis ou le clitoris. Durant cette phase, dit Freud, l'enfant désire écarter le parent de même sexe pour s'attribuer l'exclusivité du parent de sexe opposé. Il lui arrive souvent d'être fier d'annoncer son intention d'épouser ce dernier lorsqu'il sera grand et de rejeter le « rival » de même sexe que lui. Freud (1924a, 1924b) a donné à ce conflit le nom de **complexe d'Œdipe**, d'après la légende grecque du roi Œdipe, qui tua son père et épousa sa mère sans savoir qu'il s'agissait de ses parents. Certains psychanalystes utilisent l'expression « complexe d'Électre » pour désigner ce conflit chez la petite fille (dans une autre légende grecque, Électre était la fille d'Agamemnon), mais Freud lui-même et la plupart des psychanalystes contemporains emploient les termes « complexe d'Œdipe » et « stade œdipien », quel que soit le sexe de l'enfant.

D'après Freud, le stade phallique se déroule différemment chez les garçons et les filles. Les garçons découvrent le plaisir et la fierté d'avoir un pénis. La première fois qu'ils voient une petite fille ou une femme nue, ils sont horrifiés. Leur inconscient se dit : « Quelqu'un a coupé son pénis! Qui a bien pu lui faire une chose pareille? Ce ne peut être que son père, qui est très fort. Et s'il lui a fait cela, mon père peut aussi me le faire! » L'**angoisse de castration**, dit Freud, conduit le jeune garçon à refouler le désir qu'il ressent pour sa mère, à accepter l'autorité de son père et à s'identifier à ce dernier. L'identification est le processus par lequel le garçon s'approprie la conscience morale du père. C'est ainsi que le surmoi prend naissance. (Notons que Freud donne au mot « castration » le sens de « perte du pénis », alors qu'en médecine moderne ce terme désigne l'ablation des testicules.)

Freud admet ne pas très bien savoir comment les choses se passent pour les filles; celles-ci n'ayant pas de pénis, les stades de leur évolution ne sont évidemment pas identiques à ceux des garçons. Il suppose que la jeune fille, en voyant des organes génitaux mâles pour la première fois, est prise de panique à l'idée de n'avoir qu'un petit clitoris plutôt qu'un imposant pénis et qu'elle en conclut qu'elle *a* déjà *été* castrée : « L'enfant faisant la comparaison avec un camarade de jeux masculin [...] perçoit [son clitoris] comme un peu court et ressent ce fait comme un préjudice et une cause d'infériorité. » (Freud, 1924b) Il s'ensuit que, chez la fille, l'angoisse de castration ne peut servir de motif à l'abandon des sentiments œdipiens. L'« envie du pénis », soit le désir d'avoir un pénis, subsisterait donc en elle jusqu'à ce qu'elle devienne adulte et ait un enfant : « Son complexe d'Œdipe culmine dans le désir longtemps retenu de recevoir en cadeau du père un enfant, de mettre au monde un enfant pour lui. [...] Les deux désirs visant à la possession et d'un pénis et d'un enfant demeurent fortement investis dans l'inconscient et aident à préparer l'être féminin pour son futur rôle sexuel. » (Freud, 1924b) Par contre, prétend Freud, l'envie du pénis conduit la femme névrosée à vouloir se comporter comme un homme, par exemple en poursuivant une carrière. Dans tous les cas, dit Freud, le surmoi de la femme ne sera jamais aussi fort ni d'un niveau moral aussi élevé que celui de l'homme.

Freud pensait que les petits garçons au stade œdipien ont le fantasme de se marier avec leur mère et considèrent leur père comme un rival.

En lisant le paragraphe précédent, nous devinons facilement que cet aspect de la théorie de Freud est un des plus contestés. Même parmi les psychanalystes, tous ne reprennent pas intégralement à leur compte la conception freudienne de la psychologie féminine. Plusieurs considèrent que cette jalousie envers les garçons, que Freud retrouvait dans les souvenirs d'enfance d'un certain nombre de femmes, ne résultait pas de différences anatomiques, mais avait plutôt d'autres causes : en partie les disparités très profondes à l'époque dans le statut familial et social des deux sexes, en partie le déplacement d'autres conflits n'ayant que très peu à voir avec le sexe des individus (Horney, 1939 ; Fromm, 1980).

Quoi qu'il en soit, Freud considère que, vers l'âge de cinq ou six ans, lorsque le complexe d'Œdipe disparaît sous l'effet du refoulement et du processus d'intériorisation, les structures de la personnalité de l'enfant sont en place. Les conflits inconscients avec les parents, les fixations et les sentiments de culpabilité, ainsi que les attitudes acquises à l'égard des personnes de l'un et l'autre sexe, se maintiendront pendant toute la vie.

4 LA PÉRIODE DE LATENCE s'étend de la fin du stade phallique jusqu'à la puberté. L'enfant s'assagit, va à l'école, se fait des amis, prend de l'assurance et apprend les règles sociales de bonne conduite. Les expériences mentales et les excitations vécues pendant les stades préœdipiens et le stade œdipien, dit Freud (1924), sont maintenant refoulées, ce qui explique le phénomène de l'amnésie infantile, à savoir qu'il ne reste plus à l'enfant que quelques fragments de souvenirs des cinq premières années de sa vie. (Le point de vue cognitif sur l'amnésie relative à l'enfance est présenté au chapitre 10.)

5 LE STADE GÉNITAL, qui commence à la puberté, marque le début de ce que Freud considère comme la sexualité adulte. L'énergie sexuelle est alors localisée dans les organes génitaux et elle s'orientera vers les rapports sexuels. Les désirs sexuels reviennent donc en force, rompant avec les barrières érigées durant la période de latence. Ces désirs sont toutefois différents de ceux de la période phallique, car ils sont désormais dirigés vers l'extérieur de la famille, l'inceste demeurant tabou : les relations sexuelles avec de proches parents sont interdites, et le seul fait d'y penser suscite un sentiment d'horreur et d'indignation. Les désirs incestueux liés au complexe d'Œdipe sont donc toujours refoulés. Selon Freud, tous les individus n'atteignent pas nécessairement ce stade final. Les mécanismes de défense du moi et le déplacement de l'énergie sexuelle empêchent certaines personnes de parvenir à une sexualité génitale adulte.

FREUD ET L'ÉDUCATION : DU REFOULEMENT DES PULSIONS SEXUELLES AU PLAISIR D'APPRENDRE

La scène se passe en 1890, juste avant que Freud ne commence à présenter ses théories au grand public. Le petit Gontran, âgé de sept ans, vient d'entrer à l'école et son comportement suscite beaucoup d'inquiétude chez son institutrice et ses parents, qui se réunissent pour décider des mesures à prendre. L'enfant manifeste en effet une grande curiosité envers la sexualité, et les adultes considèrent que cet intérêt est anormal chez un si jeune enfant. Gontran leur pose, parfois avec insistance, des questions inconvenantes sur la reproduction des animaux et des êtres humains. Il demande à des camarades, garçons et filles, de lui montrer leur sexe. Enfin, comble de la dépravation aux yeux de ses parents qui l'ont pris sur le fait, il lui arrive de caresser avec plaisir ses organes génitaux ! Les adultes pensent que le petit garçon doit être soigné ou puni (ou peut-être les deux) afin de le débarrasser de ses penchants pervers.

Après plus d'un siècle, il semble évident que la société victorienne était imprégnée d'une morale sexuelle aussi prude qu'hypocrite, qui lui faisait nier certaines réalités jugées inconvenantes. Ainsi, on croyait généralement que les enfants n'éprouvaient aucune espèce de désir, d'intérêt ou de préoccupation de nature sexuelle avant la puberté. Il fallait donc les maintenir dans l'ignorance de la sexualité de manière à préserver leur innocence. Si, par malheur, un enfant manifestait de l'intérêt pour la sexualité, cette attitude jugée anormale devait être réprimée sévèrement. Même si les adolescents devaient, par nécessité, acquérir un certain nombre de connaissances en matière de sexualité, il ne fallait en aucun cas laisser ces préoccupations glisser de la théorie à la pratique. Ce n'est que chez les hommes adultes, dans un contexte précis et selon des formes bien définies, qu'une certaine satisfaction sexuelle était possible. Chez les femmes, les rapports sexuels étaient un devoir et non une source de plaisir.

C'est dans ce contexte que Freud élabore ses théories concernant l'influence des pulsions sexuelles et du refoulement sur les troubles psychologiques. Il ne tarde d'ailleurs pas à trouver des applications pédagogiques à ses théories.

Freud considère que les enfants doivent acquérir une certaine maîtrise de leurs pulsions, qu'ils doivent intégrer les valeurs morales de la société et en arriver à *sublimer* leurs tendances antisociales. Il serait malsain pour un petit garçon, par exemple, de satisfaire pleinement ses désirs œdipiens, de faire des attouchements sexuels à sa mère ou de manifester librement son hostilité envers son père. Au contraire, il doit parvenir à sublimer ses pulsions. Ainsi, sa curiosité sexuelle pourrait être sublimée dans le désir de savoir et d'apprendre en général. De même, il pourrait transformer son sentiment œdipien de rivalité avec son père en un désir de compétition scolaire ou sportive avec ses camarades. Freud (1908/1969, 1929/1971) va encore plus loin dans cette voie. Pour lui, la sublimation

de certaines pulsions serait nécessaire au maintien de la civilisation. Cette dernière s'écroulerait si les individus donnaient libre cours à leurs pulsions.

Freud souligne par ailleurs qu'il existe des limites aux exigences morales de la société envers l'individu en général et envers l'enfant en particulier. En effet, la capacité de sublimation de l'être humain n'est pas infinie; elle peut varier d'un individu à l'autre, mais elle est assez restreinte. Si le degré de sublimation exigé dépasse les capacités de l'individu, ce dernier court le risque de succomber à la névrose plutôt que de se transformer en individu adapté qui sublime ses pulsions antisociales. Ainsi, il n'aurait pas du tout été surprenant pour Freud de voir le petit Gontran manifester certains troubles émotionnels après avoir été «débarrassé» de sa «propension au vice» par ses parents et son institutrice à force d'énergiques réprimandes et punitions – par exemple, souffrir d'une phobie de l'école ou de tremblements nerveux l'empêchant d'apprendre à écrire. Pour Freud, de tels troubles émotionnels sont susceptibles de se produire si la société s'efforce de réprimer trop sévèrement les pulsions sexuelles d'un individu. Le psychanalyste critique fortement les normes éducatives et morales de la société victorienne, dont la rigueur en matière de sexualité lui semble excessive par rapport à la capacité de sublimation de la plupart des individus. Freud (1907/1969) s'oppose en particulier à la coutume de dissimuler aux

enfants les faits fondamentaux de la reproduction et de la vie sexuelle sous prétexte de préserver leur «pureté». Selon lui, il faut aborder de manière directe la question de la sexualité avec les enfants et, surtout, avec les adolescents, car les maintenir dans l'ignorance leur causera plus de tort que de bien.

Cependant, Freud ne préconise pas une éducation libertaire, qui autoriserait l'enfant à satisfaire ses pulsions sans entrave. Il prône plutôt une philosophie du juste milieu. Il faut, selon lui, favoriser chez l'enfant l'intégration de valeurs et de normes qui lui permettront à l'âge adulte de sublimer ou de maîtriser consciemment la plupart de ses pulsions plutôt que de les refouler dans son inconscient. Il devient donc nécessaire d'imposer des restrictions dans le respect des limites de la capacité individuelle de sublimation ou de maîtrise consciente. Dépasser ces limites, exiger l'impossible, conduirait l'individu à la névrose.

Les valeurs morales et la conception de l'éducation ont considérablement évolué depuis l'époque de Freud. De nos jours, peu de gens considéreraient le petit Gontran comme un enfant anormal ou pervers. Le XXe siècle regorge d'importants changements économiques, sociaux et culturels. La théorie psychanalytique s'est inscrite dans cette vague de changements, elle s'en est nourrie tout en y apportant sa contribution.

Symptôme

Terme d'origine médicale qui, en thérapie psychanalytique, désigne un comportement visible ou un sentiment conscient que le patient décrit comme pénible. Le symptôme serait la manifestation en surface d'un processus non directement visible, c'est-à-dire d'un conflit intrapsychique inconscient.

La «cure verbale»

L'influence de la théorie psychanalytique s'est surtout fait sentir dans la pratique de la psychothérapie, qu'une patiente de Josef Breuer, ami et collègue de Freud, a baptisée *my talking cure* – littéralement, «cure par la parole» (Sulloway, 1992). Selon Freud, l'examen approfondi du passé et du psychisme provoque une soudaine *prise de conscience*: pour le patient, c'est l'instant de vérité où il découvre la cause de ses **symptômes** et de son angoisse. La compréhension et le déblocage émotionnel qui en résulte éliminent alors les symptômes. La méthode novatrice de Freud a évolué pour donner naissance à de nombreuses variantes ayant toutes en commun la recherche de la prise de conscience des pulsions et des sentiments refoulés.

En psychanalyse traditionnelle, le client est allongé sur un divan et regarde dans la direction opposée à l'analyste. Celui-ci demande au patient de dire tout ce qui lui vient à l'esprit en faisant appel à l'**association libre**. Par exemple, en appliquant cette technique à ses rêves, à ses fantasmes liés à son travail et à ses souvenirs d'enfance, un cégépien paresseux pourrait faire plusieurs recoupements qui l'amèneraient à se rendre compte que ce comportement est un moyen d'exprimer sa colère contre ses parents, qui l'exhortent à une carrière ne l'intéressant pas. Idéalement, il en arriverait à cette conclusion par lui-même. Si l'analyste évoque une telle possibilité, le patient pourrait se sentir trop soucieux de ne pas déplaire à ses parents pour être capable de l'admettre.

Association libre

Méthode d'exploration psychanalytique qui vise à faire resurgir les conflits inconscients et qui consiste pour le patient à dire spontanément tout ce qui lui vient à l'esprit.

C'est sur ce divan que Freud demandait à ses patients de s'allonger pour dire tout ce qui leur venait à l'esprit.

Les réactions de ce genre sont très courantes en psychanalyse. Freud considérait que, lorsque les **interprétations** proposées par le thérapeute ou les associations faites par le patient touchent trop brusquement, sans préparation suffisante, un contenu fortement refoulé, le patient a tendance à ressentir une vive angoisse. Celui-ci tente alors par tous les moyens de maintenir dans l'inconscient les idées que la thérapie tend à faire émerger. C'est cette réaction que Freud a baptisé **résistance**. Elle peut se manifester de différentes façons: le patient se détourne du point sensible et change de sujet, il ressent une fatigue qui l'empêche de poursuivre la séance, il se trouve un prétexte pour mettre fin à la thérapie, etc. Une autre manifestation classique de la résistance est la colère du patient qui refuse d'admettre l'interprétation de son psychologue. Reprenons l'exemple du père de famille qui se plaint de son inquiétude au sujet des fréquentations de sa fille. Il déclare que son petit ami est un bon à rien, sans principes et sans volonté. Mais voilà que son thérapeute lui suggère que cette hostilité envers le jeune homme est en fait peut-être motivée par la jalousie et par les désirs sexuels qu'il nourrit inconsciemment envers sa fille. Comment réagira le patient? En examinant calmement ses sentiments envers sa fille pour confirmer ou infirmer l'hypothèse du thérapeute? Probablement pas. Même si l'interprétation était tout à fait juste, il ne serait pas du tout étonnant qu'il se mette en colère et en rejette le bien-fondé. Pour Freud, cependant, la résistance n'est pas seulement un obstacle au processus thérapeutique, c'est aussi un outil précieux. En prenant note des associations et des situations qui la provoquent, le psychanalyste peut formuler des hypothèses sur le contenu précis des désirs et des conflits inconscients qui perturbent son patient.

Interprétation

En thérapie psychanalytique, hypothèse que fait le psychanalyste à propos de la signification inconsciente des paroles et des gestes du patient, et qu'il peut communiquer à ce dernier au moment jugé opportun.

Résistance

En psychanalyse, réaction d'évitement qu'a le patient quand la thérapie met au jour certaines idées inconscientes, fortement refoulées.

Un autre élément fondamental de la thérapie psychanalytique est le **transfert**, c'est-à-dire que le patient déplace sur l'analyste des éléments émotionnels de sa vie intérieure, soit la plupart du temps les sentiments à l'égard de ses parents. Ne vous est-il jamais arrivé de ressentir immédiatement de l'affection (ou de l'aversion) pour quelqu'un dont vous venez tout juste de faire la connaissance et de vous rendre compte par la suite que cette personne vous rappelle un de vos proches que vous aimez (ou que vous détestez)? Ce phénomène est une variante du transfert. En psychanalyse, le transfert fait intervenir des images de personnes qui ont joué un rôle important dans notre passé ou des images de certains aspects de notre personnalité que nous refusons d'admettre. Ainsi, une femme n'ayant jamais cessé d'aimer son père de façon œdipienne aura l'impression de devenir amoureuse de son analyste. Un homme éprouvant inconsciemment de la colère contre sa mère par qui il s'est senti rejeté se sentira furieux contre son analyste qui part en vacances. D'après Freud, l'analyse du transfert permet au patient de résoudre ses problèmes émotionnels. En prenant conscience que les émotions qu'il éprouve envers son thérapeute concernent en réalité d'autres personnes, le patient parvient peu à peu à lever le refoulement qui étouffait ses sentiments.

Transfert

Phase critique de la thérapie psychanalytique durant laquelle le patient transfère sur le thérapeute des émotions et des réactions inconscientes, comme ses réactions émotionnelles à l'égard de ses parents.

Freud a élaboré la plus grande partie de son œuvre à partir de quelques analyses qu'il a menées lui-même et qui constituent des études de cas que les psychanalystes contemporains, et leurs critiques, tentent encore aujourd'hui de réinterpréter (Lakoff et Coyne, 1993). Examinons la façon dont Freud a découvert un des éléments les plus importants de la théorie psychanalytique : le complexe d'Œdipe. Dès le début de sa pratique, quelques patientes (et patients) lui ont confié avoir été sexuellement violentées pendant leur enfance, généralement par leur père, un oncle ou un ami de la famille. Freud en a d'abord conclu que ces expériences précoces d'agressions sexuelles expliquaient que ses patientes soient devenues malheureuses ou malades, mais il a par la suite changé radicalement de point de vue. Tout en reconnaissant que certains enfants étaient réellement victimes de sévices sexuels et que ces expériences étaient susceptibles d'avoir des conséquences néfastes sur leur développement, il en est venu à la conclusion que *la plupart* de ses patients décrivaient leurs fantasmes, et non des événements réels, et que les enfants (tous les enfants et pas seulement ses patients) fantasmaient sur des relations sexuelles avec le parent de sexe opposé. Cela est tellement tabou, selon Freud, qu'ils en ressentent de la culpabilité. C'est donc la culpabilité inconsciente liée au désir d'avoir des rapports sexuels avec le père ou la mère, plutôt que des sévices sexuels réels, qui est la cause de la plupart des maladies et des troubles émotionnels des adultes. La psychanalyse est née en partie de ce tournant dans la pensée de Freud.

De nos jours, de nombreux historiens et spécialistes des sciences humaines pensent que les patients de Freud disaient probablement la vérité lorsqu'ils racontaient avoir subi des sévices sexuels (Finkelhor, 1984 ; Masson, 1984 ; Rush, 1980). Frank J. Sulloway (1992), historien des sciences, a découvert que de nombreux cas de « séduction traumatisante » rapportés par Freud ont été confirmés par les agresseurs ou par des témoins crédibles. Bien des psychanalystes sont maintenant sensibilisés au fait que des parents infligent des sévices réels, de nature émotionnelle et physique, à leurs enfants (A. Miller, 1984). Ils affirment par ailleurs que l'existence d'agressions sexuelles n'infirme pas la conception de Freud, à savoir que le complexe d'Œdipe (le fantasme de rapports sexuels avec le parent de sexe opposé) fait partie du développement de tous et chacun (Robinson, 1993).

RÉPONSES, p. 156

Qu'avez-vous appris ?

La terminologie psychanalytique est-elle accessible dans la partie consciente de votre réalité psychique ? Trouvez le terme psychanalytique le plus approprié à chacune des situations suivantes.

1. Un nourrisson porte tous ses nouveaux jouets à sa bouche.

2. Une fillette de quatre ans veut s'asseoir sur les genoux de son père, mais refuse d'embrasser sa mère.

3. Au cours d'une rencontre thérapeutique, un homme raconte tout ce qui lui passe par l'esprit à propos d'un rêve récent.

4. Une femme croit aimer profondément son analyste.

La psychanalyse freudienne a établi deux principes qui guident encore aujourd'hui les thérapeutes d'orientation psychodynamique. Premièrement, les souvenirs conscients et les perceptions conscientes ont moins d'influence sur le comportement que la dynamique de l'inconscient, notamment les mécanismes de défense. Deuxièmement, les événements réels appartenant au passé d'une personne sont moins importants que sa réalité psychique, c'est-à-dire l'interprétation de ses expériences par l'inconscient. Le thérapeute qui adopte l'approche psychodynamique présuppose donc que la personne peut fort bien ignorer la nature de son problème. Elle vient le consulter pour diverses raisons : elle se sent malheureuse, elle vit des conflits familiaux, elle a contracté des habitudes autodestructrices, etc. ; mais l'analyste tente toujours de mettre en évidence les processus inconscients sous-jacents à ces symptômes. Comme le fait remarquer Robert Fancher (1995), thérapeute psychodynamicien : « Le legs principal de la psychanalyse est cet art, hautement développé, d'écouter le non-dit, d'être attentif à l'aveuglement dont on est témoin, aux désirs et aux terreurs que le patient ne peut pas avouer franchement. »

Vous êtes peut-être maintenant en mesure de cerner les raisons pour lesquelles les idées exposées précédemment ont provoqué autre chose que des bâillements lorsqu'elles ont été rendues publiques. Les enfants, même les nourrissons, éprouvent des émotions de nature sexuelle ! Les adultes les plus respectables cachent des désirs refoulés ! Les rêves ont une signification inconsciente ! La femme a envie d'avoir un pénis ! L'art et la science sont en grande partie motivés par la sublimation sexuelle ! Voilà bien un mélange explosif. Il n'est donc pas étonnant que la psychanalyse ait rapidement enflammé l'imagination du public, tant en Europe qu'en Amérique (Hornstein, 1992). Qu'on vénère Freud ou qu'on rejette en bloc sa théorie, un fait demeure : il a exercé une influence indéniable sur le grand public comme sur les penseurs qui lui ont succédé.

APRÈS FREUD

« Peu de théories scientifiques, fait observer Sulloway (1992), ont eu une postérité comparable à celle du mouvement psychanalytique. » Après Freud, le mouvement psychanalytique va s'étendre et se diversifier considérablement. De nombreux psychanalystes proposeront des théories en partie inspirées par celle du fondateur, mais s'éloignant aussi très souvent de la stricte orthodoxie freudienne. Parmi ceux qui remirent en question les raisonnements de Freud, quelques-uns furent considérés comme des hérétiques et « excommuniés » du mouvement psychanalytique. Ce fut le cas, par exemple, d'Alfred Adler, de Carl Gustav Jung et de Wilhelm Reich. D'autres, comme Karen Horney, Erich Fromm, Erik Erikson et John Bowlby, restèrent associés à la psychanalyse tout en la faisant évoluer dans de nouvelles directions.

C'est ainsi que le psychanalyste anglais John Bowlby (1958) contesta, à la fin des années 1950, la vision freudienne selon laquelle il est possible d'expliquer entièrement l'attachement du nourrisson à sa mère par la capacité de cette dernière à satisfaire les besoins oraux de son enfant. Bowlby avait en effet constaté que le fait de priver un nourrisson de contacts normaux avec ses parents et d'autres adultes avait des conséquences désastreuses. Il soutint donc que les besoins liés à l'attachement (besoins de stimulation sociale, de chaleur et d'échange affectif) sont au moins aussi importants que les besoins oraux. Ses écrits ont amené d'autres psychanalystes à reconnaître que l'aspect social du développement humain est fondamental (Benjamin, 1988). Le besoin de contact social semble aujourd'hui évident ; à l'époque, lui accorder autant d'importance, c'était cependant s'écarter considérablement de la conception freudienne classique, selon laquelle le nourrisson était un petit organisme indépendant et gouverné par ses désirs pulsionnels.

Le principal courant psychodynamique contemporain est celui de l'**école de la relation d'objet**, créée en Grande-Bretagne par Melanie Klein, W. Ronald Fairbairn et D. W. Winnicott (Hughes, 1989). La théorie de la relation d'objet (ou théorie objectale) attribue aux relations avec les autres un rôle central dans le développement psychologique ; de plus, contrairement à la théorie freudienne qui accorde une importance primordiale au stade œdipien, elle soutient que les deux premières années de la vie constituent la période critique pour le développement du « noyau » de la personnalité. Tandis que Freud met l'accent sur la peur que l'enfant éprouve envers son père, les adeptes de la théorie objectale soulignent le besoin de la mère chez l'enfant, celle-ci étant habituellement la principale personne à lui donner des soins au cours des premières années de sa vie. La théorie freudienne est fondée sur la dynamique des pulsions et des désirs intérieurs ; la théorie objectale affirme que la motivation fondamentale des êtres humains n'est pas la satisfaction des désirs, mais le besoin d'être en relation avec les autres (Horner, 1991 ; Hughes, 1989 ; Kemnberg, 1976).

École de la relation d'objet

Approche psychodynamique qui met l'accent sur l'importance des deux premières années de la vie d'un individu et qui remplace le « modèle pulsionnel » de Freud (selon lequel l'individu est essentiellement motivé par ses pulsions sexuelles et agressives) par un modèle relationnel (selon lequel l'individu est influencé par ses relations avec les autres).

psychodynamique

L'APPORT DE LA PERSPECTIVE PSYCHODYNAMIQUE

Les psychodynamiciens soutiennent que la compréhension globale de l'être humain passe par l'étude des mécanismes inconscients: ne pas en tenir compte ou les réduire à de simples données objectives ou quantifiables nous fait passer à côté de l'essentiel de la vie mentale. Quant aux méthodes, les psychodynamiciens font observer qu'il n'en existe aucune qui protège ses utilisateurs contre les préjugés et la subjectivité. Ils soulignent également que l'absence de méthodes de recherche traditionnelles n'implique pas l'absence totale de méthodes, loin de là. Examinons maintenant de plus près les principales contributions des psychodynamiciens.

1 L'étude de thèmes complexes

Pour de nombreux historiens des sciences, la perspective psychodynamique a le mérite de s'être attaquée à des questions complexes, souvent difficiles à étudier à l'aide des méthodes de recherche habituelles. Par exemple, les psychodynamiciens ont été parmi les premiers à s'intéresser à l'inconscient, aux pulsions et aux mécanismes de défense, phénomènes qui ne se laissent pas facilement observer ou mesurer, du moins selon les critères de la psychologie dite scientifique. Ils ont étudié l'universalité des symboles, des images, des contes et des mythes. Ils ont élaboré des théories où chaque individu a conscience de l'éventualité de sa propre mort et du besoin de trouver un sens à sa vie. Ils ont aussi tenté d'expliquer les motivations irrationnelles qui accompagnent si souvent le désir sexuel: pourquoi tant de femmes et d'hommes perçoivent-ils l'«autre», l'objet de leur désir, comme une créature exotique et mystérieuse?

Par ailleurs, la perspective psychodynamique est la seule à scruter avec autant d'intérêt le dégoût et la panique qui vont souvent de pair avec les préjugés, comme l'illustrent bien les débats publics sur les droits des homosexuels. Selon Freud (1961), il ne faut pas voir l'homosexualité comme un vice ou une dégradation, mais comme une variante de la fonction sexuelle. En fait, chaque individu éprouve, au moins inconsciemment, une certaine attirance pour les personnes de même sexe, même si la prise de conscience de cette «homosexualité latente» représente une menace pour la plupart des gens. Freud n'aurait donc pas été étonné par la lettre suivante, publiée il y a une dizaine d'années dans une revue et écrite en réaction à un article traitant de l'homosexualité sur les campus.

> [L'homosexualité] compte parmi les crimes sexuels odieux, au même titre que la bestialité, le viol et l'inceste. Ce comportement constitue une perversion de la nature et représente un péché qui répugne aux humains et à la société. On doit tenir cet acte responsable de la dégradation et de la mutilation de vies humaines et de personnes merveilleuses. En publiant des articles dont les auteurs ne se contentent pas de manifester de l'indulgence envers une telle aberration, mais en font audacieusement la promotion avec impudence et sans la moindre honte, vous […] minez les fondations et l'ossature mêmes de cette grande institution d'enseignement. Ne vous étonnez donc pas si un jour elle s'écroule et tombe en ruines.

Pourquoi l'auteur de cette lettre est-il si émotif et excédé? Les théoriciens d'orientation psychodynamique diraient qu'il se passe quelque chose dans son inconscient qui n'a rien à voir avec une simple évaluation objective de l'homosexualité, quelque chose qui l'empêche de raisonner de façon objective sur la question. Ils feraient remarquer que certains hétérosexuels se sentent mal à l'aise par rapport à l'homosexualité sans pour autant condamner en bloc tous les homosexuels, comme le fait l'auteur de la lettre, et sans partager la *férocité* et l'irrationalité que celui-ci manifeste dans ses propos. Dans leur analyse, les psychodynamiciens feraient appel à diverses métaphores: par exemple, un freudien serait d'avis que cet homme refoule ses propres pulsions homosexuelles; un adepte de la théorie objectale suggérerait qu'il a éprouvé de la difficulté à se séparer de sa mère et à se définir en tant qu'homme. Mais tous ces analystes se rejoindraient dans l'examen des peurs, de l'hostilité et des besoins inconscients susceptibles de motiver l'attitude de l'auteur de la lettre.

2 | Le recours ingénieux à de l'information qualitative

Les théoriciens d'orientation psychodynamique ne rejettent *a priori* aucune source d'information; ils s'intéressent aussi bien à la littérature (des romans aux contes de fées) qu'aux jeux de mots et aux lapsus. Cette approche leur permet, expliquent-ils, d'explorer des questions difficiles, voire impossibles, à étudier autrement. Prenons le cas de la fascination apparemment universelle pour les histoires de fantômes et de sorcières. Il existe diverses explications psychodynamiques de ce phénomène, mais toutes s'accordent sur un point: les histoires de ce genre reflètent et aident à exorciser l'angoisse inconsciente liée au danger et à la mort. Ces explications soulèvent l'intérêt parce qu'elles permettent d'expliquer un comportement qui paraît au premier abord irrationnel.

Par exemple, pourquoi tant de gens aiment-ils regarder des films d'horreur qui les font trembler de peur? Pour David Skal (1993), qui a étudié les aspects culturels et historiques des films d'horreur modernes, ce genre cinématographique reflète l'angoisse inconsciente et universelle des individus causée par leurs conditions économiques et sociales. L'intérêt fondamental de tous les monstres, dit-il, réside dans ce qu'ils permettent aux spectateurs de déplacer leur angoisse liée au chômage, aux étrangers ou à la mort – et de la surmonter, du moins en partie.

Il est intéressant de noter la différence entre l'analyse de Skal et celle de l'approche du béhaviorisme social et cognitif (voir le chapitre 7). En effet, selon cette dernière, on avancerait probablement qu'il faut s'inquiéter de la popularité des films où règne la violence, parce qu'ils présentent des modèles de comportement que les enfants seront tentés d'imiter et que, par ailleurs, ils contribuent à désensibiliser les téléspectateurs à la violence et à la cruauté. Ce à quoi les psychodynamiciens répliqueraient sans doute que la probabilité d'en venir à éliminer ces films est à peu près nulle, car ils répondent à des pulsions fondamentales (comme l'agressivité) qui, si elles n'étaient pas réinvesties dans le cinéma et la télévision, le seraient ailleurs et autrement (dans les arts, le sport, la guerre etc.).

3 | L'importance accordée à l'influence de l'inconscient sur le comportement

Selon les tenants de la perspective psychodynamique, l'apport le plus important est probablement d'avoir montré l'influence insidieuse de l'inconscient, du refoulé de l'individu sur ses pensées, ses sentiments et ses comportements. Les explications fondées sur la dynamique de l'inconscient

veulent rendre compte de l'imprévisibilité des réactions dans les relations interpersonnelles, des humeurs négatives indésirables qui, à première vue, semblent injustifiées et des réactions émotionnelles exagérées provoquées par des remarques dénuées de malice. Le psychanalyste Mardi Horowitz (1988) cite en exemple les réactions d'un de ses patients, qu'il appelle Tom. Un jour où Tom était débordé de travail, il a reçu un appel de son père lui annonçant la mort subite de sa mère. Tom s'est alors brusquement mis à rire et, d'un ton amer, a dit: «Merde!» Son père, déconcerté et blessé, a alors raccroché. Tom est rentré chez lui pour faire ses valises. Il devait se rendre à l'autre bout du pays en avion pour assister aux funérailles. Il se sentait déprimé et, pendant qu'il faisait ses bagages, sa fille de cinq ans a voulu jouer avec lui. Il s'est soudainement mis en colère contre elle. Lorsqu'elle est sortie en pleurs de la pièce, il a été submergé de remords et a commencé à pleurer.

«Il n'est pas surprenant que Tom ait pleuré, dit Horowitz. Ce qui est étonnant, c'est qu'il l'ait fait à ce moment-là, et aussi qu'il ait ri et se soit brusquement mis en colère en apprenant la mort subite de sa mère, et qu'il ait explosé de rage contre sa fille bien-aimée. Ces réactions étaient inappropriées, elles ont été pénibles pour les autres, et il en a lui-même éprouvé du remords.» Pour un psychodynamicien, plusieurs mécanismes inconscients expliquent ces réactions: le déni de la réalité de la mort de sa mère, le déplacement sur son père de sa colère contre le destin (alors que son père n'était que le «messager») et la régression qui l'a amené à se sentir comme un «enfant insatisfait», l'empêchant de réagir en adulte envers sa fille qui réclamait son attention.

LES LIMITES DE LA PERSPECTIVE PSYCHODYNAMIQUE

Les théoriciens de la perspective psychodynamique ont apporté d'importantes contributions à l'étude de la psychologie. De nombreux critiques croient toutefois que ces contributions s'accompagnent de plusieurs limites, inhérentes à la perspective même.

1 | Le risque de réductionnisme

Toutes les perspectives de la psychologie présentées dans ce livre sont exposées au risque de **réductionnisme**, et la perspective psychodynamique ne fait pas exception. Les psychodynamiciens accordent beaucoup plus d'importance à la réalité psychique d'une personne qu'à ses conditions de

> **Réductionnisme**
>
> Tendance à expliquer des phénomènes complexes, se situant sur un certain plan de la réalité, par des principes excessivement simples ou relevant d'un niveau plus élémentaire de la réalité.

vie. Cependant, la réalité psychique n'est pas tout; c'est une erreur de réduire le comportement à des processus inconscients et de nier ainsi la part qui revient à la biologie, aux pensées conscientes, à l'expérience et à l'environnement social et physique. Malgré tout, de nombreux thérapeutes psychodynamiciens considèrent les conflits que le patient vit au travail ou dans sa famille uniquement comme le *résultat d'une dynamique inconsciente* et non comme la source potentielle de sa détresse.

Le caractère réducteur de l'approche psychodynamique est manifeste dans plusieurs psychobiographies, où l'auteur (psychologue ou non) fait appel aux notions psychodynamiques pour expliquer le comportement d'un personnage célèbre de l'histoire. Ces ouvrages contiennent des raisonnements du genre: « Adolf Hitler détestait sa mère et éprouvait beaucoup d'insécurité sur le plan sexuel; c'est ce qui l'a amené à déclencher la Seconde Guerre mondiale. » Ainsi, on n'a pas à tenir compte des événements de nature historique, culturelle ou économique qui ont créé le personnage et qui lui ont permis de prendre le pouvoir. Il est vrai qu'une biographie ne fait de mal à personne, sauf à l'individu qui en est l'objet, mais il existe d'autres cas où le caractère réducteur de l'approche psychodynamique a eu des conséquences désastreuses, sinon fatales; par exemple, des praticiens se sont appuyés uniquement sur la dynamique de l'inconscient pour poser un diagnostic à propos de personnes souffrant d'une tumeur au cerveau ou d'une autre maladie neurologique, de sorte que la cause réelle de leurs problèmes de santé n'a pas été traitée (Thornton, 1984).

2 L'impossibilité de vérifier empiriquement certains faits

Le désir inconscient est un concept d'une très grande richesse, mais la notion même d'inconscient présente des pièges. Prenons le cas d'un psychologue qui soutient que son patient éprouve de la haine envers son père. Si cet homme montre par ses gestes et ses paroles des signes évidents d'agressivité envers son père, nous pouvons conclure que l'affirmation du psychologue est confirmée par des faits. Cependant, si l'homme en question demeure calme et ne prononce aucune parole hostile envers son père, que devons-nous en conclure? Pour les psychodynamiciens, l'absence de colère ou de symptôme n'est pas une preuve irréfutable de l'absence de haine. En effet, selon eux, il est possible que la colère du patient ait été inhibée par un mécanisme de défense que Freud appelle le refoulement. Ce mécanisme est

inconscient, il agit donc à l'insu de l'individu. L'homme déteste son père, mais il ne ressent consciemment aucune colère envers lui. Alors, comment distinguer l'homme qui déteste inconsciemment son père de celui qui n'éprouve aucun sentiment de cette nature?

Répondre à cette question n'est pas une chose simple. Bien sûr, certains indices, comme les rêves, les lapsus et les actes manqués, peuvent toujours servir à distinguer ces deux individus. Par contre, ces indices sont difficiles à observer et, surtout, ils sont sujets à de nombreuses interprétations, ce que la plupart des psychologues des autres orientations rejettent d'emblée. C'est pour cette raison que les notions d'inconscient et de refoulement sont si difficiles à concilier avec le principe de vérification empirique: si le patient manifeste de la colère, il confirme l'explication du psychodynamicien; s'il demeure calme, il ne la contredit pas pour autant. Dans les deux cas, quels que soient les faits, le psychodynamicien pourra toujours prétendre avoir raison. Nous avons souligné dans le chapitre 2 qu'une théorie dont nous ne pouvons dire si elle correspond ou non aux faits n'est pas une théorie acceptable sur le plan scientifique. C'est en s'appuyant sur ce principe que des psychologues et des historiens des sciences soutiennent que la théorie freudienne n'est pas scientifique.

3 Le recours abusif au concept de résistance

La notion de « résistance » est parfois utilisée à tort et à travers dans la perspective psychodynamique. Freud a d'abord proposé ce concept pour rendre compte du comportement de ses patients. Il a observé que plusieurs d'entre eux adoptaient une attitude défensive envers ses explications et « résistaient » en quelque sorte à la thérapie. Il ne s'agissait pas de mauvaise volonté consciente de leur part, mais plutôt d'une réaction de protection contre le dévoilement de certains aspects de leur inconscient.

La résistance est une notion fondamentale en psychanalyse, mais c'est également un concept dont l'usage peut donner lieu à toutes sortes d'exagérations. Par exemple, on explique souvent le rejet des critiques faites à l'endroit de la psychanalyse en soutenant que ses détracteurs font preuve de résistance. Si *certaines* objections contre la psychanalyse peuvent parfois s'expliquer par la « résistance », il ne s'ensuit pas que *toute* critique de la psychanalyse en soit *nécessairement* la manifestation. Entre ces deux extrêmes, il y a un fossé, la généralisation, que certains psychanalystes ont malheureusement franchi; Freud lui-même n'est pas à cet égard exempt de tout reproche. En effet, les psychodynamiciens ont parfois abusé de cette notion pour balayer du revers de la main toutes les critiques, même très rationnelles, qui leur étaient adressées. Les psychologues des autres approches sont souvent exaspérés par la relative facilité avec laquelle les psychodynamiciens rejettent les objections formulées envers leurs théories, objections qu'ils attribuent à la résistance que manifestent les chercheurs à l'irrationalité de leur propre inconscient.

4 Les généralisations hâtives ou excessives

Freud et la plupart de ses disciples ont étendu à tous les êtres humains leurs découvertes portant sur un très petit nombre d'individus, le plus souvent des patients. Bien sûr, la généralisation n'est pas propre à la perspective psychodynamique, et il est certainement possible de comprendre certains aspects du comportement humain en observant un nombre

Quelques propositions émanant de la psychanalyse peuvent être vérifiées expérimentalement. Pour les freudiens, par exemple, les sports, tels que le football et le hockey, permettent le déplacement de l'agressivité dans une activité socialement acceptée. Par contre, de nombreuses recherches montrent que les sports ont plutôt tendance à stimuler l'hostilité et la violence, aussi bien entre les joueurs qu'entre les spectateurs.

limité d'individus. Par exemple, Jean Piaget a élaboré sa théorie du développement cognitif en décrivant minutieusement les conduites d'un très petit nombre d'enfants (voir le chapitre 9). Skinner a élaboré sa théorie à partir de l'observation de quelques pigeons dans un cadre expérimental, par ailleurs très rigoureux sur le plan méthodologique (voir le chapitre 6). Cependant, dans les deux cas, des recherches menées sur une plus grande échelle ou reproduites à maintes reprises sont venues confirmer ou infirmer les différentes hypothèses de leur théorie. C'est grâce à ces recherches que les idées de Piaget et celles de Skinner ont pu accéder au rang

de théories scientifiques. Il est toutefois dangereux de vouloir généraliser des principes explicatifs dégagés dans un cadre d'observation peu rigoureux, comme une thérapie, et sur la base d'échantillons non représentatifs, comme un groupe de patients reçus en thérapie.

Par exemple, un thérapeute traitant un homosexuel qui souffre de troubles émotionnels ne peut pas logiquement en conclure que tous les homosexuels présentent ce genre de problème; il lui faudrait d'abord examiner des homosexuels n'ayant jamais fait appel à un thérapeute. En fait, lorsqu'on a finalement mené une recherche sur cette problématique, on a constaté que les résultats allaient à l'encontre de croyances largement répandues à une certaine époque, selon lesquelles l'homosexualité est une «maladie mentale» ou que les gais et les lesbiennes sont psychiquement moins équilibrés que les hétérosexuels (Hooker, 1957; Kurdek, 1987). Ainsi, Freud n'a pas cherché à confirmer ses idées à propos de l'envie du pénis en observant réellement de jeunes enfants ou en les interrogeant. Par contre, des chercheurs ont interviewé des filles et des garçons d'âge préscolaire et ont constaté que plusieurs enfants des *deux* sexes enviaient les enfants du sexe opposé. Au cours d'une étude menée auprès de 65 garçons et filles d'âge préscolaire, Linday (1994) a observé que 45% des filles avaient déjà rêvé d'avoir un pénis ou d'être un garçon et que 44% des garçons avaient eu des fantasmes liés à la grossesse.

De nombreux psychodynamiciens, comme leurs collègues d'autres perspectives, prennent de plus en plus conscience de la nécessité de tenir compte des facteurs culturels dans leurs théories; ils reconnaissent que c'est une erreur de généraliser aux êtres humains de tous les pays et de toutes les époques leurs découvertes au sujet de quelques personnes vivant à un moment précis dans une culture donnée. Par contre, certains psychodynamiciens ont encore tendance à négliger l'influence de la culture sur l'individu. Comme le fait remarquer le psychanalyste Stephen Mitchell (1993), les membres de sa profession «croient s'intéresser aux dimensions universelles et éternelles de l'expérience humaine, aux courants circulant en profondeur, sous les ondulations superficielles que sont les changements culturels et les modes intellectuelles et sociales».

5 La problématique de l'analyse des souvenirs d'enfance

La majorité des théoriciens de la perspective psychodynamique ont élaboré leur théorie du développement sans avoir jamais observé d'échantillons aléatoires formés d'enfants de divers âges, ce que font actuellement les spécialistes de la psychologie de l'enfant. Ils ont plutôt travaillé à rebours en élaborant une théorie fondée sur leurs souvenirs d'adultes.

Depuis Freud, ces théoriciens en sont presque tous venus à la conclusion que le développement des enfants traverse une série de stades psychologiques bien définis, chacun étant associé à une «question» ou à une «crise» fondamentale. Selon eux, les pathologies observées chez les adultes seraient le résultat d'expériences traumatisantes vécues durant l'enfance. Le corollaire de cette croyance est la nécessité, pour l'adulte qui veut guérir ou améliorer sa condition, de revenir sur son enfance pour découvrir les origines de ses problèmes émotionnels.

L'analyse des souvenirs est une méthode qui permet de mettre en lumière différents aspects de notre vie intérieure; c'est en fait l'unique moyen dont nous disposons pour réfléchir sur notre propre vie. Il existe cependant une difficulté inhérente à l'analyse rétrospective: elle peut créer l'illusion d'une relation de cause à effet entre des événements. Nous supposons que si *A* s'est produit avant *B*, alors *A* est nécessairement la cause de *B*. Par exemple, si la mère d'un enfant de cinq ans a passé trois mois à l'hôpital et que cet enfant a par la suite des difficultés à l'école, il est possible d'établir une relation entre ces deux faits. Il se peut, en effet, que les deux événements soient reliés, mais bien d'autres éléments de la situation du moment peuvent également être la cause des problèmes scolaires de l'enfant. Freud avait conscience de cette possibilité. Pourtant, lui-même et plusieurs de ses disciples ont bel et bien commis l'erreur de «remonter» dans le temps pour établir leurs théories du développement sexuel.

Étant donné que l'examen du passé crée ce que Freud (1920/1963) appelle l'«impression d'un enchaînement nécessaire», on trouve souvent au cours d'une étude rétrospective (dans laquelle une personne raconte sa vie à un interviewer ou à un thérapeute) ce qui semble être un modèle cohérent du développement. Il est cependant beaucoup plus rare qu'une étude prospective (dans laquelle on observe un groupe d'individus depuis l'enfance jusqu'à l'âge adulte) mette en évidence un tel modèle. Les recherches prospectives montrent au contraire que le développement psychologique est bien plus graduel et variable que ne le prédisent les théories psychanalytiques traditionnelles.

Daniel Stern (1985), qui a testé expérimentalement certaines hypothèses des théories psychodynamiques, considère les thèmes tels que la dépendance, l'autonomie et la confiance comme «des étapes concernant toute la vie, et non pas comme des phases de la vie». Ces étapes ne surgissent pas à une seule époque de la vie; elles sont présentes à divers moments, sous différentes formes et à divers âges. De même, certains doutent de l'existence d'une période de latence où les sensations sexuelles de l'enfant seraient considérablement diminuées. Il semble plutôt, d'une part, que certains enfants découvrent le plaisir de l'autostimulation génitale alors qu'ils sont encore nourrissons ou quand ils commencent à marcher et, d'autre part, que le pourcentage d'enfants qui se masturbent augmente de façon constante durant les années précédant la puberté (Wade et Cirese, 1991).

6 ■ Le recours à des méthodes non validées

Les psychodynamiciens ne rejettent pas toutes les méthodes et tous les outils de la science. Certains psychologues se sont en fait inspirés de concepts psychodynamiques pour concevoir des tests d'évaluation de la personnalité et des motivations inconscientes. Bon nombre de cliniciens recourent fréquemment aux **tests projectifs**, fondés sur l'hypothèse que l'inconscient du sujet peut se révéler à travers son imaginaire et ses fantasmes. Par exemple, lorsqu'on demande à une personne d'imaginer une histoire à partir d'une image neutre ou d'un énoncé, elle a tendance à y projeter ses propres croyances et sentiments inconscients.

L'un des tests projectifs les plus connus et les plus couramment employés est le **test d'aperception thématique (TAT)**, élaboré en 1930 par Henry Murray et Christiana Morgan. Il consiste à demander au sujet d'imaginer une histoire à partir d'un ensemble d'illustrations ambiguës: à quoi les personnages pensent-ils? Que ressentent-ils? Ce test a déjà fait l'objet de procédures de validation empiriques dans le contexte d'une recherche sur la motivation à la réussite où il s'est révélé fort utile (McClelland, 1961). Cependant, comme la majorité des tests projectifs, il sert la plupart du temps à diagnostiquer les problèmes de personnalité et les troubles émotionnels. Le test est alors administré individuellement à un patient par un psychologue qui interprète seul les réponses. Cette façon d'utiliser les tests projectifs remet en question leur fiabilité parce que les cliniciens n'interprètent pas nécessairement le même test de la même façon. De plus, les cliniciens eux-mêmes peuvent avoir tendance à *projeter* leurs propres préoccupations dans leur interprétation des réponses (Dawes, 1994).

Ces problèmes d'interprétation sont particulièrement criants pour un autre test projectif bien connu, le **test de Rorschach**, créé en 1921 par le psychiatre suisse Hermann Rorschach. Ce test est constitué de 10 illustrations présentant chacune une tache d'encre abstraite et symétrique. Le sujet doit décrire ce qu'il perçoit dans ces taches et le clinicien interprète les réponses en fonction de la signification symbolique que les théories psychodynamiques attribuent aux

---

Test projectif

Test psychologique utilisé pour inférer les motivations, les conflits et la dynamique inconsciente de la personne sur la base de l'interprétation que celle-ci fait de stimuli ambigus ou non structurés.

Test d'aperception thématique (TAT)

Test projectif de personnalité dans lequel on demande au répondant d'interpréter une série d'illustrations ambiguës mettant en scène des personnes.

Test de Rorschach

Test projectif de personnalité dans lequel on demande au répondant d'interpréter des taches d'encre abstraites et symétriques.

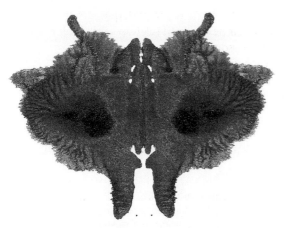

Une tache d'encre inspirée de celles qui sont utilisées dans le test de Rorschach. Qu'y voyez-vous ?

éléments perçus par le sujet. Il s'attend en fait à ce que le sujet y projette ses propres préoccupations et fantasmes. Bien que le Rorschach soit extrêmement populaire parmi les psychologues cliniciens, les tentatives pour confirmer sa fidélité et sa validité ont constamment échoué (Wood *et al.*, 2003). Un expert en tests, Raymond McCall, en arrive à la conclusion suivante : «Bien que des dizaines de milliers de tests de Rorschach aient été administrés [...] et que plusieurs hypothèses sur la dynamique de la personnalité et du comportement en aient été tirées, la vaste majorité de ces relations n'ont pas été validées empiriquement, malgré la présence de plus de 2 000 publications à propos de ce test.» (cité dans Dawes, 1994)

Malgré tout, de nombreux cliniciens continuent à faire confiance au Rorschach pour mieux comprendre leurs patients. Plusieurs affirment que les tests projectifs peuvent les aider à établir une relation avec leur client et à encourager ce dernier à exprimer son anxiété, ses conflits et ses problèmes. Grâce aux tests projectifs, le clinicien parvient parfois à déceler si un patient tente de cacher des préoccupations ou des problèmes psychologiques (Shedler, Mayman et Manis, 1993). En fait, le principal problème des tests projectifs survient lorsque le clinicien ne se fie qu'aux résultats des tests ou qu'il a une confiance excessive dans l'interprétation qu'il en fait.

Toutes ces limites nous ramènent à la principale source des dissensions qui divisent les psychodynamiciens et les psychologues dits scientifiques. Leurs divergences sur la pertinence ainsi que sur l'importance des méthodes scientifiques et des résultats de recherche ont en effet contribué à alimenter le conflit entre scientifiques et praticiens. De nombreux psychodynamiciens (thérapeutes et autres spécialistes de la santé mentale) croient que l'expérience clinique sera toujours plus précieuse et exacte que les méthodes de recherche traditionnelles. Les études en laboratoire, disent-ils, ne renvoient qu'une image partielle de la réalité, claire peut-être, mais incomplète. Ils souhaitent que les psychologues travaillant en milieu universitaire prêtent davantage attention, dans leurs études, aux données et aux observations *cliniques* (Edelson, 1994).

De nombreux psychologues s'efforcent actuellement de rapprocher la psychologie psychodynamique et la psychologie scientifique. Pour élaborer leurs théories et les raffiner, les psychodynamiciens font de plus en plus souvent appel à des méthodes expérimentales et aux résultats des recherches menées par les psychologues des autres perspectives : les découvertes des cognitivistes sur les schèmes, la conscience et les habiletés mentales des nourrissons (Horowitz, 1988 ; Schafer, 1992 ; Stern, 1985) ; les découvertes des théories de l'apprentissage social sur les rôles sexuels et l'influence de la culture (Young-Eisendrath, 1993) ; les découvertes sur les processus inconscients liés aux émotions (Murphy, Monahan et Zajonc, 1995) ; les découvertes de la perspective biologique sur l'aspect héréditaire des traits de personnalité et sur la physiologie des émotions (Plutchik, 1988).

De leur côté, des chercheurs d'orientations diverses étudient plusieurs idées mises de l'avant par les théories psychodynamiques (Hornstein, 1992). Nous avons souligné que certains examinent les processus inconscients (Greenwald, 1992 ; Kihlstrom, Barnhardt et Tataryn, 1992). D'autres intègrent à la psychologie cognitive les notions psychodynamiques de transfert et de relation d'objet (Westen, 1991). D'autres encore ont élaboré des procédures afin de tester expérimentalement des mécanismes de défense, ce qui permet d'examiner comment ceux-ci contribuent à sauvegarder l'estime de soi et à réduire l'angoisse (Plutchik *et al.*, 1988). D'autres, enfin, préfèrent mettre en évidence les aspects positifs des défenses, qu'ils désignent plutôt comme des «stratégies d'adaptation» (Taylor, 1995). Par ailleurs, des recherches expérimentales portent sur les concepts psychodynamiques du moi idéal, des fantasmes du monde intérieur et du soi idéal (Markus et Numius, 1986 ; Ogilvie, 1987).

En dernière analyse, il n'existe peut-être pas de solution miracle à plusieurs des tensions fondamentales qui opposent les perspectives scientifique et psychodynamique de la psychologie. Ainsi, la perspective psychodynamique fournit une structure pour mieux comprendre la vie intérieure, même si ses adeptes reconnaissent que certains de ses principes ne seront jamais confirmés par des méthodes scientifiques. Il sera intéressant de suivre l'évolution de cette perspective. Poursuivra-t-elle sa trajectoire parallèle ? Se séparera-t-elle complètement de la psychologie pour s'allier à la littérature et aux sciences humaines ? Deviendra-t-elle un dinosaure de l'histoire des idées, comme le prédit Peter Medawar (1982) ? Ou bien ses concepts les plus intéressants seront-ils intégrés dans la psychologie scientifique pour donner naissance à une nouvelle vision du comportement humain ?

 Qu'avez-vous appris ?

RÉPONSES, p. 156

Nommez trois contributions et quatre limites de la perspective psychodynamique.

Page 134

Eugène a un moi prédominant. Il distingue nettement son fantasme (devenir le mahatma Gandhi du XXIe siècle) de son projet réaliste (devenir travailleur social). Il peut établir un compromis entre ce qu'il souhaite (son idéal social) et la réalité (la nécessité de gagner sa vie). Il refuse la satisfaction immédiate qu'on lui offre (les hors-d'œuvre) de façon à pouvoir apprécier davantage une satisfaction tardive (le dessert).

Le surmoi prédomine chez Octave. Il juge aussi sévèrement son propre comportement (être présent à cette soirée, boire la moitié d'un verre de vin, rire de plaisanteries grivoises) que celui des autres (désapprouver votre verre de bière, les gens qui s'enivrent). Il se prive de nombreux plaisirs (danser, chanter, rire). Il se punit lui-même, physiquement (il tombe dans l'escalier) et verbalement (« Espèce de brute ! Ça t'apprendra ! »).

Albert semble dominé par son ça. Il agit impulsivement (parler la bouche pleine, se précipiter vers sa cousine, se battre pour avoir le plus gros morceau de gâteau). Il confond ses fantasmes avec la réalité (se prendre pour une vedette, parler à une interlocutrice imaginaire).

Page 140

1. Projection. **2.** Sublimation. **3.** Rationalisation. **4.** Formation réactionnelle. **5.** Régression. **6.** Déni.

Page 148

1. Stade oral. **2.** Complexe d'Œdipe. **3.** Association libre. **4.** Transfert.

Page 155

Les principales contributions : l'étude de thèmes complexes et difficiles à appréhender à l'aide des méthodes traditionnelles de recherche ; le recours ingénieux à de l'information qualitative et l'importance accordée à l'influence des mécanismes inconscients sur le comportement. ■ Les principales limites : le risque de réductionnisme ; l'impossibilité de vérifier certains faits ; le recours abusif au concept de résistance ; les généralisations hâtives ou excessives ; la problématique de l'analyse des souvenirs d'enfance ; et le recours à des méthodes non validées.

RÉSUMÉ

1 Les adeptes de la perspective psychodynamique soutiennent que la clé du comportement humain réside dans la compréhension de la vie intérieure inconsciente. Historiquement, la *théorie psychanalytique* de Sigmund Freud est la première des théories psychodynamiques de la personnalité. Il en existe aujourd'hui plusieurs, qui diffèrent de la théorie psychanalytique classique, mais qui partagent presque toutes avec elle les cinq éléments suivants : l'importance attribuée à la dynamique *intrapsychique* inconsciente ; la supposition que le comportement et les difficultés de l'adulte sont essentiellement déterminés par les expériences de la petite enfance ; la croyance que le développement psychologique comporte des stades bien définis ; l'attention accordée à l'imaginaire et à la signification symbolique des événements en tant que sources principales de motivation du comportement ; et le recours à des méthodes subjectives plutôt qu'objectives pour accéder à la vie intérieure d'une personne.

2 Selon Freud, les principaux facteurs influant sur le comportement sont les *pulsions* de nature sexuelle (pulsions de vie) et agressive (pulsions de mort). Il affirme que la personnalité est formée de trois éléments : le *ça* (le siège des pulsions inconscientes), qui fonctionne selon le *principe de plaisir* ; le *moi* (le siège de la raison), qui obéit au *principe de réalité* ; le *surmoi* (le siège de la conscience morale et de l'idéal du moi), qui obéit au *principe de morale ou de perfection*.

3 Selon Freud, chaque désir, idée ou conflit peuvent être conscients, préconscients ou inconscients. Ils sont *conscients* si l'individu y pense présentement. Ils sont *préconscients* s'il n'y pense pas présentement, mais qu'il pourrait facilement le faire. Ils sont *inconscients* si l'individu ne peut y penser, car cela provoquerait en lui de l'angoisse.

4 D'après la théorie freudienne, le moi a recours à des *mécanismes de défense* inconscients pour échapper à l'angoisse qui apparaît lorsque les désirs du ça se heurtent aux exigences de la conscience morale ou aux règles sociales. Les principaux mécanismes de défense sont les suivants : le refoulement ; la projection ; la formation réactionnelle ; la fixation et la régression ; le déni ; l'intellectualisation ; le déplacement et la sublimation ; et la rationalisation. La diversité des personnalités naît, d'une part, du fait que les individus n'emploient pas les mêmes défenses avec le même degré de rigidité et, d'autre part, du fait que les mêmes défenses permettent à certains individus d'agir adéquatement, alors qu'elles causent des troubles chez d'autres.

5 Freud soutient que la personnalité s'élabore durant l'enfance en suivant cinq stades psychosexuels bien définis : le stade oral, le stade anal, le stade phallique (ou œdipien), la période de latence et le stade génital. C'est au cours du stade phallique que se forme le *complexe d'Œdipe*, qui consiste pour l'enfant à désirer son parent du sexe opposé et à se considérer comme le rival de son parent de même sexe. Lorsque le complexe est résolu, l'enfant s'identifie au parent du même sexe que lui.

6 C'est dans la pratique de la psychothérapie que l'influence de la théorie freudienne s'est le plus fait sentir. La technique de l'*association libre* (le patient est invité à dire tout ce qui lui passe par l'esprit) et le *transfert* (le patient déplace sur son analyste des éléments de sa vie intérieure) sont deux composantes centrales de la thérapie psychanalytique.

7 La psychanalyse freudienne a établi deux principes qui guident encore aujourd'hui les thérapeutes psychodynamiciens. Premièrement, les souvenirs conscients et les perceptions conscientes ont moins d'influence sur le comportement que la dynamique de l'inconscient. Deuxièmement, les événements réels appartenant au passé d'une personne sont moins importants que la réalité psychique de celle-ci, c'est-à-dire l'interprétation de ses expériences par l'inconscient.

8 Après Freud, le mouvement psychanalytique s'est étendu et considérablement diversifié. De nombreux psychanalystes ont proposé des théories en partie inspirées de celle du fondateur, mais s'éloignant aussi très souvent de l'orthodoxie freudienne. Ainsi, l'*école de la relation d'objet* constitue une approche contemporaine majeure. Alors que la théorie freudienne est fondée sur la dynamique des pulsions, la motivation fondamentale des êtres humains est, selon la théorie de la relation d'objet (ou théorie objectale), le besoin d'être en relation avec les autres.

9 La plupart des psychologues chercheurs estiment que la théorie psychodynamique n'est pas scientifique. Ceux qui l'appliquent en thérapie répliquent que c'est la seule approche permettant de saisir la réalité de la vie intérieure (parce que cette réalité échappe aux questionnaires et à l'observation des comportements) et de décrire la personne dans toute sa complexité émotionnelle.

10 Les principales contributions de la perspective psychodynamique sont les suivantes : l'étude de thèmes complexes, le recours ingénieux à de l'information qualitative (comme les *lapsus*, les jeux de mots, les contes, etc.) et l'importance accordée à l'influence de l'inconscient sur la conduite.

11 Les principales limites de la perspective psychodynamique sont les suivantes : le risque de réductionnisme, l'impossibilité de vérifier empiriquement certains faits, le recours abusif au concept de résistance pour rejeter les critiques, les généralisations hâtives ou excessives faites à partir de quelques cas isolés dans une culture donnée, la problématique de l'analyse des souvenirs d'enfance et le recours à des méthodes non validées, comme les *tests projectifs*.

Les psychologues de la perspective béhavioriste pensent que tous les comportements s'acquièrent et se maintiennent en fonction des conséquences qu'ils entraînent.

La perspective béhavioriste

Par une chaude journée d'été, James Peters tua d'un coup de fusil son voisin, Ralph Galluccio. Ces hommes se querellaient avec âpreté depuis 10 ans à propos de la ligne de démarcation qui séparait leurs propriétés. Leurs amis, bouleversés, affirmèrent que rien dans la personnalité des deux hommes ne laissait prévoir une telle issue à leur conflit. Selon leurs employeurs respectifs, Galluccio était une « personne aimable et d'humeur égale » et Peters, « coopératif et doux, foncièrement bon ».

Comment deux hommes bien, comme James Peters et Ralph Galluccio, ont-ils pu s'enliser dans une dispute aussi irrationnelle qui s'est terminée tragiquement ? Dans une situation où un psychophysiologiste chercherait des indices du côté de la testostérone ou du tempérament inné des deux adversaires et où un psychanalyste pencherait pour un conflit inconscient et non résolu, un psychologue béhavioriste analyserait plutôt les apprentissages antérieurs des deux hommes et les caractéristiques de leur environnement au moment du drame. Du point de vue béhavioriste, ce que nous définissons comme la « personnalité » d'un individu se compose de l'ensemble de ses apprentissages. Ainsi, nous devenons libéral ou conservateur, passionné de rock ou de Bach, cuisinier gastronome ou adepte de la restauration rapide, optimiste ou pessimiste, etc., à la suite, en grande partie, de nos expériences et de l'apprentissage que nous en retirons. Un théoricien de l'apprentissage chercherait donc à déterminer les circonstances précises de la querelle entre Peters et Galluccio, et il se pencherait sur leur passé pour tenter

d'expliquer pourquoi la seule solution qui s'est présentée aux deux hommes, lorsqu'ils se rendirent compte que les échanges d'insultes ne résolvaient rien, fut de pousser la violence encore plus loin.

En psychologie, le béhaviorisme, appelé aussi *perspective de l'apprentissage*, est une école de pensée qui vise à expliquer le comportement en fonction d'événements observables, sans faire appel à des entités mentales hypothétiques, comme l'« esprit » ou la « volonté ». De fait, le béhaviorisme a constitué la principale approche de l'apprentissage jusqu'aux années 1960. Présentement, d'autres approches, regroupées sous l'appellation de *béhaviorisme social et cognitif*, mettent l'accent sur l'influence prépondérante du milieu. Toutefois, elles incluent les processus mentaux dans l'étude de l'apprentissage.

Dans le chapitre 6, nous examinerons les plus importants principes d'apprentissage mis en évidence par les études béhavioristes, notamment, les travaux de deux éminents scientifiques, Ivan Pavlov et B. F. Skinner. Dans le chapitre 7, nous verrons comment les théoriciens du béhaviorisme social et cognitif ainsi que d'autres chercheurs ont modifié la vision béhavioriste en ajoutant des variables sociales et cognitives à l'équation de l'apprentissage.

CHAPITRE 6

L'apprentissage
par conditionnement

*La récompense et la punition…
Ce sont l'éperon et la bride
par lesquels toute l'humanité
est formée au travail et dirigée.*

John Locke

U n dentiste avait décidé d'apaiser l'anxiété de ses jeunes patients en leur projetant des dessins animés pendant les traitements. Il pensait sans doute que cette diversion détendrait les enfants et ferait disparaître leur peur. Cependant, des dizaines d'années plus tard, un journal publia la lettre ouverte d'un de ses anciens patients qui y rapportait un effet alors insoupçonné de cette méthode : « Après toutes ces années, il m'est encore insupportable de regarder des dessins animés. »

Un homme, excédé de constater chaque soir en rentrant chez lui que son chien avait fait ses besoins sur le tapis, voulut lui donner une leçon. Tout en vociférant « Mauvais chien ! », il immobilisa la bête, le nez juste au-dessus de l'un des tas d'immondices jonchant le plancher. Il lui donna ensuite à manger et nettoya le tapis. Après avoir répété la même manœuvre plusieurs jours de suite, il eut la surprise de trouver l'empreinte très nette du nez du chien dans les tas malodorants habituels.

Dans les deux exemples précédents, la « leçon » a manqué son but. Un partisan du **béhaviorisme** expliquerait que ni le dentiste bienveillant ni l'homme excédé n'ont tenu compte de certains principes élémentaires de l'apprentissage ou ne les ont pas bien appliqués. Ce chapitre porte sur ces principes et les règles qui y sont liées.

Dans l'usage courant, le mot *apprentissage* renvoie le plus souvent à la maîtrise d'activités scolaires, comme l'analyse d'une phrase et la mémorisation de données géographiques, ou à l'acquisition d'habiletés pratiques ou sportives. En psychologie, le terme a un sens plus précis : l'**apprentissage** correspond à *tout* changement de **comportement**, relativement permanent, qui découle de l'expérience (à l'exception des changements liés au développement, à la fatigue, à une blessure ou à une maladie). Pour les psychologues béhavioristes, c'est l'expérience qui fournit à l'individu le lien essentiel entre les différents stades de son développement en lui permettant de s'adapter aux changements de conditions environnementales, ce qui favorise sa survie et son épanouissement. L'apprentissage de l'être humain est probablement plus impressionnant que celui de toute autre espèce, mais c'est un processus fondamental de la vie de tous les êtres vivants, de l'insecte le plus banal au savant le plus éminent.

Dans ce chapitre, nous étudierons une forme d'apprentissage fondamentale, appelée **conditionnement**, caractérisée par des associations entre les stimuli de l'environnement et les comportements d'un organisme. Les béhavioristes ont montré que deux types de conditionnements, le conditionnement répondant et le conditionnement opérant, permettent d'expliquer en grande partie les comportements humains (figure 6.1).

Béhaviorisme

Théorie qui met l'accent sur l'étude du comportement et de l'environnement en tant que déterminants du comportement.

Apprentissage

Tout changement de comportement, relativement permanent, qui résulte de l'expérience.

Comportement

Tout mouvement, toute activité, toute manifestation observable ou potentiellement observable d'un organisme.

Conditionnement

Forme d'apprentissage caractérisée par des associations entre des stimuli de l'environnement et les comportements d'un organisme.

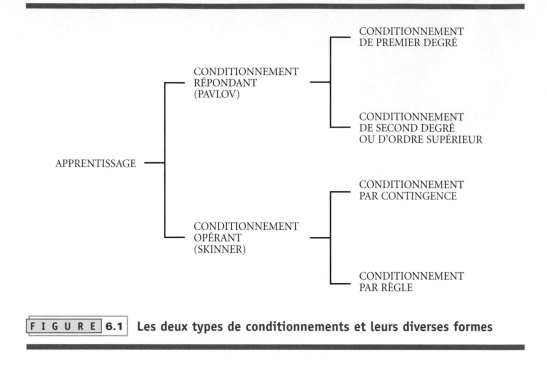

APPRENTISSAGE

CONDITIONNEMENT RÉPONDANT (PAVLOV)

- CONDITIONNEMENT DE PREMIER DEGRÉ
- CONDITIONNEMENT DE SECOND DEGRÉ OU D'ORDRE SUPÉRIEUR

CONDITIONNEMENT OPÉRANT (SKINNER)

- CONDITIONNEMENT PAR CONTINGENCE
- CONDITIONNEMENT PAR RÈGLE

FIGURE 6.1 Les deux types de conditionnements et leurs diverses formes

LE CONDITIONNEMENT RÉPONDANT

Au début du XXᵉ siècle, le physiologiste russe Ivan Pavlov (1849-1936) a étudié le phénomène de la salivation chez les chiens dans le contexte d'un programme de recherche sur la digestion. Peu de temps après, ses travaux lui ont valu le prix Nobel de physiologie et de médecine. L'une des méthodes employées par Pavlov consistait à mesurer la salive produite par la glande salivaire d'un chien et recueillie grâce à un tube inséré par incision dans sa joue. Pour stimuler la production de salive chez le chien, Pavlov lui introduisait dans la gueule de la viande en poudre. La figure 6.2 illustre une procédure inspirée de celle de Pavlov : c'est le mouvement d'une aiguille sur un tambour rotatif qui permet de mesurer la quantité de salive recueillie.

Pavlov était un observateur scientifique très consciencieux (sur son lit de mort, il a dicté méticuleusement les sensations qu'il éprouvait). Au cours de ses études sur la salivation, il observa un fait qui avait échappé à tous ses assistants : un chien qu'on avait amené plusieurs fois au laboratoire commençait à saliver *avant* l'introduction de la nourriture dans sa gueule. L'odeur ou la vue de la nourriture, la vue du plat utilisé, la vue de l'assistant chargé d'introduire la nourriture ou même le bruit des pas de ce dernier suffisait à faire saliver le chien. Pavlov savait que cette réaction salivaire n'était évidemment pas innée, mais qu'elle résultait plutôt de l'expérience.

Pavlov ne vit d'abord dans la réponse de salivation du chien qu'une ennuyeuse « sécrétion d'origine psychologique ». En consultant les écrits scientifiques sur les réflexes, il se rendit compte qu'il était tombé sur un phénomène majeur, qu'il finit par considérer comme le fondement de tout apprentissage chez les êtres humains et les animaux. Il appela ce phénomène *réflexe conditionnel* : l'adjectif soulignant la dépendance du réflexe par rapport aux conditions du milieu (*réflexe conditionné* est un synonyme).

Peu de temps après cette découverte, Pavlov abandonna ses autres travaux afin de se consacrer à l'étude des réflexes conditionnels, ce qu'il fit pendant les 30 dernières années de sa vie. Pourquoi les chiens salivaient-ils sous l'effet d'éléments de l'environnement autres que la nourriture ? Pavlov jugea vain de spéculer sur les pensées d'un chien, ses désirs ou ses souvenirs. Il se mit donc à analyser le milieu dans lequel le réflexe conditionnel avait pris naissance.

FIGURE 6.2 Une procédure de conditionnement inspirée de celle utilisée par Pavlov au début du XXᵉ siècle

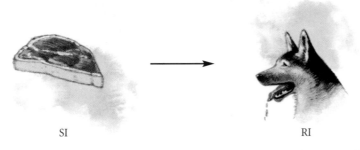

SI RI

Selon Pavlov, le réflexe salivaire initial consiste en un **stimulus inconditionnel (SI)**, la nourriture, et en une **réponse inconditionnelle (RI)**, la salivation. Le stimulus inconditionnel est un événement ou une condition de l'environnement qui déclenche une réponse, sans apprentissage préalable. La réponse inconditionnelle est une réponse produite automatiquement par la présence d'un stimulus inconditionnel.

L'apprentissage a lieu lorsqu'un stimulus neutre (SN), c'est-à-dire un stimulus qui ne déclenche pas la réponse voulue, est associé à plusieurs reprises à un stimulus inconditionnel. Le stimulus neutre devient alors un **stimulus conditionnel (SC)** en provoquant l'apparition d'une réponse habituellement semblable à la réponse inconditionnelle initiale : cette nouvelle réponse est appelée **réponse conditionnelle (RC)**. Par exemple, le plat à nourriture vide (SN), qui ne déclenchait pas de salivation (RI), a été régulièrement associé à la présence de nourriture (SI) : le plat est alors devenu un stimulus conditionnel (SC) qui a entraîné à son tour la salivation (RC) lorsqu'on le présentait vide. Au cours d'une série d'expériences, Pavlov a montré qu'un large éventail d'éléments sont susceptibles de devenir des stimuli conditionnels entraînant la salivation : le tic-tac d'un métronome, le son d'un diapason, un coup de sifflet, une lumière clignotante, un triangle tracé sur un grand carton et même une décharge électrique. Aucun de ces stimuli ne déclenche spontanément le réflexe de salivation ; cependant, associés à la nourriture, ils auront tous cet effet, bien que certaines associations soient plus faciles à établir que d'autres. Le processus par lequel un stimulus neutre se transforme en stimulus conditionnel est un **conditionnement répondant**, mais il est appelé aussi *conditionnement classique* ou *conditionnement pavlovien*. La figure 6.3 illustre bien les trois étapes de l'établissement du conditionnement répondant.

Stimulus inconditionnel (SI)

Dans le conditionnement répondant, terme désignant un stimulus qui déclenche une réponse de manière réflexe, sans apprentissage préalable.

Réponse inconditionnelle (RI)

Dans le conditionnement répondant, terme désignant une réponse déclenchée de manière réflexe par un stimulus, sans apprentissage préalable.

Stimulus conditionnel (SC)

Dans le conditionnement répondant, terme désignant un stimulus initialement neutre qui finit par déclencher une réponse conditionnelle après avoir été associé par contiguïté à un stimulus inconditionnel.

Réponse conditionnelle (RC)

Dans le conditionnement répondant, terme désignant une réponse déclenchée par un stimulus conditionnel et qui se produit lorsqu'un stimulus conditionnel a été associé par contiguïté à un stimulus inconditionnel.

Conditionnement répondant

Forme d'apprentissage qui consiste à associer par contiguïté un stimulus neutre à un stimulus inconditionnel.

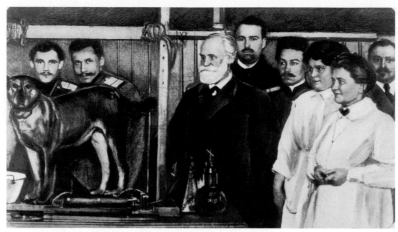

Ivan Pavlov et ses étudiants posant avec un sujet canin.

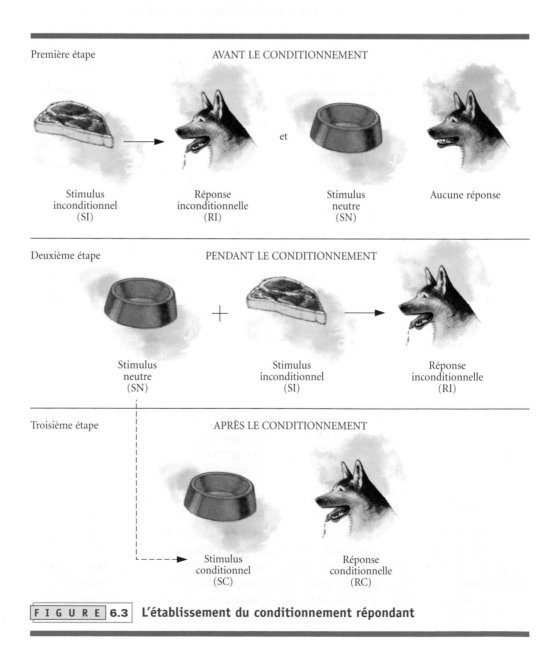

Première étape   AVANT LE CONDITIONNEMENT

| Stimulus inconditionnel (SI) | Réponse inconditionnelle (RI) | et | Stimulus neutre (SN) | Aucune réponse |

Deuxième étape   PENDANT LE CONDITIONNEMENT

| Stimulus neutre (SN) | + | Stimulus inconditionnel (SI) | Réponse inconditionnelle (RI) |

Troisième étape   APRÈS LE CONDITIONNEMENT

| Stimulus conditionnel (SC) | Réponse conditionnelle (RC) |

FIGURE 6.3 **L'établissement du conditionnement répondant**

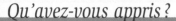
RÉPONSES, p. 186

Déterminez les quatre composantes du conditionnement répondant dans chacune des situations suivantes.

1. Samuel, âgé de 5 ans, observe un orage par la fenêtre. Soudain, un éclair déchire le ciel; le puissant coup de tonnerre qui l'accompagne peu après le fait sursauter. Un autre éclair se produit, sans tonnerre, ce qui fait sursauter Samuel de nouveau.

2. Anna adore le citron, elle salive chaque fois qu'elle mange un aliment qui en contient. Un jour, en voyant un grand verre de limonade dans une publicité, elle se rend compte que sa bouche est pleine de salive.

Les principes du conditionnement répondant

Les principes qui régissent l'apprentissage des réponses par conditionnement répondant sont les mêmes pour toutes les espèces, que ce soit le ver de terre ou l'*Homo sapiens*. Parmi les plus importants, notons l'extinction, la généralisation du stimulus, la discrimination du stimulus et le conditionnement d'ordre supérieur.

L'extinction. Les réponses conditionnelles peuvent être temporaires. Si, à la suite d'un conditionnement, on présente à plusieurs reprises le stimulus conditionnel sans le faire suivre du stimulus inconditionnel, la réponse conditionnelle finit par disparaître : c'est l'**extinction**. Par exemple, Marc a reçu un ballon en pleine figure (SI) à sa première journée à la garderie et il a ainsi appris à craindre (RC) l'enfant (SC) qui l'a lancé. Marc en viendra progressivement à ne plus craindre son compagnon de jeu s'il cesse de l'associer au ballon (SI) dès qu'il le voit. La réaction de crainte (RC) sera alors disparue.

La généralisation et la discrimination du stimulus. Lorsqu'un stimulus devient un stimulus conditionnel entraînant une réponse conditionnelle donnée, on observe que des stimuli du même type sont susceptibles de déclencher eux aussi la même réponse conditionnelle ; c'est la **généralisation du stimulus**. Par exemple, Marc pourra manifester la même réponse conditionnelle de peur en présence d'autres enfants qui ressemblent physiquement à son compagnon de jeu. Le proverbe « Chat échaudé craint l'eau froide » illustre bien ce processus.

L'image inversée de la généralisation du stimulus est la **discrimination du stimulus**, qui consiste à réagir de façon *différente* à des stimuli ressemblant par certains aspects au stimulus conditionnel. La discrimination du stimulus survient lorsque des stimuli qui s'apparentent au stimulus conditionnel ne sont pas associés au stimulus inconditionnel à l'origine de la réponse conditionnelle. Si Marc apprend à ne manifester la réponse conditionnelle de peur qu'en présence de l'enfant qui lui a lancé le ballon en plein visage, c'est qu'il a appris à discriminer le stimulus.

Le conditionnement d'ordre supérieur. Il arrive qu'un stimulus neutre devienne un stimulus conditionnel lorsqu'il est associé à un stimulus conditionnel déjà établi : il s'agit d'un **conditionnement d'ordre supérieur**. Reprenons l'exemple de Marc. Si le compagnon de jeu à l'origine de sa réponse conditionnelle de peur est fréquemment accompagné d'un autre enfant, ce dernier pourra également produire une réponse conditionnelle de peur chez Marc, quoique de moindre intensité. Ce processus est illustré à la figure 6.4.

Extinction
Diminution d'une réponse apprise jusqu'à sa disparition complète. Dans le conditionnement répondant, elle se produit lorsque le stimulus conditionnel cesse d'être associé au stimulus inconditionnel.

Généralisation du stimulus
Tendance à réagir à un stimulus semblable au stimulus qui était intervenu dans le conditionnement initial. Dans le conditionnement répondant, elle se produit lorsqu'un stimulus similaire au stimulus conditionnel déclenche la réponse conditionnelle.

Discrimination du stimulus
Tendance à réagir différemment à deux ou plusieurs stimuli similaires. Dans le conditionnement répondant, elle se produit lorsqu'un stimulus similaire au stimulus conditionnel ne déclenche pas la réponse conditionnelle.

Conditionnement d'ordre supérieur
Dans le conditionnement répondant, opération par laquelle un stimulus neutre devient un stimulus conditionnel lorsqu'il est associé à un stimulus conditionnel déjà bien établi. Synonyme : conditionnement de second degré.

Stimulus neutre
(SN)

\+

Stimulus conditionnel
(SC)

Réponse conditionnelle
(RC)

APRÈS LE CONDITIONNEMENT

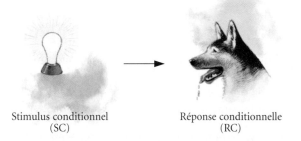

Stimulus conditionnel
(SC)

Réponse conditionnelle
(RC)

FIGURE 6.4 **Un exemple de conditionnement d'ordre supérieur**

Les mots peuvent acquérir une connotation émotionnelle par un processus de conditionnement d'ordre supérieur. Lorsqu'un mot «neutre» est associé à des objets ou à d'autres mots qui déclenchent déjà une réaction émotionnelle, il peut à son tour déclencher la même réaction (Chance, 1994; Staats et Staats, 1957). Ainsi, un enfant apprendra à réagir de façon positive au mot *anniversaire* parce que ce dernier est associé à des cadeaux et à des marques d'attention de son entourage. Inversement, l'enfant apprendra à réagir de façon négative à des mots désignant une nationalité, comme *Suédois, Turc* ou *Tamoul,* si ces mots sont associés à des mots qui ont déjà une connotation désagréable, comme *idiot* ou *malpropre.* Autrement dit, il est possible que le conditionnement d'ordre supérieur contribue à la formation de préjugés chez un individu.

Le conditionnement répondant dans la vie de tous les jours

Si un chien peut apprendre à saliver au tintement d'une clochette, vous le pouvez aussi! D'ailleurs, vous avez sans doute appris à saliver au son d'une cloche annonçant l'heure du dîner ainsi qu'à la vue du réfrigérateur, de photos de plats appétissants dans des revues ou de la vue d'un serveur qui s'approche de votre table, ou encore en entendant l'exclamation «À table!» Le rôle du conditionnement répondant va cependant bien au-delà de l'apprentissage de simples réflexes observables; quotidiennement, il exerce sur chacun de nous une influence insoupçonnée.

Une explication des goûts.   Le fait d'apprendre à aimer ou à détester un certain nombre de choses, en particulier des aliments, résulte probablement d'un processus de conditionnement répondant. Martin Seligman, qui a étudié l'apprentissage en laboratoire pendant de nombreuses années, décrit comment il a lui-même été conditionné à détester la sauce béarnaise. Un jour, alors qu'il se trouvait au restaurant avec sa femme, il commanda un filet mignon béarnaise. Peu après, il attrapa une grippe qui le laissa fort mal en point. Bien que la sauce béarnaise n'ait évidemment pas causé la grippe, il se rendit compte que l'événement lui en avait fait détester le goût le jour où il voulut en manger de nouveau (Seligman et Hager, 1972). On a aussi observé des aversions alimentaires conditionnées chez certains cancéreux qui avaient subi une chimiothérapie (SI) après avoir pris un repas (SN). Les nausées (RI) dont ces personnes souffraient étaient dues en fait au traitement (SI). Cependant, comme les repas (SN) étaient servis peu de temps avant les traitements (SI), les patients les ont associés, si bien que la simple vue de nourriture (SC) leur causait des nausées (RC) (Bernstein, 1985).

Certaines personnes adorent le chocolat, mais elles font de l'urticaire chaque fois qu'elles en mangent. Il s'agit d'une réaction allergique: ces personnes aiment le chocolat, mais leur organisme ne peut le tolérer. Pourtant, certaines réactions allergiques peuvent aussi relever du conditionnement répondant: il suffit d'associer une substance «neutre» à une substance allergène. Au XIXᵉ siècle, un médecin affirmait avoir utilisé une rose *artificielle* pour provoquer les symptômes de l'asthme chez un patient allergique. Depuis lors, de nombreuses études portant sur des animaux et des êtres humains ont confirmé que des substances anallergiques sont susceptibles de déclencher les symptômes de l'asthme chez certains d'entre eux si elles ont été préalablement associées à des allergènes (Ader et Cohen, 1993).

De la même façon, des chercheurs ont conditionné des animaux de laboratoire à détester divers aliments et odeurs en les leur faisant associer à des substances provoquant la nausée ou d'autres symptômes désagréables. Un chercheur a notamment entraîné des limaces à associer l'odeur des carottes (qui leur plaît habituellement) à une substance chimique au goût amer (qu'elles détestent). Les limaces ont vite appris à fuir l'odeur des carottes! Le chercheur a ensuite démontré l'existence du conditionnement d'ordre supérieur en associant cette odeur à celle des pommes de terre. Les limaces se sont, bien entendu, mises à fuir l'odeur de cet autre légume (Sahley *et al.*, 1981).

L'apprentissage de la peur. Les aversions et les émotions négatives telles que la peur peuvent aussi résulter d'un processus de conditionnement répondant. Selon les béhavioristes, la plupart des peurs constituent des réactions conditionnelles à des stimuli initialement neutres. De plus, le souvenir de l'incident qui a causé le conditionnement n'est pas essentiel à la persistance de la peur.

La peur irrationnelle d'un objet ou d'une situation ayant pour effet de perturber les activités normales d'une personne est une *phobie*. Les phobies courantes comprennent la peur des hauteurs (acrophobie), la peur des endroits clos (claustrophobie), la peur de certains animaux tels que les serpents, les chiens, les insectes et les souris (zoophobie), la peur de parler en public, d'utiliser des toilettes publiques ou de manger dans un endroit public (phobies sociales et agoraphobie) et la peur causée par un endroit particulier ou par l'éloignement d'un endroit ou d'une personne procurant un sentiment de sécurité (agoraphobie).

Votre goût ou votre dégoût pour certains aliments dépendent peut-être d'une expérience passée qui a mis en œuvre le conditionnement répondant.

Watson et Rayner (1920) ont volontairement suscité la phobie des rats chez Albert, un enfant de 11 mois, afin de prouver que le processus de conditionnement répondant peut mener à l'acquisition d'une phobie. On a depuis contesté le caractère éthique de cette étude, de même que les méthodes employées et les résultats obtenus (Harris, 1979). Aucun béhavioriste n'effectuerait aujourd'hui une expérimentation semblable. Elle demeure néanmoins un classique du genre, et la principale conclusion à laquelle sont arrivés les chercheurs, à savoir que les peurs sont susceptibles d'être conditionnées, est encore largement acceptée.

Le petit Albert était un enfant plutôt calme, qui pleurait rarement. Lorsque Watson et Rayner lui ont donné comme «jouet» un rat blanc vivant, il n'a manifesté aucune crainte; en fait, il semblait ravi. Après s'être ainsi assurés qu'Albert aimait les rats, Watson et Rayner ont décidé de lui apprendre à les craindre. Ils lui ont de nouveau présenté un rat. Au moment où

Bon nombre de réponses physiologiques involontaires intervenant dans le conditionnement répondant font partie intégrante des émotions humaines. Par conséquent, ce type d'apprentissage permet peut-être d'expliquer comment nous apprenons à associer une réaction émotionnelle à un objet, à une personne ou à une situation. Un des premiers psychologues à avoir reconnu ce prolongement de la théorie de Pavlov fut John B. Watson, fondateur du béhaviorisme américain et ardent défenseur des idées pavloviennes. Watson croyait que les émotions ne sont qu'un ensemble de réponses instinctives, de nature musculaire ou glandulaire, aux stimulations externes; ses détracteurs ont plus tard ridiculisé cette vision en la taxant de « psychologie de la contraction musculaire » (Hunt, 1993).

Selon Watson, il n'existe aucune différence entre apprendre à aimer son père ou sa mère (ou n'importe qui d'autre) et apprendre à saliver au tintement d'une clochette. Dans son analyse, l'« amour » inclut les sourires et les gazouillis que le nourrisson émet lorsqu'il est caressé ou bercé par ses parents. Ces comportements parentaux sont des *stimuli inconditionnels*, alors que les sourires et les gazouillis de l'enfant constituent des *réponses inconditionnelles*. Selon Watson, les parents sont d'abord des *stimuli neutres* et un nourrisson apprend à les « aimer » lorsqu'il les associe aux caresses et au bercement. Les parents deviennent alors des *stimuli conditionnels*, puisque leur présence fait sourire et gazouiller l'enfant, ce qui correspond à des *réponses conditionnelles*.

L'apparition de l'« amour filial » illustre bien les principes du conditionnement répondant. Ainsi, il est possible d'observer une *généralisation du stimulus* lorsque les enfants sourient et gazouillent dans les bras d'un inconnu. Vers la fin de leur première année, la plupart des enfants apprennent toutefois à ne sourire qu'à leurs proches : il y a alors *discrimination du stimulus*. Une *extinction* de la réponse conditionnelle pourrait survenir si les parents cessaient de caresser et de bercer l'enfant, ce qui n'est évidemment pas souhaitable.

Enfin, un *conditionnement d'ordre supérieur* est observé lorsque le comportement ou la simple présence des parents rend plus agréable le goût de certains aliments, nutritifs mais pas nécessairement succulents au premier abord (qui n'a pas avalé une cuillerée de gruau « pour maman » ?).

Par ailleurs, le conditionnement répondant explique en partie diverses réactions positives à des images et à des objets inanimés. Par exemple, des spécialistes de la psychologie de la consommation ont montré que plusieurs des techniques employées par les publicitaires pour amener les gens à préférer certains produits s'appuient sur les principes pavloviens – que les dirigeants d'agence en soient conscients ou non. Au cours d'une étude, on a montré à des élèves du collégial des diapositives d'un stylo beige ou d'un stylo bleu. Pendant la projection, on a fait entendre à la moitié des participants une chanson tirée d'une comédie musicale récente et à l'autre moitié, une musique indienne traditionnelle. L'hypothèse de la recherche était que la majorité des jeunes Américains préféreraient la musique tirée de la comédie musicale *et* le stylo qui lui était associé. On a ensuite invité les participants à choisir l'un des deux stylos. Près des trois quarts des personnes qui avaient entendu la chanson populaire ont choisi un stylo de la même couleur que celui des diapositives; la même proportion des personnes à qui on avait fait entendre la musique indienne ont choisi un stylo d'une couleur différente de celle du stylo sur les diapositives (Gorn, 1982). Du point de vue du conditionnement répondant, la musique a joué le rôle de *stimulus conditionnel d'ordre supérieur* (les élèves ont appris à apprécier le type de musique) entraînant une *réponse conditionnelle* de plaisir ou de déplaisir, et le stylo est devenu un *stimulus conditionnel* déclenchant la même *réponse conditionnelle* de plaisir ou de déplaisir. Voilà donc pourquoi les publicités télévisées associent souvent un produit à quelque chose d'agréable : de la musique, des sons harmonieux, une personne séduisante ou des images attrayantes.

l'enfant allait le prendre, l'un des chercheurs a donné un violent coup de marteau sur une barre d'acier, ce qui a produit un bruit très fort. Surpris, Albert est tombé à la renverse sur le matelas. Les chercheurs ont répété le manège plusieurs fois. Albert a alors commencé à pleurer et à trembler à la simple vue du rat. Les expérimentateurs lui ont finalement tendu un rat sans frapper la barre d'acier. Albert est tombé à la renverse, il s'est mis à pleurer et il s'est enfui à quatre pattes aussi vite qu'il le pouvait : le rat était passé de stimulus neutre (ne suscitant aucune peur) à stimulus conditionnel (déclenchant la peur). Des expériences ultérieures ont montré que la peur qu'éprouvait Albert pour les rats s'était généralisée à d'autres objets poilus ou velus, y compris les lapins blancs, la ouate, un masque de père Noël et même les cheveux de Watson.

Watson et Rayner n'ont malheureusement pas eu l'occasion d'inverser le conditionnement du petit Albert. Cependant, Watson et Mary Cover Jones sont parvenus plus tard à le faire pour Peter, un enfant de trois ans (Jones, 1924). Ce dernier avait la phobie des lapins. Les deux chercheurs ont éliminé cette peur grâce au **contre-conditionnement**, en associant un lapin à un stimulus déclenchant des sensations agréables (du lait et des biscuits), incompatibles avec la réaction conditionnelle de peur. Au début de l'expérience, les chercheurs ont placé le lapin à une certaine distance de Peter afin de réduire la réaction de peur. Autrement, l'enfant aurait pu apprendre (toujours par conditionnement répondant) à avoir peur du lait et des biscuits. Au cours des jours suivants, les expérimentateurs ont rapproché progressivement le lapin. Peter a finalement été capable de tenir le lapin sur ses genoux et de jouer avec lui d'une main tout en mangeant de l'autre. Peter a donc appris à associer le lapin à une réponse agréable. On a ultérieurement conçu une variante de cette technique, la *désensibilisation systématique*, pour traiter les phobies chez les adultes, comme nous le verrons dans le chapitre 11.

> **Contre-conditionnement**
>
> Dans le conditionnement répondant, processus consistant à associer un stimulus conditionnel déclenchant une réponse conditionnelle non désirée à un autre stimulus déclenchant une réponse incompatible avec la première.

Quelques considérations générales sur le conditionnement répondant

L'existence du conditionnement répondant a été démontrée maintes et maintes fois, mais quelle en est l'explication? Selon les béhavioristes traditionnels, l'association créée entre le stimulus inconditionnel et le stimulus conditionnel dépend du fait qu'ils se produisent tous deux dans un même lieu et dans un court intervalle de temps; ils parlent alors de **contiguïté** dans l'espace et le temps. Dans la plupart des cas, cette association doit s'effectuer à plusieurs reprises pour déclencher l'apprentissage. Les chercheurs ont aussi observé qu'ils obtiennent un conditionnement optimal, c'est-à-dire un *conditionnement proactif*, quand le stimulus conditionnel précède le stimulus inconditionnel.

> **Contiguïté**
>
> Condition au cours de laquelle deux stimuli se produisent dans un même lieu et dans un court intervalle de temps.

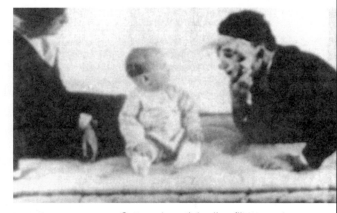

Cette scène, tirée d'un film tourné en 1919, montre Rosalie Rayner et John Watson (qui porte un masque) en train de vérifier la procédure de généralisation du stimulus chez le petit Albert.

Le conditionnement simultané (le stimulus conditionnel et le stimulus inconditionnel sont présentés simultanément) et le stimulus rétroactif (le stimulus conditionnel est présenté après le stimulus inconditionnel) ne donnent pas d'aussi bons résultats d'apprentissage. L'intervalle temporel optimal entre la présentation du stimulus conditionnel et celle du stimulus inconditionnel dépend de la nature de la réaction qu'on cherche à conditionner. En laboratoire, l'intervalle optimal est souvent inférieur à une seconde.

⬩ *Qu'avez-vous appris ?*

RÉPONSES, p. 186

Nommez le principe du conditionnement répondant illustré dans chacune des situations suivantes.

1. Un enfant a acquis la peur des araignées. Par la suite, il manifeste des signes de peur en présence de fourmis, de grillons et d'autres insectes.

2. Un nourrisson a peur quand on lui donne un bain. Son père procède alors de la façon suivante: il ne met qu'un peu d'eau dans la baignoire et donne un canard en caoutchouc à l'enfant pour l'occuper pendant qu'il le lave. Rapidement, l'enfant ne montre plus de signes de peur au moment du bain.

3. Un travailleur d'usine se rend compte qu'il salive chaque fois que la cloche annonce la pause de midi. Un matin, la cloche se détraque et sonne aux demi-heures. À la fin de la journée, le travailleur ne salive plus au son de la cloche.

LE CONDITIONNEMENT OPÉRANT

Les amateurs de tennis savent que le champion John McEnroe s'est aussi rendu célèbre par ses manies et ses spectaculaires crises de rage sur le court: c'était le mauvais garçon des tournois. Un jour, après avoir remarqué un petit microphone près du filet, il alla frapper dessus avec sa raquette, dont une corde se brisa. D'un pas nonchalant, il alla chercher une autre raquette en bordure du court. Cette incartade ne lui valut aucune pénalité. En fait, l'incident sembla réussir à McEnroe: d'une part, il était plein d'énergie pour poursuivre le match; d'autre part, cette interruption avait perturbé son adversaire. De façon générale, McEnroe recevait beaucoup d'attention de ses admirateurs et des journalistes, qui l'aduaient ou adoraient le détester.

Bjorn Borg, un autre champion de tennis, était au contraire courtois et parfaitement maître de lui-même sur le terrain. «Autrefois, j'étais comme John [McEnroe], a-t-il raconté à un journaliste. En fait, j'étais pire que lui. Je jurais constamment et je jetais ma raquette. J'avais vraiment mauvais caractère. Demandez à tous ceux qui me connaissaient à l'époque en Suède. À l'âge de treize ans, le club auquel j'appartenais m'a suspendu six mois et, durant cette période, mes parents ont rangé ma raquette dans une armoire fermée à clef. Je suis resté six mois sans pouvoir jouer. Ce fut terrible pour moi, mais ce fut une bonne leçon. Je n'ai plus jamais ouvert la bouche sur un court. Il m'arrive encore de me sentir très en colère, mais je maîtrise mes émotions.» (Cité dans Collins, 1981.)

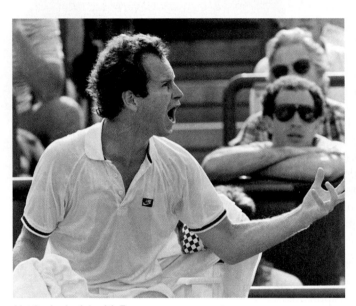 

L'attitude de John McEnroe et celle de Bjorn Borg sur le court de tennis sont le fruit de l'apprentissage: tous deux ont adopté des comportements qui produisaient les effets désirés.

Il serait possible d'attribuer au tempérament inné des deux athlètes leurs attitudes opposées sur le plan émotionnel. Par contre, un théoricien de l'apprentissage dirait plutôt que l'emportement de McEnroe et le calme de Borg illustrent tous deux l'une des lois fondamentales de l'apprentissage, à savoir que *la probabilité qu'un comportement se produise dépend des conséquences qui y sont associées*. Les colères de McEnroe lui ont procuré ce qu'il désirait; il a donc continué à piquer ses petites crises. Les colères de Borg l'ont empêché de pratiquer le sport qu'il adorait; il y a donc mis fin.

L'importance accordée aux conséquences des comportements est au cœur du second type de conditionnement étudié par les béhavioristes, le **conditionnement opérant** (ou *conditionnement opérant par contingence*). Dans ce genre de conditionnement, la conduite de l'animal ou de l'individu, comme les crises de colère de John McEnroe, «agit» ou influe sur l'environnement. Ces effets détermineront si une telle conduite se reproduira ou non. Par contre, dans le conditionnement répondant, les comportements des êtres humains ou des animaux ne sont pas suivis de conséquences environnementales particulières. Par exemple, dans l'expérience de Pavlov, le chien recevait de la nourriture, qu'il y ait salivation ou non.

Conditionnement opérant

Forme d'apprentissage qui consiste à associer en contingence un comportement et ses conséquences. Synonymes: conditionnement par contingence et conditionnement instrumental.

La nature des comportements permet également de distinguer le conditionnement répondant du conditionnement opérant. Dans le conditionnement répondant, les comportements sont de nature réflexe : il s'agit d'une réaction automatique à une stimulation environnementale, comme la présence de nourriture ou le son d'une clochette. Dans le conditionnement opérant, les comportements ne sont habituellement pas de nature réflexe ; ils sont plus complexes et l'organisme tout entier y participe – c'est le cas lorsque nous faisons du vélo, nous écrivons une lettre, nous escaladons une montagne ou nous manifestons agressivement notre colère.

Le conditionnement opérant fait l'objet d'études depuis la fin du XIXe siècle (mais il n'était pas encore qualifié d'« opérant »). Au cours de son doctorat, Edward Thorndike (1898) en a décrit les principes en observant un chat qui essayait de sortir d'une « cage expérimentale » pour s'emparer d'un morceau de poisson placé tout près. Au début, le chat procédait par tâtonnement : il griffait, mordait et frappait différents endroits de la cage. Au bout de quelques minutes, il trouvait par hasard la méthode appropriée (tirer sur la boucle d'une ficelle ou enfoncer un bouton) et sortait à toute vitesse de la cage pour atteindre la récompense. Lorsqu'on le plaçait de nouveau dans la cage, il mettait moins de temps à s'en échapper et, après plusieurs fois, il finissait par avoir immédiatement le comportement approprié. Selon la *loi de l'effet* de Thorndike, la réponse avait été « gravée » du fait qu'elle avait été suivie d'une conséquence satisfaisante, l'obtention de la nourriture. Selon Thorndike, le comportement est régi par les effets plus ou moins agréables qu'il procure.

Il revient à Burrhus Frederic Skinner (1904-1990) d'avoir élaboré ce principe général d'apprentissage et de l'avoir appliqué à des formes complexes de comportement. Il a qualifié son approche de « béhaviorisme radical » afin de la distinguer du béhaviorisme de John Watson. En effet, sa conception de l'apprentissage ne décrit pas le comportement à l'aide de la physiologie, contrairement à celle de Watson. Si l'on veut analyser le comportement, selon Skinner, il suffit de décrire les conditions externes à l'origine de ce comportement et les conséquences qui y sont associées. Skinner évitait soigneusement d'utiliser certains termes employés par Thorndike, comme « satisfaisant » ou « fâcheux », qui sous-entendent des hypothèses relatives aux sentiments et aux désirs d'un organisme.

Burrhus Frederic Skinner, l'un des chefs de file du béhaviorisme et le père de la théorie du conditionnement opérant.

Skinner croyait en effet que toute hypothèse sur les intentions, les valeurs ou l'état d'esprit d'un organisme était « préscientifique » et n'était que perte de temps. Il a maintenu jusqu'à sa mort, en 1990, qu'il fallait chercher l'explication du comportement à l'extérieur et non à l'intérieur de l'individu.

Nous pouvons schématiser le conditionnement opérant par contingence de la façon suivante.

Stimulus discriminatif (SD) : comportement ou réponse (R) ⟶ conséquences (C)

SD correspond au stimulus particulier en présence duquel le comportement est émis (nous examinerons en détail cette notion dans une autre section) ; *R* correspond au comportement de l'organisme ; *C* correspond aux conséquences environnementales de ce comportement.

Dans le conditionnement opérant, le comportement est régi par ses conséquences. Ainsi, certaines conséquences auront pour effet d'augmenter ou de diminuer la probabilité d'apparition du comportement dans des circonstances similaires. Skinner a appelé **contingence** cette relation entre le comportement et ses conséquences. Ce concept renvoie à la relation séquentielle de dépendance entre deux événements, le comportement et ses conséquences. (Malcuit, Pomerleau et Maurice, 1995). Ainsi, une conséquence surviendra si, et seulement si, un comportement est émis. Par exemple, le professeur vous donnera des explications supplémentaires *si, et seulement si,* vous lui en demandez. Si les explications vous permettent d'améliorer votre compréhension, vous aurez tendance, par la suite, à interroger plus souvent le professeur dans des conditions similaires.

Contingence

Dans la terminologie de Skinner, relation séquentielle de dépendance (si, et seulement si) entre le comportement et ses conséquences.

Les types de contingences

Dans la théorie de Skinner, un individu peut apprendre un comportement opérant au moyen de trois types de contingences.

Les contingences du premier type sont neutres en ce qui a trait au comportement futur : elles n'augmentent ni ne diminuent la probabilité de réapparition du comportement. Si le grincement répété d'une poignée de porte n'a aucun effet sur le comportement de la personne qui la fait tourner, le bruit est une conséquence neutre.

Les contingences du deuxième type font intervenir le **renforcement**, c'est-à-dire le processus par lequel un stimulus ou un événement qui suit un comportement *accroît la probabilité de réapparition du comportement dans les mêmes conditions*. La conséquence est alors appelée *agent de renforcement* ou *renforçateur*. Par exemple, si on entraîne un chien à répondre à l'ordre « Au pied ! » en le gratifiant d'un biscuit ou d'une caresse lorsqu'il réagit correctement, on utilise le renforcement, car on augmente la probabilité que le chien obéisse quand on lui donnera de nouveau cet ordre. Dans cet exemple, le biscuit et la caresse constituent des agents de renforcement.

Dans le langage courant, une récompense est une chose méritée qui procure de la joie ou de la satisfaction ; c'est pourquoi nous utilisons souvent ce mot comme synonyme d'agent de renforcement. Cependant, les béhavioristes évitent d'utiliser le terme *récompense* parce que l'agent de renforcement peut être en principe tout stimulus qui accroît la probabilité d'apparition du comportement qui le précède, que l'organisme éprouve ou non du plaisir ou de la satisfaction. Par conséquent, même si un stimulus est agréable, il ne constitue pas un agent de renforcement s'il n'augmente pas la probabilité qu'un comportement ait lieu de nouveau. Par exemple, un adolescent à qui ses parents donnent de l'argent de poche chaque semaine, quelles que soient ses manières d'agir, n'adoptera pas nécessairement la conduite qu'ils attendent de lui. Dans ces conditions, l'argent peut être considéré comme une récompense, mais il ne constitue pas un agent de renforcement de la conduite souhaitée par les parents.

Les contingences du troisième type mettent en jeu la **punition**. Elles s'observent lorsque le stimulus ou l'événement qui suit un comportement *diminue la probabilité de réapparition de ce comportement dans les mêmes conditions*. La conséquence est alors appelée *agent de punition*. Par exemple, un enfant qui traverse la rue en courant et passe à un cheveu de se faire frapper par une voiture aura moins tendance à recommencer. Dans ce cas également, le langage courant introduit une certaine confusion en associant automatiquement la punition à un stimulus désagréable. Il faut plutôt se rappeler que l'agent de punition est toute conséquence dont la présence a pour effet de réduire la probabilité de réapparition du comportement qui le précède. Voici un exemple où l'agent de punition peut même apparaître comme une récompense : « Jean déteste son patron. Depuis que celui-ci l'a félicité pour la propreté de son bureau, Jean laisse tout traîner. » L'utilisation de la punition est assez répandue, notamment dans l'éducation des enfants, mais nous verrons un peu plus loin que la modification du comportement par la punition entraîne de nombreux problèmes.

Le stimulus discriminatif

Pour Skinner, le comportement d'une personne est complexe et il est régi non seulement par ses conséquences, mais aussi par certains stimuli qui, au moyen de l'apprentissage, finissent par acquérir le pouvoir d'annoncer les contingences d'une situation donnée : il s'agit des **stimuli discriminatifs**. Ce sont des stimuli particuliers d'une situation d'apprentissage qui signalent ou qui annoncent le renforcement ou la punition d'un comportement (Malcuit, Pomerleau et Maurice, 1986). En fait, c'est la situation dans laquelle l'organisme se trouve lorsqu'il émet et répète un comportement. Par exemple, dans la boîte de conditionnement de Skinner (voir la section intitulée « Les principes du conditionnement opérant »), on peut donner de la nourriture (C) au rat qui presse sur le levier (R) seulement lorsqu'une lumière (SD) située dans la cage est allumée ; si elle est éteinte, le rat n'obtient aucune nourriture. Au début, le rat ne remarque pas la lumière et il presse sur le levier, que la lumière soit éteinte ou allumée. Après un certain temps, le rat finit par reconnaître le signal ; il se précipite sur le levier quand la lumière est allumée, mais il appuie de moins en moins souvent quand la lumière est éteinte. Il en arrivera à ne plus appuyer sur le levier quand la lumière est éteinte. On dira alors qu'il a appris à discriminer le stimulus.

L'apprentissage du comportement approprié en présence des stimuli discriminatifs fait partie intégrante du développement de l'individu capable de fonctionner en société. Par exemple, quand nous voulons utiliser des toilettes publiques, nous ne nous contentons pas de pousser n'importe quelle porte qui y donne accès. Les pictogrammes de l'homme et de la femme sur les portes jouent le rôle de stimuli discriminatifs : l'un indique que nous obtiendrons un renforcement en ayant la possibilité de nous soulager ; l'autre indique que nous pourrons obtenir une punition en nous exposant à la réprobation des personnes du sexe opposé. Dans des circonstances similaires (par exemple, l'utilisation de toilettes publiques situées dans un pays dont nous ne connaissons pas la langue), ces symboles ou stimuli discriminatifs devraient permettre d'adopter rapidement le « bon » comportement.

Le délai entre le comportement et les conséquences

En général, un agent de renforcement ou une punition sont d'autant plus efficaces qu'ils suivent de près un comportement (quelques secondes). Ce principe du conditionnement opérant s'applique tant aux animaux qu'aux êtres humains. Lorsque le renforcement est différé, d'autres comportements sont adoptés par l'organisme durant ce délai, et il est possible que l'individu n'associe pas le comportement à ses conséquences. Rappelez-vous l'exemple, mentionné au début de ce chapitre : le chien qui déféquait sur le tapis de son maître. Étant donné que le maître découvrait les excréments de l'animal longtemps après la « faute », la punition n'avait pas d'effet : l'animal était incapable d'associer le comportement et sa conséquence punitive.

Examinons un autre exemple. Nous sommes prêts à parier que vous connaissez les règles élémentaires d'une bonne hygiène de vie : dormir suffisamment, faire régulièrement de l'exercice, avoir une alimentation saine, boire de l'alcool avec modération, ne pas se gaver, ne pas suivre de régime draconien et ne pas fumer. Pourquoi, alors, ne respectez-vous pas ces règles ? L'une des raisons est que fumer, manger des aliments riches et ne pas faire d'exercice procurent des renforcements immédiats, tandis que les effets négatifs mettent souvent des années à se faire sentir. Il en découle que bien des gens se sentent invulnérables et persistent dans leurs habitudes néfastes. Vous pourriez peut-être imaginer des façons de vous procurer des renforcements immédiats lorsque vous adoptez de saines habitudes d'hygiène de vie !

Les types de renforcements et de punitions

Le renforcement et la punition ne sont pas des concepts aussi simples que nous pourrions le croire à première vue. Les agents de renforcement, tout comme les agents de punition, peuvent être positifs ou négatifs. Cette distinction a été une source de confusion et de frustration pour plusieurs générations d'élèves. Vous maîtriserez plus rapidement ces termes si vous comprenez d'abord que les qualificatifs « positif » et « négatif » ne sont en rien des synonymes respectifs de « bon » et de « mauvais ». Ils se rapportent uniquement à des *processus* ayant pour effet d'ajouter (+) ou de supprimer (–) un stimulus comme conséquence d'une réponse.

Le tableau 6.1 présente une méthode simple mais efficace pour reconnaître les agents de renforcement ou de punition. Deux questions guident la réflexion. La première est : « Qu'arrive-t-il après le comportement ? » Si la réponse est la présentation d'un stimulus, l'agent (de renforcement ou de punition) est *positif* ; si la réponse est la suppression d'un stimulus, l'agent (de renforcement ou de punition) est *négatif*. La seconde question est : « Quel est l'effet de la

TABLEAU 6.1 Les types de renforcements et de punitions

		QU'ARRIVE-T-IL APRÈS LE COMPORTEMENT?	
		Stimulus présenté	**Stimulus supprimé**
QUEL EST L'EFFET DE LA CONSÉQUENCE SUR LE COMPORTEMENT?	Le comportement devient plus fréquent.	**Renforcement positif** Exemple: un enfant prendra d'autant plus l'habitude de faire ses devoirs qu'on le félicite chaque fois qu'il les faits.	**Renforcement négatif** Exemple: on change plus souvent de trottoir si cela permet d'éviter de croiser des individus louches ou menaçants.
	Le comportement devient moins fréquent.	**Punition positive** Exemple: on se ronge moins souvent les ongles si cette action est accompagnée de l'absorption d'une substance amère recouvrant les ongles.	**Punition négative** Exemple: on fait moins souvent de mauvaises plaisanteries si cela fait perdre l'attention des autres.

conséquence sur le comportement?» Si le comportement devient plus probable, il s'agit nécessairement d'un *renforcement*; si le comportement devient moins probable, il s'agit nécessairement d'une *punition*. La combinaison des deux réponses indique l'une des quatre contingences: renforcement positif, renforcement négatif, punition positive ou punition négative. Examinons chacune de ces combinaisons.

Le **renforcement positif** est lié à l'obtention de quelque chose dans l'environnement (un stimulus) et le **renforcement négatif**, à la suppression de quelque chose (un stimulus) dans l'environnement; dans les deux cas, le renforcement rend le comportement plus probable. Si la mère de Louis le félicite d'avoir fait ses devoirs et qu'il se met à étudier davantage, les félicitations agissent comme un agent de renforcement positif du comportement de Louis lié à l'étude. Si vous demandez poliment à votre colocataire d'arrêter une pièce musicale que vous trouvez insupportable et qu'il acquiesce immédiatement à votre demande, la probabilité que vous fassiez désormais poliment ce genre de demande est susceptible d'augmenter. Votre politesse est renforcée par la suppression de la musique désagréable, soit un agent de renforcement négatif.

La **punition positive** est liée à l'obtention de quelque chose de l'environnement et la **punition négative**, à la suppression de quelque chose de l'environnement; dans les deux cas, les conséquences sont associées à une diminution de la probabilité d'apparition du comportement. Un conducteur qui a une contravention pour excès de vitesse aura moins tendance à «oublier» la vitesse limite. Dans ce cas, la contravention agit comme un agent punitif positif, parce qu'elle constitue une conséquence qui réduit le nombre des «oublis» du conducteur. Un professeur qui arrive en retard à son cours risque de trouver moins d'élèves au début du cours suivant, ce qui devrait l'inciter à ne plus arriver en retard. Dans cet exemple, la diminution du nombre d'élèves agit comme un agent de punition négative qui a pour effet de diminuer le nombre de retards du professeur.

Renforcement positif

Opération qui consiste à ajouter un stimulus comme conséquence d'un comportement et à augmenter la probabilité de réapparition de ce comportement dans des circonstances similaires (stimulus discriminatif).

Renforcement négatif

Opération qui consiste à retrancher un stimulus comme conséquence d'un comportement et à augmenter la probabilité de réapparition de ce comportement dans des circonstances similaires (stimulus discriminatif).

Punition positive

Opération qui consiste à ajouter un stimulus comme conséquence d'un comportement et à diminuer la probabilité de réapparition de ce comportement dans des circonstances similaires (stimulus discriminatif).

Punition négative

Opération qui consiste à retrancher un stimulus comme conséquence d'un comportement et à diminuer la probabilité de réapparition de ce comportement dans des circonstances similaires (stimulus discriminatif).

Il est facile de confondre renforcement négatif et punition positive parce que ces deux processus nécessitent habituellement un stimulus désagréable. Afin d'éviter cette erreur, rappelez-vous que la punition (positive ou négative) *diminue* la probabilité du comportement, alors que le renforcement (positif ou négatif) *accroît* la fréquence du comportement. Les conduites d'*échappement* et d'*évitement*, toutes deux renforcées négativement, illustrent bien cette nuance.

Le comportement d'échappement amène l'organisme à fuir une situation aversive, alors que le comportement d'évitement lui permet de ne pas être mis en présence d'un stimulus aversif. Voyons l'exemple de Xavier. Il a 11 ans et éprouve une peur irraisonnée à l'idée de passer tout l'été dans une colonie de vacances. Chaque fois que sa mère aborde la question, il change de sujet ou s'en va sous un prétexte quelconque. Il s'agit d'un comportement d'*échappement*, renforcé négativement chez Xavier par l'éloignement de la situation aversive. Par ailleurs, la mère s'aperçoit que son fils reste de moins en moins longtemps à table et n'écoute plus la télévision avec elle. Il peut s'agir ici de comportements d'*évitement* car, en se soustrayant à la présence de sa mère, Xavier subit un renforcement négatif en évitant la situation aversive. Pour éliminer ces comportements, sa mère pourrait décider de punir positivement les comportements de Xavier en exigeant qu'il reste à table plus longtemps ou qu'il ne puisse pas s'en aller avant d'avoir répondu à la question posée ; cette façon d'agir devrait réduire les comportements d'échappement et d'évitement de son fils.

Les agents de renforcement primaires et secondaires

Certains stimuli ont pour effet de renforcer le comportement parce qu'ils satisfont les besoins physiologiques de l'organisme : ils sont appelés **agents de renforcement primaires** (ou *renforçateurs primaires*). L'eau, la nourriture, une température ambiante agréable, etc. en sont des exemples. Ces stimuli sont peu nombreux et biologiquement déterminés ; ils influent sur les comportements en l'absence de tout apprentissage antérieur. Les agents de renforcement primaires sont de puissants moyens de modification du comportement, mais ils ont leurs limites. La plus importante, c'est qu'un organisme doit généralement être dans un état de privation pour qu'un agent de renforcement primaire agisse : un verre d'eau ne constitue pas un agent de renforcement efficace pour une personne qui vient d'en boire un litre. Une autre limite touche l'aspect pratique de l'utilisation de ces agents de renforcement : ils ne suffisent évidemment pas à rendre compte de la complexité des apprentissages humains.

Agent de renforcement primaire

Stimulus constituant en soi un renforcement. Il satisfait habituellement un besoin physiologique (par exemple, la nourriture). Synonyme : renforçateur primaire.

Il est possible heureusement de gouverner le comportement de façon tout aussi efficace en faisant appel à des **agents de renforcement secondaires** (ou *renforçateurs secondaires*), dont les propriétés résultent de l'apprentissage de l'organisme. L'argent, les compliments, les salutations amicales, les applaudissements, les bons résultats scolaires ou les trophées sont des agents de renforcement secondaires couramment utilisés. Ces agents acquièrent leur capacité à influer sur le comportement par leur association avec des agents de renforcement primaires. Par exemple, le pouvoir de renforcer et de punir (agents de renforcement ou de punition secondaires) des parents découle de leur fréquente association avec des agents de renforcement primaires, comme étancher la soif d'un enfant, le caresser, le nourrir, etc. Si cela vous rappelle le conditionnement répondant, renforcez cette excellente réflexion en vous félicitant sur-le-champ !

Agent de renforcement secondaire

Stimulus ayant acquis des caractéristiques de renforcement grâce à son association avec un renforçateur primaire. Synonyme : renforçateur secondaire.

Associé à plusieurs types de renforçateurs primaires, l'agent de renforcement secondaire devient un *agent de renforcement généralisé*. L'argent en constitue une excellente illustration, car il peut être échangé non seulement contre des renforçateurs primaires (par exemple, la nourriture et le gîte), mais aussi contre des renforçateurs secondaires (par exemple, les louanges et le respect). *Secondaire* ne signifie pas « moins puissant ». Néanmoins, comme tout stimulus conditionnel, les renforçateurs secondaires, y compris l'argent, finissent par perdre leur capacité à influer sur le comportement s'ils ne sont pas de nouveau associés, au moins occasionnellement, avec l'un des stimuli initiaux.

Le conditionnement opérant par contingence et le conditionnement opérant par règle : deux formes d'apprentissage

Le conditionnement opérant par contingence peut-il expliquer tous les comportements d'un organisme ? Pour Skinner (1995), la réponse est non. Selon lui, le délai entre un comportement donné et ses conséquences est parfois trop long pour permettre à l'organisme de les associer. Par exemple, lorsque nous avons mal à la tête, nous prenons de l'aspirine pour soulager la douleur. Prendre de l'aspirine est un comportement qui n'est pas régi par ses conséquences, car celles-ci – les effets bénéfiques du médicament – ne se font sentir que plusieurs minutes après la prise du médicament (conséquence différée). Rappelons que l'existence d'un court délai (quelques secondes) entre le comportement et ses conséquences est une condition nécessaire à l'apprentissage par conditionnement opérant par contingence. Alors, comment apprenons-nous lorsque les conséquences d'un comportement ne sont pas immédiates, qu'elles tardent à venir ? Pour expliquer l'apprentissage de ces comportements, Skinner propose une seconde forme de conditionnement : le **conditionnement opérant par règle**. Nous pouvons schématiser ce conditionnement de la façon suivante :

Règle : comportement ou réponse (R) $\longrightarrow$ conséquences (C)

Il convient de noter que, dans cette forme de conditionnement, c'est une **règle**, et non un stimulus discriminatif, qui précède le comportement. La règle est une consigne verbale que l'individu énonce avant d'émettre un comportement (C). Elle décrit ce comportement et ses conséquences souhaitées ou attendues. Dans notre exemple, cette règle serait : « Si je prends deux aspirines quand j'ai mal à la tête, ma douleur diminuera. » Si l'individu qui a mal à la tête observe cette règle, il prendra deux aspirines (R) et, au bout de quelques minutes, son mal diminuera (C). Le cas échéant, nous dirons que le comportement de cet individu est régi par une règle (plutôt que façonné par ses conséquences). Ainsi, en suivant des règles, les individus apprennent des comportements dont les conséquences sont différées ou peu fréquentes et qui n'auraient pas pu être acquis autrement.

Pour qu'une règle soit efficace, il faut qu'elle « tienne ses promesses », c'est-à-dire que la conséquence qu'elle annonce se produise de temps à autre. Dans le cas contraire, le comportement régi par cette règle finira par disparaître. Autrement dit, pour qu'il y ait apprentissage, il faut que le comportement émis à la suite d'une règle soit parfois renforcé. Par exemple, pour une personne souffrant d'un simple mal de tête, la diminution de la douleur est un renforcement négatif ; la règle qui consiste à prendre deux aspirines est donc efficace et il y a tout lieu de croire que cette personne continuera à utiliser cette règle. Par contre, les aspirines ne sont d'aucun secours pour les personnes qui ont des migraines : elles ne ressentent pas la diminution de la douleur annoncée par la règle. Après un certain temps, faute de renforcement négatif, ces personnes cesseront probablement de suivre la règle et de prendre

Règle	Réponse (R)	Conséquence (C)
« Si je prends deux aspirines quand j'ai mal à la tête, ma douleur diminuera. »	Je prends deux aspirines.	La douleur diminue ou disparaît. (Renforcement négatif)

FIGURE 6.5 Si le comportement énoncé par une règle (prendre deux aspirines) est renforcé négativement (diminution de la douleur), ce comportement et l'usage de la règle augmenteront en fréquence par la suite.

des aspirines. Nous dirons alors que cette règle est inefficace, qu'elle ne régit pas ou plus le comportement des personnes qui souffrent de migraines.

Qu'elles soient ou non efficaces, les règles sont partout. Nous en trouvons dans les manuels d'instructions («Pour obtenir une cuisson parfaite, appuyez sur Poulet.»), dans les sports («Si tu frappes un joueur dans le dos près de la bande, tu auras une punition de cinq minutes.»), dans le code de la route («Si tu dépasses 100 km/h sur l'autoroute, tu auras une contravention.»). Nous en trouvons également dans les publicités et les magazines. Une étude de Richard-Bessette (2001) a montré qu'entre 1980 et 2000, le nombre de règles contenues dans les magazines qui s'adressent aux adolescentes a presque doublé. Ces règles sont également de plus en plus précises et concernent autant les comportements de séduction (comment embrasser efficacement un garçon, comment être belle et sexy, etc.) que les conduites à adopter avec ses amis.

Les règles peuvent revêtir de multiples formes. Il peut s'agir tantôt d'un conseil ou d'une consigne écrite, tantôt d'un règlement, d'un ordre ou même d'une maxime («En avril, ne te découvre pas d'un fil, sinon gare au rhume!»).

Pourquoi tant de gens ne suivent-ils guère les règles qui les préviennent d'une punition éventuelle ?

Qu'avez-vous appris ?

RÉPONSES, p. 186

A Complétez les phrases suivantes à l'aide du tableau 6.1.

1. Un enfant harcèle son père jusqu'à ce que celui-ci lui donne un biscuit. Pour le père, la fin du harcèlement de son fils représente _____ . Pour l'enfant, le biscuit constitue _____ .

2. Un jeune enfant mange goulûment ses céréales avec ses doigts malgré l'interdiction de sa mère. Celle-ci lui enlève alors son bol de céréales. Cette action est _____ .

B Repérez les agents de renforcement secondaires parmi les éléments suivants : les pièces de monnaie déversées par une machine à sous, un bonbon, un A à un test.

C Dans cette règle, «En avril, ne te découvre pas d'un fil, sinon gare au rhume!», quel est le comportement annoncé? La conséquence attendue ou souhaitée?

Les principes du conditionnement opérant

La boîte de Skinner. Le conditionnement opérant par contingence et par règle a fait l'objet de milliers de recherches, la plupart effectuées sur des animaux. L'un des instruments de laboratoire les plus fréquemment employés porte le nom de son inventeur : la *boîte de Skinner*, dont nous avons déjà parlé. Il s'agit d'une cage munie d'un dispositif, appelé *magasin*, qui déverse automatiquement de la nourriture ou de l'eau dans un plat lorsque l'animal qui s'y trouve réagit de la façon souhaitée. Un *dispositif d'enregistrement cumulatif* branché à l'appareillage inscrit les comportements de l'animal et trace le graphique du nombre de comportements en fonction du temps écoulé.

Au début de sa carrière, Skinner (1938) a utilisé cette boîte pour effectuer une démonstration classique du conditionnement opérant par contingence. Il y a mis un rat auquel on avait appris à prendre la nourriture dans le magasin. Comme il n'y avait pas de nourriture dans la cage, le rat a adopté des comportements typiques de son espèce: il courait, reniflait ici et là et touchait donc occasionnellement le plancher et les murs en divers endroits. Quand il a appuyé sur le levier fixé à un mur de la cage, une boulette de nourriture est immédiatement tombée dans le plat. L'animal s'est mis de nouveau à bouger, à courir, etc. Quand il a de nouveau appuyé involontairement sur le levier, une autre boulette est tombée dans le plat. Après quelques répétitions de ce manège, l'animal est devenu plus méthodique et s'est mis à appuyer sur le levier plus régulièrement. Enfin, il en est venu à faire cette action dès que le levier reprenait sa position initiale (voir la figure 6.4).

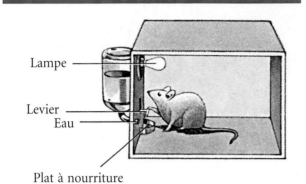

Lampe

Levier
Eau

Plat à nourriture

F I G U R E **6.4** **Une boîte de Skinner**

Une plaisanterie béhavioriste met en scène deux rats enfermés dans une boîte de Skinner. Le premier dit au second : « On a vraiment réussi à conditionner cet homme ! Chaque fois que j'appuie sur le levier, une boulette tombe dans le plat ! » Selon Skinner, c'était bien plus qu'une plaisanterie : les organismes vivant dans un même milieu se renforcent et se punissent *mutuellement*. Bien sûr, Skinner avait conditionné le rat, mais le rat l'avait également conditionné (Bjork, 1993).

Examinons certains principes qui précisent les modalités d'applications du conditionnement opérant. Soulignons que la plupart de ces principes ont été démontrés à l'aide de la boîte de Skinner ou d'autres appareillages similaires.

L'extinction. Dans le conditionnement opérant, comme dans le conditionnement répondant, l'**extinction** est le processus qui fait disparaître une réponse acquise. Dans le conditionnement opérant, l'extinction se produit lorsque l'agent de renforcement qui maintenait la réponse acquise cesse d'être présenté après l'adoption du comportement. Supposons que vous insériez une pièce de monnaie dans un distributeur automatique, mais que vous n'obteniez rien en retour. Vous en inséreriez peut-être une deuxième et même une troisième, mais vous cesseriez rapidement : votre réponse disparaîtrait. Un mois plus tard, peut-être inséreriez-vous une autre pièce dans la machine – ce qui représenterait un bel exemple de **récupération spontanée**. Cependant, si le distributeur était toujours défectueux, vous finiriez par renoncer.

> **Extinction**
> Diminution puis disparition d'un comportement appris. Dans le conditionnement opérant, elle se produit lorsqu'un comportement cesse d'être suivi par un agent de renforcement.
>
> **Récupération spontanée**
> Réapparition d'une réponse apprise après son extinction apparente.

La généralisation et la discrimination du stimulus. Dans le conditionnement opérant, comme dans le conditionnement répondant, un comportement est parfois adopté pour répondre à la présentation de stimuli qui ressemblent sous certains aspects au stimulus initial : il s'agit d'une **généralisation du stimulus**. Par exemple, un pigeon entraîné à donner des coups de bec sur l'image d'un cercle picorera peut-être aussi une figure légèrement ovale. Par contre, si on lui présente différentes figures et qu'il persiste à ne picorer que le cercle, il y aura eu **discrimination du stimulus**. Pour entraîner cet oiseau à faire cette discrimination, on lui présentera à la fois le cercle et l'ellipse et on lui offrira un agent de renforcement lorsqu'il donnera des coups de bec sur le cercle, mais on s'abstiendra de le faire lorsqu'il picorera l'ellipse. De la même façon, un individu qui achète des disques d'un seul genre musical (généralisation du stimulus) aura tendance, avec le temps, à restreindre ses achats à un sous-ensemble de ce genre musical (discrimination du stimulus).

> **Généralisation du stimulus**
> Dans le conditionnement opérant, le fait qu'un comportement renforcé (ou puni) en présence d'un stimulus a tendance à apparaître (ou à disparaître) en présence de stimuli semblables.
>
> **Discrimination du stimulus**
> Dans le conditionnement opérant, le fait qu'un comportement a tendance à apparaître en présence d'un stimulus donné, mais non en présence de stimuli apparentés.

Les animaux peuvent apprendre à faire des choses surprenantes avec l'aide de leurs amis humains et grâce à l'application des principes du conditionnement opérant.

Les programmes de renforcement. Le renforcement des conduites varie grandement selon les situations ou les comportements ciblés. Les agents de renforcement peuvent être accordés en fonction du nombre de réponses manifestées par l'organisme ou du temps écoulé entre les réponses. L'apprentissage d'un nouveau comportement est habituellement plus rapide si la réponse est renforcée chaque fois. Ce programme est appelé **renforcement continu.** Les parents qui témoignent de l'affection ou de l'intérêt à leur enfant chaque fois qu'il s'intéresse au fonctionnement de l'ordinateur familial font preuve de ce type de renforcement.

Toutefois, il peut être difficile, voire impossible, pour des raisons d'économie et de disponibilité, de renforcer toutes les réponses. Quand seule une partie des réponses est renforcée, il s'agit d'un programme de **renforcement intermittent.** L'utilisation d'un tel programme réduit le risque de disparition d'un comportement appris. On a demandé un jour à Skinner comment il pouvait supporter d'être aussi souvent mal compris : il répondit qu'il lui suffisait d'être compris trois ou quatre fois par année – c'était là son programme de renforcement intermittent ! Un autre exemple nous est fourni par les joueurs de loterie vidéo qui, malgré de rares gains au cours d'une soirée (renforcement positif intermittent), continuent néanmoins de jouer jusqu'aux petites heures.

Un des principes fondamentaux du conditionnement opérant, confirmé par la recherche en laboratoire, stipule qu'il faut renforcer une réponse de façon intermittente et non de façon continue pour la faire persister (Morse, 1966). Dans le cas d'un animal ayant reçu un renforcement continu pour une réponse donnée, l'interruption soudaine du renforcement entraînera rapidement l'extinction du comportement. Par contre, si le renforcement a été intermittent, le changement sera moins spectaculaire, et l'animal continuera de répondre au renforcement pendant un certain temps. Il découle de ce principe qu'il faut veiller à ne pas renforcer de façon intermittente un comportement que nous prévoyons supprimer par la suite. Ainsi, si vous décidez de décourager un ami qui a l'habitude de vous téléphoner la nuit en ne répondant pas, vous devez cesser *complètement* d'appliquer le renforcement que constitue le fait de répondre. Si vous ne répondez qu'une fois sur 20 ou tous les 2 mois, vous ne ferez qu'aggraver la situation : votre ami aura appris qu'en vous appelant assez souvent, vous finirez bien par lui répondre.

En laboratoire, des pigeons, des rats et des êtres humains soumis à des programmes de renforcement intermittent ont donné des milliers de réponses sans recevoir de renforcement avant d'abandonner la partie, surtout quand le renforcement variait. Certains animaux travaillent parfois tellement dur afin d'obtenir un peu de nourriture, dont la distribution est imprévisible et peu fréquente, qu'ils dépensent plus d'énergie pour gagner cette nourriture que celle-ci ne leur en fournit ; en théorie, ils pourraient littéralement se tuer à la tâche (Hill, 1990).

The neighborhood par Jerry Van Amerongen. Reproduit avec la permission de King Features Syndicate.

Une expérience d'apprentissage instantanée.

Le façonnement.

Supposons que nous voulions apprendre à un rat à ramasser une bille ou à un enfant à utiliser correctement un couteau et une fourchette. La probabilité que ces comportements complexes se produisent spontanément est à peu près nulle. La procédure utilisée en conditionnement opérant pour l'apprentissage de tels comportements s'appelle **façonnement.**

Dans le façonnement, il faut commencer par renforcer de façon continue un comportement allant dans le sens désiré, puis il faut renforcer tous les comportements qui se rapprochent graduellement du résultat final souhaité. Les réponses sélectionnées et renforcées au cours de la procédure menant au comportement souhaité sont des **approximations successives.** Pour apprendre à un rat à ramasser une bille, la première étape peut être de donner à l'animal une boulette de nourriture chaque fois qu'il se tourne vers la bille. Lorsque cette réponse est bien ancrée, nous pouvons alors récompenser le rat de toute autre conduite (par exemple, s'approcher de la bille) qui le fait avancer vers le comportement final désiré. Puis, nous renforcerons successivement les comportements de toucher la bille, d'y poser ses pattes et enfin de la soulever à l'aide de ses pattes. Par la suite, nous espacerons les renforcements de façon intermittente afin de rendre l'apprentissage plus résistant à l'extinction.

Les principes du béhaviorisme
ont de multiples applications.
On a appris à ce capucin à aider
sa maîtresse handicapée
en ramassant des objets,
en ouvrant des portes,
en l'aidant à se nourrir, etc.

En utilisant le façonnement et d'autres techniques, Skinner a réussi à enseigner à des pigeons à jouer au ping-pong avec leur bec et à jouer aux quilles sur une piste de jeu minuscule! Les parents suivent fréquemment cette procédure pour apprendre le langage ou la propreté à leurs enfants. Des dresseurs l'utilisent pour apprendre aux chiens d'aveugle à «être les yeux» de leur maître et à accomplir des choses aussi étonnantes qu'ouvrir la porte du réfrigérateur ou saisir une boîte de conserve sur une tablette dans un supermarché. On raconte aussi (il s'agit probablement d'une fiction) que des élèves auraient utilisé le regard comme renforçateur pour façonner le comportement d'un professeur de psychologie spécialisé en conditionnement opérant. Leur objectif était d'amener le professeur à donner son cours à un endroit bien précis de la pièce. Ils se sont donc mis à le regarder seulement quand il se dirigeait dans la bonne direction ou qu'il se trouvait à l'endroit déterminé. Après quelques semaines, le professeur donnait son cours, confiné à cet endroit, sans se douter le moins du monde que son comportement avait été façonné.

Qu'avez-vous appris?

RÉPONSES, p. 186

Êtes-vous prêt à appliquer les principes du conditionnement opérant? Dans chaque cas, déterminez le comportement approprié et justifiez votre réponse.

1. Vous voulez que votre petit neveu prononce correctement le mot «bonbon» plutôt que d'utiliser un langage enfantin pour en obtenir un. Devriez-vous lui donner un bonbon lorsqu'il demande un *wan wan* ou attendre que sa prononciation s'améliore pour le faire?

2. Votre colocataire vous interrompt constamment quand vous étudiez, alors que vous lui avez demandé de ne pas le faire. Devriez-vous ne lui prêter aucune attention ou rester poli en lui répondant de temps à autre?

3. Vous avez quitté la maison familiale il y a un an et, chose rarissime, vous recevez un courriel de votre père. Devriez-vous lui répondre rapidement ou le faire attendre pour bien lui faire comprendre ce que c'est que de se sentir délaissé?

Modification du comportement

Application de techniques de conditionnement dans le but d'enseigner de nouveaux comportements mieux adaptés ou de supprimer des comportements inappropriés ou problématiques.

Le conditionnement opérant dans la vie de tous les jours

Au fil des ans, les béhavioristes ont appliqué les principes du conditionnement opérant un peu partout, que ce soit dans la salle de classe, sur le terrain de jeux, au centre de détention, à l'hôpital psychiatrique, au centre d'accueil, au centre de réhabilitation, à la garderie, à l'usine et au bureau. L'utilisation de techniques de conditionnement (opérant ou répondant) dans un milieu de vie s'appelle **modification du comportement**.

La modification du comportement donne d'excellents résultats et les exemples ne manquent pas. Des béhavioristes ont appris à des parents comment enseigner à leurs enfants la propreté (Azrin et Foxx, 1974) ou à des enseignants comment devenir des «agents de changement comportemental» (Besalel-Azrin *et al.*, 1977). Ils ont appris à des enfants autistes qui n'avaient encore jamais parlé à employer un vocabulaire de quelques centaines de mots (Lovaas, 1977). Ils ont appris à des déficients intellectuels adultes, perturbés et à peu près incapables de fonctionner, à communiquer avec leur entourage, à se vêtir eux-mêmes, à avoir des contacts sociaux et à occuper un emploi (Lent, 1968; McLeod, 1985). Ils ont aussi appris à des personnes victimes de lésions cérébrales à se défaire de comportements socialement inappropriés, à se concentrer et à améliorer leurs habiletés verbales (McGlynn, 1990). Ils ont également aidé des gens ordinaires à se débarrasser d'habitudes indésirables, comme fumer ou se ronger les ongles, ou à acquérir de nouvelles habiletés, comme jouer du piano et mieux organiser leur travail scolaire.

Plusieurs programmes de modification du comportement font appel à la technique de l'**économie de jetons**. Les jetons sont des agents de renforcement secondaires généralisés, par exemple de l'argent symbolique échangeable contre des agents de renforcement primaires (comme des friandises) ou d'autres agents de renforcement secondaires (comme des sorties au cinéma). Les sujets reçoivent les jetons lorsqu'ils adoptent les comportements attendus, ils peuvent les accumuler et les échanger contre certains privilèges. Lorsqu'une réaction donnée est ancrée, il est possible d'espacer la distribution des jetons ou de les remplacer par des agents de renforcement intermittents naturels, comme les compliments.

Économie de jetons

Technique de modification du comportement dans laquelle sont utilisés des renforçateurs secondaires, appelés *jetons*, que le sujet peut accumuler et échanger contre des renforçateurs primaires ou d'autres renforçateurs secondaires.

Ce type de programme est souvent utilisé auprès de sujets aux prises avec des difficultés d'apprentissage graves, tels que les déficients intellectuels et les patients chroniques des unités psychiatriques (Kazdin, 1977).

Néanmoins, l'application des principes du conditionnement à des problèmes répandus ne réussit pas toujours. Examinons les principales difficultés associées à l'utilisation de la punition.

Les inconvénients de la punition.

Dans un monde parfait, disent les béhavioristes, nous utiliserions les agents de renforcement de façon tellement ingénieuse que les comportements indésirables ne se produiraient que rarement. Nous ne vivons malheureusement pas dans un monde idéal, et les mauvaises habitudes ainsi que les conduites antisociales sont fréquentes. Par conséquent, comment pouvons-nous les supprimer? Nous pensons évidemment d'emblée à la punition. Dans la vie de tous les jours, certaines personnes en punissent fréquemment d'autres par des cris, des réprimandes ou même des bouderies. Elles continuent d'agir ainsi parce que leur comportement est renforcé par un sentiment temporaire de maîtrise et de puissance. Mais la punition a-t-elle véritablement l'effet recherché?

Il ne fait aucun doute que la punition peut être efficace. Certains enfants grandement perturbés se rongent les ongles jusqu'au sang, s'enfoncent des objets dans les yeux ou s'arrachent littéralement les cheveux. Il ne faut pas faire semblant d'ignorer de tels comportements, qui entraînent de graves blessures. Il est également contre-indiqué de réagir en manifestant de l'attention et de l'affection à ces enfants parce qu'il serait possible ainsi de récompenser involontairement leur comportement. Dans ces cas, la punition est efficace. Des recherches cliniques ont en effet montré qu'il est possible d'éliminer les comportements d'automutilation en les punissant sur-le-champ (Lovaas *et al.*, 1974; Linscheid et Reichenbach, 2002; Salvy *et al.*, 2004). Des punitions légères, comme dire «Non!» d'un ton ferme ou le fait d'asperger d'eau froide la tempe, sont souvent aussi efficaces, sinon plus, que des châtiments sévères (Lovaas, 1977).

Cependant, les recherches menées en laboratoire et sur le terrain ont permis de faire ressortir certains désavantages liés à l'utilisation de la punition pour modifier le comportement. Examinons les principaux.

- **Bien des personnes administrent la punition de façon inappropriée ou quand elles sont aveuglées par la colère.** Les personnes colériques donnent des coups sans réfléchir ou crient à tue-tête, de sorte que la punition a une portée générale et se rapporte à tout un ensemble de comportements n'ayant rien à voir avec la faute commise. Par contre, les personnes de tempérament calme ignorent souvent la façon adéquate d'administrer une punition. Un élève nous a raconté que ses parents avaient l'habitude de punir les enfants avant de quitter la maison pour la soirée parce qu'ils étaient persuadés que ces derniers allaient faire toutes sortes de bêtises. Évidemment, les enfants ne s'efforçaient pas d'être des anges après le départ de leurs parents. Afin d'éviter ce genre de problème, nous devons planifier l'administration de la punition et l'évaluer tout le long de la procédure d'élimination du comportement visé.

- **La personne punie réagit souvent par de l'anxiété, de la peur ou de la rage.** Il arrive que la personne punie associe, selon un processus de conditionnement répondant, ses réactions de peur ou de rage avec l'ensemble de la situation dans laquelle la punition a lieu: l'endroit, la personne qui inflige la punition et les circonstances. Un enfant pourra ainsi être conditionné à avoir peur de ses parents qui le maltraitent. Dans bien des cas, les réactions émotionnelles négatives associées à la punition créent plus de problèmes qu'elles n'en résolvent.

- **Les effets d'une punition sont parfois temporaires et dépendent grandement de la présence de la personne qui a administré la punition.** N'importe quel adulte se rappelle probablement n'avoir jamais osé pendant son enfance enfreindre certaines règles en présence de ses parents et de l'avoir fait en leur absence. Ce que nous avons pu retirer d'un tel comportement, c'est apprendre à ne pas nous faire prendre ou, en termes plus scientifiques, à discriminer les contingences punitives.

■ **Il est difficile de punir sur-le-champ la plupart des écarts de conduite.** Il ne faut jamais oublier que la punition, comme le renforcement, est plus efficace si elle suit immédiatement le comportement visé, surtout avec les animaux et les jeunes enfants. Dans la vie courante, il est souvent difficile d'administrer sans délai une punition. Il importe donc d'énoncer une règle de contingence claire et de faire suivre toute infraction de la punition prévue.

■ **La punition n'indique pas la « bonne conduite » à adopter.** Si la punition suit immédiatement un comportement répréhensible, elle peut sans doute faire comprendre au sujet puni ce qu'il ne doit pas faire, mais elle ne lui apprend rien sur ce qu'il devrait faire. Par exemple, le fait de donner une fessée à un jeune enfant parce qu'il a souillé son pantalon ne lui montre pas comment utiliser le pot.

■ **En ayant recours à la punition, il est possible de renforcer le comportement de la personne puisqu'une attention lui est prêtée.** Parfois, l'attention d'une personne, même en colère, est précisément ce que recherche le coupable. Si une mère crie parce que son enfant pique une colère, le fait même de crier procure à ce dernier ce qu'il recherchait, soit une réaction de la part de sa mère. De même, l'enseignant qui réprimande un élève en présence de toute la classe le met en vedette et renforce ainsi le comportement qu'il essayait de supprimer.

Pour toutes ces raisons, la plupart des psychologues croient que la punition, surtout si elle est sévère, n'est guère efficace pour éliminer les comportements indésirables et que nous ne devrions généralement l'utiliser qu'en dernier recours. Par ailleurs, la punition ne doit pas comporter de sévices corporels; de plus, il faut fournir à la personne punie de l'information sur le comportement jugé approprié dans les circonstances, c'est-à-dire une règle claire. Il faut aussi mettre en place des conditions pour renforcer l'apparition du comportement souhaité.

Des parents excédés recourent parfois à la punition physique sans en connaître les répercussions négatives tant sur eux-mêmes que sur leurs enfants.

Dans la plupart des cas, une procédure d'extinction des réactions que nous souhaitons voir disparaître constitue une excellente solution de rechange à la punition. L'extinction peut, évidemment, être difficile à susciter. Par exemple, il n'est pas facile d'ignorer un enfant qui réclame sans arrêt un biscuit juste avant le dîner ou un élève qui empêche continuellement les autres de se concentrer. De plus, il n'est pas toujours approprié de faire semblant de ne pas tenir compte d'un comportement. Ainsi, un enseignant ne peut pas feindre de ne pas voir un élève en train de frapper un camarade. Pour remédier à ce type de problèmes, nous pouvons combiner l'extinction des actions indésirables avec le renforcement de conduites appropriées. Par exemple, si un enfant passe trop de temps devant la télévision, ses parents peuvent ne pas répondre à des demandes comme « juste une autre émission », tout en encourageant des activités totalement différentes, comme les jeux de plein air.

Qu'avez-vous appris?

RÉPONSES, p. 186

Expliquez chacune des conduites suivantes à l'aide des principes du conditionnement.

1. Des parents punissent toujours physiquement leur fils pour des fautes mineures. À l'adolescence, il s'enfuit de la maison.

2. Une adolescente reçoit de l'argent de poche en échange du ménage hebdomadaire de sa chambre. Une fois adulte, elle n'entretient pas son logement.

LES SCIENTIFINES : À BAS LES STÉRÉOTYPES SEXISTES !

En général, les jeunes filles s'intéressent peu aux sciences de la nature. À l'école secondaire comme au cégep, nombre d'entre elles choisissent des profils de formation qui n'exigent pas l'apprentissage des mathématiques, de la physique ou de la chimie. Ce choix de cours et, par ricochet, de carrière a souvent pour conséquence de cantonner les femmes dans un ghetto d'emplois précaires, peu valorisants et sous-payés. C'est de ce constat que sont nées les Scientifines, un groupe d'intervention féministe et béhavioriste dont le but premier est de combattre le processus d'appauvrissement et d'impuissance sociale dans lequel trop de jeunes filles s'engagent.

Les Scientifines ont vu le jour en 1988 ; ce groupe offre à des filles âgées de 9 à 12 ans et issues de milieux défavorisés un programme visant à susciter chez elles la curiosité, l'intérêt, la patience et la persévérance à l'égard d'activités qui attirent plus souvent les garçons, comme le calcul, l'utilisation d'un micro-ordinateur, le bricolage, les expériences scientifiques, le sport, etc. Toutes ces activités ont lieu après l'école dans les locaux des Scientifines, situés à proximité du lieu de résidence des participantes. Pour atteindre leurs objectifs, les intervenantes ont recours à diverses stratégies visant à augmenter la fréquence de comportements non stéréotypés chez ces jeunes filles. Examinons quelques-unes de ces stratégies.

L'aménagement adéquat de l'environnement physique. Les locaux des Scientifines sont aménagés de manière à susciter les comportements désirés (par exemple, la disposition particulière des tables, des chaises et des ordinateurs).

L'apprentissage par contingence (renforcement positif). Au cours des activités scientifiques et sportives, les intervenantes encouragent fréquemment et ouvertement les jeunes filles qui ont les comportements souhaités (par exemple, résoudre un problème, mesurer une quantité de liquide, utiliser un traitement de texte, etc.).

Le façonnement. On ne fabrique pas un meuble « en criant ciseau ou marteau ». Ce travail exige patience et précision. C'est pour cette raison que les intervenantes renforcent d'abord les premières approximations des comportements souhaités (par exemple, se servir d'une scie, même de façon maladroite). Dès que ces premières approximations deviennent plus fréquentes, les intervenantes relèvent le degré des exigences : elles cessent de renforcer les comportements maladroits (extinction) et encouragent ceux qui se rapprochent des comportements souhaités (par exemple, scier une planche selon des mesures précises) jusqu'à la maîtrise de toute la séquence de comportements nécessaires à la fabrication d'un meuble.

Le conditionnement opérant par règle. Les règles qui favorisent l'accomplissement d'une tâche complexe avec précision et rapidité sont énoncées clairement et répétées à plusieurs reprises (par exemple, les consignes pour réaliser une expérience en chimie ou pour réparer une lampe). Ces règles permettent aux jeunes filles d'adopter rapidement les « bons » comportements, surtout dans les situations qui se prêtent peu au conditionnement par contingence.

Le modelage. Chez les Scientifines, on prêche par l'exemple. Il n'y a pas d'homme, que des intervenantes. On veut ainsi évidemment d'offrir aux participantes des modèles non stéréotypés (par exemple, une femme qui aime le hockey ou qui excelle en mathématiques), souvent différents des modèles de leur mère ou de leurs amies. Les jeunes filles apprennent donc en observant les comportements des intervenantes.

C'est par un aménagement approprié de l'environnement physique et humain ainsi que par l'application judicieuse des principes béhavioristes que les intervenantes parviennent à influer sur le développement des jeunes filles. En cela, elles répondent au souhait maintes fois exprimé par Skinner qu'on utilise les connaissances scientifiques sur le comportement en vue d'améliorer la condition humaine.

LE MONDE SELON LES BÉHAVIORISTES

L'article « Psychology as the behaviorist views it », écrit par John Watson, publié en 1913 et parfois considéré comme le *manifeste du béhaviorisme*, a transformé la psychologie aux États-Unis en élevant le béhaviorisme au rang de théorie majeure. L'approche a immédiatement gagné la faveur des Américains grâce à ses aspects pragmatiques ; par contre, ses aspects mécanistes et réductionnistes ont rebuté les Européens.

Le béhavioriste le plus connu et le plus influent est B. F. Skinner, d'ailleurs considéré par certains comme le plus grand psychologue américain. En dépit de sa célébrité, Skinner a souvent vu sa vision déformée par le grand public et même par d'autres psychologues. Ainsi, bien des gens pensent qu'il a nié l'existence de la conscience humaine et qu'il s'est opposé à l'étude de la pensée. Son prédécesseur, John Watson, pensait effectivement que les psychologues devaient s'intéresser uniquement aux événements publics (ou extérieurs), à l'exclusion des événements privés (ou intérieurs). Skinner, par contre, a toujours soutenu qu'il nous est *possible* d'étudier les événements privés, d'une part, en examinant nos propres réponses sensorielles ainsi que les rapports verbaux fournis par d'autres personnes et, d'autre part, en analysant les caractéristiques de la situation dans laquelle ces événements se produisent. Selon Skinner, les événements privés que nous « voyons » en examinant notre propre « conscience » correspondent en fait aux premiers stades du comportement, avant que ce dernier ne commence à exercer véritablement une action sur l'environnement. Pour Skinner, ces événements sont tout aussi réels (ou matériels) que les événements publics, même s'ils sont plus difficiles à observer et à décrire (Skinner, 1972, 1990). Selon une autre fausse croyance fort répandue, Skinner aurait refusé de reconnaître les influences génétiques et biologiques. Pourtant, il savait aussi bien que quiconque que les caractéristiques d'un organisme limitent ses apprentissages ; nous ne pouvons pas apprendre à un poisson à grimper à la corde. Si Skinner a peu traité des influences biologiques, ses successeurs y ont davantage prêté attention en intégrant ces notions à leurs théories (Breland et Breland, 1961).

L'une des prises de position les plus controversées de Skinner concerne le *libre arbitre*, cette faculté de décider librement de sa conduite. Tandis que certains psychologues, notamment les humanistes, soutiennent que le libre arbitre existe, Skinner pensait que le libre arbitre est une illusion et il s'était fermement prononcé en faveur du *déterminisme*. Selon ce principe, même si les influences de l'environnement ne produisent pas automatiquement le comportement opérant, elles déterminent néanmoins la probabilité qu'une conduite soit adoptée. Logique dans sa pensée, Skinner a refusé d'attribuer de quelque façon que ce soit les réalisations des êtres humains – y compris les siennes – à des traits de personnalité, tels que la curiosité, ou à des processus mentaux, tels que les buts, les pensées ou les motivations.

Les théories béhavioristes proposent encore aujourd'hui des explications objectives d'événements qui sembleraient bien plus complexes sous un autre angle théorique. Pour illustrer le point de vue béhavioriste, nous allons examiner deux phénomènes rarement expliqués par la théorie du conditionnement, soit la superstition et la créativité.

La superstition

Passez-vous vos examens avec un stylo porte-bonheur ? Vous est-il déjà arrivé d'éviter de passer sous une échelle parce que cela porte malheur ? Sans avoir eu des comportements de ce genre, vous en avez probablement déjà observé chez d'autres personnes. Pourquoi les gens entretiennent-ils de telles superstitions ?

Selon les béhavioristes, la réponse à cette question réside dans le fait que le renforcement est susceptible d'être efficace même s'il découle d'une pure coïncidence entre un comportement et une conséquence. Skinner (1948) a été le premier à démontrer expérimentalement ce fait. Il a encagé individuellement 8 pigeons, puis il a réglé le mécanisme de distribution de nourriture aux 15 secondes, quel que soit le comportement des oiseaux. Comme les pigeons sont très

Pour les béhavioristes, les superstitions sont des coïncidences. L'individu croit que c'est son comportement (cueillir un trèfle à quatre feuilles) qui provoque la conséquence (un bonheur), alors qu'il n'en est rien ; le comportement a simplement été récompensé par hasard.

actifs, ils étaient souvent en train de faire « quelque chose » quand la nourriture était distribuée, et ce comportement se trouvait ainsi renforcé tout à fait par hasard. En peu de temps, les pigeons se sont mis à pratiquer différents rituels, comme tourner en rond dans le sens contraire des aiguilles d'une montre, hocher la tête de haut en bas ou de gauche à droite, ou balayer le sol avec leurs ailes. Aucun de ces comportements n'avait un quelconque effet sur la distribution de l'agent de renforcement ; les pigeons étaient simplement devenus « superstitieux ». Ils répétaient des comportements qui leur avaient déjà valu de la nourriture.

Cette expérience permet d'expliquer comment un renforcement appliqué au hasard peut créer des superstitions chez les êtres humains. Le lanceur de baseball qui élimine un frappeur étoile de l'équipe adverse après s'être gratté l'oreille gauche sans y penser fera désormais consciemment le même geste avant chaque lancer. Nous pouvons quand même nous demander pourquoi de telles superstitions sont si enracinées. Après tout, le lanceur ne réussira pas à éliminer tous les frappeurs de l'équipe adverse. Nous avons déjà souligné qu'un renforcement intermittent peut rendre un comportement très résistant à l'extinction. Si un renforcement est le fruit du hasard, le comportement superstitieux peut se répéter indéfiniment (Schwartz et Reilly, 1985).

Il se peut aussi que les superstitions se perpétuent parce qu'elles font partie de la culture de l'individu et sont, par conséquent, renforcées par l'accord et l'approbation des autres. En voici un exemple fourni par Paul Chance (1988). Si un enfant trouve une pièce de un dollar quelques jours après avoir cueilli un trèfle à quatre feuilles, un adulte lui expliquera peut-être les pouvoirs de ce végétal (c'est une illustration de la contingence). Cependant, si la fortune ne sourit pas particulièrement à l'enfant jusqu'à son adolescence, souligne Chance (1988), personne ne lui fera remarquer que le trèfle à quatre feuilles n'a pas vraiment eu d'effet sur sa vie. En matière de porte-bonheur et d'autres objets du même genre, aussi longtemps que rien de vraiment fâcheux ne se produit lorsque nous en portons un, nous aurons tendance à lui attribuer des vertus de protection et, si jamais un événement malheureux survenait, nous pourrions toujours nous dire que l'objet a perdu son pouvoir. Chance raconte qu'il n'est pas superstitieux. « Un chat noir n'a pas de signification particulière pour moi, pas plus qu'un miroir brisé. Je n'ai pas installé de petites icônes en plastique sur le tableau de bord de ma voiture et je ne traîne pas une patte de lapin dans le fond de ma poche. Je ne crois pas à toutes ces sornettes et je suis content de dire que je ne m'en porte pas plus mal. Je touche du bois ! »

Le façonnement de la créativité

Les béhavioristes affirment qu'ils peuvent expliquer les comportements complexes d'un organisme, comme la créativité et la résolution de problèmes, en se penchant simplement sur les divers renforcements qu'a subis cet organisme (Windholz et Lamal, 1985). Au cours d'une étude audacieuse, Robert Epstein et ses collaborateurs (1984, 1996) ont appris individuellement à quatre pigeons à pousser des boîtes dans une direction donnée, à monter sur une boîte et à donner des coups de bec sur une fausse banane afin d'obtenir des graines. Ils leur ont aussi appris à atteindre la banane sans voler ni sauter (ces comportements ont été supprimés par extinction). Les chercheurs ont ensuite laissé les pigeons seuls avec la banane suspendue au-dessus de leur tête, tout juste hors de leur portée, la boîte étant placée dans un coin de la cage. Les oiseaux se sont rapidement mis à pousser la boîte sous la banane avant d'y monter (voir la figure 6.5). Les pigeons avaient « résolu le problème » en adoptant un nouveau comportement. Pour les béhavioristes, la créativité est une nouvelle association entre des conduites *déjà* acquises par apprentissage, et ce n'est donc pas une manière particulière d'apprendre.

Selon la perspective béhavioriste, maints comportements que nous croyons dictés par la nature ou impossibles à modifier ne sont en fait que le résultat de différents programmes de renforcement qui, une fois déterminés, peuvent être modifiés en vue d'améliorer notre vie (voir le chapitre 7). Les béhavioristes font valoir que tout le monde manipule constamment l'environnement, de façon planifiée ou non, et le plus souvent sans s'en rendre compte. La question essentielle est de savoir si la société veut utiliser avec sagesse les principes d'apprentissage pour

(A)   (B)   (C)

FIGURE 6.5 **La créativité chez les pigeons**

Un pigeon regarde une fausse banane suspendue (A), il pousse une petite boîte sous la banane (B), puis grimpe sur la boîte afin de picorer la banane (C). Auparavant, on a appris au pigeon les différents éléments de cette séquence en suivant une procédure de conditionnement opérant.

Réponses

Page 165

1. SI: le bruit du tonnerre. RI: le sursaut causé par le bruit du tonnerre. SC: la vue de l'éclair. RC: le sursaut causé par l'éclair. **2.** SI: le goût du citron. RI: la salivation provoquée par le goût du citron. SC: la vue du verre de limonade. RC: la salivation provoquée par la vue de la limonade.

Page 169

1. La généralisation du stimulus. **2.** Le contre-conditionnement. **3.** L'extinction.

Page 177

A 1. Un agent de renforcement négatif; un agent de renforcement positif. **2.** Un agent de renforcement positif. **3.** Un agent de punition négative.

B Seul le bonbon n'est pas un agent de renforcement secondaire.

C Le comportement souhaitable est de ne pas se découvrir d'un fil en avril, ce qui signifie continuer à s'habiller chaudement jusqu'à la fin du mois. La conséquence attendue est de contracter un rhume si nous n'obéissons pas à cette règle.

Page 180

1. Il faut renforcer la prononciation approximative du mot « bonbon », *wan wan*, ce qui représente la première étape du façonnement du comportement complexe qu'est le langage. **2.** Il ne faut jamais lui prêter attention, car le renforcement intermittent (lui prêter attention de temps à autre) pourrait contribuer à maintenir son comportement. **3.** Si vous voulez qu'il recommence, il faut lui répondre rapidement, car le renforcement immédiat est plus efficace que le renforcement différé.

Page 182

1. Par un processus de conditionnement répondant, l'enfant a associé la situation ou la punition avec la douleur. Sa fuite est un comportement d'échappement renforcé négativement par l'éloignement de la situation déplaisante. **2.** La disparition des agents de renforcement extrinsèques du ménage a entraîné l'extinction du comportement.

atteindre des buts humanitaires. Les béhavioristes ont souvent été mal compris et taxés d'insensibilité; le plus connu d'entre eux, Skinner, a été la cible des critiques les plus virulentes. Au cours des années 1970, après que la parution de *Par-delà la liberté et la dignité* lui eût valu la couverture du *Time Magazine*, Skinner a été la cible d'érudits, de théologiens et même de politiciens. Le poète Stephen Spender a proposé d'ajouter le sous-titre « Le fascisme sans douleur » au titre de l'ouvrage.

En réalité, Skinner était un homme calme et doux qui s'intéressait passionnément aux applications judicieuses des principes béhavioristes. Il était fermement opposé à l'usage de la coercition et du châtiment, et il se préoccupait beaucoup des questions de justice sociale (Dinsmoor, 1992). Bien avant l'avènement du féminisme moderne, il a fait la promotion d'un monde égalitaire, sans division du travail fondée sur le sexe.

Skinner était un humaniste au sens large du terme, ce qui explique que l'American Humanist Association lui ait décerné le titre d'Humaniste de l'année. Vers la fin de sa vie, dans un livre intitulé *Bonjour sagesse*, il a transmis de nombreux conseils et astuces susceptibles de faciliter la vie aux personnes âgées (Skinner et Vaughan, 1984). En 1990, une semaine avant sa mort, alors qu'il était souffrant et affaibli, il prononça un discours devant une salle bondée, à l'occasion du congrès annuel de l'American Psychological Association: une dernière fois, il préconisa l'approche qui mènerait l'humanité, il en était convaincu, vers un monde meilleur. Lorsqu'on considère le monde du point de vue béhavioriste, selon Skinner, on voit certes la folie du comportement humain, mais aussi la possibilité de l'améliorer.

◻ RÉSUMÉ

1 Pendant près d'un demi-siècle, jusqu'aux années 1960, le *béhaviorisme* a été l'approche dominante dans l'étude de l'*apprentissage* – défini comme tout changement du *comportement*, relativement permanent et résultant de l'expérience. Les béhavioristes ont montré qu'il est possible expliquer une bonne partie du comportement humain à l'aide du conditionnement répondant et du conditionnement opérant.

2 Le physiologiste russe Ivan Pavlov a été le premier chercheur à étudier le *conditionnement répondant.* Dans ce mode d'apprentissage, l'association répétée d'un stimulus neutre (SN) avec un *stimulus inconditionnel (SI)* déclenche une *réponse inconditionnelle (RI)*, ce qui amène le stimulus neutre à provoquer une réponse identique ou similaire. Alors le stimulus neutre devient un *stimulus conditionnel (SC)* et la réponse qu'il déclenche est appelée *réponse conditionnelle (RC)*.

3 La procédure d'*extinction* consiste à présenter à plusieurs reprises un stimulus conditionnel sans le faire suivre du stimulus inconditionnel avec lequel il est associé, ce qui finit par supprimer la réponse conditionnelle. On appelle *généralisation du stimulus* le fait que, grâce à un conditionnement, des stimuli semblables au stimulus conditionnel déclenchent la même réponse conditionnelle. On appelle *discrimination du stimulus* le fait que des stimuli semblables sous certains aspects au stimulus conditionnel ne déclenchent pas la réponse conditionnelle. Dans le *conditionnement d'ordre supérieur,* un stimulus neutre se transforme en stimulus conditionnel par association avec un stimulus conditionnel déjà établi.

4 Le conditionnement répondant permet d'expliquer comment nous acquérons des préférences et des aversions gustatives, des réactions émotionnelles à des objets ou à des événements donnés, des préférences de consommation, des peurs et des phobies. John Watson a montré comment il est possible d'apprendre à avoir peur de certaines choses, puis de désapprendre cette peur par une procédure de *contre-conditionnement.*

5 Selon l'explication traditionnelle du conditionnement répondant, il se forme une association entre le stimulus inconditionnel et le stimulus conditionnel simplement parce qu'ils se produisent tous les deux à l'intérieur d'un très court intervalle de temps.

6 Le principe fondamental du *conditionnement opérant* s'énonce de la façon suivante: la probabilité d'un comportement est liée aux conséquences qui lui ont été associées. Dans le conditionnement opérant, les réponses ne sont généralement pas de nature réflexe et elles sont plus complexes que dans le conditionnement répondant. La recherche sur le conditionnement opérant est étroitement liée au nom du psychologue américain B. F. Skinner.

7 Selon Skinner, il existe trois types de contingences: neutres, de renforcement ou punitives. On appelle *renforcement* un stimulus qui, ajouté ou retranché à la suite d'un comportement, augmente la probabilité ou la fréquence d'apparition de ce comportement. On appelle *punition* un stimulus qui, ajouté ou retranché à la suite d'un comportement, diminue la probabilité ou la fréquence d'apparition de ce comportement. Le renforcement et la punition peuvent être positifs ou négatifs. Il se produit un *renforcement positif* lorsqu'une conséquence ajoutée à la suite d'un comportement a pour effet d'augmenter la probabilité d'apparition de ce comportement. Il se produit un *renforcement négatif* lorsque la suppression d'un élément, à la suite de l'adoption d'un comportement, a pour effet d'accroître la probabilité de réapparition de ce comportement. La même distinction existe entre la punition positive et la punition négative, mais les conséquences ont alors pour effet de diminuer la probabilité de réapparition du comportement.

8 Dans la vie quotidienne, nos apprentissages sont facilités par la présence de *stimuli discriminatifs*, qui signalent en quelque sorte qu'un comportement donné sera probablement suivi d'un renforcement ou d'une punition. ▸

9 Pour Skinner, il existe deux formes de conditionnements opérants: *le conditionnement opérant par contingence* et le *conditionnement opérant par règle*. Le conditionnement par contingence est composé de trois éléments: un stimulus discriminatif, une réponse ou un comportement et les conséquences de cette réponse. Le conditionnement par règle est composé lui aussi de trois éléments: une règle, une réponse ou un comportement et les conséquences de cette réponse.

10 Les béhavioristes ont montré que les conséquences immédiates d'un comportement ont des effets bien plus importants que les conséquences tardives. Ils ont également montré comment l'*extinction*, la *généralisation du stimulus* et la *discrimination du stimulus* surviennent dans le conditionnement opérant. Par ailleurs, le programme de renforcement influe sur les caractéristiques du comportement: l'apprentissage est plus rapide avec une procédure de *renforcement continu*, mais le *renforcement intermittent* rend le comportement plus résistant à l'extinction.

11 Le *façonnement* est employé pour susciter des comportements ayant peu de chances de se produire spontanément. Il consiste à renforcer les *approximations successives* de la réponse souhaitée jusqu'à ce que celle-ci se maintienne.

12 Les techniques de *modification du comportement* consistent à appliquer les principes du conditionnement opérant dans divers contextes. L'une des applications les plus connues est l'*économie de jetons*, un programme souvent utilisé pour les personnes qui éprouvent de graves difficultés d'apprentissage.

13 La *punition* présente de nombreux inconvénients et elle est souvent administrée de façon inappropriée à cause des émotions qu'elle suscite. En général, il est préférable de remplacer la punition par la recherche de l'extinction du comportement répréhensible, associée au renforcement du comportement souhaité.

14 Les béhavioristes expliquent les superstitions par le renforcement accidentel d'une réponse qui découle d'une pure coïncidence entre un comportement et une conséquence. Ainsi, la persistance d'une superstition découle de son *renforcement intermittent*. La créativité, quant à elle, reposerait sur de nouvelles chaînes ou combinaisons de comportements dont chaque élément a été façonné séparément.

15 Étant donné que les béhavioristes estiment que nous pouvons – et que nous devons – manipuler l'environnement pour modifier le comportement, certains critiques les ont dépeints comme des personnages insensibles, voire dangereux. Ce à quoi les béhavioristes répliquent que, quoi que nous fassions, nous manipulons constamment l'environnement, de façon planifiée ou non. À leurs yeux, la société devrait donc appliquer plus judicieusement les principes de l'apprentissage afin d'améliorer les conditions de vie des êtres humains.

« Tel père, tel fils ! » Les parents peuvent constituer de puissants modèles pour leurs enfants.

CHAPITRE 7

L'apprentissage
social et cognitif

En 1903, le journaliste irlandais Frank Skeffington épousa Hanna Sheehy. Pour montrer son soutien à la défense des droits des femmes, il se fit désormais appeler Frank Sheehy-Skeffington. Il arborait un macaron portant le slogan « Le droit de vote pour les femmes ! » Il démissionna de son poste de secrétaire au collège universitaire de Dublin quand on y refusa d'accorder aux femmes le même statut qu'aux hommes. Malgré les railleries, le harcèlement et même l'emprisonnement, Frank et Hanna Sheehy-Skeffington respectèrent toujours leur engagement à défendre des causes qui ne faisaient pas l'unanimité : les droits des femmes, l'indépendance de l'Irlande et la non-violence.

Pourquoi certains individus, comme les Sheehy-Skeffington, remettent-ils en cause les conventions sociales de distinction de statut entre hommes et femmes ? Quelles raisons peuvent inciter des personnes à poursuivre sans relâche des objectifs qui ne se réaliseront peut-être pas de leur vivant ? Comment un comportement peut-il procurer à un individu assez de satisfaction pour ne plus dépendre de renforçateurs sociaux immédiats ? Après tout, bien peu d'actions de ce couple ont été renforcées ; les conséquences de la plupart d'entre elles leur ont au contraire été préjudiciables. Malgré les obstacles, pourquoi n'ont-ils jamais abandonné des causes qui ne faisaient pas consensus ?

Plusieurs psychologues pensent que les principes du conditionnement répondant ou ceux du conditionnement opérant ne fournissent pas de réponses satisfaisantes à ces questions. Au cours des années 1940, deux psychologues ont proposé une nouvelle théorie pour expliquer les comportements : l'*apprentissage social* (Dollard et Miller, 1950). Pour ces chercheurs, nous apprenons bon nombre de nos comportements en observant les autres (ce qui répond à la question que se posent souvent les parents au sujet de leurs enfants : « Mais où donc ont-ils appris ça ? »). Selon cette théorie, certains apprentissages peuvent même se produire en l'absence de renforcements. Par exemple, une personne qui a toujours été encouragée à étudier le piano en viendra à choisir la guitare électrique, même si son entourage ne l'appuie nullement dans sa démarche.

À la fin des années 1960, la théorie de l'apprentissage social était en plein développement et il s'y était greffé un nouvel élément essentiel : l'étude des processus cognitifs chez l'être humain. Tout comme les béhavioristes, les partisans de cette théorie considèrent que l'être humain, bien qu'il soit soumis aux principes du conditionnement opérant et à ceux du conditionnement répondant à l'instar du rat et du pigeon, manifeste des attitudes, des croyances et des attentes, et que celles-ci influent sur la façon dont il acquiert l'information, prend des décisions, raisonne et résout des problèmes. Chacun de ces processus mentaux joue à tout instant un rôle dans l'acquisition du comportement.

L'apprentissage social n'est pas une perspective unifiée du comportement, c'est pourquoi on parle *des* théories de l'apprentissage social. Ainsi, les chercheurs dans ce domaine n'accordent pas tous la même importance aux processus cognitifs. Certains continuent de se présenter comme des « théoriciens de l'apprentissage social », même si deux des plus importants penseurs de cette perspective, Walter Mischel et Albert Bandura, appellent respectivement leur théorie *apprentissage social cognitif* (Mischel, 1973) et *théorie sociale cognitive* (Bandura, 1986). Quoi qu'il en soit, on constate l'importance grandissante accordée à l'aspect cognitif dans l'apprentissage. Dans ce livre, nous utilisons les termes *béhaviorisme social et cognitif* ou *apprentissage social et cognitif* pour désigner l'ensemble de ces théories.

Les théories de l'apprentissage social et cognitif, tout comme les théories béhavioristes du conditionnement, accordent une place prépondérante à l'influence de l'environnement immédiat sur les conduites d'une personne. Étant donné que les renforcements et les punitions varient en fonction des circonstances, les deux approches prédisent avec justesse que le comportement d'une personne n'est pas nécessairement constant dans toutes les situations (Mischel, 1984, 1990). Par exemple, les renforçateurs situationnels expliquent qu'un employé honnête au travail remplit sa déclaration de revenus de façon plus ou moins conforme à la réalité ou qu'un adolescent respectueux et affectueux à l'égard de ses parents commet des vols en compagnie de ses amis.

Toutefois, le béhaviorisme social et cognitif diffère principalement du béhaviorisme par le rôle majeur qu'il accorde aux processus internes dans l'acquisition et le maintien des comportements. En effet, pour les béhavioristes comme Skinner, la relation entre l'environnement et l'organisme est directe et bidirectionnelle (voir la figure 7.1). L'individu modifie son environnement au moyen de ses comportements et, en retour, l'environnement influe sur ses comportements.

Les théoriciens de l'apprentissage social et cognitif considèrent plutôt qu'il existe entre l'environnement et le comportement de l'individu une foule de processus intermédiaires : les **processus cognitifs**. Ces processus internes, comme les croyances, les perceptions, les attentes et les valeurs, constituent des médiateurs entre l'environnement et l'organisme (voir la figure 7.2). Cette médiation se déroule en deux temps : (1) l'effet de l'environnement est transformé par ces processus en images, en mots ou en information ; (2) ces images, ces mots ou cette information sont par la suite transformés en comportements.

Dans la première partie de ce chapitre, nous examinerons quelques-unes des théories de l'apprentissage social et cognitif. Dans la seconde, nous procéderons à l'évaluation critique du béhaviorisme en psychologie.

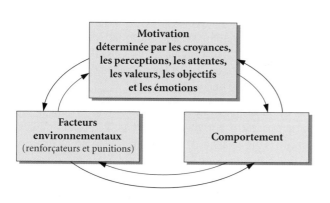

| FIGURE | 7.1 | Le schéma de l'apprentissage traditionnel

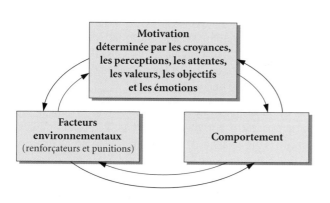

| FIGURE | 7.2 | Le schéma de l'apprentissage social et cognitif

Processus cognitif

Processus inféré, non directement observable, qui agit comme médiateur entre l'environnement et le comportement de l'organisme.

Théories de l'apprentissage social et cognitif

Théories de l'apprentissage qui, de façon générale, étudient l'interaction de l'individu avec son environnement et qui expliquent son comportement en mettant l'accent sur les processus cognitifs.

LE BÉHAVIORISME TRADITIONNEL ET LE BÉHAVIORISME COGNITIF

Trois courants de recherche distinguent les **théories de l'apprentissage social et cognitif** du béhaviorisme traditionnel : (1) l'apprentissage par observation et l'influence des modèles ; (2) les autres processus cognitifs, tels que les perceptions et l'interprétation des événements ; (3) l'effet motivationnel des croyances, comme les attentes liées au succès ou à l'échec, et le degré de confiance d'un individu en sa capacité d'atteindre un but. Soulignons que l'importance accordée à ces facteurs varie selon les théoriciens. La figure 7.3 présente un résumé des diverses formes d'apprentissage selon les théoriciens de l'apprentissage social et cognitif.

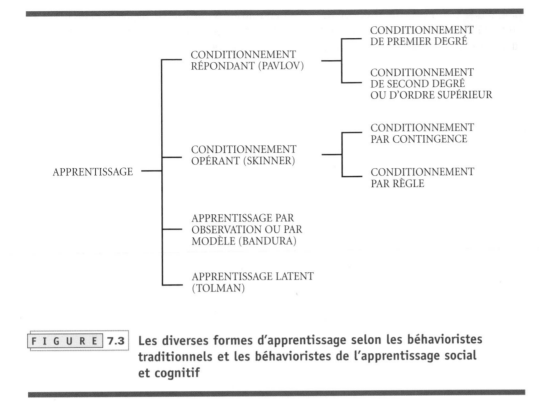

FIGURE 7.3 Les diverses formes d'apprentissage selon les béhavioristes traditionnels et les béhavioristes de l'apprentissage social et cognitif

L'apprentissage par observation

Voici une anecdote que nous a rapportée une amie habitant à la campagne. Une nuit, un bruit d'enfer avait réveillé toute la maisonnée. Tout le monde s'était précipité dehors pour en déterminer la cause. Un raton laveur avait renversé une poubelle pourtant conçue pour résister à ce mammifère. L'animal semblait montrer à quelques congénères qu'ils pouvaient en ouvrir le couvercle en sautillant sur le pourtour. Cette amie a raconté qu'en effet, les ratons laveurs spectateurs étaient devenus capables d'en faire autant.

Tout comme cet animal, l'être humain peut apprendre des comportements en regardant les autres agir. Il s'agit d'**apprentissage par observation** ou, selon la terminologie béhavioriste, d'*apprentissage vicariant*. Cet apprentissage se distingue de l'apprentissage par simple imitation, qui se limite à la simple reproduction par un organisme d'un comportement observé, quels qu'en soient le contexte et les conséquences. Par exemple, un enfant qui voit son père trépigner après s'être donné par inadvertance un coup de marteau sur le pouce trépignera à son tour sans renforcement dans un contexte complètement différent. L'apprentissage par observation nécessite, d'une part, l'observation par l'individu d'un **modèle** (animal ou être humain) qui a un certain comportement dans un contexte donné et qui subit les conséquences de ce comportement, et, d'autre part, la reproduction de ce comportement par l'individu dans des circonstances similaires. Par exemple, un enfant remarque que les prouesses culinaires de son père suscitent l'admiration et il demande la permission de faire lui aussi la cuisine. Bien sûr, la reproduction du comportement peut survenir peu de temps après l'observation de la conduite, mais l'apprentissage peut demeurer latent jusqu'à ce que les circonstances permettent ou exigent sa mise en pratique. Par exemple, un jeune enfant regarde ses parents mettre la table, enfiler une aiguille ou serrer une vis, sans toutefois présenter ces comportements avant des années. Un jour, l'individu se rend compte qu'il sait faire ces choses, même si c'est la première fois qu'il les fait. C'est qu'il ne les a pas apprises par la pratique, mais bien par l'observation.

Il est difficile d'imaginer comment une personne pourrait survivre sans l'apprentissage par observation. Il lui faudrait apprendre à nager en sautant dans la partie profonde de la piscine

Apprentissage par observation

Processus d'apprentissage au cours duquel un individu acquiert un nouveau comportement en observant le comportement d'un autre individu (le modèle) plutôt qu'en en faisant d'abord l'expérience directe. Synonyme : apprentissage vicariant et apprentissage par modèle.

Modèle

Objet, être humain ou animal dont un individu peut observer et reproduire les caractéristiques ou les comportements.

Par leurs comportements, les parents transmettent de l'information à leurs enfants sur la répartition des rôles en fonction du sexe. Dans cette famille, ils enseignent différentes choses à leurs enfants : les représentants des deux sexes ont leur place dans la cuisine ; nous avons du plaisir à cuisiner ensemble ; et celui qui glace le gâteau peut lécher la cuiller.

et en battant des pieds et des mains jusqu'à pouvoir surnager. Les parents et les enseignants s'échineraient jour et nuit à façonner le comportement des enfants. Les chefs d'entreprise seraient obligés de talonner leur personnel pour renforcer chaque minuscule maillon de la chaîne complexe de comportements, comme taper à la machine, rédiger des rapports ou tenir la comptabilité. Sans observation, l'apprentissage serait non seulement dangereux, mais également inefficace.

Dans les années 1960, Albert Bandura et ses collaborateurs ont mis en évidence le caractère essentiel de l'apprentissage par observation, surtout chez les enfants qui apprennent les règles du comportement social (Bandura *et al.*, 1963). Au cours d'une étude, ces chercheurs ont projeté à des enfants en maternelle un court métrage mettant en scène deux hommes, Rocky et Johnny, qui s'amusaient avec des jouets. Dans le film, Johnny refuse de prêter ses jouets et Rocky réagit en le frappant. Le comportement de Rocky est renforcé, puisqu'il accapare ainsi tous les jouets. Le pauvre Johnny, abattu, reste assis dans son coin pendant que Rocky sort de la pièce en emportant un sac plein de jouets. Après la projection, on laissa les enfants sans adulte pendant 20 minutes dans une salle remplie de jouets, dont certains étaient identiques à ceux du film.

À travers un miroir sans tain, les chercheurs ont observé les enfants et constaté que ceux-ci jouaient de façon beaucoup plus agressive que les enfants du groupe témoin (qui n'avaient pas vu le film). Dans le premier groupe, les comportements imitaient parfois de très près celui de Rocky. À la fin de la séance, une petite fille demanda même un sac à l'expérimentateur ! Cette simple expérimentation peut expliquer la tendance à l'agressivité chez des individus qui ont été frappés par leurs parents pendant leur enfance. Les enfants font ce que leurs parents font, non ce que leurs parents leur disent de faire (Grusec *et al.*, 1978).

LA THÉORIE DE BANDURA

Bandura (1973) explique l'apprentissage par observation en postulant l'existence de quatre processus cognitifs : l'attention, la rétention, la reproduction motrice et la motivation (voir la figure 7.4). Ces processus sont inférés, c'est-à-dire non directement observables. Néanmoins, pour Bandura, ils permettent de mieux expliquer les effets du milieu (les modèles) sur le comportement de l'observateur.

Dans la théorie de Bandura, le modèle n'a pas un effet direct sur le comportement de l'observateur. En effet, selon ce chercheur, l'observateur doit d'abord et avant tout prêter **attention** au modèle et à certaines de ses caractéristiques avant de reproduire un comportement ; c'est la première étape de l'apprentissage par observation. L'attention est un processus médiateur qui agit comme un filtre (Bandura, 1973). Ce filtre permet de trier ou de sélectionner les caractéristiques ou les comportements essentiels du modèle. Il est indispensable, car le cerveau d'un individu ne peut pas prendre en considération toutes les caractéristiques du

Attention

Processus cognitif qui consiste à trier ou à sélectionner certains comportements ou caractéristiques du modèle plutôt que d'autres.

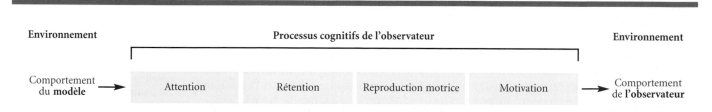

Source : Adapté de Bandura, *L'apprentissage social*, 1973, Pierre Mardaga.

FIGURE 7.4 **La théorie de l'apprentissage par observation selon Bandura**

modèle, mais il doit se concentrer sur certaines d'entre elles. Ainsi, dans l'expérience de Bandura, la plupart des enfants ont remarqué les comportements agressifs du modèle représenté par Rocky (sa réaction de frapper), mais pas ses autres comportements (sa façon de parler, de bouger, de rire, etc.).

Certaines caractéristiques de l'observateur peuvent influer sur son niveau d'attention. Par exemple, la fatigue diminue l'attention, alors qu'un intérêt marqué pour le modèle l'augmente. Les caractéristiques du modèle influencent également l'attention de l'observateur. Un modèle simple est plus facile à reproduire qu'un modèle complexe. À cet égard, les Télétubbies sont des modèles particulièrement faciles à reproduire.

La deuxième étape de l'apprentissage par observation, la **rétention**, consiste à mémoriser sous forme d'images ou de mots ce qui a été observé avec attention. Pour apprendre de ses observations, l'enfant doit ainsi traduire les comportements du modèle, puis stocker cette information en mémoire jusqu'à ce qu'il puisse effectivement la réaliser en actions. Dans l'expérience de Bandura, les participants ont d'abord retenu que Rocky a frappé Johnny pour obtenir les jouets, puis ils ont utilisé ce comportement dans leur propre contexte : quelques instants plus tard, ils ont été agressifs avec d'autres enfants.

De façon générale, les jeunes enfants oublient plus rapidement ce qu'ils observent que les adolescents ou les adultes. C'est la raison pour laquelle ils ont plus de facilité à apprendre lorsqu'ils ont un modèle sous les yeux (Bandura, 1973). Dans l'expérience de Bandura, il ne s'écoulait que quelques minutes entre l'observation du modèle et les comportements agressifs des enfants, mais il arrive parfois que les enfants imitent un comportement observé quelques mois plus tôt.

Même s'il est attentif et possède une bonne mémoire, l'enfant peut être incapable de reproduire les comportements du modèle, simplement parce que ces comportements sont trop complexes pour lui. Dans l'expérience de Bandura, le comportement du modèle (c'est-à-dire frapper) était relativement simple. Tous les enfants de la maternelle possèdent ce comportement dans leur répertoire. Nous pouvons cependant nous demander ce qui serait arrivé si Rocky avait utilisé une prise de judo contre Johnny. Les enfants de l'expérience auraient-il été en mesure de reproduire cet enchaînement de mouvements relativement complexe ? Bandura nomme *reproduction motrice* la troisième étape de l'apprentissage par observation. Ce processus cognitif permet à l'individu de transformer les images et les mots qu'il a mémorisés en mouvements et de créer ainsi un enchaînement de mouvements à l'image du comportement du modèle. Lorsque le comportement est simple, la reproduction se fait sans trop de difficulté, parfois du premier coup : l'enfant en frappe un autre et accapare ses jouets. Cependant, certains comportements sont complexes et leur reproduction requiert une grande habileté motrice – pensons à certains sauts en patinage artistique ou en plongeon. Les premières tentatives de l'observateur sont alors une pâle copie du modèle. La répétition permet cependant à l'individu de corriger ses premières approximations et d'améliorer progressivement sa performance.

Qu'est-ce qui valorise le modèle aux yeux de l'observateur ? Pour Bandura, c'est la **motivation**, soit la quatrième étape de l'apprentissage par observation. Ainsi, un enfant habile et attentif ne reproduira les comportements du modèle que s'il est motivé à le faire. La motivation est donc ce qui pousse ou qui incite l'enfant à agir comme le modèle. Bandura distingue trois sortes de motivation : extrinsèque, intrinsèque et vicariante.

La motivation peut provenir du milieu de l'observateur : c'est une **motivation extrinsèque**. Il peut s'agir de récompenses qu'un parent donne à un enfant ou de compliments qu'il lui adresse pour qu'il se comporte comme sa grande sœur (le modèle). Cette forme de motivation s'apparente au renforcement positif du conditionnement opérant.

La motivation peut provenir de l'individu lui-même : c'est une **motivation intrinsèque**. L'observateur qui admire une vedette de cinéma peut être motivé à agir comme elle. Il se fixe alors certains standards (par exemple, marcher comme son idole, se vêtir comme elle, être aussi drôle qu'elle, etc.) et tente de les atteindre. Lorsqu'il y parvient, même partiellement, l'observateur ressent une profonde satisfaction, ce qui l'encourage à continuer d'agir comme le modèle et même à le surpasser.

Rétention

Processus cognitif qui consiste à traduire en mots ou en images les comportements du modèle qui ont fait l'objet d'une attention particulière et à stocker ces mots et ces images en mémoire.

Reproduction motrice

Processus cognitif qui permet à l'individu de traduire en actions plus ou moins complexes les images et les mots qu'il a mémorisés.

Motivation

Processus cognitif qui incite ou qui pousse l'individu à poursuivre un but.

Motivation extrinsèque

Forme de motivation qui provient de l'environnement de l'individu.

Motivation intrinsèque

Forme de motivation qui provient de l'individu. Synonyme : autorenforcement.

Enfin, la motivation peut provenir de l'observation des conséquences que le comportement du modèle entraîne : c'est une **motivation vicariante**. Dans l'expérience de Bandura, Rocky obtient des jouets en se montrant agressif à l'endroit de Johnny : la conséquence du comportement agressif est donc agréable. Mais elle peut évidemment être désagréable. Par exemple, l'enfant qui voit un camarade se brûler les doigts en touchant l'élément de surface d'une cuisinière électrique évitera ce comportement dans une situation similaire.

Fort heureusement, enfants et adultes reproduisent aussi des comportements mieux adaptés à la vie en société que celui de Rocky. Lorsque Matt Groening, le créateur de la série d'animation télévisée *Les Simpson*, décida que Lisa, la cadette, jouerait du saxophone, il ne se doutait pas qu'il allait susciter chez les jeunes filles un grand engouement pour cet instrument. De nombreux professeurs de musique durent en effet faire face à un afflux de jeunes filles qui voulaient jouer du saxophone comme Lisa. Un phénomène analogue s'était déjà produit à la suite des performances remarquables de Nadia Comăneci aux Jeux olympiques de Montréal en 1976 : l'augmentation prodigieuse des inscriptions aux clubs de gymnastique pour jeunes filles un peu partout dans le monde. Les garçons ne sont pas en reste puisque les cours d'école, les centres sportifs et les parcs publics regorgent d'émules de Shaquille O'Neal ou de Sydney Crosby.

L'apprentissage par observation commence très tôt. Des études ont montré que les très jeunes enfants peuvent imiter avant même d'être capables de parler ; ils apprennent en observant et en reproduisant le comportement d'autrui (Bandura, 1977). Elizabeth Hanna et Andrew Meltzoff (1993) ont noté que les enfants âgés de un an imitent non seulement les adultes, mais aussi d'autres enfants. Ces chercheurs avaient conçu cinq jouets simples qu'aucun enfant de cet âge ne pouvait avoir vus auparavant. L'un de ces jouets comportait une ouverture dans laquelle le bébé devait apprendre à enfoncer un doigt pour actionner une sonnerie. Au cours d'une de ces expériences, plusieurs enfants âgés de 14 mois assis sur les genoux de leur mère sont devenus des « experts » en observant l'expérimentateur faire une démonstration du fonctionnement des jouets. Les enfants se sont ensuite amusés avec les jouets, et on les félicitait (renforcement de comportement) lorsqu'ils les faisaient fonctionner correctement. Une fois devenu « expert », chaque enfant jouait le rôle de « modèle » auprès de trois enfants « observateurs ». Pendant quelques séances, on a d'abord laissé les « observateurs » regarder les « experts » manipuler les jouets et on les a ensuite laissés s'amuser avec ces jouets. En moins de 20 secondes, ces enfants ont utilisé correctement les jouets 2 fois sur 3. Cette performance était nettement supérieure à celle des enfants d'un groupe témoin qui n'avaient pas assisté à la démonstration de l'expérimentateur et supérieure aussi à celle des enfants d'un autre groupe témoin qui avaient observé un enfant s'amuser avec les jouets sans réussir à en découvrir le fonctionnement. Au cours d'études subséquentes, les chercheurs ont noté que les apprentissages des enfants qui observent un « expert » sont à ce point ancrés dans leur esprit qu'ils persistent pendant un certain temps et dans diverses situations.

Les béhavioristes ont toujours reconnu l'importance du rôle de l'apprentissage par observation, mais ils l'expliquent grâce au conditionnement opérant. De leur côté, les théoriciens de l'apprentissage social et cognitif croient que la compréhension de l'apprentissage par observation chez l'être humain implique la prise en compte des processus cognitifs de l'apprenant (Meltzoff et Gopnik, 1993).

Albert Bandura a expliqué le processus de l'apprentissage par observation.

Les processus cognitifs

Les béhavioristes étudient bien entendu les stimuli externes qui déclenchent chez un animal ou une personne des conduites données. Ils n'accordent pas beaucoup d'importance aux processus de pensée du sujet entre la production du stimulus et l'émission du comportement. Les premiers béhavioristes comparaient le cerveau à la célèbre « boîte noire » de l'ingénieur, ce dispositif dont il faut inférer ou déduire le fonctionnement impossible à observer directement. Sur ce sujet, le béhavioriste William Baum (1994) exprime son idée de façon concise : « Je peux vous parler de mon esprit de même que de ma bonne fée. Dans les deux cas, en parler ne les rend pas moins fictifs. Personne n'a jamais vu ni l'un ni l'autre […] en parler ne fait pas progresser la science. »

Dès 1930, quelques béhavioristes n'ont pu résister à la tentation de jeter un coup d'œil dans la boîte noire. Edward Tolman (1938) s'est rendu coupable de ce qui était presque une hérésie à l'époque en notant que les rats s'immobilisaient à un croisement dans un labyrinthe et semblaient *décider* du chemin à prendre. Au cours de ses recherches, Tolman a constaté que le comportement des animaux n'était pas toujours conforme aux prédictions fondées sur les principes du conditionnement. De toute évidence, les rats faisaient des apprentissages sans modification comportementale notable. Tolman s'est donc interrogé sur le phénomène qui se produisait dans le cerveau des rongeurs et qui pourrait résoudre cette énigme.

Edward Tolman est l'un des pionniers de l'apprentissage social et cognitif.

Au cours d'une expérience classique, Tolman et Honzik (1930) ont placé trois groupes de rats dans des labyrinthes, puis ils ont observé leur comportement pendant plus de deux semaines. Dans le premier groupe, chaque fois qu'un rat sortait du labyrinthe, on lui donnait de la nourriture, ce qu'on ne faisait jamais pour les rats du deuxième groupe. Dans le troisième groupe, on commença à donner de la nourriture aux rats qui sortaient du labyrinthe à partir du onzième jour seulement. Les rats du premier groupe, auxquels on avait donné un renforcement sous forme de nourriture, ont rapidement appris à se rendre directement à la sortie du labyrinthe en évitant les culs-de-sac, tandis que les rats du deuxième groupe n'y sont jamais parvenus. Les rats du troisième groupe se sont comportés différemment : durant les 10 premiers jours (sans renforcement sous forme de nourriture), ils n'ont semblé suivre aucun itinéraire particulier ; à partir du onzième jour (avec renforcement), ils ont appris à se diriger directement vers la sortie du labyrinthe ; le douzième jour, leur performance égalait celle des rats du premier groupe.

Les rats du troisième groupe avaient donc appris « quelque chose » dans le labyrinthe entre le premier et le onzième jour, ce qui leur avait permis d'atteindre le degré de performance des rats du premier groupe qui avaient bénéficié de renforcements dès le premier jour. Tolman (1948) appelle ce quelque chose **carte cognitive**, c'est-à-dire une représentation mentale de l'agencement spatial du labyrinthe. Tout le monde a dans son esprit une carte cognitive de son voisinage qui lui permet de se rendre à une intersection donnée sans n'y être jamais allé auparavant. Nous avons tous aussi une carte cognitive de notre localité, ce qui nous permet de nous rendre à un endroit précis, par exemple un cinéma, en suivant un itinéraire qui ne nous est pas familier.

En fait, pour Tolman, les rats du troisième groupe avaient fait la démonstration de l'**apprentissage latent**, soit un apprentissage qui ne s'exprime pas immédiatement sous forme de comportement. De façon plus générale, ce que nous acquérons au moyen de l'apprentissage par observation ou de l'apprentissage latent, ce n'est pas tellement une conduite, mais plutôt un *savoir* à propos des comportements et de leurs conséquences. Ainsi, nous apprenons la façon dont le monde est organisé, les sentiers qui mènent à tel ou tel endroit et les actions qui procurent tel ou tel avantage. L'apprentissage humain demeure en grande partie latent jusqu'à ce que les circonstances en permettent ou en requièrent une manifestation comportementale.

Par ailleurs, l'apprentissage latent soulève certains problèmes du point de vue des béhavioristes. Non seulement il se produit en l'absence apparente de tout agent de renforcement, mais il pousse à s'interroger sur l'objet même de l'apprentissage.

Le béhaviorisme social et cognitif souligne l'importance des perceptions de l'individu dans son apprentissage (nous approfondirons le thème de la perception dans les chapitres portant sur la perspective cognitive). Les individus abordent un même événement avec des attentes et des savoirs différents, ils ne remarquent pas les mêmes aspects d'une situation. Imaginez deux personnes en train d'apprendre à exécuter dans le moindre détail les pas d'une danse folklorique : la première concentre son attention sur la démonstration de l'enchaînement complexe faite par le professeur, alors que l'autre se laisse distraire par un beau danseur. Cependant, les

Carte cognitive

Représentation mentale de l'environnement qui guide les comportements vers un but.

Apprentissage latent

Forme d'apprentissage qui ne s'exprime pas immédiatement par une réponse explicite et qui se produit en l'absence apparente d'agent de renforcement.

deux élèves n'ont pas nécessairement le même désir d'apprendre cette nouvelle danse. À ce propos, Bandura (1986) écrit que nous faisons tous des milliers d'observations chaque jour et que nous pouvons, en théorie, apprendre quelque chose de chacune d'elles. Il précise cependant qu'une personne qui *ne veut pas* apprendre ce qu'on lui présente comme un modèle ne retirera rien même en observant une centaine de professeurs.

Les différences individuelles de perception et d'interprétation contribuent à expliquer les différences individuelles dans les résultats d'apprentissage. Prenons le cas du débat, toujours actuel, au sujet des répercussions de la violence dans les médias sur les enfants. Leonard Eron (1995) a mené des recherches longitudinales sur ce thème pendant plusieurs années. Il croit que la violence à la télévision enseigne aux enfants des attitudes, des normes comportementales et des façons de régler les problèmes. Parmi les solutions qu'il est possible de voir à la télévision, il note les comportements suivants: crier, injurier, frapper et tenter de détruire l'«ennemi» de multiples façons. Comme les enfants de l'expérience menée par Bandura qui ont regardé le film mettant en scène Rocky et Johnny, certains deviennent effectivement plus agressifs en cherchant à imiter les conduites qu'ils observent à la télévision ou au cinéma (Comstock *et al.*, 1978; Eron, 1980, 1995; Singer et Singer, 1988). Une commission d'enquête mise en place par l'American Psychological Association afin d'étudier la question en est venue à la conclusion suivante: «Il existe sans aucun doute une corrélation entre un taux élevé de visionnement de scènes de violence à la télévision et l'accroissement de la tolérance tant envers les attitudes violentes qu'envers les comportements agressifs.» (APA Commission on Violence and Youth, 1993)

Néanmoins, on a prouvé que l'influence des images de violence présentées par les médias varie selon les individus. C'est pourquoi la majorité des études ne mettent en évidence qu'une faible relation entre la violence dans les médias et la violence dans la vie réelle (Freedman, 1988; Milavsky, 1988). Les théories de l'apprentissage social et cognitif permettent d'expliquer cette constatation. Les enfants regardent toutes sortes d'émissions et de films comportant des scènes de violence, mais ils sont également exposés à de nombreux autres modèles, ailleurs que dans les médias. L'influence de leurs parents et de leurs amis peut contrecarrer l'effet des modèles violents de la télévision. De plus, les individus ne tirent pas tous les mêmes leçons d'une scène de violence. Un spectateur regardant Arnold Schwarzenegger régler le sort des «méchants» pourra le considérer comme le plus grand héros de tous les temps, alors qu'un autre pourra ne voir en lui qu'un haltérophile surpayé qui aurait eu avantage à s'inscrire à des cours d'art dramatique. En voyant des gens se faire «descendre» dans un film, un individu pourra apprendre que la violence est une preuve de virilité, alors qu'un autre en conclura que la violence est autodestructrice et qu'elle ne mène nulle part, sinon à la mort.

Des recherches récentes montrent que les personnes au tempérament plutôt agressif rechercheraient davantage la violence dans les médias et y seraient plus réceptives que celles au tempérament doux et paisible. Bushman (1995) a observé le modèle de comportement suivant chez les personnes agressives. D'abord, elles choisissent de préférence une émission comportant des scènes de violence. Ensuite, en regardant ce genre d'émission, elles ressentent une colère plus grande que les personnes moins agressives. Enfin, le cas échéant, elles sont plus susceptibles que les individus moins agressifs de se comporter de façon agressive après le visionnement. On peut se demander si la classification des films violents ne devrait pas se faire, plutôt qu'en fonction de l'âge, en fonction du score à un test d'évaluation du degré d'agressivité.

Selon le béhaviorisme social et cognitif, les processus cognitifs de perception et d'interprétation jouent donc un rôle crucial dans ce qu'une personne observe et dans sa conduite subséquente.

Qu'avez-vous appris?

RÉPONSES, p. 212

1. Une petite fille se met du rouge à lèvres juste après avoir vu sa grande sœur le faire. Elle a acquis ce comportement par un processus _____.

2. _____ est le processus cognitif qui permet à un automobiliste de mémoriser les multiples étapes du remplacement d'un pneu crevé.

3. Une amie vous donne rendez-vous dans un nouveau restaurant à l'autre bout de la ville où vous n'avez jamais mis les pieds. Vous trouvez votre chemin grâce à votre _____ de la ville.

4. Pour un théoricien de l'apprentissage social et cognitif, le phénomène de l'apprentissage latent montre que nous n'apprenons pas des conduites particulières, mais plutôt _____.

5. Malgré sa corrélation avec les comportements agressifs, la violence à la télévision ne touche pas tous les individus de la même façon. Nommez trois facteurs qui peuvent expliquer cette différence.

Les béhavioristes diraient que la «personnalité» d'un individu est un ensemble d'habitudes et de croyances renforcées tout le long de sa vie. Par contre, les théoriciens de l'apprentissage social et cognitif soutiennent que ces habitudes et ces croyances acquises finissent par avoir une existence propre et influer sur le comportement. Elles supplanteraient même les renforçateurs extérieurs et les punitions.

Afin d'illustrer ce propos, envisageons une question simple: pourquoi les gens travaillent-ils? La réponse qui vient immédiatement à l'esprit est qu'ils le font pour vivre: le travail leur procure nourriture et abri. Néanmoins, les besoins liés à la survie n'expliquent pas les motifs qui poussent Francine à travailler pour se payer du caviar et Manuel, du beurre d'arachide. Ces besoins n'expliquent pas non plus pourquoi certaines personnes tiennent à accomplir leur travail correctement, alors que d'autres cherchent à s'en débarrasser le plus rapidement possible. D'après les théories de l'apprentissage social et cognitif, la compréhension de la motivation à travailler d'arrache-pied ou à persister dans ses efforts malgré des échecs répétés exige la connaissance des croyances liées à cette motivation et les buts poursuivis par l'individu.

En psychologie, le terme *motivation* désigne le processus interne qui pousse l'être humain ou l'animal à avoir tel comportement et à poursuivre tel but. La plupart des béhavioristes expliquent le concept de motivation à l'aide de la notion d'*incitateur*. Un incitateur est un stimulus externe qui favorise l'adoption de comportements d'approche ou d'échappement. De ce point de vue, la motivation est considérée comme un besoin susceptible d'être comblé par un incitateur déjà associé à des conséquences agréables pour l'organisme (Hull, 1943). Par exemple, une personne assoiffée a appris dans le passé à associer le comportement de boire de l'eau à une réduction de la tension interne provoquée par la privation; on peut dire que la vue de l'eau est un incitateur qui la pousse à boire. Selon les béhavioristes radicaux (Skinner, 1953), il n'est même pas nécessaire de parler de besoin ou de variable intermédiaire entre un stimulus et une réponse: l'incitateur est une condition qui favorise l'apparition de comportements déjà appris.

Les béhavioristes pensent que personne ne naît avec l'ambition d'être le meilleur dans un domaine donné; ils diraient plutôt que l'ambition d'un individu résulte de ses expériences de renforcement. Quand ils disent «Francine a l'ambition de devenir célèbre», ils veulent dire que la célébrité est un renforçateur positif (ou incitateur) pour Francine et que c'est la raison pour laquelle elle continue de s'évertuer à l'atteindre. Dans la perspective de l'apprentissage social et cognitif, on dirait plutôt que Francine finira par intérioriser cette motivation, qui influera alors sur sa conduite, à la façon d'un processus d'autorégulation du comportement. Comme l'affirme Bandura (1994), les personnes trouvent leurs motivations en se fixant des buts, en anticipant les résultats de leurs actions et en définissant leur propre ligne de conduite; c'est en fonction de ces critères qu'elles évaluent ensuite leurs actions. Ce seraient donc les croyances ou les attentes d'un individu liées à l'obtention de renforçateurs, plutôt que les renforçateurs eux-mêmes, qui provoqueraient ses comportements.

L'influence des croyances sur le comportement

Le psychologue Julian Rotter (1966, 1982 et 1990) a montré les avantages de l'intégration de plusieurs perspectives en psychologie. Lorsqu'il a commencé à étudier la personnalité dans le cadre de la théorie de l'apprentissage social et cognitif, au cours des années 1950, Rotter consacrait son temps à la consultation en psychothérapie et à la recherche expérimentale. Ses patients éprouvaient souvent des émotions troublantes et entretenaient des croyances irrationnelles (Hunt, 1993). Rotter en a conclu que l'expérience de toute une vie les avaient amenés à adopter des attitudes bien arrêtées, qui exerçaient une profonde influence sur leurs décisions et leurs comportements.

Julian Rotter est l'un des chefs de file de l'apprentissage social et cognitif.

Selon Rotter, un individu apprend, avec le temps, que certains de ses comportements sont renforcés et que d'autres sont punis; il nourrit alors des *attentes généralisées* quant aux situations et aux conduites qui lui procureront un renforcement. Un enfant qui réussit bien à l'école grâce à son application et qui attire ainsi l'attention des enseignants, l'admiration de ses amis ainsi que des compliments chaleureux de ses parents en viendra à penser que son travail bien fait sera également renforcé dans d'autres situations. Tant dans sa pratique privée qu'au cours d'expériences en laboratoire, Rotter a noté que les attentes de succès n'augmentaient pas chez certaines personnes *même si celles-ci réussissaient* les tâches qui leur étaient assignées. Ces individus disaient «Oh! C'est seulement le hasard» ou «J'ai eu de la chance, cela ne se reproduira pas».

À partir de ses observations, Rotter a émis l'hypothèse que certaines personnes croient que ce qui leur arrive est régi de façon générale par des forces extérieures, comme le hasard, la chance ou l'intervention d'autres personnes, alors que d'autres croient plutôt que ce qui leur arrive dépend en grande partie de leurs habiletés et de leurs efforts. Rotter a élaboré le concept de **lieu de contrôle interne ou externe** pour désigner la croyance générale que nous avons de maîtriser ou non les résultats (renforcement ou punition) de nos actions. Les personnes pour qui le contrôle est *interne* ont tendance à penser qu'elles sont responsables de ce qui leur arrive et qu'elles orientent leur propre destinée. Les personnes pour qui le contrôle est *externe* ont tendance à croire qu'elles sont victimes ou, parfois, bénéficiaires du hasard, du destin ou de personnes toutes puissantes.

Rotter (1966) a conçu une échelle pour mesurer les différences individuelles dans la perception du contrôle. On présente au sujet une liste de paires d'énoncés et, dans chaque cas, il doit déterminer celui avec lequel il est le plus d'accord. En voici deux exemples.

1. a) De nombreux événements malheureux survenant dans la vie d'une personne sont dus en partie à la malchance.

   b) Les malheurs d'une personne résultent de ses propres erreurs.

2. a) La réussite exige beaucoup de travail et dépend très peu de la chance.

   b) Pour obtenir un bon emploi, il faut surtout se trouver au bon endroit au bon moment.

La recherche sur l'échelle de mesure du lieu de contrôle est montée en flèche et, déjà au début des années 1990, plus de 2000 études avaient été publiées sur le sujet (Hunt, 1993). La recherche indique que l'«internalité» du contrôle présente des avantages importants, tant sur le plan psychologique que sur le plan physique. Ainsi, la croyance dans le contrôle interne contribue à réduire la douleur chronique et la période de convalescence (Marshall, 1991; Taylor, 1995). Dans une étude menée auprès de patients se rétablissant d'une crise cardiaque, on a constaté que les sujets qui pensaient que leur maladie était due à la malchance ou au destin – des facteurs sur lesquels ils ne pouvaient pas agir – avaient peu tendance à acquérir et à mettre en pratique des moyens qui leur auraient permis de se rétablir, mais qu'ils reprenaient plutôt leurs habitudes nocives. Par contre, les sujets qui pensaient avoir eu une crise cardiaque à cause de la cigarette, du manque d'exercice ou du stress au travail – des facteurs sur lesquels ils pouvaient agir – avaient tendance à mettre de côté leurs mauvaises habitudes et à se rétablir plus rapidement (Affleck *et al.*, 1987).

Des centaines d'études, effectuées auprès de personnes de tous les âges, de cultures et d'origines ethniques diverses, indiquent que le contrôle interne est étroitement lié à la réussite, surtout dans le domaine scolaire. Plus de 700 études utilisant une version de l'échelle de Rotter adaptée aux enfants ont montré que le contrôle interne et ses effets bénéfiques apparaissent tôt dans le développement de l'enfant (Strickland, 1989).

Même si la croyance dans le contrôle interne présente des avantages, elle n'est cependant pas bénéfique pour tous ni applicable à toutes les situations. La raison en devient évidente dès qu'on se pose la question suivante: «Le contrôle de quoi?» Malgré tous les efforts, certains objectifs ne peuvent être atteints, de sorte qu'une personne faisant preuve d'une assurance non fondée sur la réalité peut être terrassée par l'échec (Fleming *et al.*, 1984). Certains psychologues croient que la glorification du «contrôle interne» reflète en fait un préjugé culturel occidental, issu de l'expérience des classes moyennes auxquelles le travail acharné a généralement procuré

Lieu de contrôle interne ou externe

Croyance générale d'une personne liée au fait qu'elle exerce elle-même une maîtrise (*contrôle interne*) sur le résultat de ses actions ou qu'elle n'en exerce pas (*contrôle externe*).

des renforcements (Markus et Kitayama, 1991). Pour de nombreuses personnes provenant d'un milieu défavorisé ou appartenant à un groupe ethnique minoritaire, la croyance dans un contrôle externe peut constituer une façon de sauvegarder leur estime de soi et de faire face aux difficultés. Le discours de ces personnes pourrait être : « Je suis une bonne personne, digne de respect ; ma situation actuelle est causée par des préjugés, le destin ou le système. » (Crocker et Major, 1989)

Ces observations laissent penser que le contrôle interne ou externe d'une personne dépend de son statut social et de ses expériences. Par ailleurs, ce contrôle est aussi susceptible d'inciter un individu à vouloir changer la société. Quand Rotter élaborait ses idées sur la notion de contrôle au cours des années 1960, les mouvements de défense des droits civiques accentuaient leurs pressions. À l'époque, les militants engagés dans ces mouvements et les dirigeants étudiants noirs avaient davantage tendance à se situer dans la zone «interne» de l'échelle de Rotter que les membres des groupes témoins (qui n'étaient pas engagés dans de tels mouvements) (Gore et Rotter, 1963 ; Strickland, 1965). Cependant, durant les années 1970, de nombreux événements ont ébranlé la confiance des Américains en leur capacité à engendrer le progrès social : l'assassinat de Martin Luther King, de Malcolm X et des frères Kennedy, les émeutes qui ont fait

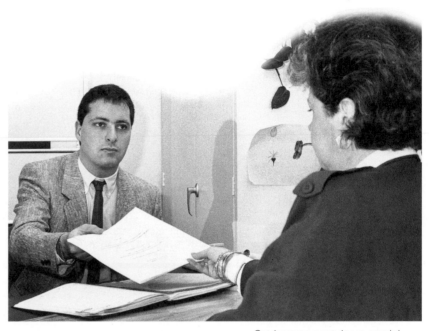

Cet homme postule un emploi. Ses comportements sont peut-être dictés par un lieu de contrôle interne, soit la croyance d'être le plus souvent responsable de ce qui lui arrive.

rage dans plusieurs communautés noires, le marasme de la guerre du Vietnam, etc. Durant cette période, on a observé un changement dans les scores des Américains sur l'échelle de Rotter : les dirigeants des mouvements de défense des droits civiques et les étudiants avaient moins tendance à se situer dans la zone interne, c'est-à-dire qu'ils semblaient croire moins en leur capacité d'améliorer leurs conditions sociales (Phares, 1976 ; Sank et Strickland, 1973 ; Strickland, 1989). Considérez-vous le contrôle comme plutôt externe ou interne ? En quoi cela reflète-t-il votre expérience ? Cela influe-t-il sur vos croyances en la possibilité de changements personnels et sociaux ?

Autoréalisation de la prophétie

Attente qui se réalise, car la personne a tendance à agir de manière que sa prédiction s'accomplisse.

Les attentes généralisées à l'égard du contrôle peuvent aussi donner naissance au phénomène de l'**autoréalisation de la prophétie** : une personne qui a des attentes précises par rapport à un résultat agit souvent de façon que sa prédiction se réalise (Jones, 1990). Si vous vous attendez à réussir, vous étudierez bien et vous accroîtrez ainsi vos chances de réussite ; si vous vous attendez à échouer, vous ne travaillerez pas beaucoup et vous accroîtrez le risque d'obtenir des résultats médiocres. Dans les deux cas, ce que vous aurez accompli sera conforme à vos propres attentes (voir la figure 7.5).

Dans l'une des premières expériences menées sur ce sujet, on a invité des jeunes femmes à résoudre 15 anagrammes. Pour chaque problème, elles devaient d'abord évaluer leurs chances de le résoudre. Pour la moitié des participantes, les cinq premières anagrammes étaient très simples ; pour l'autre moitié, elles étaient impossibles à résoudre. Comme on pouvait s'y attendre, les femmes du premier groupe ont estimé qu'elles avaient de bonnes chances de réussir les 10 dernières anagrammes, alors que celles du second groupe ont conclu que les anagrammes étaient *toutes* insolubles. Ces attentes ont à leur tour influé sur la capacité des jeunes femmes à résoudre les 10 dernières anagrammes, qui étaient les mêmes dans les deux groupes. Plus une participante s'attendait à réussir, plus elle a effectivement résolu de problèmes (Feather, 1966).

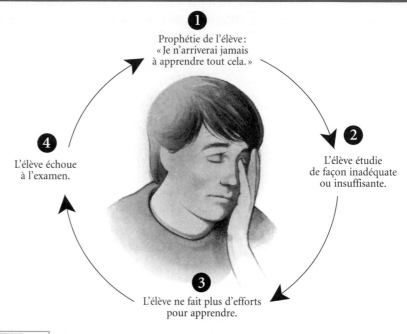

Prophétie de l'élève :
« Je n'arriverai jamais
à apprendre tout cela. »

1

2 L'élève étudie
de façon inadéquate
ou insuffisante.

4 L'élève échoue
à l'examen.

3 L'élève ne fait plus d'efforts
pour apprendre.

FIGURE 7.5 **L'autoréalisation de la prophétie de l'élève qui échoue**

LA CROYANCE EN L'EFFICACITÉ PERSONNELLE

La croyance qui a les plus fortes répercussions sur la motivation d'un individu est probablement la croyance d'être fondamentalement compétent ou non (Sternberg et Kolligian, 1990 ; White, 1959). Bandura (1994, 2003) définit la croyance en l'**efficacité personnelle** comme la conviction qu'a une personne de posséder les capacités nécessaires pour réussir ce qu'elle se propose de faire. Des dizaines d'études ont montré que l'efficacité personnelle influence l'individu sous plusieurs aspects : la manière dont il accomplit une tâche, son engagement et sa ténacité pour atteindre un but, son choix de carrière, son habileté à résoudre des problèmes complexes au travail, ses habitudes de vie et même sa façon de réagir au stress (Bandura, 2003 ; Hackett *et al.*, 1992 ; Kamin *et al.*, 1995 ; Sadri et Robertson, 1993).

Selon Bandura (2003), la croyance d'un individu en son efficacité personnelle provient de l'une ou l'autre des quatre sources d'information suivantes.

1 **LES EXPÉRIENCES DE L'INDIVIDU RELATIVES À SA MAÎTRISE DE NOUVELLES HABILETÉS ET À SA CAPACITÉ DE SURMONTER LES OBSTACLES.** Les échecs occasionnels sont nécessaires à l'acquisition d'un fort sentiment d'efficacité personnelle. En effet, l'individu qui ne connaît que des succès apprend à compter rapidement sur des résultats et a tendance à se décourager facilement lorsqu'il doit faire face à des difficultés normales.

2 **L'OBSERVATION DE PERSONNES COMPÉTENTES QUI RÉUSSISSENT DANS LEURS ENTREPRISES ET QUI RESSEMBLENT À L'INDIVIDU (MODÈLES).** En observant une personne qui lui ressemble accomplir une tâche de façon compétente, l'individu apprend que cette tâche est réalisable et il apprend aussi comment l'exécuter. Par contre, si des personnes de son entourage essuient échec après échec, l'individu peut se mettre à douter de sa propre capacité à réussir.

3 **L'ENCOURAGEMENT ET LE POUVOIR DE PERSUASION D'AUTRUI.** L'individu acquiert la croyance dans sa propre efficacité lorsque les personnes de son entourage agissent de façon

Même s'il ne bénéficie pas des meilleures conditions d'étude, cet enfant ne ménage pas ses efforts pour réussir. Sa croyance en son efficacité personnelle motive peut-être son comportement.

à le convaincre qu'il a tout ce qu'il faut pour réussir, renforcent ses réalisations, lui permettent de réussir et ne le placent pas dans des situations où il subira des échecs répétés.

4 **LES JUGEMENTS QUE L'INDIVIDU PORTE SUR SON ÉTAT PHYSIOLOGIQUE.** L'individu se sent plus compétent s'il est calme et détendu que s'il est tendu ou soumis à un stress élevé. L'individu qui a une forte croyance en son efficacité personnelle est capable d'utiliser de façon productive ses moments d'excitation ou de tension. Par exemple, au lieu d'interpréter le trac ressenti avant de donner une conférence comme un signe infaillible d'échec, cet individu le considère plutôt comme une source de motivation supplémentaire susceptible de l'aider à mieux réussir.

Le premier élément de la liste de Bandura englobe non seulement les expériences de succès, mais aussi les expériences d'échec. Ainsi, contrairement aux béhavioristes, qui prédiraient que des échecs répétés diminueront les comportements orientés vers la réussite d'une tâche, les théoriciens de l'apprentissage social et cognitif croient que tout dépend de la façon dont une personne interprète ses échecs. Imaginons deux personnes se sortant plutôt mal d'une situation difficile. La première a une faible croyance en son efficacité personnelle : elle aura tendance à abandonner. La seconde a un fort sentiment d'efficacité personnelle : elle persévérera dans la résolution du problème. Ce qui distingue ces deux personnes n'a aucun lien avec leurs capacités ; bien des individus doués n'ont pas un degré de croyance suffisant en leur efficacité personnelle pour persister dans leurs efforts après un échec. Ces croyances s'installent tôt dans la vie. Dans une étude menée auprès d'enfants de première, de troisième et de cinquième année du primaire, Cain et Dweck (1995) ont observé qu'un pourcentage élevé d'élèves montraient des signes d'impuissance lorsqu'ils ne parvenaient pas à résoudre un problème, comme faire un casse-tête. Ces élèves considéraient déjà que l'intelligence est une faculté déterminée et que leurs résultats ne relevaient pas ou relevaient peu de leurs efforts et de leurs habiletés.

Vous aurez sûrement noté que les concepts de contrôle interne et externe sont fortement liés à celui d'efficacité personnelle. C'est d'ailleurs ce que confirme une recherche effectuée par Marshall et ses collaborateurs (1994). Pour sa part, Bandura (1994) fait observer que la vie courante est « remplie d'obstacles, d'événements malheureux, de contretemps, de frustrations et d'injustices » et qu'il est donc indispensable d'avoir une « conception optimiste de sa propre efficacité » pour être en mesure de persévérer dans ses efforts. Cet optimisme se situe quelque part entre l'illusion que tout est possible et la conviction cynique que nous ne pouvons rien à rien.

Les principes de l'apprentissage social et cognitif permettent de mieux comprendre les comportements de Frank et Hanna Sheehy-Skeffington, le couple dont il a été question au début du chapitre. Même si leurs parents étaient très exigeants envers tous leurs enfants, ils ne leur demandaient pas de se conformer aux stéréotypes sexuels. Le père de Frank désirait inculquer à son fils des habitudes « d'ordre, de vertu et de moralité, de même que des sentiments de bienveillance envers les autres » (cité dans Levenson, 1983). Hanna avait grandi dans une famille où l'on s'intéressait de près à la politique, où toutes les filles étaient instruites et encouragées à faire des choix en fonction de leurs propres intérêts. En arrivant à l'âge adulte, Frank et Hanna avaient déjà acquis un sentiment d'engagement envers les moins favorisés et les croyances nécessaires pour agir en conséquence. Comme la plupart des militants pour la défense des droits de la personne, ils possédaient un fort sentiment de contrôle interne et d'efficacité personnelle tout en étant très optimistes ; ils étaient certains de pouvoir modifier le cours de l'histoire. De plus, la situation sociale de l'époque les avaient grandement influencés, en particulier le mouvement d'indépendance de l'Irlande et la lutte pour le droit de vote des femmes.

RÉPONSES, p. 212

1. De façon générale, la réussite est associée au contrôle _____.

2. L'étudiant qui pense échouer à un cours et qui ne fait aucun effort pour réussir s'expose au phénomène de _____.

3. Supposons que vous soyez professeur de psychologie. Que devriez-vous faire pour améliorer la croyance en l'efficacité personnelle de vos élèves ?

a) Vous assurer qu'ils ne connaissent aucun échec.

b) Agir de façon à leur présenter des modèles compétents sur lesquels ils peuvent s'appuyer.

c) Éviter de les féliciter pour ne pas les rendre vaniteux.

d) Ne jamais les critiquer.

LES BÉHAVIORISTES À L'ÉCOLE

L'école est bien sûr le lieu par excellence pour la mise en pratique des principes béhavioristes, puisque l'apprentissage est en fin de compte l'objectif premier de cette institution. En fait, l'apprentissage scolaire était l'un des principaux centres d'intérêt de B. F. Skinner. En 1943, lors d'une visite dans la salle de classe de sa fille, alors en quatrième année, il remarqua que l'enseignante était incapable de fournir immédiatement une rétroaction sur le travail des élèves et que ceux-ci étaient contraints d'étudier tous au même rythme, indépendamment de leurs antécédents scolaires ou de leurs habiletés. Il apparut alors à Skinner que l'on pourrait employer les techniques du conditionnement opérant, notamment le façonnement, pour mettre au point de meilleures méthodes d'enseignement. Il se mit donc à la tâche et inventa la première machine à enseigner, soit un dispositif mécanique qui a inspiré la technique éducative appelée *enseignement programmé*.

Selon cette technique, tout nouvel apprentissage repose sur les connaissances acquises antérieurement et la matière à apprendre est découpée en petites unités (ou «blocs») qui constituent chacune un minitest pour l'élève. Une réponse exacte est immédiatement suivie d'un renforçateur, soit la rétroaction («C'est ça!»), puis on présente à l'élève des éléments plus difficiles. Une réponse inexacte est suivie d'une révision de la matière ou de la présentation d'un problème plus facile. L'enseignement programmé est l'ancêtre des exercices et des programmes d'entraînement informatisés employés actuellement dans de nombreuses écoles nord-américaines.

« C'est la bonne réponse, Jeannot ! Mais tu n'auras pas de récompense. »

Dessin par Lorenz; © 1986, The New Yorker Collection/Cartoonbank.com.

Malheureusement, disent les béhavioristes, les systèmes d'éducation nord-américains ne sont généralement pas parvenus à mettre en pratique les principes béhavioristes de manière correcte et efficace. Skinner lui-même a avoué que l'une de ses plus grandes déceptions était de ne pas avoir réussi à améliorer l'enseignement ni à accroître le plaisir que les enfants tirent de l'apprentissage (Bjork, 1993). L'un des obstacles est le travail supplémentaire exigé de l'enseignant pour l'emploi fréquent de renforçateurs dans la salle de classe traditionnelle. L'enseignant planifie souvent des périodes de travail individuel pendant lesquelles il corrige des copies; s'il doit observer le comportement des enfants afin de déterminer le moment approprié pour administrer un renforçateur, il aura avantage à se déplacer dans la classe et donc à quitter son bureau. Il s'ensuit, évidemment, qu'il devra attendre la fin de la journée pour corriger les copies. Cela explique peut-être qu'au cours de certaines recherches, des enseignants qui avaient appris à utiliser avec succès des renforçateurs n'en sont pas moins revenus à leur pratique habituelle dès la fin de l'expérience (Hopkins, 1987).

Leur utilisation du renforcement n'avait pas été renforcée!

Certains enseignants ont tenté d'accroître l'estime de soi chez leurs élèves en leur attribuant des notes élevées et en étant prodigues de compliments dans l'espoir que, si les enfants apprenaient à être fiers d'eux-mêmes, leurs résultats scolaires s'amélioreraient. Cette façon de procéder pose problème du point de vue béhavioriste, car les renforcements ne sont efficaces que lorsqu'ils sont associés au comportement que l'on veut susciter. Les renforcements distribués sans discrimination perdent leur signification et ne favorisent plus l'apparition des conduites souhaitées. En outre, lorsque les enseignants complimentent les élèves pour un travail médiocre, ils risquent fort d'obtenir un rendement médiocre puisque c'est ce qu'ils auront renforcé. Cette façon de faire entraîne un autre problème: si un enseignant se répand en louanges après l'accomplissement d'une tâche facile, il peut transmettre à l'enfant le message implicite qu'il n'est pas très intelligent («Oh! Martine, tu as vraiment fait un travail *fantastique*… en additionnant deux et deux.»). Le résultat le plus probable associé à de tels propos serait une baisse et non un accroissement de l'estime de soi, de même qu'une diminution des attentes de réussite.

Lilian Katz (1993), enseignante à la maternelle, soutient que les programmes scolaires visant à amener les enfants à être «fiers d'eux-mêmes», même s'ils partent de bonnes intentions, ont tendance à confondre estime de soi et nombrilisme. On apprend aux enfants à diriger leur attention vers eux-mêmes et à se concentrer sur la satisfaction personnelle et l'autocongratulation. Dans maints programmes, on leur demande de rédiger des textes sur des sujets aussi superficiels que leurs qualités physiques et leurs préférences de consommation («Mes émissions de télé préférées» ou «Ce que j'aime manger»). On leur demande moins souvent d'assumer le rôle d'enquêteur, d'explorateur ou de producteur par des compositions portant sur des thèmes comme «Ce que j'aimerais savoir» ou «Si je tournais un film…». La véritable estime de soi, selon Katz, ne vient pas de «l'accomplissement sans effort d'une série de tâches banales», de flatteries sur commande de la part des enseignants, ou d'étoiles et de visages souriants. Elle découle plutôt de l'effort, de la persévérance et de l'acquisition graduelle d'habiletés, et elle se nourrit de la juste appréciation par l'enseignant du travail de l'enfant.

Ce que Katz prône, en fait, c'est l'acquisition d'un sentiment d'efficacité personnelle. Selon la théorie de l'apprentissage social et cognitif, on ne parviendra pas à ce but en utilisant des compliments sans discrimination ni en punissant tous les échecs à l'école, ce qui a plutôt pour effet de réduire le sentiment d'efficacité personnelle des élèves. Comme l'a souligné Bandura (1994), les échecs occasionnels sont nécessaires aux élèves. Ils leur apprennent la valeur de la persévérance et de l'effort.

Fait intéressant, la croyance dans leur propre efficacité personnelle semble tout aussi importante pour les professeurs que pour les élèves. Au cours d'une recherche menée dans 4 écoles secondaires auprès de 48 enseignants, les chercheurs ont mesuré le sentiment d'efficacité personnelle de ces derniers en tant qu'enseignants, ils ont fait des observations portant sur «le climat et l'atmosphère» dans les classes et ils ont évalué la réussite des élèves. Ils ont constaté que «les enseignants ayant un fort sentiment d'efficacité personnelle avaient tendance à maintenir une atmosphère positive dans leurs classes et évitaient d'avoir recours à des méthodes sévères de modification du comportement, qui semblaient plutôt être l'apanage des enseignants ayant un faible sentiment d'efficacité personnelle». En outre, les élèves des enseignants ayant un fort sentiment d'efficacité personnelle ont obtenu de meilleures notes aux tests normalisés de mathématiques que les élèves des enseignants moins convaincus de leur propre efficacité (Ashton et Webb, 1986).

La perspective béhavioriste n'a pas seulement des leçons précises à offrir, elle soutient également que nous ne sommes jamais trop âgés pour les assimiler. À cet égard, cette approche est, par sa nature même, optimiste. Nous pouvons changer pour le mieux à la condition de centrer notre attention sur les manières de façonner un meilleur environnement pour nous-mêmes, nos enfants et nos semblables.

LES BÉHAVIORISTES EN ACTION: LA MODIFICATION DU COMPORTEMENT

Lorsqu'une personne désire modifier son comportement, elle s'adresse souvent à un thérapeute; il n'est donc pas surprenant que la psychothérapie compte parmi les domaines ayant le plus bénéficié des découvertes béhavioristes. Les psychologues qui recourent aux techniques de modification du comportement ne s'efforcent pas de sonder les profondeurs de la psyché d'une personne. Ils tentent plutôt de l'aider à modifier les attitudes ou les comportements qui la font souffrir, au moyen de diverses méthodes issues des principes béhavioristes et béhavioristes-cognitivistes.

1 L'OBSERVATION COMPORTEMENTALE ET LE CONTRAT sont employés pour aider le sujet à trouver les renforçateurs qui maintiennent une habitude indésirable et à s'engager à adopter un meilleur comportement. Une élève qui a l'habitude de la procrastination ne sait pas nécessairement comment elle occupe son temps lorsqu'elle n'étudie pas : l'observation systématique de ses comportements peut montrer que c'est parce qu'elle a peur de ne pas avoir le temps de tout faire qu'elle ne fait rien. En tenant un journal comportemental, elle apprendra exactement de quelle manière elle utilise son temps et combien d'heures elle peut, de façon réaliste, consacrer à un projet.

Après avoir décelé un comportement indésirable, ainsi que les renforçateurs qui le maintiennent, le thérapeute peut établir un programme d'intervention comprenant un nouvel ensemble de renforçateurs. Il aide alors son client à se fixer des *objectifs comportementaux* réalistes, dont chacun constitue un petit pas dans la bonne direction. Plutôt que de poursuivre un but vague et extrêmement général, comme « Je vais réorganiser ma vie », un élève qui a l'habitude de la procrastination se fixera de petits objectifs précis, par exemple terminer la lecture des deux livres qu'il doit lire pour rédiger un essai et écrire un certain nombre de pages chaque jour. L'élève ne doit alors s'attribuer ses renforçateurs préférés, comme regarder la télévision ou téléphoner à un ami, que lorsqu'il a atteint l'objectif désiré. De même, on peut inviter des conjoints qui ne sont pas d'accord sur la répartition des tâches ménagères à établir un véritable contrat spécifiant qui fait quoi et quels renforçateurs sont attachés au fait de s'acquitter de ses responsabilités. S'ils rédigent un contrat de ce type, il leur devient impossible de s'adresser mutuellement des reproches du genre « Tu ne fais jamais rien dans la maison ! »

2 LA DÉSENSIBILISATION SYSTÉMATIQUE est un processus visant à faire disparaître progressivement une réponse de peur exagérée à un objet ou à une situation. Elle combine l'entraînement à la relaxation avec la présentation systématique, soit en imagination, soit dans le réel, de stimuli provoquant la peur. Ces stimuli sont présentés en allant toujours du stimulus le moins phobique à celui qui l'est le plus. La progression des stimuli ne se fait qu'à condition que le sujet se sente à l'aise. On pourrait par exemple procéder de la manière suivante pour traiter un cas de phobie de l'avion : faire des lectures sur la sécurité des avions ; visiter un aéroport ; s'asseoir dans un avion au sol ; effectuer un court trajet en avion ; effectuer un long trajet en avion. Cette technique repose sur les principes du conditionnement répondant dont John Watson et Mary Cover Jones se sont inspirés pour le contre-conditionnement du jeune Peter, qui avait peur des lapins (voir le chapitre 6). Le stimulus conditionnel (l'avion) est progressivement associé à un état de relaxation incompatible avec la réponse de peur, jusqu'à la disparition de la réponse conditionnelle de peur par un processus d'extinction.

3 LE CONDITIONNEMENT AVERSIF s'inspire du conditionnement opérant et consiste à substituer une punition aux renforçateurs positifs qui maintient une mauvaise habitude. Supposons qu'une femme se rongeant les ongles est renforcée chaque fois qu'elle fait ce geste parce que son anxiété s'en trouve diminuée et qu'elle éprouve pendant un court moment un sentiment de bien-être. Un thérapeute béhavioriste pourrait lui demander de porter au bras un élastique qu'elle fera claquer (fort !) chaque fois qu'elle se rongera les ongles ou qu'elle aura envie de le faire. L'objectif est de s'assurer que le comportement indésirable ne puisse être renforcé.

4 LE TRAITEMENT PAR IMMERSION OU PAR EXPOSITION consiste à faire affronter la situation redoutée par le sujet, le thérapeute accompagnant le client de façon à le convaincre qu'ils ne mettent ni l'un ni l'autre leur vie en danger. Cette technique s'appuie elle aussi sur le principe de l'extinction dans le conditionnement répondant. Le client doit constamment affronter le stimulus conditionnel, mais la réponse conditionnelle de peur finit par disparaître en l'absence de tout stimulus inconditionnel susceptible de générer cette réponse de peur. Par exemple, une personne souffrant d'agoraphobie (soit la peur irrationnelle de quitter un endroit familier et sûr pour un milieu inconnu et insécurisant) serait amenée dans un endroit nouveau et y demeurerait avec le thérapeute jusqu'à ce que l'anxiété ou l'état de panique diminue.

5 L'APPRENTISSAGE DE NOUVELLES HABILETÉS met de l'avant les principes du conditionnement opérant de façon à fournir à l'individu l'occasion d'acquérir les comportements qui lui sont nécessaires pour atteindre les objectifs qu'il s'est fixés. L'individu est renforcé au fur et à mesure qu'il acquiert les comportements souhaités. Il ne sert à rien de dire à une personne « Ne sois pas timide » si elle ne sait pas tenir une conversation amicale lorsqu'elle rencontre des gens. Une grande variété de programmes d'entraînement ont été mis au point à l'intention des parents ne sachant comment discipliner leurs enfants, des personnes souffrant d'anxiété sociale, des enfants et des adultes ne sachant s'exprimer, etc.

Un thérapeute béhavioriste vient en aide à une femme souffrant d'une phobie des escaliers. Dans le traitement par exposition, le thérapeute place le client au cœur de la situation qui provoque la peur.

Les thérapies comportementales se sont avérées particulièrement efficaces pour aider des personnes à supporter une douleur chronique ou à se défaire d'habitudes indésirables ainsi que pour le traitement de troubles comportementaux chez les enfants et les adolescents. Des centaines d'études contrôlées ont établi l'efficacité des thérapies comportementales comparativement aux thérapies psychanalytiques ou humanistes au cours desquelles on analyse les causes profondes des problèmes, ou encore à l'absence totale d'intervention (Chambless, 1995 ; Lazarus, 1990 ; Weisz, *et al.*, 1995).

Certaines études de cas sont fascinantes, notamment celle de Jim, un garçon de 10 ans, tout à fait normal, qui avait pris l'habitude de se gratter au moment où il souffrait d'une urticaire causée par une allergie à l'herbe à puce. Il avait continué de se gratter même après la disparition de l'éruption, à tel point qu'il était couvert de cicatrices et de plaies. L'analyse comportementale a mis en évidence que Jim se grattait presque uniquement lorsqu'il était chez lui et que cette conduite était renforcée par l'attention que lui accordaient ses parents. Étant donné que ces derniers ne pouvaient pas rester longtemps inattentifs à l'irrésistible envie de se gratter de leur enfant, le traitement a consisté à isoler Jim dans une pièce pendant 20 minutes chaque fois qu'il se grattait et à le renforcer une fois par semaine en lui donnant l'occasion de pratiquer une de ses activités préférées, comme le patin à roulettes, lorsque ses plaies avaient diminué. Neuf mois après la fin du traitement, Jim ne présentait plus que deux plaies, presque complètement guéries (Carr et McDowell, 1980).

Il semble aussi que certains comportements sont à ce point enracinés biologiquement ou psychologiquement qu'ils résistent à l'arsenal impressionnant de techniques de modification du comportement dont disposent les thérapeutes béhavioristes. Parmi ces comportements, notons les crimes à caractère sexuel qui incluent l'exhibitionnisme, l'attentat à la pudeur contre des enfants, le viol et l'inceste. Des thérapeutes béhavioristes ont essayé d'utiliser des techniques aversives dans le traitement de pédophiles en associant un stimulus désagréable, par exemple un choc électrique ou un vomitif, à des images d'enfants nus. Ils ont également essayé de réduire, à l'aide de techniques de désensibilisation, l'anxiété qu'éprouvent souvent les agresseurs sexuels lors de rapports sexuels normaux. Il apparaît qu'en général, ces approches béhavioristes ne sont couronnées de succès que si elles font partie d'un programme incluant d'autres interventions. Les traitements les plus efficaces, semble-t-il, combinent une thérapie cognitive, un conditionnement aversif, des séances d'éducation sexuelle, une thérapie de groupe, le reconditionnement des fantasmes sexuels et l'apprentissage d'habiletés sociales; de plus, leur efficacité n'est prouvée que lorsque les agresseurs veulent véritablement modifier leur comportement et ne cherchent pas seulement à réduire leur sentence d'emprisonnement (Abel, *et al.*, 1988; Kaplan, *et al.*, 1993).

Les individus qui présentent une **personnalité antisociale** résistent aussi à toute forme de traitement, y compris les thérapies béhaviorales. Ces individus, appelés «psychopathes» ou «sociopathes», semblent dénués de conscience sociale. Ils sont incapables de ressentir de l'empathie, de la culpabilité ou de l'anxiété en situation de stress, ils ne craignent pas la punition ni la désapprobation d'autrui. Ils peuvent charmer, séduire et manipuler des personnes et soudainement les laisser tomber sans ressentir le moindre malaise. Certains d'entre eux ont une feuille de route remplie de crimes en tout genre, parfois cruels ou sadiques, et débutant tôt dans leur enfance. Ils peuvent tuer n'importe qui, un enfant, un passant, une victime qu'ils ont repérée, sans éprouver le moindre regret. D'autres font porter leurs efforts sur des activités frauduleuses ou sur la progression de leur carrière en maltraitant leurs victimes émotionnellement plutôt que physiquement. D'autres enfin peuvent se montrer très sociables et charmer leur entourage, mais sans créer de liens affectifs et sans ressentir de culpabilité pour leurs mauvaises actions.

Personnalité antisociale

Trouble caractérisé par un comportement antisocial (comme l'habitude de mentir, de voler et, parfois, de se montrer violent), par l'absence de sentiments sociaux (comme l'empathie, la honte et la culpabilité) ainsi que par l'impulsivité.

On ne sait pourquoi, mais ce trouble est beaucoup plus répandu chez les hommes que chez les femmes. Selon diverses enquêtes, il toucherait entre 3 et 5% des hommes et moins de 1% des femmes (Robins, *et al.*, 1991). Quoique ces pourcentages soient faibles, on estime que les personnes antisociales pourraient être responsables de plus de la moitié des crimes majeurs commis aux États-Unis (Hare, 1993).

L'incapacité de ces sujets à ressentir une tension émotionnelle quelconque amène de nombreux chercheurs à penser qu'il s'agit d'un état où interviennent des anomalies du système nerveux central. Certains chercheurs croient que les personnes étiquetées comme antisociales, hyperactives ou exagérément extraverties ont en commun des caractéristiques héréditaires (Newman, *et al.*, 1985; Luengo, *et al.*, 1994). Elles présenteraient toutes des problèmes d'*inhibition comportementale*, soit la capacité de maîtriser ses réactions à la frustration ou de s'interdire d'accomplir une action agréable susceptible de se solder par des conséquences désagréables. Cette hypothèse expliquerait pourquoi les personnes à la personnalité antisociale n'arrivent pas à apprendre que leurs comportements auront des conséquences déplaisantes (Hare, 1993). Ainsi, lorsqu'une personne pressent un danger, craint d'éprouver une douleur ou de subir un choc, la conduction électrique de sa peau devrait normalement changer; en conditionnement répondant, il s'agit d'une réaction indiquant que le sujet ressent de l'anxiété ou de la peur. Mais au cours de plusieurs expériences, les psychopathes ont mis beaucoup de temps à présenter de telles réactions (Hare, 1993). Comme vous pouvez le voir à la figure 7.6, les sujets réagissent comme s'il leur manquait les «circuits» permettant d'éprouver l'anxiété nécessaire à l'apprentissage de l'évitement.

Certains facteurs environnementaux, sur lesquels il est possible d'intervenir, semblent contribuer au développement de la personnalité antisociale. Parmi ceux-ci, notons la négligence parentale,

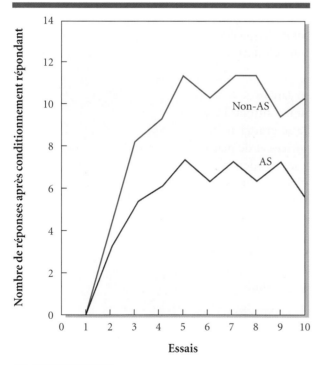

FIGURE 7.6 La personnalité antisociale

Au cours de plusieurs expériences sur le conditionnement répondant, des personnes chez lesquelles on a diagnostiqué une personnalité antisociale (AS) ont mis beaucoup de temps à acquérir une réponse conditionnée à l'anticipation d'un danger, d'une douleur ou d'un choc – ces réponses normales indiquent l'anxiété (Hare, 1965). Cette lenteur est peut-être liée à la capacité de ces personnes d'adopter un comportement destructeur sans qu'elles n'éprouvent de remords ni de soucis pour les conséquences (Hare, 1993).

l'imitation de certains modèles et les expériences personnelles associées à la violence. Par ailleurs, des anomalies biologiques expliqueraient le fait que les individus présentant une personnalité antisociale n'apprennent pas, comme la majorité des gens, à maîtriser leurs comportements impulsifs, n'acquièrent pas les valeurs sociales courantes et semblent réfractaires à l'apprentissage social normal et aux thérapies comportementales.

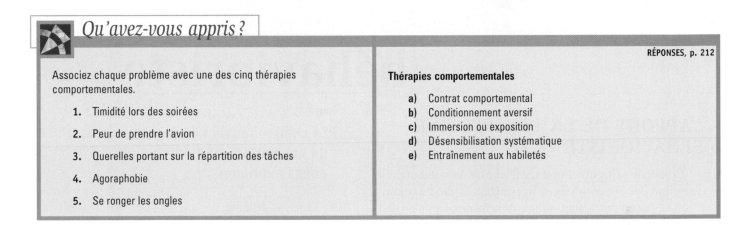

Qu'avez-vous appris ?

RÉPONSES, p. 212

Associez chaque problème avec une des cinq thérapies comportementales.

1. Timidité lors des soirées

2. Peur de prendre l'avion

3. Querelles portant sur la répartition des tâches

4. Agoraphobie

5. Se ronger les ongles

Thérapies comportementales

a) Contrat comportemental
b) Conditionnement aversif
c) Immersion ou exposition
d) Désensibilisation systématique
e) Entraînement aux habiletés

béhavioriste

L'APPORT DE LA PERSPECTIVE BÉHAVIORISTE

Certaines critiques s'insurgent contre le vocabulaire mécaniste des béhavioristes et interprètent la modification planifiée du comportement comme de la manipulation ou de l'insensibilité. Ces propos irritent aussi bien les béhavioristes traditionnels que les béhavioristes sociaux et cognitifs. Leurs recherches en psychologie comptent parmi les plus fiables et les principes d'apprentissage ont de nombreuses applications fort utiles. Nous présentons ci-dessous les principales contributions de la perspective béhavioriste.

1. La reconnaissance des influences quotidiennes entre les individus, qu'ils en soient ou non conscients

La dernière fois que vous avez cherché à séduire quelqu'un, discuté de politique avec quelqu'un ou demandé à quelqu'un de faire quelque chose, vous avez en fait essayé de modifier son comportement. Même les gens les plus conciliants influencent inévitablement les autres par leurs conduites, leurs réponses, l'expression de leur visage et leurs silences. En fait, nous sommes tous appelés à réagir aux renforcements ou aux punitions des autres, à en produire nous-mêmes, à observer et à imiter d'autres personnes et à représenter un modèle pour d'autres individus. Selon les psychologues béhavioristes, nous ne pouvons éviter les principes de l'apprentissage. Puisque les gens modifient constamment l'environnement, de façon consciente ou non, la question importante réside dans l'application planifiée et réfléchie de ces principes, de manière à améliorer notre propre vie et celle des autres.

2. La compréhension du fait que nommer un comportement n'est pas suffisant pour l'expliquer

Par l'analyse détaillée des mécanismes qui assurent la constance ou le changement des comportements, les béhavioristes ont amené de nombreux psychologues à préciser de façon scientifique leur explication du comportement. Qu'apprend-on en disant qu'un homme est incapable de s'empêcher de boire parce qu'il est alcoolique? On pourrait tout aussi bien dire que cet homme boit… parce qu'il boit! De même, affirmer qu'un garçon refuse de faire le ménage dans sa chambre en raison d'une disposition interne appelée «paresse» n'explique rien et n'indique sûrement pas comment réagir à ce comportement. Aussi bien dire qu'il est paresseux… à cause de sa paresse. Un béhavioriste chercherait plutôt à déterminer ce qui renforce la «paresse» du garçon: l'occasion de faire quelque chose de plus intéressant à ses yeux, comme jouer avec sa console de jeux? Un théoricien de l'apprentissage social et cognitif chercherait à en savoir davantage sur les modèles de ce garçon (peut-être ses parents sont-ils «paresseux»), sur ses attitudes (peut-être ne voit-il aucune raison de mettre de l'ordre dans sa chambre), sur sa socialisation sexuelle (peut-être a-t-il appris qu'un «vrai» garçon ne passe pas l'aspirateur).

3. Les multiples applications pratiques

Le béhaviorisme est surtout connu pour son approche pragmatique, terre-à-terre si l'on peut dire. Là où d'autres psychologues chercheraient à *analyser* vos motivations ou à vous convaincre d'accepter votre tempérament inné, les béhavioristes vous indiquent plutôt quoi *faire*. On a parfois accusé les béhavioristes de considérer les gens comme des pantins à la merci de l'environnement, mais ce reproche est injustifié. Les béhavioristes considèrent que l'individu peut et doit jouer un rôle actif dans la création de milieux mieux adaptés à lui-même et aux autres. Pour que les enfants atteignent un équilibre émotionnel, il faut apprendre à les éduquer en conséquence. Si nous voulons vivre dans un monde paisible, il vaut mieux ne pas attendre que les gens et les choses changent; il faut plutôt intervenir pour modifier l'environnement de façon à ce que la coopération soit citée en exemple et renforcée, de façon que les gens malhonnêtes ne puissent triompher et se retrouver au pouvoir.

Les théories de l'apprentissage social et cognitif sont facilement applicables à la résolution de problèmes personnels et sociaux, parce qu'elles mettent l'accent sur l'interaction de l'individu avec son milieu et, plus particulièrement, sur les attitudes et les attentes que doit développer une personne pour acquérir la motivation de changer son environnement. Voici quelques-unes des contributions de la recherche béhavioriste.

■ **L'ACCROISSEMENT DU SENTIMENT D'EFFICACITÉ PERSONNELLE.** L'acquisition et l'accroissement du sentiment d'efficacité personnelle peut résulter de programmes enseignant certaines habiletés, fournissant des modèles et procurant des renforcements appropriés (Ozer et Bandura, 1990). Au cours d'une étude menée auprès de 24 étudiants de deuxième cycle universitaire en études commerciales, les chercheurs ont incité certains individus à percevoir la capacité à prendre des décisions de gestion comme une habileté qui s'acquiert et qui s'améliore par la pratique, et ils ont amené les autres à croire au contraire que les habiletés de gestion découlent de «processus cognitifs fondamentaux» présents seulement chez certains individus (Wood et Bandura, 1989). On a constaté que le fait d'apprendre à concevoir les habiletés de gestion comme des *habiletés acquises* «a entretenu chez les étudiants un sentiment très persistant de leur propre efficacité», si bien qu'ils se sont évertués à atteindre des objectifs organisationnels très difficiles, ce qui leur a permis d'améliorer leur performance et les a convaincus par conséquent de leur efficacité personnelle.

■ **LA DÉTERMINATION D'OBJECTIFS PERSONNELS.** Un individu réussira un plus grand nombre de projets s'il se fixe des objectifs élevés, mais réalistes. Si deux personnes ont les mêmes habiletés, celle qui se fixe des buts précis, de difficulté moyenne, travaillera plus longtemps et accomplira davantage de choses que celle qui se fixe des buts vagues et faciles à atteindre ou qui ne se fixe aucun but (Locke et Latham, 1990). Lorsque l'objectif visé est imprécis (par exemple, «Je vais travailler plus fort»), l'individu ne sait ni quelle ligne de conduite suivre pour l'atteindre ni quels critères appliquer pour décider s'il l'a atteint (que signifie «plus fort»?). La personne qui se fixe un but bien déterminé (par exemple, «Chaque soir, je vais consacrer à mes études 2 heures plutôt qu'une seule et je vais lire 25 pages au lieu de 15») définit en

même temps une ligne de conduite et des critères d'évaluation. De plus, il semble que les personnes qui déterminent leurs buts en fonction de l'apprentissage plutôt que de la performance ont tendance à persister davantage dans leurs efforts, même si elles essuient des échecs.

■ **L'AMÉLIORATION DE SES HABITUDES DE VIE.** Comment peut-on amener un individu à modifier ses habitudes de vie et à mieux prendre soin de lui, surtout s'il a déjà un problème de santé (comme le diabète ou une maladie cardiaque) ou s'il est particulièrement susceptible de contracter certaines maladies? La solution courante consiste à lui faire peur et à le submerger d'information. À l'opposé, les adeptes du béhaviorisme social et cognitif ont remporté beaucoup plus de succès en visant à accroître le sentiment d'efficacité personnelle de l'individu (Lau, 1982), en lui procurant des modèles qui savent affronter l'échec et les défaillances ou en lui enseignant comment examiner ses symptômes physiques sous un autre angle et comment les surmonter (Bandura, 1992; Meyerowitz et Chaiken, 1987; Taylor, 1995).

LES LIMITES DE LA PERSPECTIVE BÉHAVIORISTE

Les nombreux succès du béhaviorisme ne sont pas suffisants pour en faire oublier les limites. Les béhavioristes traditionnels et les partisans du béhaviorisme social et cognitif ont tendance à étudier une à la fois les influences de l'environnement: un modèle parental, les réactions d'un professeur, les formes de renforcement dans une situation donnée, la croyance dans l'efficacité personnelle, etc. Pourtant, dans la vie de tous les jours, nous sommes tous susceptibles d'être influencés par une multitude d'éléments. Pour un chercheur béhavioriste, c'est un problème difficile à résoudre. Lorsque presque tout *peut* avoir une influence sur un comportement donné, il peut s'avérer très ardu de démontrer qu'un aspect particulier de l'environnement *a* une influence précise sur ce comportement. C'est comme essayer de prendre un peu de brouillard dans sa main: nous savons qu'il est là, nous le voyons, mais nous n'arrivons pas à le saisir. C'est pourquoi les chercheurs béhavioristes ont de la difficulté à décrire dans son ensemble un phénomène complexe, comme les traits de personnalité, l'orientation sexuelle, l'agressivité. Leurs réponses prennent souvent la forme suivante: «Eh bien! Vos parents jouent un rôle dans votre vie, tout comme vos attitudes, vos expériences passées, vos coutumes culturelles, les préceptes de votre religion, etc.» Il faut donc faire preuve de prudence dans l'analyse de certaines conduites et tâcher d'éviter notamment les écueils suivants.

La réduction du comportement aux influences environnementales

Il est entièrement faux de penser que les béhavioristes considèrent les individus comme des êtres aussi malléables que de la pâte à modeler ou qu'ils pensent qu'ils peuvent transformer un individu à leur guise en le plaçant simplement dans l'environnement approprié. La réduction du comportement humain aux facteurs environnementaux ou aux facteurs biologiques est une seule et même erreur. Il est cependant important de reconnaître que les caractéristiques génétiques et les attributs biologiques imposent des limites bien définies aux apprentissages d'un individu ou d'une espèce, quel que soit son environnement.

Les théoriciens modernes de l'apprentissage, béhavioristes ou autres, tiennent compte de cette constatation. Ils reconnaissent que tout organisme semble avoir des prédispositions biologiques pour certains apprentissages et que les processus de conditionnement donnent de meilleurs résultats lorsqu'on en tient compte. L'exemple de Keller et Marian Breland (1961), deux psychologues devenus dresseurs, illustre bien ce qui peut arriver lorsqu'on ne tient pas compte des contraintes biologiques. Ils ont constaté que les animaux ont souvent de la difficulté à apprendre des tâches qui semblent faciles. On avait ainsi entraîné un cochon à transporter un gros jeton en bois et à le glisser dans la fente d'une tirelire. Cependant, l'animal laissait tomber le jeton par terre, le poussait du groin, le lançait en l'air, puis fouillait le sol pour le reprendre. Ce comportement bizarre retardait l'administration de l'agent de renforcement, et on pouvait difficilement l'expliquer à l'aide des principes du conditionnement opérant. Le comportement instinctif du cochon (la tendance à utiliser son groin pour déterrer des racines comestibles) l'empêchait d'effectuer la tâche pour laquelle on l'avait entraîné. Les Breland ont appelé *tendance instinctive* ce retour à un comportement instinctif.

Les tendances innées des êtres humains sont également susceptibles d'influer sur la rapidité ou même la possibilité de l'apprentissage. Rappelez-vous ce psychologue qui avait fini par détester la sauce béarnaise à la suite d'un conditionnement répondant (voir le chapitre 6). En laboratoire, le conditionnement exige habituellement plusieurs essais, et les chances de réussite sont plus grandes si le stimulus inconditionnel suit immédiatement le stimulus conditionnel. Pourtant, dans le cas du psychologue, l'apprentissage a eu lieu en une seule association de la sauce béarnaise et de la maladie malgré le long intervalle entre le stimulus inconditionnel et le stimulus conditionnel. De plus, ni la femme du psychologue ni l'assiette dans laquelle il avait mangé ne sont devenues des stimuli conditionnels provoquant la nausée, même si ces deux éléments auraient aussi pu être associés à la maladie. Des recherches laissent penser que les êtres humains, de même que certains animaux, sont biologiquement prédisposés à associer la maladie à une saveur plutôt qu'à une lumière ou à un son, par exemple (Garcia et Koelling, 1966; Seligman et Hager, 1972). Cette tendance favorise la survie des espèces : manger un aliment avarié est plus dangereux pour la santé que voir une lumière ou entendre un son. C'est probablement la raison pour laquelle le conditionnement lié à la sauce béarnaise a été si rapide en dépit de l'intervalle entre les deux stimuli. Inversement, lorsqu'on s'efforce de modifier le comportement humain sans tenir compte des données biologiques, on aboutit souvent à un échec.

L'erreur de croire qu'un comportement appris est facilement modifiable

Certains théoriciens pensent que toutes les influences biologiques sont permanentes et d'autres pensent que tous les apprentissages acquis peuvent être modifiés. Ils ont tous tort. Ainsi, les études menées dans le cadre de la perspective biologique ont montré que des comportements fortement liés à la génétique peuvent changer jusqu'à un certain point, en fonction des attitudes, des attentes culturelles et des expériences personnelles. À l'opposé, on observe que des conduites et des croyances apprises au fil des ans, telles les convictions religieuses, peuvent être presque impossibles à changer.

Tout le long de l'histoire, comme nous l'avons souligné dans la partie consacrée à la perspective biologique, des individus ont eu recours à des arguments biologiques pour justifier la subordination des femmes, légitimer les iniquités raciales et maintenir le *statu quo* sociopolitique (Fausto-Sterling, 1985; Gould, 1981; Hubbard, 1990). Il n'est donc pas surprenant que la perspective béhavioriste attire les défenseurs de l'égalitarisme et du changement social. Il n'est pas étonnant non plus que les gens souhaitant vivre dans un monde libéré de préjugés et de stéréotypes sexuels trouvent un certain réconfort dans la malléabilité de la nature humaine et dans la possibilité qu'aurait l'individu de désapprendre ce qu'il a appris.

Revenons à la question complexe de la socialisation sexuelle abordée au début de ce chapitre, c'est-à-dire le processus par lequel les garçons et les filles apprennent les traits, les attitudes et les comportements jugés appropriés selon le sexe par la société. Les psychologues féministes et les adeptes de la perspective biologique s'affrontent souvent sur ce sujet.

Certains psychologues, notamment les psychologues féministes, pensent que presque toutes les différences entre les sexes sont en fait apprises, qu'il s'agisse de la préférence pour certains jouets, des comportements agressifs ou de l'intérêt pour les mathématiques. Ces psychologues affirment qu'aucun gène ne détermine si tel individu deviendra médecin (en Russie, les femmes sont plus nombreuses que les hommes dans cette profession) ou portera une jupe (en Écosse, les hommes en portent à l'occasion de certaines cérémonies). Autre fait intéressant, il semble que les parents et les enseignants qui croient se comporter pareillement avec les garçons et les filles ont tendance à renforcer et à punir, sans en être conscients, certaines conduites qu'ils associent à l'un ou à l'autre sexe. Les psychologues féministes émettent l'hypothèse que la plupart des différences entre les sexes s'atténueront et finiront par disparaître si l'on élimine les images sexistes des livres, de la télévision et de la musique populaire, si l'on montre aux parents et aux enseignants comment reconnaître et supprimer les pratiques favorisant les stéréotypes sexuels.

Est-ce « un » policier ? Les béhavioristes étudient les facteurs qui influent, parfois de façon subtile, sur l'apprentissage des rôles sexuels. Ils ont découvert par exemple que l'utilisation de titres uniquement masculins laisse entendre que certaines professions sont réservées aux hommes.

Les adeptes de la perspective biologique pensent au contraire que certaines différences entre les sexes sont liées aux hormones, aux gènes et à la latéralisation du cerveau. Selon ces psychologues, les parents et les adultes en général ne font que refléter les différences liées au sexe, ils ne les causent pas. Des études montrent que les filles ayant reçu des androgènes (hormones mâles) au stade fœtal ont par la suite manifesté plus que les autres filles une préférence pour les jouets traditionnellement destinés aux garçons, comme les automobiles, les voitures de pompiers et les jeux de construction (Berenbaum et Hines, 1992). Ces résultats, conjugués à l'observation que les parents ne traitent pas leurs enfants différemment suivant le sexe, amènent les psychologues adeptes de la perspective biologique à affirmer qu'un « substrat biologique détermine les préférences pour des jouets et des jeux » (Lytton et Romney, 1991). C'est ainsi que le débat sur l'origine des différences sexuelles se poursuit, les uns favorisant les forces de l'apprentissage et les autres, les forces biologiques.

3 L'application simpliste des principes et des techniques d'apprentissage

Compte tenu de la complexité des facteurs qui influent sur l'individu tout le long de sa vie, les théoriciens de l'apprentissage social et cognitif nous mettent en garde contre le simplisme tant dans l'analyse du comportement que dans l'intervention. Il peut être tentant d'appliquer les principes de l'apprentissage aux problèmes qui surgissent dans la salle de classe, au travail ou à la maison en s'en remettant à une

sorte de béhaviorisme populaire et simpliste. En la matière, Alfie Kohn (1993) fait observer que le chantage et les menaces sont la règle : « Si tu fais ceci, je te donnerai cela. » Il déplore que les lieux de travail aux États-Unis soient devenus d'« énormes boîtes de Skinner dotées de terrains de stationnement », des endroits où des programmes d'incitation au travail simplistes et fondés sur la compétition ont remplacé les principes de gestion responsable. C'est un peu comme considérer que la carotte et le bâton constituent la seule approche pour motiver un individu.

Cette attitude, selon Kohn, peut avoir des répercussions néfastes. Les enfants apprennent à craindre les enseignants ou à dépendre d'eux et les travailleurs éprouvent des sentiments analogues envers leur employeur. Lorsqu'une personne se préoccupe de savoir *comment elle peut s'en tirer*, elle ne peut pas se concentrer entièrement sur *ce qu'elle fait*. L'individu a tellement peur d'échouer qu'il refuse de courir des risques. Si on limite le nombre de « A » dans un cours ou le nombre d'« employés du mois » dans une entreprise, les individus se méfient les uns des autres, ils se découragent lorsqu'ils ont le sentiment de ne pas être le vainqueur et ils refusent de coopérer. Personne ne prend le temps d'analyser la situation pour déterminer la ou les causes de la performance médiocre ni ne s'interroge sur le bien-fondé du renforcement de tel ou tel comportement.

Skinner s'opposait au béhaviorisme populaire tout autant que Kohn. Il n'a jamais prôné l'utilisation de renforçateurs extrinsèques, qui ne sont en fait que du chantage déguisé. Au contraire, Skinner (1987) a déploré que de nombreuses personnes s'ennuient et se sentent déprimées parce que leur vie est fondée surtout sur le plaisir de consommer des renforçateurs extrinsèques au détriment d'une vie plus active et tournée vers la satisfaction intrinsèque. En dépit de toutes ces limites, les béhavioristes croient que la société irait mieux si elle tirait davantage parti des principes de l'apprentissage.

Qu'avez-vous appris ?

RÉPONSES, p. 212

1. Patrice et Patricia apprennent à skier. À chaque chute, Patricia s'exclame : « Je n'ai jamais été aussi humiliée, tout le monde doit penser que je suis une empotée ! » De son côté, Patrice s'emporte : « &*!!¥@&$@ ! Je vais montrer à ces skis de quel bois je me chauffe ! » Pourquoi Patricia est-elle plus susceptible d'abandonner que Patrice ?

   a) Elle est empotée.
   b) Elle a moins d'habileté pour le ski que Patrice.
   c) Elle met l'accent sur la performance.
   d) Elle met l'accent sur l'apprentissage.

2. Supposons que vous soyez professeur de psychologie. En vous inspirant des principes du béhaviorisme, que pourriez-vous faire pour favoriser la réussite, la compétence, l'efficacité personnelle et la motivation intrinsèque de vos élèves par rapport à l'apprentissage ?

RÉSUMÉ

1 Même durant l'âge d'or du béhaviorisme, un certain nombre de ses adeptes se sont insurgés contre la toute-puissance des principes du conditionnement pour expliquer le comportement humain. Leur insatisfaction a donné naissance à plusieurs théories, entre autres les *théories de l'apprentissage social et cognitif*, qui expliquent le comportement en mettant l'accent sur les processus cognitifs.

2 Pour expliquer le comportement, le béhaviorisme social et cognitif postule l'existence de nombreux processus cognitifs, c'est-à-dire des processus inférés, non directement observables et agissant comme médiateurs entre l'environnement et le comportement. Cet intérêt pour les processus cognitifs a entraîné l'élaboration de nombreux concepts: l'apprentissage par observation, l'apprentissage latent, le lieu de contrôle interne ou externe, l'autoréalisation de la prophétie et l'efficacité personnelle.

3 L'*apprentissage par observation* consiste à apprendre en observant ce que font les autres et les conséquences de leurs actions. L'apprenant reproduit parfois les comportements d'autrui peu de temps après les avoir observés, mais l'apprentissage peut demeurer latent jusqu'à ce que les circonstances permettent ou exigent sa mise en application. L'apprentissage par observation repose sur l'existence de quatre processus cognitifs: l'attention, la rétention, la reproduction motrice et la motivation. L'*attention* est un filtre qui sert à trier ou à sélectionner les caractéristiques essentielles du modèle. La *rétention* permet de traduire en mots ou en images les comportements du modèle et à stocker ces données jusqu'à ce que l'individu puisse reproduire ces comportements. La *reproduction motrice* traduit en comportements les images et les mots stockés en mémoire, ce qui permet à l'individu de corriger ses comportements en fonction de ceux du modèle. La *motivation* pousse ou incite l'individu à agir comme le modèle. Bandura distingue trois formes de motivation: extrinsèque, intrinsèque et vicariante.

4 C'est en étudiant le comportement de rats dans des labyrinthes que le béhavioriste Edward Tolman a montré l'existence de l'*apprentissage latent*, soit un apprentissage qui ne s'exprime pas immédiatement sous forme de comportement. Tolman en est venu à la conclusion que le contenu de l'apprentissage n'est pas une conduite, mais une *carte cognitive*. D'après les théories de l'apprentissage social et cognitif, l'objet de l'apprentissage par observation ou de l'apprentissage latent n'est pas une conduite, mais un savoir sur des comportements et sur leurs conséquences. Les différences individuelles dans les perceptions et les interprétations contribuent à expliquer les différences de résultats dans l'apprentissage par observation.

5 Contrairement aux béhavioristes traditionnels, les partisans du béhaviorisme social et cognitif soutiennent que les habitudes et les croyances acquises peuvent avoir des conséquences sur le comportement et même supplanter les effets des renforçateurs et des punitions extrinsèques. Ainsi, la *motivation* de l'individu dépend non seulement de ses expériences de renforcement, mais aussi des croyances qu'il a intériorisées et qui exercent une influence propre et déterminante sur son comportement.

6 Le concept de *lieu de contrôle interne ou externe* désigne la croyance générale qu'a une personne de maîtriser ou non les résultats (renforcement ou punition) de ses actions. Les personnes pour qui le contrôle est interne ont tendance à croire qu'elles sont responsables de ce qui leur arrive; celles pour qui le contrôle est externe ont tendance à croire qu'elles sont victimes du hasard, du destin ou d'autrui. Le caractère interne ou externe du contrôle dépend du statut social et des expériences de l'individu, et il est susceptible de motiver ce dernier à vouloir changer la société. Les attentes généralisées à l'égard du contrôle peuvent aussi donner naissance au phénomène de l'*autoréalisation de la prophétie*: une personne qui a des attentes précises par rapport à un résultat agit souvent de façon que sa prédiction se réalise.

7 L'*efficacité personnelle* est la conviction qu'a une personne de posséder les capacités nécessaires pour atteindre ses objectifs. Selon Bandura, la croyance en l'efficacité personnelle provient des expériences personnelles de réussites et d'échecs, de l'observation de modèles compétents, des encouragements et des efforts de persuasion des autres, ainsi que de ses propres jugements sur son état physiologique. Une personne qui a un fort sentiment d'efficacité personnelle cherche à tirer une leçon de ses erreurs et de ses échecs, alors qu'une personne dont le sentiment d'efficacité personnelle est faible interprète l'échec comme un désastre.

8 De nombreux béhavioristes considèrent que les systèmes d'éducation nord-américains n'ont pas su appliquer correctement ni efficacement les principes béhavioristes. De nombreux programmes visant à accroître l'estime de soi chez les élèves ne tiennent compte en général ni des principes béhavioristes (on n'associe pas systématiquement les compliments à la réussite) ni des principes de l'apprentissage social et cognitif (les enseignants et les administrateurs ne reconnaissant pas l'importance d'inculquer aux élèves la notion d'efficacité personnelle).

9 La modification du comportement est l'un des domaines qui a le plus bénéficié des découvertes béhavioristes. Les thérapeutes béhavioristes utilisent, dans leurs interventions auprès de clients, l'observation comportementale et le contrat, la désensibilisation systématique, le conditionnement aversif, les traitements par immersion ou par exposition et l'apprentissage de nouvelles habiletés.

10 Les recherches effectuées par les béhavioristes comptent parmi les plus fiables en psychologie, et la compréhension des principes de l'apprentissage mène à des applications nombreuses et utiles. Les principales contributions de la perspective béhavioriste sont les suivantes: la reconnaissance des influences quotidiennes entre les individus, qu'ils en soient ou non conscients; la compréhension du fait que nommer un comportement n'est pas suffisant pour l'expliquer; et les multiples applications pratiques (accroissement du sentiment d'efficacité personnelle, détermination d'objectifs personnels, amélioration de ses habitudes de vie).

11 De nombreux facteurs influent considérablement sur le comportement: les renforcements, les punitions, l'apprentissage par observation, les valeurs, les attentes et la croyance en l'efficacité personnelle. Pour un chercheur béhavioriste, c'est un problème difficile à résoudre. Les principales limites de la perspective béhavioriste sont les suivantes: la réduction du comportement aux influences environnementales; l'erreur de croire qu'un comportement appris est facilement modifiable; et l'application simpliste des principes et des techniques d'apprentissage.

Les psychologues de la perspective humaniste s'intéressent à l'expérience subjective de la personne et à sa tendance naturelle à s'épanouir.

La perspective humaniste

Votre voisin est un psychologue qui exerce sa profession à domicile. Un jour, vous constatez que vous pouvez entendre clairement les confidences de ses clients quand les fenêtres sont ouvertes. Vous entendez d'abord une femme parler de son père. Ensuite, un homme sanglote en se remémorant sa « première blonde ».

Le client : ... ses parents vivaient de l'aide sociale... Alors moi, vous comprenez...

Le psychologue : Mais pas les vôtres...

Le client : Non, absolument pas. Mon père est médecin et ma mère, infirmière. Remarquez, ce n'était pas toujours rose chez moi. Pour vous dire, réussir sa vie dans ma famille, ça voulait dire faire carrière, être reconnu, avoir un bon salaire. Sinon... Vous voyez le problème ?

Le psychologue : Alors, Maude n'était pas une fille pour vous ?

Le client : Oui, c'est ça... Enfin, pas tout à fait... Je veux dire, elle était plus vieille que moi... Ça, c'était un problème... Mais moi, je l'aimais vraiment... J'étais bien avec elle... En même temps, je me sentais mal à l'aise parce que je n'étais pas comme elle. Mais je refusais de l'admettre, vous comprenez ?

Le psychologue : Pourquoi ressentiez-vous un malaise ?

Le client : Je ne sais pas, c'est difficile à dire... Au début, j'ai cru que c'était à cause de mes parents. J'étais convaincu que mon père serait déçu de moi. Que ma mère le serait aussi. Moi, je voulais qu'ils soient fiers de leur fils...

Le psychologue : Et maintenant, Harold, qu'en pensez-vous ?

Le client : Maintenant, j'ai changé. Enfin, je crois... Quand j'étais jeune, je rêvais de sortir avec des filles de milieux aisés, en tout cas pas une fille comme Maude. Parce que moi, j'avais fait des études, je méritais de rencontrer une fille comme moi, si je peux dire...

Le psychologue : Mais, comme vous l'avez dit, vous avez changé... Ça n'a pas dû être facile avec vos parents... Je me mets à votre place...

Le client : C'est vrai, mais je ne me vois plus du tout comme ça. Je veux dire, pour moi, ce n'est pas nécessairement les études ou l'argent qui rendent une personne plus intéressante. Mon père pense peut-être encore comme ça, mais moi j'ai changé, je n'ai plus besoin de ça...

Le psychologue : Et si, aujourd'hui, vous aviez la chance de rencontrer à nouveau Maude...

Le client : Je pense que je ne me sentirais plus mal à l'aise avec elle... C'est triste à dire, parce que, maintenant, il est trop tard...

Le lendemain, une amie à qui vous rapportez ces propos s'exclame : « Ce psy est un humaniste, j'en suis certaine. » « Un quoi ? » demandez-vous. « Un humaniste, répond-elle, un psychologue qui s'intéresse au vécu de ses patients. » Qu'est-ce qu'un humaniste ? En quoi se distingue-t-il de ses confrères neuropsychologues, psychanalystes ou béhavioristes ? Nous allons répondre à ces questions dans ce chapitre.

Le thérapeute humaniste s'efforce de bien comprendre le vécu de ses clients.

CHAPITRE 8

Le soi et la motivation
à l'autoactualisation

Il n'est pas simple de définir l'humanisme[1] en psychologie. Contrairement à la psychanalyse et à la psychologie cognitive européennes, qui se sont développées autour des idées de grands penseurs comme Freud ou Piaget, l'humanisme ne repose sur aucune grande théorie, aucune vision globale et unifiée de l'être humain (Lundin, 1985). L'humanisme ne possède pas non plus de méthodes ou de techniques thérapeutiques aussi systématiques que le béhaviorisme ou la psychanalyse (Schultz et Schultz, 1992). Alors, qu'est-ce que l'humanisme ?

Bien qu'il ne soit apparu que dans la seconde moitié du XIXe siècle (Margolin, 1996), le terme « humanisme » désigne de nos jours aussi bien la pensée des philosophes grecs de l'Antiquité, tels Socrate et Platon, que l'approche des libres penseurs du siècle des Lumières, tel Rousseau (Brennan, 1982). Il rend compte également des idées de certains scientifiques ou écrivains modernes – Jean Rostand, Albert Jacquard, Albert Camus et Bertrand Russell, pour ne nommer que ceux-là. Ce terme fait aussi référence à des doctrines philosophiques, comme l'existentialisme de Sartre et la phénoménologie de Merleau-Ponty, avec lesquelles on le confond d'ailleurs parfois (Mounier, 1962). Enfin, il désigne une perspective en psychologie qui compte dans ses rangs des psychologues de grande renommée, tels Abraham Maslow, Carl Rogers et Rollo May.

La perspective humaniste regroupe donc des penseurs de domaines divers autour de l'idée centrale que l'être humain constitue la valeur suprême de toute chose (Huber, 1977 ; Leahey, 1987). Pour les humanistes, la condition humaine doit être placée au-dessus de tout, car « il n'est rien qui soit plus important que la liberté de disposer de sa propre vie, de se réaliser pleinement » (Rogers, 1961). La promotion de cette liberté est au cœur de la doctrine humaniste ; c'est pourquoi, chez plusieurs de ses adeptes, le discours philosophique se double d'un projet politique dont le but ultime est de libérer l'individu des nombreuses servitudes qui, au fil de l'histoire, l'ont aliéné ou fait souffrir – l'esclavage, l'ignorance, la religion, le grand capital, etc. (Margolin, 1996).

Ce n'est pas un hasard si cette notion de liberté et d'épanouissement a particulièrement séduit des psychologues au cours des années 1950 et 1960. Nombre d'entre eux s'opposaient alors ouvertement à la conception déterministe défendue par les deux grandes perspectives dominantes de l'époque, la psychanalyse et le béhaviorisme (Lundin, 1985 ; Shaffer, 1978). Pour les humanistes, en effet, l'être humain n'est pas un animal mû par de simples pulsions ou par des stimuli, mais un être libre et conscient de ses choix (Maslow, 1972). C'est

---

1. Les termes « phénoménologie » et « existentialisme » sont souvent utilisés comme synonymes d'humanisme. Notons toutefois l'existence d'une école de pensée strictement phénoménologique en psychologie (Giorgi, 1971 ; Thinès, 1980) qui, malgré son partage avec l'humanisme d'une préoccupation pour l'expérience individuelle, s'en distingue par une approche méthodologique plus unifiée et rigoureuse (Bachelor et Joshi, 1986).

donc contre la vision d'un être programmé et sans maîtrise de son destin que se sont élevés les premiers psychologues humanistes (May, 1971).

Dans ce chapitre, nous utilisons le terme « humaniste » pour désigner les psychologues qui ont marqué leur dissidence envers le déterminisme en cherchant une voie nouvelle entre le béhaviorisme et la psychanalyse : « Des penseurs de tous les horizons qui ont cherché à mieux comprendre l'expérience humaine » (May, 1971).

Au fil des sections, nous examinerons le sens de cette « troisième voie », nous nous pencherons sur les théories des deux principaux chefs de file de cette perspective, soit Abraham Maslow et Carl Rogers. Enfin, nous évaluerons l'apport de la perspective humaniste en psychologie et nous présenterons quelques-unes des critiques qu'elle suscite.

LES PRINCIPES DE BASE DE LA PERSPECTIVE HUMANISTE

À l'instar de la perspective psychodynamique, la perspective humaniste propose une conception de l'être humain basée davantage sur l'expérience et les observations cliniques que sur la recherche scientifique proprement dite. Pour May (1971), l'humanisme constitue en fait un point de vue destiné à aborder et à traiter les problèmes humains plutôt qu'un système théorique élaboré autour d'un concept central, tel que l'inconscient des psychanalystes ou le comportement des béhavioristes. Cependant, ce point de vue se caractérise par un certain nombre de propositions qui, sans faire l'unanimité des humanistes, semblent partagées par un grand nombre d'entre eux. Examinons ces propositions[2].

1 **L'objet d'étude.** L'objet d'étude de l'humanisme est l'expérience subjective humaine.

2 **Les méthodes.** Pour les psychologues humanistes, les méthodes scientifiques dites objectives ou expérimentales ne permettent pas de saisir toute la profondeur et la complexité de l'expérience subjective humaine. Seules les méthodes subjectives et non directives, comme l'introspection et l'empathie, sont en mesure d'y parvenir.

3 **Le but.** Le but des psychologues humanistes est plus thérapeutique que scientifique, puisqu'il consiste à comprendre l'expérience humaine afin de favoriser chez les patients l'estime de soi et la réalisation de soi.

4 **Les grandes idées.** L'humanisme repose essentiellement sur deux grandes idées. D'une part, les humanistes pensent que l'individu n'est pas entièrement soumis au déterminisme de l'inconscient ni à celui de l'environnement social et physique : il dispose d'une volonté, c'est-à-dire de la possibilité de faire des choix et d'agir en toute liberté. D'autre part, les humanistes ont une vision optimiste de la nature humaine : selon eux, les êtres humains en tant qu'espèce auraient une propension naturelle à réaliser pleinement leur potentiel.

La plupart des psychologues qui se réclament de l'humanisme approuveraient certainement l'ensemble de ces propositions, qui distinguent cette perspective des autres. Voyons en détail de quoi il retourne.

---

2. Notre présentation s'inspire de la méthode d'analyse de Jean Bélanger (1978).

L'objet d'étude

Comme nous l'avons vu dans les chapitres précédents et comme nous le verrons dans les deux chapitres suivants (qui portent sur la perspective cognitive), chaque perspective s'appuie sur sa propre définition de l'objet d'étude de la psychologie. Ainsi, pour les neuropsychologues, l'objet d'étude de la psychologie porte sur les composantes et les fonctions du cerveau. Pour les psychanalystes, la psychologie vise à saisir les forces inconscientes qui régissent le développement de la personne. Pour les béhavioristes, la psychologie étudie le comportement et ses divers mécanismes de conditionnement. Pour les humanistes, la psychologie doit avant tout permettre de comprendre l'**expérience** humaine.

Qu'est-ce que l'expérience? Si le terme possède plusieurs acceptions, un grand nombre d'auteurs l'utilisent pour désigner l'aspect *subjectif* d'un comportement ou d'un événement (Plante, 2005). En effet, ce qui importe aux yeux des humanistes, ce n'est pas tant ce que fait l'individu (réalité objective, vue de l'extérieur) que ce qu'il pense ou ressent au moment d'agir ou après (réalité subjective, vue de l'intérieur). Prenons l'exemple d'un parachutiste. Les humanistes vont s'intéresser non pas à ses comportements ou à ses apprentissages – plier le parachute, prendre l'avion, sauter dans le vide et atterrir sain et sauf –, mais plutôt à son **vécu** – ce qu'il a ressenti et pensé au moment d'accomplir toutes ces choses. Ce vécu est composé d'émotions (peur ou plaisir intense devant le vide) et de pensées plus ou moins claires («Je vole, c'est génial!», «Je pourrais m'écraser au sol, mourir.»). Selon le cas, l'expérience sera donc simplement ressentie (niveau de conscience nul ou faible – expérience brute) ou saisie dans toute sa complexité (niveau de conscience élevé – expérience consciente).

En plus d'être subjective, l'expérience est aussi *unique*, ce qui la distingue du comportement, selon les humanistes. En effet, s'il est possible d'exécuter plusieurs fois la même action (sauter en parachute), l'expérience qui en découle sera chaque fois vécue d'une façon différente. Par ailleurs, l'expérience est *inobservable*; certes, il est possible d'observer un individu qui se lance dans le vide, mais il est impossible de décrire son vécu, ce qu'il ressent et pense à ce moment précis. Pour les humanistes, le vécu est, par définition, inobservable. Cette «inobservabilité» n'est pas de nature technique. Le vécu n'est pas une étoile lointaine ni un minuscule atome qu'on pourra un jour décrire à l'aide de nouveaux outils d'observation. En effet, pour les humanistes, aucun microscope, aucune grille d'observation ne pourra jamais permettre de saisir l'expérience humaine, car celle-ci, par sa nature même, est un phénomène *mental* et non un phénomène physique, comme le sont une pierre, un comportement, un cerveau ou une galaxie. Et même si l'on peut affirmer qu'elle se situe quelque part dans le cerveau, l'expérience ne peut être réduite à un réseau de neurones ni à un répertoire de comportements plus ou moins complexes.

Par ailleurs, l'expérience n'est accessible qu'à l'individu: ce dernier a un *accès privilégié* au contenu de sa conscience: «Lui seul peut nous dire ce qui s'y passe et tout ce qu'il nous en dira sera authentique.» (Maslow, 1971) Cette capacité à scruter sa propre expérience varie, bien sûr, d'une personne à l'autre et peut se raffiner avec le temps et la mise en pratique de techniques. Parvenir à mieux décrire les multiples facettes de cette expérience constitue d'ailleurs un objectif de la thérapie humaniste (Maslow, 1987; Schneider *et al.*, 2001).

Enfin, l'individu peut appréhender directement l'expérience: il a un *accès direct* à son contenu, il n'a pas besoin de ses sens ni d'un outil quelconque pour y accéder. C'est pour cette raison qu'on dit des humanistes qu'ils proposent une vision phénoménologique de l'être humain. Le terme «phénoménologie» est emprunté à la philosophie et peut être défini comme l'étude des données immédiates de la conscience, de ce qui est directement accessible à l'individu (Thinès et Lempereur, 1984). Précisons toutefois que nous n'avons pas un accès direct à toutes les parties de notre corps. En effet, il faut nous en remettre à un appareillage électronique pour décrire l'état de notre cerveau (tumeur, maladie dégénérative, etc.), et nous avons besoin de nos yeux et de nos mains (sens) pour décrire notre visage.

> **Expérience**
>
> Tout ce que l'individu ressent ou pense par rapport à un événement. Pour Rogers, ce qui se passe dans l'organisme et qui peut devenir conscient.

> **Vécu**
>
> Ensemble des expériences conscientes et inconscientes d'un individu.

Ce qui importe aux humanistes, ce n'est pas ce que fait objectivement cette personne, mais ce qu'elle pense ou ressent, c'est-à-dire sa réalité subjective.

C'est pourquoi les humanistes parlent des **caractéristiques de l'expérience :**

1. Elle est subjective.
2. Elle est unique.
3. Elle est inobservable.
4. Elle est mentale – elle ne peut être réduite à des comportements, à un réseau de neurones ni à tout autre substrat biologique.
5. Elle n'est accessible qu'à l'individu (accès privilégié).
6. Elle est directement accessible à l'individu grâce à sa conscience (accès direct).

Les humanistes considèrent donc que ce qui est fondamentalement important et intéressant chez l'être humain, c'est son monde subjectif, phénoménologique, dont dépendent essentiellement ses perceptions et son comportement.

Les méthodes

Les perspectives en psychologie se distinguent non seulement par leur objet d'étude, mais aussi par leurs méthodes. Les neuropsychologues ont recours à des tests ou à des appareils qui permettent de mesurer l'activité du système nerveux et son influence sur le comportement. Les psychanalystes cherchent à connaître la personne en interprétant ses gestes et ses paroles de façon à en découvrir la signification inconsciente et cachée. Les béhavioristes visent à mettre en évidence les facteurs qui régissent le comportement en manipulant expérimentalement ou en observant certaines variables de l'environnement physique et social. Quant aux humanistes, ils mettent l'accent sur des méthodes qui leur permettent, d'abord et avant tout, de mieux comprendre le vécu de leurs patients.

Les humanistes ont élaboré des méthodes qui se démarquent de celles traditionnelles de la science. Selon eux, la méthode expérimentale et l'observation ne peuvent rendre compte de la nature particulière de l'expérience humaine. En effet, pour les humanistes, l'expérience subjective est, par définition, un phénomène mental, donc immatériel et inobservable ; il s'ensuit que les méthodes objectives traditionnelles (voir le chapitre 2) s'avèrent inadéquates pour décrire cette expérience.

Les humanistes reprochent également aux méthodes scientifiques leur caractère réducteur. D'après eux, en décomposant l'être humain en divers phénomènes (pulsions, comportements, systèmes biologiques), la plupart des psychologues perdent de vue la richesse et la profondeur de l'expérience humaine. Les humanistes ne contestent pas l'existence de ces phénomènes ; l'être humain a effectivement des pulsions et une capacité d'apprentissage, mais il ne se réduit pas à cela : il a aussi des désirs, des sentiments, des idées, des ambitions et des doutes, autant d'aspects qu'il faut prendre en considération pour comprendre l'expérience humaine. En fait, les humanistes opposent à l'approche analytique des sciences traditionnelles une approche qui consiste à étudier l'être humain de façon globale, comme un tout intégré. C'est dans cet esprit qu'ils ont repris à leur compte les méthodes subjectives élaborées avant eux par les philosophes, les structuralistes et les psychanalystes pour étudier l'inconscient et l'expérience consciente, soit l'introspection et l'empathie.

Pour les humanistes, certaines dimensions de l'expérience subjective vécue par cette jeune mère ne peuvent être étudiées adéquatement par les méthodes objectives traditionnelles de la science.

Il faut distinguer l'introspection de l'empathie. L'introspection est une méthode descriptive que le sujet utilise pour observer ses états internes (voir le chapitre 1). Elle consiste à décrire le contenu de la conscience et de la mémoire, et on l'utilise aussi bien en thérapie qu'en recherche (Shaffer, 1978). Ainsi, vous faites de l'introspection lorsque vous fouillez dans vos souvenirs pour décrire ce que vous avez ressenti la première fois que vous avez pris l'avion (appréhension, peur, surprise, etc.). Wundt fut le premier psychologue à appliquer cette méthode dans un cadre expérimental. Freud l'utilisait avec l'association libre pour faire accéder ses patients à leur inconscient. L'**empathie**, quant à elle, est une méthode thérapeutique employée par le psychologue humaniste pour comprendre le point de vue de son client. Rogers a raffiné cette méthode en un mode original de connaissance qu'il a appelé *connaissance phénoménologique-interpersonnelle*, c'est-à-dire la compréhension de la réalité subjective d'une autre personne au moyen de l'empathie (Rogers, 1963). Voyons en quoi consiste cette méthode.

Empathie
Méthode thérapeutique par laquelle le thérapeute tente de comprendre les pensées, les sentiments et les comportements de son client à l'aide du cadre de référence de ce dernier.

En thérapie, faire preuve d'empathie envers quelqu'un ne signifie pas être gentil avec lui, mais plutôt tenter de comprendre ses sentiments, son point de vue, autrement dit voir le monde à travers ses yeux. C'est pourquoi cette méthode est subjective. Pour connaître une personne grâce à l'empathie, il faut donc se mettre à sa place afin de partager, au moins partiellement et momentanément, ses expériences, ce que Rogers appellerait son *cadre de référence interne*.

Imaginons le cas suivant: un thérapeute athée (qui ne croit en aucun dieu ni en aucune autre force suprême) reçoit les confidences d'une patiente très croyante qui attache une grande importance à la pratique religieuse. La séance va bon train. Depuis quelques minutes, la cliente décrit le conflit l'opposant à son mari qui, bien que croyant, n'assiste pas régulièrement aux offices religieux. Dans le cadre de référence interne de la cliente, il s'agit là d'un problème grave: son mari néglige une chose fondamentale. Le thérapeute n'étant pas croyant, il est possible que cette question soit pour lui tout à fait dénuée d'intérêt. S'il adopte un point de vue uniquement basé sur son propre cadre de référence – externe par rapport à celui de sa cliente –, il sera peut-être tenté de minimiser ce problème. Ainsi, il pourra dire à sa cliente que la conduite de son mari n'est pas grave, que de plus en plus de gens se détournent de la religion et qu'elle devrait tout bonnement cesser de s'en préoccuper. Or, selon les humanistes, pour vraiment comprendre le problème de sa cliente et être en mesure de l'aider, il faudrait que le thérapeute adopte son cadre de référence interne, qu'il tente de voir les choses à travers son regard de femme mariée, croyante et pratiquante, et non comme un homme, psychologue et athée. Pour y arriver, il pourrait imaginer comment il se sentirait ou réagirait si sa conjointe faisait preuve de négligence à l'égard d'une chose qui lui tient particulièrement à cœur.

Les thérapeutes ne sont pas les seuls à faire preuve d'empathie. Par exemple, cette jeune femme tente de comprendre ce que vit son ami en tenant compte de son cadre de référence.

C'est dans ce contexte que se construit la connaissance phénoménologique-interpersonnelle d'un problème. L'empathie est donc une méthode thérapeutique privilégiée pour comprendre ou étudier de manière subjective l'expérience du client.

Le but

L'humanisme en psychologie est indissociable de la pratique, c'est-à-dire de la thérapie. En effet, avant d'être chercheurs ou scientifiques, la plupart des humanistes sont cliniciens ou intervenants. À ce titre, ils recourent à l'introspection, à l'empathie et à bien d'autres méthodes thérapeutiques afin d'améliorer l'état de santé de leurs clients et de les aider à mieux vivre (May, 1971). Ce qui intéresse l'humaniste, c'est la personne, non la description et l'explication objectives et scientifiques de son mal. Si ces méthodes contribuent par ailleurs au développement des connaissances scientifiques, à une meilleure compréhension de l'être humain en tant que groupe ou espèce, tant mieux! Les psychologues humanistes ne refusent pas un tel bienfait, mais le savoir scientifique n'est pas leur but premier.

Les humanistes ne sont pas les seuls psychologues à se soucier du bien-être de leurs clients. En quoi se distinguent-ils des autres cliniciens? Pour Reid (1987), la thérapie humaniste présente plusieurs particularités.

Premièrement, les humanistes ont des objectifs thérapeutiques bien différents de ceux de leurs confrères béhavioristes et psychanalystes. Ainsi, plutôt que de tenter de modifier les comportements ou de dénouer les conflits intrapsychiques de leurs clients, les humanistes cherchent à favoriser leur réalisation et leur estime de soi. Ils ne nient pas l'intérêt des objectifs de leurs

Les thérapies non directives en groupe sont aussi utilisées. Ici, Carl Rogers (à l'extrême droite) anime une discussion de groupe.

confrères, mais ils croient que pour «guérir», le client doit prendre conscience de son potentiel et de sa véritable nature. Cette prise de conscience est indissociable du traitement (Shaffer, 1978). Nous traiterons de ces deux objectifs un peu plus loin.

Deuxièmement, comme ils considèrent que les méthodes sont subordonnées aux objectifs, les humanistes ont systématiquement recours à l'empathie, ce qui n'est pas le cas des béhavioristes et des psychanalystes.

Troisièmement, les humanistes se distinguent de leurs confrères par la nature des relations qu'ils entretiennent avec leurs clients. Pour un béhavioriste ou un psychanalyste, c'est au thérapeute que revient la responsabilité de chercher les solutions aux problèmes du patient, c'est donc lui qui dirige la thérapie, qui sait ce qui est bon pour son client. Pour un humaniste, au contraire, le client n'est pas véritablement un patient, car il possède des solutions personnelles à ses propres problèmes. Dans ce contexte, le travail du thérapeute consiste à créer les conditions thérapeutiques (empathie, écoute, authenticité, chaleur, etc.) propices à l'émergence de ces solutions. Par opposition aux méthodes directives des psychanalystes et des béhavioristes, ces conditions sont appelées **techniques thérapeutiques non directives**. Le thérapeute humaniste agit donc plus comme une personne-ressource ou un accompagnateur que comme un expert (Hergenhahn, 1990).

Bref, nous pouvons dire que le but premier des psychologues humanistes est thérapeutique. Leur travail consiste à établir, à l'aide de l'empathie et de l'introspection, une relation ou un climat favorable au développement de l'auto-actualisation et de l'estime de soi de leurs clients.

> **Techniques thérapeutiques non directives**
> Ensemble des techniques thérapeutiques utilisées par les humanistes. Ces techniques sont dites non directives parce qu'elles ne mènent pas à la solution du thérapeute, mais plutôt à celle du client. Exemples: empathie, clarification, reformulation et reflet.

Qu'avez-vous appris ?

RÉPONSES, p. 244

1. Quelles sont les six caractéristiques de l'expérience humaine selon les humanistes ?

2. Que reprochent les humanistes aux méthodes objectives ?

3. Quel est le but des psychologues humanistes ?

LES GRANDES IDÉES

Comme nous l'avons vu plus haut, la perspective humaniste regroupe des penseurs d'horizons divers qui partagent deux idées essentielles : le libre arbitre opposé au déterminisme et une conception optimiste de la nature humaine.

Le libre arbitre opposé au déterminisme

Depuis des siècles, les philosophes s'interrogent sur les causes du comportement de l'être humain. Notre façon d'agir est-elle entièrement déterminée par un réseau de causes ou bien dépend-elle, au moins en partie, de notre volonté? Les humanistes soutiennent que l'être humain dispose d'une liberté intérieure – le libre arbitre – qui l'affranchit de certaines contraintes intérieures et extérieures. À l'opposé, les autres grandes perspectives en psychologie reposent sur le principe du déterminisme.

Le **déterminisme** s'appuie sur deux postulats: (1) il n'y a pas d'effet sans cause; (2) les mêmes causes produisent toujours les mêmes effets. Examinons ces deux volets.

> **Déterminisme**
> Doctrine selon laquelle notre façon d'agir est entièrement déterminée par un réseau de causes préalables. Le déterminisme s'oppose au libre arbitre.

 IL N'Y A PAS D'EFFET SANS CAUSE. Selon le principe du déterminisme, tout événement est causé par un autre événement, lui-même causé par un autre, et ainsi de suite à l'infini. Par exemple, si une épaisse fumée envahit la maison de votre voisin, allez-vous penser qu'elle est apparue par hasard, sans raison aucune? Probablement pas. Vous penserez plutôt qu'un objet a pris feu et que sa combustion a provoqué de la fumée. La fumée est l'effet, le feu est la cause. Il est possible de supposer que tous les événements de l'univers, y compris les phénomènes humains, sont régis par ce principe. L'univers est ainsi conçu comme un vaste réseau de causes et d'effets, dans lequel chaque événement dépend de ceux qui l'ont précédé et influe sur ceux qui le suivront. Pour les tenants du déterminisme, ce principe ne souffre aucune exception. Il n'y a donc jamais d'effet sans cause ni de comportement sans cause interne ou externe.

2 **LES MÊMES CAUSES PRODUISENT TOUJOURS LES MÊMES EFFETS.** Selon ce postulat, les relations de cause à effet sont constantes : si nous réussissons à reproduire exactement la même combinaison de causes, nous obtiendrons toujours les mêmes effets. Par exemple, vous mettez de l'eau à bouillir dans une casserole ; au bout de 10 minutes, vous observez de la vapeur. La combinaison d'un certain nombre de causes – eau, chaleur supérieure à 100 °C, métal conducteur, etc. – a produit un effet précis : de la vapeur. Vous décidez de répéter exactement l'expérience : obtiendrez-vous nécessairement le même effet ou un effet différent ? La même combinaison de causes donnera-t-elle tantôt de la vapeur, tantôt de la glace, tantôt autre chose ? La plupart des gens soutiendront qu'il s'agira toujours de vapeur. Il est possible également de supposer que tous les événements de l'univers, y compris les phénomènes humains, sont régis par ce postulat : les mêmes causes produisent toujours les mêmes effets. Pour les tenants du déterminisme, ce raisonnement s'applique aussi bien aux objets inanimés (eau, chute des corps, mouvement des astres) qu'aux êtres vivants (votre poisson rouge, votre oncle, vous !). Si nous obtenons des effets différents, c'est que nous n'avons pas réussi à recréer exactement la même combinaison de causes et qu'au moins un facteur parmi les causes de la situation initiale est différent ou absent.

En 1989, sur la place Tiananmen, un Chinois fait face à une puissante force militaire lors du mouvement étudiant de protestation. Obéit-il à des forces inconscientes ou à certaines influences environnementales ? Pour les humanistes, cet homme illustre plutôt la quête de liberté et l'expression de la volonté qui caractérisent l'espèce humaine.

L'application du principe du déterminisme aux comportements humains implique, entre autres, que chacun de nos gestes est causé par quelque chose, que chacun de nos choix est déterminé par un ensemble de causes. Ces causes seraient elles-mêmes les effets d'autres causes, et ainsi de suite à l'infini. Par exemple, le fait que, ce matin, vous ayez décidé de boire du jus de pomme plutôt que du jus d'orange au petit déjeuner serait le produit de certaines causes, tout comme votre décision de faire des études collégiales en sciences humaines. Pour les psychologues, ces causes résident soit à l'intérieur de l'individu, dans son inconscient ou ses connaissances (théorie internaliste, comme la psychanalyse), soit à l'extérieur de l'individu, dans son environnement physique et social (théorie externaliste, comme le béhaviorisme). Quelle que soit la nature exacte de ces causes, elles agissent sur nous, que nous en soyons conscients ou pas.

Le libre arbitre en psychologie

Les humanistes ne rejettent pas totalement le principe du déterminisme. Ils acceptent généralement son application aux phénomènes naturels – comme dans les exemples ci-dessus – et même à des dimensions élémentaires du fonctionnement biologique humain, telles que les réflexes ou les réponses purement physiologiques (digestion, transpiration, etc.). La plupart des humanistes admettent également l'influence que l'inconscient, l'hérédité et même l'environnement exercent sur nos comportements. Cependant, ils considèrent que ces facteurs ne permettent ni d'expliquer ni de comprendre toutes les facettes de notre expérience (St-Arnaud, 1987). Pour eux, grâce à sa volonté et à sa conscience, l'être humain peut échapper en partie au déterminisme.

En effet, les humanistes soutiennent que l'être humain est doué d'un **libre arbitre** (et que l'espèce humaine est d'ailleurs la seule à posséder cette aptitude). C'est donc dire que certains des comportements humains résultent d'un choix, mais que ce choix n'est lui-même causé ou

Libre arbitre

Faculté propre à l'être humain de se soustraire volontairement aux déterminismes de nature interne (biologie et inconscient) et externe (environnement social). Le libre arbitre s'oppose au déterminisme.

déterminé par aucun autre facteur ou phénomène. Puisque ce choix (cet effet) est sans cause, les humanistes disent qu'il est libre et arbitraire ou, par opposition au déterminisme, qu'il est autodéterminé. Ainsi, le choix d'un jus de fruits, tout comme le choix d'un collège, peut être libre et arbitraire. En d'autres termes, se retrouvant dans la même situation, un individu pourra fort bien effectuer un choix différent – ce qui est contraire au principe du déterminisme.

Le libre arbitre et la responsabilité morale

L'existence du libre arbitre ne sous-entend pas pour autant que l'individu peut effectuer n'importe quel choix ou agir à sa guise. « Quand on veut, on peut » est une maxime qui caricature bien plus qu'elle ne décrit la position des humanistes. En fait, les humanistes pensent qu'il existe de nombreuses contraintes ou limites à notre volonté. Par exemple, au moment de vous inscrire au cégep, vous pouvez hésiter entre les sciences humaines et les sciences de la nature, dans la mesure où vous connaissez déjà l'existence de ces deux programmes, mais vous ne pourriez pas choisir un programme qui vous est inconnu et vous ne choisiriez probablement pas un programme que vous détestez. Par conséquent, si les connaissances ou les préférences déterminent un certain nombre de possibilités, c'est l'individu qui, en fin de compte, choisit parmi elles. Il fait usage de sa *volonté*, la faculté qui lui permet d'écarter certaines possibilités et d'effectuer des choix en tenant compte d'une série de contraintes biologiques, cognitives, inconscientes ou même environnementales. Ainsi, en parlant d'un client en médication, auparavant amorphe et de nouveau capable de faire preuve de volonté, un thérapeute humaniste pourrait dire qu'il a retrouvé sa capacité de choisir grâce à un judicieux dosage de lithium (contrainte biologique), capacité qui avait été inhibée par ses mécanismes de défense (contrainte inconsciente) ou d'évitement (contrainte environnementale) (St-Arnaud, 1987).

Ce détenu qui a décidé de se prendre en main et de chercher de l'aide pour redevenir un homme libre et un citoyen à part entière se distingue de nombreux autres prisonniers. Pour les humanistes, il exerce ainsi sa volonté par un choix libre pouvant lui permettre d'échapper aux déterminismes qui l'ont mené en prison.

En pratique, cela signifie que, quelle que soit sa portée, le libre arbitre implique la responsabilité morale. Si vous êtes libre de faire certains choix, vous êtes également responsable de leurs conséquences, bonnes ou mauvaises. Vous êtes donc, dans une certaine mesure, responsable de votre vie, car ce sont en partie vos choix passés qui ont fait de vous ce que vous êtes aujourd'hui. Pour les humanistes, l'individu a la capacité d'imprimer une direction à sa vie, de lui donner un sens. Dans l'exemple donné au début de ce chapitre, Harold avait choisi de rompre avec Maude quand il était jeune. Il avait certes subi l'influence de ses parents (contrainte environnementale), mais c'est lui-même qui a pris la décision, dira un thérapeute humaniste, et il a donc dû apprendre à vivre avec les conséquences douloureuses de ce choix.

Selon les psychologues humanistes, l'un des objectifs d'une thérapie est justement d'aider la personne à prendre conscience de sa liberté de choisir, des possibilités qui s'offrent à elle et de la responsabilité qu'elle doit assumer quant à son bonheur ou à son malheur, présents et futurs (Rogers, 1972 ; Schneider *et al.*, 2001).

Une conception optimiste de la nature humaine

La vision de la nature humaine qu'ont les humanistes est nettement plus positive et optimiste que celle de Freud. En effet, selon ce dernier, les pulsions fondamentales de l'être humain se répartissent en pulsions de vie (ou pulsions sexuelles) et en pulsions de mort (ou pulsions agressives). Ce sont donc des pulsions qui, à l'origine, sont asociales, sinon antisociales. La thèse de la pulsion de mort, en particulier, laisse entendre que l'être humain a un penchant inné pour la destruction des autres et de soi. En réaction à cette conception, les humanistes proposent une vision plus optimiste de la nature humaine, fondée sur l'hypothèse que l'être humain est fondamentalement bon et qu'il a une tendance innée à croître et à se réaliser.

Selon Rogers, si des tendances destructrices sont présentes chez beaucoup d'individus, c'est d'abord et avant tout parce qu'un environnement social inadéquat a inhibé l'harmonie de leur croissance psychologique. Les crimes, la violence et les guerres n'ont pas leur source dans la nature profonde de l'être humain, mais plutôt dans de mauvaises conditions sociales (Rogers, 1972). Maslow abonde dans le même sens. Pour lui, les individus ne sont pas naturellement agressifs ou frustrés; ils le deviennent par la force des choses, lorsqu'ils sont incapables de satisfaire adéquatement leurs besoins (Maslow, 1971). Selon Maslow, le pessimisme de Freud est attribuable à ses recherches cliniques, fondées essentiellement sur l'étude de patients souffrants et dépressifs. Maslow a d'ailleurs élaboré la plupart de ses idées en étudiant des individus productifs et en bonne santé (Schultz et Schultz, 1992).

Les humanistes se situent donc dans la lignée de philosophes comme Jean-Jacques Rousseau, qui postulent que «l'Homme naît bon, c'est la société qui le corrompt». Cette conception se traduit par la tendance innée de l'être humain à se réaliser pleinement, ce que les humanistes, avec Maslow, appellent l'«autoactualisation». Dans la section suivante, nous abordons la contribution de ce théoricien à la perspective humaniste.

Tabary, L'enfance d'Iznogoud, Éditions Glénat, 1981.

Le calife Haroun el Poussah est-il vraiment bon ? Les amateurs des aventures du grand vizir Iznogoud savent à quel point la conception de la bonté est variable.

ABRAHAM MASLOW

Abraham Maslow est né à Brooklyn, aux États-Unis, en 1908. Aîné de sept enfants, il connaît une enfance malheureuse : son père boit, sa mère s'occupe peu de lui. Néanmoins, ses parents l'encouragent à poursuivre ses études. Après avoir étudié le droit, il s'inscrit en psychologie à l'Université du Wisconsin. D'abord enthousiasmé par les écrits du béhavioriste Watson, il rédige en 1934 une thèse de doctorat sur une analyse comportementale. Cependant, dès la naissance de son premier enfant, Maslow mesure les limites du béhaviorisme: «Quiconque a un enfant, et comprend la complexité de ses conduites, ne peut être béhavioriste très longtemps.» (Maslow, 1972)

Qu'avez-vous appris ?

RÉPONSES, p. 244

1. Nommez et expliquez brièvement les deux postulats du déterminisme.

2. Donnez deux synonymes de libre arbitre.

3. Qu'est-ce que la responsabilité morale ?

Quelques années plus tard, Maslow fait la connaissance de Ruth Benedict et de Max Wertheimer, deux professeurs qu'il estime au plus haut point et qui seront pour lui une source d'inspiration, comme il le confiera plus tard:

> Je n'ai jamais planifié mes recherches sur l'autoactualisation. Elles ont commencé quand, jeune étudiant, j'ai cherché à mieux connaître [Max Wertheimer et Ruth Benedict] que j'aimais et admirais profondément. [...] Mais je ne pouvais me contenter de cette affection, il fallait que je comprenne comment ils étaient devenus des êtres aussi merveilleux et exceptionnels. (Traduit de Hergenhahn, 1990.)

C'est cette quête visant à comprendre ce qu'il y a d'unique et d'exceptionnel chez certains êtres humains qui a conduit Maslow à concevoir sa théorie des besoins et de l'autoactualisation.

Abraham Maslow, un des chefs de file de la perspective humaniste.

La théorie des besoins

L'un des principaux concepts de la théorie de Maslow est le **besoin**. Pour Maslow, le développement de la personnalité est intimement lié à la satisfaction des besoins : les individus qui les comblent aisément et avec régularité sont habituellement heureux et en bonne santé, tant sur le plan physique que sur le plan psychologique, alors que les individus qui n'y parviennent pas connaissent souvent frustration, désespoir et maladie (Maslow, 1971).

Besoin
État déficitaire de l'individu, d'ordre biologique ou psychologique.

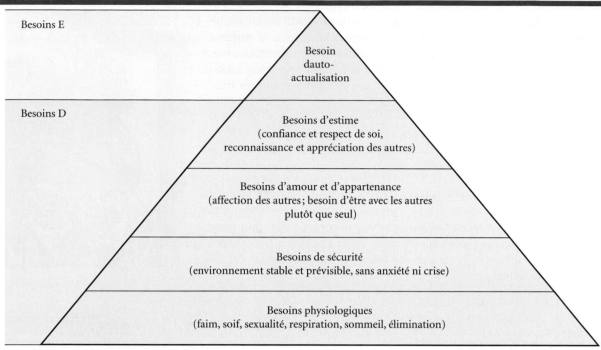

Besoins E

Besoins D

Besoin d'auto-actualisation

Besoins d'estime
(confiance et respect de soi,
reconnaissance et appréciation des autres)

Besoins d'amour et d'appartenance
(affection des autres ; besoin d'être avec les autres
plutôt que seul)

Besoins de sécurité
(environnement stable et prévisible, sans anxiété ni crise)

Besoins physiologiques
(faim, soif, sexualité, respiration, sommeil, élimination)

Source: Adapté de Bee, *Les âges de la vie*, ERPI, 1997, p. 43.

FIGURE 8.1 La hiérarchie des besoins selon Maslow

On représente souvent par une pyramide la théorie de la hiérarchie des besoins proposée par Maslow. À la base se trouvent les besoins biologiques, tels que la nourriture, le sommeil, la respiration ; au milieu, les besoins de sécurité, les besoins d'amour et d'appartenance ainsi que les besoins d'estime ; au sommet, le besoin d'autoactualisation qui, selon Maslow, transforme en êtres exceptionnels les individus qui cherchent à le combler.

De façon générale, un besoin correspond à un état déficitaire de l'organisme : manque de nourriture, de chaleur, d'eau, d'air. Maslow a élargi cette définition pour y inclure les besoins de nature psychologique, comme les besoins d'amour et d'estime (voir la figure 8.1). Tous ces besoins se manifestent selon une hiérarchie ou un ordre ascendant, qui va du plus pressant au moins pressant (Maddi et Costa, 1972). Par exemple, si votre estomac crie famine au moment précis où votre meilleur ami vous appelle, il vous sera très difficile de suivre la conversation et d'être attentif à ses propos. La faim, un besoin essentiel à combler pour la survie, doit être satisfaite avant que le besoin d'appartenance (ici, l'amitié) se manifeste. De même, le besoin d'autoactualisation ne peut apparaître qu'après la satisfaction des besoins des niveaux hiérarchiques inférieurs.

Suivant ce principe, si deux besoins se manifestent simultanément, l'organisme cherchera à combler le plus pressant. Comment expliquer alors que des individus ayant des difficultés à combler leur besoin alimentaire, comme les itinérants, cherchent tout de même à se faire des amis (besoin d'appartenance) ? Maslow suggère que le passage d'un niveau de besoin à un autre se fait progressivement et non par bonds, comme certains psychologues l'ont prétendu. Il n'est donc pas nécessaire que les besoins d'un niveau soient totalement satisfaits pour que des besoins d'autres niveaux se manifestent et soient à leur tour comblés (Hergenhahn, 1990). C'est pourquoi un itinérant qui a satisfait en partie ses besoins biologiques et ses besoins de sécurité cherchera à se lier d'amitié, tandis que celui qui n'a rien à manger, consacrera tous ses efforts et son temps à trouver nourriture et abri.

Par ailleurs, la force d'un besoin détermine le moment de son apparition : plus un besoin est pressant, plus il se manifeste tôt dans le développement de l'individu. Un nouveau-né ressent d'abord le besoin de respirer, puis celui de boire ; ensuite, vient le besoin de sécurité et d'amour, etc. Ce n'est qu'à l'âge adulte, et seulement chez une infime partie de la population, que le besoin d'autoactualisation se manifeste. Cette hiérarchie des besoins montre que les besoins humains, même ordonnés, n'obéissent pas à de simples automatismes. Il ne s'agit pas d'instincts ni de phénomènes strictement déterminés par le patrimoine génétique. Au contraire, selon Maslow (1972), nos besoins peuvent être partiellement ou totalement inhibés par les apprentissages, la culture, la désapprobation parentale ou la peur. Leur apparition chez un individu dépend donc de son environnement social.

Les types de besoins

Il existe deux grandes catégories de besoins, selon Maslow : les besoins de type D et les besoins de type E. Les **besoins de type D** (D pour « déficience ») correspondent à un état de tension ou de manque que l'individu cherche à réduire. Par exemple, notre organisme a besoin d'eau pour survivre. Quand il en est privé un certain temps, le débit sanguin rénal diminue. En réaction à cette baisse, les reins sécrètent une substance chimique qui signale le déséquilibre à l'hypothalamus, lequel, à son tour, en informe le cortex cérébral. C'est à ce moment que nous ressentons la soif et que naît en nous la motivation nécessaire pour trouver l'objet susceptible de corriger cette carence. Pour Maslow, la sécurité et l'amour obéissent à un principe régulateur, comme la faim ou la soif (Hergenhahn, 1990). Les **besoins de type E** (E pour « être »), ou besoins de croissance (voir le tableau 8.1), apparaissent chez des individus ayant déjà satisfait leurs besoins de type D. Ils jouent un rôle fondamental dans le développement de la personnalité, même s'ils n'ont pas le caractère vital des besoins de type D. En effet, les besoins de croissance découlent de la tendance naturelle à se réaliser pleinement, que Maslow appelle « autoactualisation ».

La **tendance à l'autoactualisation** s'exprime chez l'enfant par le jeu et l'exploration. Chez l'adulte, elle se manifeste de multiples façons : être une bonne musicienne, un bon père de famille, un bon plombier ; aider son voisin, vaincre la maladie ou un handicap, travailler pour une bonne cause ou simplement se donner à fond dans ses études ou son sport préféré. La vie des individus motivés par cette tendance ne se limite pas à un perpétuel effort pour combler les besoins et rétablir l'équilibre. Au contraire, la satisfaction ou l'atteinte de leurs objectifs personnels augmente constamment leur motivation d'avancer. Croître devient alors une gratification en soi (Maslow, 1972).

Par exemple, certains sportifs sont motivés par le besoin d'être reconnus et admirés par la foule (besoin de type D) et d'autres, par le besoin de se dépasser (besoin de croissance). Chantal Petitclerc (course en fauteuil roulant) et Andre Agassi (tennis) sont des exemples de cette quête sans fin qu'est l'autoactualisation. Les personnes qui veulent s'actualiser sont actives, dynamiques et créatives. Elles ont constamment des projets qu'elles cherchent à réaliser.

Besoins de type D

Catégorie de besoins qui poussent ou qui motivent la personne à rétablir l'équilibre : besoins physiologiques, besoins de sécurité, besoins d'amour et d'appartenance, et besoins d'estime.

Besoins de type E

Catégorie de besoins qui, sans être vitaux, participent néanmoins de façon fondamentale au développement psychologique de la personne. Synonyme : besoins de croissance.

Tendance à l'autoactualisation

Pour Maslow et Rogers, motivation fondamentale qui pousse tout être humain à s'accomplir, à réaliser son plein potentiel (voir les besoins de type E).

TABLEAU 8.1 | LES BESOINS DE CROISSANCE

Pour Maslow (1971), la satisfaction des besoins de croissance, ou besoins de type E, est une quête perpétuelle de croissance et de réalisation. Cette tendance à l'autoactualisation est caractérisée par 14 besoins (ou valeurs) qui ne sont pas ordonnés du plus pressant au moins pressant, comme c'est le cas des besoins de type D.

■ L'intégrité	■ La profondeur	■ L'aisance
■ La perfection	■ La transparence	■ Le jeu et l'humour
■ L'accomplissement	■ La bonté	■ La vérité et l'honnêteté
■ La justice	■ La beauté	■ L'autonomie
■ La vivacité	■ L'unicité	

Les besoins de type D et les besoins de croissance diffèrent également par le degré de dépendance qu'ils impliquent. En effet, pour Maslow, les besoins de sécurité, d'amour et d'estime – trois besoins de type D – ne peuvent être satisfaits que par autrui. L'individu qui manque d'amour ne possède pas la totale maîtrise de son destin, puisqu'il doit constamment s'en remettre aux autres pour combler ces besoins. Dans l'exemple donné au début de ce chapitre, Harold avait tellement besoin de l'approbation de ses parents à une certaine période de sa vie qu'il avait renoncé à fréquenter Maude pour ne pas les décevoir.

La personne qui est motivée par les besoins de croissance et qui, par définition, a déjà satisfait ses besoins de type D, est plus libre et autonome. Sa conduite n'est pas déterminée par ses parents, ses amis ou son environnement social, mais par des motifs internes et personnels. Comme cette personne est plus près de son soi, de sa véritable nature, elle apprend progressivement à mieux se connaître, elle devient plus authentique. Elle entre alors plus facilement en relation avec les autres. Telle serait sans doute la constatation du thérapeute humaniste auquel Harold confie que, désormais, c'est la personnalité globale qui l'intéresse chez les autres.

La motivation, la satisfaction des besoins et le bonheur

Selon Maslow, la motivation naît du besoin, quel qu'il soit. Un individu dont le travail quotidien n'est pas reconnu par ses pairs mettra tout en œuvre pour combler cette carence: il se portera candidat à la mairie, il écrira un livre, il cherchera à s'attirer l'estime des autres par ses prouesses intellectuelles ou physiques. La motivation est donc le processus qui pousse l'individu à agir, à trouver l'être, l'objet ou l'activité susceptible de satisfaire son besoin (Maslow, 1971).

La motivation s'accompagne d'un second processus, la perception. Si la motivation fournit l'énergie nécessaire pour agir, la perception permet de donner une signification à l'expérience. Selon Maslow, la perception est généralement influencée ou colorée par nos besoins. Par exemple, un homme en manque d'attention cherchera une femme qui l'écoute ou qui l'admire, et une femme en manque de sécurité jettera son dévolu sur un homme capable de la protéger. Dans de telles situations, l'autre n'est pas perçu comme une personne unique, à part entière, mais comme la «chose» qui nourrit, protège, aime – les individus sont donc considérés comme interchangeables, puisque seule la gratification rapide et complète du besoin est visée. Maslow explique ainsi pourquoi certains clients sont incapables d'avoir des relations amicales ou amoureuses stables. Ils ne s'intéressent pas en fait à la personnalité de l'autre, mais à ce que cette personne est susceptible de leur apporter – sécurité, attention, affection; s'ils peuvent obtenir davantage ailleurs, ils changent de partenaire. Cependant, Maslow pense que l'individu est capable d'atteindre une perception neutre et désintéressée lorsqu'il n'a plus besoin de l'autre pour combler ses besoins de type D. Comme nous l'avons vu plus haut, l'individu est alors moins centré sur lui-même et se trouve en mesure d'apprécier véritablement la personnalité de l'autre dans sa globalité.

Maslow s'est également penché sur les conséquences de la satisfaction ou de la non-satisfaction d'un besoin (de type D ou de type E). Pour les besoins de type D, le retour à l'**homéostasie** s'accompagne d'un plaisir ou d'un mieux-être immédiat et momentané, tandis que la privation peut engendrer de la frustration, voire de la douleur. Par exemple, si un individu est longtemps privé de nourriture ou, plus grave encore, si la privation s'étend à d'autres besoins, elle peut entraîner des troubles physiques pouvant se solder par la mort ou des troubles psychologiques, comme la névrose. Cependant, la satisfaction des seuls besoins de type D, même complète, n'est pas un gage de santé, car l'individu qui se contente d'être aimé et estimé finit, selon Maslow, par vivre dans un «état de décadence». Il ressent alors un sentiment de désespoir, d'apathie ou de vide qui explique peut-être le suicide d'individus apparemment heureux depuis longtemps (Maslow, 1987).

En revanche, la satisfaction des besoins de croissance ou, du moins, les tentatives répétées pour y parvenir entraînent un sentiment de bonheur profond et durable. Maslow nous met

Homéostasie
État d'équilibre ou de satisfaction d'un organisme.

cependant en garde : les individus actualisés ne sont pas des êtres parfaits, dénués de tout défaut. Il s'agit plutôt de personnes heureuses et lucides, qui comprennent et acceptent courageusement leur nature, avec ses limites et ses insuffisances, tant physiques que psychologiques ; c'est justement ce qui en fait des êtres exceptionnels.

L'individu actualisé ou en voie d'autoactualisation

Selon Maslow, très peu d'individus parviennent à s'actualiser totalement. Ceux qui réussissent sont des individus actifs, dynamiques et créatifs. Parmi ceux-là, très peu prennent conscience de ce qu'ils ont réellement accompli et, même s'ils y parviennent, la grande majorité ne considèrent pas avoir atteint « la fin de quelque chose ». D'ailleurs, Maslow insiste sur le fait que l'autoactualisation n'est pas un état, mais la dernière étape d'un long processus de développement de la personnalité (Maslow, 1971). Selon lui, la différence entre un individu actualisé ou en voie de le devenir et un individu dont la principale préoccupation consiste à combler ses besoins de type D n'est qu'affaire de degré. Il est possible cependant de caractériser de trois façons les individus actualisés ou en voie de l'être (Pelletier et Vallerand, 1993).

Premièrement, ces individus s'intéressent davantage aux problèmes de l'humanité – la faim, l'ignorance, la guerre, la marginalisation, l'injustice, etc. La recherche d'une solution à ces problèmes représente pour eux une véritable mission à accomplir, et ils ne se soucient guère du salaire ou des honneurs qui récompenseront leurs efforts. Ils n'hésitent pas à renoncer à un statut social élevé afin de venir en aide aux victimes de famine, d'épidémie ou de guerre.

Deuxièmement, ces individus connaissent plus souvent des expériences extatiques ou mystiques : de véritables moments d'extase qui leur apportent le sentiment d'être à la fois tout-puissants et fragiles. Certains en viennent même à perdre le contact avec le temps et l'espace. Pour Maslow, ces expériences sont bénéfiques à plus d'un égard. Elles permettent à l'individu de se rapprocher de son « vrai soi » et, donc, d'avoir une meilleure connaissance de sa personnalité. Elles favorisent également sa créativité et sa spontanéité. Les individus qui vivent fréquemment de telles expériences seraient plus aptes à percevoir la valeur de l'existence. Ainsi, ils seraient moins enclins au suicide et aux idées morbides. Enfin, ces expériences auraient une fonction thérapeutique en éliminant certains symptômes névrotiques, comme le doute maladif, l'anxiété et certaines compulsions (Maslow, 1971). Sauver la vie d'une personne, faire une découverte scientifique ou donner naissance à un enfant : voilà autant d'expériences de nature à produire des effets extatiques ou mystiques.

Troisièmement, les individus actualisés ou en voie de l'être trouvent tout aussi satisfaisante la recherche d'une solution que sa découverte. Fin et moyens ont à leurs yeux autant de valeur. Par exemple, les efforts qu'une personne déploie pour venir en aide à des sinistrés peuvent lui procurer autant de satisfaction que la réussite de l'opération.

Pour Maslow, l'autoactualisation est un processus qui concerne toute la vie et que nous pouvons entreprendre à tout âge. Hulda Crooks, que nous voyons ici en train de faire l'ascension du mont Fuji au Japon, a commencé à s'adonner à la randonnée pédestre dans la soixantaine.

Qu'avez-vous appris ?

RÉPONSES, p. 244

1. Nommez et décrivez brièvement les deux types de besoins selon Maslow.

2. Quels sont les besoins qui ne peuvent être satisfaits que par autrui ?

CARL ROGERS

Carl Rogers (1902-1987) est l'un des principaux chefs de file de la perspective humaniste. Rogers naît dans une famille protestante américaine très conservatrice, qui valorise le travail et la religion. Après avoir étudié l'agriculture, la chimie, la biologie, la théologie et la philosophie, il s'oriente en psychologie clinique à la fin des années 1920. Cette époque voit l'émergence de l'affrontement entre freudiens et béhavioristes. C'est donc en partie en réaction à la psycha-nalyse et au béhaviorisme que Rogers va élaborer son propre point de vue (Hall et Lindzay, 1978). Partant de considérations pratiques, il met d'abord au point une thérapie centrée sur les besoins et les expériences du client. Ce n'est que plus tard qu'il élaborera une théorie de la personnalité pour donner un cadre théorique à sa méthode thérapeutique. Sa conception de la psychologie porte ainsi la marque de sa pratique clinique et reste très proche de la relation entre le thérapeute et son client.

La structure de la personnalité

Dans sa théorie de la personnalité, Rogers distingue trois structures fondamentales : l'organisme, le soi et le soi idéal (Rogers et Kinget, 1976). Le développement de la personne dépend en grande partie des relations qui s'établissent entre ces trois structures.

Dans la théorie rogérienne, l'**organisme** est le lieu de toute expérience, de tout ce qui est ressenti par l'individu. Il faut distinguer l'expérience brute, ce que ressent l'individu, de l'expérience consciente (Rogers, 1972). La **conscience** est la compréhension d'une partie de notre expérience, la capacité de nous représenter une expérience brute au moyen de sym-boles, d'un langage (Rogers, 1972). Ainsi, à la suite d'un dif-férend avec votre meilleur ami, vous pourriez déclarer « Je suis en colère contre lui ! » ou vous imaginer en train de le répri-mander vertement. Ces mots et ces images sont des symboles qui témoignent du fait que vous êtes bien conscient des senti-ments que vous éprouvez (expérience brute de l'organisme).

> **Organisme**
>
> Lieu de toute expérience, c'est-à-dire de tout ce qui est ressenti par la personne.
>
> **Conscience**
>
> Capacité pour une personne de se représenter son expérience au moyen de symboles, comme des mots ou des images, de manière conforme à la réalité.

Une autre partie de l'expérience n'est cependant pas consciente, elle n'est pas symbolisée ou ne l'est pas de manière conforme à la réalité. Ainsi, l'organisme réagit parfois à ses expé-riences par l'intermédiaire de la *subception*. Il s'agit d'un processus de perception non cons-cient de l'expérience qui s'apparente à l'inconscient dans la théorie freudienne. Reprenons l'exemple du différend avec votre meilleur ami : vous éprouvez de la colère contre lui. Vous décidez d'écouter de la musique, et cela vous apaise quelque peu. Cependant, votre colère est toujours là, même si elle n'est plus présente à votre esprit, et elle continue d'agir sur vous par subception. Elle peut même vous rendre anxieux ou irritable toute la journée. Votre expérience est alors inconsciente.

De la même façon, une expérience peut être consciente, ou symbolisée pour employer le terme de Rogers, mais de manière partielle ou incorrecte. Dans ce cas, la symbolisation ne cor-respond pas forcément à la réalité. Par exemple, vous grelottez parce que vous avez de la fièvre, mais vous êtes convaincu qu'il fait réellement froid. Ou encore, vous pensez qu'un de vos amis vous en veut parce qu'il est silencieux, alors qu'il est habituellement plutôt bavard ; il se peut qu'il soit simplement soucieux. Vous ressentez confusément quelque chose, mais vous ne par-venez pas à en donner une représentation claire et nette.

> **Soi**
>
> Somme des perceptions qu'une personne a d'elle-même, de ses caractéristiques et de ses relations avec les autres ainsi que des valeurs qu'elle attache à ces perceptions. Synonymes : soi réel et concept de soi.

Pour Rogers, le développement progressif de cette conscience s'appelle le **soi**, le soi réel ou le concept de soi (Rogers et Kinget, 1976). Cette structure mentale regroupe toutes les percep-tions qu'une personne a d'elle-même. Rogers distingue trois composantes du soi.

Premièrement, le soi comprend les perceptions que la personne a d'elle-même et de ses caractéristiques personnelles. Par exemple, un homme peut se voir comme « très intelligent », « plutôt gros » et « passablement colérique ». Ces expressions font partie de son soi, car elles illustrent sa façon de se représenter, sa conscience de soi.

Deuxièmement, le soi comprend les perceptions qu'une personne a de ses relations avec les autres et avec différents aspects de sa vie. Ainsi, le même homme peut se voir comme un « mari attentif », le « meilleur ami de Pierre » et un « admirateur de Kurt Cobain ». Ces expressions décrivent des relations particulières avec d'autres personnes ou avec divers aspects du monde qui l'entoure.

Troisièmement, le soi comprend les valeurs qu'une personne attache à ses perceptions. Le même homme peut dire de lui-même «Je suis un honnête homme, c'est bien» ou «Je suis un type méprisable, c'est horrible». Il ne se contente pas de se décrire, il s'évalue et porte un jugement de valeur sur ses perceptions de lui-même.

Pour Rogers, les jugements de valeur du soi créent chez l'individu le désir de se surpasser ou d'être autrement, ce qu'il appelle le **soi idéal** (Rogers et Kinget, 1976). Ce concept représente ce que la personne souhaiterait être. Ainsi, la personne qui déclare «Je voudrais être un virtuose de la guitare» ou «Je voudrais être moins timide» montre un aspect de son soi idéal.

Soi idéal

Perception que l'individu a de ce qu'il souhaiterait être.

Carl Rogers, un des chefs de file de la perspective humaniste et concepteur de l'approche non directive en psychothérapie.

La congruence et l'incongruence

Congruence

État qui caractérise l'individu en accord avec lui-même.

Incongruence

État qui caractérise l'individu en désaccord avec lui-même.

Les trois structures de la personnalité interagissent de plusieurs façons. Pour Rogers, ces interactions produisent soit un état de **congruence**, soit un état d'**incongruence**, c'est-à-dire que la personne est soit «en accord», soit «en désaccord» avec elle-même. Il définit trois sortes de congruence : entre le soi et l'organisme, entre le soi et le soi idéal, entre la réalité subjective et la réalité objective (Rogers et Kinget, 1976) (voir la figure 8.2).

1 **LA CONGRUENCE ENTRE LE SOI ET L'ORGANISME.** Il y a congruence entre le soi et l'organisme lorsque la personne a une image d'elle-même (soi) qui correspond à l'ensemble des expériences qu'elle vit (organisme). Aucune de ces expériences n'est niée, mise de côté ni négligée. La personne est réceptive, ouverte à l'expérience. Elle peut reconnaître qu'elle

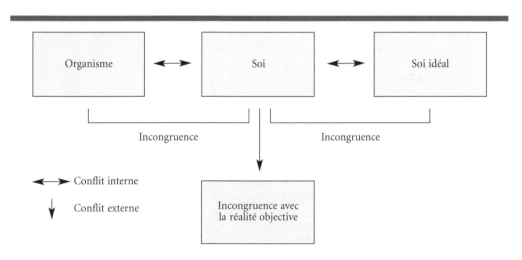

FIGURE 8.2 **L'incongruence et les conflits selon la théorie de la personnalité de Rogers**

L'incongruence peut se produire sur trois plans : entre ce que l'individu ressent (expériences de l'organisme) et la perception qu'il en a (soi) ; entre la perception qu'il a de lui (soi) et ce qu'il souhaiterait être (soi idéal) ; entre ses perceptions (réalité subjective du soi) et la réalité objective.

hait son père ou qu'elle éprouve des désirs homosexuels. Au lieu de dire «Non, je ne dois pas penser ça, c'est affreux!» ou «Non, ce n'est vraiment pas mon genre», la personne admet ce qu'elle ressent: «Tiens, je n'avais jamais remarqué que je me sentais ainsi!» Elle accepte pleinement ses sentiments et ses expériences, agréables ou non.

À l'inverse, il y a incongruence si la personne refuse d'admettre certaines expériences (organisme) qui ne concordent pas avec l'image qu'elle se fait d'elle-même (soi). C'est le cas de Harold qui, dans l'exemple donné au début du chapitre, confiait: «Mais moi, je l'aimais vraiment [expérience consciente]... J'étais bien avec elle... En même temps, je me sentais mal à l'aise parce que je n'étais pas comme elle [image d'un jeune homme de bonne famille]. Mais je refusais de l'admettre [incongruence], vous comprenez?»

2 LA CONGRUENCE ENTRE LE SOI ET LE SOI IDÉAL. Il y a congruence entre le soi et le soi idéal si la personne est relativement satisfaite d'elle-même, qu'elle s'accepte telle qu'elle est et que son idéal correspond à ce qu'elle est ou à ce qu'elle peut réellement espérer devenir, compte tenu de son potentiel. Par exemple, un musicien ressentira une plus grande congruence s'il se donne comme idéal, non pas de devenir le prochain Kurt Cobain, mais de composer quelques bonnes pièces appréciées par lui-même et ses amis.

À l'inverse, il y a incongruence entre le soi et le soi idéal si la personne ne s'accepte pas telle qu'elle est, si elle est systématiquement insatisfaite d'elle-même et si elle se fixe un idéal qu'elle ne pourra sans doute jamais atteindre. Dans l'exemple ci-dessus, si le musicien avait comme but de devenir le prochain Kurt Cobain de sa génération, ce n'est que le jour où il écrirait une chanson qui soutient la comparaison avec celles de Nirvana qu'il pourrait considérer avoir composé une bonne pièce. D'ici là, il resterait frustré et mécontent de lui-même.

3 LA CONGRUENCE ENTRE LA RÉALITÉ SUBJECTIVE ET LA RÉALITÉ OBJECTIVE. Il y a congruence entre l'expérience d'une personne et la réalité extérieure si cette personne prend soin de confronter ses perceptions avec le monde objectif. Par exemple, vous vous demandez pourquoi votre beau-frère est d'humeur si exécrable: vous avez l'impression qu'il vous en veut d'avoir annulé à la dernière minute une sortie avec lui en ville. Pour vérifier cette perception, vous lui demandez s'il vous en veut et, si oui, pourquoi. Peut-être vous expliquera-t-il alors qu'il a été effectivement déçu que vous vous décommandiez, mais qu'il est surtout préoccupé par la santé de son père. Vous pouvez alors attribuer sa mauvaise humeur à la cause véritable. C'est ce que Rogers appelle une *vérification de perception*. En vérifiant ses perceptions, l'individu se construit une image qui correspond bien à ce que le monde est réellement, autrement dit, une image congruente de sa réalité subjective avec la réalité extérieure.

Malheureusement, nous prenons rarement la peine de vérifier nos perceptions. Nous présumons souvent qu'elles sont justes et nous agissons comme si elles correspondaient à la réalité. Il y a alors incongruence entre l'expérience subjective et la réalité objective. Or, un des principaux buts de la thérapie rogérienne est justement de rendre la personne plus congruente, donc plus ouverte non seulement à son expérience interne, mais aussi aux données du monde extérieur.

Quelles sont les conséquences de ces trois types d'incongruences? De longues et fréquentes périodes d'incongruence prononcée peuvent nuire au bien-être de l'individu. Selon Rogers, l'angoisse est une réaction de l'organisme à un état d'incongruence dont la personne n'est pas tout à fait consciente. C'est une réponse à la subception (plutôt qu'à la prise de conscience pleine et entière) de l'incongruence. La personne angoissée se sent continuellement menacée ou inefficace, elle adopte un comportement défensif et rigide ou elle agit de façon déplacée. Elle peut aussi faire preuve d'hostilité envers les autres si leur comportement lui rappelle les sentiments dont elle-même veut se débarrasser (Rogers et Kinget, 1976).

Pour Rogers (1972), une personne dans cette situation se trouve en *état de défense* devant l'angoisse. Le but du comportement défensif est de maintenir la structure du soi, c'est-à-dire l'image que la personne a d'elle-même. La défense procède par une sorte de déformation perceptuelle. Les individus en état d'incongruence ont souvent une image d'eux-mêmes complètement coupée de la réalité et ils s'attachent à déformer toute expérience qui contredit cette image. Par exemple, un élève qui a une faible estime de soi et qui se perçoit comme peu intelligent peut déformer son expérience s'il obtient une très bonne note à un examen. Au lieu de se dire «Je maîtrise vraiment cette matière, je suis plus intelligent que je le croyais» (ce qui semble bien être le cas!), cet élève pourra plutôt conclure en se disant «J'ai eu de la chance» ou encore «Le professeur a dû avoir pitié de moi, c'est pourquoi il m'a donné une bonne note». Par conséquent, il peut se contenter de sa «bonne fortune» tout en refusant de reconnaître et d'approfondir ses aptitudes dans cette matière. Un état d'incongruence implique une distorsion de la réalité, une fausse perception de soi-même ou du monde extérieur.

Qui était Marilyn Monroe? Le passage du statut de jeune femme insouciante à celui de star lui a certainement fait vivre plusieurs périodes d'incongruence en ce qui a trait à son concept de soi.

LES ÉMOTIONS SELON LES HUMANISTES

Pour certains psychologues, l'émotion est une réaction physiologique (le rouge de la honte ou l'accélération du rythme cardiaque lié à la joie); pour d'autres, comme les béhavioristes, l'émotion est un comportement comme les autres, qui peut-être appris ou inhibé par conditionnement répondant (pavlovien).

Les humanistes ne s'opposent à aucune de ces conceptions de l'émotion (Shaffer, 1978). Cependant, ils les considèrent comme incomplètes et secondaires: pour saisir toute la richesse de l'expérience humaine, il faut d'abord et avant tout comprendre le point de vue de l'individu, ce qu'il ressent. C'est donc dire que l'humaniste ne cherche pas à décrire objectivement les réactions physiologiques ou les réponses émotionnelles acquises de l'individu, mais plutôt

à comprendre ce qu'il éprouve et ce qu'il peut dire de ses émotions: «C'est désagréable», «Je me sens mal», «Je déteste me sentir comme ça», «Je ne sais pas comment vous expliquer ce que j'éprouve», etc.

Bien sûr, certaines de ces émotions sont désagréables. Ainsi, dans la théorie de Rogers, l'individu qui se trouve en état d'incongruence éprouvera de l'angoisse. Cette angoisse peut devenir envahissante au point de déformer sa pensée (et ainsi créer une incongruence entre les perceptions du soi et la réalité objective). Bien sûr aussi, certaines émotions peuvent être agréables. Par exemple, pour Maslow, la satisfaction des besoins de croissance ou, du moins, les efforts pour y parvenir peuvent engendrer chez l'individu un sentiment de bonheur profond (Schneider *et al.*, 2001).

Comment l'incongruence s'installe-t-elle chez un individu ? Comment celui-ci peut-il retrouver un état de congruence ? Ces questions sont au cœur de la démarche de Rogers, que nous présentons dans les lignes qui suivent.

LE DÉVELOPPEMENT DES BESOINS FONDAMENTAUX

Pour comprendre comment une personne se retrouve en état d'incongruence avec elle-même ou avec la réalité objective, il faut comprendre le développement de ses besoins et les répercussions sur sa personnalité des influences réciproques entre ses besoins et son environnement social.

Comme nous l'avons vu plus haut, Rogers considère qu'une motivation fondamentale se trouve à l'origine de tous les besoins et désirs humains : la tendance à l'autoactualisation, qui pousse chaque individu à se maintenir, à se développer et à se réaliser pleinement. Le maintien suppose la satisfaction de nos besoins de base, comme manger, boire ou respirer, alors que la réalisation consiste à aller au-delà de ce que nous sommes, de façon à exploiter tout notre potentiel. Ainsi, un enfant qui apprend à marcher ou un guitariste qui s'efforce de jouer une partition difficile visent tous deux l'autoactualisation en cherchant à transformer leur potentiel en une performance réelle. L'autoactualisation comporte, bien sûr, des degrés. Par exemple, une jeune femme assez talentueuse pour devenir une très grande musicienne ne s'actualisera pas, ou très peu, si elle se contente de jouer dans des publicités à la radio. Par contre, si elle devient virtuose, elle se sera pleinement actualisée, elle aura véritablement tiré parti de son potentiel.

Rogers (1972) rappelle cependant que la tendance à la croissance et à l'autoactualisation ne se manifeste chez un individu qu'à la condition qu'il perçoive clairement ses choix en accord avec la réalité. L'individu doit être parfaitement conscient et avoir une représentation adéquate des choix qui s'offrent à lui. Si c'est le cas, la tendance à l'autoactualisation lui permettra de progresser. Autrement, il pourra commettre une erreur et faire un choix qui le fera régresser (dans le sens général du terme) ou stagner dans son développement. À partir de cette tendance et à mesure que l'enfant interagit avec son environnement, plusieurs besoins essentiels se développent, comme le besoin de considération positive.

La considération positive

La **considération positive** comprend tout ce que nous désignons habituellement par les mots « chaleur », « accueil », « sympathie », « attention », « respect » ou « acceptation » (Rogers et Kinget, 1976). Le *besoin de considération positive* est donc essentiellement le besoin d'être aimé, respecté ou accepté par les autres. Ces « autres » n'englobent pas nécessairement tout notre entourage. Il s'agit surtout des personnes significatives à nos yeux, celles dont l'opinion nous importe, que Rogers appelle les « personnes-critères ». Pour un enfant, ses parents sont évidemment des personnes-critères, mais les personnes qu'il admire le sont aussi, comme une cousine plus âgée excellant dans un art qui lui plaît ou un camarade de classe.

Le besoin de **considération de soi** découle du besoin de considération positive (Rogers et Kinget, 1976). Il s'agit du besoin de s'aimer, de se respecter et de s'accepter soi-même. L'appréciation par les autres précède l'appréciation par soi-même. Ce sont des expériences qui sont liées ; cependant, avec le temps, les deux besoins finissent par se dissocier et devenir indépendants. La personne peut alors jouer pour elle-même le rôle de personne-critère. Par exemple, après avoir interprété une pièce difficile en concert, un guitariste peut ressentir un sentiment d'échec s'il juge que sa performance n'a pas été à la hauteur de ses attentes, quand bien même ses « erreurs » sont passées inaperçues. Ce n'est donc pas par besoin de considération de la part des autres qu'il s'en veut, mais par besoin de considération de soi.

Selon Rogers, les besoins de considération et, donc, l'environnement social, jouent un rôle essentiel dans le développement de l'individu. En effet, pour satisfaire l'ensemble de ses besoins, chaque personne doit entrer en relation avec les autres. Contrairement à Freud ou à Piaget, Rogers ne définit pas de stades ni de grandes étapes dans le développement de l'être humain. Il s'intéresse plutôt à la façon dont les autres influent sur le développement d'un individu, particulièrement durant son enfance, par les évaluations qu'ils font de lui. En quoi les autres peuvent-ils contribuer à créer un fossé entre l'expérience de l'organisme et la structure du soi? Pour Rogers, cela dépend essentiellement de la considération positive que l'individu reçoit dès son enfance: conditionnelle ou inconditionnelle.

Un enfant reçoit une **considération positive conditionnelle** s'il est aimé ou accepté à certaines conditions seulement. S'il ne remplit pas ces conditions, il est peu aimé ou ne l'est pas du tout. Par exemple, une petite fille ne sera aimée et acceptée par ses parents comme une «bonne petite fille» que si elle exprime de l'affection envers son petit frère et si elle ne montre aucun intérêt envers la sexualité. Si elle manifeste de la colère ou de la jalousie envers son frère, ou bien si elle fait preuve de curiosité pour la sexualité, ses parents lui feront sentir non seulement qu'elle les dérange, mais aussi qu'elle se comporte à leurs yeux comme une «mauvaise petite fille». Avec le temps, cette enfant apprendra sans doute à évaluer ses expériences en fonction des conditions posées par autrui. Elle grandira en ayant du mal à accepter tout ce qui ressemble à de la colère ou à de l'intérêt pour la sexualité, ces attitudes n'étant pas congruentes avec son soi, c'est-à-dire avec l'image de «bonne petite fille» qu'elle s'est construite pour mériter l'affection de ses parents. Cette attitude pourra même l'empêcher d'actualiser plusieurs aspects de sa personnalité, comme son aptitude à exprimer une juste colère ou à éprouver pleinement le plaisir sexuel.

> **Considération positive conditionnelle**
>
> Considération accordée à une personne si elle satisfait à certaines conditions.

Selon Rogers, la considération positive provenant de personnes-critères, comme la mère, est essentielle au développement harmonieux de l'enfant.

> **Considération positive inconditionnelle**
>
> Considération accordée à une personne sans aucune condition. Synonyme: regard positif inconditionnel.

Par contre, un enfant reçoit une **considération positive inconditionnelle** s'il est aimé ou accepté fondamentalement en tant que personne, quels que soient les sentiments qu'il exprime ou les expériences qu'il vit – colère, jalousie, indifférence, curiosité sexuelle, etc. Pour Rogers, accorder une considération positive inconditionnelle à un enfant n'implique pas d'accepter tout ce qu'il fait. Cependant, avant de le réprimander pour un comportement jugé antisocial – comme tirer les cheveux de la petite voisine –, les parents doivent lui faire comprendre qu'ils font une différence entre son comportement fautif et lui-même. Rogers explique en effet que l'enfant réprimandé, c'est-à-dire privé de considération positive, a souvent tendance à penser que c'est lui-même, et non ce qu'il a fait, qui est «mauvais» ou «incorrect». Or, c'est son comportement seulement qui est indésirable, pas ses sentiments. L'enfant peut apprendre ainsi à modifier son comportement, mais il n'aura pas l'impression d'être rejeté en tant que personne et il ne se sentira pas honteux ni coupable de ses sentiments.

Pour Rogers, si une personne reçoit constamment de la considération positive inconditionnelle, il ne se creusera pas de fossé entre son organisme et son soi. En effet, l'estime de soi que la personne développe peut à son tour devenir inconditionnelle. La personne apprend alors à s'accepter de manière inconditionnelle, à faire preuve de considération de soi. Bien sûr, les parents ne peuvent pas constamment faire preuve d'un tel discernement dans les interactions quotidiennes avec leurs enfants. Les sentiments des enfants sont souvent évalués de façon conditionnelle, avec pour résultat que leurs expériences «mauvaises» sont souvent exclues de leur soi, même si elles sont tout à fait gratifiantes pour l'organisme. C'est ainsi que se met en place l'incongruence entre le soi et l'organisme.

Rogers a élaboré sa vision de la thérapie en fonction de ces notions sur la personnalité et les besoins fondamentaux de l'individu. Nous présentons les aspects essentiels de la thérapie rogérienne à la fin de ce chapitre.

Qu'avez-vous appris?

RÉPONSES, p. 244

1. Quelles sont les trois composantes du soi selon Rogers?

2. Nommez et décrivez les trois sortes d'incongruence.

3. Montrez les différences entre le concept de considération positive conditionnelle et le concept de considération positive inconditionnelle.

Les psychologues étudient la motivation humaine de différentes façons. La perspective biologique privilégie le rôle des substances chimiques, comme les neurotransmetteurs et les hormones, de même que les systèmes qui transmettent ces substances (Andreassi, 1986). La perspective psychodynamique vise à découvrir les motifs et les influences inconscientes qui s'organisent autour des pulsions sexuelles et agressives pour orienter le comportement (Freud, 1915). La perspective béhavioriste étudie soit les caractéristiques de l'environnement qui renforcent ou qui punissent les comportements moteurs, verbaux et sociaux (Cofer, 1972), soit les attentes de la personne à l'égard des conséquences de ses propres comportements (Bandura, 1977, 1993).

Pour les humanistes comme Maslow, la motivation naît du besoin. Par exemple, un individu qui souffre de solitude fera tout ce qu'il peut pour se faire des amis ; il multipliera les rencontres avec ses connaissances, organisera des activités de groupe, fréquentera des bars ou clavardera durant des nuits entières. Le besoin d'appartenance est la source de tous les efforts de cet individu. La motivation est donc le processus qui le pousse à agir, à trouver la personne ou l'activité susceptible de satisfaire son besoin (Maslow, 1971).

Pour Rogers, il existe une motivation innée et fondamentale à l'origine de tous les besoins et les désirs humains : la tendance à l'autoactualisation, qui pousse chaque individu à se maintenir, à se développer et à s'actualiser, c'est-à-dire se réaliser pleinement, aller au-delà de ce qu'il est, de façon à exploiter tout son potentiel. Ainsi, Harold, le client en thérapie de l'exemple donné au début du chapitre, qui tente de comprendre et de résoudre ses problèmes, vise l'autoactualisation, tout comme le fait une fillette qui s'efforce d'écrire sans faute : tous deux cherchent à transformer leur potentiel en une performance réelle et satisfaisante.

Dans le prolongement de ses travaux, des chercheurs ont étudié deux autres types de besoins de croissance, soit le besoin d'autodétermination et le besoin de compétence, qui ont des répercussions importantes sur la motivation. Pour Deci et Ryan (1985), il s'agit même des deux principaux déterminants de la motivation humaine. Ils définissent le **besoin d'autodétermination** comme le besoin chez une personne de sentir qu'elle choisit librement ses activités et ses comportements en fonction de ses préférences,

de ses croyances, de ses besoins. La conduite autodéterminée n'est pas régie par l'environnement et elle s'accompagne d'une perception subjective d'autonomie, de liberté et de plaisir à réaliser quelque chose. Par exemple, un enfant peut éprouver beaucoup de plaisir à explorer pendant des heures tout le potentiel d'un logiciel de jeu ; mais, s'il a pour tâche d'étudier le même logiciel afin de le présenter à ses camarades de classe, son degré de satisfaction sera probablement plus faible. De plus, les conséquences positives des comportements autodéterminés sont nombreuses. Parmi les principales, notons une plus grande perception de compétence et une meilleure performance scolaire (Deci, *et al.*, 1981), une perception plus positive de soi (Harter, 1982), un accroissement de la créativité (Amabile et Hennessey, 1992) et plus d'intérêt et de plaisir lors des activités (Csikszentmihalyi et Rathunde, 1993 ; Ryan et Connell, 1989).

Étant donné les conséquences positives associées à l'autodétermination de la personne, il semble souhaitable de favoriser son émergence. Les caractéristiques environnementales idéales pour le développement de l'autodétermination sont les contextes où le point de vue subjectif de la personne est pris en compte, où l'initiative personnelle et le libre choix sont encouragés, où les règles, les contraintes et les limites au libre choix sont bien expliquées et où la rétroaction sur la performance est de type informatif plutôt que coercitif (Reeve, 1997). Si, en lisant la phrase précédente, vous pensez à votre cours de psychologie, vous pourriez tenter d'imaginer ce à quoi il pourrait ressembler si le professeur mettait en place certaines conditions favorisant le développement de l'autodétermination. Par exemple, quelle serait votre réaction s'il proposait des périodes où les élèves seraient appelés à décrire leurs perceptions et leurs besoins ? Ou encore s'il privilégiait l'initiative et le libre choix des activités dans la progression des apprentissages ? Quelles en seraient les conséquences sur votre performance scolaire, sur votre estime de soi, sur votre intérêt pour la matière ?

Le fait que nous cherchions intentionnellement, et en l'absence de contrôles externes, à améliorer certaines de nos capacités et à maîtriser ce qui nous arrive, reflète un autre type de besoin lié à la croissance de la personne, soit le **besoin de compétence** (White, 1959). Le jeune adulte qui étudie une langue étrangère par plaisir et qui s'exerce de longues heures, jour après jour, afin d'améliorer sa prononciation en est un

Besoin d'autodétermination

Besoin de se percevoir comme la cause de ses propres comportements.

bon exemple. Selon Deci et Ryan (1985), l'atteinte de la compétence signifie que la personne recherchera des conditions environnementales comportant suffisamment de tâches stimulantes pour permettre la mise en pratique et la maîtrise de ses habiletés. Cependant, il faut que la personne sache que l'erreur et l'échec seront tolérés, sinon la crainte de l'échec pourra limiter considérablement l'expression de son besoin de compétence (Clifford, 1990).

Deci et Ryan (1985) ont accordé un rôle primordial aux besoins d'autodétermination et de compétence dans leur théorie de l'évaluation cognitive. Comme nous l'avons mentionné, il s'agit pour eux des deux principaux déterminants de la motivation humaine. Ils soulignent l'importance des besoins fondamentaux liés à la croissance de la personne dans la détermination de ses conduites. La conception humaniste de la motivation humaine rappelle aux intervenants sociaux – professeurs, employeurs, parents, etc. – à quel point il est nécessaire de tenir compte de ces besoins dans les interactions sociales.

> **Besoin de compétence**
>
> Besoin qu'une personne a de chercher à s'améliorer et à maîtriser ce qui lui arrive ; s'accompagne de la recherche de conditions stimulantes permettant l'amélioration de ses capacités et de ses habiletés.

L'analyse de l'expérience d'une personne n'implique pas nécessairement l'explication de son comportement. Le lanceur Jim Abbott a toujours voulu jouer au baseball, même s'il était privé de main droite. Quelle motivation lui a fait réaliser ce rêve malgré toutes les tentatives de dissuasion qu'il a subies ? La réponse à cette question réside probablement dans l'expression des besoins d'autodétermination et de compétence.

 Qu'avez-vous appris ?

RÉPONSES, p. 244

Guillaume a de moins en moins envie de participer aux activités de son équipe de football. Lors des entraînements, toutes les activités sont déjà planifiées et lors des parties, les stratégies sont déjà définies sans qu'il ait été consulté. Quand Guillaume commet une erreur, son entraîneur lui donne des ordres, il ne lui demande pas les raisons de ses difficultés.

1. Selon vous, quel est le besoin fondamental de Guillaume qui n'est pas reconnu par l'entraîneur ?

2. Quelles sont les conditions de l'environnement qu'il faudrait modifier pour que ce besoin puisse être adéquatement comblé ?

L'APPRENTISSAGE SIGNIFICATIF POUR LUTTER CONTRE L'ABANDON DES ÉTUDES

Les humanistes se sont grandement intéressés à l'application de leur théorie dans un contexte « normal » ou non pathologique. Que ce soit en thérapie ou en pédagogie, leur intervention a cependant toujours eu pour objectif de faire progresser la personne de façon à ce qu'elle se réalise pleinement. En pédagogie, Rogers (1969) a eu recours au concept d'*apprentissage significatif* pour désigner l'apprentissage qui mène à une évolution positive de la personne. Ce type d'apprentissage vise à susciter l'engagement personnel de l'élève (l'apprenant), qui cherchera à s'approprier des savoirs et des savoir-faire en vue de se réaliser. L'élève est ainsi appelé à devenir responsable de ses apprentissages, alors que l'enseignant (l'éducateur) est encouragé à adapter son enseignement en fonction de la personnalité de chacun de ses élèves. Rogers s'oppose ainsi à la conception de l'enseignement dont le seul but est la transmission des connaissances.

L'apprentissage significatif nécessite un climat favorable au développement de la personne. Il trouve son origine dans la tendance à l'autoactualisation qui se trouve chez tout individu et qui constitue en quelque sorte une motivation naturelle à apprendre. Un climat favorable au développement de la personne doit réunir les trois conditions suivantes : la considération positive inconditionnelle, l'empathie et l'état de congruence. Dans cette optique, l'éducateur doit se montrer disposé à écouter l'apprenant ; il doit aussi tenter de comprendre le contexte d'apprentissage en fonction du cadre de référence subjectif de l'apprenant. L'éducateur agit en quelque sorte comme un « facilitateur d'apprentissage » en créant un environnement sécurisant et en aidant l'apprenant à puiser dans ses ressources personnelles les éléments qui favoriseront sa démarche d'apprentissage ; il s'agit alors d'« apprentissage centré sur la personne ». Par ailleurs, l'apprenant cherche à atteindre un état de congruence dans sa relation avec l'éducateur : il essaie de relever dans ses propres pensées et sentiments ce qui lui appartient vraiment, sans tenter de s'imposer quoi que ce soit ni de présenter à l'éducateur une image fabriquée de lui-même.

Ce sont ces principes humanistes qui ont été mis en application par les intervenants du programme « Choisir son avenir », dont l'objectif était de favoriser la reprise des études au cégep (Caouette et Deguire, 1993). Les « raccrocheurs » étaient des élèves qui avaient décidé de reprendre leurs études après les avoir abandonnées. Les intervenants voulaient tenir compte des besoins particuliers de ces élèves en leur offrant un encadrement et une formation personnelle susceptible de favoriser leur réussite scolaire. La composante humaniste du programme résidait, d'une part, dans la responsabilisation de l'élève et, d'autre part, dans l'« accompagnement humain » des intervenants, qui se mirent à l'écoute de ces élèves afin de mieux comprendre non seulement leurs difficultés, mais aussi leurs espoirs.

Dans leurs conclusions, les chercheurs observent qu'« en construisant leur projet d'avenir, [les raccrocheurs] ont apprivoisé leurs rêves ; ils les ont transformés en projets planifiés et structurés et ils ont repéré les diverses ressources disponibles ainsi que les outils nécessaires à l'atteinte de leurs objectifs d'ordre personnel et professionnel ». En concevant son projet d'avenir, l'élève effectuait une démarche qui constituait un *apprentissage significatif* des connaissances et des habiletés nécessaires pour réussir ses études collégiales. Le programme a obtenu d'excellents résultats : 13 des 16 participants ont suivi tous les cours et 12 ont réussi les examens.

LA THÉRAPIE CENTRÉE SUR LA PERSONNE : UNE APPROCHE NON DIRECTIVE

Carl Rogers a ouvert la voie à une toute nouvelle conception de la psychothérapie (1942, 1951). Jusqu'alors, les deux principales approches thérapeutiques visaient respectivement les pulsions – le psychanalyste sondait l'inconscient du patient – et les traits – le psychologue définissait la personne au moyen de combinaisons de traits (aptitudes, caractéristiques de personnalité, intérêts). Avec l'*approche centrée sur le client* de Rogers, le thérapeute accède à un tout nouveau champ d'intervention, soit : aider le client à surmonter les problèmes que pose la relation inadéquate entre son concept de soi et son expérience.

Selon Rogers, le thérapeute doit se montrer non directif : il doit se limiter en effet à refléter ou à reformuler ce que le client ressent, et ne pas chercher activement quelque chose qui devrait se trouver là (pulsions inconscientes ou traits de personnalité). Rogers (1969, 1972) a ensuite proposé la **thérapie centrée sur la personne** : le thérapeute ne doit pas hésiter à faire part de ses expériences, de ses pensées et de ses sentiments si cela doit aider son client dans le processus thérapeutique. Cette approche modifie les rôles traditionnels de thérapeute et de patient, puisque le thérapeute n'est plus seulement un aidant : il est aussi une personne avec laquelle le client entretient une relation privilégiée (Rogers, 1980).

Dans la thérapie centrée sur la personne, le thérapeute vise à établir une relation où le client est encouragé à parler librement de son expérience et à prendre conscience de son incongruence interne, c'est-à-dire des divergences entre son concept de soi et ses valeurs ou sentiments profonds (Rogers, 1977). L'objectif de ce type de thérapie est donc de favoriser la croissance du client, de l'amener sur la voie de la congruence, de l'autoactualisation. Pour ce faire, le client doit pouvoir exprimer librement ses pensées et ses sentiments sans se sentir jugé par son thérapeute. Alors seulement pourra-t-il abandonner ses défenses et s'ouvrir à son expérience, surtout aux dimensions de cette dernière qu'il se refuse à reconnaître comme siennes.

La clé du processus thérapeutique réside dans la relation entre le thérapeute et le client. En effet, au début de la thérapie, le client se trouve en état d'incongruence ; il est par conséquent vulnérable et angoissé. Il peut aussi éprouver des réticences à l'égard du thérapeute et du contexte thérapeutique. C'est pourquoi le thérapeute doit s'efforcer de créer un climat de confiance mutuelle où la spontanéité, la liberté de parole et l'acceptation de l'autre seront privilégiées. Rogers (1977) considère que le thérapeute doit présenter trois conditions pour favoriser la croissance du client et assurer l'efficacité de son intervention : il doit être authentique ou congruent, il doit poser un regard positif inconditionnel sur le client et il doit faire preuve d'empathie.

> **Thérapie centrée sur la personne**
>
> Approche thérapeutique visant la croissance, où le thérapeute, tout en s'efforçant de faire part de son expérience personnelle, fait preuve d'authenticité et d'empathie, et pose sur son client un regard positif inconditionnel. Synonyme : thérapie centrée sur le client.

La principale contribution de la perspective humaniste réside dans l'élaboration de techniques thérapeutiques non directives, comme la thérapie centrée sur la personne, créée par Rogers.

> **Authenticité**
>
> Condition thérapeutique favorisant la croissance, par laquelle le thérapeute doit faire preuve de congruence en se présentant au client tel qu'il est réellement.

1 L'AUTHENTICITÉ. Le thérapeute fait preuve d'**authenticité** lorsqu'il se présente au client tel qu'il est réellement. Il doit reconnaître et exprimer ouvertement les pensées et les sentiments qui l'habitent durant les rencontres, il doit surtout éviter de se cacher derrière un système de défense ou un jargon psychologique quand il est confronté avec son client à des moments douloureux de sa vie. Cela implique que le thérapeute est en état de congruence interne lors de chaque rencontre et dans sa relation avec le client. Il est évidemment impossible que le thérapeute soit constamment en état de congruence absolue. Mais une bonne relation thérapeutique exige que le thérapeute se sente authentique dans son attitude envers le patient. De plus, en acceptant comme siennes ses attitudes, pensées et comportements, le thérapeute agit comme un modèle pour le client qui sera ainsi encouragé à faire de même à l'égard de ses propres pensées et sentiments incongruents.

2 LA CONSIDÉRATION POSITIVE INCONDITIONNELLE. La *considération positive inconditionnelle* du thérapeute est au cœur du processus thérapeutique puisque l'incongruence ressentie par le client est souvent due au jugement conditionnel que les personnes-critères dans sa vie ont porté sur lui. Le thérapeute, qui est lui aussi une personne significative, doit donc montrer à son client qu'il l'accepte tel qu'il est, sans réserves. Cette tâche s'avère particulièrement difficile dans les moments où les comportements, les sentiments et les pensées du client sont en opposition avec les siennes. Pour être néanmoins efficace, le thérapeute doit maintenir son état de congruence et son authenticité, c'est-à-dire qu'il doit continuer à assumer et à exprimer ses pensées et ses émotions. L'essentiel reste que le client ne se sente pas jugé par le thérapeute, quelles que soient les idées de ce dernier. Le regard positif inconditionnel du thérapeute constitue en quelque sorte un engagement à respecter son client (Egan, 1975). Pour Egan, ce respect peut prendre les formes suivantes : croire en l'humanité et au potentiel de croissance de son client, s'engager personnellement envers celui-ci, l'aider à développer une personnalité congruente, croire en sa capacité d'autonomie et présumer qu'il s'engage réellement à changer.

3 L'EMPATHIE. La dernière condition favorisant le processus thérapeutique est l'*empathie* : le thérapeute utilise la méthode empathique et tente ainsi de comprendre les pensées, les sentiments et les comportements de son client à l'aide du cadre de référence de ce dernier. Il s'agit d'une condition essentielle puisque c'est en prenant conscience de son soi véritable, avec l'aide du thérapeute, que le client pourra croître. Afin de s'imprégner du monde intérieur de son client, le thérapeute doit momentanément s'éloigner du sien. Pour y parvenir, il doit être dans un état de congruence et accepter de plonger dans le monde parfois étrange de son client. Il s'agit d'une tâche difficile qui exige que le thérapeute prête une attention constante à ce que dit ou fait le client tout en vérifiant fréquemment la justesse de ses interprétations auprès de celui-ci. Ce faisant, le thérapeute prend parfois conscience de certains aspects de l'expérience du client qui lui sont peu ou pas connus. Il doit alors présenter ces éléments avec prudence et de façon graduelle, car le client pourrait se sentir menacé par ces révélations. Le thérapeute doit aussi éviter le piège de la sympathie par lequel il ne se limite pas à comprendre l'état émotionnel de son client, comme la colère ou la dépression, mais en vient aussi à le partager – une situation qui nuit tout autant au client qu'au thérapeute. En fait, la tâche du thérapeute consiste essentiellement à suggérer au client des interprétations possibles pour rendre compte de son expérience.

Lorsque ces trois conditions de la croissance sont réunies, le changement thérapeutique peut survenir. Se sentant accepté et compris, le client devient plus apte à exprimer ses sentiments, surtout ceux qui se rapportent à lui-même. Graduellement, il apprend à en parler d'une manière plus exacte et différente, notamment de ceux qui se rapportent à l'incongruence qu'il perçoit entre son expérience profonde et son soi. Il ressent de plus en plus consciemment la menace que représente cette incongruence et éprouve de plus en plus nettement les sentiments qu'il avait niés ou déformés. Sa perception de lui-même – de son soi – se transforme et il devient capable d'intégrer ces sentiments. En même temps, il acquiert un état de congruence et a moins besoin d'adopter un comportement défensif. Il peut alors faire preuve de considération positive inconditionnelle envers lui-même et se met de plus en plus à évaluer ses expériences en fonction de ce qu'elles peuvent lui apporter personnellement plutôt qu'en référence aux exigences héritées de ses parents ou d'autres personnes. En fait, le client apprend à se placer lui-même au centre de l'évaluation de chacune de ses expériences. Ainsi, plus en contact avec ce qu'il a vécu, il apprend à remplacer les valeurs inculquées par les autres de manière absolue par un processus continu de redéfinition de ses propres valeurs.

La thérapie centrée sur la personne constitue une contribution majeure à la psychothérapie. Cette approche a largement influé sur la formation de la majorité des aidants, qu'ils soient eux-mêmes psychologues ou pas (Egan, 1986).

humaniste

L'APPORT DE LA PERSPECTIVE HUMANISTE

En dépit des nombreuses critiques qu'elle a reçues, la perspective humaniste a grandement contribué au progrès de la psychologie moderne. Voici quatre de ses principales réalisations.

1 Un intérêt marqué pour l'étude de sujets adultes normaux

Les humanistes ont souvent reproché aux psychologues des autres perspectives de ne s'intéresser qu'aux individus malades et souffrants. Il est vrai que, pendant longtemps, les psychologues ont laissé de côté les adultes dits « normaux ». Au début du XXe siècle par exemple, Freud s'occupait de la santé mentale de ses patients et Pavlov se penchait sur les réflexes salivaires des chiens. Plus tard, Piaget a étudié le développement cognitif des enfants et Skinner, le comportement des pigeons et des rats. Il a fallu attendre les années 1950 pour voir apparaître des études consacrées sur une grande échelle à des adultes « normaux » (Hunt, 1993). Entre-temps, Maslow avait ouvert la voie à ce renouvellement, d'une part en critiquant l'obsession de la maladie dans la psychologie freudienne, d'autre part en étudiant le développement d'individus productifs et en bonne santé (Maddi et Costa, 1972).

2 L'élaboration de techniques thérapeutiques pour améliorer la relation client-thérapeute

Contrairement aux béhavioristes, les humanistes ne disposent pas dans leur arsenal thérapeutique de techniques aussi spécialisées que la désensibilisation systématique ou le traitement par aversion. Ces techniques, basées sur les principes du conditionnement, visent à résoudre des problèmes très pointus, tels que les phobies ou les déviances sexuelles. Cependant, les humanistes ont le

Une des contributions majeures de la perspective humaniste est d'avoir entrepris l'étude de sujets ordinaires de la vie quotidienne, avec ses hauts et ses bas.

mérite d'avoir mis au point toute une gamme de techniques non directives, telles que l'empathie, le reflet, la clarification et la reformulation, qui permettent au client de mieux comprendre son expérience et auxquelles recourent aujourd'hui un grand nombre de thérapeutes, quelle que soit la perspective à laquelle ils se rattachent (Hergenhahn et Olson, 2007).

3 La vision globale et éclectique de l'être humain

Si l'humanisme s'oppose au béhaviorisme et à la psychodynamique, il n'en remet cependant pas en question les concepts fondamentaux. Comme nous l'avons vu précédemment, la plupart des humanistes reconnaissent l'inconscient et la capacité d'apprendre de l'être humain. Ils reconnaissent aussi l'existence d'autres attributs tout aussi dignes d'intérêt, comme le libre arbitre, les besoins, la conscience, l'autoactualisation – autant de concepts que les autres perspectives ont laissés de côté ou même niés. Les humanistes se proposent d'intégrer tous ces phénomènes dans une vision globale de l'être humain (Maslow, 1987). De nombreux

La perspective humaniste a grandement contribué à modifier le rôle de l'enseignant et de la formation scolaire en général. Désormais, l'enseignement vise davantage à faciliter l'épanouissement et le développement intégral de l'individu.

thérapeutes humanistes militent d'ailleurs en faveur d'un rapprochement des différentes perspectives. Selon eux, ce rapprochement, ou *éclectisme* (voir le chapitre 11), permettrait de tirer profit du meilleur de chaque perspective, sur le plan théorique comme sur le plan clinique (St-Arnaud, 1987).

4 La grande influence de l'humanisme en éducation

L'humanisme a fortement imprégné l'élaboration des méthodes pédagogiques dans les années 1960 et 1970, notamment aux États-Unis et au Canada. Cette influence en éducation s'est manifestée tant sur le plan scolaire que sur le plan familial. Des écoles se sont inspirées des principes humanistes pour créer des programmes axés sur l'épanouissement et le développement intégral de l'enfant. À l'instar de l'évolution de la relation client-thérapeute, l'enseignant a troqué son statut de maître contre celui de personne-ressource afin d'assurer le développement du potentiel de ses élèves (Legendre, 1993). Les mêmes principes ont guidé la rédaction de livres pour le grand public, dans lesquels on explique aux parents comment éduquer leurs enfants et prendre soin d'eux (Hunt, 1993).

Si la perspective humaniste a eu des répercussions positives sur le plan théorique et sur le plan humain, elle a aussi des limites sur ces deux plans.

LES LIMITES DE LA PERSPECTIVE HUMANISTE

Les humanistes ont vivement critiqué le béhaviorisme; à son tour, l'humanisme a été la cible des béhavioristes. Voici quatre critiques majeures de ces derniers.

1 L'absence de vision objective de l'être humain

L'humanisme n'a pas de vision objective de l'être humain: cette critique, qui vise aussi la perspective psychodynamique, est fondée sur le principe qu'une théorie objective doit notamment utiliser les méthodes et les outils de la science. Par conséquent, toute théorie doit être confrontée aux faits et à l'ensemble des connaissances déjà acquises (voir le chapitre 2). Or, de nombreux humanistes considèrent que ces méthodes ne sont pas adaptées aux propriétés de leur objet d'étude, soit l'expérience humaine. C'est pourquoi ils ne s'intéressent guère aux études scientifiques, même si certaines d'entre elles invalident ou confirment leurs hypothèses. Par exemple, des recherches tendent à montrer que des individus incapables de satisfaire leur besoin d'amour ou d'estime de soi font néanmoins preuve de dynamisme et de créativité dans leur travail; ces comportements, à première vue, vont à l'encontre de la théorie de la hiérarchie des besoins. Maslow, qui connaissait ces résultats, semble pourtant leur avoir accordé peu d'attention (Hergenhahn, 1992).

Certains humanistes réfutent cette critique en affirmant que la psychologie est plus un art qu'une science (May, 1971). À leurs yeux, l'intuition du clinicien jouerait dans le développement des connaissances un rôle tout aussi fondamental que l'observation systématique ou l'expérimentation. Pour sa part, Maslow faisait apparemment peu de cas des méthodes scientifiques. Il étudiait des sujets qu'il choisissait sans méthode d'échantillonnage et dont un certain nombre étaient déjà morts! Cependant, d'autres humanistes, comme Rogers, se sont appliqués à définir plus clairement leurs concepts et à vérifier scientifiquement leurs hypothèses. Nous pouvons tout de même dire que la nature de la perspective humaniste est plus philosophique que scientifique.

2 Le caractère non scientifique des explications

On reproche souvent à l'humanisme le caractère non scientifique de ses explications. Ce reproche est-il justifié? Pour répondre à cette question, il faudrait d'abord définir ce qu'est une explication scientifique. Or, il n'existe pas de consensus sur ce point; nous pouvons même dire que les scientifiques ont autant de points de vue qu'il y a de perspectives en psychologie! Cependant, pour de nombreux psychologues, la science repose sur le principe du déterminisme et toute explication ou idée allant à l'encontre de ce principe doit être considérée comme non scientifique. C'est ce qu'on reproche aux humanistes, qui postulent l'existence du libre arbitre opposé à la vision déterministe du monde: selon eux, chercher les causes ou les déterminants du comportement est une entreprise vouée à l'échec. Les humanistes pensent que les psychologues doivent plutôt tenter de comprendre comment les individus perçoivent et appréhendent le monde qui les entoure, et qu'ils doivent par conséquent renoncer à la recherche d'explications objectives et indépendantes de l'expérience ou du point de vue du sujet (Hunt, 1993).

3 L'absence d'explication du comportement

On reproche également à l'humanisme de ne pas expliquer le comportement humain. Précisons d'abord que la plupart des humanistes ne prétendent pas vouloir expliquer le comportement. La plupart d'entre eux se soucient avant tout d'amener progressivement leurs clients à prendre conscience de leurs expériences et de leur potentiel. Dans ce contexte, l'explication et la modification des comportements apparaissent comme secondaires. Cependant, pour ceux qui souhaitent influer sur la conduite de leurs clients, le problème réside dans l'incompatibilité des explications humanistes avec la nature du phénomène à expliquer : le comportement.

En effet, les humanistes postulent l'existence d'un « monde mental ». Ce monde, constitué de nos expériences, aurait par définition des propriétés différentes de celles du monde physique : il serait, comme nous l'avons vu au début de ce chapitre, immatériel et inobservable, donc impossible à localiser dans l'espace (du moins pas de manière précise). En outre, il échapperait en partie ou totalement au déterminisme. Malgré tout, de nombreux humanistes considèrent que ce monde mental est à l'origine de nos comportements ; il les guiderait, les influencerait et même les expliquerait.

L'analyse de l'expérience d'une personne n'implique pas nécessairement l'explication de son comportement.

Toutefois, une question demeure : comment un phénomène mental, telle l'expérience, peut-il expliquer un phénomène biologique, tel le comportement ? Autrement dit, comment un objet immatériel peut-il agir sur un objet matériel ? Quel principe ou mécanisme permet d'expliquer cette relation de cause à effet ? En fait, les humanistes n'offrent pas de réponse à cette question.

4 La vision naïve et simpliste de l'être humain

Sommes-nous naturellement bons ou naturellement mauvais ? Cette question a fait couler beaucoup d'encre. Pour les humanistes, l'être humain est naturellement bon. Mais certains soutiennent que la question présente peu d'intérêt puisque, quelle qu'en soit la réponse, il existera toujours aux yeux des gens de bonnes et de mauvaises personnes. Pour d'autres, il s'agit de définir ce qui est bon et ce qui est mauvais, un sujet qui relève davantage de la philosophie, du droit ou de la morale que de la psychologie scientifique ou clinique. Dès lors, il serait vain de chercher à montrer chez l'être humain l'existence d'une tendance naturelle à la bonté ou à la croissance. Enfin, pour d'autres encore, l'histoire même de l'humanité constitue la réponse à cette épineuse question : s'il y a des guerres ou des massacres et si certains d'entre nous sont encore exploités, c'est sans doute qu'il existe en chacun de nous une part plus ou moins grande de « mauvais ».

L'être humain est-il foncièrement bon ou mauvais ? Voilà une question à laquelle il est difficile de répondre. D'une part, nous assistons à la quête de croissance personnelle proposée par les humanistes et illustrée par le soutien apporté à une femme malade (en haut) ; d'autre part, de nombreuses atrocités sont commises dans le monde. Un survivant d'un camp de Khmers rouges pose devant les photographies de ses compagnons assassinés (en bas).

Qu'avez-vous appris ?

RÉPONSES, p. 244

A
1. Quelles sont les principales contributions de la perspective humaniste à la psychologie ?

2. Quelle a été la contribution des humanistes à l'élaboration des thérapies ?

3. Quelles sont les critiques majeures formulées envers la perspective humaniste ?

CONCLUSION

À la question « Qu'est-ce qu'un humaniste ? », on entend souvent la réponse suivante : « Tout psychologue qui n'est ni béhavioriste ni psychanalyste. » Bien que fausse et simpliste, cette définition a le mérite de rappeler que la perspective humaniste est née en réaction aux deux grandes perspectives de la première moitié du XXᵉ siècle. C'est pourquoi on la qualifie de « troisième voie » en psychologie. Cette voie, tracée par Maslow et Rogers, a mené non seulement à l'élaboration d'une conception originale de l'être humain, mais aussi – et sans doute est-ce là sa principale contribution – à la mise au point de techniques thérapeutiques basées sur une approche nouvelle de la relation client-thérapeute. Par ailleurs, la perspective humaniste a été l'objet de virulentes critiques, tantôt à cause de son manque de rigueur et de scientificité, tantôt à cause de l'absence de vision claire et cohérente de l'être humain. Cependant, certains concepts humanistes liés à la perception et à l'autodétermination ont servi d'assise à l'élaboration de la plus récente perspective en psychologie, la perspective cognitive, qui fait l'objet de la prochaine partie de ce livre.

Réponses

Page 222

1. L'expérience est subjective, unique, inobservable, mentale, accessible à la personne seulement et directement accessible grâce à la conscience. **2.** Les méthodes objectives ne permettent pas d'étudier l'expérience subjective, puisqu'il s'agit d'un phénomène mental, donc inobservable et immatériel ; elles ont tendance à réduire la complexité des phénomènes par la décomposition de l'expérience humaine en divers éléments. **3.** Le but des psychologues humanistes est de comprendre l'expérience humaine afin de favoriser l'estime de soi et la réalisation de soi de leurs clients.

Page 225

1. « Il n'y a pas d'effet sans cause » : tout événement est causé par un autre événement. « Les mêmes causes produisent toujours les mêmes effets » : la même combinaison de causes produit toujours les mêmes effets. **2.** Choix libre et comportement autodéterminé. **3.** La responsabilité morale découle du libre arbitre : si vous êtes libre de faire certains choix, vous êtes aussi responsable de leurs conséquences, bonnes ou mauvaises.

Page 229

1. Les besoins de type D correspondent à un état de tension ou de manque que l'individu cherche à réduire, alors que les besoins de type E (ou besoins de croissance) correspondent à la tendance naturelle de l'individu à se réaliser pleinement (autoactualisation). **2.** Les besoins de sécurité, d'amour et d'estime (besoins de type D).

Page 235

1. Les trois composantes du soi, selon Rogers, sont les suivantes : les perceptions que la personne a d'elle-même et de ses caractéristiques individuelles ; les perceptions qu'elle a de ses relations avec les autres et avec différents aspects de la vie ; les valeurs qu'elle attache à ses perceptions. **2.** L'incongruence entre le soi et l'organisme : la personne a une image d'elle-même qui ne correspond pas à l'ensemble de ses expériences. L'incongruence entre le soi et le soi idéal : la personne ne s'accepte pas telle qu'elle est, elle se fixe un idéal qu'elle ne pourra jamais atteindre. L'incongruence entre la réalité subjective et la réalité objective : la personne ne prend pas la peine de s'assurer que son interprétation de la situation correspond bien à la réalité. **3.** Si l'individu est accepté ou aimé seulement s'il remplit certaines conditions, il s'agit de considération positive conditionnelle ; si l'individu est aimé ou accepté fondamentalement en tant que personne, sans égard aux sentiments qu'il exprime ni à ses expériences, il s'agit alors de considération positive inconditionnelle.

Page 237

1. Le besoin d'autodétermination. **2.** L'environnement n'encourage pas l'autonomie des joueurs. L'entraîneur devrait laisser plus de place à l'initiative chez les joueurs, expliquer ses choix stratégiques, décrire les comportements à améliorer et souligner les comportements adéquats ; il devrait aussi chercher à comprendre les difficultés de Guillaume.

Page 244

1. Un intérêt marqué pour l'étude de sujets adultes normaux, l'élaboration de plusieurs techniques thérapeutiques pour améliorer la relation client-thérapeute, une vision globale et éclectique de l'être humain et une influence favorable en éducation. **2.** L'élaboration de toute une gamme de techniques non directives permettant au client de mieux comprendre son expérience, telles que l'empathie, le reflet, la clarification, la reformulation, etc. **3.** La perspective humaniste n'offre pas une vision objective de l'être humain ; les explications humanistes sont non scientifiques ; la perspective humaniste n'explique pas le comportement ; elle propose une vision naïve et simpliste de l'être humain.

1   La perspective humaniste déborde largement le cadre de la psychologie. Il y a des humanistes en philosophie, en médecine, en littérature et en sciences de la nature. L'humanisme est fondé sur le postulat que *l'être humain est la valeur ultime et suprême de toute chose*. En conséquence, la destinée humaine ne saurait être asservie à quelque principe supérieur que ce soit, comme la recherche de l'objectivité (science) ou l'influence d'un dieu.

2   Les psychologues humanistes des années 1940 et 1950 ont repris à leur compte le concept de liberté intérieure, qu'ils ont opposé au principe du *déterminisme* des béhavioristes et des psychanalystes. L'humanisme s'est donc développé en réaction au béhaviorisme et à la psychanalyse. Les principaux chefs de file de l'humanisme en psychologie sont Abraham Maslow, Carl Rogers et Rollo May.

3   L'objet d'étude des humanistes est l'*expérience* humaine, dont les propriétés sont les suivantes: subjective, unique, inobservable, mentale, accessible seulement à l'individu et accessible directement par la conscience.

4   Le but thérapeutique des humanistes est de favoriser chez l'individu le développement de l'autoactualisation et de l'estime de soi. Pour y parvenir, ils préconisent l'utilisation de plusieurs méthodes thérapeutiques subjectives, comme l'introspection et l'empathie. L'introspection permet à la personne de décrire elle-même son expérience personnelle; l'*empathie* permet au thérapeute d'utiliser le cadre de référence interne de son client afin de mieux comprendre son vécu.

5   Les humanistes n'adhèrent pas complètement au principe scientifique du déterminisme (il n'y a pas d'effet sans cause et les mêmes causes produisent toujours les mêmes effets). Pour la grande majorité des humanistes, l'être humain est doté de la faculté de choisir, soit le *libre arbitre.* Cette capacité implique le principe de responsabilité morale par laquelle les individus sont responsables des conséquences, bonnes ou mauvaises, de leurs choix. De plus, les humanistes croient que la nature humaine est fondamentalement bonne, ce qui se traduit chez la personne par une tendance naturelle à l'autoactualisation.

6   Maslow a conçu sa théorie des besoins et de l'autoactualisation pour comprendre comment certaines personnes deviennent des êtres exceptionnels. Le développement de notre personnalité est intimement lié à la satisfaction de nos *besoins*, lesquels se subdivisent en deux grandes catégories: les *besoins de type D* (D pour déficience) et les *besoins de type E* (E pour être), ou besoins de croissance.

7   Pour Maslow, la motivation naît du besoin: c'est une force qui nous pousse à trouver l'objet, la personne ou l'activité susceptible de satisfaire nos besoins. Combler nos besoins nous procure plaisir et satisfaction. La privation engendre frustration et maladie. La satisfaction, même totale, des besoins de type D n'est cependant pas un gage de santé, selon Maslow. Les individus qui se contentent de satisfaire ces besoins finissent en effet par vivre un «état de décadence», car ils se contentent de peu. Seule la satisfaction des besoins de type E (la croissance) procure bonheur et santé. Par ailleurs, très peu d'individus parviennent à vraiment satisfaire l'ensemble de leurs besoins de croissance. Trois critères permettent de distinguer les personnes actualisées des individus qui se contentent de satisfaire leurs besoins de type D: ils s'intéressent au sort de l'humanité et à ses grands problèmes; ils ont des expériences extatiques; ils s'intéressent autant au résultat qu'aux moyens de résoudre les grands problèmes.

8   À l'instar de Freud, Rogers divise la personnalité en trois structures fondamentales: l'organisme, le soi et le soi idéal. L'*organisme* est le lieu de toute expérience. Le *soi* est une structure mentale qui regroupe toutes les perceptions qu'une personne a d'elle-même. Il est formé de trois composantes: la perception des caractéristiques personnelles de la personne; la perception que les autres ont d'elle; les valeurs que la personne attache à ses perceptions. Le *soi idéal* se développe à partir des jugements du soi et représente tout ce que la personne voudrait être.

9 L'interaction des structures de la personnalité peut provoquer chez l'individu deux sortes d'état : la *congruence* ou l'*incongruence*. L'individu est congruent lorsqu'il est en accord avec lui-même, incongruent lorsqu'il est en désaccord avec lui-même. Il existe trois sortes de congruence selon Rogers : entre le soi et l'organisme (lorsque les perceptions que l'individu a de lui-même correspondent à ses expériences) ; entre le soi et le soi idéal (quand l'idéal de la personne correspond globalement à ce qu'elle est réellement) ; entre l'organisme et la réalité extérieure (lorsque nos perceptions du monde correspondent à ce qui s'y passe réellement).

10 Pour Rogers, la *tendance à l'autoactualisation* est la motivation fondamentale qui pousse les individus à se maintenir, à se développer et, surtout, à s'actualiser. Cette tendance est à l'origine du besoin de *considération positive*, c'est-à-dire le besoin de chaleur, de sympathie, de respect et d'acceptation qu'éprouve l'individu. Ce besoin est comblé par les individus importants à nos yeux, que Rogers appelle les « personnes-critères ». La *considération positive inconditionnelle* est fournie sans conditions restrictives par les personnes-critères ; la *considération positive conditionnelle* est accordée à la personne qui satisfait d'abord à certaines conditions.

11 Le besoin de *considération de soi*, qui consiste à s'aimer et à s'accepter soi-même, naît du besoin de considération positive. Pour développer adéquatement ses besoins de considération positive et de considération de soi, l'individu doit entrer en relation avec les autres afin d'obtenir d'eux de la considération positive inconditionnelle. Pour Rogers, si une personne reçoit constamment cette considération, aucun fossé ne se creusera entre son organisme et son soi, et il y aura donc congruence entre les structures de sa personnalité.

12 Pour Rogers, la perspective humaniste de la motivation porte sur l'étude des efforts que déploie la personne pour assurer son développement plein et entier, aidée par la tendance à l'autoactualisation et le concept de soi. Deux autres besoins de croissance ont fait l'objet de recherches approfondies : le *besoin d'autodétermination* et le *besoin de compétence.* Le besoin d'autodétermination est celui qu'une personne a de percevoir qu'elle est à l'origine de ses comportements et le besoin de compétence pousse une personne à chercher à s'améliorer constamment et à maîtriser ce qui lui arrive. Deci et Ryan en ont fait les deux principaux déterminants de la motivation humaine.

13 Dans la *thérapie centrée sur la personne*, Rogers encourage le thérapeute à faire part de ses expériences, de ses pensées et de ses sentiments à son client si cette attitude contribue à l'aider à croître. Pour Rogers, trois caractéristiques doivent être présentes chez le thérapeute pour favoriser la croissance du client et assurer l'efficacité de son intervention : il doit être *authentique* et faire preuve de *considération positive inconditionnelle* et d'*empathie* envers son client.

14 Les *principales contributions* de l'humanisme au progrès de la psychologie moderne sont les suivantes : un intérêt marqué pour l'étude de sujets adultes normaux ; l'élaboration de plusieurs techniques thérapeutiques pour améliorer la relation client-thérapeute ; la vision globale et éclectique de l'être humain ; et la grande influence de l'humanisme en éducation.

15 Les *principales critiques* formulées envers la perspective humaniste s'énoncent de la façon suivante : elle n'offre pas une vision objective de l'être humain ; elle ne fournit pas d'explications scientifiques ; elle n'explique pas le comportement ; et elle propose une vision naïve et simpliste de l'être humain.

Les psychologues de la perspective cognitive étudient les processus qui rendent compte du fonctionnement de la pensée et qui influent sur le comportement.

La perspective cognitive

La scène se passe dans le Japon du XVe siècle. Un samouraï guide un cheval le long d'un étroit sentier serpentant à travers la forêt. Son élégante épouse, le corps recouvert d'un long voile, est assise sur le cheval. Soudain, un brigand surgit et attaque le couple; il ligote l'homme et viole la femme. Ensuite… Eh bien! Ensuite, c'est selon le narrateur.

Une fois capturé, le brigand raconte que la femme s'est vaillamment défendue avec une dague qu'elle a sortie de ses vêtements. Après l'agression, elle lui a dit que lui-même ou son mari devait mourir, sinon elle serait « doublement déshonorée ». Le brigand a alors libéré le samouraï, il s'est battu au sabre avec lui et l'a finalement tué. C'est alors qu'il a constaté que la femme avait disparu.

« Non, non, dit la femme. Les choses ne se sont pas passées du tout comme ça. » Après l'agression, le brigand a libéré son mari et s'est enfui. Se sentant honteuse et désespérée, la femme a couru vers son époux pour qu'il la réconforte. Cependant, en croisant son regard, elle y a vu de la haine et non du chagrin. Elle a alors ramassé la dague et supplié son mari de la tuer; il est resté assis, indifférent à sa prière. En proie au désespoir, elle s'est évanouie; quand elle a repris connaissance, la dague était plantée dans la poitrine de son époux.

« Attendez ! intervient le mari (son esprit s'exprimant par l'intermédiaire d'un médium, puisqu'il est mort). Les choses ne se sont pas passées comme ça non plus. » Après l'agression, le brigand a proposé à la femme de s'enfuir avec lui. Elle a accepté à la condition qu'il tue son mari. Cette requête a choqué le brigand, qui a demandé au samouraï : « Que dois-je faire d'elle ? » La femme s'est alors enfuie et le brigand s'est lancé à sa poursuite. Quelques heures plus tard, il est revenu libérer le mari et s'est éloigné de nouveau. Le samouraï, rongé par le chagrin, s'est suicidé avec la dague.

« C'est faux ! » lance un bûcheron, témoin du drame. Après l'agression, le brigand a supplié la femme de lui pardonner et lui a proposé de l'épouser. Elle lui a répondu qu'il revenait aux deux hommes d'en décider par un duel. Ils ont engagé le combat à contrecœur et le brigand a finalement tué le mari. Lorsqu'il a voulu réclamer son dû, il a constaté que la femme s'était enfuie.

Ces quatre comptes rendus différents d'un même événement forment la trame de *Rashomon*, un classique du cinéaste Akira Kurosawa (*Rashomon* était le nom de la porte sud de la ville de Kyoto, près de laquelle les voyageurs avaient l'habitude de se rassembler pour raconter et entendre des histoires). La parabole de Kurosawa signifie que la vérité est insaisissable ; comme le dit l'un des personnages du film, les êtres humains ont besoin d'inventer des histoires, non seulement pour tromper les autres, mais aussi pour se tromper eux-mêmes.

Nos besoins, nos motivations et notre désir de protection sont des facteurs qui déterminent le genre de récit que nous faisons de notre vie. C'est aussi le message de la perspective cognitive. George Gerbner (1988) a fait observer que les êtres humains diffèrent de toutes les autres espèces parce qu'ils racontent des histoires et qu'ils vivent conformément aux histoires qu'ils inventent. Dans le chapitre 9, nous verrons comment l'esprit humain pense et raisonne, de façon pas toujours très rationnelle. Dans le chapitre 10, nous présenterons les propriétés de la mémoire et nous découvrirons pourquoi il est souvent difficile de déterminer lesquelles de nos histoires sont vraies.

CHAPITRE 9

Penser
et raisonner

Voici un exercice intellectuel. Chaque pièce du labyrinthe illustré possède deux côtés miroirs et deux côtés ouverts. Déterminez les murs qui sont des miroirs. Puis, placez une feuille de papier transparent sur l'illustration et, à partir du milieu du labyrinthe, tracez le parcours qui permet de traverser les huit pièces sans passer dans aucune plus d'une fois. (La solution se trouve à la page 275.)

Nous vous invitons à faire l'expérience suivante. Détournez les yeux du texte et *ne pensez à rien* pendant 30 secondes. Ne pensez ni à ce que vous avez à faire cette semaine, ni à ce que vous avez mangé au petit déjeuner, ni à vos problèmes personnels, ni au temps qu'il fait. Ne pensez pas à la lecture de ce chapitre. Ne pensez ni à la politique, ni à l'expérience que vous êtes en train de faire, ni à la psychologie. *Ne pensez même pas que vous essayez de ne pas penser.* Êtes-vous prêt ? Alors, allez-y.

Vous n'y êtes pas arrivé, n'est-ce pas ? Presque tout le monde échoue à ce test. Être humain, c'est avoir des pensées du matin au soir et continuer à penser même durant son sommeil. Le célèbre mot de Descartes, « Je pense, donc je suis », demeure vrai si on l'inverse : « Je suis, donc je pense. » Chaque jour, sans exception, nous faisons des projets, nous résolvons des problèmes, nous tirons des conclusions, nous analysons des relations, nous élaborons des explications, et nous organisons et réorganisons les composantes de notre univers mental. Nous ne pouvons simplement pas faire autrement.

Réfléchissez à ce que la pensée vous apporte. Elle vous libère des limites du présent immédiat : vous pouvez vous rappeler un voyage que vous avez fait il y a trois ans, penser à la fête prévue pour samedi prochain ou évoquer le premier vol spatial habité de Youri Gagarine, qui a amorcé la conquête de l'espace. La pensée vous transporte au-delà des frontières de la réalité : vous pouvez imaginer une licorne, un monde idéal, un martien ou des petits hommes bleus. Notre capacité de penser rend possible la recherche de solutions à nos problèmes autrement qu'à tâtons : nous pouvons, en faisant les efforts nécessaires et en acquérant les connaissances requises, les résoudre de façon intelligente et créative.

On peut rattacher l'étude de la pensée à la science cognitive, un domaine très complexe qui regroupe plusieurs disciplines : la philosophie, la linguistique, l'informatique, la neuropsychologie et la psychologie cognitive (Gerrig et Zimbardo, 2005). Les principaux aspects étudiés par les psychologues cognitivistes sont l'intelligence, le raisonnement, le langage, la mémoire, l'attention, la perception et la résolution de problèmes. La psychologie cognitive est en pleine croissance et son évolution peut sembler un peu « éclatée » aux yeux de quelqu'un qui s'initie à la psychologie. C'est pourquoi nous tenterons d'intégrer ces différents thèmes dans notre présentation afin de brosser un tableau cohérent de ce domaine en pleine effervescence.

L'étude de la pensée (ou cognition) touche autant le contenu de notre pensée que les processus qui agissent sur les éléments qui la composent. Nous savons un très grand nombre de choses : le gazon est vert, un oiseau vole, j'ai 18 ans, etc. Ce sont les éléments qui meublent notre pensée. D'autre part, à l'aide de différents processus de traitement de l'information, nous savons comment relier ces éléments entre eux pour mieux comprendre notre environnement et résoudre nos problèmes quotidiens. Par exemple, nous savons comment associer nos connaissances personnelles avec diverses notions théoriques apprises pour réfléchir sur une multitude de sujets. Dans ce chapitre, nous présenterons tout d'abord les

Être humain, c'est avoir des pensées du matin au soir... et continuer à penser durant son sommeil.

élements de la pensée, comme les concepts et les schémas ainsi que leur développement ; ensuite, nous examinerons en détail les processus impliqués, tels que le raisonnement, l'intelligence et le langage.

LA PENSÉE

Pour expliquer les capacités du cerveau humain, de nombreux psychologues cognitivistes les comparent aux différentes fonctions d'un ordinateur, tout en soulignant qu'elles sont plus complexes. Cette approche dite du traitement de l'information a été très utile, car elle rend compte du fait que le cerveau n'enregistre pas passivement l'information, mais la modifie et l'organise de façon active. Pour les tenants de la perspective cognitive, la pensée est possible parce que l'information qui nous arrive de l'environnement est simplifiée et résumée sous forme de représentations internes. Ainsi, lorsque nous agissons, nous manipulons l'environnement et lorsque nous pensons, nous manipulons *mentalement* des représentations internes d'objets, d'activités et de situations. Cependant, nous ne traitons pas toute l'information dont nous disposons ; si c'était le cas, la moindre décision ou le problème le plus banal nécessiterait un temps fou, et nous ne saurions pas nous en sortir. Songez à ce que représenterait la prise de décision d'aller manger une pizza au restaurant s'il vous fallait penser à toutes les pizzas que vous avez déjà mangées, à toutes celles que vous avez vu être mangées par d'autres et à toutes les publicités que vous connaissez sur le sujet !

Le **concept** constitue une forme de représentation mentale (ou unité de pensée). Un concept est essentiellement une catégorie mentale regroupant des objets, des relations, des activités, des abstractions ou des attributs ayant des propriétés communes. Tous les exemples d'un même concept présentent une certaine ressemblance. Ainsi, *golden retriever*, *saint-bernard* et *berger allemand* sont des exemples du concept *chien* parce qu'ils ont en commun certaines caractéristiques, comme être un animal à quatre pattes, avoir une queue et aboyer. De même, *colère*, *joie* et *tristesse* sont des illustrations du concept *émotion*. Étant donné que les concepts constituent une simplification de l'environnement, il n'est pas nécessaire d'apprendre chacun des mots servant à désigner les objets, les relations, les activités, les propriétés abstraites ou les qualités que nous découvrons ni de traiter chaque exemple d'un concept comme s'il était unique. Vous n'avez peut-être jamais vu de *terrier du Congo* ni jamais mangé de *tilapia*, mais si vous savez que le premier est un exemple de *chien* et le second, un exemple d'*aliment*, vous comprendrez de quoi il s'agit. La formation des concepts résulte du contact direct avec des objets et des situations ou du contact avec des *symboles*, c'est-à-dire des éléments qui en représentent d'autres ou en tiennent lieu. Par exemple, le mot « café » que nous utilisons dans une conversation portant sur notre dernier repas tient lieu et place du café réel que nous avons bu. Les représentations symboliques comprennent les mots, mais aussi les formules mathématiques, les cartes, les graphiques, les illustrations et même les gestes.

On peut comparer les concepts à des briques qui servent à construire la pensée. Leur utilité serait néanmoins limitée si nous nous contentions de les empiler mentalement : il faut préciser leurs interrelations. Nous y parvenons en employant des **propositions**, soit des énoncés signifiants, formés de concepts et exprimant une relation entre ces éléments, que nous emmagasinons ensuite en mémoire. Une proposition peut exprimer à peu près n'importe quel type de connaissance (« Hortense élève des bergers allemands ») ou de croyance (« Les bergers allemands sont très beaux »). Les propositions sont à leur tour susceptibles d'être reliées les unes aux autres pour former un réseau complexe de connaissances, de croyances, d'associations et d'attentes. Ces réseaux, que les psychologues appellent **schémas cognitifs**, jouent le rôle de modèles mentaux servant à se représenter divers aspects de l'univers. Par exemple, un schéma

---

Concept

Catégorie mentale regroupant des objets, des relations, des activités, des abstractions ou des attributs ayant des propriétés communes.

Proposition

Unité de sens faite de concepts et exprimant une idée unitaire.

Schéma cognitif

Réseau intégré de connaissances, de croyances et d'attentes se rapportant à un sujet donné ou à un aspect particulier de l'univers.

sexuel représente les croyances et les attentes d'une personne par rapport à l'idée de ce qu'est un homme ou une femme. Chaque individu élabore des schémas relatifs à la culture, à divers métiers et professions, à des animaux, à des lieux et à bien d'autres éléments de son environnement social ou physique. Le tableau 9.1 illustre les liens entre concepts, propositions et schémas.

Les psychologues cognitivistes croient que l'*image mentale*, l'une des formes de la représentation mentale, joue également un rôle crucial dans la pensée. Bien qu'ils ne puissent pas vraiment «voir» les images dans l'esprit d'autrui, ces spécialistes sont capables de les étudier indirectement. L'une de leurs méthodes consiste à mesurer le temps que met une personne à exécuter mentalement la rotation d'une figure géométrique ou d'un objet, à parcourir cette image des yeux et à y *relever* certains détails. Les résultats de ces études suggèrent que les images mentales ressemblent beaucoup aux images d'un téléviseur: elles peuvent être «manipulées», elles occupent un «espace» mental de taille déterminée et elles contiennent d'autant plus de détails que leur dimension est grande (Kosslyn, 1980; Shepard et Metzler, 1971). Une étude réalisée à l'aide de la scanographie montre que l'imagerie mentale active la plupart des réseaux neuronaux du cerveau impliqués dans l'activité elle-même (Stephan *et al.*, 1995).

Le plongeur Alexandre Despatie a recours à l'imagerie mentale lorsqu'il se prépare à exécuter un saut.

Il semblerait qu'Albert Einstein faisait largement appel à l'imagerie mentale pour formuler ses idées. Il a raconté que son inspiration la plus heureuse était survenue en 1907: alors qu'il était en train d'imaginer un homme tombant en chute libre du toit d'une maison, il s'était rendu compte tout à coup que cet individu ne sentirait pas de champ gravitationnel dans son voisinage immédiat. Cette prise de conscience a plus tard amené Einstein à élaborer la théorie de la relativité, qui a révolutionné la physique. Plus près de nous, le plongeur Alexandre Despatie affirme avoir recours à l'imagerie mentale pour se préparer à exécuter ses sauts.

TABLEAU 9.1   LES LIENS ENTRE LES CONCEPTS, LES PROPOSITIONS ET LES SCHÉMAS COGNITIFS

CONCEPT	PROPOSITION	SCHÉMA COGNITIF
Chien: animal, quatre pattes, aboie, mord, etc.	Le chien court sur l'herbe.	Éléments associés au fait d'avoir un chien:
Herbe: plante verte, recouvre le sol, est rendue glissante par l'humidité, etc.	Le chien saute pour attraper le disque volant.	– exercice avec son animal domestique;
Disque volant (*frisbee*): disque, plastique, plane, etc.	Le chien aboie à la vue d'un enfant.	– responsabilité sociale associée au danger potentiel que le chien représente;
Enfant: petit de l'être humain, marche, parle, etc.	L'enfant regarde le disque volant planer.	– sentiment de sécurité apporté par la présence du chien;
Marcher: déplacement, jambes, posture droite, etc.	L'enfant rit à la vue du chien. L'enfant marche vers le chien.	– achat de nourriture;
Etc.	Le propriétaire du chien tire sur sa laisse. Etc.	– etc.

Les éléments de la pensée que sont les concepts peuvent être associés pour former un grand nombre de propositions significatives. Les propositions peuvent prendre plusieurs significations selon les schémas cognitifs activés. Dans l'exemple ci-dessus, le propriétaire du chien peut être préoccupé par le danger associé à la présence d'un enfant. Par contre, un tout autre schéma, *jouer avec un chien*, permet à l'enfant d'interpréter différemment les mêmes propositions: l'enfant peut concevoir l'interaction entre le chien et l'être humain uniquement sur le plan du plaisir associé au jeu avec l'animal. Imaginez maintenant comment une personne allergique au poil de chien peut interpréter cette situation ou, encore, comment un col bleu affecté à l'entretien perçoit la présence de tous ces chiens, de leurs propriétaires et des enfants dans un parc municipal... Au fait, selon vous, pourquoi faudrait-il nécessairement imaginer tout ce beau monde dans un parc municipal?

Jusqu'où la pensée est-elle consciente?

La plupart des gens qui réfléchissent au concept de la pensée ont en tête les activités mentales – comme la résolution de problèmes ou la prise de décisions – auxquelles ils se livrent de façon délibérée, tout en étant conscients du but à atteindre. Cependant, les processus mentaux ne sont pas tous conscients.

Les **processus préconscients** se produisent hors du champ de la conscience, mais celle-ci y a accès au besoin. Ils permettent de manipuler une plus grande quantité d'information et d'exécuter des tâches plus complexes que celles que nous pourrions faire uniquement grâce à la pensée consciente, et ils rendent possible l'exécution de plusieurs tâches à la fois (Kahneman et Treisman, 1984). Il suffit d'imaginer toutes les tâches quotidiennes que nous effectuons machinalement, «sans y penser», bien qu'elles aient, à un certain moment, requis énormément d'attention : taper à l'ordinateur, conduire une voiture, lire une lettre ou un courriel. Grâce à cette faculté de traitement automatique de l'information, rendue possible par un apprentissage approprié, nous pouvons même apprendre à effectuer simultanément des tâches aussi complexes que lire et écrire sous la dictée (Hirst *et al.*, 1978). Nous pouvons comprendre toute la portée de ces processus préconscients lorsqu'un événement imprévu ramène notre attention sur ce que nous sommes en train d'accomplir à ce moment précis. Par exemple, si vous êtes au volant d'une voiture et que vous apercevez un enfant traverser la rue en courant devant vous, vous devez rapidement prêter attention aux manœuvres à faire pour éviter de le frapper, ce que vous ne pourriez réaliser en vous fiant uniquement aux processus préconscients de traitement de l'information.

Les **processus inconscients** demeurent hors du champ de la conscience, ce qui ne les empêche pas d'influer sur le comportement. Nous avons tous vécu des situations où la solution à un problème nous apparaît de façon imprévue, après que nous avons cessé d'en chercher une. Nous pourrions en déduire faussement que les solutions surgissent de notre esprit sans traitement cognitif préalable. En fait, ces «solutions soudaines» impliquent probablement un processus de traitement de l'information en deux étapes (Bowers *et al.*, 1990). D'abord, les composantes du problème activent des connaissances et des souvenirs au fur et à mesure qu'une structure semble en émerger, bien que nous ne sachions pas encore exactement de quoi il s'agit. Ensuite, des esquisses de solution atteignent la conscience. C'est à cette étape que la solution semble surgir soudainement («*Eurêka*, j'ai trouvé!»), alors qu'en fait, un traitement d'information considérable a déjà été effectué.

Par ailleurs, bien qu'une bonne partie de la pensée soit habituellement consciente, il nous arrive tous, à certains moments, de ne pas réfléchir *beaucoup*. Dans ces moments-là, nous pouvons agir, parler et prendre des décisions par habitude, sans nous arrêter pour analyser ce que nous faisons et pourquoi nous le faisons. Ellen Langer (1989) a appelé ce traitement automatique de l'information *esprit passif*. Elle fait observer que la passivité mentale empêche de reconnaître les changements dans l'environnement qui devraient amener un changement de comportement (Langer et Moldoveanu, 2000). La plupart du temps, cette inertie mentale est sans conséquence fâcheuse, mais elle peut parfois mener à des tragédies. L'écrasement du vol d'Air Florida qui tua 74 personnes il y a quelques années en est un bon exemple. Au cours des préparatifs du décollage, un membre de l'équipage avait machinalement éliminé le déglaçage de l'avion (une vérification habituelle) parce qu'il était convaincu qu'il fait presque toujours chaud en Floride. Pourtant ce jour-là, la température extérieure était sous le point de congélation, et le surpoids occasionné par l'accumulation de glace sur l'avion entraîna la chute dramatique de l'appareil. Cette passivité intellectuelle est sans doute beaucoup plus fréquente que nous le croyons, bien que les conséquences n'en soient que rarement aussi tragiques, comme l'illustre le dessin ci-contre.

«*Ce lecteur de disques compacts est moins coûteux que d'autres lecteurs qui se vendent deux fois plus cher.*»

Le traitement automatique de l'information présente toutefois certains avantages : si nous nous arrêtions pour réfléchir, nous ne ferions rien. Par exemple : « Bon ! Je prends ma brosse à dents ; maintenant, j'y mets un centimètre de dentifrice ; maintenant, je brosse mes molaires supérieures droites. » Selon Jerome Kagan (1989), nous n'avons vraiment besoin d'être pleinement conscients que lorsque nous devons faire un choix délibéré, lorsqu'un événement demande absolument réflexion et lorsque nous sommes assaillis par des sautes d'humeur ou des sentiments imprévus. « On peut comparer la conscience à un pompier, dit Kagan. La plupart du temps, il joue tranquillement aux cartes dans la caserne ; il se met au travail uniquement lorsqu'il entend l'alarme. » Cela est peut-être vrai, mais la plupart des gens se porteraient mieux si leurs pompiers mentaux étaient plus attentifs à leur travail. Les psychologues cognitivistes ont donc effectué de nombreuses études sur la pensée réfléchie, consciente et intentionnelle ainsi que sur la faculté de raisonner.

Qu'avez-vous appris ?

RÉPONSES, p. 275

1. Vous emplir la bouche de barbe à papa, sucer un bonbon et mâcher un morceau de viande sont des exemples de comportement qui renvoient au _____ de *manger*.

2. En plus des concepts et des images, on a distingué les _____ comme formes de base des représentations mentales.

3. Pour Philippe, la représentation mentale des fêtes du Nouvel An inclut plusieurs associations (par exemple, la danse), plusieurs attitudes (par exemple, « Les gens devraient inviter leurs amis ») et plusieurs croyances ou attentes (par exemple, « Je crois que j'aurai mal à la tête demain »). Tous ces éléments font partie du _____ qu'il a de cette fête.

4. Zelda a composé le numéro de téléphone de son copain alors qu'elle voulait appeler sa mère. Son erreur peut être attribuée à l' _____ .

Le développement de la pensée

La faculté de penser et de raisonner se manifeste dès la petite enfance. Quiconque a observé de jeunes enfants sait cependant très bien qu'ils ne pensent pas de la même manière que les adultes, ce qui les amène à faire des erreurs de vocabulaire ou de raisonnement. L'enfant de deux ans utilise parfois le même mot pour désigner tous les animaux de grande taille (par exemple, *chat*), et un autre mot pour désigner tous les animaux de petite taille (par exemple, *fourmi*). Une jeune mère nous a raconté avoir fait l'expérience suivante avec sa fille de cinq ans. En présence de cette dernière, elle avait demandé à son mari de se couvrir les oreilles avec les mains, puis elle lui avait posé la question suivante : « M'entends-tu ? » Le mari avait fait un signe de tête négatif. Puis, elle avait demandé à sa fille : « Ton père m'entend-il ? » La fillette avait répondu non. Les parents avaient tenté d'expliquer à l'enfant que, si le père avait répondu à la question, même par la négative, c'est qu'il l'avait entendue. Mais l'enfant n'avait rien voulu savoir : elle n'arrivait pas à comprendre que le simple fait que son père ait répondu à sa mère signifiait qu'il avait entendu ce que celle-ci avait dit.

Dans les années 1920, le psychologue suisse Jean Piaget (1896-1980) a proposé une nouvelle théorie du développement cognitif. Cette théorie établit que les stratégies cognitives employées par les enfants pour résoudre des problèmes ne sont ni attribuables au hasard ni incompréhensibles : elles reflètent en fait une interaction entre les caractéristiques de l'enfant, comme le stade de développement atteint, et celles de son environnement. Les idées de Piaget ont révolutionné la façon d'envisager le développement de la pensée et elles influent encore considérablement aujourd'hui sur la recherche.

LE DÉVELOPPEMENT DE LA PENSÉE CHEZ L'ENFANT SELON PIAGET

Piaget (1929/1960) conçoit le développement comme le résultat dynamique de l'interaction constante entre les caractéristiques biologiques de l'individu et les conditions environnementales. Selon Piaget, l'enfant développe sa pensée de façon dynamique par les actions qu'il exerce sur son environnement plutôt qu'en réaction passive aux stimulations de celui-ci. Les actions que l'enfant fait par rapport aux objets et aux personnes de son milieu peuvent être d'ordre physique (par exemple, tirer, goûter ou regarder) ou d'ordre mental (par exemple, comparer ou classer).

À la naissance, l'enfant ne dispose que de quelques capacités motrices et sensorielles très rudimentaires, comme téter et regarder. Ces actions, appelées **schèmes** par Piaget, constituent les instruments à la base du développement de la connaissance chez l'enfant. Ainsi, l'action de fermer la main sur un objet (préhension) représente certes une conduite simple à la naissance,

Jean Piaget a proposé une théorie révolutionnaire du développement cognitif chez l'enfant.

Schème

Dans la théorie de Piaget, structure cognitive qui est commune à un ensemble de conduites et qui rend compte de la représentation des actions mentales et physiques.

mais, au fur et à mesure de ses «expériences» avec les éléments qui composent son univers, l'enfant apprendra à saisir les objets d'une façon de plus en plus élaborée. Le schème de préhension se précisera graduellement, ce qui permettra plus tard à l'enfant de bien saisir sa cuillère et, qui sait, encore quelques années et de multiples interactions plus tard, de manier le saxophone en virtuose. Le schème constitue une structure cognitive commune à un ensemble de conduites (Legendre-Bergeron, 1980) et il emmagasine en quelque sorte les diverses expériences de l'enfant tout en lui permettant de reproduire les actions motrices ou les opérations mentales déjà apprises.

Selon Piaget (1929/1960, 1952, 1986), le développement de la pensée et, par conséquent, l'adaptation à l'environnement dépendent de deux processus fondamentaux: l'*adaptation* et l'*équilibration*.

Le premier processus, soit l'adaptation des schèmes aux propriétés de l'environnement, peut prendre deux formes distinctes: l'assimilation et l'accommodation (voir la figure 9.1). Grâce à l'**assimilation**, l'enfant incorpore aux schèmes existants de nouvelles données. Par exemple, si le petit Henri a appris le concept *maman* en jouant avec sa mère et qu'il dit «Maman!» en apercevant la voisine, c'est qu'il a assimilé cette nouvelle information au schème *maman*. Il s'agit ici d'une erreur: l'enfant s'est basé sur la ressemblance entre sa mère et la voisine. À la suite des réactions de ses parents... et de la voisine, l'enfant devra recourir à l'**accommodation** pour remplacer ou modifier ce schème cognitif. Il devra donc modifier son schème *maman* de manière à en exclure toutes les autres femmes; il devra en outre créer un nouveau schème, à savoir *femmes qui ne sont pas ma mère*. Il accommode ainsi la nouvelle information selon laquelle une voisine qui ressemble à sa mère n'est pas une maman (voir l'encadré «Les malheurs de Sophie» à la page suivante).

Assimilation

Dans la théorie de Piaget, processus consistant à incorporer à des structures cognitives existantes de nouvelles données pouvant être modifiées au besoin pour s'ajuster aux structures existantes.

Accommodation

Dans la théorie de Piaget, processus consistant à modifier des structures cognitives existantes en réaction à une expérience ou à l'acquisition de nouvelles données.

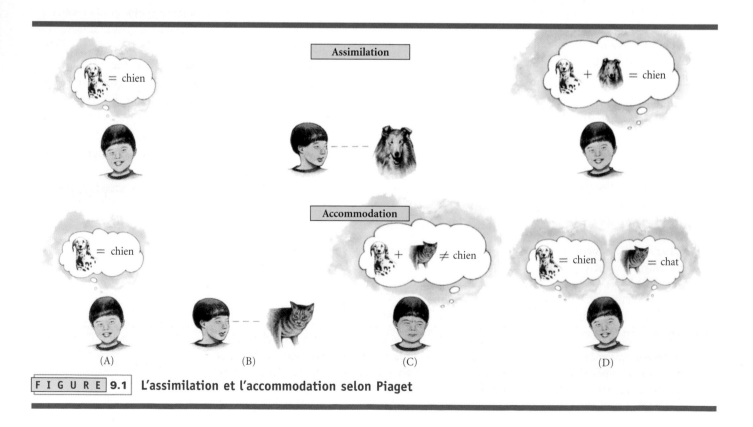

(A)   (B)   (C)   (D)

F I G U R E 9.1 **L'assimilation et l'accommodation selon Piaget**

Sophie a un an. Une bonne partie de ce qu'elle connaît du monde se résume à une balle que son grand frère Hugo lui a offerte à Noël. Cette balle a trois propriétés (ou caractéristiques): elle est ronde, rouge et dure. C'est grâce à ses schèmes de préhension (ronde et dure) et de vision (rouge) que Sophie a acquis ces trois connaissances, c'est-à-dire l'ensemble des propriétés des objets contenues dans ses schèmes sensorimoteurs.

Un jour, pour la taquiner, Hugo lui tend un nouvel objet, une tomate. En la saisissant, Sophie l'écrase involontairement. Qu'est-il arrivé? Comment expliquer cette « erreur »? Pour Piaget, cette conduite inadaptée s'explique par le fait que Sophie ignore ce qu'est une tomate. Son schème de préhension ne connaît pas l'une de ses propriétés: la mollesse. Sophie a donc saisi la tomate comme s'il s'agissait d'une balle. Il n'y a rien d'étonnant à cela, puisque son expérience lui a enseigné qu'un objet rouge et rond est forcément dur. Dans les termes de Piaget, nous dirons que Sophie a *assimilé* la tomate à une balle. Ainsi, lorsque nous ignorons qu'un objet est nouveau (tomate molle), nous le traitons comme un objet connu (balle dure).

Assimilation
Sophie manipule la tomate en utilisant le schème de préhension adapté pour saisir une balle.

En écrasant la tomate, Sophie a appris une chose: un objet rouge et rond peut aussi être mou. Son schème de préhension vient de s'enrichir d'une nouvelle connaissance: il a intégré (ou assimilé) la propriété d'être mou. C'est grâce à cette nouvelle connaissance que Sophie pourra s'adapter aux nouveaux objets qui composent son univers. Il est fort possible que Sophie écrase d'autres tomates: l'adaptation se fait rarement du premier coup, surtout chez les jeunes enfants. Cependant, à force de saisir des tomates ou tout autre objet rouge, rond et mou, Sophie modifiera sa conduite et sera capable de saisir une tomate sans l'écraser. Cette adaptation progressive du schème à l'objet est appelée « accommodation ».

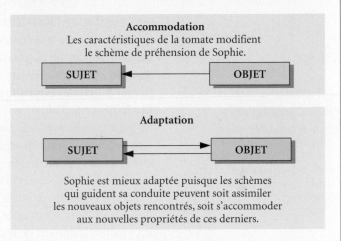

Accommodation
Les caractéristiques de la tomate modifient le schème de préhension de Sophie.

Adaptation

Sophie est mieux adaptée puisque les schèmes qui guident sa conduite peuvent soit assimiler les nouveaux objets rencontrés, soit s'accommoder aux nouvelles propriétés de ces derniers.

Dans cet exemple, il faut distinguer entre la conduite et le schème. La conduite (écraser la tomate ou la saisir délicatement) est un comportement observable qui dépend du schème. Le schème de préhension, quant à lui, est inobservable: c'est une structure cognitive qui guide la conduite. Cette structure possède deux fonctions: l'assimilation et l'accommodation. Sur le plan des conduites, l'assimilation se traduit par l'écrasement de la tomate, tandis que l'accommodation du schème permet de saisir délicatement la tomate. Par ailleurs, il faut aussi distinguer le schème de ses fonctions d'assimilation et d'accommodation. Nous pouvons comparer, d'une part, le schème au disque dur d'un ordinateur (une structure qui permet d'intégrer de nouvelles connaissances) et, d'autre part, l'assimilation et l'accommodation aux fonctions qui permettent de modifier l'information sur le disque rigide (fonctions « enregistrer » ou « supprimer » du traitement de texte). Tous trois, rappelons-le, sont inobservables.

Le deuxième processus central de la théorie de Piaget (1952) est l'**équilibration**, qui consiste en une réorganisation majeure des structures de représentation des connaissances que sont les schèmes. Cette réorganisation permet à l'individu de s'adapter de façon optimale à chacun des stades de son développement, de telle sorte que l'ensemble des schèmes répondent adéquatement aux exigences de l'environnement. À titre d'exemple, la première réorganisation majeure survient à la fin du premier stade, le stade sensorimoteur (de la naissance à deux ans), et au début du deuxième stade, le stade préopératoire (de deux à sept ans): l'enfant passe de

Équilibration

Dans la théorie de Piaget, processus par lequel l'individu organise ses observations et ses expériences en un ensemble cohérent de significations.

schèmes axés sur les actions et les sensations à des schèmes axés sur la représentation symbolique de ces éléments. De cette façon, il peut utiliser le langage pour rendre compte de sa compréhension et agir sur l'environnement plutôt que de se confiner dans les actions concrètes du stade précédent. Au lieu de continuer à repousser ou à jeter par terre la nourriture qu'il n'aime pas, il exprimera ses préférences alimentaires. En d'autres termes, cette réorganisation permet à l'enfant de se représenter mentalement son environnement d'une tout autre façon.

Le modèle du développement cognitif de Piaget (1952, 1992) comprend quatre stades de développement (voir le tableau 9.2).

1 **LE STADE SENSORIMOTEUR (DE LA NAISSANCE À DEUX ANS).** Durant les deux premières années de sa vie, le nourrisson apprend au moyen d'actions concrètes: il regarde, touche, écoute, il saisit des objets, les met dans sa bouche et les suce. Ses schèmes sont *sensorimoteurs*, sa « pensée » consiste à coordonner l'information sensorielle et les mouvements corporels. L'une des acquisitions majeures de l'enfant est ce que Piaget appelle la notion de **permanence de l'objet**, soit la compréhension qu'une chose continue d'exister même s'il ne peut plus la voir ni la toucher. Durant les premiers mois de la vie, précise Piaget, l'enfant semble se conformer à la devise « Loin des yeux, loin de l'esprit ». Ainsi, quand on cache à l'aide d'une feuille de papier un jouet que l'enfant regardait avec une vive attention, il ne regarde pas derrière la feuille et ne fait aucun autre effort pour retrouver le jouet. Vers l'âge de six mois, le nourrisson commence à comprendre qu'un jouet et le chat de la maison existent, qu'il puisse les voir ou non. À cet âge, l'enfant qui laisse échapper un jouet à l'extérieur de son parc se mettra à le chercher; il soulèvera également une couverture pour prendre un jouet partiellement caché sous ses yeux. À un an, la plupart des enfants ont acquis une certaine notion de la conservation des objets. C'est à ce moment-là qu'ils aiment jouer à faire « coucou! »

Selon Piaget, l'acquisition de la notion de la permanence de l'objet marque le début de la **pensée conceptuelle**, soit l'aptitude à utiliser des images mentales et d'autres systèmes de symboles, comme le langage. L'enfant est alors capable de se représenter mentalement un concept; par exemple, il comprend que le mot *mouche* représente un insecte dérangeant et bourdonnant, et que *papa* désigne un être gentil et enjoué.

2 **LE STADE PRÉOPÉRATOIRE (DE DEUX À SEPT ANS).** Durant cette période, l'utilisation des symboles et du langage s'intensifie. L'enfant s'affranchit progressivement de l'obligation d'agir sur son environnement. Il arrive à se représenter mentalement des conduites, des situations ou des objets sans avoir à agir directement sur eux. Sa pensée s'appuie alors sur des représentations mentales, les *schèmes conceptuels*, plutôt que sur des actions concrètes. Toutefois, la pensée de l'enfant comporte plusieurs lacunes. L'enfant n'a toujours pas la capacité de comprendre les liens abstraits de cause à effet, sa pensée se basant, d'une part, sur sa connaissance limitée du monde et, d'autre part, sur l'apparence des choses. L'exemple par excellence est l'épreuve de conservation des liquides. À ce stade, l'enfant n'arrive pas à comprendre qu'un volume donné de liquide ne change pas si on n'y ajoute ni retranche rien, même si son apparence est modifiée. Ainsi, si on transvase le contenu d'un récipient à large diamètre dans un autre à diamètre plus étroit, l'enfant croira à tort que la quantité de liquide a augmenté. L'enfant est trompé dans son jugement par la hauteur du liquide dans les contenants, et ce, même si on effectue l'opération devant lui.

3 **LE STADE OPÉRATOIRE CONCRET (DE 7 À 12 ANS).** Au cours de ce stade, l'enfant fait des progrès remarquables en matière d'opérations mentales, même si sa pensée s'appuie toujours sur des concepts et des expériences concrètes plutôt que sur des abstractions ou des déductions logiques. Il parvient à maîtriser le principe de conservation, celui de réversibilité (faire la preuve) et les liens de cause à effet. Il apprend à additionner, à soustraire,

Permanence de l'objet

Dans la théorie de Piaget, compréhension, élaborée à la fin de la première année de la vie, qu'une chose continue d'exister même si elle ne peut plus être vue ni touchée.

Pensée conceptuelle

Ensemble des opérations mentales effectuées sur des images mentales ou des symboles.

STADE	PRINCIPALES ACQUISITIONS
Sensorimoteur (de la naissance à deux ans)	Permanence de l'objet. Début de la pensée conceptuelle (utilisation des images mentales et des symboles).
Préopératoire (de deux à sept ans)	Utilisation accrue des symboles et du langage. Représentation mentale des actions.
Opératoire concret (de 7 à 12 ans)	Développement de la logique qui rend possibles la conservation, la classification et l'identité.
Opérations formelles (à partir de 12 ans)	Raisonnement abstrait. Pensée hypothéticodéductive.

TABLEAU 9.2 LES PRINCIPALES ACQUISITIONS PROPRES À CHAQUE STADE DU DÉVELOPPEMENT COGNITIF SELON PIAGET

à multiplier et à diviser des nombres. Il parvient à regrouper les objets en catégories (par exemple, un pommier est un arbre) et à ordonner des éléments en séries logiques (par exemple, du plus petit au plus grand, du plus léger au plus lourd). Il maîtrise aussi le principe de l'identité, qui rend permanente sa perception des choses (par exemple, « Mon frère sera toujours mon frère même s'il préfère vivre chez la nouvelle copine de mon père »).

4 LE STADE DES OPÉRATIONS FORMELLES (À PARTIR DE 12 ANS). Ce n'est qu'à ce stade que l'individu parvient à raisonner de façon abstraite. L'adolescent et l'adulte peuvent alors effectuer des opérations mentales sur des objets, des situations ou des faits pour lesquels ils n'ont aucune expérience concrète. L'adolescent maîtrise aussi les liens de cause à effet et sa pensée adopte davantage les règles de la logique. La **pensée hypothéticodéductive** est caractéristique de ce stade. L'adolescent associe et compare des idées et en déduit logiquement des conclusions. Il peut, par exemple, s'imaginer les conséquences que pourrait avoir sur sa vie son inscription dans tel programme à tel collège.

Pensée hypothéticodéductive
Capacité d'associer de façon abstraite des idées ou des concepts afin d'en déduire logiquement des conclusions.

AU-DELÀ DE PIAGET

L'influence des travaux de Piaget a été considérable. La plupart des chercheurs acceptent aujourd'hui l'une de ses principales idées: les nouvelles habiletés de raisonnement s'appuient sur les habiletés acquises antérieurement. Ainsi, il est impossible d'étudier l'algèbre avant de savoir compter; de même, nous ne pouvons étudier la philosophie avant de comprendre la logique. Les critiques de Piaget eux-mêmes reconnaissent que les enfants ne sont pas des récipients passifs dans lesquels nous déversons l'éducation et l'expérience. En effet, les enfants interprètent de façon active leur univers; ils se lancent à l'aventure en faisant appel à leurs propres perceptions et ils essaient de comprendre les choses en utilisant les schèmes qu'ils ont acquis.

Néanmoins, des recherches ont remis en question certains aspects de la théorie piagétienne. On a ainsi établi l'influence du milieu et de la culture sur le rythme du développement cognitif de l'enfant, notamment au cours des deux premiers stades (Baillargeon, 1991; DeLoache, 1987; Shatz et Gelman, 1973).

1. Luis est arrivé au Canada à l'âge de 20 ans. Une de ses premières adaptations à son nouvel environnement fut de se débarrasser de sa peur à la simple vue d'un policier. Dans son pays d'origine, de nombreux policiers étaient malhonnêtes et violents envers la population. Selon Piaget, il s'agit d'un exemple du processus d' _____ . Justifiez votre réponse.

2. Lorsqu'on demande à Juliette si elle a un frère, elle répond « Oui, mon frère Xavier », mais si on lui demande si Xavier a une sœur, elle répond « Non » tout en se montrant surprise de la question. Selon vous, à quel stade du développement cognitif de Piaget Juliette se situe-t-elle ? Justifiez votre réponse.

Piaget croyait que la pensée de l'enfant au stade préopératoire était égocentrique, c'est-à-dire qu'il lui était impossible de concevoir que les autres pouvaient voir le monde d'une façon différente de la sienne. Cet aspect de sa théorie a été fortement contesté : il semble que les enfants de cet âge peuvent se décentrer de leur propre point de vue (Flavell, 1993). Par exemple, un enfant de quatre ans qui joue avec un enfant de deux ans modifie et simplifie son vocabulaire de façon à être mieux compris (Shatz et Gelman, 1973).

De plus, il semble que Piaget ait, d'une part, *sous-estimé* les aptitudes cognitives des jeunes enfants et, d'autre part, *surestimé* les aptitudes cognitives des adultes. Des recherches ont montré que de nombreux adultes n'acquièrent jamais la capacité à penser de façon abstraite, alors que d'autres gardent toujours l'habitude de penser de façon « concrète », sauf lorsqu'un problème particulier exige de faire appel à la pensée abstraite (King et Kitchener, 1994).

LA PENSÉE RATIONNELLE EN ACTION

L'esprit humain est une véritable merveille ; il est à l'origine de la poésie, de la pénicilline et du velcro. Mais c'est aussi lui qui a imaginé la guerre, les pourriels et les embouteillages. Pour mieux comprendre pourquoi l'espèce qui a trouvé le moyen de se rendre sur la Lune est également susceptible de commettre sur Terre les pires aberrations, les psychologues cognitivistes se sont penchés non seulement sur la capacité de raisonner, mais aussi sur les limites cognitives qui faussent notre raisonnement. Cette section traite brièvement du raisonnement et de la créativité, deux atouts associés à notre capacité de penser rationnellement, alors que la section suivante est consacrée aux principales erreurs cognitives liées aux limites de notre rationalité.

Le raisonnement

Chaque jour, nous faisons appel de nombreuses fois au raisonnement, l'une de nos principales capacités cognitives, pour résoudre toutes sortes de problèmes et interpréter ce qui nous arrive. Le raisonnement est une activité mentale au cours de laquelle nous traitons de l'information dans le but d'en tirer des conclusions. Contrairement aux réactions impulsives ou « automatiques », le raisonnement exige la production d'inférences à partir d'observations, de faits et d'hypothèses. Les raisonnements déductif et inductif comptent parmi les formes les plus élémentaires de raisonnement et ils permettent l'établissement de conclusions à partir d'un ensemble d'observations et de propositions : les *prémisses*. Dans cette section, nous verrons comment nos raisonnements facilitent notre adaptation aux exigences quotidiennes, mais il faut toujours garder présent à l'esprit que ces raisonnements peuvent parfois nous empêcher de bien saisir la réalité.

Dans le **raisonnement déductif**, si les prémisses sont vraies, alors la conclusion est *nécessairement* vraie. Ce type de raisonnement prend souvent la forme d'un *syllogisme*, soit un argument simple composé de deux prémisses et d'une conclusion. En voici un exemple simple.

Raisonnement déductif
Raisonnement dans lequel une conclusion découle nécessairement de prémisses données ; si les prémisses sont vraies, alors la conclusion est vraie.

Première prémisse :   *Tous les êtres humains sont mortels.*
Seconde prémisse :   *Je suis un être humain.*
Conclusion :   *Donc, je suis mortel.*

Tout le monde fait des syllogismes en pensant, mais nous employons la plupart du temps des prémisses implicites, non formulées mentalement de façon claire : « Je ne travaille jamais le dimanche. C'est aujourd'hui dimanche. Donc, je ne travaille pas aujourd'hui. »

Dans le **raisonnement inductif**, les prémisses mènent à une conclusion donnée, mais celle-ci *peut* néanmoins être fausse. Autrement dit, la conclusion ne découle pas *nécessairement* des prémisses, comme c'est le cas dans le raisonnement déductif. Par exemple, dans le raisonnement « Jacques a remis ses deux premiers travaux en retard, donc Jacques remet toujours ses travaux en retard » comporte une conclusion qui peut tout autant être vraie que fausse. Habituellement, le raisonnement inductif consiste à tirer des conclusions générales à partir d'observations particulières, de la même manière que nous inférons une conclusion générale à partir d'expériences vécues : « J'ai pris trois bons repas dans ce restaurant ; on y sert toujours de l'excellente nourriture. » La science a largement recours au raisonnement inductif dans le processus qui mène à l'élaboration d'une théorie. Au cours d'une étude, les scientifiques font de nombreuses observations minutieuses, puis ils tirent des conclusions qui leur semblent probablement vraies. Cependant, quelle que soit la quantité de données étayant une conclusion, il demeure toujours possible que de nouveaux éléments viennent infirmer cette conclusion.

LA RÉSOLUTION DE PROBLÈMES

Dans la vie quotidienne, nous devons souvent poser un jugement ou prendre une décision dans des conditions d'incertitude. Par contre, nous pouvons faire appel à des méthodes éprouvées qui permettent de résoudre un problème de façon infaillible : les **algorithmes**. Par exemple, afin d'effectuer manuellement des analyses statistiques complexes, nous accomplissons une série d'opérations qui nous mèneront à la bonne réponse, pourvu que nous suivions adéquatement la méthode, et ce, même si nous ne comprenons pas la logique de ces opérations. De même, pour faire un gâteau, il suffit de suivre une recette. Cependant, pour résoudre la plupart des problèmes courants, nous appliquons souvent des règles ou des méthodes, les **heuristiques**, que nous avons déjà utilisées avec succès dans le passé, mais qui ne mènent pas nécessairement à la meilleure solution. Voyons deux exemples : un investisseur, cherchant à prédire le comportement de la Bourse, n'achète que des titres qui ont perdu 10 % de leur valeur au cours de la dernière année ; le directeur d'une usine, désireux d'accroître la productivité de son entreprise, offre à un représentant des employés de siéger au conseil d'administration. Voilà deux personnes qui disposent d'une information incomplète sur laquelle ils doivent fonder leur jugement ou leur décision et qui font appel à des heuristiques. Les solutions trouvées peuvent permettre de résoudre le problème existant, mais elles peuvent aussi mener à la catastrophe.

LA CRÉATIVITÉ ET LE RAISONNEMENT DIVERGENT

L'aptitude à penser de façon créative est une autre habileté qui peut faciliter la résolution de problèmes dans la vie de tous les jours. La créativité va à l'encontre des idées reçues : elle suppose un dépassement des stratégies et du savoir courants dans la recherche de nouvelles solutions.

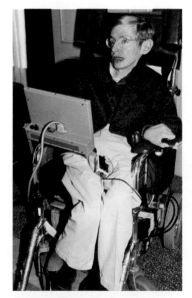

Stephen Hawking, physicien de renommée mondiale, a réussi à faire avancer la science en utilisant le raisonnement divergent, caractéristique des personnes créatives.

Les personnes créatives ont recours au **raisonnement divergent** : au lieu de s'en tenir aux façons habituelles de faire, elles explorent des chemins peu fréquentés et élaborent plusieurs solutions. Elles formulent de nouvelles hypothèses, imaginent des interprétations différentes et cherchent à découvrir des relations qui ne sont pas d'emblée évidentes. Ces personnes sont donc capables d'employer de façon inattendue des concepts familiers. Au contraire, les individus moins créatifs font presque uniquement appel au **raisonnement convergent** : ils effectuent dans un ordre donné une série d'étapes menant à ce qu'ils considèrent comme l'unique solution acceptable.

Dans le but d'illustrer l'application de la pensée créative à la résolution de problèmes, Edward de Bono (1971) a demandé à des enfants âgés de 4 à 14 ans de concevoir un appareil d'exercice pour chien. Un enfant a formulé l'idée toute simple de faire courir le chien après un os qu'on garde toujours hors de sa portée : le chien porte un harnais sur lequel est fixée une perche au bout de laquelle un os se balance (voir la figure 9.2a) ; cette méthode, frustrante

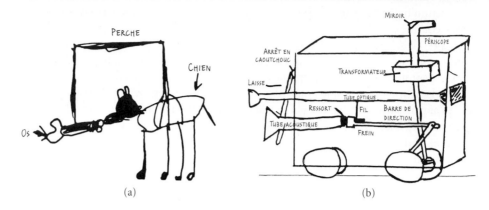

PERCHE

CHIEN

OS

(a)

MIROIR

PÉRISCOPE

ARRÊT EN CAOUTCHOUC

TRANSFORMATEUR

LAISSE

TUBE OPTIQUE

RESSORT   FIL   BARRE DE DIRECTION

TUBE ACOUSTIQUE

FREIN

(b)

FIGURE 9.2 La création d'appareils d'exercice pour chien

Les enfants ont fait preuve de créativité en utilisant de façon imaginative des concepts familiers dans la conception d'un appareil d'exercice pour chien. Quelle sorte de machine pourriez-vous créer ?

pour le chien, est très efficace. Un autre enfant a imaginé un appareil beaucoup plus sophistiqué (voir la figure 9.2b) : on installe le chien dans un chariot ; quand il aboie, l'énergie produite par le son dans un tube acoustique est transmise à un système de tiges et de ressorts, qui fait tourner les roues du chariot, que le chien est forcé de suivre. Un «tube optique» permet au pauvre animal de voir où il se dirige, mais cet accessoire est superflu puisqu'un périscope enregistre automatiquement la présence d'obstacles et qu'un «transformateur» modifie la direction du chariot en conséquence. Plus le chien aboie, plus la vitesse du chariot augmente.

En psychologie expérimentale, on a l'habitude d'étudier la créativité au moyen de tests mesurant la fluidité, la flexibilité et l'originalité démontrées dans la résolution de problèmes (Guilford, 1950). Par exemple, on présente au sujet un ensemble de trois mots et on lui demande d'en trouver un quatrième qui les relie tous (Mednick, 1962). Pour l'ensemble «droit, bulletin, confiance», «vote» est une réponse correcte. On considère que la capacité d'associer des éléments de façon nouvelle en leur découvrant une relation est une composante importante de la créativité. Pouvez-vous associer un terme à chacun des ensembles de mots suivants ? (Réponses, p. 275.)

1. Poids, partie, sur.
2. Rat, cheval, piano.
3. Bœuf, mauvais, pie.
4. Marche, porc, doigt.
5. Coup, rose, large.

Certains psychologues cherchent à déterminer les traits de personnalité caractéristiques des personnes créatives (Helson *et al.*, 1995 ; MacKinnon, 1968 ; McCrae, 1987 ; Schank, 1988). Les traits de personnalité généralement associés à l'aptitude créative (ou capacité créatrice) sont les suivants : le non-conformisme, l'indépendance d'esprit, la confiance en soi, la curiosité et la persévérance.

L'inventeur suisse Georges de Mestral est un excellent exemple de personne créative. En revenant d'une journée de chasse, les vêtements couverts de chardons, il s'intéressa à ces hôtes indésirables dont il se débarrassa difficilement. Au microscope, il se rendit compte que des centaines de petites tiges épineuses déployées sur la surface des chardons s'étaient accrochées aux fines mailles de son pantalon. Il lui vint alors à l'idée que les chardons feraient de fantastiques attaches. Plusieurs années d'efforts le menèrent à l'invention du velcro, qui fait désormais partie de notre vie. Thomas Edison, l'inventeur de la lampe électrique à incandescence, a dit que «le génie consiste en 1 % d'inspiration et en 99 % de transpiration».

L'inventeur du Segway, Dean Kamen, a fait preuve de créativité dans la résolution de problèmes.

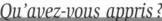
RÉPONSES, p. 275

1. Martin trouve que la plupart des cadeaux de Noël qu'il veut acheter coûtent plus cher que l'an passé. Il en conclut donc qu'il y a inflation des prix. S'agit-il d'un exemple de raisonnement déductif ou inductif ?

2. Pendant des années, les voyageurs ont utilisé des porte-bagages pliants à roulettes. Puis, quelqu'un a eu la brillante idée de munir les valises de roulettes. S'agit-il s'agit d'un exemple de raisonnement convergent ou divergent ?

3. Quels traits de personnalité généralement associés à la personne créative sont illustrés par l'exemple de Georges de Mestral ?

Les limites de la rationalité

Presque tout le monde a la capacité de penser logiquement et de fonder son jugement sur une réflexion approfondie, mais il est évident que nous ne le faisons pas toujours. Un des obstacles à cette réflexion est le désir d'avoir raison à tout prix, ce qui limite singulièrement l'ouverture d'esprit à l'égard de vues opposées. Un autre obstacle est l'attitude passive de notre pensée, qui nous porte à prendre des décisions sans prendre la peine d'analyser les faits (Langer, 1989). Certains activistes sociaux expliquent cette passivité intellectuelle par l'influence de la télévision qui a remplacé graduellement la lecture. Le petit écran nous a habitués à poser des jugements rapides sur de l'information parcellaire, alors que la lecture favorise au contraire une réflexion plus approfondie.

Notre capacité à penser de façon rationnelle est aussi limitée par plusieurs autres erreurs de jugement qui nous guettent au quotidien. Examinons-en quelques-unes.

LA TENDANCE À EXAGÉRER LA FRÉQUENCE D'ÉVÉNEMENTS IMPROBABLES

La tendance à surestimer la probabilité d'événements très rares est une erreur cognitive qui explique pourquoi tant de gens achètent des billets de loterie ou souscrivent une assurance contre les catastrophes aériennes.

Nous sommes particulièrement portés à surestimer la probabilité des événements rares dont les conséquences sont catastrophiques. L'une des raisons de ce phénomène est l'**heuristique de disponibilité**, soit la tendance à évaluer la probabilité d'un événement en fonction de la facilité à en trouver des exemples (Tversky et Kahneman, 1973). Certains événements catastrophiques sont plus frappants que d'autres, et il est ainsi plus facile d'avoir accès à ce type de souvenirs. Par exemple, les participants à une étude ont surestimé la fréquence des décès dus aux tornades et sous-estimé celle des décès dus à l'asthme, qui est 20 fois plus élevée que la première, mais qui ne fait pas les manchettes des journaux. De façon analogue, les parents s'inquiètent souvent davantage de dangers réels mais peu probables qui guettent leurs enfants – tels le risque d'être kidnappé par un étranger ou celui de mourir après avoir reçu un vaccin (deux événements terribles, mais peu fréquents) – que de problèmes beaucoup plus courants chez les jeunes, comme la dépression, la délinquance et les résultats scolaires insuffisants (Stickler *et al.*, 1991).

> **Heuristique de disponibilité**
> Tendance à évaluer la probabilité d'un événement donné en fonction de la facilité à en trouver des exemples.

LA TENDANCE À ÉVITER LES RISQUES

En général, quand nous prenons une décision, nous cherchons à éviter ou à réduire les risques et les pertes. Ainsi, lorsqu'un choix est présenté en fonction d'une perte potentielle, les gens prendront une décision de façon plus prudente que lorsque le même choix est formulé en fonction d'un gain potentiel. Nous choisirons d'acheter un billet de loterie qui offre 10 % de chances de gagner, de préférence à un autre qui présente 90 % de probabilité de perdre ! Nous jugeons un condom efficace s'il offre une protection de 95 % contre le VIH, mais pas s'il a un taux d'échec de 5 % – ce qui signifie pourtant exactement la même chose (Linville *et al.*, 1992).

LA COGNITION SOCIALE : LES DIFFICULTÉS D'INTERPRÉTATION DE L'INFORMATION SOCIALE

Les psychologues cognitivistes spécialisés en **cognition sociale** étudient l'influence de l'environnement social sur les pensées, les croyances et les souvenirs ainsi que l'impact des perceptions de soi et des autres sur les relations interpersonnelles (Fiske et Haslam, 1996). Dans cet encadré, nous verrons non seulement comment les **attributions**, c'est-à-dire nos explications de notre comportement et de celui d'autrui, peuvent faire l'objet d'erreurs systématiques, mais aussi comment ces dernières peuvent influencer notre comportement.

Qu'il s'agisse d'un événement fictif de film policier ou d'un événement de la vie quotidienne, nous cherchons à savoir *pourquoi* les gens font ce qu'ils font. Les explications que nous formulons au sujet de notre comportement ou de celui des autres tombent généralement dans l'une ou l'autre des catégories suivantes : dans l'*attribution situationnelle*, nous associons le comportement à un élément de l'environnement (« Jipi a volé l'argent pour nourrir sa famille ») ; dans l'*attribution dispositionnelle*, la cause du comportement est associée à une caractéristique de la personne, que ce soit un trait de personnalité ou une motivation (« Jipi a volé l'argent, car c'est un voleur-né »).

En voulant expliquer le comportement d'autrui, nous pouvons commettre une erreur perceptive fort répandue : l'**erreur fondamentale d'attribution**, c'est-à-dire le fait de surestimer l'influence des traits de personnalité de la personne observée au détriment des caractéristiques de la situation. Par exemple, si un camarade de travail d'équipe dans votre cours de psychologie émet des commentaires désobligeants sur les autres membres de l'équipe, vous aurez

Cognition sociale

Étude de l'influence de l'environnement social sur les pensées, les croyances, les souvenirs, les perceptions de soi et des autres ainsi que de leur impact sur les relations interpersonnelles.

Attribution

Tendance d'un individu à expliquer son comportement ou celui des autres en l'associant à des causes liées aux caractéristiques de la situation ou aux dispositions des individus.

Erreur fondamentale d'attribution

Tendance à surestimer l'influence des caractéristiques individuelles et à négliger l'influence de la situation dans l'explication du comportement des autres.

peut-être tendance à croire qu'il agit ainsi parce qu'il a une personnalité désagréable ou qu'il se prend pour un autre ; vous aurez moins tendance à vous demander si cette personne vit présentement un grand stress de situation ou si elle croit que certains membres de l'équipe ne font pas tous les efforts nécessaires pour réussir le travail. Par contre, lorsque nous tentons d'expliquer notre propre comportement, nous avons tendance à penser d'une tout autre façon : la *tendance autogratifiante* nous pousse à tirer toute la gloire de nos réussites (attribution dispositionnelle) et à accuser la situation de nos échecs (attribution situationnelle) (Campbell et Sedikides, 1999).

Bien sûr, les attributions ne sont pas toutes des erreurs, il nous arrive d'être juste dans notre jugement. Ce qu'il importe de retenir, c'est que nos attributions, exactes ou erronées, ont d'importantes conséquences. La vie en couple en est un exemple éloquent. Dans un couple harmonieux, nous avons tendance à attribuer les sautes d'humeur de notre conjoint à un facteur de situation (« Pauvre Lise : elle vit passablement de tension au travail ») et les bons moments, à des facteurs de disposition (« Lise a tellement un bon caractère »). Les couples malheureux font exactement l'inverse. Ces habitudes d'attribution, qui évoluent au fil du temps, sont fortement liées à la satisfaction que nous éprouvons envers notre conjoint (Karney et Bradbury, 2000). Examinez vos propres habitudes : croyez-vous que les attributions que vous faites à propos des comportements de votre petit ami, de vos parents ou de vos amis ont une influence sur vos relations ?

LA TENDANCE À CONFIRMER SES CROYANCES

Confirmation des croyances

Tendance à rechercher uniquement l'information appuyant ses propres croyances ou à ne prêter attention qu'à ce type d'information.

Dans notre compréhension des événements quotidiens, il nous arrive fréquemment de subir la tendance à la **confirmation des croyances**, qui consiste à prêter attention aux faits appuyant ce que nous désirons croire et à ne pas tenir compte des données étayant d'autres points de vue ou à les considérer comme erronées (Kunda, 1990). En fait, même si nous nous croyons alors rationnels et impartiaux, nous nous leurrons.

Vous pouvez relever des exemples de confirmation des croyances dans votre propre pensée et dans celle de vos amis : en un mot, dans toutes les situations où un individu défend ses croyances et cherche à les justifier. Par exemple, lorsqu'un individu prend connaissance de résultats d'études scientifiques qui vont à l'encontre de croyances qui lui sont chères ou qui remettent en question le bien-fondé de son comportement, il a tendance, tout en reconnaissant la valeur de la recherche, à minimiser ces résultats. Par contre, il reconnaîtra les défauts (par exemple, la petite taille de l'échantillon) d'une étude en accord avec son propre point de vue, sans toutefois leur accorder toute l'importance qu'ils auraient pour lui dans un autre contexte (Sherman et Kunda, 1989). La pensée critique a deux poids, deux mesures : les gens sont plus sévères pour des résultats qui ne leur plaisent pas.

LA SAGESSE RÉTROSPECTIVE

Auriez-vous pu prédire les attentats terroristes du 11 septembre 2001 ou la tragédie qui s'est déroulée au collège Dawson en 2006 ? Des études réalisées au cours des deux dernières décennies montrent que les gens, en apprenant la tournure réelle d'un événement (ou la réponse à une question), ont tendance à être exagérément certains qu'ils « l'avaient toujours su ». La **sagesse rétrospective** nous fait surestimer la probabilité d'avoir pu prédire un événement. Lorsqu'il est possible de comparer l'opinion de ces personnes avec leur jugement émis *avant* qu'un événement ait lieu, on observe que leur jugement à propos de leur habileté à prédire l'événement est exagéré (Fischhoff, 1975 ; Hawkins et Hastie, 1990).

> **Sagesse rétrospective**
> Tendance à surestimer sa capacité à prédire un événement après qu'il a eu lieu.

Les erreurs de jugement dues à la sagesse rétrospective peuvent être un effet secondaire de ce que Hawkins et Hastie (1990) appellent l'*apprentissage adaptatif*, processus par lequel nous ne retenons que ce qui est vraiment utile pour nous adapter à notre environnement. Quand nous essayons de prédire l'avenir, nous envisageons plusieurs scénarios possibles, plusieurs « événements » possibles ; par contre, quand nous essayons de comprendre un événement survenu, nous concentrons notre attention sur l'explication de ce seul événement, puisque c'est le seul « scénario » qui s'est effectivement réalisé. C'est là un procédé efficace, puisque tenter d'expliquer des événements n'ayant pas eu lieu peut être considéré comme une perte de temps. « En un sens, disent Scott Hawkins et Reid Hastie (1990), les erreurs dues à la sagesse rétrospective représentent le mauvais côté de l'apprentissage adaptatif. » En effet, si nous sommes certains d'« avoir toujours su » ce qui allait arriver, nous avons moins hâte de découvrir ce qu'il faut savoir pour être en mesure de faire des prédictions justes à l'avenir. Par exemple, si votre professeur présente la solution à un problème, vous pouvez croire, à tort, que vous auriez trouvé facilement vous-même la solution à ce problème, ce qui vous prive d'une partie de l'enseignement que vous auriez pu en retirer (Dawson *et al.*, 1988).

La sagesse rétrospective nous fait surestimer notre capacité à prédire les événements.

L'INFLUENCE DES ATTENTES

Les attentes influent également sur nos façons de percevoir le monde et d'interpréter l'information. La tendance à percevoir les événements ou les situations selon nos attentes est la *distorsoin perceptive*. Ce phénomène s'avère parfois utile, par exemple pour compléter la phrase d'un interlocuteur dont nous n'avons pas clairement saisi tous les mots. Par contre, elle cause des erreurs perceptives et des erreurs de jugement. Dans une scène particulièrement comique du film *Vol au-dessus d'un nid de coucou* du réalisateur Milos Forman, un groupe de patients psychiatriques en fuite sont présentés comme des sommités scientifiques par le patient rebelle (rôle joué par Jack Nicholson) qui les a entraînés dans l'aventure. Ils arrivent ainsi à tromper un propriétaire de navire, qui s'explique l'apparence et les comportements de cette bande de joyeux lurons selon sa croyance que les savants sont des personnes originales. C'est pourquoi il accepte de leur louer un navire pour une excursion en mer. (À propos, avez-vous remarqué la coquille au début de ce paragraphe ? Sinon, c'est probablement que vous vous attendez à ce que tous les mots d'un livre soient correctement orthographiés.)

Selon Reeve (1997), il est pour ainsi dire impossible de donner une définition de l'émotion qui reçoive l'appui de l'ensemble des tenants de toutes les perspectives de la psychologie. Selon lui, quatre composantes contribuent d'une façon particulière à former ce qu'il est convenu d'appeler une «émotion»: l'activité neurophysiologique (hormones, système nerveux autonome et zones cérébrales), l'aspect fonctionnel et adaptatif (buts, motivations), la subjectivité (signification personnelle) et l'aspect social (communication faciale, verbale et posturale). Pour bien comprendre l'émotion, il est donc nécessaire d'étudier chacune de ces quatre composantes et leurs interactions, ce qui constitue une tâche fort complexe. Nous nous contenterons ici de traiter de la composante subjective des émotions.

Les gens ne sont pas toujours d'accord sur le sens à donner au fait d'être touché par quelqu'un. Selon leur interprétation du geste, ils peuvent y voir une expression d'affection, de harcèlement, d'intérêt sexuel, de dominance, de sympathie, etc.

Il y a déjà une quarantaine d'années, des psychologues chercheurs cognitivistes ont montré que les émotions ne sont pas entièrement déterminées par des facteurs physiologiques et qu'elles ont aussi une composante cognitive. Stanley Schachter et Jerome Singer (1962) ont montré qu'il existe au moins deux déterminants des émotions: l'activation physiologique (par exemple, la variation du rythme cardiaque et les «papillons» dans l'estomac) et l'*interprétation cognitive*. Ainsi, même en subissant une extrême activation, l'individu ne ressentira aucune «émotion» s'il est incapable d'attribuer ce changement à une cause connue et plausible, compte tenu de la situation dans laquelle il se trouve. Les idées émises par Schachter et Singer sont à l'origine de nombreuses études visant à déterminer les types de cognitions entrant en jeu dans l'expérience de l'émotion (Sinclair *et al.*, 1994).

De nos jours, quelle que soit la théorie de l'émotion, les spécialistes s'entendent pour dire que les interprétations cognitives – les *significations* que les gens associent aux événements – jouent un rôle essentiel dans la création de l'émotion (Frijda, 1988; Lazarus, 1991; Oatley, 1993; Ortony *et al.*, 1988). Les cognitions entrant en jeu dans l'émotion peuvent mettre à contribution des aspects aussi généraux que la philosophie de vie ou se limiter à la perception directe d'un événement.

Supposons que vous soyez une étudiante très attirée depuis plusieurs semaines par un camarade dans votre cours d'anglais. Le cœur battant la chamade et les mains moites, vous lui dites «Bonjour!» avec entrain. Avant que vous n'ayez le temps d'ajouter quoi que ce soit, il s'éloigne sans même vous saluer. Quelle émotion éprouveriez-vous? Votre réponse dépendrait de l'émotion provoquée par *votre* interprétation de *son* comportement.

- La **colère**: «Il s'est conduit comme un goujat en faisant semblant de ne pas me voir!»
- La **tristesse**: «Je m'y attendais; je ne suis pas assez bien pour lui. Jamais personne ne m'aimera.»
- La **déception**: «Oh non! Il ne m'a pas vue, il y avait trop de monde!»
- Le **soulagement**: «Dieu merci! De toute façon, je n'étais pas certaine de vouloir me rapprocher de lui.»

En fait, ce que vous ressentiriez dans cette situation dépendrait autant de votre *interprétation* de l'événement que de l'événement lui-même.

De nombreuses études ont mis en évidence le rôle des pensées, des valeurs et des attentes dans l'émergence de toute émotion, depuis la joie et l'euphorie jusqu'au chagrin et à la colère. Nos interprétations découlent souvent des *attributions* que nous faisons pour expliquer les comportements. Dans l'exemple précédent, l'interprétation menant à la colère découle de l'attribution du trait de personnalité «goujat» à l'étudiant (attribution dispositionnelle), alors que l'interprétation menant à la déception provient de l'attribution de la conduite de l'étudiant à la situation. Dans ces deux exemples, l'attribution précède l'émotion ressentie. La reconnaissance de ce processus cognitif est l'une des contributions majeures de la perspective cognitive à l'étude des émotions.

Sceptique? Un autre exemple vous convaincra peut-être. La majorité des gens supposent que la réussite d'un projet rend heureux, et que l'échec rend malheureux. En réalité, l'émotion éprouvée dépend de l'*explication* que nous donnons de notre réussite ou de notre échec. Au cours d'une série d'expériences, des élèves ont fait un compte rendu de leurs réussites et de leurs échecs à des examens attribuables à une cause donnée, comme l'aide reçue ou le manque d'effort, et ils ont décrit les émotions éprouvées dans chaque cas. Il en est ressorti que les émotions étaient liées plus étroitement aux explications données qu'au résultat obtenu à l'examen (Weiner,

1986). Les élèves croyant avoir bien réussi grâce à leurs propres efforts et aptitudes se sentaient généralement fiers, compétents et satisfaits, tandis que ceux qui croyaient avoir bien réussi par une chance extraordinaire ou par hasard éprouvaient plutôt de la reconnaissance, de la surprise ou de la culpabilité («Je ne le mérite pas»). Les élèves croyant avoir échoué par leur propre faute ressentaient en général du regret ou de la culpabilité, alors que ceux qui attribuaient leur échec aux autres éprouvaient plutôt de la colère ou de l'hostilité.

LA RECHERCHE DE L'ÉQUILIBRE COGNITIF

En 1994, les Américains ont été abasourdis d'apprendre qu'O. J. Simpson, figure légendaire de gentillesse pour nombre d'entre eux, était accusé d'avoir tué son ex-femme, Nicole Brown, et l'ami de cette dernière, Ron Goldman. Certains ont réagi en modifiant la perception qu'ils avaient de leur héros. D'autres, toutefois, ont tenté d'expliquer ce qui leur paraissait inimaginable: peut-être Simpson était-il victime des médias, qui exagéraient les preuves contre lui; peut-être l'un des policiers chargés de l'enquête avait-il forgé de toutes pièces des preuves pour l'incriminer (un argument repris par la suite avec succès par la défense); peut-être avait-il vraiment tué Mme Brown, mais après une tentative d'extorsion d'argent par cette dernière.

Pour les psychologues, les scénarios qui conduisent une personne à interpréter de l'information qui entre en conflit avec ses propres croyances sont prévisibles et peuvent s'expliquer au moyen de la théorie de la **dissonance cognitive**, proposée par Leon Festinger (1957). La dissonance, qui est le contraire de l'*équilibre cognitif*, est un état de tension se produisant lorsqu'une personne a simultanément deux cognitions (croyances, pensées ou attitudes) psychologiquement incompatibles ou qu'elle maintient une croyance en contradiction avec son comportement. Cet état de tension crée un malaise; par conséquent, la personne cherchera à réduire la dissonance soit en rejetant ou en modifiant la croyance en question, en changeant de comportement, en acquérant de nouvelles croyances ou en faisant appel à la rationalisation (Harmon-Jones *et al.*, 1996). Par exemple, la consommation de tabac est en dissonance avec la conscience du risque de cette habitude pour la santé. Afin de diminuer cette dissonance, un fumeur peut essayer de modifier son comportement en arrêtant de fumer, il peut aussi rejeter la cognition «le tabac a des effets nocifs» ou encore mettre de l'avant les «bienfaits» du tabac («Fumer une cigarette m'aide à me détendre»). Dans tous les cas, il cherche à réduire la dissonance parce que son comportement est en contradiction avec sa connaissance des dangers liés au tabac.

Les erreurs cognitives peuvent avoir des conséquences très graves pour n'importe quel décideur, que ce soit dans le domaine juridique, financier, médical, gouvernemental ou économique. Toutefois, les erreurs cognitives diminuent quand nous effectuons des tâches propres à un domaine où nous avons une certaine expérience ou quand nous avons conscience de prendre des décisions susceptibles d'entraîner des conséquences graves. De plus, une fois que nous savons en quoi consiste une erreur cognitive, il est plus facile de la réduire ou de l'éliminer. Hal Arkes et ses collaborateurs (1988) en offrent un exemple. Ils ont présenté à un groupe de neuropsychologues le cas d'un patient et leur ont demandé d'énoncer une raison pour justifier chacun des trois diagnostics suivants: une réaction de sevrage, la maladie d'Alzheimer et une lésion cérébrale. Cette approche a contraint les neuropsychologues à examiner *tous* les faits et non seulement ceux qui confirmaient le «bon» diagnostic. La sagesse rétrospective s'est volatilisée, apparemment parce que les spécialistes se sont rendu compte que le diagnostic ne s'imposait pas d'emblée pendant le traitement du patient. Croyez-vous que cette approche vous faciliterait la compréhension d'une étude de cas demandée par votre professeur et pouvant s'expliquer par l'une ou l'autre des cinq grandes perspectives de la psychologie?

Dissonance cognitive
État de tension se produisant lorsqu'une personne a simultanément deux cognitions psychologiquement incompatibles ou lorsque ses croyances sont en contradiction avec son comportement.

La preuve des crimes qu'il a commis a provoqué chez les admirateurs de Guy Cloutier une dissonance cognitive qui les a forcés à chercher un équilibre entre leurs sentiments contradictoires envers lui.

RÉPONSES, p. 275

Répondez à ces questions en pensant de façon… rationnelle !

1. Sébastien se préoccupe de sa santé. Cependant, malgré les recommandations des diététistes, il cuisine surtout au beurre. Il se défend de cette habitude en disant qu'il pratique des sports, que le beurre favorise sa digestion et que, de toute façon, il préfère le goût du beurre. Quel processus cognitif est à l'œuvre ? Justifiez votre réponse.

2. À la pause de son cours de psychologie, Léo se rend à la cafétéria. Il y rencontre une jeune femme. Les jeunes gens se plaisent, commencent à se fréquenter et, finalement, se marient. Léo raconte qu'en se dirigeant vers la cafétéria ce jour-là, il savait que quelque chose de particulier allait survenir. Quelle erreur cognitive semble affecter sa pensée ?

3. Élizabeth croit que les rêves sont prémonitoires, c'est-à-dire qu'ils peuvent aider à prédire l'avenir. Elle appuie son propos de deux exemples personnels et de plusieurs autres exemples glanés dans des revues et des émissions télévisées. Quelle erreur cognitive les croyances d'Élizabeth illustrent-elles ?

LA MOTIVATION SELON LA PERSPECTIVE COGNITIVE

Expliquer le concept de motivation, c'est tenter de répondre à un grand nombre de questions comme celles-ci : pourquoi cette personne fait ce qu'elle fait ? Pourquoi le fait-elle de cette façon ? Quelle est l'influence sur son comportement de l'environnement, de sa personnalité, de ses attentes, de son état neurophysiologique, etc. ? L'étude de la motivation porte autant sur les processus qui produisent l'impulsion que sur l'orientation particulière du comportement.

Pour Reeve (1997), quatre processus définissent la motivation comme objet d'étude : les besoins, les émotions, les incitateurs et les cognitions. Les besoins sont des états physiologiques et psychologiques qui poussent la personne à tenter de rétablir l'équilibre lui fournissant ce dont elle a besoin. Les émotions sont des réactions complexes qui contribuent à structurer une réponse cohérente aux demandes environnementales, comme l'intensité avec laquelle nous ressentons l'émotion et la façon dont son expression permet de nous ajuster à la situation. Les incitateurs sont des événements extérieurs qui éveillent et qui orientent nos comportements vers des conditions menant à des conséquences agréables et nous éloignant des situations potentiellement néfastes pour nous. Les cognitions correspondent à des façons plutôt stables d'interpréter ce qui nous arrive, comme les croyances et les attributions, qui ont un impact majeur sur notre conduite. Nous nous limiterons à étudier brièvement l'influence des cognitions sur la motivation professionnelle et sur la motivation scolaire (voir l'encadré sur la psychologie appliquée à l'école).

La motivation professionnelle. En Occident, l'argent est souvent considéré comme *le* grand facteur motivant ; cependant, la recherche montre que la motivation au travail n'est pas tellement associée à la rémunération elle-même, mais plutôt à la façon dont nous l'obtenons (Locke *et al.*, 1981). Les métaanalyses montrent que deux aspects du travail sont particulièrement importants parce qu'ils sont associés à une augmentation du plaisir lié au travail ainsi qu'à l'effort du travailleur : le degré de flexibilité et le degré d'autonomie au travail (Brown, 1996). Les travailleurs qui ont la possibilité de déterminer leurs heures de travail, de prendre des décisions, de varier leurs tâches et de résoudre des problèmes – des conditions qui sollicitent les capacités cognitives comme le raisonnement et la créativité – ont tendance à avoir une pensée plus flexible et une perception plus positive d'eux-mêmes et de leur travail que ceux dont l'environnement de travail est routinier et qui n'ont aucune prise sur leurs tâches. La flexibilité et l'autonomie au travail augmentent la motivation et réduisent le niveau de stress (Karasek et Theorell, 1990 ; Locke et Latham, 1990).

La volonté de réussir est aussi associée à notre *perception* des chances de réussir. Dans une étude portant sur des recherches liées à la mobilité au travail et à l'ambition, Rosabeth Kanter (1977/1993) a découvert que les hommes et les femmes dont l'avancement ou le salaire plafonnent se comportent de la même façon. Ils accordent moins d'importance à la réussite, ils fantasment sur leur départ de l'entreprise et ils soulignent les avantages sociaux liés à leur emploi plutôt que ses aspects financiers ou intellectuels. Pourtant, dès qu'ils pensent avoir des chances réelles de pouvoir progresser dans l'entreprise, leur motivation s'accroît la plupart du temps.

LA MOTIVATION SCOLAIRE

Pour les psychologues chercheurs socio-cognitivistes, la motivation scolaire est liée aux *perceptions* et aux croyances qu'un élève entretient à propos de lui-même et de son environnement (Tardif, 1992; Weiner, 1984). Selon le modèle théorique de la motivation scolaire élaboré par Barbeau* (1993), les déterminants (ou sources) de la motivation scolaire sont de trois ordres: les systèmes de conception, les systèmes de perception et les variables intervenantes. Les systèmes de conception portent sur les croyances de l'élève liées aux buts de l'école et à sa propre conception de l'intelligence. «Si un élève croit que l'intelligence peut évoluer et qu'il poursuit des buts axés sur l'apprentissage [plutôt que sur la performance], il aura plus le goût de s'engager, de s'impliquer et de persister dans des tâches scolaires […]» (Barbeau *et al.*, 1997b). Les systèmes de perception englobent la perception d'attribution («Quelles sont les causes de mes réussites et de mes échecs?»), la perception de sa compétence («La croyance dans mes capacités à apprendre») et la perception de l'importance d'une tâche («La signification et la valeur que j'accorde aux tâches scolaires»). Les variables possibles incluent l'âge, le sexe, les résultats scolaires antérieurs, etc.

Ces caractéristiques ont des répercussions sur la motivation de la personne, mais elles ne peuvent pas être modifiées. Avec le modèle de Barbeau, il est possible d'évaluer la motivation scolaire à l'aide de trois types d'indicateurs: l'engagement cognitif, la participation et la persistance de l'élève.

À partir de leurs recherches sur les principales carences motivationnelles chez des élèves du niveau collégial, Barbeau et ses collaborateurs (1997b) ont mis au point 24 interventions distinctes au cours desquelles les élèves et le professeur ont un rôle à jouer. Il s'agit de véritables stratégies qui visent à modifier des comportements nuisibles à la motivation scolaire. Les interventions proposées sont regroupées en cinq thèmes: la participation de l'élève au cours, la perception qu'a l'élève de l'importance de la tâche qu'on lui demande d'accomplir, la perception qu'a l'élève de sa compétence à acquérir et à utiliser des connaissances théoriques aussi bien que pratiques, l'engagement cognitif de l'élève et, enfin, la perception qu'a l'élève de son contrôle de la tâche à réaliser.

Selon la perspective cognitive, l'élément fondamental du modèle de Barbeau est son postulat. En effet, les chercheurs considèrent que l'élève peut, en modifiant les *perceptions* et les croyances qu'il entretient à l'égard de lui-même et de l'école, parvenir à accroître sa motivation scolaire. Par ailleurs, ce modèle suggère que les carences motivationnelles observées chez certains élèves sont dues à des croyances ou à des perceptions incomplètes ou erronées, ou encore à des pratiques pédagogiques inefficaces. En proposant des interventions ciblées qui s'adressent tant au professeur qu'à l'élève et qui visent à modifier aussi bien les comportements que les perceptions, ce modèle offre une approche résolument optimiste de la motivation scolaire.

En modifiant ses perceptions et ses croyances, l'élève peut accroître sa motivation scolaire.

* Pour plus de précisions sur ce modèle d'intervention, consulter Barbeau et ses collaborateurs (1997a, 1997b); le premier ouvrage est un guide destiné aux élèves.

Qu'avez-vous appris?

RÉPONSES, p. 275

1. Simon est en colère. Son patron l'a informé qu'il n'avait pas besoin de lui en fin de semaine. Simon a pourtant besoin de faire des heures supplémentaires pour rembourser le prêt de sa nouvelle voiture. Simon, qui travaille d'arrache-pied, considère que son patron n'a pas de cœur pour agir ainsi. Comment la colère ressentie par Simon pourrait-elle s'expliquer selon la perspective cognitive?

2. Parmi les facteurs suivants, lesquels sont associés à un accroissement de la motivation au travail?

   a) La possibilité de résoudre des problèmes.
   b) Un salaire régulier.
   c) L'utilisation de sa créativité.
   d) Des buts généraux.
   e) Des directives de travail.
   f) La possibilité de prendre des décisions.
   g) La possibilité d'obtenir une promotion.
   h) Un travail prévisible et routinier.

Intelligence

Caractéristique inférée du comportement d'une personne, habituellement définie par des habiletés: tirer des leçons de ses expériences, acquérir de nouvelles connaissances, penser de façon abstraite, agir en fonction de ses propres choix ou s'adapter aux changements de l'environnement.

L'INTELLIGENCE

Bien que l'intelligence soit sûrement le trait de personnalité le plus convoité, il est surprenant de constater à quel point il est difficile d'en donner une définition universelle. Les psychologues l'associent à différentes habiletés: raisonner de façon abstraite, apprendre et s'améliorer au fil des expériences, penser de façon rationnelle et agir en fonction de ses propres choix. La plupart des gens incluent probablement ces habiletés dans leur concept d'intelligence, mais les théoriciens ne leur accordent pas tous la même importance.

La définition du concept d'intelligence constitue d'ailleurs l'un des plus anciens débats en psychologie. Certains psychologues croient qu'une habileté générale, le *facteur g*, correspondant en quelque sorte à l'intelligence, sous-tend la plupart des habiletés spécifiques associées au concept d'intelligence, qu'il s'agisse, par exemple, de faire de nouvelles associations d'idées ou de résoudre des problèmes (Heininnstein et Murray, 1994; Spearman, 1927; Wechsler, 1955). D'autres psychologues contestent l'existence d'un tel facteur à cause du fait que certaines personnes excellent dans certaines tâches tout en étant tout à fait incompétentes dans d'autres (Gould, 1994; Guilford, 1988; Steinberg, 1988). Ils croient plutôt que l'intelligence est, en fait, un ensemble très diversifié d'habiletés apprises par conditionnement ou par l'observation de modèles.

Une psychologue scolaire fait passer un test d'intelligence à une élève du primaire.

L'intelligence selon l'approche psychométrique

Les premiers chercheurs qui ont étudié l'intelligence de façon scientifique étaient des tenants de l'*approche psychométrique*, selon laquelle l'intelligence d'une personne peut être mesurée par un test standardisé. Ce type de tests comporte plusieurs épreuves permettant d'évaluer chez une personne la présence de certaines *aptitudes* à acquérir des connaissances ou des habiletés particulières censées représenter l'intelligence. Le test d'intelligence classique fait appel à plusieurs aptitudes: la capacité à fournir de l'information particulière, la capacité à noter les similarités entre des objets, la capacité à résoudre des problèmes arithmétiques, la capacité à définir des mots, la capacité à compléter un énoncé ou une illustration, etc.

Le premier test d'intelligence fut conçu en France, au début du XXe siècle, par Alfred Binet (1857-1911), à qui le ministère de l'Éducation avait confié la tâche de mettre au point un test objectif permettant de déterminer les enfants susceptibles d'avoir des difficultés d'apprentissage.

L'intelligence étudiée par les généticiens correspond essentiellement à celle qui est mesurée par les tests d'intelligence conventionnels et elle n'englobe pas l'ensemble des habiletés intellectuelles. Nous avons vu, au chapitre 3, que l'*héritabilité* est la proportion de la variance d'une caractéristique donnée attribuable à l'influence des gènes.

Les recherches montrent que les résultats aux tests de QI sont fortement corrélés à l'influence génétique : environ la moitié (0,50) de la variance chez les enfants et les adolescents (Chipuer *et al.*, 1990 ; Devlin *et al.*, 1997 ; Plomin, 1989) ; et entre 0,60 et 0,80 de la variance chez les adultes (Bouchard, 1995 ; McGue *et al.*, 1993). Bien que les résultats varient grandement d'une étude à l'autre, on observe que les QI de jumeaux identiques sont toujours plus fortement corrélés que ceux des jumeaux fraternels. De plus, les QI des jumeaux identiques élevés séparément sont plus fortement corrélés que ceux de jumeaux fraternels élevés ensemble. Des études portant sur des enfants adoptés ont fait ressortir que les résultats de ces derniers sont plus fortement corrélés avec ceux de leurs parents biologiques qu'avec ceux de leurs parents adoptifs. Par ailleurs, à l'adolescence, les résultats des enfants adoptés ne sont que faiblement corrélés avec ceux des autres enfants de leur famille d'accueil (Plomin, 1988 ; Scarr et Weinberg, 1994). Enfin, à l'âge adulte, la corrélation est nulle (Bouchard, 1997 ; Scarr, 1993).

Il s'agit de résultats spectaculaires, mais cela ne signifie pas pour autant que toute l'intelligence se retrouve dans les gènes ! À ce propos, Robert Plomin (1989), spécialiste de la génétique du comportement, appelle à la prudence dans l'interprétation des recherches sur l'héritabilité. Il fait remarquer : « La vague croissante d'acceptation de l'influence génétique sur le comportement risque de se transformer en raz-de-marée qui ferait sombrer le second message de ces recherches, à savoir que les mêmes données fournissent la meilleure confirmation de l'influence de l'environnement. » Par exemple, même si les résultats des enfants adoptés sont plus proches de ceux de leurs parents biologiques que de ceux de leurs parents adoptifs, ils s'en différencient nettement. Ainsi, les enfants adoptés obtiennent en moyenne des résultats de 10 à 20 points plus élevés que ceux de leurs parents biologiques, ce qui constitue une énorme différence (Scarr et Weinberg, 1977). De nombreux psychologues attribuent cette différence, d'une part, aux caractéristiques de la famille adoptive, habituellement plus petite, mieux nantie et mieux éduquée que la famille moyenne, et, d'autre part, au fait que ces caractéristiques environnementales sont généralement associées à de meilleurs résultats aux tests d'intelligence chez les enfants.

L'aspect le plus controversé de la notion d'héritabilité de l'intelligence est certainement l'application des estimations d'héritabilité à l'étude des différences entre les groupes, selon l'appartenance ethnique, le sexe ou la classe sociale. Certains psychologues croient que les différences de QI entre les groupes ethniques sont d'origine génétique, mais ils nient que leur approche a un caractère raciste ; selon eux, ils abordent un sujet important de façon scientifique (Jensen, 1969, 1981 ; Rushton, 1993). D'après Stephen Jay Gould (1981), les recherches sur l'héritabilité ont trop souvent été récupérées à des fins idéologiques pour maintenir la subordination de certains groupes ethniques à d'autres. Par exemple, des recherches montrent que les résultats aux tests de QI des enfants afro-américains sont inférieurs en moyenne de 10 à 15 points à ceux des enfants blancs, ce qui fait dire à certains tenants de la thèse de l'héritabilité de l'intelligence que ces variations sont déterminées génétiquement et les amène à conclure que les sommes dépensées dans les programmes d'éducation pour venir en aide à ces enfants sont gaspillées et devraient plutôt être investies auprès d'enfants plus doués (Heininnstein et Murray, 1994). De tels propos sont systématiquement repris par les racistes de tout acabit, qui y voient la justification scientifique de la haine qu'ils vouent aux autres groupes.

La faiblesse majeure des études sur les variations entre les groupes ethniques est leur utilisation des estimations d'héritabilité – obtenues en grande partie à partir d'échantillons de sujets blancs de classe moyenne – pour décrire le rôle que joue l'hérédité dans les différences entre les groupes. En général, les Afro-Américains et les Américains blancs ne grandissent pas dans le même environnement. Par conséquent, l'influence du milieu, en matière de soutien, de stimulation intellectuelle et même d'alimentation, favorise moins les Afro-Américains (de même que les Latinos et les enfants d'autres groupes ethniques) que les enfants blancs, ce qui peut expliquer les différences observées entre ces groupes (Gould, 1994 ; Holt, 1994 ; Lane, 1994 ; Steele, 1994). L'importance du milieu dans le développement des habiletés intellectuelles a également été soulignée par des chercheurs qui ont constaté que des interventions poussées et précoces augmentaient de 30 % les résultats des enfants aux tests de QI (Campbell et Ramey, 1995). Bref, il est souhaitable de faire preuve d'esprit critique par rapport aux interprétations hâtives des résultats d'études qui portent sur les différences de QI entre les différents groupes humains et qui privilégient le facteur héréditaire au détriment du facteur environnemental.

Âge mental

Mesure du développement intellectuel exprimé de façon à refléter le niveau moyen de développement intellectuel pour un âge donné. Un enfant a un âge mental de huit ans lorsque son résultat au test est similaire à la moyenne des résultats des enfants de huit ans, quel que soit son âge chronologique.

Quotient intellectuel (QI)

Mesure de l'intelligence qui consiste à diviser l'âge mental d'une personne par son âge chronologique et à multiplier le résultat par 100. De nos jours, ce calcul est effectué à partir de normes obtenues à l'aide de tests standardisés.

La réflexion de Binet le mena vers le concept d'**âge mental**, c'est-à-dire le niveau de développement intellectuel d'un enfant par comparaison avec les enfants de son âge. Binet avait en fait remarqué que les enfants «plus lents» avaient des résultats similaires à ceux d'enfants normaux plus jeunes et, à l'inverse, que les enfants «doués» se comportaient souvent comme des enfants normaux plus âgés pour différentes épreuves intellectuelles. Dans cette optique, l'âge réel d'un enfant ne correspond pas nécessairement à son âge mental, et le test a pour but de déterminer où il se situe dans son développement intellectuel. Par exemple, un enfant de neuf ans dont le résultat au test d'intelligence de Binet est similaire à la moyenne des résultats observés chez des enfants de sept ans a un *âge mental* de sept ans et présente donc un retard développemental.

Le concept de **quotient intellectuel (QI)** fut proposé plus tard par d'autres psychométriciens qui s'inspirèrent de cette période où les tests d'intelligence étaient réservés aux enfants. Pour obtenir le quotient intellectuel d'une personne, il faut diviser son âge mental par son âge réel, puis le résultat est multiplié par 100. Par exemple, un enfant de 8 ans qui obtient un résultat correspondant à la moyenne des enfants de 6 ans a un âge mental de 6 ans et un QI de 75 ($6/8 \times 100$). En fait, pour plus de précision, l'âge était calculé en mois. De nos jours, nous calculons le QI à partir de tables normatives qui répartissent les résultats en une courbe normale dont le milieu est une moyenne fixée arbitrairement à 100 (voir la figure 9.3). Cette façon de procéder présente plusieurs avantages : elle est plus rigoureuse que l'ancienne méthode de calcul, elle rend possible la comparaison du QI entre adultes (pour lesquels le concept d'âge mental est inapproprié) et elle permet toujours de déterminer où une personne (enfant ou adulte) se situe par rapport à un groupe de référence donné.

Binet précisait que son test n'évaluait qu'une partie de l'intelligence et ne permettait pas d'en saisir la globalité. À ses yeux, le résultat au test fournissait une information utile pour autant qu'il soit associé à d'autres données, par exemple pour prédire le rendement scolaire dans des conditions normales. Le chercheur disait que le résultat au test ne devait pas être confondu avec l'intelligence elle-même. Pourtant, plusieurs des tests d'intelligence qui suivirent et qui furent parfois administrés à de grands groupes, notamment aux États-Unis durant la Première Guerre mondiale, ont plutôt visé à déterminer si de prétendues habiletés *naturelles* étaient présentes chez les répondants. Cette évolution dans l'utilisation des tests d'intelligence est à l'origine de deux importantes controverses actuelles : l'influence de la culture sur les résultats à ces tests (voir l'encadré ci-contre) et la diversité des conduites associées au concept d'intelligence selon l'approche cognitive.

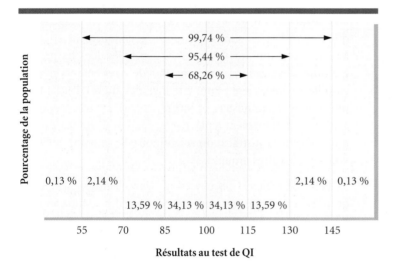

FIGURE 9.3 **La courbe de répartition du QI**

Au sein d'une population importante, les résultats au test de QI ont tendance à se répartir de façon normale. Pour la plupart des tests, environ 68 % de la population obtient un résultat entre 85 et 115 ; environ 95 %, entre 70 et 130 ; environ 99,7 %, entre 55 et 145.

L'intelligence selon l'approche cognitive

La plupart d'entre nous ne détesteraient certainement pas être un peu plus intelligents! Mais jusqu'à tout récemment, les psychologues se sont montrés plus aptes à mesurer l'intelligence des individus qu'à les aider à l'améliorer. En effet, la plupart des tests d'intelligence sont fondés sur une approche *psychométrique* des aptitudes mentales, centrée sur la mesure de la performance et non sur la modification de ces aptitudes. Nous assistons toutefois à l'émergence de nouvelles conceptions de l'intelligence, inspirées par les découvertes de la psychologie cognitive et par les modèles de la pensée fondés sur le traitement de l'information, qui mettent l'accent sur les *stratégies* de résolution de problèmes. Ces nouvelles conceptions visent non seulement à mesurer les aptitudes mentales, mais aussi à les comprendre et à aider les individus à s'en servir de manière plus efficace.

En utilisant les tests d'intelligence, de nombreux chercheurs ont plus ou moins perdu de vue le fait que les différents groupes soumis aux tests ne partagent pas nécessairement la même culture (Gould, 1981). Aux États-Unis, les tests d'intelligence mis au point entre la Première Guerre mondiale et les années 1960 favorisaient les enfants citadins par rapport aux autres, les enfants des classes moyennes par rapport à ceux des classes défavorisées et les enfants blancs par rapport à ceux des diverses minorités ethniques. Par exemple, une des questions posées était la suivante: «Que devriez-vous faire si vous trouviez un enfant de trois ans perdu dans la rue?» La bonne réponse, «appeler la police», ne convenait peut-être pas à un enfant d'un quartier défavorisé ni à un enfant vivant à la ferme, sans rues ni poste de police près de chez eux.

C'est pourquoi des psychologues ont tenté de concevoir des tests équitables pour toutes les cultures. Leur but n'était pas d'éliminer les référents culturels, mais plutôt d'incorporer des connaissances et des habiletés communes à de nombreuses cultures. Cependant, cette approche ne peut pas aplanir toutes les différences, inhérentes à chaque groupe et susceptibles d'influer sur les résultats des tests d'intelligence. En effet, les valeurs culturelles jouent sur l'attitude d'une personne envers l'administration d'un test, la motivation à le terminer, la compétitivité, la perception du milieu où le test est administré et la familiarité avec la résolution de problème, menée seule ou en collaboration (Anastasi, 1988; López, 1995).

Si les tests d'intelligence ne rendent pas justice à certains groupes d'enfants, il faut toutefois reconnaître qu'ils évaluent des connaissances et des habiletés qui constituent de bons prédicteurs de la réussite scolaire. Ce dilemme divise les chercheurs. Anne Anastasi (1988), spécialiste de ces tests, soutient que les rejeter sous prétexte qu'ils comportent certains désavantages liés à la culture équivaut à «casser un thermomètre parce qu'il enregistre une température corporelle de 38°C». À ses yeux, les tests sont essentiels pour

«*Vous ne savez pas comment bâtir une hutte, vous ne connaissez pas les propriétés des racines, vous ne pouvez pas prévoir le temps qu'il fera. En d'autres termes, vous avez obtenu un très mauvais résultat à notre test de QI.*»

repérer les enfants qui ont besoin d'un soutien particulier afin de réussir dans le système scolaire. D'autres chercheurs croient que les tests font plus de tort que de bien. La sociologue Jane Mercer (1988) a tenté pendant des années de convaincre les psychométriciens que des enfants peuvent ne pas avoir les connaissances pour réussir les épreuves des tests d'intelligence sans être stupides pour autant. Elle lutte maintenant pour faire cesser l'utilisation des tests d'intelligence.

Chacun de ces deux points de vue reçoit de nombreux appuis dans la communauté scientifique (López, 1995), où on a délaissé graduellement la notion de «déficit» au profit de la définition des différences observées entre les groupes dans les résultats aux tests d'intelligence. En dernier ressort, il se peut que la résolution du débat sur les tests de QI repose uniquement sur la capacité des testeurs à utiliser leurs tests de façon «intelligente», c'est-à-dire en interprétant les résultats à la lumière du milieu d'origine de l'enfant et en prenant bien garde à limiter les suggestions qui peuvent en découler à des interventions individuelles visant le mieux-être de l'enfant.

Une théorie très connuc, la *théorie tripartite de l'intelligence* de Robert Sternberg (1988, 1998), distingue trois facettes de l'intelligence.

1 **L'INTELLIGENCE COMPOSITE** comprend les stratégies de traitement de l'information que l'individu élabore en réfléchissant à la façon de résoudre un problème: la reconnaissance du problème, la sélection d'une méthode de résolution du problème, l'application de cette méthode et l'évaluation des résultats. Les personnes qui disposent d'une bonne intelligence composite obtiennent habituellement de bons résultats aux tests d'intelligence conventionnels. L'intelligence composite fait parfois appel à la **métacognition**, c'est-à-dire la connaissance ou la conscience de ses propres processus cognitifs. Par exemple, la capacité à connaître ses forces et ses faiblesses constitue une habileté métacognitive fort utile aux élèves. Ceux qui ne remarquent pas que l'information contenue dans un manuel est incomplète ou incohérente n'étudient pas suffisamment la matière difficile et perdent leur temps sur ce qu'ils savent déjà (Nelson et Leonesio, 1988). Des recherches montrent que les élèves qui réussissent bien sont davantage capables d'évaluer ce qu'ils savent et ce qu'ils ne savent pas (Maki et Berry, 1984). Ils vérifient leur compréhension en reformulant ce qu'ils viennent de lire, en revenant en arrière au besoin et en s'interrogeant sur ce qu'ils lisent (Bereiter et Bird, 1985). Par exemple, les élèves qui lisent le présent chapitre prennent soin de faire les exercices !

2 L'INTELLIGENCE APPLIQUÉE renvoie à la capacité d'utiliser ses habiletés dans de nouvelles situations. Les personnes douées d'une bonne intelligence appliquée font face à la nouveauté avec facilité, alors que celles qui en sont dépourvues ne réussissent bien que dans certaines conditions. Par exemple, un élève qui obtient de bons résutats scolaires dans le cadre de délais fixes pour l'exécution de chaque tâche et de rétroaction immédiate pourra avoir des difficultés à s'adapter au marché du travail s'il doit établir lui-même son échéancier et que son supérieur n'émet jamais de commentaires sur son rendement. Il pourrait ainsi avoir des difficultés à *transférer* ses apprentissages du milieu scolaire au milieu du travail. C'est pourquoi plusieurs de vos professeurs jugent utile de vous demander des travaux qui font appel à votre autonomie et à votre sens des responsabilités ; ils favorisent ainsi le développement de votre intelligence appliquée.

3 L'INTELLIGENCE CONTEXTUELLE a trait à l'aspect pratique de l'intelligence qui nous fait tenir compte du contexte dans lequel nous nous trouvons. Un individu ayant une bonne intelligence contextuelle sait quand il doit s'adapter à une situation (par exemple, il est plus vigilant dans un quartier considéré comme dangereux), quand il doit modifier une situation (par exemple, s'il projette de devenir enseignant mais se rend compte qu'il n'aime pas le contact avec les enfants, il décide plutôt d'être comptable) ou quand il doit remédier à une situation (par exemple, si son couple bat de l'aile, il consulte un conseiller conjugal avec sa femme). L'intelligence contextuelle nous permet de développer des stratégies pratiques, orientées vers l'action et visant à nous permettre d'atteindre nos buts ; elles ne sont pas enseignées de façon formelle, mais elles sont plutôt inférées à partir de l'observation d'autres personnes (Sternberg *et al.*, 1995).

L'approche cognitive nous a permis d'approfondir nos connaissances sur l'intelligence, sur ce que signifie « être intelligent », etc. Alors que les définitions traditionnelles de l'intelligence font presque uniquement référence aux types de comportements requis dans une salle de classe, Howard Gardner (1983) propose plutôt sept « intelligences » (ou domaines d'aptitudes) : *linguistique, logicomathématique, spatiale, musicale, somatokinesthésique* (que possèdent les acteurs, les athlètes et les danseurs), *introspective* (connaissance de soi) et *interpersonnelle* (connaissance des autres).

Les deux dernières formes d'intelligence décrites par Gardner correspondent à ce que certains psychologues désignent comme l'*intelligence émotionnelle*, soit l'habileté à déterminer ses propres émotions et celles des autres, à exprimer clairement ses émotions ainsi qu'à s'adapter à ses émotions et à celles des autres (Goleman, 1995 ; Mayer et Salovey, 1993). Des recherches comparant des enfants de QI similaires montrent que ceux dont l'intelligence émotionnelle est moins développée (par exemple, l'incapacité à interpréter l'information émotionnelle non verbale) réussissent moins bien à l'école (Hooven *et al.*, 1995). Par ailleurs, il est possible que les enfants qui ne savent pas lire les indices émotionnels chez leurs professeurs et chez leurs camarades de classe ou qui ne savent pas maîtriser leurs propres émotions soient aux prises avec des difficultés d'apprentissage à cause de leur anxiété, de leur confusion ou de leur colère (Goleman, 1995).

Les recherches menées par les psychologues cognitivistes sur les différents types d'intelligence commencent à porter leurs fruits. Robert Sternberg et Howard Gardner ont travaillé conjointement à l'élaboration d'un programme axé sur le développement de l'intelligence pratique et mis en place dans des centaines de classes aux États-Unis (Sternberg *et al.*, 1990; Williams *et al.*, 1996). Ce programme met l'accent sur trois formes d'intelligence pratique, essentielles à la réussite scolaire: comment s'organiser (par exemple, éviter la procrastination), comment réaliser une tâche (par exemple, utiliser des stratégies différentes pour préparer un examen comportant des questions à choix multiple et un examen comportant des questions à développement) et comment s'entendre avec les autres (par exemple, convaincre un enseignant de la valeur d'une idée). Les élèves qui ont suivi ce programme ont amélioré leurs habiletés de lecture et d'écriture ainsi que leur capacité à faire face aux exigences scolaires (Sternberg *et al.*, 1995). La perspective cognitive est plutôt optimiste: si nous appliquons les leçons qu'elle a à offrir, il n'est jamais trop tard pour devenir intelligent ou, tout au moins, un peu plus intelligent.

Qu'avez-vous appris?

RÉPONSES, p. 275

1. Pourquoi de nombreux psychologues croient-ils qu'il ne faut pas rejeter en bloc les tests d'intelligence malgré leurs désavantages liés à la culture?

2. Pourquoi faut-il nuancer l'affirmation selon laquelle l'intelligence est surtout une question d'hérédité?

3. Michel comprend très bien la matière de son cours de statistique. Par contre, il ne sait pas répartir son travail pendant un examen: comme il passe la majeure partie du temps à résoudre les problèmes difficiles, il ne lui en reste plus pour les plus faciles. Selon la théorie tripartite de l'intelligence, quel aspect de son intelligence devrait-il chercher à améliorer?

LE LANGAGE

L'un des caractères distinctifs de l'espèce humaine est la compétence (ou aptitude) linguistique, c'est-à-dire la capacité à apprendre une langue ou un système de signes. Cette compétence a notamment permis à l'espèce humaine de dominer toutes les autres. Au fil des ans, les psychologues ont pu observer que son étude est bien plus complexe qu'il n'y paraissait.

Lisez ce qui suit à haute voix:

kamaunawezakusomamanenohayawewenimtuwamaanasana.

Pouvez-vous découper cette suite de syllabes en mots? À moins de parler swahili, vous n'y verrez que du jargon*. Pourtant, les premières phrases qu'un enfant entend dans sa langue maternelle lui sont absolument incompréhensibles. Comment arrive-t-il alors à découper les syllabes et à isoler les mots du mélange de sons qu'il entend et, mieux encore, à en comprendre la signification? Le cerveau de l'enfant est-il conçu de façon à lui permettre de s'adapter au langage et d'en découvrir les règles?

Pour être en mesure de répondre à cette question, il faut d'abord définir le langage. Le **langage** est un système de règles qui permet de combiner des éléments n'ayant pas de signification propre en énoncés porteurs de signification. Les sons de la langue parlée, tout comme les gestes du langage des signes utilisé par les personnes sourdes, servent à communiquer, mais ils n'ont de sens que pour les individus qui peuvent les associer à une signification particulière. Par exemple, les sons *s* et *i* prononcés [si] en français pourraient être associés par un locuteur anglophone au mot «sea» dont le sens, bien sûr, est très différent du mot «si» en français. De toute évidence, les composantes du langage doivent être apprises, mais les similarités entre les

Langage

Système de règles qui permet de combiner des éléments sans signification propre, comme des sons ou des gestes, en énoncés dont la structure transmet une signification.

---

* En swahili, *kama unaweza kusoma maneno haya, wewe nimtu wa maana sana* signifie «si vous pouvez lire ces mots, vous êtes une personne remarquable».

différentes formes de langage indiquent peut-être la présence d'une prédisposition à apprendre le langage. C'est ce que croyait Darwin (1874) en affirmant que l'être humain avait une «tendance instinctive à parler».

Nous sommes probablement la seule espèce qui utilise le langage pour créer et comprendre un nombre infini d'énoncés. Les primates emploient une variété de grognements et de cris aigus pour prévenir les autres d'un danger, attirer l'attention ou exprimer des émotions, mais ils ne combinent pas ces éléments en nouveaux énoncés comme le font les êtres humains. Bongo le gorille émet un son particulier lorsqu'il découvre de la nourriture, mais il ne peut combiner différents grognements ou cris pour arriver à dire «Les bananes là-bas sont plus mûres que celles qu'on a mangées la semaine dernière et bien meilleures que les termites de notre régime habituel.»

À l'exception de quelques phrases très usitées comme «Comment allez-vous?» ou «Il fait beau dehors», la plupart des phrases que nous formulons ou que nous entendons au cours de notre vie sont nouvelles. C'est pourquoi vous trouverez dans ce livre peu de phrases identiques à d'autres que vous avez déjà lues, entendues ou énoncées. Pourtant, vous pouvez comprendre ces phrases et en formuler de nouvelles par vous-même. Pour la plupart des psycholinguistes (chercheurs spécialisés dans l'étude du langage), nous y parvenons en utilisant un certain nombre de règles qui constituent la grammaire d'une langue. Les règles de *syntaxe*, par exemple, vous permettent de distinguer les phrases acceptables d'avec celles qui ne le sont pas. Même si les gens n'arrivent pas toujours à énoncer ces règles («L'adjectif suit habituellement le substantif avec lequel il s'accorde»), ils les mettent en pratique sans même y penser. Ainsi, pour un francophone, la phrase «Il a lancé la rouge balle» est inacceptable, alors qu'elle pourrait paraître tout à fait acceptable pour un anglophone qui apprend à parler français.

D'où cette capacité linguistique provient-elle? Jusqu'au milieu du XXe siècle, de nombreux psychologues étaient persuadés que l'enfant apprenait à parler simplement en imitant les adultes et en étant attentif aux rectifications qu'ils lui indiquaient. Le linguiste Noam Chomsky (1957, 1980) ne partage pas cette opinion; selon lui, le langage est beaucoup trop complexe pour être appris par bribes. Il a observé que les enfants ne se bornent pas simplement à découvrir quels sons forment les mots, mais qu'ils peuvent aussi appliquer des règles de syntaxe à la *structure de surface* d'une phrase – la façon dont la phrase est construite – afin de découvrir la *structure profonde* de la phrase – là où se situe sa signification. Par exemple, bien que la structure de surface des phrases «Marie a embrassé Jean» et «Jean a été embrassé par Marie» soit différente, un enfant de cinq ans sait que les deux phrases correspondent à la même structure profonde, selon laquelle Marie est la personne qui agit et Jean, le destinataire de l'action. Pour Chomsky, le cerveau humain possède nécessairement un *mécanisme permettant l'acquisition du langage*, une capacité innée qui permet à chaque enfant de développer ses habiletés langagières s'il reçoit suffisamment de stimulations langagières de son milieu.

L'existence d'un tel mécanisme chez l'être humain est soutenue par de nombreuses observations (Crain, 1991; Pinker, 1994). Que leur langue maternelle soit le chinois, le français, le polonais ou l'anglais, les enfants semblent progresser selon les mêmes étapes de développement du langage (Bloom, 1970; Brown et Hanlon, 1970; Slobin, 1970). Ils combinent aussi les mots de façon originale en contrevenant à certaines règles grammaticales, ce qui indique qu'ils ne font pas qu'imiter leurs parents (Ervin-Tripp, 1964; Marcus *et al.*, 1992). La thèse de Chomsky selon laquelle la capacité de développement du langage est innée chez l'être humain a complètement modifié l'étude du développement du langage. La terminologie de ce domaine de recherche reflète cette évolution: on n'étudie plus l'*apprentissage* du langage, mais bien l'*acquisition* du langage.

Le langage, comme tout autre comportement complexe, résulte de l'interaction entre l'inné et l'acquis. Pour se développer adéquatement, la prédisposition biologique doit être appuyée par les stimulations langagières du milieu. L'encadrement fourni par les adultes, surtout par les parents, est essentiel au développement du langage. Les parents agissent comme éducateurs lorsqu'ils corrigent les erreurs grammaticales de leurs enfants (Bohannon et Stanowicz, 1988) et ils constituent des modèles que leurs enfants ont tendance à imiter (Bohannon et Symons, 1988). Certains cas de négligence grave et d'abus envers des enfants laissent même penser que

Selon Noam Chomsky, l'enfant a une capacité innée de développer ses habiletés langagières s'il reçoit suffisamment de stimulations dans ce domaine.

le développement normal des capacités langagières n'est possible qu'au cours de la période critique de 1 à 6 ans ou, selon les auteurs, durant les 10 premières années (Curtiss, 1977; Pinker, 1994; Tartter, 1986). Au cours de cette période, l'enfant doit régulièrement être encouragé par ses proches à la pratique de la conversation afin d'acquérir les différentes règles de syntaxe. Les enfants abandonnés ou privés de stimulations langagières pendant de longues périodes ne parviennent que très rarement à parler normalement.

Qu'avez-vous appris?

RÉPONSES CI-DESSOUS

1. Donnez deux observations qui appuient l'idée d'un mécanisme inné permettant l'acquisition du langage.

2. Pourquoi la phrase «Chevauché, moi ai le cheval» est-elle inacceptable en français sur le plan linguistique?

Réponses

Page 253

1. Concept. **2.** Propositions. **3.** Schéma cognitif. **4.** Esprit passif.

Page 258

1. Accommodation. Même si Luis possédait déjà un schème relatif aux policiers, il a dû le modifier afin d'y ajouter de nouvelles fonctions qui lui étaient inconnues. **2.** Stade préopératoire. Juliette a développé la permanence de l'objet, mais elle ne maîtrise pas le principe de l'identité, qui fait que son frère est toujours son frère, sans égard à la formulation de la question qui lui est posée.

Page 261

1. Raisonnement inductif. **2.** Raisonnement divergent. **3.** Tous les traits mentionnés dans ce chapitre: non-conformisme, indépendance, confiance, curiosité et persévérance.

Page 266

1. La dissonance cognitive. Sébastien essaie de rétablir l'équilibre entre ses attitudes et son comportement. **2.** La sagesse rétrospective. **3.** La confirmation des croyances. De tous ses rêves, elle ne retient que les deux qu'elle a associés à des événements qui se sont produits par la suite. Elle sélectionne aussi l'information des médias qui confirme ses croyances.

Page 268

1. Simon a fait une attribution dispositionnelle négative à l'égard de son patron («il n'a pas de cœur») pour expliquer la décision de ce dernier. **2.** a, c, f et g.

Page 273

1. Parce que, malgré les désavantages associés à la culture, ces tests permettent de prédire assez bien la réussite scolaire et ils constituent donc un outil important pour repérer les enfants qui peuvent avoir besoin d'aide afin d'améliorer leurs chances de réussite. **2.** Parce que les études sur l'hérédité ont porté presque exclusivement sur l'intelligence mesurée à l'aide de tests de QI et qu'elles ont mis de côté les autres formes d'intelligence. De plus, cette affirmation néglige l'influence, maintes fois démontrée, de l'environnement sur le développement de l'intelligence **3.** L'intelligence composite, qui comprend la métacognition.

Page 275

1. Quelle que soit leur origine, les enfants semblent progresser selon les mêmes étapes de développement du langage; ils combinent les mots de façon différente des adultes, ce qui montre qu'ils ne se contentent pas de les imiter. **2.** Parce qu'elle enfreint les règles de syntaxe propres à la langue française.

Solution du labyrinthe, page 249

Pour distinguer entre les côtés miroirs et les côtés ouverts, il faut distinguer entre les personnages et les reflets de personnages. Dans l'illustration ci-contre, les miroirs sont indiqués en foncé.

Réponses au test des associations de mots, page 260

1. Contre. **2.** Queue. **3.** Œil. **4.** Pied. **5.** Vent.

1 La pensée est possible parce que l'information qui nous vient de l'environnement est simplifiée et résumée sous forme de représentations internes de personnes, d'objets, d'activités et de situations.

2 Le *concept* est une forme de représentation mentale (ou unité de pensée) qui regroupe différents éléments ayant des propriétés communes. Une *proposition* est un énoncé signifiant, formé de concepts et exprimant une idée unitaire. Lorsqu'elles sont reliées entre elles, les propositions forment des réseaux de connaissances, de croyances et d'attentes appelés *schémas cognitifs*, qui jouent le rôle de modèles mentaux servant à se représenter divers aspects de l'univers. Les images mentales influent elles aussi sur la pensée.

3 Les processus mentaux ne sont pas tous conscients. Les *processus préconscients* se déroulent hors du champ de la conscience, mais celle-ci peut y avoir accès au besoin. Les *processus inconscients* demeurent hors du champ de la conscience, ce qui ne les empêche pas toutefois d'influer sur le comportement. Même lorsque nous sommes conscients, il nous arrive de ne pas réfléchir beaucoup. C'est ce qui se produit lorsque nous avons l'« esprit passif » et que nous exécutons machinalement une tâche.

4 Les enfants ne pensent pas de la même manière que les adultes. Jean Piaget soutient que le développement cognitif de l'enfant dépend de l'interaction entre les conduites du sujet et les caractéristiques du milieu. La pensée de l'enfant, qui s'articule autour de *schèmes*, s'adapte et change grâce aux processus d'*assimilation* et d'*accommodation*. Selon Piaget, le développement de l'intelligence passe par quatre stades (stade sensorimoteur, stade préopératoire, stade opératoire concret et stade des opérations formelles) qui mèneront graduellement l'enfant à la maîtrise des raisonnements abstraits de type hypothéticodéductif, propres à l'adolescence et à l'âge adulte.

5 Le *raisonnement* est une activité mentale volontaire au cours de laquelle nous traitons de l'information dans le but d'en tirer des conclusions. Il exige que nous produisions des inférences à partir d'observations, de faits et d'hypothèses. Dans le *raisonnement déductif*, une règle générale est appliquée à un cas particulier. Dans le *raisonnement inductif*, une série d'observations mène à l'énonciation d'une règle générale. La science est fortement tributaire du raisonnement inductif à l'étape de l'élaboration d'une théorie.

6 Pour résoudre des problèmes de façon créative, il faut dépasser les idées reçues en faisant appel à la fois au *raisonnement divergent* et au *raisonnement convergent*. Les tests de créativité mesurent soit la fluidité, la flexibilité et l'originalité dans la résolution de problèmes, soit la présence de différents traits de personnalité comme l'indépendance d'esprit et le non-conformisme.

7 Tout le monde se heurte régulièrement contre les obstacles à la pensée rationnelle : nous avons tendance à exagérer la fréquence d'événements improbables, à éviter les risques, à nous focaliser sur les faits qui permettent la *confirmation des croyances*, à faire preuve de *sagesse rétrospective* et à percevoir les événements selon nos attentes. Selon la théorie de la *dissonance cognitive*, chacun cherche à réduire la tension résultant de la coexistence de deux cognitions contradictoires, soit en rejetant ou en modifiant une croyance, soit en changeant un comportement ou en faisant appel à la rationalisation.

8 L'*attribution* consiste à trouver une explication à notre comportement ou à celui d'une autre personne ; elle peut porter sur la situation ou sur la disposition. L'**erreur fondamentale d'attribution** est la tendance à exagérer l'influence des caractéristiques de la personne observée (attribution dispositionnelle) dans l'explication que nous donnons de notre comportement. Les attributions utilisées pour expliquer notre propre comportement ou celui des autres peuvent entraîner de nombreuses émotions et des variations importantes dans la motivation professionnelle ou scolaire.

9 L'*intelligence* est associée à de nombreuses habiletés, et les chercheurs ne s'entendent pas sur la définition à lui donner. Certains psychologues croient qu'un facteur général, le facteur g, est commun à l'ensemble des habiletés associées à l'intelligence. Les tenants de l'approche psychométrique croient que l'intelligence peut être mesurée par des tests standardisés; ils ont élaboré les concepts d'*âge mental* et de *quotient intellectuel* pour la mesurer. Les psychologues tiennent de plus en plus compte des variations culturelles dans la conception des tests d'intelligence, qu'ils veulent équitables pour toutes les cultures. Plusieurs nous mettent en garde contre les interprétations simplistes qui réduisent l'intelligence à une influence génétique.

10 La théorie tripartite de l'intelligence de Sternberg propose une conception de l'intelligence fondée sur le traitement de l'information; elle met l'accent sur les stratégies de résolution de problèmes. Sternberg distingue trois facettes de l'intelligence: composite, appliquée et contextuelle. L'intelligence composite fait parfois appel à la *métacognition*, c'est-à-dire la connaissance ou la conscience qu'un individu a de ses propres processus cognitifs. De son côté, Gardner propose sept formes distinctes d'intelligence (ou domaines d'aptitudes): linguistique, logicomathématique, spatiale, musicale, somatokinesthésique, introspective et interpersonnelle.

11 Le *langage* est un système de règles permettant de combiner des éléments qui n'ont pas de signification propre en énoncés porteurs de signification. Les êtres humains sont la seule espèce à utiliser naturellement le langage pour former et comprendre un nombre infini d'énoncés. Chomsky croit que chaque être humain naît avec une prédisposition à acquérir le langage. Les stimulations provenant de l'environnement, en particulier l'aide apportée par les parents, sont toutefois essentielles au développement du langage chez l'enfant. Un enfant qui n'a pas suffisamment de stimulations langagières peut subir des retards irréversibles dans l'acquisition du langage.

La mémoire

Certains aiment comparer la mémoire humaine à une caméra qui enregistre mécaniquement toute l'information, mais rien n'est plus faux. En fait, nous sélectionnons, organisons et interprétons l'information pour ensuite l'entreposer en mémoire.

Imaginez-vous participant à une recherche sur la mémoire : votre tâche consiste à mémoriser des mots à partir de listes enregistrées sur un magnétophone. Chaque enregistrement défile au rythme de 1 mot par 1,5 seconde. À la fin de chaque liste, vous avez deux minutes pour écrire tous les mots dont vous vous souvenez. Ensuite, on passe à la liste suivante.

Une fois que toutes les listes ont été lues, on vous donne une liste écrite de 96 mots, parmi lesquels vous devez reconnaître ceux qui se trouvent dans les listes lues. La liste écrite comporte des mots qui ont réellement été présentés (les «vrais») et d'autres, qui ne l'ont pas été (les «ajouts»). On vous demande également d'indiquer si vous êtes certain de votre coup quand vous dites reconnaître un mot. Au cours d'une recherche effectivement menée par Roediger et McDermott (1995), on a obtenu les résultats suivants.

MOTS RECONNUS	VRAIS	AJOUTS
Oui	79 %	?
Avec certitude	57 %	?

Les sujets avaient donc reconnu correctement 79 % des mots qui se trouvaient à la fois dans la liste écrite et dans une liste de mots lus, et ils étaient certains de les avoir reconnus dans 57 % des cas. Comme vous l'avez remarqué, la dernière colonne (les «ajouts») est incomplète. Selon vous, dans quel pourcentage les sujets avaient-ils faussement reconnu des mots qui ne se trouvaient pas dans les listes lues et dans quel pourcentage étaient-ils certains de les avoir entendus ? Vous trouverez les réponses à la page suivante.

Voici le tableau complet des résultats de la recherche menée par Roediger et McDermott (1995).

MOTS RECONNUS	VRAIS	AJOUTS
Oui	79 %	81 %
Avec certitude	57 %	58 %

Comme vous pouvez le constater, les résultats concernant les « ajouts » sont presque identiques à ceux concernant les mots entendus. Cela signifie donc que les sujets n'ont pas pu différencier les mots entendus de ceux ajoutés à la liste écrite. Comment une telle chose est-elle possible ? En fait, les chercheurs ont eu recours à un stratagème pour illustrer deux notions centrales du fonctionnement de la mémoire : le processus de classement de l'information et sa nature reconstructive plutôt que reproductive.

En lisant dans la liste écrite des mots liés sémantiquement comme « lit » et « bailler » ou « jazz » et « instrument », il y a de fortes chances que vous croyiez avoir aussi entendu le mot « sommeil » dans le premier cas et le mot « musique » dans le second. Pourquoi ? Pour deux raisons. Premièrement, la mémoire emmagasine l'information en fonction de sa signification. Ainsi, les mots « lit » et « bailler » activent des liens qui les associent également au mot « sommeil », ce qui augmente singulièrement la probabilité que vous pensez, à tort, avoir réellement entendu ce dernier. Deuxièmement, la mémoire est reconstructive, c'est-à-dire qu'elle ne reproduit pas mécaniquement ce qu'elle retient ; elle a plutôt tendance à rechercher activement, en fonction des indices disponibles, l'information emmagasinée. Dans la recherche de Roediger et McDermott, les indices disponibles provenaient des mots entendus dont les sujets se souvenaient avec justesse et des mots de la liste écrite qui appartenaient au même champ lexical que les mots entendus. Par exemple, si vous vous rappelez avoir entendu le mot « jazz » et que vous lisez le mot « musique », il est fort probable que vous croirez, à tort, avoir entendu ce dernier, puisque le mot « jazz » éveillera un lien sémantique avec « musique de jazz ». Votre recherche active déterminera le lien entre « jazz » et « musique », ce qui vous persuadera d'avoir entendu le mot « musique ».

Dans ce chapitre, nous examinerons de quelle manière les psychologues cognitivistes étudient non seulement ces questions importantes, mais aussi les prouesses étonnantes de la mémoire humaine. En dépit de ses défaillances, la mémoire est, la plupart du temps, remarquablement utile. Vous pourrez cependant constater que de nombreux facteurs influent sur votre mémoire, tels que l'ordre de présentation de l'information, la détérioration graduelle de l'information ou l'interférence entre les éléments d'information similaires.

Un mathématicien a calculé qu'un individu emmagasine 500 fois plus d'information au cours de sa vie que n'en contient l'*Encyclopædia Britannica* (Griffith, cité dans Horn et Hinde, 1970). La mémoire, c'est-à-dire la capacité de retenir de l'information et de la récupérer au besoin, est une faculté indispensable ; sans elle, nous serions incapables d'accomplir les tâches quotidiennes les plus simples. De plus, la mémoire est à la base du sentiment d'identité personnelle : chaque individu est la somme de tous ses souvenirs personnels, ce qui explique pourquoi nous nous sentons si menacés lorsque ces souvenirs sont remis en cause. Tant sur le plan individuel que culturel, nous nous appuyons sur l'histoire telle que nous nous la rappelons pour acquérir un sentiment de cohérence et comprendre le monde qui nous entoure ; la mémoire conserve les traces du passé et sert de guide pour l'avenir. À ce propos, nous vous présentons, à la fin du chapitre, les résultats d'une recherche portant sur ce que les personnes retiennent, au bout de 12 ans, des concepts et des faits présentés dans un cours de… psychologie ! Jetez-y un coup d'œil à la page 304.

LA MESURE DE LA MÉMOIRE

Platon comparait la mémoire à une tablette de cire (à son époque, on utilisait de telles tablettes pour écrire) conservant toutes les marques qu'on y laisse. Plus tard, avec l'invention de l'imprimerie, les philosophes ont comparé la mémoire à une feuille de papier, tous les souvenirs d'un individu étant rangés dans une sorte de classeur mental, d'où il est toujours possible de les extraire. Depuis l'avènement de l'audiovisuel, on compare souvent la mémoire d'un individu à une caméra vidéo qui enregistre systématiquement tous les instants de sa vie. Ce modèle a sans doute inspiré une psychothérapeute, adepte de la psycho pop et n'ayant vraisemblablement jamais suivi de cours d'introduction à la psychologie, comme en témoigne sa conception de la mémoire : « Le subconscient est doté d'une mémoire contenant toutes les expériences vécues, exactement comme elles ont été perçues au moment où elles se sont produites. Chaque pensée, chaque émotion, chaque note de musique, chaque mot, chaque saveur et chaque image, tout est fidèlement enregistré dans notre esprit. La mémoire du préconscient est parfaite, infaillible. » (Fiore, 1989)

Bien que cette conception d'une mémoire infaillible soit attrayante et fort répandue, elle est absolument fausse à tous les points de vue. Comme le souligne ironiquement Robyn Dawes (1994), Fiore a réussi un véritable tour de force en négligeant toutes les études réalisées sur la mémoire humaine pour en arriver à affirmer que cette dernière est infaillible. La recherche a en effet établi que les êtres humains *n'emmagasinent pas* tout ce qui leur arrive ou tout ce qui agit sur leurs sens pour s'en servir au besoin. Si tel était le cas, l'esprit serait encombré de toutes sortes d'information tout à fait inutile : le temps qu'il faisait à midi jeudi dernier, le prix des navets il y a deux ans, un numéro de téléphone utilisé une seule fois, etc. La mémoire est sélective. En outre, la récupération d'un souvenir n'a rien à voir avec la projection du film d'un événement ; ce serait plutôt un processus selon lequel nous essayons d'imaginer les morceaux manquants d'une scène à partir de quelques images sans lien.

Si la mémoire ne s'apparente ni à un magnétophone, ni à un système de classement infaillible, ni à un journal écrit à l'encre indélébile, alors à quoi ressemble-t-elle ? Pour en expliquer le fonctionnement, il est indispensable d'examiner d'abord comment les psychologues la mesurent. En fait, les chercheurs ont rapidement constaté que la faculté de se rappeler n'existe pas dans l'absolu : elle dépend de la nature de la tâche à exécuter.

Le rappel conscient et intentionnel d'un événement ou d'un élément d'information se nomme **mémoire explicite.** C'est le type de mémoire à l'œuvre lorsque vous cherchez activement à retrouver l'information qui vous permettra d'intégrer ce nouveau concept à tous ceux que vous maîtrisez déjà sur le sujet. Deux procédures servent à mesurer la mémoire explicite.

D'une part, on définit le **rappel** comme l'aptitude à retrouver et à reproduire une information apprise. Les tests qui comportent des énoncés à compléter et les jeux, tels que *Quelques arpents de pièges* ou *Génies en herbe*, dans lesquels il faut récupérer de l'information en mémoire, en sont des illustrations. Les questions d'examen à développement (court ou long) exigent aussi des efforts de rappel.

D'autre part, on définit la **reconnaissance** comme l'aptitude à déterminer qu'une information observée, lue ou entendue est déjà apprise. Selon cette procédure, on donne de l'information au sujet et celui-ci doit préciser si elle est récente ou ancienne, exacte ou inexacte, ou bien il doit en déceler la présence dans un ensemble de réponses possibles. Les questions à deux choix et les questions à choix multiple font appel à la reconnaissance.

Malgré leurs difficultés (par exemple, la ressemblance entre les énoncés faux et les vrais), les tests de reconnaissance s'avèrent généralement plus faciles que les tests de rappel. Une étude effectuée sous la direction de Bahrick (1975) et portant sur le souvenir que nous gardons des noms de nos camarades de classe du secondaire illustre bien ce fait. On a d'abord demandé aux sujets, âgés de 17 à 74 ans, d'écrire le nom de tous les camarades dont ils se souvenaient. Le taux de réussite à cet exercice de rappel a été très faible : la majorité des diplômés de fraîche date ne purent fournir que quelques dizaines de noms et ceux qui avaient quitté l'école 40 ans

Mémoire explicite

Rappel conscient et intentionnel d'un événement ou d'un élément d'information.

Rappel

Aptitude à retrouver et à reproduire une information apprise.

Reconnaissance

Aptitude à déterminer qu'une information a déjà été apprise.

Pouvez-vous vous rappeler le nom de vos camarades de classe en dernière année du secondaire ? L'album de photos des finissants vous faciliterait-il la tâche ?

plus tôt ne se rappelèrent, en moyenne, que 19 noms. Même à l'aide de l'album de photos des finissants, les plus jeunes sujets ne purent retrouver près de 30 % de ces noms, alors que les plus âgés ne purent en retrouver plus de 80 %. Les résultats au test de reconnaissance furent bien meilleurs. On demanda aux sujets de regarder 10 feuilles présentant chacune 5 photographies et d'identifier d'anciens camarades à partir de leur visage. Les diplômés de fraîche date donnèrent une réponse exacte dans 90 % des cas ; il en fut de même pour les personnes qui avaient terminé leurs études secondaires 35 ans auparavant ! Même ceux qui avaient quitté l'école depuis plus de 40 ans furent capables de reconnaître les 3/4 de leurs anciens camarades.

Il nous arrive d'enregistrer de l'information qui influera sur nos pensées et nos comportements même sans aucun effort conscient ou intentionnel pour nous en souvenir ; on appelle ce phénomène **mémoire implicite** (Graf et Schacter, 1985 ; Schacter *et al.*, 1993). Les chercheurs ne peuvent avoir accès à ce type de connaissance qu'au moyen de méthodes indirectes. L'une d'elles, l'**amorçage**, consiste à d'abord demander au sujet de lire ou d'écouter de l'information et à lui administrer ensuite un test afin de déterminer s'il a stocké cette information dans sa mémoire implicite et s'il peut la mobiliser à d'autres fins. Ainsi, on peut vérifier si la lecture préalable de certains mots par les sujets est susceptible d'influer sur le niveau de réussite d'une tâche de rédaction. Par exemple, on demande aux sujets de lire une liste de mots dont certains débutent par *déf* et, un peu plus tard, on leur demande d'énoncer des mots qui commencent par certaines lettres, dont la suite *déf*. Même dans les cas où le rappel et la reconnaissance sont faibles, les sujets qui ont lu la liste de mots ont davantage tendance que les sujets témoins à compléter les fragments de mots en utilisant des termes extraits de la liste et commençant par *déf*. Le fait que la lecture de la liste de mots favorise la récupération de certaines réponses montre que nous retenons plus de connaissances implicites que nous n'en avons conscience. Autrement dit, nous savons plus de choses que nous le croyons (Richardson-Klavehn et Bjork, 1988 ; Roediger, 1990).

Mémoire implicite
Rétention inconsciente en mémoire d'une expérience ou d'une information qui influe sur les pensées et les comportements ultérieurs.

Amorçage
Méthode employée pour mesurer la mémoire implicite, qui consiste à exposer le sujet à des éléments d'information et à lui faire subir ultérieurement un test pour déterminer si cette information influe sur sa performance dans une autre tâche.

Le **réapprentissage** est une autre méthode de mesure de la mémoire et il semble se situer à mi-chemin entre la mémoire explicite et la mémoire implicite. Mise au point il y a plus de 100 ans par Hermann Ebbinghaus (1885/1913), cette méthode consiste à demander au sujet de réapprendre une tâche ou de l'information maîtrisée antérieurement. Lorsque le sujet apprend plus rapidement la seconde fois, c'est qu'il a retenu quelque chose de la première expérience, même s'il est incapable de se rappeler ou de reconnaître cette information.

Réapprentissage
Méthode employée pour mesurer la rétention, dans laquelle le temps requis pour réapprendre un matériel donné est habituellement inférieur à celui requis pour l'apprentissage initial du même matériel.

LES ÉTAPES DU TRAITEMENT DE L'INFORMATION

La plupart des gens parlent de la mémoire comme s'il s'agissait d'une faculté monolithique, homogène ; nous disons, par exemple, « Je dois perdre la mémoire » ou « Il a une mémoire d'éléphant ». Or, le terme **mémoire** désigne en fait un ensemble complexe d'aptitudes, de processus et de structures cérébrales. Existe-t-il une analogie plus juste que celles du magnétophone, du classeur ou de la caméra vidéo pour rendre compte de ces diverses composantes ?

Nous avons vu au chapitre 9 que de nombreux psychologues cognitivistes comparent le cerveau à un système de traitement de l'information, ressemblant sous certains aspects à un ordinateur, mais en plus complexe. Ils en ont déduit des modèles de la mémoire qui sont fondés sur la notion de *traitement de l'information* et dont le vocabulaire s'inspire du langage informatique. Ainsi, au lieu de parler de stimulus et de réponse, il est question d'« entrée » et

Mémoire
Ensemble des aptitudes, des processus et des structures cérébrales qui permettent d'entreposer et de récupérer l'information apprise.

de «sortie»; entre l'entrée et la sortie, l'information est activement traitée dans une série de «sous-programmes». Selon les théories du traitement de l'information, on distingue trois étapes: l'encodage, le stockage et la récupération.

Étapes du traitement de l'information

ENCODAGE → STOCKAGE → RÉCUPÉRATION

L'encodage

L'encodage est la conversion de l'information par le cerveau en une forme appropriée au stockage et à la récupération. Le souvenir d'une expérience n'en est pas la réplique exacte. L'information sensorielle change de forme presque immédiatement après avoir été captée par les sens, et la forme sous laquelle elle est conservée à long terme est bien différente de celle du stimulus initial. Par exemple, lorsque vous lisez les corrections d'un professeur sur votre travail, vous ne mémorisez pas la forme des lettres, ni même les termes employés, mais bien la signification de ce qui est écrit.

Nous intégrons une nouvelle information dans ce que nous savons (ou ce que nous croyons savoir). Nous l'incorporons dans un réseau déjà existant de connaissances: le **schéma cognitif** (voir le chapitre 9). Les schémas sont utiles à la fois pour intégrer l'information qui arrive en pièces détachées et pour s'en souvenir. Par exemple, en histoire, le schéma des principaux événements facilite le rappel des éléments importants (faits, personnages et dates). Cependant, de tels schémas peuvent entraîner des erreurs de mémoire parce que nous déformons souvent une nouvelle information pour la faire concorder avec nos schémas cognitifs. Si l'information nouvelle contredit nos schémas cognitifs, il arrive que nous n'en tenions simplement pas compte ou que nous l'oubliions, ce qui permet de réduire la tension associée à la remise en question de nos croyances.

La majorité des psychologues pensent que l'information est également emmagasinée sous la forme d'images auditives ou visuelles, telles que des mélodies, des sons et des images mentales. La plupart des images visuelles sont particulièrement faciles à retenir. Au cours d'une étude, Roger Shepard (1967) a projeté 612 diapositives en couleurs à des étudiants. Pour une seconde projection, il en a ajouté. Il a ensuite demandé aux étudiants de déterminer les diapositives qui faisaient partie de la première projection. En moyenne, les étudiants en ont reconnu 96,7 %; 4 mois plus tard, ils en reconnaissaient plus de 50 %. Haber (1970) a montré que le taux de reconnaissance demeure élevé, même pour une présentation de 2560 photographies différentes (Haber, 1970).

Il semble exister d'autres formes d'encodage. Par exemple, les souvenirs liés à des habiletés motrices particulières, comme celles qui sont nécessaires pour nager ou faire du vélo, sont peut-être encodés et emmagasinés sous la forme de regroupements d'instructions musculaires. On sait que les souvenirs de ce type sont très persistants. Un individu qui apprend à nager à 10 ans saura encore le faire 20 ans plus tard, même sans avoir mis entre-temps les orteils dans une piscine ou un lac.

Certains éléments d'information sont encodés automatiquement, sans effort délibéré. Où étiez-vous assis à votre dernier cours de psychologie? Quand était-ce? Vous êtes probablement capable de fournir facilement cette information, même sans avoir fait volontairement d'efforts pour l'encoder. L'encodage adéquat de certaines catégories d'informations nécessite cependant des efforts. Pour retenir cette information, il vous faudra l'étiqueter, l'associer à d'autres éléments d'information ou la répéter jusqu'à ce qu'elle devienne familière.

Dans des situations qui exigent l'encodage volontaire, on surestime parfois la puissance de l'encodage automatique. Par exemple, certains élèves croient être capables d'encoder le contenu d'un manuel sans fournir plus d'efforts que pour encoder la couleur des murs de leur chambre. D'autres supposent que l'aptitude à se souvenir et l'aptitude à réussir des examens sont innées,

Encodage
Conversion de l'information en une forme appropriée au stockage et à la récupération.

Schéma cognitif
Réseau intégré de connaissances, de croyances et d'attentes se rapportant à un sujet donné ou à un aspect particulier de l'univers.

Certaines habiletés motrices apprises à un jeune âge se maintiennent tout au long de la vie.

et qu'il est par conséquent inutile de fournir quelque effort que ce soit (Devolder et Pressley, 1989). Ces élèves obtiennent évidemment de très mauvais résultats aux examens. Les élèves aguerris savent par contre qu'ils doivent fournir des efforts pour encoder la plus grande partie de la matière d'un cours.

Le stockage et la récupération

Stockage

Mode de conservation du matériel encodé.

Récupération

Activité qui consiste à retrouver l'information emmagasinée dans la mémoire en vue de l'utiliser.

La deuxième étape du traitement de l'information, le **stockage**, consiste à conserver l'information en mémoire. L'information peut être entreposée pour une très courte durée (par exemple, le nom des rues d'une ville étrangère au cours d'un voyage) ou pour une longue durée (par exemple, le nom des rues de notre voisinage). La dernière étape, la **récupération**, consiste à retrouver l'information emmagasinée en vue d'une utilisation ultérieure. Cette étape n'est pas sans causer de nombreux problèmes. Quel élève n'a jamais été aux prises pendant un examen avec la récupération effective d'information emmagasinée… mais justement pas celle qui aurait permis de répondre aux questions!

Qu'avez-vous appris?

RÉPONSES, p. 309

Avez-vous réussi à encoder toute l'information présentée dans les sections précédentes?

1. Deux jours après avoir terminé une grille de mots croisés, Tassia ne se souvient plus des mots qu'elle avait trouvés. Cependant, au cours d'une partie de scrabble avec son frère, elle a tendance à former des mots qui se trouvaient dans la grille. Cela montre qu'elle a gardé une mémoire _____ de ces mots.

2. Les trois étapes du traitement de l'information par la mémoire sont _____, _____ et _____.

3. Les deux questions précédentes portaient-elles sur le rappel, la reconnaissance ou le réapprentissage? Au fait, qu'en est-il de cette troisième question?

LE MODÈLE DES TROIS MÉMOIRES

Selon la plupart des approches du traitement de l'information, l'encodage, le stockage et la récupération sont des processus interactifs qui ont lieu dans trois systèmes distincts. La *mémoire sensorielle* (MS) retient l'information transmise par les sens pendant une ou deux secondes, jusqu'à ce que le traitement se poursuive. La *mémoire à court terme* (MCT) retient une quantité limitée d'information pendant un bref intervalle de temps (jusqu'à 30 secondes environ), à moins que l'individu ne fasse un effort conscient pour l'y maintenir plus longtemps. La *mémoire à long terme* (MLT) emmagasine l'information pendant de plus longues périodes, allant de quelques minutes à plusieurs dizaines d'années. Durant quelques décennies, la recherche a accordé une place centrale à ce modèle des trois mémoires. Selon deux de ses principaux défenseurs, Richard Atkinson et Richard Shiffrin (1968, 1971), l'information circulerait de la mémoire sensorielle à la mémoire à court terme, puis dans les deux sens entre la mémoire à court terme et la mémoire à long terme, comme l'indique la figure 10.1.

Modèle de traitement parallèle

Modèle de la mémoire proposé en réaction au modèle fondé sur le traitement de l'information. Il représente les connaissances, non comme des propositions ou des images, mais comme des connexions entre des milliers d'unités de traitement en interaction, distribuées dans un vaste réseau et fonctionnant toutes en parallèle. Synonyme: modèle connexionniste.

Certains spécialistes des sciences cognitives ont rejeté l'approche traditionnelle du traitement de l'information en faveur d'un **modèle de traitement parallèle** (ou *modèle connexionniste*) (Bechtel et Abrahamsen, 1990; McClelland, 1994; Rumelhart *et al.*, 1986). Dans ce modèle, les connaissances ne sont pas représentées comme des propositions ou des images, mais comme des connexions entre des milliers et des milliers d'unités de traitement en interaction, distribuées dans un vaste réseau et fonctionnant toutes en parallèle, exactement comme les neurones du cerveau. Les processus d'activation et d'inhibition réciproques de ces unités s'adaptent continuellement pour représenter les nouvelles connaissances au fur et à mesure de leur entrée dans le système.

Il est trop tôt pour dire si le modèle de traitement parallèle donnera du fonctionnement de la mémoire humaine une image plus juste que celui, plus traditionnel, du traitement de

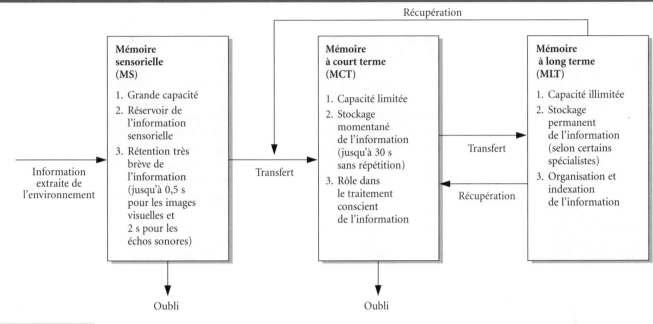

FIGURE 10.1 Le modèle des trois mémoires

Selon le modèle des trois mémoires, on considère perdue à jamais l'information qui ne chemine pas de la mémoire sensorielle à la mémoire à court terme ou de la mémoire à court terme à la mémoire à long terme. Une fois dans la mémoire à long terme, l'information peut être récupérée pour analyser celle provenant de la mémoire sensorielle ou les opérations mentales passagères de la mémoire à court terme.

l'information. Quoi qu'il en soit, les deux approches expliquent de nombreux résultats de la recherche sur la mémoire, mais ni l'une ni l'autre ne peut expliquer toutes les données. Dans ce chapitre, nous présentons le modèle du traitement de l'information, constitué des trois types de mémoire – sensorielle, à court terme et à long terme –, parce qu'il se prête bien à l'organisation des principales données sur le sujet et qu'il tient compte de faits biologiques (voir le chapitre 3). Il ne faut cependant pas oublier qu'il s'agit uniquement d'une analogie, c'est-à-dire une façon pratique de représenter la mémoire, mais qui est susceptible d'être modifiée.

La mémoire sensorielle

Selon le modèle des trois mémoires, toute information provenant des sens doit faire un bref séjour dans la **mémoire sensorielle (MS)**, qui constitue la porte d'entrée de la mémoire. La mémoire sensorielle comprend un sous-système, c'est-à-dire un r*egistre sensoriel*, pour chaque sens. La durée de vie de l'information dans la mémoire sensorielle est très courte. Les images visuelles (ou *icônes*) demeurent tout au plus une demi-seconde dans le registre visuel ; les images auditives (ou *échos*) demeurent jusqu'à deux secondes environ dans le registre auditif.

La mémoire sensorielle fait un peu office de coffre de rangement retenant l'information juste le temps nécessaire à l'individu pour sélectionner les éléments dignes d'attention dans le flot continu de stimuli bombardant ses sens. C'est pendant le transfert des données de la mémoire sensorielle à la mémoire à court terme que l'individu procède à la *reconnaissance des formes*. Ce processus consiste à reconnaître un stimulus à partir de l'information déjà emmagasinée dans la mémoire à long terme (par exemple, reconnaître un visage familier dans une foule). Quant à l'information qui ne se rend pas à la mémoire à court terme, elle est à jamais perdue, comme un message écrit à l'encre sympathique.

Au cours d'une expérience ingénieuse, George Sperling (1960) a montré que les images contenues dans la mémoire sensorielle sont passablement complètes. Il a présenté à des sujets des tableaux de lettres semblables à celui de la page suivante.

Mémoire sensorielle (MS)

Type de mémoire qui conserve momentanément des représentations extrêmement précises de l'information sensorielle.

X	K	C	Q
N	D	X	G
T	F	R	J

Au cours d'études antérieures, les sujets n'avaient pu se rappeler que quatre ou cinq lettres, quel qu'en soit le nombre présenté. Pourtant, plusieurs soutenaient en avoir vu un plus grand nombre, mais ils affirmaient que certaines leur étaient sorties de l'esprit avant qu'ils puissent les nommer. Pour vérifier cette perception, Sperling a conçu une méthode appelée *compte rendu partiel*. Il a demandé aux sujets d'énumérer les lettres de la première, deuxième ou troisième rangée selon qu'ils entendaient un son aigu, un son de hauteur intermédiaire ou un son grave, comme l'illustre le tableau suivant.

X	K	C	Q	Son aigu
N	D	X	G	Son intermédiaire
T	F	R	J	Son grave

Lorsque le son était émis immédiatement après la présentation du tableau, les participants se rappelaient en moyenne trois lettres de la rangée désignée. Étant donné qu'ils ne savaient pas à l'avance quelle ligne mémoriser, on peut supposer qu'ils avaient encore dans leur mémoire sensorielle la majorité des lettres des autres rangées immédiatement après les avoir regardées. Cela signifie qu'ils conservaient une trace mnémonique d'un plus grand nombre de lettres que ce qu'on avait évalué antérieurement. Par ailleurs, s'il y avait un délai, ne fût-ce que d'une seconde, entre la présentation des lettres et l'émission du son, les sujets se rappelaient très peu ce qu'ils avaient vu : les lettres étaient pour ainsi dire « disparues ».

Dans notre interaction quotidienne avec l'environnement, la mémoire sensorielle doit se vider rapidement pour éviter la congestion de l'information. Autrement, le traitement de tout ce matériel transmis par les sens, y compris l'information non pertinente, entraînerait inefficacité et confusion. Le cerveau emmagasine au cours d'une vie des billions de bits d'information. C'est pourquoi la mémoire sensorielle joue un rôle crucial en bloquant l'accès à l'information non pertinente ou sans importance.

LA MÉMOIRE SENSORIELLE EN ACTION

Faites l'expérience suivante. Dans une pièce obscure, demandez à un ami de tracer rapidement de grands cercles devant vous avec une lampe de poche allumée. Vous observerez alors un cercle lumineux plutôt qu'une série de points lumineux. L'explication du phénomène est la suivante : chaque image demeure dans la mémoire sensorielle un petit moment, ce qui provoque l'illusion d'un cercle lumineux.

La mémoire à court terme

La **mémoire à court terme (MCT)** retient l'information un peu plus longtemps que la mémoire sensorielle, soit environ 30 secondes selon la majorité des estimations, même si certains chercheurs pensent que le phénomène peut durer quelques minutes. Nous savons par expérience que la rétention à court terme est brève. Qui n'a jamais tenté en vain de retrouver un numéro de téléphone quelques instants après l'avoir cherché et composé? Ou de retrouver le nom d'une personne présentée deux minutes plus tôt? Il n'est pas étonnant que la mémoire à court terme ait été qualifiée de «seau percé». Cependant, en plus de retenir l'information nouvelle pendant de brefs intervalles de temps, la mémoire à court terme conserve aussi l'information récupérée de la mémoire à long terme pour une utilisation temporaire. C'est pourquoi on l'appelle souvent *mémoire de travail*. Quand nous résolvons un problème d'arithmétique, la mémoire de travail contient les nombres et les instructions nécessaires à l'exécution des opérations requises (par exemple, «additionner les nombres de la colonne des unités, puis reporter les dizaines»), de même que les résultats intermédiaires de chaque étape.

Une fois dans la mémoire à court terme, les données ne sont plus des images sensorielles exactes, mais plutôt le résultat de leur encodage, tel un mot ou un nombre. Par exemple, le mot «classe» remplace l'image de la pièce où se déroule le cours lorsque vous franchissez la porte d'entrée. Les éléments maintenus dans la mémoire à court terme passent ensuite dans la mémoire à long terme ou bien ils se dégradent et se perdent à jamais. Le caractère fugitif de l'information maintenue dans la mémoire à court terme a des bases biologiques. Alors que la rétention dans la mémoire à long terme s'accompagne de changements structuraux permanents dans le cerveau, la mémoire à court terme semble n'occasionner dans les neurones que des changements temporaires, qui ont pour effet d'accroître ou de diminuer leur capacité de libérer des neurotransmetteurs (Kandel et Schwartz, 1982).

La plupart des modèles de la mémoire postulent que celle à court terme ne peut contenir, à un moment donné, qu'une quantité limitée d'information. Il y a quelques décennies, George Miller (1956) a estimé la capacité de la mémoire à court terme au «nombre magique de 7, plus ou moins 2». Les codes postaux composés de 6 caractères alphanumériques et les numéros de téléphone de 7 chiffres appartiennent à cette catégorie d'éléments faciles à garder temporairement présents à l'esprit, alors que ce n'est pas le cas des numéros de cartes de crédit de 16 chiffres. Par la suite, de nombreux chercheurs ont estimé à la hausse ou à la baisse cette capacité de la mémoire à court terme. Quoi qu'il en soit, tous s'accordent pour dire que la mémoire à court terme ne peut jamais contenir qu'un très petit nombre d'éléments d'information à la fois. D'autres psychologues cognitivistes pensent que ce n'est pas la capacité de la mémoire à court terme elle-même qui est limitée, mais plutôt la capacité de traitement du système dans son ensemble à un instant donné.

Malgré les limites de la mémoire à court terme, comment pouvons-nous nous rappeler le début d'une phrase d'un interlocuteur jusqu'à ce qu'il ait terminé sa phrase? Après tout, la plupart des phrases sont formées d'un grand nombre de mots. Selon la plupart des modèles de la mémoire, nous surmontons cette difficulté en regroupant de petites unités d'information en unités plus importantes: les **blocs d'information**. Dans cette optique, la capacité réelle de la mémoire à court terme ne se limite pas à quelques unités d'information, mais bien à quelques blocs. Un bloc d'information peut être un mot, une expression, une phrase ou même une image visuelle, qui a acquis une signification propre au fil de nos expériences. Pour la majorité d'entre nous, l'abréviation «FBI» constitue un seul bloc, et non trois, de même que la date «1492» est un seul bloc, et non quatre. Par contre, le nombre «9214» est composé de quatre blocs et «IBF» en compte trois, sauf, par exemple, pour des personnes dont l'adresse contient le numéro «9214» ou dont les initiales sont «IBF». Par conséquent, nous pourrons plus facilement mémoriser le contenu de la phrase «Le FBI enquête sur un membre de l'ONU qui affirme avoir vu un OVNI» que celui de la phrase «Le IBF enquête sur un membre de l'UON qui affirme avoir vu un INOV». Notons que les deux phrases sont pourtant constituées des mêmes éléments et que seul le regroupement des parties de certains diffère.

Mémoire à court terme (MCT)

Type de mémoire de capacité limitée, jouant un rôle dans la rétention de l'information pendant de brefs intervalles de temps. Elle sert également à maintenir l'information récupérée de la mémoire à long terme pour une utilisation temporaire. Synonyme: mémoire de travail.

Bloc d'information

Unité d'information signifiante dans la mémoire à court terme, qui peut être composée d'unités plus petites.

Toutefois, même la mémorisation par blocs ne suffit pas à éviter le trop-plein éventuel de la mémoire à court terme. Heureusement, une bonne partie de l'information à laquelle nous sommes exposés au cours d'une journée n'est utile que pour un bref moment. Pour multiplier deux nombres, il faut nous les rappeler uniquement le temps requis pour calculer le produit; au cours d'une conversation, il faut garder à l'esprit les paroles de l'interlocuteur seulement le temps qu'il faut pour les comprendre. L'information que nous voulons conserver pour une durée plus longue doit cependant être transférée dans la mémoire à long terme. Les éléments particulièrement signifiants, qui ont une valeur émotionnelle ou qui sont liés à de l'information déjà emmagasinée dans la mémoire à long terme, sont acheminés plus facilement vers cette dernière et ils ne demeurent que peu de temps dans la mémoire à court terme. Ce qu'il advient

L'ÉNIGME DU TRANSFERT DE L'INFORMATION DE LA MÉMOIRE À COURT TERME À LA MÉMOIRE À LONG TERME

On recourt souvent au modèle des trois mémoires pour expliquer un phénomène particulier: l'**effet de position sérielle.** Si on demande à un sujet d'énumérer les mots d'une liste qu'on vient juste de lui présenter, la rétention d'un mot donné dépendra de sa position dans la liste (Glanzer et Cunitz, 1966). Les sujets se rappellent plus fréquemment les premiers mots de la liste (*effet de primauté*) et les derniers (*effet de récence*). Si on trace le graphique de la rétention des mots en fonction de leur position sérielle, on obtient une courbe en forme de U (voir la figure ci-dessous). L'effet de position sérielle survient aussi quand on présente un groupe de personnes à un individu: en général, cet individu se rappelle le nom des premières et des dernières personnes présentées, mais il oublie presque tous les autres noms.

> **Effet de position sérielle**
>
> Au cours du rappel d'une liste d'éléments, tendance à retenir plus fréquemment les premiers et les derniers éléments que les autres.

Selon le modèle des trois mémoires, nous nous souvenons bien des premiers éléments d'une liste parce que leur probabilité d'entrer dans la mémoire à long terme est plus élevée que celle des autres éléments. Comme la mémoire à court terme est relativement «vide» lorsque les premiers éléments y sont acheminés, la «compétition» pour entrer dans la mémoire à long terme est faible. D'autre part, si la rétention des derniers éléments est également élevée, c'est qu'ils se trouvent encore dans la mémoire à court terme au moment du rappel et qu'il suffit de les «décharger». Par ailleurs, la rétention des éléments situés au milieu de la liste est faible parce que la mémoire à court terme est déjà encombrée quand ils y arrivent et parce qu'ils en sont délogés avant d'être emmagasinés dans la mémoire à long terme.

Cette explication est cohérente, à deux exceptions près. Premièrement, dans certaines conditions, la rétention des derniers éléments d'une liste est élevée, même si le test de rappel n'a lieu qu'après le «vidage» théorique de la mémoire à court terme et l'ajout de l'information nouvelle (Greene, 1986). Autrement dit, l'effet de récence peut se manifester même si le modèle des trois mémoires indique qu'il ne devrait pas. Deuxièmement, des chercheurs ont obtenu une courbe de position sérielle similaire à celle de la figure ci-dessous au cours d'une expérience sur des rats et des oiseaux auxquels on faisait mémoriser une série d'emplacements dans un labyrinthe ou dans une cage (Crystal et Shettleworth, 1994; Kesner *et al.*, 1994). En d'autres mots, les effets de primauté et de récence ne s'appliquent pas uniquement aux stratégies humaines de mémorisation verbale. Les chercheurs n'ont pas encore réussi à bien cerner les causes de ces effets. C'est là un autre des mystères de la mémoire.

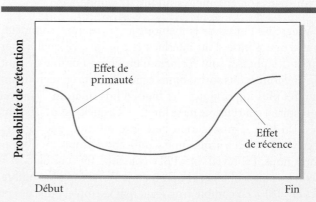

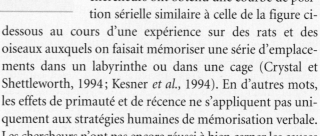

L'effet de position sérielle

des autres éléments contenus dans la mémoire à court terme dépend du temps écoulé jusqu'à l'arrivée d'une nouvelle information. Le matériel dans la mémoire à court terme est en effet facile à déloger, à moins de l'y retenir délibérément.

La mémoire à long terme

Le troisième type de mémoire selon le modèle des trois mémoires est la **mémoire à long terme (MLT)**. La quantité presque illimitée d'information qui y est emmagasinée permet à chacun d'apprendre, d'agir sur son environnement ainsi que d'élaborer un sentiment d'identité et une sorte de dossier personnel.

L'ORGANISATION DE L'INFORMATION DANS LA MÉMOIRE À LONG TERME

Compte tenu de la grande quantité de données contenues dans la mémoire à long terme, la plupart des modèles de la mémoire postulent que l'information doit être organisée et indexée pour que nous puissions la retrouver, un peu comme dans une bibliothèque. L'une des méthodes d'indexation des mots ou des concepts qu'ils représentent repose sur les *champs lexicaux* dictés par la signification des mots. Par exemple, *chaise* appartient au champ lexical *meuble* et *psychologie,* au champ lexical *science.* Dans une étude classique, on a demandé à des sujets de mémoriser 60 mots présentés dans un ordre aléatoire et appartenant à l'un ou l'autre des 4 champs lexicaux suivants : animaux, légumes, prénoms masculins et professions. Quand on leur a donné la consigne d'utiliser n'importe quel ordre pour se rappeler les mots, les sujets ont eu tendance à regrouper les mots par champ lexical (Bousfield, 1953). On a reproduit ce résultat à plusieurs reprises, ce qui constitue une excellente démonstration de la catégorisation sémantique dans la mémoire à long terme. Dans plusieurs modèles, on représente le contenu sémantique de la mémoire à long terme à l'aide d'un vaste réseau de concepts (Collins et Loftus, 1975) et de propositions (Anderson, 1990) en interrelation. La figure 10.2 représente une petite portion du réseau de concepts associés au mot *animal.*

Les regroupements sémantiques ne sont pas la seule forme d'organisation de l'information dans la mémoire à long terme : la sonorité et l'aspect visuel des mots jouent également un rôle. Vous avez sans doute déjà eu plus d'une fois un mot «sur le bout de la langue», impossible à retrouver. C'est une expérience aussi courante que frustrante. Nous tentons en vain de nous rappeler le nom d'une connaissance ou d'une personne célèbre, le nom d'un lieu, le titre d'un film ou d'un livre, etc. (Burke *et al.,* 1991). Les utilisateurs du langage des signes vivent aussi cette expérience : ils disent avoir un mot «sur le bout du doigt». L'une des méthodes employées pour étudier ce phénomène consiste à demander à des sujets de noter dans leur journal tous les incidents qui s'y rapportent. Une autre méthode consiste à d'abord présenter aux sujets la définition d'un terme peu connu et à leur demander ensuite de donner le mot correspondant. Lorsque nous avons un mot sur le bout de la langue, nous avons tendance à énumérer des expressions de sens voisin, jusqu'à ce que nous trouvions le mot recherché. Si on présente à un individu la définition «fait d'accorder des avantages à des parents ou à des amis, en affaires ou en politique», il pourra répondre «favoritisme» au lieu de «népotisme», qui est le mot correspondant à la définition. L'information verbale semble aussi indexée, selon la sonorité et la forme, et récupérable sur la base de ces caractéristiques. Ainsi, les réponses inexactes comportent souvent le même nombre de syllabes que le mot correct, commencent par la même lettre ou le même préfixe, ou se terminent par le même suffixe (A. Brown, 1991; Brown et McNeill, 1966). Par exemple, une personne qui cherche le mot «*sampan*», qui désigne une petite embarcation chinoise, pourrait dire «*Siam*» ou «*sarong*».

Les chercheurs s'intéressent à d'autres modes d'organisation de l'information dans la mémoire à long terme, fondés par exemple sur le degré de familiarité ou d'importance de l'information aux yeux de l'individu. Le mode d'organisation utilisé dans une situation donnée dépend vraisemblablement de la nature du matériel à mémoriser; ainsi, nous n'emmagasinons probablement pas de la même manière l'information relative aux principales villes européennes

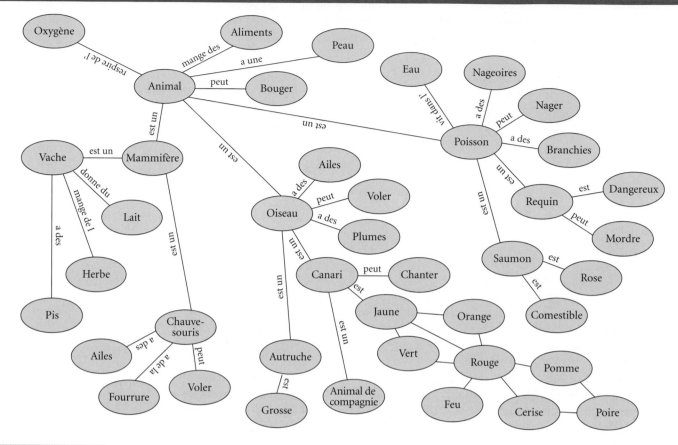

FIGURE 10.2 Un réseau de concepts

Un réseau de concepts est une représentation du contenu sémantique de la mémoire à long terme. Ici, il s'agit d'un aperçu du réseau de concepts associés au mot *animal*.

et l'information concernant notre premier rendez-vous amoureux. Pour comprendre l'organisation de la mémoire à long terme, il faut donc connaître la nature de l'information qui y est emmagasinée.

LES TYPES DE CONNAISSANCES DANS LA MÉMOIRE À LONG TERME

Dans la plupart des théories sur la mémoire, on distingue les habiletés ou les habitudes (qui constituent le savoir-faire) des connaissances abstraites ou représentationnelles (correspondant au savoir général). Cette distinction mène à une classification des souvenirs qui relèvent soit de connaissances procédurales soit de connaissances déclaratives (voir la figure 10.3).

Les **connaissances procédurales** sont liées au savoir-faire, par exemple savoir se peigner, utiliser un crayon, résoudre un casse-tête ou nager. Des chercheurs croient que les connaissances procédurales relèvent de la mémoire implicite, celle dont nous n'avons pas conscience, plutôt que de la mémoire explicite. Ils pensent que la maîtrise de nos habiletés et de nos habitudes réduisent le besoin de réflexion consciente.

Les **connaissances déclaratives** correspondent au savoir général et relèvent plutôt de la mémoire explicite, celle dont nous avons conscience. Les connaissances déclaratives comprennent deux sous-catégories : les connaissances sémantiques et les connaissances épisodiques (Tulving, 1985). Les **connaissances sémantiques** sont des représentations internes de l'univers,

Connaissances procédurales

Éléments de la mémoire associés à l'accomplissement de tâches ou à des habiletés et correspondant au savoir-faire.

Connaissances déclaratives

Éléments de la mémoire se rapportant à des faits, à des règles, à des concepts et à des événements. Elles se subdivisent en connaissances sémantiques et en connaissances épisodiques.

Connaissances sémantiques

Éléments de la mémoire se rapportant aux connaissances générales, y compris les faits, les règles, les concepts et les propositions.

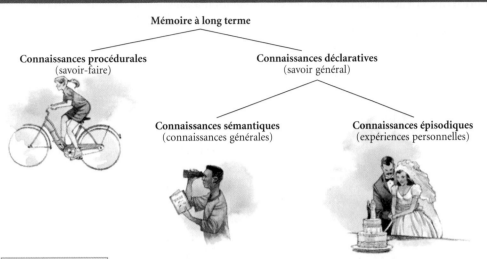

FIGURE 10.3 Les types de connaissances dans la mémoire à long terme

Vous pouvez vous en remettre à vos connaissances procédurales pour faire de la bicyclette, à vos connaissances sémantiques pour identifier une espèce d'oiseau et à vos connaissances épisodiques pour vous rappeler votre mariage. Pouvez-vous citer d'autres exemples pour chacun de ces types de connaissances ?

indépendantes de tout contexte. Elles comprennent les faits, les règles et les concepts, qui sont du domaine des connaissances générales. Par exemple, la mémoire sémantique du concept *chat* nous permet de décrire un chat comme un petit mammifère à fourrure, qui passe la plupart de son temps à manger, à dormir, à rôder et à regarder dans le vide, sans pour autant avoir un chat sous les yeux et sans connaître les circonstances dans lesquelles nous avons appris cette information. Par ailleurs, les **connaissances épisodiques** sont des représentations internes d'expériences personnelles. C'est grâce à la mémoire épisodique qu'une personne se rappelle avoir été réveillée au beau milieu de la nuit par son chat qui lui a sauté dessus.

Connaissances épisodiques
Éléments de la mémoire se rapportant à des expériences personnelles et à leur contexte.

 Qu'avez-vous appris ?

RÉPONSES, p. 309

Voici une bonne occasion de vérifier si les résultats présentés dans cette section ont été transférés de votre mémoire à court terme à votre mémoire à long terme.

1. Dans le modèle des trois mémoires, quelle est celle qui ne retient les images qu'une fraction de seconde ?

2. Pour la plupart des gens, les abréviations ONU et CIA constituent _____ blocs d'information.

3. Supposons que vous deviez mémoriser les mots suivants dans l'ordre qui vous convient : *bureau, porc, or, chien, chaise, argent,* *table, coq, lit, cuivre* et *cheval*. Comment regrouperiez-vous probablement ces mots au cours du rappel ? Pourquoi ?

4. À quel type de connaissances contenues dans la mémoire à long terme fait-on appel dans les activités suivantes ?

   a) Faire du patin à roues alignées.
   b) Énumérer les mois de l'année.
   c) Se rappeler une chute en patin survenue en janvier dernier.

5. Si vous deviez mémoriser les mots de la question 3 après qu'on vous les ait énumérés une seule fois à haute voix, quels seraient les mots que vous auriez le plus tendance à oublier ? Pourquoi ?

COMMENT NOUS SOUVENONS-NOUS ?

Nous pouvons mettre en pratique notre compréhension du fonctionnement de la mémoire pour mieux nous souvenir. Ainsi, la *répétition*, c'est-à-dire la révision des données à mémoriser, constitue l'une des principales techniques de rétention de l'information dans la mémoire à court terme et elle augmente les chances de rétention à long terme. Lorsqu'on empêche une personne de répéter le contenu de sa mémoire à court terme, il s'efface très rapidement. Dans l'une des premières recherches sur ce phénomène, on a demandé aux sujets de mémoriser des syllabes dépourvues de sens et, immédiatement après, de compter à rebours de trois en trois à partir d'un nombre donné, cette seconde activité les empêchant de répéter les syllabes. Au bout de 18 secondes seulement, les sujets avaient oublié la majorité des syllabes, comme l'indique le graphique de la figure 10.4. Par ailleurs, lorsqu'on ne demandait pas aux sujets de compter à rebours, leur performance était nettement meilleure, probablement parce qu'ils se répétaient les syllabes à mémoriser (Peterson et Peterson, 1959). De façon analogue, si nous répétons sans arrêt un numéro de téléphone, nous réussissons à le maintenir dans la mémoire à court terme aussi longtemps que nous le désirons; par contre, si nous lisons un numéro de téléphone et que nous nous mettons à parler avec quelqu'un, il y a de bonnes chances que nous oubliions presque immédiatement le numéro.

Certaines stratégies de *répétition* sont plus efficaces que d'autres. La **répétition de maintien** consiste à répéter le matériel machinalement, c'est-à-dire sans réfléchir aux éléments répétés. Cette méthode est efficace pour le maintien de l'information dans la mémoire à court terme, mais elle ne permet pas toujours la rétention à long terme. Par contre, la **répétition d'élaboration** (ou *élaboration de l'encodage*) est une stratégie efficace de mémorisation de longue durée (Cermak et Craik, 1979; Craik et Tulving, 1975). Cette stratégie fait intervenir l'association d'une nouvelle information avec de l'information déjà emmagasinée.

Répétition de maintien

Répétition mécanique d'éléments d'information dans le but de maintenir leur accessibilité dans la mémoire.

Répétition d'élaboration

Association d'une information nouvelle à des connaissances déjà emmagasinées et analyse de la nouvelle information dans le but de la mémoriser. Synonyme: élaboration de l'encodage.

La courbe du rappel dans la mémoire à court terme

Sans répétition, il devient vite impossible de se rappeler le contenu de la mémoire à court terme.

Imaginez-vous en train d'étudier le concept d'*hypothalamus*, présenté dans le chapitre 3. Le schéma suivant illustre un encodage simple de ce concept.

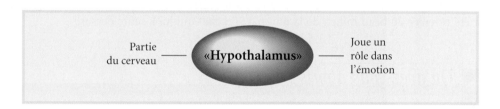

Partie du cerveau —— «Hypothalamus» —— Joue un rôle dans l'émotion

Le schéma suivant est un exemple d'encodage élaboré du même concept, favorisant une meilleure rétention.

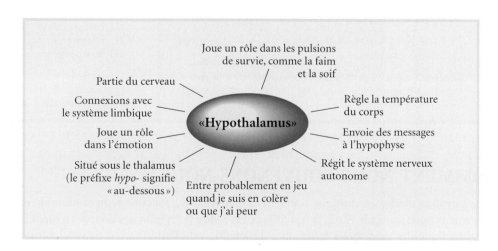

Joue un rôle dans les pulsions de survie, comme la faim et la soif

Partie du cerveau

Connexions avec le système limbique

Règle la température du corps

Joue un rôle dans l'émotion

«Hypothalamus»

Envoie des messages à l'hypophyse

Situé sous le thalamus (le préfixe *hypo-* signifie «au-dessous»)

Entre probablement en jeu quand je suis en colère ou que j'ai peur

Régit le système nerveux autonome

Quand nous voulons améliorer la performance de notre mémoire, nous faisons parfois appel à des procédés mnémotechniques, c'est-à-dire des stratégies systématiques ou des «trucs» d'encodage, de stockage et de rétention de l'information. Les procédés les plus efficaces requièrent un encodage actif et complet du matériel. Par exemple, la phrase «Viens mon chou, mon bijou, sur mes genoux, laisse tes joujoux et lance des cailloux à ces vilains hiboux pleins de poux» permet de mémoriser les sept noms en -*ou* prenant un *x* au pluriel. Nous ne nous attarderons pas davantage sur ce sujet parce qu'il s'agit de «trucs» qui ne sont souvent pas plus efficaces que la répétition machinale utilisée pour la rétention à long terme et qui, parfois même, donnent de moins bons résultats (Wang et Thomas, 1992; Wang *et al.*, 1992). Voici plutôt quelques conseils vraiment utiles, recommandés par les chercheurs pour améliorer la mémoire et basés sur des études spécialisées.

Soyez attentif!

Bien sûr! Il faut être attentif: c'est une évidence. Il ne faut cependant pas oublier que la première étape de la mémorisation d'une information est son encodage. Quelle est la vraie pièce de un cent? (Vérifiez votre réponse à la page 309.)

La plupart d'entre vous avez probablement eu de la difficulté à reconnaître la véritable pièce de monnaie, simplement parce que vous n'en avez jamais observé une de près. Il ne s'agit pas de toujours scruter le moindre détail, mais une attention soutenue au moment de l'encodage des principales notions de chacun des chapitres vous permettra d'améliorer votre compréhension de la matière.

Encodez l'information de plus d'une façon.

Plus nombreux sont les liens distincts que vous créez à l'encodage, meilleur sera votre souvenir de l'information. Par exemple, pour mémoriser les trois étapes du traitement de l'information, vous pouvez non seulement encoder la sonorité des trois termes, mais aussi leur représentation graphique.

Ajoutez du sens à l'information.

Plus l'information vous touche de près, plus elle s'associera avec des données déjà présentes dans votre mémoire à long terme. Pour ajouter du sens à une information, vous pouvez composer une courte histoire, imaginer un exemple ou créer une image mentale. Par exemple, vous pouvez lier les trois étapes du traitement de l'information au premier cadeau que vous avez donné à votre mère: vous aviez d'abord déterminé la somme nécessaire (encodage), puis mis de côté l'argent dans votre tirelire (stockage) et, enfin, retiré l'argent de la tirelire pour acheter le cadeau (récupération).

Répartissez votre temps d'étude.

Des séances d'étude de 30 minutes sont préférables à des séances de 2 ou 3 heures (Underwood *et al.*, 1962). Des recherches ont démontré que la fragmentation du temps d'étude favorise la rétention de l'apprentissage, par exemple des langues étrangères (Bahrick *et al.*, 1993) ou des mathématiques (Bahrick et Hall, 1991).

Faites des pauses.

Pour contrer la fatigue et la tension, il est préférable de faire des pauses. Vous serez alors mieux disposé pour encoder de l'information nouvelle.

Persévérez dans l'apprentissage.

L'une des meilleures façons de bien maîtriser la matière est de continuer à l'étudier même si vous croyez bien la connaître.

Évaluez régulièrement votre performance.

Il est préférable de réviser votre compréhension de la matière au fur et à mesure: par exemple, après chaque section d'un chapitre plutôt que seulement à la fin du chapitre. Surtout, ne vous évaluez pas immédiatement après la lecture d'une section, attendez plutôt quelques minutes avant de le faire (faites une pause!), le temps de laisser votre mémoire à court terme se vider.

Étudiez en compagnie d'un camarade.

L'étude à deux est une bonne stratégie: chacun peut vérifier la performance de l'autre, ce qui donne une bonne idée de sa propre performance.

Connaissez-vous d'autres stratégies que vous aimeriez partager avec vos camarades? En fait, quelles que soient les stratégies, vous constaterez qu'il est plus facile d'apprendre une matière lorsque vous agissez sur elle de façon à la rendre plus compréhensible pour vous que lorsque vous tentez de l'assimiler passivement. L'accumulation d'information sans distinction entre l'essentiel et l'accessoire est une source de confusion. Méfiez-vous de la psycho pop et de ses techniques vous promettant une «mémoire photographique parfaite» ou le «rappel instantané». À ce sujet, notre recommandation est simple: oubliez-les!

En fait, c'est la *profondeur du traitement* qui assure une meilleure rétention des faits emmagasinés dans la mémoire à long terme. Par exemple, si vous étudiez le concept d'inconscient présenté dans le chapitre 5, la répétition machinale de la définition a peu de chances de vous aider à transférer l'information dont vous avez besoin de la mémoire à court terme à la mémoire à long terme. En révisant (ou en répétant) ce concept, vous pourriez plutôt encoder l'information selon laquelle l'inconscient a des choses à cacher au moi parce qu'il se comporte comme un «inconscient». Vous pourriez noter que le mot «inconscient» commence par le préfixe à valeur négative *in*, comme les mots «insensible» ou «incontournable». Vous pourriez approfondir le traitement de l'information en faisant l'analyse sémantique complète des mots «conscient» et «inconscient». Plus vous associerez le concept d'inconscient avec d'autres connaissances en mémoire, mieux vous vous en souviendrez. Malheureusement, les élèves essaient souvent de mémoriser de l'information ayant peu ou pas de signification pour eux, ce qui explique qu'ils n'arrivent pas à la retenir.

Qu'avez-vous appris ?

RÉPONSES, p. 309

Camille est furieuse contre son professeur d'histoire. «J'ai lu le chapitre trois fois et j'ai quand même eu une mauvaise note à l'examen. L'examen était bien trop difficile!» En vous servant de vos connaissances acquises antérieurement, comment pourriez-vous expliquer la mauvaise rétention de l'information chez Camille?

POURQUOI OUBLIONS-NOUS?

Vous est-il déjà arrivé de vous dire, alors que vous étiez transporté de joie, «Je n'oublierai jamais ce moment, jamais, *jamais*, J A M A I S»? Diriez-vous maintenant que vous vous rappelez plus clairement le fait d'avoir prononcé ces paroles que le moment de bonheur suprême lui-même? Nous encodons parfois un événement, nous le répétons, nous analysons sa signification, nous le rangeons dans notre mémoire à long terme et, en dépit de tout cela, nous l'oublions. À la suite de ce constat, il ne faut pas nous étonner que la plupart des gens souhaitent, un jour ou l'autre, posséder une «mémoire infaillible», une «mémoire photographique».

Pourtant, si vous pouviez rendre votre mémoire à long terme «parfaite», vous pourriez le regretter amèrement. Le psychologue russe Alexandre Luria (1968) a décrit l'histoire de S., un journaliste doté d'une mémoire prodigieuse. Il était capable de se rappeler de longues listes de mots qu'il n'avait regardées que quelques secondes et, 15 ans plus tard, il pouvait encore les reproduire dans l'ordre initial ou à rebours. Il se souvenait également des circonstances exactes dans lesquelles il avait assimilé les données. Pour accomplir ses exploits, S. avait recours à divers procédés mnémotechniques, dont certains font appel à la création d'images visuelles. Pourtant, le commun des mortels aurait tort d'envier ce prodige, car S. avait un grave problème: il était incapable d'oublier quoi que ce soit, même ce dont il ne voulait pas se souvenir. Des images qu'il avait créées dans le but de mémoriser de l'information revenaient constamment dans son champ de conscience, ce qui le distrayait et réduisait sa capacité de concentration. Il lui arrivait même d'avoir du mal à tenir une conversation à cause des enchaînements d'associations suscités par les paroles de son interlocuteur. Ce problème l'obligea à abandonner sa carrière. Pour subvenir à ses besoins, il alla de ville en ville donner des spectacles dans lesquels il exhibait ses aptitudes exceptionnelles.

Une certaine capacité d'oubli contribue donc à notre survie et à notre équilibre psychologique. En doutez-vous? Imaginez un seul instant que vous vous rappelez en détail chaque dispute, chaque incident embarrassant, chaque moment pénible de votre vie? Parfois, l'oubli est bien utile! Néanmoins, la majorité des gens affirment oublier plus de choses qu'ils ne le souhaiteraient.

À la fin du XIXe siècle, Hermann Ebbinghaus (1885/1913) a entrepris de mesurer la perte de mémoire pure indépendante de l'expérience personnelle. Pour y arriver, il a mémorisé de longues listes de syllabes dépourvues de sens, comme *bok*, *waf* et *ged*, puis il a en évalué le degré de rétention sur des périodes allant de plusieurs jours à plusieurs semaines. Il a constaté que la majorité des oublis surviennent peu de temps après le premier apprentissage et que leur fréquence se stabilise par la suite, comme le montre la figure 10.5(a). Plusieurs générations de psychologues ont adopté sa méthode d'étude de la mémoire, bien qu'elle ne permette pas d'appréhender les types de souvenirs qui importent généralement le plus aux yeux des gens, c'est-à-dire les souvenirs autobiographiques.

L'oubli de syllabes sans signification est-il identique à celui d'événements de la vie personnelle? C'est à cette question que Marigold Linton a tenté de répondre un siècle plus tard. Tout comme Ebbinghaus, elle a été son propre sujet d'expérimentation. Cependant, elle a plutôt étudié l'oubli de souvenirs personnels plutôt que de syllabes dépourvues de sens et elle a établi une courbe d'oubli en années plutôt qu'en jours. Chaque jour pendant 12 ans, elle a noté sur des fiches un ou deux événements personnels. Elle a ainsi accumulé une liste de quelques milliers d'événements isolés, dont certains étaient ordinaires («Je dîne au Canton Kitchen: délicieux plat de homard») et d'autres, plus importants («J'atterris à l'aéroport d'Orly, à Paris»). Une fois par mois, elle tirait un échantillon aléatoire de toutes les fiches accumulées et notait si elle se rappelait l'événement décrit et la date à laquelle il avait eu lieu. Dans son compte rendu des résultats des six premières années, Linton (1978) a découvert, comme l'indique la courbe de la figure 10.5(b), que le rythme de l'oubli à long terme des événements de la vie est beaucoup plus lent et constant qu'on pourrait le croire.

Naturellement, certains souvenirs ne s'altèrent que très peu avec le temps. Ainsi, nous nous remémorrons plus facilement les événements importants de notre vie comme notre mariage, l'obtention de notre premier emploi, etc. Pourquoi Marigold Linton, comme chacun de nous, a-t-elle oublié autant de détails? En fait, plusieurs théories rendent compte de l'oubli.

LA DÉTÉRIORATION GRADUELLE

La théorie de la détérioration graduelle rejoint le sens commun en stipulant que nous oublions parce que les traces mnésiques s'effacent tout bonnement avec le temps, à moins de faire occasionnellement l'objet d'un rappel. Nous avons déjà souligné que ce type de dégradation touche la mémoire sensorielle et la mémoire à court terme. Toutefois, cette théorie ne permet pas d'expliquer aussi bien l'oubli dans la mémoire à long terme. Ainsi, il nous arrive fréquemment d'oublier un événement survenu la veille, alors que nous nous rappelons d'événements très anciens.

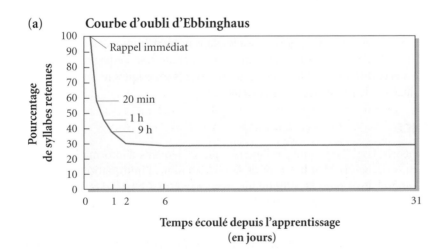

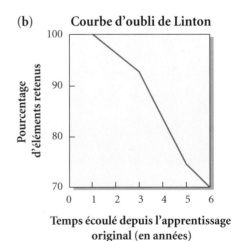

(a) **Courbe d'oubli d'Ebbinghaus**

(b) **Courbe d'oubli de Linton**

F I G U R E 10.5 **Deux courbes d'oubli**

La courbe d'Ebbinghaus montre que l'oubli des syllabes dépourvues de sens, rapide au début, se stabilise au bout de quelques jours (a). À l'opposé, la courbe de Linton établie à partir de ses souvenirs personnels montre une excellente rétention au début, suivie d'un déclin graduel et constant (b).

La maladie d'Alzheimer est une maladie neurodégénérative qui entraîne la détérioration progressive et irréversible des capacités cognitives et de la mémoire. On l'observe surtout chez les personnes âgées de 65 ans et plus. Au Canada, il y aurait présentement 280 000 personnes âgées de plus de 65 ans qui en sont atteintes, et on prévoit qu'il y en aura plus de 500 000 d'ici 2031 (Diamond, 2005). Les premières manifestations de la maladie sont difficiles à déceler, car il s'agit de petits oublis (comme ne pas fermer un robinet) ou de confusion dans les souvenirs (comme oublier ce qu'on a fait la veille). Cependant, les effets de la maladie deviennent de plus en plus dévastateurs : la désorientation, les brusques changements d'humeur, la modification de la personnalité, l'isolement social et les épisodes dépressifs sont quelques-uns des principaux symptômes (Kassin, 2004).

Le psychiatre allemand Alois Alzheimer a été le premier à décrire les symptômes de cette maladie en 1906. Bien des mystères entourent encore l'origine de la maladie, bien qu'on ait avancé de nombreuses causes : une infection virale, l'accumulation de toxines dans le cerveau, la destruction de cellules produisant

Au Canada, plus de 280 000 personnes âgées de plus de 65 ans seraient atteintes de la maladie d'Alzheimer.

l'acétylcholine (un neurotransmetteur essentiel à la mémoire), l'interaction de gènes impliquant jusqu'à quatre chromosomes, la déficience du système immunitaire, etc. (Davis et Palladino, 2007 ; Durand et Barlow, 2002). Bien que cette maladie soit à l'heure actuelle incurable, on mène des recherches sur plusieurs traitements visant à en ralentir l'évolution ou à en atténuer les effets néfastes.

Par ailleurs, les individus qui en sont aux premiers stades d'évolution peuvent tirer profit de programmes d'entraînement de type béhavioriste visant à se préparer pour faire face aux conséquences de la maladie. Il s'avère ainsi utile de renforcer les conduites qui leur permettent de s'adapter le mieux possible aux pertes cognitives : liste détaillée des tâches à accomplir, boîte de classement des médicaments, procédure écrite pour joindre les services et les personnes importantes, les repères visuels, etc. Bien que ces techniques favorisent une meilleure adaptation, il n'en demeure pas moins que cette maladie a une incidence majeure non seulement sur la qualité de vie de la personne atteinte, mais aussi sur celle de ses proches (Mulligan et al., 2003).

En fait, certaines connaissances sont encore accessibles dans notre mémoire des décennies après l'apprentissage. Citons le cas des personnes qui ont bien réussi un test d'espagnol 50 ans après son apprentissage à l'école (Bahrick, 1984). Le déclin des traces mnésiques ne suffit donc pas à expliquer les défaillances de la mémoire à long terme.

L'INTERFÉRENCE

Selon une autre théorie, l'oubli est causé par l'interférence d'éléments d'information similaires soit au moment du stockage, soit au moment de la récupération : l'information se trouve bel et bien dans la mémoire, mais nous la confondons avec une autre. Ce type d'oubli, qui touche aussi bien la mémoire à court terme que la mémoire à long terme, est particulièrement fréquent dans le rappel de faits isolés.

Interférence rétroactive
Oubli qui survient lorsque de nouveaux éléments d'information nuisent au rappel d'éléments similaires déjà emmagasinés.

Imaginons la situation suivante. Au cours d'une soirée, on vous présente Diane et, une demi-heure plus tard, Dorianne. Pendant une heure, vous conversez avec d'autres invités. Puis, vous vous retrouvez avec Diane, que vous appelez Dorianne. Il y a eu interférence du second prénom, qui a remplacé le premier. L'**interférence rétroactive** se produit quand une information nouvellement apprise nuit au rappel d'une information similaire apprise antérieurement, comme l'illustre la figure 10.6(a). Un exemple amusant d'interférence rétroactive est l'anecdote du professeur distrait, spécialiste en ichtyologie (étude des poissons), qui se plaignait d'oublier le nom d'une espèce de poisson chaque fois qu'il apprenait le nom d'un nouvel étudiant!

L'interférence peut aussi se produire en sens inverse, c'est-à-dire que des données déjà mémorisées nuisent au rappel de données similaires apprises plus récemment. Il s'agit alors d'**interférence proactive**, comme l'illustre la figure 10.6(b). Par exemple, vous commencez l'apprentissage de l'italien, mais l'espagnol, que vous maîtrisez déjà, cause une interférence. L'interférence proactive est généralement plus fréquente que l'interférence rétroactive, à cause de l'importante quantité d'information déjà emmagasinée et susceptible d'agir sur un savoir nouveau. Par ailleurs, il ne faut pas perdre de vue que l'information ancienne peut aussi contribuer à améliorer la rétention d'une nouvelle information, grâce au processus de répétition d'élaboration dont il a été question plus haut.

Interférence proactive

Oubli qui survient lorsque des éléments d'information appris antérieurement nuisent au rappel d'éléments similaires appris plus récemment.

L'OUBLI MOTIVÉ

Selon Sigmund Freud, l'oubli provient du fait que nous bloquons l'accès des souvenirs trop menaçants ou pénibles dans le champ de la conscience; il a appelé ce processus *refoulement* (voir le chapitre 5). Aujourd'hui, de nombreux psychologues préfèrent employer l'expression plus générale d'*oubli motivé* et ils affirment que les raisons pour lesquelles nous pouvons souhaiter oublier certains événements sont multiples: l'embarras, la culpabilité, l'émotion, la sauvegarde de l'amour propre, etc. L'oubli motivé peut aussi expliquer certains cas d'**amnésie rétrograde**: nous nous rappelons des événements passés d'ordre général, mais nous ne nous souvenons ni de nos amis, ni de nos parents, ni de nos expériences pénibles.

Les concepts de refoulement et d'oubli motivé reposent principalement sur des rapports cliniques concernant des patients qui semblent se rappeler, au cours d'une psychothérapie, d'événements traumatisants survenus durant leur enfance et ensevelis depuis. Toutefois, il est très rare que de tels souvenirs puissent être corroborés par des faits objectifs, ce qui rend difficile, voire impossible, de déterminer si le rappel est authentique ou construit de toutes pièces. C'est pourquoi le concept de refoulement suscite encore des controverses parmi les spécialistes de la psychologie scientifique (Holmes, 1990).

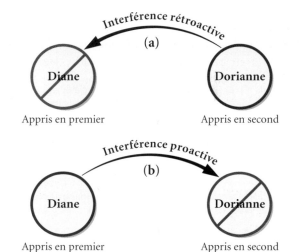

F I G U R E 10.6 Les deux formes d'interférence

L'interférence rétroactive se produit lorsque de nouveaux éléments d'information nuisent au rappel de l'information déjà apprise. L'interférence proactive se produit lorsque l'information déjà apprise nuit à l'apprentissage de nouveaux éléments d'information.

L'OUBLI LIÉ AUX INDICES

Pour nous souvenir, nous avons souvent recours à des *indices de récupération*, c'est-à-dire des éléments d'information qui aident à retrouver l'information recherchée. Quand de tels indices nous font défaut, c'est un peu comme si nous avions le sentiment d'avoir perdu la cote de classification de cette information emmagasinée dans notre mémoire à long terme. Les psychologues appellent **oublis liés aux indices** de telles défaillances mnésiques; ce sont peut-être les oublis les plus fréquents. Willem Wagenaar (1986) a noté chaque jour pendant plusieurs années des détails caractéristiques d'événements de sa vie personnelle. Il a constaté qu'il avait oublié 20 % de l'information au bout de 1 an et 60 %, au bout de 5 ans. Cependant, après avoir obtenu des indices de personnes ayant été témoins de 10 événements qu'il croyait avoir presque oubliés, il a été capable de récupérer d'autres renseignements sur chacun de ces événements, ce qui porte à croire qu'il s'agissait en partie d'oublis liés aux indices.

Amnésie rétrograde

Perte de la capacité de se souvenir d'expériences ou d'événements antérieurs à un moment donné.

Oubli lié aux indices

Incapacité de récupérer de l'information emmagasinée dans la mémoire à cause de l'insuffisance des indices de récupération.

Les psychologues cognitivistes pensent que la principale utilité des indices de récupération est de faciliter l'accès à la zone de la mémoire où l'information recherchée est emmagasinée. Ainsi, quand nous essayons de nous remémorer le nom d'un acteur, il peut s'avérer utile de connaître son prénom ou le titre d'un film récent dans lequel il a joué. Cette découverte a amené les enquêteurs de police à modifier leur façon de mener l'interrogatoire d'un témoin de crime. Ils avaient l'habitude de poser aux témoins une série de questions linéaires : «Qu'a-t-il fait ensuite ? Que s'est-il passé après cela ?» Maintenant, ils incitent plutôt le témoin à reconstruire les circonstances du crime et à raconter, *sans interruption*, tout ce qu'il a vu, même les détails qui lui semblent insignifiants. L'emploi de telles stratégies «cognitives» augmente le nombre d'indices de récupération et entraîne un meilleur rappel que les techniques d'interrogation basées sur la chronologie des événements (Fisher et Geiselman, 1992).

Lorsque vous mémorisez un souvenir, votre état physique ou mental peut constituer un indice de récupération. Par exemple, si l'activation physiologique accompagnant votre réaction émotionnelle devant un événement est particulièrement intense, il vous sera plus facile de vous remémorer cet événement si vous vous trouvez de nouveau dans le même état émotionnel. Les résultats d'une recherche donnent à penser que la difficulté qu'ont les victimes d'un crime violent à se rappeler les détails de leur expérience est peut-être attribuable en partie au fait qu'elles n'éprouvent pas d'émotions aussi intenses au moment du rappel qu'au moment du crime (Clark *et al.*, 1987).

D'autres chercheurs ont montré que la probabilité de récupération d'un souvenir est plus grande quand l'*humeur* au moment du rappel est la même qu'à l'encodage et au stockage du souvenir recherché, vraisemblablement parce que l'humeur joue alors le rôle d'indice de récupération. Toutefois, les données accumulées sur ce sujet présentent des contradictions, parce que cet effet dépend sans doute de plusieurs facteurs, comme la nature de l'événement et la méthode de rappel (Eich, 1995). D'autres données, plus nombreuses, étayent une position quelque peu différente : ce qui importe vraiment, c'est la correspondance entre l'humeur au moment du rappel et la nature de l'élément à récupérer. Ce lien semble se manifester surtout quand nous nous sentons heureux : ainsi, nous nous rappelons plus facilement des idées ou des événements heureux quand nous sommes heureux que quand nous sommes tristes (Mayer *et al.*, 1995).

LA MÉMOIRE AUTOBIOGRAPHIQUE

Nous avons tous un sens d'identité personnelle, qui évolue et qui se modifie au fil des expériences personnelles emmagasinées dans notre mémoire épisodique. Pour la plupart d'entre nous, ce sont les souvenirs les plus fascinants : nous les utilisons pour renvoyer aux autres une certaine image de nous-mêmes, nous allons même jusqu'à les publier dans certains cas et nous les analysons parfois pour tenter d'en apprendre un peu plus sur nous-mêmes (Ross, 1989).

L'un des aspects étranges de la mémoire, c'est que la majorité des gens n'ont pratiquement aucun souvenir qui remonte avant l'âge de trois ou quatre ans. Il y a bien quelques personnes qui se rappellent certaines expériences importantes, comme la naissance d'un frère ou d'une sœur, alors qu'elles n'avaient pas plus de deux ans, mais aucun souvenir ne semble remonter plus loin (Usher et Neisser, 1993). Nous conservons pourtant des souvenirs de ces premières années sous forme de connaissances procédurales (comme utiliser une fourchette et boire dans une tasse) et de connaissances sémantiques (comme des noms de personnes et des connaissances à propos de toutes sortes d'objets). Mais les adultes ne se rappellent pas avoir été nourris par leurs parents durant leur enfance, avoir fait leurs premiers pas ou avoir prononcé de façon hésitante leur première phrase. Tous les êtres humains sont victimes de l'**amnésie de l'enfance** (ou amnésie infantile).

Bien des gens ont du mal à accepter ce fait. L'incapacité à se rappeler les premières années de sa vie a quelque chose de troublant, à tel point que certains s'entêtent à nier l'évidence et affirment se souvenir d'événements antérieurs à leur deuxième anniversaire ou même à leur

Amnésie de l'enfance
Incapacité de se rappeler les événements et les expériences ayant eu lieu au cours des deux ou trois premières années de la vie. Synonyme : amnésie infantile.

premier. Néanmoins, la majorité des psychologues pensent que ces souvenirs sont simplement des reconstructions s'appuyant sur des photographies, des histoires racontées par les autres membres de la famille ou sur l'imagination. En réalité, l'événement «remémoré» peut même n'avoir jamais eu lieu.

Jean Piaget (1951) nous fournit un bel exemple de ce phénomène. Il a décrit une tentative d'enlèvement dont il avait été victime à deux ans. Il se voyait assis dans une poussette, tandis que sa gouvernante le défendait bravement contre le ravisseur. Il se rappelait les égratignures qu'elle avait au visage et le sergent de ville, avec sa cape et son bâton blanc, qui avait fait fuir l'agresseur. Le problème, c'est que rien de tout cela n'était réellement arrivé! En effet, les parents de Piaget, alors qu'il avait 15 ans, avaient reçu de l'ancienne gouvernante une lettre dans laquelle elle avouait avoir inventé toute l'histoire. Piaget en conclut: «J'ai sûrement dû entendre comme enfant le récit des faits auxquels mes parents croyaient, et je l'ai projeté dans le passé sous la forme d'un souvenir visuel, qui est donc un souvenir de souvenir, mais faux!»

Selon de nombreux chercheurs en biologie, l'amnésie infantile est attribuable au fait que les régions du cerveau, notamment l'hippocampe, qui jouent un rôle dans le stockage des événements n'atteignent leur plein développement que quelques années après la naissance et qu'il faut au moins deux ans pour que tous les neurones du cerveau d'un bébé soient interconnectés grâce à des synapses (McKee et Squire, 1993; Nadel et Zola-Morgan, 1984; Schacter et Moscovitch, 1984). Les spécialistes des sciences cognitives voient les choses autrement. Mark Howe et Mary Courage (1993) pensent que «c'est

Ce bébé apprend à déplacer les éléments du mobile à l'aide de son pied. Une semaine plus tard, il pourra se rappeler ce jeu. À l'âge adulte, il aura cependant tout oublié de cette expérience. Comme tout être humain, il aura subi l'amnésie de l'enfance.

l'émergence du *soi cognitif* qui est essentielle à l'élaboration de la **mémoire autobiographique**». Plutôt que l'âge chronologique, ce serait la formation du concept de soi qui permet à l'individu d'emmagasiner des souvenirs autobiographiques. D'autres processus cognitifs semblent aussi entrer en jeu dans l'amnésie infantile, comme la modification au fil des ans des schèmes cognitifs élaborés durant les premières années de vie: les schèmes adultes rendraient alors difficile l'accès aux souvenirs emmagasinés selon les schèmes initiaux (Howe et Courage, 1993).

Mémoire autobiographique

Ensemble des souvenirs sur elle-même, réels ou reconstruits, qui constituent en quelque sorte le récit de la vie de la personne.

Les souvenirs liés à lui-même sont importants parce que l'individu puise à même sa mémoire les éléments qui lui permettent de composer sa propre histoire tout au long de sa vie (Gerbner, 1988). Des chercheurs ont constaté que le récit de notre propre histoire a une profonde influence sur nous. Les grands thèmes de l'«intrigue» nous servent en effet de lignes directrices dans nos projets, nos souvenirs, nos relations amoureuses, nos haines, nos ambitions et nos rêves (Gergen, 1992). Les exemples sont nombreux: «Si je suis comme cela, c'est parce que telle chose est arrivée alors que j'étais enfant»; «Je vais te raconter comment nous sommes tombés amoureux»; «Quand tu sauras ce qui s'est passé, tu comprendras la justification de ma vengeance impitoyable». De tels propos ne renvoient pas nécessairement à la fiction, à des histoires que nous racontons à un enfant; elles appartiennent plutôt à un thème unificateur qui sert à organiser et à rendre significatifs les événements de notre propre vie (Mather *et al.*, 2000). Ces histoires que nous construisons à propos de nous-mêmes évoluent, se modifient au fur et à mesure de l'accumulation des connaissances épisodiques portant sur des événements vécus directement. Toutefois, étant donné que le récit autobiographique d'un individu repose en grande partie sur sa mémoire et que les souvenirs sont des constructions dynamiques qui changent constamment en fonction des besoins du moment et de l'expérience, ce récit est également, dans une certaine mesure, une œuvre d'interprétation et d'imagination. Les psychologues cognitivistes ont montré maintes et maintes fois que l'individu est non seulement l'acteur du récit de sa propre vie, mais aussi l'auteur du scénario.

L'ALTÉRATION DES SOUVENIRS

En 1932, le psychologue britannique sir Frederic Bartlett a demandé à des individus de lire de longues histoires appartenant à des cultures qui ne leur étaient pas familières et de les raconter. Il a constaté que les sujets commettaient des erreurs intéressantes. Ainsi, il leur arrivait souvent d'éliminer des détails incompréhensibles pour eux et d'en ajouter pour rendre le récit cohérent. Bartlett en a conclu que la mémoire est nécessairement un processus de *reconstruction*. Quand on se rappelle une information, disait-il, on ajoute, on enlève ou on modifie généralement des éléments de manière à mieux en appréhender le contenu, selon ce qu'on sait déjà ou ce qu'on croit savoir. Depuis lors, des centaines de recherches portant sur la mémoire ont confirmé les conclusions de Bartlett.

Le phénomène de la reconstruction des souvenirs est bien plus répandu qu'on ne le croit généralement. Marcia Johnson et ses collaborateurs (voir Johnson, 1995) l'ont étudié pendant une vingtaine d'années et ont relevé des conditions susceptibles d'intensifier la confusion entre les souvenirs réels et les souvenirs imaginaires. Les événements spectaculaires, faciles à visualiser, riches en détails et associés à une réaction émotionnelle intense favorisent la création de faux souvenirs. Les chercheurs citent le cas d'une femme qui avait longtemps cru avoir participé, à l'âge de huit ans, à une fête du Nouvel An au cours de laquelle son oncle Simon, en colère, avait frappé si fort contre un mur avec un marteau que le mur s'était effondré. À l'âge adulte, cette femme avait appris qu'elle n'était pas présente à cette soirée. Elle en avait simplement entendu parler à plusieurs reprises. En réalité, l'oncle Simon n'était pas en colère : il avait frappé contre le mur pour indiquer à ses invités que lui et sa femme avaient décidé de rénover leur maison. Pour Johnson, le souvenir imaginaire de cette femme avait été causé par les conditions particulières associées à l'événement original. Durant des années, elle avait visualisé fréquemment l'événement en y ajoutant toutes sortes de détails, ce qui avait contribué à accroître sa certitude d'y avoir réellement assisté. C'est pourquoi les membres de sa famille eurent beaucoup de difficulté à la convaincre de la totale fausseté de son souvenir, sans d'ailleurs jamais être certains d'y être parvenus.

Ces recherches et bien d'autres montrent que les faux souvenirs peuvent être aussi faciles à « se remémorer » que les vrais (Brainerd *et al.*, 1995 ; Poole, 1995 ; Roediger et McDermott, 1995). Toutefois, malgré l'abondance de faits établissant que la mémoire est un processus de reconstruction, bien des gens continuent de croire que les souvenirs sont emmagasinés de façon permanente quelque part dans le cerveau et qu'ils sont fidèles à la réalité. On cite à l'appui de ces croyances des recherches sur le rappel de souvenirs sous hypnose, sur la stimulation électrique de certaines régions du cerveau et sur le souvenir d'événements qui ont provoqué des émotions intenses et qui laisseraient apparemment une empreinte permanente. Cependant, des chercheurs ont montré que ces trois axes de recherche comportent de sérieuses lacunes.

L'hypnose et la mémoire

Examinons d'abord la croyance très répandue que nous pouvons réellement sous hypnose revivre un événement de l'enfance ou nous remémorer une expérience oubliée. Les comptes rendus de ces « souvenirs » sont censés établir que l'hypnose rend possible une parfaite remémoration d'événements. Qu'en est-il exactement ?

Michael Nash (1987) a étudié les recherches scientifiques portant sur la « régression hypnotique », réalisées depuis les années 1920. Selon lui, les résultats montrent clairement qu'une personne amenée à « régresser » à un âge antérieur conserve sensiblement ses aptitudes mentales et morales d'adulte. Les ondes cérébrales et les réflexes d'un individu sous hypnose ne ressemblent pas à ceux d'un enfant ; l'individu ne raisonne pas à la manière d'un enfant et ne commet pas les erreurs caractéristiques de la pensée enfantine. Rien ne prouve non plus que l'hypnose améliore de façon significative le souvenir d'expériences précises de l'enfance, même si des personnes ayant été hypnotisées sont souvent prêtes à jurer du contraire. Au cours d'une étude effectuée par Nash, les sujets sous hypnose ont essayé de se rappeler l'objet qui les réconfortait le plus à l'âge de trois ans (un ours en peluche, une couverture, etc.). Seulement 23 % des participants ont rapporté des souvenirs exacts (on les a vérifiés auprès des mères), comparativement à 70 % des sujets non hypnotisés du groupe contrôle !

Il est vrai, dit Nash, que le comportement et l'expérience subjective des individus amenés à régresser sous hypnose changent de façon spectaculaire : certains utilisent un langage de bébé et d'autres sont tout à fait sûrs d'avoir de nouveau quatre ans. Cependant, cela ne vient pas de ce qu'ils *ont* quatre ans, mais de leur acceptation du rôle qui leur est assigné. Un phénomène semblable se produit quand on fait avancer en âge des individus sous hypnose, par exemple jusqu'à 70 ou 80 ans, ou quand on les fait régresser à une « vie antérieure ». Ces individus peuvent croire sincèrement et de façon convaincante qu'ils ont 7, 70 ou 7000 ans, mais leur récit est imaginaire, il résulte d'un processus de fabulation.

Au cours d'une série de recherches fascinantes, Nicholas Spanos et ses collaborateurs (1991) ont montré de façon spectaculaire que l'hypnose rend possible la construction de faux souvenirs. Ils ont amené des étudiants universitaires canadiens à régresser sous hypnose : ils leur ont fait scruter leur passé au-delà de leur naissance, jusqu'à une « vie antérieure ». Environ le tiers des participants ont déclaré avoir réussi à le faire. Pourtant, pendant leur expérience de vie antérieure, ils étaient incapables de préciser certains faits relatif au pays et à l'époque : le nom du dirigeant, l'état de paix ou de guerre et la monnaie en usage. Les étudiants qui croyaient revivre une vie antérieure ont en fait émaillé leurs comptes rendus d'événements, de lieux et de personnages appartenant à leur vie réelle. En outre, les instructions de l'hypnotiseur ont influé sur les descriptions que les étudiants ont données de cette « vie antérieure » et elles ont contribué à la perception que les étudiants avaient du caractère réel de leur régression.

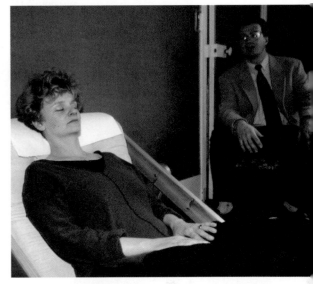

Les souvenirs dont se rappelle une personne sous hypnose peuvent être bien différents de la réalité.

Les chercheurs ont conclu que le rappel d'événements mettant en scène un autre « soi » entraîne chez l'individu la construction d'un récit imaginaire en accord non seulement avec ses croyances, mais aussi avec celles de l'hypnotiseur. On observe un processus similaire chez les personnes sous hypnose qui se disent possédées par un esprit ou qui racontent comment elles ont été enlevées par des extraterrestres et amenées à bord d'un OVNI (Baker, 1992 ; Dawes, 1994). Les comptes rendus de ces sujets comportent souvent des souvenirs qui leur sont suggérés, de manière parfois subtile, par des indices verbaux ou non verbaux provenant de l'hypnotiseur (Newman et Baumeister, 1994).

La stimulation cérébrale et la mémoire

Les tenants de la fidélité et de la permanence des souvenirs citent une autre catégorie de faits, provenant des études sur la stimulation électrique du cerveau réalisées par le neurochirurgien Wilder Penfield. Au cours des années 1960, ce chercheur de l'Institut neurologique de Montréal a affirmé avoir observé que la stimulation de certaines régions du cerveau, chez un patient conscient avant une opération, provoque parfois l'évocation de ce qui semble être des souvenirs très nets d'événements appartenant à un passé lointain, que le patient lui-même croyait avoir oubliés (Penfield et Perot, 1963). Par exemple, une femme a déclaré avoir réentendu un concert auquel elle avait assisté plusieurs années auparavant et s'est même mise à en fredonner un air.

Pendant des années, de nombreux psychologues ont tenu pour acquis que les recherches de Penfield sur la stimulation du cerveau constituaient une preuve évidente de la permanence des souvenirs – jusqu'à ce qu'Elizabeth Loftus (1980) examine ces travaux d'un œil critique. Elle a d'abord noté que Penfield avait effectivement pratiqué une stimulation électrique du cerveau sur environ 1100 patients, mais qu'il avait lui-même reconnu que seulement 40 d'entre eux, soit 3,5 %, avaient affirmé que des « souvenirs » avaient resurgi dans leur esprit. La plupart de ces sujets avaient simplement dit avoir entendu de la musique ou des gens en train de chanter, ce qui ne ressemble guère, même de loin, à un véritable souvenir. Un examen plus approfondi des patients dont les souvenirs semblaient plus détaillés laisse penser qu'ils n'avaient pas du tout «revécu» une expérience oubliée depuis longtemps. Ils l'auraient plutôt reconstruite à partir de souvenirs réels et de leur interprétation du moment, tout comme cela se produit dans les rêves. Ainsi, il est apparu que les «souvenirs» d'une patiente étaient constitués de pensées qu'elle avait eues et de bribes de conversation qu'elle avait entendues pendant la stimulation ou juste avant.

Loftus souligne également que la récupération d'une *certaine* information emmagasinée depuis longtemps ne signifie pas que *tous* les souvenirs sont récupérables ni qu'ils reflètent la réalité. Selon elle, rien ne prouve la durabilité des souvenirs. Elle affirme, au contraire, que de nouvelles données trompeuses peuvent effacer complètement ou rendre inaccessible l'information déjà en mémoire. Elle en conclut que, malgré la capacité des individus à raconter plusieurs faits familiers sans que ce soit une véritable reconstruction, la remémoration fidèle d'événements est probablement l'exception, et non la règle.

Les souvenirs éclairs

Que dire des événements surprenants, émouvants ou même bouleversants qui occupent une place à part dans la mémoire d'un individu? Ces souvenirs semblent être des moments figés dans le temps, dont nous nous rappelons fidèlement chaque détail. Roger Brown et James Kulik (1977) ont été les premiers à utiliser l'expression *souvenir éclair* pour décrire la surprise, l'intensité et l'aspect détaillé qui semblent caractériser ce genre de souvenir, comme s'il s'agissait d'une photographie très nette. Pourtant, malgré ces caractéristiques, le souvenir éclair n'est pas nécessairement l'enregistrement complet et fidèle du passé (Wright, 1993).

Êtes-vous capable de vous rappeler exactement ce que vous faisiez au moment où vous avez appris la nouvelle de l'attentat contre le World Trade Center?

De nombreuses personnes affirment savoir exactement où elles se trouvaient et ce qu'elles faisaient lorsqu'elles ont appris l'explosion de la navette spatiale *Challenger* en 1986; elles disent se rappeler également qui leur a annoncé la nouvelle et quelle a été leur propre réaction. Toutefois, plusieurs études réalisées après la tragédie montrent que même les souvenirs d'un événement aussi bouleversant sont souvent plus imprécis qu'on pourrait le croire (Bohannon, 1988; McCloskey *et al.*, 1988). Au cours de l'une de ces études, des élèves du collégial ont décrit, le matin après l'explosion, les conditions dans lesquelles ils avaient appris la nouvelle. Trois ans plus tard, aucun n'a donné exactement la même réponse à la question et un tiers d'entre eux étaient *complètement dans l'erreur*, même s'ils avaient l'impression que leurs souvenirs étaient fidèles (Neisser et Harsch, 1992).

Dans le même ordre d'idées, Talarico et Rubin (2003) ont analysé les souvenirs que des étudiants universitaires avaient de l'attaque terroriste survenue le 11 septembre 2001 contre le World Trade Center. Ces chercheurs ont examiné les souvenirs des étudiants à divers moments: le lendemain de la tragédie, de même qu'après 1, 6 et 10 semaines. Ils ont eux aussi noté une diminution graduelle de la justesse des souvenirs, malgré la forte impression de véracité éprouvée par les sujets. Quant à vous, que pouvez-vous dire à propos de vos souvenirs de la tragédie survenue au Collège Dawson en 2006? Où étiez-vous, qu'étiez-vous en train de faire quand vous avez appris la nouvelle?

La recherche montre que nous nous remémorons plus facilement les événements troublants ou surprenants auxquels nous avons pris part. Par exemple, les gens qui habitaient dans la région de la baie de San Francisco lors du tremblement de terre du 17 octobre 1989 se rappellent assez précisément où ils étaient ce jour-là, ce qu'ils faisaient et ce qu'ils ont entrepris par la suite (Neisser *et al.*, 1991; Palmer *et al.*, 1991). Néanmoins, il est manifeste que, même dans le cas des souvenirs éclairs, nous avons tendance à mêler un peu de fiction aux événements. Ces résultats soulignent, une fois de plus, que la mémoire est un processus *actif*; elle ne se limite pas à la récupération de l'information emmagasinée, mais elle fait également appel à un processus de reconstruction du passé.

La mémoire des témoins oculaires

Le processus de reconstruction de la mémoire contribue au fonctionnement efficace de la pensée. Il permet, entre autres, de ne conserver que les éléments essentiels d'une expérience et d'utiliser par la suite, au besoin, les connaissances acquises pour suppléer aux détails. Cette propriété de la mémoire peut cependant nous placer dans des situations délicates et elle soulève des problèmes liés au rôle des témoins oculaires dans les enquêtes judiciaires.

Imaginez la situation suivante. En sortant d'un immeuble, vous apercevez un individu en train de courir en direction d'une Ford bleue. Vous détournez le regard un court instant, puis vous voyez la Ford s'éloigner. Sur le moment, ces événements ne vous touchent pas – pourquoi en serait-il autrement? Quelques secondes plus tard, une femme surgit de l'immeuble en montrant frénétiquement du doigt la Ford qui s'éloigne et en criant: «Arrêtez cet homme! Il a volé mon sac!» Des policiers arrivent sur les lieux et vous demandent de leur dire ce que vous avez vu.

En comparant la mémoire à un film, nous pouvons dire que vous n'avez en réalité assisté qu'à une partie de la scène: un homme court en direction d'une voiture, puis la voiture s'éloigne. Comme on vous demande de décrire ce qui s'est passé, il est probable que vous essayerez de remplacer les images manquantes, par exemple l'individu qui, selon toute vraisemblance, est monté dans la voiture. Autrement dit, vous *inférerez* (ou déduirez) ce qui est probablement survenu et vous pourriez donner aux policiers le compte rendu suivant: «J'ai aperçu un homme aux cheveux bruns, avec une moustache, mesurant environ 1,75 m et portant une chemise bleue. Il a couru vers la Ford bleue et il y est monté. Ensuite, la voiture s'est éloignée.» De plus, comme certains aspects de l'incident sont sans aucun doute flous et incomplets dans votre mémoire, vous êtes probablement revenu en arrière pour les «retoucher», en ajoutant un peu de couleur par-ci et un petit détail par-là. Ce qui n'arrange rien, c'est que vous *oublierez* peut-être n'avoir pas *réellement* vu certains de ces éléments.

Quelles pourraient être les conséquences de votre reconstruction? Cela dépend. D'abord, l'homme que vous avez aperçu est peut-être effectivement monté dans la Ford bleue, mais vous ne l'avez pas *vu* monter. Ensuite, le voleur du sac et l'inconnu que vous avez aperçu ne sont peut-être pas un seul et même individu. C'est pourquoi la déposition d'un témoin oculaire n'est pas toujours fiable, même lorsque ce témoin est certain de ce qu'il raconte: la mémoire résulte souvent d'un processus de reconstruction (Bothwell *et al.*, 1987; Sporer *et al.*, 1995). Il n'existe pas de solution simple à ce problème. Il n'est pas très utile de soumettre au détecteur de mensonges un témoin ayant involontairement reconstruit un événement. Non seulement la fiabilité de cet appareil est sérieusement remise en question (voir le chapitre 2), mais un témoin qui ne ment pas délibérément devrait réussir le test. Nous avons vu que l'hypnose non plus ne serait pas nécessairement d'un grand secours. En fait, étant donné la fréquence des pseudosouvenirs et des erreurs de rappel chez les individus sous hypnose, l'American Psychological Association et l'American Medical Association s'opposent à l'utilisation en cour de témoignages obtenus à l'aide de cette technique.

Le compte rendu des témoins oculaires joue un rôle crucial dans les enquêtes judiciaires.

En matière de justesse du rappel chez les témoins oculaires, il faut considérer un autre aspect: la formulation des questions influe grandement sur la reconstruction d'un événement passé. Au cours d'une étude classique portant sur les questions tendancieuses, Elizabeth Loftus et John Palmer (1974) ont projeté à des sujets un court film montrant un accident de la route. Après la projection, ils ont posé la question suivante à des participants: «À quelle vitesse environ roulaient les voitures au moment où elles se sont heurtées?» Ils ont ensuite posé la même question à d'autres sujets en remplaçant «se sont heurtées» par «se sont rentrées dedans», «sont entrées en collision», «se sont tamponnées» ou «sont entrées en contact». Ces expressions évoquent des vitesses différentes, la plus élevée étant associée à «se sont rentrées dedans» et la plus basse, à «sont entrées en contact». L'évaluation de la vitesse des automobiles par les sujets a varié en fonction de l'expression utilisée dans la question, malgré le fait que tous les sujets avaient vu le même film. Le tableau ci-dessous reprend les résultats moyens dans l'ordre décroissant.

EXPRESSION UTILISÉE	ÉVALUATION DE LA VITESSE (KM/H)
«Se sont rentrées dedans»	65,7
«Sont entrées en collision»	63,2
«Se sont tamponnées»	61,3
«Se sont heurtées»	54,7
«Sont entrées en contact»	51,2

Au cours d'une étude similaire dans laquelle on projetait aussi un film aux sujets, les chercheurs ont utilisé les deux questions suivantes: «Avez-vous vu *si* un phare était brisé?»; «Avez-vous vu *le* phare brisé?» (Loftus et Zanni, 1975). La seconde question présuppose que l'un des phares était brisé: on demande simplement au témoin s'il l'a remarqué. La première question ne présuppose pas que l'un des phares était brisé. Les chercheurs ont constaté que les personnes auxquelles on avait posé la seconde question avaient plus tendance que les autres à affirmer qu'elles avaient *vu* quelque chose qui ne se trouvait pas dans le film. Si un tout petit mot, tel *le*, peut amener des individus à «se rappeler» ce qu'ils n'ont pas vu, il est facile d'imaginer à quel point les questions tendancieuses d'un inspecteur de police ou d'un avocat peuvent influer sur la mémoire d'un témoin oculaire.

Qu'avez-vous appris?

RÉPONSES, p. 309

Tâchez de reconstruire ce que vous avez lu et répondez aux questions suivantes.

1. Donnez deux explications au phénomène de l'amnésie de l'enfance.

2. Vous avez certainement déjà joué au jeu du téléphone: une personne raconte une histoire à l'oreille à une autre, qui la raconte aussi à l'oreille à une autre, et ainsi de suite. Le dernier participant raconte l'histoire à voix haute. La dernière version est habituellement fort différente de l'originale. Quel processus de la mémoire ce jeu illustre-t-il?

3. Les situations suivantes sont toutes susceptibles d'illustrer la confusion entre les souvenirs réels et les souvenirs imaginaires chez un adulte. Lequel est le plus propice à susciter cette confusion? Expliquez pourquoi.

   a) Le fait de s'être perdu dans un centre commercial à l'âge de 5 ans.
   b) Le fait d'avoir suivi un cours d'astronomie quelques années plus tôt.
   c) La visite d'un temple au Tibet à l'âge de 5 ans.

Ce qu'il reste en mémoire d'un cours de psychologie 12 ans plus tard

Que retient un individu d'un cours de psychologie suivi 12 ans plus tôt? Eh bien! Compte tenu des nombreuses limites de la mémoire, les résultats sont plutôt encourageants. Conway, Cohen et Stanhope (1991) ont observé qu'après 12 ans, le rappel spontané de souvenirs liés aux concepts, aux faits et aux auteurs mentionnés est assez faible, soit environ 25%. Par contre, la reconnaissance des notions, comme l'association d'une définition et d'un concept, demeure assez élevée (entre 65% et 70%) et significativement supérieure à celle qu'on pourrait attribuer seulement au hasard. Avouez qu'il est stimulant d'apprendre que nous en savons et que nous en saurons probablement plus que nous pourrions le croire. Rendez-vous dans 12 ans pour le vérifier!

cognitive

L'APPORT DE LA PERSPECTIVE COGNITIVE

Dans les années 1960, les chercheurs se sont tournés en grand nombre vers des explications cognitives du comportement. Depuis lors, la perspective cognitive a profondément changé l'étude de la psychologie. Voici quelques-unes de ses plus importantes contributions.

1 Des méthodes de recherche innovatrices

Même si de nombreux béhavioristes s'intéressent tant aux comportements privés inobservables qu'aux comportements publics observables (voir le chapitre 6), certains ont comparé l'esprit à une hypothétique « boîte noire » dont on ne peut observer objectivement les processus internes, ce qui les exclut d'emblée de l'étude scientifique du comportement humain. En réponse à cette critique, les psychologues cognitivistes ont élaboré des méthodes de recherche ingénieuses afin d'observer l'intérieur de cette mystérieuse boîte noire.

C'est ainsi qu'à partir de l'observation systématique des performances d'enfants dans des épreuves, Jean Piaget a déduit la mise en œuvre de certains processus mentaux. Par exemple, il a observé que l'enfant au stade préopératoire (de deux à six ans) ne peut pas comprendre le concept de **conservation**, principe selon lequel la forme ou l'apparence d'un corps n'influent pas sur ses propriétés physiques. Le test sur la conservation des liquides confirme cette observation: devant un enfant, on transvide une certaine quantité de liquide d'un récipient de faible hauteur et de large diamètre dans un autre plus haut et plus étroit; l'enfant au stade préopératoire dira qu'il y a plus de liquide dans le récipient haut qu'il n'y en avait dans le court. En effet, il prête attention à l'apparence du liquide et non à sa quantité inchangée (voir la figure É.1).

> **Conservation**
>
> Principe selon lequel les propriétés physiques d'un corps (par exemple, le nombre d'éléments dans un ensemble ou la quantité de liquide dans un récipient) demeurent inchangées malgré le changement de forme ou d'apparence du corps.

FIGURE É.1 | **Le test sur la conservation des liquides**

Pour évaluer si un enfant maîtrise le concept de conservation de la matière, on fait la démonstration suivante devant lui: on verse une certaine quantité de liquide dans un contenant de large diamètre, puis on transvide ce liquide dans un contenant de diamètre étroit. On demande ensuite à l'enfant si la quantité de liquide est la même.

2 Une meilleure compréhension de l'influence des pensées sur le comportement

Vous connaissez la position des béhavioristes: l'individu pense et il a des souvenirs, mais ces processus internes ne peuvent pas *expliquer* le comportement. Du point de vue des béhavioristes radicaux, les pensées se réduisent à des comportements explicables grâce aux concepts de renforcement et de punition. De leur côté, les psychologues cognitivistes soutiennent que les pensées peuvent aussi expliquer les comportements et les émotions des individus. L'étude des attributions (voir le chapitre 9), qui porte sur les explications causales que tout individu donne de son comportement ou de celui des autres, en constitue un bon exemple.

Voyons un exemple éloquent de l'influence des pensées sur le comportement. Il porte sur les interventions effectuées auprès d'élèves de cinquième année du primaire pour améliorer la propreté dans les classes. Dans le cadre d'une étude, on a comparé deux types d'intervention en recourant à un groupe contrôle.

La première intervention, une technique de persuasion classique, comprenait des cours sur le lien entre la malpropreté en classe et la pollution, la visite du directeur de l'école portant sur l'importance de la propreté dans l'établissement, la pose d'affiches incitant à la propreté, un mot du concierge rappelant de ne rien jeter par terre, etc.

La seconde intervention visait l'attribution d'une disposition personnelle à la propreté chez les élèves : on voulait les amener à se percevoir comme des enfants soucieux de la propreté. Ainsi, l'enseignant a montré du doigt des papiers sur le plancher en affirmant «les élèves de notre classe sont propres et ne feraient pas une chose semblable», le directeur s'est rendu dans la classe pour souligner la propreté des lieux, on a posé des affiches au mur pour souligner la propreté du local, le concierge a laissé une note dans la classe pour souligner que le nettoyage en était facile, etc.

Après 10 jours d'intervention, le prétendu représentant d'une confiserie a visité les classes pour un test de qualité de ses produits et il a distribué une friandise à chaque enfant. Il s'agissait évidemment d'un prétexte pour mesurer le comportement de propreté des enfants simplement en comptant le nombre de papiers jetés à la poubelle, sur le plancher ou dans les pupitres. Les résultats ont révélé que les élèves du groupe dans lequel on avait favorisé l'attribution dispositionnelle pour la propreté s'étaient montrés plus propres que ceux du groupe soumis à la persuasion classique et ceux du groupe contrôle (sans intervention). Les chercheurs en ont conclu que les enfants du groupe attributionnel avaient agi de façon à confirmer leur concept de soi de non-pollueur et à éviter ainsi la dissonance cognitive liée au fait de jeter des papiers sur le plancher (Miller *et al.*, 1975).

Selon les cognitivistes, les enfants n'apprennent pas seulement à l'aide de renforcements et de punitions. Ils le font aussi par l'entremise des attributions qu'ils formulent pour expliquer leur conduite.

3 Les stratégies d'amélioration des capacités intellectuelles

Les psychologues cognitivistes nous rappellent constamment à la prudence dans le jugement que nous portons sur nos habiletés intellectuelles. La recherche montre très clairement que les êtres humains sont loin d'être des créatures rationnelles ; il leur arrive fréquemment de raisonner de travers ou d'avoir d'inquiétants trous de mémoire. Cependant, la perspective cognitive ne se contente pas de mettre en évidence nos limites mentales, elle nous propose des techniques et des stratégies pour les dépasser. Nous pouvons nous prémunir contre les préjugés, créer des conditions favorables à l'éclosion de la créativité, apprendre à porter des jugements fondés sur une pensée critique et améliorer la fiabilité de notre mémoire.

Ainsi, la recherche sur la mémoire a non seulement permis aux individus d'accroître la précision de leur rappel d'information, mais elle a aussi contribué à l'amélioration des techniques d'identification des criminels. La technique traditionnelle consiste à demander au témoin d'identifier le suspect parmi un groupe d'individus alignés. Elle a un important défaut : il arrive fréquemment que le témoin désigne l'individu qui ressemble le plus au suspect, même lorsque *tous* les individus sont innocents (Wells, 1993). Des chercheurs en psychologie cognitive ont trouvé la solution : on présente au témoin les sujets un à la fois ; le témoin ignore combien de sujets lui seront présentés et il doit donner son avis sur chacun sans rétractation possible. De cette façon, le témoin compare chaque individu avec l'information dont il dispose sur le suspect et non avec les autres membres du groupe. Ce procédé réduit la tendance à désigner un innocent sans pour autant diminuer le nombre d'identifications justes (Wells *et al.*, 1994).

Par ailleurs, la perspective cognitive est susceptible d'aider les gens dans la prise de décisions éclairées, dans la résolution de problèmes ainsi que dans la compréhension du développement de leurs aptitudes cognitives et de celles de leurs enfants. Des études confirment ce qu'a constaté Piaget : les enfants ne sont pas toujours prêts à apprendre ce que les adultes veulent leur enseigner. La recherche a fait ressortir que les parents peuvent jouer un rôle capital dans le développement cognitif de leur enfant. Ainsi, les aptitudes mentales d'un enfant s'améliorent lorsque ses parents passent du temps avec lui, l'encouragent à réfléchir, lui offrent des jouets, des livres et des sorties éducatives, et s'attendent à ce qu'il réussisse (Bradley et Caldwell, 1984 ; Bradley *et al.*, 1989 ; Lewis, 1993). Les habiletés cognitives d'un enfant se développent aussi plus rapidement si ses parents lui *parlent* et lui décrivent les choses de manière précise et exhaustive (Clarke-Stewart *et al.*, 1979 ; Sigman *et al.*, 1988). En répondant aux questions de leur enfant et en réagissant à ses conduites, les parents peuvent lui apprendre que ses efforts ne sont pas vains.

Il est heureusement possible d'enseigner ces habiletés parentales. Dans le cadre d'une recherche utilisant la lecture de livres aux enfants, on a ainsi appris diverses habiletés à 30 parents. Au cours d'une séance de une heure, on leur a appris comment poser des questions ouvertes à leur jeune enfant en lui lisant un livre (par exemple, «Que fait le chat?»), plutôt que de lui demander simplement de désigner des objets ou de lui poser des questions fermées dont les réponses sont oui ou non (par exemple, «Le chat dort-il?»). On leur a aussi montré comment faire preuve de créativité à partir des réponses fournies par leur enfant, à lui proposer d'autres réponses plausibles, à corriger ses réponses erronées et à lui prodiguer des compliments. Les parents du groupe contrôle ont fait la lecture à leur enfant aussi fréquemment que ceux du groupe expérimental, mais ils n'ont reçu aucune formation. Après un mois, les enfants du groupe expérimental étaient en avance de huit mois et demi sur ceux du groupe témoin quant aux habiletés d'expression verbale et en avance de six mois pour ce qui est des habiletés lexicales (Whitehurst *et al.*, 1988).

Les recherches réalisées dans le cadre de la perspective cognitive sont donc susceptibles de fournir des moyens d'agir plus intelligemment, de surmonter les obstacles à la connaissance et d'aider les enfants à réaliser leur potentiel intellectuel.

LES LIMITES DE LA PERSPECTIVE COGNITIVE

En dépit de ses apports importants, la perspective cognitive comporte des faiblesses. La plus importante est sans doute la suivante: les modélisations du fonctionnement de l'esprit sont toutes fondées sur des métaphores. C'est d'ailleurs une critique formulée par les béhavioristes depuis de nombreuses années. La mémoire est-elle réellement un système «à trois étages»: la mémoire sensorielle, la mémoire à court terme et la mémoire à long terme? L'esprit fonctionne-t-il comme un ordinateur? La mémoire implicite et la mémoire explicite utilisent-elles des systèmes distincts, des stratégies d'encodage différentes? Plusieurs modèles apparaissent aussi plausibles les uns que les autres. Comment choisir? Howard Gardner (1985), éminent psychologue cognitiviste, fait observer que l'absence de critères formels pour évaluer tous les modèles fondés sur le traitement de l'information peut mener à autant de représentations plausibles de la pensée qu'il y a de chercheurs assez ingénieux pour en inventer!

Enfin, comme toute découverte, celles des psychologues cognitivistes sont susceptibles d'être mal utilisées si on ne les comprend pas ou si on les applique de façon incorrecte. Les principales limites de la perspective cognitive sont les suivantes.

1 Le réductionnisme du comportement aux facteurs cognitifs

L'enthousiasme soulevé par la «révolution cognitive» du début des années 1960 en a amené certains à réduire toute la complexité du comportement humain aux seuls phénomènes qui «se passent dans la tête». On en a ainsi conclu qu'il est possible de résoudre tous ses problèmes personnels ou les problèmes mondiaux simplement en modifiant un peu sa façon de penser. Raisonner ainsi, c'est faire preuve de réductionnisme. Des auteurs de la psycho pop vont même jusqu'à affirmer que «personne ne tombe malade sans son propre consentement» et qu'à l'inverse, «on peut guérir de tout avec le seul pouvoir de la pensée positive». De nombreux programmes de croissance personnelle prêchent des messages aussi simplistes, ce qui peut amener un individu à se sentir responsable d'expériences pénibles sur lesquelles il n'a pourtant aucune prise.

Il est vrai que des facteurs cognitifs (par exemple, le sens de l'humour, l'optimisme et le sentiment d'avoir une certaine prise sur les événements) exercent une profonde influence sur le comportement et la santé (Seligman, 1991; Taylor, 1991). Néanmoins, cela ne signifie pas pour autant que ces facteurs soient *les seuls*. Les plaisanteries et la pensée positive ne suffisent pas pour venir à bout des maladies graves, de la pauvreté, du sous-emploi et des injustices. La pensée a certes une grande importance, mais ce n'est pas la seule chose qui compte.

2 La confusion dans la relation de cause à effet

Les idées qui sont entretenues au sujet de l'influence des attitudes, du raisonnement et des croyances sur le comportement peuvent faire oublier que la relation entre l'esprit et le corps ou entre les pensées et les événements est bidirectionnelle. La croyance que nous avons une certaine prise sur notre propre vie peut influer sur notre santé, mais l'inverse est tout aussi vrai: notre état de santé détermine en partie le degré de maîtrise que nous croyons avoir sur notre vie (Rodin, 1988). Une forte motivation et une «bonne attitude» contribuent à l'amélioration des conditions de vie, mais des conditions de vie pénibles (par exemple, la pauvreté chronique, la violence, l'abus de drogues et le chômage) sont susceptibles de faire perdre toute motivation et tout optimisme. Les psychologues cognitivistes ont mis en évidence le rôle du «récit autobiographique» dans la prise de décisions et la détermination d'objectifs, mais les événements réels et les traumatismes contribuent à modeler ce récit (Howard, 1991). Si les pensées pessimistes peuvent causer la dépression, un état dépressif rend les gens plus susceptibles d'avoir des pensées pessimistes.

Le point de vue cognitif provoque parfois une certaine confusion dans les relations de cause à effet. Par exemple, ces parents sont-ils heureux parce qu'ils ont eu plusieurs enfants… ou ont-ils eu plusieurs enfants parce qu'ils étaient heureux?

3 Le relativisme cognitif

Une compréhension erronée de la perspective cognitive mène au relativisme cognitif: la supposition que toutes les idées, les pensées et les souvenirs se valent. Cette croyance est le *contraire* même de ce que nous enseigne la recherche cognitive. Certaines pensées sont rationnelles, alors que d'autres ne le sont pas; certains souvenirs sont exacts, alors que d'autres ne le sont pas; certaines méthodes de résolution de problèmes sont créatives et efficaces, alors que d'autres ne le sont pas. Néanmoins, au fur et à mesure de la vulgarisation des découvertes de la perspective cognitive, le grand public est porté à en tirer des conclusions erronées, à se dire, par exemple, qu'une cognition importante aux yeux d'un individu est nécessairement valable pour tous. En raisonnant ainsi, tout ce qui importe, c'est qu'une interprétation des événements soit vraie du point de vue de l'individu, même en l'absence de faits susceptibles de l'étayer.

Le relativisme cognitif débouche sur la croyance qu'il existe au moins deux façons aussi valables l'une que l'autre d'envisager chaque question. Par exemple, nous avons vu au chapitre 1 que certaines personnes affirment que l'Holocauste n'a jamais eu lieu; pourtant, il ne peut pas y avoir deux interprétations opposées sur cette question. L'Holocauste s'est produit ou ne s'est pas produit, tout comme la Révolution française. Dans le même ordre d'idées, certains religieux fondamentalistes croient à la thèse créationniste, c'est-à-dire que la Terre et toutes les espèces ont été créées en six jours il y a quelques milliers d'années. Ils soutiennent qu'on devrait accorder le même temps à l'enseignement du créationnisme qu'à l'évolutionnisme dans les cours de biologie et de géologie. Des lois imposant un «traitement égal» ont effectivement été votées dans plusieurs États américains (Shore, 1992). D'un point de vue scientifique, il n'y a pas deux opinions qui se valent sur ce sujet, puisque la doctrine créationniste va à l'encontre de toutes les données accumulées sur l'évolution de la Terre et des espèces (Shermer, 1997). Les scientifiques débattent de la nature, du rythme et du déroulement de l'évolution en s'appuyant sur des faits et des connaissances validées. Bref, la perspective cognitive nous incite à rejeter la passivité mentale et à prendre davantage conscience des raisons qui nous poussent à penser et à agir comme nous le faisons.

 Qu'avez-vous appris?

RÉPONSES, p. 309

Un conférencier exhorte son auditoire à croire que la pratique de la pensée positive orientée vers une meilleure santé ou une plus grande richesse provoquera les changements désirés. Quelle erreur fait-il?

Page 284

1. Implicite. **2.** L'encodage; le stockage; la récupération. **3.** Les deux premières questions évaluent le rappel; la troisième mesure la reconnaissance.

Page 291

1. La mémoire sensorielle. **2.** Deux. **3.** Vous formeriez probablement les trois regroupements suivants: *bureau, chaise, table* et *lit; cochon, chien, coq* et *cheval; or, argent* et *cuivre.* Cela s'explique par la tendance à regrouper les connaissances mises en réserve dans la mémoire à long terme en champs lexicaux (dans ce cas-ci: *meubles, animaux* et *métaux*). **4. a)** Les connaissances procédurales. **b)** Les connaissances sémantiques. **c)** Les connaissances épisodiques. **5.** Les mots qui se trouvent au milieu de la liste: *chaise, argent, table* et *coq.* À cause de l'effet de position sérielle.

Page 294

En rejetant la responsabilité de son échec sur la difficulté de l'examen, Camille refuse de voir d'autres explications, plus pertinentes. Lorsqu'elle a étudié la matière, elle a peut-être procédé à un encodage automatique et sans effort de l'information, elle a peut-être utilisé la répétition de maintien plutôt que la répétition d'élaboration. Peut-être a-t-elle aussi tenté de tout retenir, sans chercher à départager l'essentiel et l'accessoire.

Page 298

1. L'interférence proactive. **2.** La vue de leurs anciens camarades de classe produit chez les individus plusieurs indices de rappel qui leur permettent de retrouver leurs souvenirs.

Page 304

1. L'hippocampe n'est pas complètement développé avant l'âge de deux à trois ans. Le concept de soi cognitif n'est pas assez développé pour assurer l'encodage d'information sur soi. **2.** La reconstruction. **3. a)** Parce qu'il s'agit d'un événement peu banal, facile à imaginer, riche en détails et associé à des émotions intenses.

Page 308

Il fait preuve de réductionnisme cognitif. Les attitudes comptent pour beaucoup dans l'orientation du comportement, mais elles n'expliquent pas tout ni ne permettent de résoudre tous les problèmes. La réussite financière, par exemple, dépend aussi des occasions qui se présentent, de l'état général de l'économie, des besoins du marché et des ressources de l'individu.

Réponse à la question portant sur la véritable pièce de un cent, p. 293

La véritable pièce de un cent se trouve à gauche sur la dernière rangée.

RÉSUMÉ

1 La *mémoire*, c'est-à-dire la capacité à retenir de l'information et à la récupérer au besoin, est une faculté indispensable; sans elle, nous serions incapables d'accomplir les tâches quotidiennes les plus simples. Par ailleurs, la mémoire est à la base du sentiment d'identité personnelle.

2 La mémoire comprend l'ensemble des structures mentales qui permettent d'entreposer et de récupérer l'information apprise. Les comparaisons qu'on a établies au fil des siècles entre la mémoire et une tablette de cire, une feuille de papier, un magnétophone, un système de classement ou une caméra ne sont pas appropriées. Les modèles du traitement de l'information comparent plutôt les opérations de la mémoire aux fonctions d'un ordinateur.

3 L'aptitude à se rappeler n'existe pas dans l'absolu: elle dépend de la nature de la tâche à exécuter. Le rappel conscient et intentionnel d'un élément d'information se nomme *mémoire explicite.* Deux méthodes servent à mesurer ce type de mémoire. On observe que les sujets réussissent mieux dans les tâches de *reconnaissance* que dans les tâches de *rappel.* La *mémoire implicite* est l'information qu'une personne retient sans effort conscient ou intentionnel et qui influe sur ses pensées et ses comportements. On la mesure à l'aide de méthodes indirectes, comme l'*amorçage* et le *réapprentissage.*

4 La première étape du traitement de l'information est l'*encodage*, c'est-à-dire la conversion de l'information par le cerveau en une forme appropriée au stockage et à la récupération. L'information sensorielle change de forme presque immédiatement après avoir été captée par les sens, peut-être parce qu'elle est incorporée dans un réseau déjà existant de connaissances appelé *schéma cognitif.* Même lorsque nous ne déformons pas l'information à l'encodage, nous avons tendance à la simplifier et à la mémoriser sous forme de propositions très générales. Les deux autres étapes sont le *stockage*, c'est-à-dire la conservation du matériel encodé, et la *récupération* du matériel emmagasiné.

5 Le modèle des trois mémoires (mémoire sensorielle, mémoire à court terme et mémoire à long terme) a occupé une place centrale dans la recherche pendant une trentaine d'années. Bien qu'il n'explique pas toutes les données accumulées sur la mémoire, ce modèle fournit néanmoins, encore maintenant, une façon pratique d'organiser les principales données accumulées sur la mémoire.

6 L'information extraite de l'environnement séjourne très brièvement dans la *mémoire sensorielle (MS)*, où elle est retenue sous forme d'images sensorielles, ce qui permet la poursuite du traitement. C'est pendant le transfert de la mémoire sensorielle à la mémoire à court terme que l'individu procède à la reconnaissance des formes.

7 La *mémoire à court terme (MCT)* ne retient pas l'information plus de 30 secondes, mais la répétition peut prolonger la rétention de cette information. La mémoire à court terme sert de mémoire de travail pour le traitement de l'information récupérée de la mémoire à long terme en vue d'une utilisation temporaire. La capacité de la mémoire à court terme est extrêmement limitée, mais elle peut être augmentée par l'organisation de l'information en unités plus grandes, les *blocs d'information.*

8 La *mémoire à long terme (MLT)* contient une grande quantité d'information organisée et indexée. Plusieurs modèles de la mémoire à long terme représentent son contenu comme des réseaux de concepts interconnectés. La façon dont un individu utilise ces réseaux dépend de son expérience et de sa formation. Les éléments d'information peuvent être indexés selon les champs lexicaux ou selon leur forme, comme la sonorité des mots.

9 Les éléments stockés dans la mémoire à long terme relèvent soit de *connaissances procédurales* (savoir-faire), soit de *connaissances déclaratives* (savoir général). Ces dernières comprennent deux sous-catégories : les *connaissances sémantiques*, qui se rapportent aux connaissances abstraites ou représentationnelles, et les *connaissances épisodiques*, qui sont des représentations d'expériences personnelles.

10 La *répétition de maintien* est une technique utilisée pour conserver l'information dans la mémoire à court terme et accroître les chances de rétention à long terme. La *répétition d'élaboration* associe de nouveaux éléments d'information avec les données déjà emmagasinées ; elle est généralement plus efficace pour assurer le transfert de l'information dans la mémoire à long terme.

11 Il y a de multiples facteurs liés à l'oubli. La théorie de la détérioration graduelle stipule que l'oubli survient parce que les traces mnésiques s'effacent tout bonnement avec le temps, à moins de faire l'objet de rappels. L'interférence d'éléments d'information similaires peut aussi causer l'oubli, qu'il s'agisse d'*interférence proactive* ou d'*interférence rétroactive*. Certaines défaillances de la mémoire à long terme seraient aussi dues soit à l'*oubli motivé*, soit à l'*oubli lié aux indices* de récupération, comme l'humeur et l'état physique.

12 L'*amnésie de l'enfance* est responsable de l'incapacité généralisée à nous remémorer les événements survenus avant l'âge de deux ou trois ans. Malgré cela, nous organisons les événements de notre vie et nous leur donnons un sens en élaborant un « récit autobiographique », que nous modifions au fur et à mesure de l'emmagasinage des connaissances épisodiques. Le récit autobiographique est, dans une certaine mesure, une œuvre d'interprétation et d'imagination.

13 La mémoire est un processus de reconstruction des souvenirs. Ainsi, quand nous nous rappelons une information, nous ajoutons, nous enlevons ou nous modifions généralement certains éléments, de manière à mieux en appréhender le contenu selon ce que nous savons déjà ou ce que nous croyons savoir. Certains pensent, à tort, que tous les souvenirs sont emmagasinés de façon permanente et avec une précision parfaite. À l'appui de cette croyance, on cite les études portant sur le rappel sous hypnose, sur la stimulation cérébrale et sur les souvenirs éclairs liés à des émotions extrêmes. La reconstruction soulève le problème de la fiabilité des témoins oculaires dans les poursuites judiciaires.

14 Les principales contributions de la perspective cognitive sont les suivantes: les méthodes de recherche innovatrices pour étudier les processus cognitifs, une meilleure compréhension de l'influence des pensées sur le comportement et les stratégies afin d'améliorer les capacités intellectuelles.

15 On reproche souvent à la perspective cognitive l'utilisation de métaphores, difficiles à vérifier empiriquement, pour illustrer le fonctionnement de nombreux processus cognitifs. De plus, la mauvaise compréhension ou l'application incorrecte des découvertes de la perspective cognitive mènent couramment à trois catégories d'erreurs: le réductionnisme du comportement aux facteurs cognitifs, la confusion dans la relation de cause à effet (on oublie le caractère bidirectionnel de la relation entre les pensées et les événements) et le relativisme cognitif (la croyance erronée que toutes les idées, les pensées et les souvenirs se valent).

Les points de vue parfois divergents des
différentes perspectives nous enseignent
qu'une même réalité peut être analysée
de différentes façons et qu'il ne faut
pas chercher à la simplifier à outrance.

Les psychologues
en action

Au fil de cet ouvrage, vous avez pu constater que les activités professionnelles des psychologues se regroupent en deux grandes catégories : la recherche et l'intervention clinique. La première vise l'accroissement des connaissances sur les facteurs qui influencent le comportement et les processus mentaux, alors que la seconde consiste à fournir des services psychologiques et à intervenir auprès des personnes aux prises avec des problèmes de santé mentale. Vous avez également pu vous rendre compte que la plupart des psychologues, chercheurs ou cliniciens, se réclament d'une perspective en particulier et que leur travail y est directement lié. C'est en effet l'approche privilégiée qui les oriente dans leurs sujets de réflexion et dans l'observation des situations.

Le dernier chapitre de ce volume comporte donc deux principaux volets, la recherche et l'intervention clinique, suivis d'une réflexion synthèse sur la psychologie. Pour la recherche, nous nous pencherons sur un thème dont les répercussions sociales sont importantes : la consommation et l'abus de drogues. Nous examinerons le sujet en fonction de chaque perspective de la psychologie. Le volet clinique porte sur les diverses thérapies destinées à venir en aide aux personnes qui souffrent de dépression. Nous pourrons constater que ces thérapies sont directement liées à la recherche. La dernière section se veut une réflexion sur le rêve d'une psychologie unifiée et sur l'apport de la psychologie scientifique à la compréhension de l'être humain.

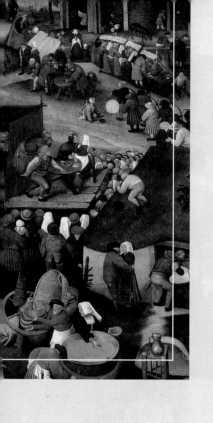

La recherche
et l'intervention clinique

Dans le cadre de leur travail, certains psychologues chercheurs essaient de mieux comprendre comment se crée une dépendance à une drogue, ici la cocaïne, tandis que certains psychologues cliniciens sont appelés à intervenir pour contrer l'humeur dépressive de leurs clients, ici par un traitement à la lumière contre la dépression saisonnière.

Psychotrope

Se dit d'une drogue susceptible d'influer sur la perception, l'humeur, la cognition ou le comportement.

LA CONSOMMATION ET L'ABUS DE DROGUES

La plupart des adultes ont déjà consommé au moins une drogue **psychotrope**, c'est-à-dire une substance qui exerce des effets sur la perception, l'humeur, le raisonnement, la mémoire ou le comportement. Les drogues psychotropes les plus répandues sont le tabac, l'alcool, la marijuana, l'opium, la cocaïne et l'ecstasy, sans oublier la caféine. Nous consommons ces drogues pour diverses raisons : modifier notre état de conscience, participer à un rituel religieux, nous divertir ou simplement pour nous évader sur le plan psychologique. Les êtres humains ne sont pas les seuls à faire usage de drogues : les babouins ingèrent du tabac, les éléphants adorent l'alcool dans les fruits fermentés et les rennes, tout comme les lapins, recherchent les champignons hallucinogènes (R. Siegel, 1989).

On classe les drogues selon leurs effets sur le système nerveux central ainsi que selon leurs répercussions sur le comportement et l'humeur. La plupart des drogues appartiennent à l'une ou l'autre des catégories suivantes : les stimulants, les dépresseurs, les narcotiques et les hallucinogènes.

1 **LES STIMULANTS,** tels que la cocaïne, les amphétamines, les méthamphétamines, la nicotine et la caféine, accroissent l'activité du système nerveux. En petite quantité, ils ont tendance à produire un sentiment d'excitation, de confiance, de bien-être ou d'euphorie. En grande quantité, ils entraînent de l'anxiété, des tremblements et une hypervigilance. En très grande quantité, ils peuvent causer des convulsions, un arrêt cardiaque et la mort.

Les amphétamines (les synonymes qui nous viennent de l'anglais sont nombreux : *speed, ice, glass, crystal*, etc.) et les méthamphétamines, comme l'ecstasy, sont des drogues synthétiques le plus souvent sous forme de capsules. La cocaïne (ou coke) est un dérivé naturel des feuilles de coca qu'il faut renifler ou fumer (surtout sous sa forme la plus pure, le crack) ; elle a un effet immédiat, puissant et dangereux. Les utilisateurs d'amphétamines ou de cocaïne se sentent plus actifs, alors que la drogue n'accroît pas réellement les réserves d'énergie. Quand les effets se dissipent, la fatigue, l'irritabilité et la dépression peuvent survenir.

2 **LES DÉPRESSEURS** (ou sédatifs), tels que l'alcool, les anxiolytiques et les barbituriques, réduisent l'activité du système nerveux central. Leur consommation modérée entraîne un sentiment de calme ou d'assoupissement, elle réduit l'anxiété, la culpabilité et les inhibitions. En grande quantité, les dépresseurs peuvent amortir considérablement la sensibilité à la douleur et aux autres sensations. En très grande quantité, ils peuvent provoquer des convulsions et la mort.

Bien des gens sont surpris d'apprendre que l'alcool agit comme un dépresseur du système nerveux central. En petite quantité, il donne plutôt l'impression d'être un stimulant, parce qu'il supprime l'activité de certaines régions du cerveau responsables de l'inhibition de comportements exubérants, comme le fou rire ou les pitreries. La consommation modérée de vin (un ou deux verres par jour) est associée à une réduction du risque de problèmes cardiaques et à une espérance de vie accrue (Mukamal *et al.*, 2003 ; Reynolds *et al.*, 2003 ; Simons *et al.*, 2000). Par contre, l'ingestion d'une très grande quantité d'alcool peut entraîner la mort parce qu'elle inhibe l'activité neuronale des centres nerveux supérieurs qui régissent les fonctions cardiorespiratoires.

3 **LES NARCOTIQUES** (ou opiacés) regroupent l'opium, la morphine, l'héroïne et certaines drogues synthétiques, telles que la méthadone. Toutes ces drogues soulagent la douleur en imitant l'action des endorphines. Elles ont également un effet puissant sur les émotions. En injection, elles produisent un sentiment d'euphorie soudain, parfois suivi d'une diminution de l'anxiété et de la motivation ; cependant, les effets varient selon les individus. La surconsommation de narcotiques peut mener au coma et à la mort.

4 **LES HALLUCINOGÈNES,** tels que le LSD (diéthylamide de l'acide lysergique) et la mescaline, altèrent la conscience en déformant les perceptions spatiotemporelles et les processus de la pensée. Les réactions émotionnelles aux hallucinogènes varient selon les individus et les utilisations. Un « voyage » peut être plaisant ou déplaisant, il peut être mystique, il peut être accompagné de puissantes hallucinations ou être vécu comme un véritable cauchemar.

La drogue illicite la plus répandue est probablement la marijuana (ou cannabis, pot, *weed,* etc.). Certains chercheurs la classent dans la catégorie des hallucinogènes légers, d'autres s'appuient sur sa composition chimique et ses effets psychologiques pour l'exclure des quatre grandes catégories de drogues. Le composé actif de la marijuana est le tétrahydrocannabinol (THC) et son effet s'apparente à celui d'un léger stimulant. Le THC accroît le rythme cardiaque et intensifie la perception des saveurs, des sons et des couleurs. De nombreux consommateurs rapportent fréquemment un état de légère euphorie ou de relaxation ; le temps semble passer plus lentement. Une forte consommation de marijuana sur une longue période peut être associée à un risque accru de développer un cancer ou de subir des dommages aux poumons (Barsky *et al.*, 1998 ; Zhu *et al.*, 2000).

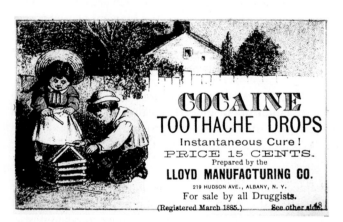

Avant son interdiction de vente aux États-Unis, dans les années 1920, la cocaïne bénéficiait d'une large publicité pour ses vertus curatives, que ce soit pour soigner un mal de dent ou la timidité. Cette drogue faisait partie des ingrédients de nombreux produits – thés, toniques, pastilles pour la gorge et même boissons gazeuses (y compris, pour une brève période, le Coca-Cola). Cependant, quand on commença à l'associer avec la criminalité et à se préoccuper sérieusement de sa consommation abusive, l'opinion publique lui déclara la guerre.

Dans chaque société, on considère certaines drogues licites comme « bonnes » et certaines drogues illicites comme « mauvaises », mais cette distinction n'a généralement aucune base médicale ou biologique (Gould, 1990 ; Weil, 1972/1986). Par exemple, la nicotine est licite, mais elle engendre tout autant la dépendance que des drogues illicites comme l'héroïne et la cocaïne. L'usage du tabac est lié, par année, à plus de 430 000 morts aux États-Unis et à 45 000 au Canada (Santé Canada, 2007), ce qui représente environ 25 fois le nombre de morts liées à toutes les autres formes de drogues réunies (Murphy, 2000). La distinction entre une drogue licite et une drogue illicite est arbitraire et fondée sur des arguments sociaux, économiques et culturels. Une fois établie, cette distinction apparaît évidente et incontournable, même si certaines drogues déclarées illicites sont, dans les faits, moins dangereuses que certaines drogues licites.

Même si la plupart des gens consomment des drogues psychotropes de façon modérée et sur de courtes périodes seulement, un certain nombre en font un usage abusif. Les conséquences pour les individus et leurs familles sont souvent tragiques: troubles divers, insatisfactions et probabilité accrue de mort prématurée due à un accident ou à une maladie. Les conséquences pour la société sont tout aussi néfastes: diminution de la productivité au travail et hausse de la criminalité.

Quoi qu'il en soit, la législation sur l'usage des drogues éveille les passions. Certains militent pour l'élimination de toutes les drogues illicites ; d'autres souhaitent la légalisation de quelques narcotiques et de la marijuana à des fins médicales ; quelques-uns revendiquent la légalisation de la marijuana à des fins récréatives, tout en souhaitant l'interdiction du tabac ; d'autres encore pensent que toutes les drogues devraient être décriminalisées ; d'autres enfin sont d'accord avec la décriminalisation de toutes les drogues, mais sont d'avis que nous devrions nous abstenir d'en consommer pour des raisons morales, religieuses ou médicales. Pour vous aider à formuler clairement votre propre opinion sur le sujet, voici les résultats des recherches selon les cinq grandes perspectives sur l'usage modéré des drogues et sur la dépendance aux drogues.

La perspective biologique

La perspective biologique a grandement contribué à notre compréhension des changements physiologiques liés à l'usage des drogues et elle a aussi soulevé l'hypothèse que la dépendance à la drogue serait transmise génétiquement. Les drogues psychotropes agissent surtout sur les neurotransmetteurs, des substances qui assurent la communication entre les neurones. Certaines drogues ont pour effet de diminuer ou d'augmenter la quantité de neurotransmetteurs libérés dans les connexions synaptiques ; d'autres bloquent la réabsorption (ou recaptage) des neurotransmetteurs après leur libération ; d'autres encore empêchent les neurotransmetteurs d'atteindre les sites récepteurs à la surface des cellules. Par exemple, la cocaïne accroît la quantité de noradrénaline et de dopamine dans le cerveau en en bloquant la réabsorption par les cellules émettrices. Il en résulte une stimulation accrue de certains réseaux neuronaux et une courte période d'euphorie (en anglais, *high*). Par la suite, lorsque les effets de la drogue s'estompent et que la dopamine recommence à être réabsorbée, le sujet peut subir une chute brutale de l'humeur (en anglais, *down*), ce qui l'assoupit et le déprime.

La consommation de psychotropes, tels que les anxiolytiques et l'héroïne, peut provoquer la **tolérance**, phénomène par lequel des quantités de plus en plus élevées de drogue sont nécessaires pour obtenir les mêmes effets. Lorsqu'un toxicomane cesse de prendre ses doses habituelles, il peut souffrir, selon la drogue, de divers symptômes de **sevrage**, comme des nausées, des crampes abdominales, des spasmes musculaires, un état dépressif et des troubles du sommeil, symptômes qui varient selon les drogues. On considère souvent la tolérance et le sevrage comme des phénomènes purement physiologiques, mais nous verrons plus loin que l'apprentissage joue un rôle important dans ces phénomènes.

Selon la perspective biologique, la dépendance à l'alcool et aux drogues est une *maladie* qui met en cause différents processus biochimiques. En 1960, Jellinek a révolutionné la conception populaire de l'alcoolisme en affirmant que la dépendance à l'alcool était une maladie causée par une vulnérabilité biologique à cette substance, indépendante de la volonté de l'individu. Jusqu'alors, on avait cru volontiers que l'alcoolisme résultait d'un manque de volonté et de jugement moral.

Étant donné que la présence d'alcooliques parmi les proches parents biologiques accroît le risque d'alcoolisme chez un individu, les chercheurs qui considèrent l'alcoolisme comme une maladie ont tenté de déterminer les gènes ou les anomalies biologiques qui pourraient être liés à l'alcoolisme ou, tout au moins, à certaines de ses formes (Blum, 1991 ; Kendler *et al.*, 1992 ; Polich, Pollock et Bloom, 1994). À l'heure actuelle, la recherche génétique sur l'alcoolisme est peu concluante (Bolos *et al.*, 1990 ; Gelernter *et al.*, 1991), aucune étude n'ayant permis d'isoler quelque gène que ce soit à l'origine du phénomène. Cependant, des chercheurs croient avoir déterminé un gène, fort répandu dans les populations asiatiques mais rare chez les populations caucasiennes, qui assurerait une certaine protection contre l'alcoolisme (Heath *et al.*, 2003).

On s'est donc mis à chercher des causes indirectes de l'alcoolisme. Certains croient que l'interaction de plusieurs gènes peut modifier la réaction de l'organisme à l'alcool, entraîner la consommation abusive d'alcool et de n'importe quelle autre drogue psychotrope ou encore influer sur la progression de maladies liées à l'alcool, comme la cirrhose. Certains gènes

Tolérance

À la suite de l'usage régulier d'une drogue, résistance accrue de l'organisme qui requiert des doses de plus en plus élevées pour obtenir les mêmes effets.

Sevrage

Symptômes physiques et psychologiques qui surviennent lorsqu'une personne met fin à sa consommation régulière et importante de drogue.

pourraient ainsi agir sur le développement du tempérament ou des traits de personnalité qui prédisposent à l'alcoolisme ou sur le métabolisme de l'alcool dans le foie. Cependant, d'autres chercheurs pensent plutôt que l'explication génétique n'a peut-être aucun fondement et que l'alcoolisme résulte tout simplement de... la consommation d'alcool! En effet, une grande consommation d'alcool modifie certaines fonctions cérébrales, réduit l'activité des endorphines, diminue le volume du cortex cérébral et endommage le foie. Selon ces chercheurs, ce serait ces changements ou ces dommages qui créeraient la dépendance biologique, l'incapacité à métaboliser l'alcool et les troubles psychologiques liés à l'alcoolisme.

Même si les tenants de la perspective biologique ne s'entendent pas sur les causes de l'alcoolisme et des autres toxicomanies, ils considèrent tous que cette maladie relève de la biologie. C'est pourquoi ils sont à la recherche de solutions médicales, comme la fabrication d'un médicament susceptible de briser le cercle infernal de la dépendance aux drogues. Une équipe de chercheurs a même mis au point une enzyme artificielle qui détecte les molécules de cocaïne et qui s'y lie, ce qui les rend inertes. Cette enzyme devrait détruire la plus grande partie de la cocaïne présente dans le sang avant qu'elle atteigne le cerveau (Landry *et al.*, 1993). De nombreux psychologues adeptes des autres perspectives demeurent cependant sceptiques devant ces progrès, puisqu'ils considèrent que la dépendance est avant tout un phénomène psychique.

La perspective psychodynamique

Les psychologues de la perspective psychodynamique essaient de déterminer les causes internes et inconscientes qui poussent une personne à abuser de l'alcool ou de toute autre drogue. Pour eux, ce comportement est le symptôme d'un malaise plus profond; il sert, par exemple, à compenser le rejet parental, à fuir l'angoisse ou à cacher un problème psychologique, tel que le besoin d'intimité (Liebeskind, 1991). Des motifs inconscients d'ordre plus général peuvent aussi expliquer le besoin de s'évader à l'aide de drogues. Le psychanalyste Mitchell May (1991) écrit: «Nous avons tous au plus profond de nous des sentiments liés à la sexualité, à l'agressivité, au découragement, à la terreur, à l'anxiété, à la culpabilité, à la frustration et occasionnellement à l'impuissance et au désespoir.» La dépendance aux drogues s'expliquerait donc par le besoin de repousser ces sentiments hors de la conscience.

Les effets psychologiques à court terme des drogues peuvent pousser un individu à la surconsommation. Le psychiatre Arthur Liebeskind (1991) fait observer ce qui suit: «Les drogues réduisent la rage, diminuent la faim, les désirs sexuels, la peur, la désorganisation et les comportements psychotiques. Elles facilitent aussi la simulation et l'illusion en éliminant chez une personne la prise de conscience de causer du tort à une autre personne.» Mais, ajoute-t-il, par-dessus tout peut-être, les drogues compensent une faible estime de soi: «Avec dix dollars de "crack", une personne peut se sentir au sommet du monde et se prendre pour le plus grand amant, intellectuel, conducteur, vendeur ou ami que la terre ait jamais porté.» Bien sûr, cette forte estime de soi n'est que passagère et s'estompe au fur et à mesure que les effets de la drogue s'atténuent.

La contribution la plus importante de la perspective psychodynamique à la compréhension de l'abus des drogues réside peut-être dans sa capacité de décrire le vécu des personnes dépendantes. Les intervenants sociaux utilisent d'ailleurs la terminologie et les concepts propres à cette perspective, en particulier ceux qui concernent les mécanismes de défense. La plupart de ces patients en thérapie recourent aux mêmes mécanismes de défense, que ce soit le *déni* («Je ne suis pas dépendant, je peux arrêter quand je veux»), la *projection* du blâme («Je bois parce que ma famille cherche toujours à m'avoir») ou la *rationalisation* («J'ai besoin de boire pour réduire le stress»). Les personnes aux prises avec n'importe quel type de dépendance utilisent ces mécanismes, ce qui les empêche de reconnaître que leurs abus sont néfastes tant pour elles-mêmes que pour leurs proches.

La perspective béhavioriste

On croit souvent que les drogues ont des effets inévitables à cause même de leur composition chimique. En fait, les réactions aux drogues psychotropes ne sont pas dues simplement à leurs propriétés chimiques. Lorsque les gens consomment pour se divertir des opiacés, tels que l'héroïne ou la morphine, ils éprouvent habituellement de l'euphorie; mais lorsqu'ils en consomment pour soulager la douleur, ils n'éprouvent rien de la sorte et ne deviennent que rarement dépendants (Portenoy, 1994).

Une étude effectuée sur 100 patients hospitalisés ayant reçu de fortes doses de narcotiques a révélé que 99 d'entre eux ne présentaient aucun symptôme de sevrage à leur sortie de l'hôpital; ils laissaient la douleur et la drogue derrière eux (Zinberg, 1974). Une autre étude, menée sur 10 000 patients souffrant de brûlures et ayant reçu des narcotiques au cours de leur traitement, a montré qu'aucun de ces patients n'était devenu dépendant de ces drogues (Perry et Heidrich, 1982). Manifestement, l'étude des drogues psychotropes doit dépasser la simple analyse biochimique.

Les chercheurs béhavioristes croient que la dépendance aux drogues n'est pas une maladie, mais plutôt un comportement dysfonctionnel. Selon eux, les grands consommateurs d'émissions télévisées se comportent à maints égards comme les consommateurs de drogues : ils agissent de façon compulsive pour soulager leur sentiment d'isolement, de tristesse ou de colère (Jacobvitz, 1990). Le comportement d'écoute de la télévision est renforcé négativement et donc augmenté par la disparition du sentiment douloureux. Les gens qui font de l'exercice physique de manière excessive présentent des symptômes de sevrage lorsqu'on les empêche de s'entraîner (Chan et Grossman, 1988). Cependant, les toxicomanes ne présentent pas tous les symptômes physiologiques du manque lorsqu'ils arrêtent de consommer. Au contraire, de nombreuses personnes dépendantes de l'alcool, du tabac ou des tranquillisants ont réussi à briser leur habitude sans aide et sans souffrir des symptômes du sevrage (Lee et Hart, 1985 ; Prochaska, Norcross et DiClemente, 1994). Comment cela serait-il possible si la dépendance était un processus purement physiologique?

On a expliqué certains aspects de la dépendance aux drogues à l'aide des principes du conditionnement répondant (voir le chapitre 6) (Poulos et Cappell, 1991; Siegel, 1990; Siegel et Sdao-Jarvie, 1986). Sous cet angle, l'effet de la drogue est le stimulus inconditionnel (SI) qui provoque une réponse inconditionnelle (RI) *compensatoire*, c'est-à-dire qui s'oppose aux effets de la drogue de façon à ramener l'organisme dans un état normal. Par exemple, lorsque la morphine insensibilise (SI), l'organisme cherche à compenser cet effet en devenant plus sensible à la douleur (RI). Les stimuli environnementaux présents lors de l'utilisation de la drogue, comme la seringue ou l'endroit de l'injection, peuvent, par pairage, devenir des stimuli conditionnels (SC) capables de provoquer eux-mêmes la réponse conditionnelle (RC) compensatoire de l'organisme. Des recherches menées sur des êtres humains (Lightfoot, 1980) et des animaux (Siegel *et al.*, 1982) soutiennent cette théorie.

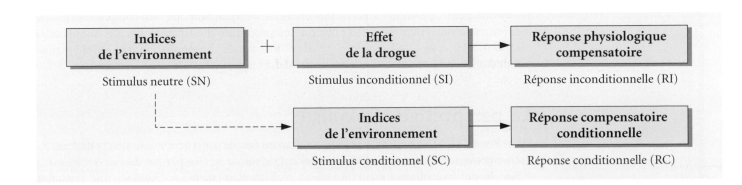

Le modèle béhavioriste permet d'expliquer pourquoi la tolérance aux drogues se manifeste souvent chez les patients souffrant de douleurs intenses. En présence des indices environnementaux habituellement associés à la prise de drogue (SC), une réponse compensatoire se produit (RC) et rend nécessaire la prise d'une plus grande quantité de drogue afin d'obtenir le même effet. Ce modèle permet de mieux comprendre l'échec des cures de désintoxication suivies hors du cadre habituel. Ainsi, lorsque le patient retourne dans son milieu habituel de consommation, les stimuli conditionnels qui s'y trouvent engendrent des réponses compensatoires qui, en l'absence de drogue, sont ressentis comme des symptômes de sevrage – par conséquent, le besoin de drogue refait surface (Siegel, 1990). C'est donc dire que les toxicomanes désireux de se libérer de leur dépendance doivent soit changer d'environnement, soit suivre un traitement visant l'extinction de la réponse compensatoire aux stimuli environnementaux qui la produisent.

Les béhavioristes étudient aussi les *raisons* de la dépendance à l'alcool, les *motifs* qui poussent quelqu'un à boire. Chez de nombreuses personnes, boire constitue un moyen de maîtriser les émotions. Certains boivent pour échapper à l'anxiété, d'autres pour accroître leurs sentiments positifs lorsqu'ils sont fatigués ou qu'ils s'ennuient (Cooper *et al.*, 1995); d'autres encore boivent pour être sociables ou pour se conformer aux normes de leurs groupes d'appartenance. Toutefois, les renforçateurs sont sujets à des modulations. Par exemple, une personne peut commencer à consommer de l'alcool ou des drogues pour les renforçateurs sociaux qu'ils procurent (par exemple, les amis ou le prestige); puis, son comportement ne sera plus renforcé que par les effets de la substance consommée; finalement, elle boira afin d'éviter les effets contrariants du manque. Les chercheurs et les cliniciens béhavioristes s'intéressent donc aux différentes conséquences psychologiques qui sont associées à la consommation d'alcool et qui renforcent ce comportement. Leurs interventions visent alors à modifier les conséquences qui maintiennent la consommation et à apprendre à l'individu comment obtenir ces mêmes conséquences sans avoir besoin de consommer.

Les divergences entre l'approche biologique (selon laquelle la dépendance aux drogues est une maladie) et l'approche béhavioriste sont nombreuses et mènent à plusieurs conclusions pratiques. La meilleure illustration en est le débat sur la consommation contrôlée, c'est-à-dire la possibilité pour les anciens alcooliques de boire modérément sans redevenir dépendants ni causer de tort à eux-mêmes ou aux autres. Quand on considère la dépendance comme une maladie, on ne peut pas imaginer qu'un alcoolique puisse devenir un buveur occasionnel ou un consommateur modéré: la seule cure possible est l'abstinence totale (c'est le message que véhiculent les groupes d'entraide, comme les Alcooliques anonymes). Pour les béhavioristes, puisque la personne a appris à être dépendante, la cure consiste à changer ses comportements et son environnement, qui renforcent sa consommation. Dans cette optique, même un ancien alcoolique peut apprendre à boire modérément, pour autant que les comportements de consommation excessive aient fait l'objet d'une procédure d'extinction efficace. Toutefois, la complexité des causes de l'alcoolisme et des problèmes de consommation d'alcool ne permet pas de trancher en faveur de l'une ou l'autre de ces approches.

Pour les béhavioristes, les toxicomanes désireux de se libérer de leur dépendance doivent changer d'environnement humain afin d'éliminer la réponse compensatoire produite par les personnes avec lesquelles ils consomment habituellement.

La perspective humaniste

Selon Rogers (1951), une personne saine vit dans un état de congruence: elle intègre de manière harmonieuse ses comportements à son concept de soi, ce qui lui permet de s'ouvrir à l'expérience et de s'actualiser, c'est-à-dire de se réaliser pleinement. À l'opposé, une personne inadaptée vit dans un état d'incongruence : elle ne parvient pas à intégrer ses comportements de manière adéquate à son concept de soi, d'où l'angoisse, l'hostilité, la confusion et l'anxiété. La personne met alors en place des défenses visant à nier ou à déformer la perception des expériences qui menacent son concept de soi, ce qui a pour effet d'entraver son cheminement vers l'actualisation de soi (Rogers, 1959). Ces défenses peuvent prendre la forme d'une consommation abusive d'alcool ou de drogues. Les recherches de Zaccaria et Weir (1967) appuient indirectement cette théorie : elles ont en effet montré que plus les gens sont actualisés, moins ils ont tendance à devenir dépendants de l'alcool.

Dans la foulée des travaux de Rogers sur le concept de soi, des psychologues sociocognitivistes ont élaboré une théorie pour vérifier l'influence du concept de soi sur le comportement des personnes qui abusent des drogues ou de l'alcool. La théorie de la conscience objective de soi (Duval et Wicklund, 1972 ; Wicklund, 1975) donne à penser que certaines situations peuvent rendre un individu plus conscient de lui-même. Il s'agit en général de situations qui nous rappellent qui nous sommes : nous voir dans un miroir, nous savoir observé, mettre un porte-nom à notre boutonnière, etc. Cette intensification de la conscience de soi amène l'individu à comparer son soi actuel, tel qu'il s'exprime par ses comportements, avec son soi idéal. Or, une telle comparaison crée habituellement chez l'individu un inconfort, puisque son comportement est rarement à la hauteur des exigences de son soi idéal. Il peut alors réagir de deux façons : soit tenter d'éviter la situation, ce que font habituellement la plupart des gens, soit tenter de réduire la différence perçue entre le soi actuel et le soi idéal (Wicklund, 1975). Selon Hull (1981), de nombreuses personnes choisissent la première option et consomment de l'alcool afin de réduire le degré de conscience de soi. Cela leur permet non pas d'oublier, mais de cesser temporairement de penser aux aspects de leur personnalité les plus difficiles à supporter.

Les travaux de Hull et Young (1983) apportent une confirmation empirique de l'hypothèse de Hull. Les chercheurs ont réparti des sujets en deux groupes selon leurs résultats sur l'échelle de Fenigstein, Scheier et Buss (1975) qui sert à évaluer le degré de susceptibilité à la conscience de soi. Les sujets qui prêtent fréquemment attention à leurs sentiments ou qui réfléchissent souvent sur eux-mêmes reçoivent des notes élevées sur l'échelle de conscience de soi, alors que les sujets ayant le profil opposé obtiennent des notes faibles. On a fait passer aux sujets un test de QI très difficile, puis on a informé la moitié d'entre eux dans chacun des groupes qu'ils avaient obtenu de bons résultats et l'autre moitié, de mauvais résultats. Ensuite, on leur a demandé de faire l'essai de boissons alcoolisées – le véritable but des chercheurs était, bien sûr, d'évaluer la consommation d'alcool en fonction de la réussite ou de l'échec. Parmi les sujets qui avaient obtenu une note élevée sur l'échelle de conscience de soi, ceux qui avaient échoué au test de QI ont consommé une quantité d'alcool nettement plus grande que ceux qui l'avaient réussi ; parmi ceux qui avaient obtenu une note faible sur l'échelle de conscience de soi, il n'y a pas eu de différence dans la quantité d'alcool consommée. Une autre étude, menée auprès d'élèves du secondaire, a fait ressortir une différence de consommation d'alcool plus importante encore par rapport aux résultats scolaires (Hull, Young et Jouriles, 1986).

Ces travaux de recherche appuient l'hypothèse que certaines personnes consomment de l'alcool ou des drogues pour tenter de déformer la réalité et éviter ainsi de voir les échecs qui contredisent des aspects de leur concept de soi idéal. Dans l'approche rogérienne, l'intervention du thérapeute devrait amener le client à porter un regard plus positif sur lui-même de façon à accroître son ouverture à l'expérience et, par le fait même, sa congruence. Une plus grande congruence entre le concept de soi et l'expérience devrait contribuer à diminuer les défenses du soi qui ont tendance à déformer la réalité et, par conséquent, à limiter les besoins de consommation d'alcool ou de drogues.

La perspective cognitive

Les psychologues chercheurs cognitivistes ont observé que les réactions aux drogues psychotropes sont fortement influencées par nos *prédispositions mentales*, en somme par ce que nous attendons des effets de la drogue, les raisons qui nous ont conduits à en consommer et la

justification de certains de nos comportements. Par exemple, certains boivent pour être plus sociables, amicaux ou attirants, d'autres pour se justifier d'être violents verbalement ou physiquement. De la même façon, certains individus consomment des opiacés pour s'évader du quotidien, alors que les patients souffrant de douleurs chroniques les utilisent pour pouvoir mener une vie normale.

Pour les cognitivistes, nos réactions à la drogue dépendent de la façon dont nous avons appris à juger ses effets. Ainsi, la plupart des Occidentaux commencent leur journée en consommant un psychotrope généralement considéré comme banal, le café, parce qu'ils croient que ce produit accroît leur niveau d'éveil. Pourtant, l'introduction du café en Europe au XVIe siècle avait soulevé des protestations. Des femmes affirmaient que le café diminuait la libido de leur mari et qu'il les rendait moins attentifs à leurs besoins, ce qui était peut-être vrai! Au XIXe siècle, les Américains considéraient la marijuana comme un sédatif léger, incapable de modifier la pensée; on ne s'attendait pas à ce que sa consommation produise des effets hallucinatoires, mais plutôt à ce qu'elle aide un individu à s'endormir (Weil, 1972/1986).

Durant les années 1980, des chercheurs ont étudié l'influence que les attentes envers les effets de l'alcool exercent sur la pensée et le comportement. Ils ont comparé le comportement de sujets qui buvaient vraiment de l'alcool (vodka tonic) avec celui de sujets qui croyaient boire de l'alcool (mélange de tonic et de jus de limette) (Abrams et Wilson, 1983; Marlatt et Rohsenow, 1980). Les hommes qui *croyaient* avoir bu de l'alcool se montraient plus belliqueux que ceux qui croyaient n'avoir bu que du tonic, indépendamment de ce qu'ils avaient réellement bu. De plus, les hommes comme les femmes qui *croyaient* avoir bu de l'alcool se disaient plus stimulés sur le plan sexuel.

D'autres travaux de recherche montrent qu'on peut prévoir dès son enfance le moment où un individu commencera à boire de l'alcool et la quantité qu'il consommera, qu'il s'agisse d'un buveur occasionnel ou d'un alcoolique (Goldman *et al.*, 1991). Les attentes des enfants et des adolescents à l'égard de l'alcool ne découlent pas de leur propre consommation, mais de l'observation du comportement des adultes: le fait d'en consommer, la façon de le supporter, les renforcements sociaux, etc. (Goldman *et al.*, 1991; Miller, Smith et Goldman, 1990).

Les motifs qui poussent un individu à consommer une drogue, ses attentes à propos des effets et l'environnement de consommation sont autant de facteurs qui contribuent à déterminer ses réactions.

Compte tenu du grand nombre de crimes violents commis par des personnes ayant abusé d'alcool et de la fréquence élevée de querelles conjugales attribuables à sa consommation, on croit volontiers que cette substance a pour effet de «libérer» la colère et l'agressivité. Une métaanalyse de recherches expérimentales révèle que l'alcool accroît effectivement la probabilité des comportements agressifs chez un individu, dans la mesure où celui-ci sait qu'il a consommé de l'alcool (Bushman, 1993). Cela confirme le point de vue des cognitivistes, pour qui la véritable cause de l'agressivité ne réside pas dans l'alcool même, mais se trouve plutôt dans l'esprit de celui qui en consomme. La moitié des hommes arrêtés pour avoir agressé leur femme affirment avoir bu. Pourtant, selon les travaux de recherche, la plupart de ces hommes n'avaient pas suffisamment d'alcool dans le sang pour être jugés ivres selon la loi (Gelles et Straus, 1988). Ces résultats appuient l'hypothèse selon laquelle le fait d'avoir consommé de l'alcool, bien plus que la quantité consommée, a rendu ces hommes violents en justifiant leur comportement violent. En fait, le lien entre l'alcool et l'agressivité disparaît chez un individu qui pense qu'on pourra le tenir responsable de ses agissements en état d'ébriété (Critchlow, 1983).

Ces observations ne signifient pas pour autant que l'alcool et les autres drogues ne sont que de simples placebos; l'effet physiologique de ces produits est réel et a fait l'objet de nombreuses publications. Fumer du tabac est très nocif pour votre santé, quel que soit votre point de vue sur le sujet – même si vous pensez que cela améliore votre image et vous permet de vous faire un plus grand nombre d'amis. Ce que la perspective cognitive nous enseigne, c'est que nos attentes et nos croyances jouent un rôle dans nos réactions physiologiques aux drogues, y compris les réactions au café et au tabac. Les attentes d'une personne envers les effets d'une drogue donnée, les souvenirs associés à sa consommation et les raisons pour lesquelles elle en consomme s'ajouteront aux effets physiologiques réels de la drogue et influeront sur sa conduite.

Une synthèse des perspectives

Les cinq perspectives majeures de la psychologie offrent des explications différentes de l'abus d'alcool et de drogues, et ces explications ne sont pas nécessairement compatibles entre elles.

■ La perspective biologique montre que l'abus de drogues est plus susceptible de se produire avec une drogue sous sa forme la plus pure et la plus concentrée, par exemple le crack. Pour les tenants de cette approche, certains gènes sont peut-être indirectement liés à une plus grande vulnérabilité de l'individu à certaines drogues.

■ La perspective psychodynamique montre que l'abus de drogues est plus fréquent chez les personnes qui en font usage pour surmonter les problèmes, soulager les douleurs morales et psychologiques ou éviter les conflits. La consommation de drogues n'est alors que le symptôme d'un malaise plus profond, comme la perte d'un objet d'affection, un sentiment d'angoisse ou un autre problème psychologique.

■ La perspective béhavioriste montre que l'abus de drogues peut être causé par une réponse conditionnelle compensatoire de l'organisme. Les tenants de cette approche pensent que l'étude de la surconsommation de ces produits doit aussi porter sur la détermination des stimuli discriminatifs et des conséquences psychologiques qui renforcent ce comportement.

■ La perspective humaniste montre que l'abus d'alcool et de drogues est plus fréquent chez les personnes qui éprouvent des difficultés majeures à s'actualiser ainsi que chez celles qui ont une conscience de soi élevée et qui boivent pour ne pas avoir à prendre conscience de leurs difficultés.

■ La perspective cognitive montre que la dépendance aux drogues est plus fréquente chez les personnes qui croient qu'elles ne parviendront jamais à surmonter leur problème de surconsommation et chez celles qui croient que les drogues peuvent résoudre certains de leurs problèmes personnels.

Les résultats de la recherche donnent à penser que, quelles que soient les raisons individuelles, un faible pourcentage de la population consommera un jour de façon abusive une drogue, licite ou illicite, tout comme ces individus pourraient abuser de l'exercice physique, du chocolat ou de la télévision. Les causes de la dépendance d'un individu à un produit ou à une activité ne résident pas dans ce qu'il consomme, mais bien à l'intérieur de lui-même.

Par ailleurs, on peut juger irrationnelles et cruelles toutes les réticences à l'égard de l'utilisation de la marijuana et des narcotiques pour soulager la douleur des patients en traitement pour un cancer ou atteints d'une maladie débilitante. De nombreux chercheurs reconnus et respectés recommandent l'utilisation de la morphine et d'autres opiacés lorsque les analgésiques courants ne permettent plus de contenir la douleur (Jacox, Carr et Payne, 1994).

Qu'avez-vous appris?

RÉPONSES, p. 337

Même si vous ne souffrez pas de « dépendance à l'étude », répondez aux questions suivantes.

1. Selon les recherches des psychologues cognitivistes, quel énoncé est le plus vraisemblable?

   a) L'alcool libère la colère réprimée.
   b) Il stimule le comportement agressif.
   c) Il rend la plupart des hommes violents.
   d) Il sert d'excuse au comportement violent.

2. Quelle semble être la conclusion la plus juste au sujet du rôle des gènes dans l'alcoolisme?

   a) Sans la présence d'un certain gène, nous ne pouvons devenir alcoolique.
   b) La présence d'un certain gène se traduit presque toujours par l'apparition de l'alcoolisme.
   c) Les gènes pourraient interagir avec d'autres facteurs dans l'accroissement de la vulnérabilité individuelle à certaines formes d'alcoolisme.

LA DÉPRESSION ET SON TRAITEMENT

Vous arrive-t-il parfois de vous sentir apathique, d'avoir le goût de ne rien faire? Vous avez sûrement déjà été profondément attristé par la mort d'un proche ou par un échec personnel. Dans la plupart de ces situations, vous êtes conscient que votre état n'est que temporaire et que vous vous en remettrez bientôt. Ces variations d'humeur sont tout à fait normales et n'ont rien à voir avec les troubles majeurs de l'humeur que les psychologues cliniciens sont appelés à traiter.

Depuis 1952, les catégories diagnostiques des troubles mentaux et leurs critères de définition sont répertoriés dans le *Manuel diagnostique et statistique des troubles mentaux* (DSM) publié par l'American Psychiatric Association. La dernière version, le DSM-IV-TR (American Psychiatric Association, 2000a) décrit la **dépression majeure** comme un état extrême d'humeur dépressive, accompagné de symptômes psychologiques, tels que le sentiment d'inutilité ou l'indécision, et de perturbations physiologiques, comme la variation de l'appétit, des problèmes de sommeil ou une perte d'énergie majeure. La durée de ces symptômes doit être d'au moins six mois pour entraîner un diagnostic de dépression majeure.

> **Dépression majeure**
> Trouble de l'humeur comportant des problèmes émotionnels (tristesse excessive), des troubles du comportement (apathie et perte d'intérêt pour les activités habituelles), des troubles cognitifs (sentiment non fondé de désespoir et faible estime de soi) et un dérèglement des fonctions physiologiques (fatigue et perte d'appétit).

Les personnes en dépression majeure subissent une diminution marquée d'intérêt pour leurs activités habituelles et elles éprouvent de grandes difficultés à vivre ou à ressentir quelque plaisir que ce soit (Durand et Barlow, 2002). Elles ont de la difficulté à se tirer du lit et à vaquer aux tâches quotidiennes, elles exagèrent l'importance de petites difficultés et ne tiennent pas compte de ce qui va bien. Les individus aux prises avec un épisode de dépression majeure croient que leur état ne changera pas («Rien de bon ne m'arrivera jamais») et que, de toute façon, ils ne peuvent rien y changer («Je suis déprimé, car je suis une personne horrible, mais je n'y peux rien»); ils pensent fréquemment à la mort ou au suicide (Wade et Tavris, 2005). Dans tous les pays, on diagnostique la dépression majeure au

Ce tableau de Jacob Lawrence illustre bien le langage corporel propre aux personnes dépressives: épaules tombantes, tête inclinée, yeux rivés au sol.

Jacob Lawrence (1917-2000). *Depression*, 1950. Tempera sur papier, 55,88 X 77,47 cm. Whitney Museum of American Art, New York; don de David M. Solinger 66.98.

moins deux fois plus souvent chez la femme que chez l'homme (Nolen-Hoeksema, 2002). Cette différence peut s'expliquer par le fait que la femme dépressive demande plus facilement de l'aide, alors que l'homme dépressif a tendance à cacher ses sentiments par le retrait, la consommation d'alcool et de drogues ou les comportements violents (Canetto, 1992; Kessler *et al.*, 1994).

Le traitement de la dépression majeure varie selon les diverses théories. En effet, malgré des critères de définition relativement communs aux perspectives de la psychologie, les psychologues n'expliquent pas tous de la même façon l'apparition de cette maladie. En fait, peu de théoriciens croient qu'une seule cause puisse servir à expliquer l'ensemble des cas de dépression majeure. La plupart des chercheurs penchent plutôt pour un modèle tenant compte de l'interaction entre la vulnérabilité individuelle (par exemple, les prédispositions génétiques, les traits de personnalité ou les styles d'interprétation) et les caractéristiques de l'environnement porteuses de stress (par exemple, la pauvreté, la violence ou la perte d'un proche) (Hankin et Abramson, 2001).

Nous examinerons les psychothérapies les plus fréquemment utilisées dans le cadre de chacune des cinq grandes perspectives, ce qui permettra d'en faire ressortir les caractéristiques. Il s'agit du survol, d'une part, des explications de la dépression majeure et, d'autre part, des thérapies propres à chacune des cinq perspectives pour venir en aide aux patients touchés par ce grave problème de santé mentale. Il faut par ailleurs savoir que de nombreux psychologues cliniciens combinent des éléments de plusieurs perspectives dans leur pratique. Par exemple, on peut associer à chacune des psychothérapies présentées un traitement médicamenteux, pourtant caractéristique de la perspective biologique. Il convient aussi de mentionner que le traitement médicamenteux devrait être utilisé dans le cas de dépression grave ou de risque de suicide, alors que les quatre autres types de traitements conviennent mieux aux cas de dépression d'intensité légère à modérée (De Perrot et Weyeneth, 2004).

La perspective biologique

Le docteur Raphael Osheroff avait une clientèle florissante jusqu'au jour où il devint profondément déprimé et incapable de travailler. Il ne s'agissait pas d'un petit coup de cafard, mais d'une dépression majeure, c'est-à-dire une maladie grave entraînant une tristesse chronique, une baisse de l'estime de soi, l'apathie et un sentiment d'impuissance constant. Osheroff décida de se faire hospitaliser dans une clinique psychiatrique privée, où il devait participer quotidiennement à des séances intensives de psychothérapie. Sept mois plus tard, le traitement s'étant avéré inefficace, Osheroff se fit soigner dans un autre hôpital, où un médecin ajouta la prise d'antidépresseurs à sa psychothérapie. Au bout de quelques mois, Osheroff était complètement guéri (Shuchman et Wilkes, 1990).

Ce cas illustre très bien la contribution de la perspective biologique au traitement de la dépression. Pour les chercheurs de cette perspective, l'étude des facteurs à l'origine de la dépression a surtout porté sur les gènes, les neurotransmetteurs et le système hormonal. L'hypothèse selon laquelle la dépression majeure est causée par une prédisposition génétique reçoit un certain appui d'études portant sur des jumeaux et des enfants adoptés (Bierut *et al.*, 1999; Kendler *et al.*, 1993). C'est pourquoi des psychologues cherchent à déterminer le ou les gènes qui prédisposent certaines personnes à développer une dépression majeure en situation de stress. Les gènes peuvent agir sur l'état dépressif d'un individu en modifiant soit les niveaux de différents neurotransmetteurs dans le cerveau, soit en favorisant la production de cortisol, une hormone qui peut, à forte dose, endommager les cellules de certaines structures cérébrales (Sapolsky, 2000; Sheline, 2000). Chez les patients déprimés, le système de régulation des réactions au stress s'emballe, il ne s'arrête pas quand il le devrait, ce qui l'amène à produire une trop grande quantité de cortisol (Plotsky, Owens et Nemeroff, 1998).

Des psychologues ont récemment découvert un gène, le 5-HTT, qui prend deux formes : une forme longue, semblant protéger l'individu contre la dépression, et une forme courte, semblant au contraire en favoriser l'apparition (Caspi *et al.*, 2003). Leur recherche portait sur 847 Néo-Zélandais, qu'on a suivis de la naissance jusqu'à l'âge de 26 ans. À la suite d'un important événement stressant (perte d'emploi, mort d'un proche, etc.), 43 % des sujets porteurs des deux formes courtes du gène (provenant des deux parents) avaient subi une dépression majeure, contre seulement 17 % des sujets porteurs des deux formes longues du gène, et ce, même s'ils avaient souffert d'un niveau de stress similaire. Les sujets ayant hérité d'une forme courte et d'une forme longue du gène se situaient entre les deux extrêmes : 33 % avaient développé une dépression majeure. Bien sûr, les gènes seuls ne peuvent expliquer tous les cas de dépression, car plus de la moitié des sujets les plus vulnérables de l'étude n'en ont pas subi.

Rappelons que seuls les médecins sont autorisés à prescrire des médicaments : c'est pourquoi ce sont les généralistes et les psychiatres qui déclenchent la plupart du temps un traitement dont la base est biologique. On a surtout recours à trois catégories de médicaments antidépresseurs pour traiter la dépression majeure. L'inhibiteur de la monoamine oxydase (IMAO), comme le Nardil, accroît le niveau de noradrénaline et de sérotonine dans le cerveau en bloquant l'enzyme responsable de leur neutralisation, ce qui conduit à une désensibilisation. Une autre catégorie d'antidépresseurs, les tricycliques, comme l'Elavil, produisent le même effet, mais en empêchant le recaptage de la noradrénaline et de la sérotonine par les cellules qui les ont relâchées dans la fente synaptique. La troisième catégorie d'antidépresseurs est l'inhibiteur sélectif de recaptage de la sérotonine (ISRS), comme le Prozac, qui agit de la même façon que les tricycliques, mais uniquement sur la sérotonine. Plusieurs chercheurs croient que le traitement aux antidépresseurs ne doit pas se limiter à la guérison de l'épisode dépressif, mais qu'il doit plutôt retarder ou empêcher la survenue d'un autre épisode (Thase et Kupfer, 1996).

Les antidépresseurs ne causent pas de dépendance, mais ils ont des effets secondaires désagréables, comme la sécheresse de la bouche, les maux de tête, la constipation, les nausées, la diminution de la libido ainsi que l'inhibition ou le retard de l'orgasme (Hollon, Thase et Markowitz, 2002). C'est pourquoi beaucoup de patients en traitement cessent tout bonnement de prendre leur médicament. Par ailleurs, de 40 % à 50 % des patients ne réagissent pas aux antidépresseurs, alors qu'un nombre important de ceux dont la condition s'améliore continue à présenter des symptômes résiduels (Durand et Barlow, 2002). Les antidépresseurs ont permis de soulager un très grand nombre de personnes aux prises avec des crises dépressives graves ; il faut cependant se rendre à l'évidence que ce n'est pas une panacée.

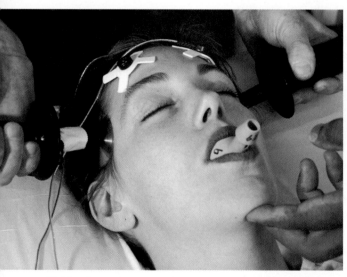

Habituellement, on recourt à la thérapie électroconvulsive – très controversée – pour soigner la dépression seulement chez les patients réfractaires à toute autre forme de traitement.

Malgré ces inconvénients, les antidépresseurs constituent d'excellents préliminaires au traitement thérapeutique des patients souffrant de dépression majeure. En améliorant le sommeil, l'appétit et le bien-être, ils favorisent la concentration dont ces patients ont besoin pour résoudre leurs problèmes. Il faut cependant rester prudent avec les antidépresseurs. Les scientifiques mettent en garde contre la prescription routinière de ces substances à des personnes qui ne suivent pas en même temps une thérapie pour régler leurs problèmes personnels (Breggin, 1991 ; Robitscher, 1980). La sagesse est donc de mise, d'autant plus que diverses psychothérapies donnent des résultats aussi bons, sinon meilleurs, que les médicaments dans le traitement des états dépressifs (Chambless, 1995).

Pour soigner la dépression, on utilise parfois un extrait de millepertuis. Une métaanalyse d'études cliniques montre que cette plante fort répandue s'avère plus efficace qu'un placebo dans le traitement de formes plus légères de dépression, bien que son efficacité ne soit toujours pas reconnue par l'ensemble des chercheurs (Kim, Streltzer et Goebert, 1999). Un autre traitement refait surface – les électrochocs – pour les cas graves, réfractaires à tout traitement (Klerman, 1988). Cette technique controversée consiste à administrer une décharge électrique à travers la boîte crânienne pendant moins d'une seconde. Bien qu'elle se soit avérée utile dans le cas de dépressions très graves, la thérapie électroconvulsive nécessite toutefois un traitement complémentaire (antidépresseurs ou psychothérapie), car le taux de rechute est de près de 60 % (Depression Guideline Panel, 1993). Selon l'American Psychiatric Association (1990), il est peu probable qu'on l'utilise beaucoup dans les années à venir, car on ne comprend pas vraiment le fonctionnement des électrochocs.

La perspective psychodynamique

Pour Freud (1916-1917/1951), la dépression s'explique, comme toutes les névroses, par une conjonction de facteurs. L'hérédité et les événements survenus pendant l'enfance se combinent pour créer une prédisposition, qui peut très bien rester latente, à moins qu'un événement traumatisant ou une situation difficile ne déclenche l'apparition d'un trouble évident. Le poids de ces facteurs peut varier selon les cas: un choc léger peut troubler aussi gravement une personne très prédisposée qu'une expérience vraiment traumatisante peut le faire pour une personne moins prédisposée.

La plupart des psychanalystes orthodoxes considèrent que le caractère des individus les plus prédisposés à la dépression névrotique présente certaines fixations au stade oral (Fenichel, 1953). Cela se manifesterait par une grande dépendance émotive, un besoin insatiable d'être aimé et d'être pris en charge par quelqu'un dont ils espèrent à la fois l'amour inconditionnel et une sorte d'«aide magique» pour affronter tous les problèmes. Ces individus ont également tendance à intérioriser les idées ou les habitudes des personnes auxquelles ils s'attachent et sont extrêmement sensibles au moindre signe de rejet.

On comprend facilement qu'une personne ayant un très grand besoin d'être aimée et d'être prise en charge puisse être passablement traumatisée par une privation sur ces plans. On s'entend généralement pour reconnaître que cette privation est un facteur qui contribue fréquemment au déclenchement de la dépression. En psychanalyse, on parle alors de *perte objectale*, expression qui doit être entendue dans un sens très large: il s'agit non seulement de la disparition (mort ou départ) de la personne aimante, mais aussi du tarissement de l'affection provenant de cette personne, y compris de nombreuses situations de rejet, de déception et d'humiliation.

Pour les psychanalystes, la perte objectale réactive chez le sujet d'anciens sentiments ambivalents, des sentiments de haine et de colère envers ceux qui l'ont ainsi rejeté et privé de leur affection (ou qui le font présentement), mais dont il continue par ailleurs à avoir le plus grand besoin. Il s'ensuit un conflit inconscient: le sujet est déchiré entre l'hostilité et la dépendance affective qu'il éprouve envers le même objet. Comme ces deux pulsions sont incompatibles, la première est refoulée.

Or, une pulsion hostile ne cesse pas d'exister parce qu'elle refoulée. Dans le cas de la dépression, cette pulsion serait plutôt *déplacée et retournée par le sujet dépressif contre sa propre personne*: c'est de ce processus, décrit par Freud (1915/1968, 1917/1968), que découle la tendance du sujet dépressif à se déprécier, à s'accuser et à se punir lui-même. Il est fréquent que le sujet continue de s'identifier à l'objet perdu et reprenne à son compte les critiques que l'objet lui a adressées en le rejetant. Le sujet peut aussi diriger une partie de son agressivité vers ses proches et se servir de sa maladie pour les tyranniser, par exemple en leur imposant des contraintes ou en leur reprochant constamment leur manque d'attention ou de soins.

La plupart des psychologues psychodynamiciens, tout comme plusieurs de leurs collègues des autres perspectives, font appel à un ensemble de procédures thérapeutiques: les thérapies brèves. Celles utilisées par les thérapeutes d'orientation psychodynamique diffèrent quelque peu de celles mises de l'avant par Freud (Malan, 1979). En général, ces nouvelles thérapies conservent les notions centrales de la théorie freudienne: l'importance des expériences de la petite enfance, les processus inconscients ainsi que les notions de résistance et de transfert. Par contre, elles privilégient un rôle beaucoup plus actif de la part du thérapeute. Celui-ci s'assoit face à son patient, lui pose des questions directes, le plus souvent sur ses problèmes actuels, l'oriente dans sa réflexion sur ses conflits inconscients et va même jusqu'à faciliter le transfert à l'aide de jeux de rôles (Henry *et al.*, 1994). La plupart des thérapies brèves d'orientation psychodynamique comportent une ou deux rencontres par semaine et ne durent que quelques mois, tout au plus.

Dans le traitement de la dépression, le thérapeute psychodynamicien cherche à favoriser un changement de la personnalité par une réflexion en profondeur, rendue possible par l'analyse du transfert et de la résistance du patient. Le thérapeute crée des conditions favorables au transfert: le patient doit arriver à transférer sur la personne du thérapeute les sentiments positifs ou négatifs qu'il a éprouvés dans le passé à l'égard de la personne qui représente l'objet perdu à l'origine de la dépression. Pour que ce transfert se produise, le thérapeute tente d'amener le sujet à régresser au stade des conflits infantiles afin de faire resurgir les conflits associés à la perte objectale. Au cours de ce processus, le thérapeute considère la résistance comme une tentative du patient pour maintenir dans son inconscient les souvenirs douloureux dont il doit prendre conscience. Par la suite, la levée graduelle des résistances et l'interprétation adéquate des caractéristiques du transfert effectué, soutenues par les réflexions et les encouragements du thérapeute, amènent habituellement le patient à prendre conscience de ses conflits et à devenir plus réaliste.

Bien qu'on utilise fréquemment la psychothérapie d'orientation psychodynamique dans le traitement des dépressions majeures, peu de recherches en confirment l'efficacité (DeRubeis *et al.*, 1999; Luborsky et Crits-Christoph, 1998). Cette lacune s'explique, d'une part, par la difficulté d'appliquer les méthodes habituelles d'évaluation dans ce domaine. Par exemple, comment évaluer avec justesse l'interprétation d'un conflit intrapsychique ou comment juger de la valeur d'une technique non standardisée, adaptée à chaque cas? D'autre part, plusieurs thérapeutes d'orientations diverses affirment, à l'instar de Freud, que la résistance est un comportement typique des patients en thérapie (Mahoney, 1991) et plusieurs études confirment que ces patients mettent inconsciemment en œuvre des styles d'interaction hérités de leurs premières interactions significatives (Luborsky et Crits-Christoph, 1998).

La perspective béhavioriste

Les psychologues béhavioristes croient que l'origine de la dépression se trouve dans l'histoire des renforcements de la personne; ce serait donc un comportement appris (Ferster, 1973). Selon Lewinsohn (1974), trois conditions contribuent au développement de la dépression: nous devenons déprimé lorsque nous n'arrivons pas à obtenir un niveau suffisant de renforcement positif relatif à nos comportements, lorsque nous ne disposons pas des habiletés sociales pour obtenir ce renforcement et lorsque nous subissons des contraintes situationnelles (par exemple, une perte d'emploi) qui provoquent des pertes de renforcement positif.

Nous avons vu au chapitre 7 que les données relatives au contrôle interne ou externe (Rotter, 1990) donnent à penser que la majorité des individus trouvent un équilibre entre les explications d'ordre interne et celles d'ordre externe. En gros, la plupart des gens se disent: «Je suis responsable de ce qui m'arrive de bon, mais ce qui m'arrive de mauvais est dû à la malchance.» (Beck, 1991; Taylor, 1989). Cependant, les personnes déprimées soutiennent habituellement l'inverse: selon elles, ce qui leur arrive de bon est le fruit du hasard et elles s'estiment responsables des mauvaises choses qui leur arrivent. Certains élèves ne font aucun effort pour améliorer leurs résultats car ils s'en croient incapables, alors que les professeurs, pour leur part, pensent que ces élèves ont tous les atouts pour réussir. D'où leur viennent donc ces idées, aux uns comme aux autres?

Les travaux de Martin Seligman ont permis de découvrir les processus à l'œuvre dans le développement de la résignation acquise, un état similaire à la dépression.

Résignation acquise

Apprentissage répété de l'échec par la punition ou par l'absence de renforcement, qui mène la personne à croire, à tort, qu'elle est incapable d'influer sur les événements importants de sa vie. La personne cesse alors d'avoir des comportements susceptibles de lui éviter la punition ou de lui fournir un renforcement.

Les travaux de Martin Seligman fournissent l'une des premières démonstrations expérimentales du développement d'un état similaire à la dépression. Au cours d'une série d'expériences, Seligman (1975) et ses collaborateurs (Seligman et Maier, 1976) ont administré des décharges électriques à des animaux qui n'avaient aucun moyen de s'y soustraire et ils ont soumis des êtres humains à des bruits insupportables impossibles à éviter. Lorsque ces animaux et ces individus se sont par la suite retrouvés dans des situations où ils auraient pu échapper aux décharges ou aux bruits, ils étaient tellement apathiques qu'ils ne tentèrent rien. Ils avaient appris qu'il leur était impossible de se soustraire à la douleur: ils avaient développé ce que Seligman désigna par le concept de **résignation acquise** (Maier et Seligman, 1976). Ce phénomène survient lorsqu'une personne tentant de s'adapter à une situation voit ses comportements punis ou non renforcés. Cet apprentissage de l'échec amène la personne à croire, à tort, qu'elle n'a aucune prise sur les événements importants de sa vie. La résignation acquise provoque trois types de déficits: *motivationnel* (la personne cesse d'agir pour tenter de changer les choses), *émotionnel* (la personne semble prostrée, craintive, etc.) et *cognitif* (la personne éprouve des difficultés d'apprentissage dans de nouvelles situations). Pour Seligman, on peut ainsi expliquer l'épuisement extrême et l'apathie des gens déprimés, qui croient que les efforts qu'ils pourraient déployer pour maîtriser leur environnement seront de toute façon vains.

Pour venir en aide aux personnes aux prises avec une dépression, les psychologues béhavioristes ont à leur disposition quatre formes de thérapies qui visent toutes l'augmentation des renforcements positifs relatifs au comportement. En d'autres mots, ces thérapies rendront le patient capable d'adapter davantage ses comportements, car ceux-ci seront suivis de conséquences qui l'encourageront à continuer d'améliorer sa condition. Ces quatre formes de thérapies sont la modification des contingences environnementales, le développement d'habiletés sociales, l'entraînement à la résolution de problèmes et l'entraînement à l'autocontrôle.

Avec la modification des contingences environnementales, on peut encourager le sujet déprimé à participer à de nouvelles activités sociales (par exemple, faire partie d'un groupe récréatif) au cours desquelles ses comportements ont une plus grande probabilité d'être suivis de renforçateurs positifs aptes à modifier son humeur (Lewinsohn, Weinstein et Alper, 1970). Le développement d'habiletés sociales peut porter sur des aspects comme l'entraînement à l'affirmation de soi ou à la façon de nouer des contacts, alors que l'entraînement à la résolution de problèmes enseigne aux patients à mieux définir les problèmes afin de trouver des solutions comportementales faciles à appliquer (Nezu, 1986). Ces deux dernières thérapies préparent le sujet à faire face aux exigences environnementales et, par conséquent, à obtenir un plus grand nombre de renforçateurs positifs.

L'entraînement à l'autocontrôle consiste à apprendre au patient à évaluer de façon positive sa performance selon des critères de jugement plus réalistes et à pratiquer l'autorenforcement (Rehm, 1977). On peut illustrer cette forme de thérapie à l'aide de l'optimisme, ce trait de caractère répandu et souvent perçu comme un gage de réussite. Des études ont montré que les courtiers d'assurance vie optimistes font signer plus de contrats que les pessimistes ; les nageurs olympiques optimistes surmontent bien une défaite et nagent encore plus vite par la suite, alors que les nageurs pessimistes sont moins rapides après une défaite (Seligman, 1991). L'une des raisons de cette différence de comportement est liée à la tendance des optimistes en situation d'échec ou de difficulté à se concentrer sur ce qu'ils peuvent *faire* plutôt que sur ce qu'ils *ressentent*. Ils conservent leur sens de l'humour, font des projets et analysent la situation d'un point de vue positif (Carver *et al.*, 1989 ; Peterson et Barrett, 1987). Par définition, les optimistes s'attendent à réussir ce qu'ils entreprennent ; ils travaillent donc beaucoup plus fort pour atteindre leur but que les pessimistes. Vous reconnaissez-vous dans cette description ?

La recherche fait ressortir que les thérapies béhaviorales sont efficaces, surtout dans les cas de dépression de faible intensité (American Psychiatric Association, 2000b). Plusieurs études montrent également que ces thérapies sont aussi efficaces que les autres types d'interventions et supérieures à un traitement minimal (Jarrett et Rush, 1994). Au cours des années 1980, l'intérêt pour les thérapies purement béhaviorales a diminué fortement au profit des thérapies béhaviorales-cognitives. Toutefois, une étude comparative plus récente a ranimé cet intérêt. L'étude de Jacobson et ses collaborateurs (1996) montre que la composante béhaviorale de leur intervention béhaviorale-cognitive, qui visait à augmenter le niveau d'activité des sujets, s'est avérée tout aussi efficace isolément que toutes les autres techniques réunies. Les thérapies et les interventions fondées sur les principes béhavioristes ont également connu des échecs (Foa et Emmelkamp, 1983). Elles ne sont pas très efficaces pour traiter certains problèmes, comme le rétablissement après un traumatisme ou une dépression profonde. Elles ne donnent pas non plus beaucoup de résultats avec les personnes qui ne désirent pas vraiment changer et qui n'ont pas la motivation nécessaire pour mener à bien un programme comportemental (Woolfolk et Richardson, 1984).

La perspective humaniste

Selon Rogers (1966), la plupart des troubles psychologiques proviennent de l'incohérence entre l'image de soi et l'expérience concrète de l'individu. Toutefois, la recherche a surtout porté sur la relation entre le soi et le soi idéal. Ainsi, plus l'écart entre le concept de soi et le soi idéal est faible, plus la personne est bien adaptée (Pervin et John, 2005). Par contre, plus le soi idéal et le concept de soi divergent, plus le risque de développer une dépression est grand (Higgins *et al.*, 1986). Il existe plusieurs explications humanistes à la dépression (Schneider, Bugental et Pierson, 2001).

Rogers a émis l'hypothèse qu'une personne dépressive ne parvient ni à surmonter ses difficultés ni à résoudre ses conflits (Pervin et John, 2005). Selon cet humaniste, les conflits peuvent être internes ou externes. Les conflits internes naissent de l'incongruence entre les trois structures de la personnalité, alors que les conflits externes se développent à partir de l'incongruence entre les perceptions de l'individu (réalité subjective du soi) et la réalité objective. Qu'ils soient internes ou externes, ces conflits suscitent chez l'individu une angoisse qui peut le rendre dépressif si elle persiste ou s'intensifie. La dépression correspond donc à l'incapacité de résoudre ses conflits et, partant, de supprimer l'angoisse qui en découle.

Cette angoisse se transforme-t-elle automatiquement en dépression? La réponse est non. À l'instar de Freud, Rogers postule l'existence de mécanismes de défense dont la fonction première est de protéger l'individu contre l'angoisse. Pour Rogers, ces deux principaux mécanismes sont la déformation et le déni. La **déformation** consiste à interpréter l'expérience pour la rendre conforme à la vision du soi, alors que le **déni** est le mécanisme par lequel un individu refuse de reconnaître une réalité pénible (interne ou externe) (Pervin et John, 2005). Or, il arrive que les mécanismes de défense ne suffisent pas à contrer les conflits et que la personne se retrouve dans un état d'incongruence qui peut la mener à la dépression.

Reprenons l'exemple de Harold et Maude donné au début du chapitre 8 et examinons les propos du patient. Harold explique à son thérapeute qu'il avait fini par se convaincre que Maude n'était pas une fille pour lui. Il y avait donc une incongruence entre ce que ressentait l'organisme de Harold (de l'amour ou, à tout le moins, de l'attirance pour Maude) et la perception que le jeune homme avait de lui-même (image d'un fils de bonne famille par rapport à la pauvreté des parents de Maude). Cette incongruence avait créé de l'angoisse chez Harold qui, plus ou moins consciemment, en était venu à déformer sa perception de la réalité (Maude n'est pas une fille pour lui et leur amour est impossible) et à nier le sentiment qu'il éprouvait pour elle («je refusais de l'admettre»). Pour Rogers, le refus de Harold d'admettre qu'il était amoureux de Maude (déni) et l'explication qu'il en donnait (déformation) indiquent clairement que ses mécanismes de défense étaient à l'œuvre. Le jeune homme a donc pu ressentir moins d'angoisse, sans pour autant avoir résolu le problème, puisque que le conflit interne à l'origine de cette angoisse était encore bien présent. Harold n'était pas dépressif, mais il aurait pu le devenir si ce conflit avait persisté et que ses «défenses» avaient faibli ou cédé.

Le psychologue humaniste peut faire appel à la thérapie centrée sur la personne (voir le chapitre 8) pour aider un individu aux prises avec une dépression. Rappelons que l'efficacité de la thérapie centrée sur la personne repose sur trois conditions essentielles: le thérapeute doit être authentique, il doit faire preuve de considération positive inconditionnelle envers son client et il doit être empathique. Selon Rogers (1966), le climat de la psychothérapie est le facteur de réussite le plus important. Le thérapeute doit nécessairement établir un climat de confiance dans sa relation afin d'amener son patient à parler librement de son expérience et à prendre conscience de ses incongruences internes et externes sans se sentir jugé par le thérapeute (Rogers, 1977). Alors, et alors seulement, l'individu pourra abandonner ses défenses et s'ouvrir à sa propre expérience, surtout dans les aspects qu'il se refuse à reconnaître comme siens.

Cette approche est d'autant plus intéressante que les principales causes de la dépression sont habituellement liées à des blocages affectifs douloureux (par exemple, les deuils non

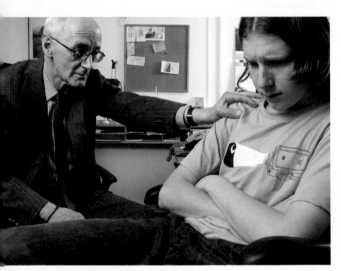

Le thérapeute humaniste encourage la personne dépressive à parler de ses blocages affectifs les plus douloureux.

résolus, la honte de certaines conduites, les actes ou les sentiments inavoués, etc.) que le client ne veut pas aborder mais qu'il aurait tout intérêt à examiner en profondeur (Dombeck, 2007). La tâche du thérapeute consiste alors à aider l'individu à parler en toute confiance des problèmes émotionnels qu'il a trop souvent mis de côté ou ignorés grâce à ses mécanismes de défense. C'est la façon de retrouver la congruence et la voie de l'autoactualisation.

Par définition, la thérapie centrée sur la personne se concentre sur l'expérience subjective de l'individu. Il est donc difficile d'en évaluer l'efficacité pour le traitement de la dépression, ce qui explique l'absence d'études fiables sur le sujet. Dombeck (2007) déconseille la thérapie rogérienne pour les dépressions modérées ou graves et il affirme qu'elle s'avère plus efficace pour les gens qui disposent déjà de la plupart des habiletés d'adaptation requises pour y faire face.

Dans le traitement de la dépression, la perspective humaniste a beaucoup souffert de la popularité des thérapies cognitives. Dans les deux cas, on fait appel aux perceptions et aux interprétations du sujet, bien que les thérapies cognitives soient beaucoup plus directives que les thérapies humanistes, qui laissent une large place aux interventions du client. De nos jours, les thérapeutes qui s'affichent comme humanistes sont peu nombreux (Bergin et Garfield, 1994) et s'ils traitent des dépressions, ce sont surtout des dépressions légères. Toutefois, la thérapie centrée sur la personne constitue une contribution majeure à la psychothérapie. Cette approche a largement influé sur la formation de la majorité des aidants, psychologues ou non (Egan, 1986). Halkides (1958) confirme que les trois conditions énoncées par Rogers, soit l'authenticité, la considération positive et l'empathie, sont effectivement associées au succès de la plupart des psychothérapies, qu'elles soient humanistes ou non.

La perspective cognitive

Les psychologues cognitivistes croient que les états affectifs associés à la dépression sont causés ou maintenus par des modes de pensée qui sont inadéquats et qui déforment la réalité. Le but des *thérapies cognitives* est d'aider le client à reconnaître et à modifier ses pensées, ses croyances et ses attentes susceptibles d'entretenir sa dépression. Deux points de vue théoriques sont à la base de l'interprétation cognitive de la dépression : les *schémas de distorsions cognitives* de Beck (1967, 1983) et le *style d'explication* de Seligman (1975).

LES SCHÉMAS DE DISTORSIONS COGNITIVES

Aaron Beck, qui a imaginé la notion de distorsions cognitives, a été un véritable pionnier dans l'application de la thérapie cognitive au traitement de la dépression (Beck, 1967, 1976, 1991). Selon lui, les personnes dépressives sont aux prises avec une «triade» de pensées négatives, trois types de distorsions cognitives qu'ils appliquent systématiquement à l'interprétation de leur vécu. Ils ont une vision négative d'eux-mêmes (ils se perçoivent comme inadéquats dans leurs divers rôles), ils interprètent négativement leurs expériences quotidiennes et ils croient que leurs souffrances et leurs difficultés se perpétueront (Beck, 1983, 1985, 1988).

Le thérapeute cognitiviste aide le patient à prendre conscience des distorsions cognitives qui accompagnent ses périodes dépressives (Durand et Barlow, 2002). Selon cette approche, le thérapeute incite le client à confronter ses croyances irrationnelles avec les faits objectifs. Il invite parfois le client à noter ses pensées, à les lire comme s'il n'en était pas l'auteur et à répondre de façon rationnelle à chaque énoncé. Cette technique est utile, car bien des personnes ont des idées irréalistes sur ce qu'elles «doivent» ou «devraient» faire et elles ne prennent pas le temps d'examiner le bien-fondé de leurs croyances. Imaginons un élève qui prépare un travail de session : après chaque phrase, il imagine toutes les critiques qu'on pourrait lui adresser. Persuadé que sa dissertation sera lue avec sévérité, il finit par ne rien remettre du tout. Un thérapeute cognitiviste aiderait cet élève en examinant avec lui ses pensées et ses émotions. Voyons deux exemples de pensée négative accompagnés d'une réponse rationnelle.

DISTORSION COGNITIVE	PENSÉE RATIONNELLE
« Ce texte n'est pas assez bon : il vaudrait mieux que je le recommence une dixième fois. »	« Pas assez bon pour quoi ? C'est vrai que ce texte ne me fera probablement pas gagner le prix Pulitzer, mais d'un point de vue objectif, c'est un assez bon essai. »
« Si je n'obtiens pas A+ pour ce travail, ma vie est sans espoir. »	« Ça n'apporte sûrement rien d'accumuler des zéros en ne remettant pas mes travaux. Il vaut mieux obtenir un B ou même un C, plutôt que de ne rien faire. »

On a aussi eu recours aux techniques cognitives pour prévenir l'apparition de dépressions graves chez des enfants. Des enfants de cinquième et de sixième année du primaire, classés comme étant à risque à la suite de tests de prévention de la dépression, furent sélectionnés pour suivre une thérapie cognitive (Gilham *et al.*, 1995). Ces enfants furent rassemblés en petits groupes et ils apprirent à reconnaître leurs croyances pessimistes, à jauger les faits pour ou contre ces croyances et à imaginer des interprétations plus optimistes. Les enfants apprirent aussi à penser aux buts recherchés avant de passer à l'action, à trouver diverses solutions à des problèmes et à prendre des décisions après avoir évalué le pour et le contre. Au cours des deux années de suivi, ces enfants se montrèrent beaucoup moins dépressifs que des enfants similaires d'un groupe témoin qui n'avaient pas suivi le programme. Les chercheurs croient que de telles interventions cognitives peuvent en quelque sorte «immuniser psychologiquement» ces enfants contre la dépression à la période même où ils commencent à faire face aux tensions propres à la puberté et à l'adolescence (Gilham *et al.*, 1995).

LE STYLE D'EXPLICATION

Seligman (1975) a conçu la théorie du style d'explication. Les fondements de la première version du modèle étaient béhavioristes : les gens apprennent qu'ils n'ont pas d'influence sur les événements qui leur arrivent. Un problème se posait cependant : les personnes déprimées ne considèrent pas toutes que leur vie est un échec et, inversement, bien des personnes ne deviennent pas déprimées malgré des expériences pénibles sur lesquelles elles n'ont aucun contrôle. Ce n'est donc pas ce que les gens vivent qui importe, mais bien l'explication qu'ils en donnent.

C'est pourquoi Seligman a enrichi son modèle du concept de *style d'explication*, un concept cognitif, afin de désigner les modes habituels d'explication auxquels les gens recourent pour rendre compte de leurs dures épreuves. Le style d'explication se mettrait peu à peu en place selon les principes béhavioristes d'apprentissage, mais il exercerait par la suite une influence plus globale sur la conduite de l'individu. Les personnes ayant acquis un mode d'explication pessimiste ont tendance à expliquer les événements malheureux qui leur arrivent par des causes internes («C'est entièrement ma faute si j'ai échoué à l'examen»), durables («Je crois que je ne pourrai pas faire mieux pour le prochain examen») et globales («C'est comme ça pour tous les examens»). Par contre, les personnes ayant acquis un mode d'explication optimiste considèrent que les événements malheureux sont provoqués par des causes externes («Les questions n'ont pas porté sur ce que j'ai étudié»), temporaires ou changeantes («Tout ira mieux au prochain examen») et dont les effets sont limités («Je réussis bien dans les autres matières»). Plusieurs recherches confirment que les pessimistes qui attribuent leurs échecs à des causes internes, durables et globales sont davantage sujets à la dépression (Peterson et Vaidya, 2001 ; Seligman, 1991).

La thérapie cognitive s'avère souvent très efficace, surtout si on la combine avec des techniques comportementales (Chambless, 1995; Lambert et Bergin, 1994). On en a observé les plus grandes réussites dans le traitement des troubles de l'humeur, en particulier les attaques de panique ou d'anxiété et les épisodes dépressifs (Black *et al.*, 1993). De nombreuses recherches soulignent que la thérapie cognitive est souvent plus efficace que les médicaments antidépresseurs pour éviter la rechute des épisodes de panique ou de dépression (Barlow, 1994; Chambless, 1995; McNally, 1994; Whisman, 1993). Dans le traitement de la dépression, on utilise fréquemment la thérapie cognitive en combinaison avec des techniques béhavioristes de modification du comportement; il s'agit alors de thérapies béhaviorales cognitives.

Qu'avez-vous appris ?

RÉPONSES, p. 337

1. Dans chaque cas, associez l'énoncé avec un effet caractéristique de l'application d'une grande perspective de la psychologie au traitement de la dépression.

   a) Daniel prend de plus en plus conscience de sa tendance à ne voir que le mauvais côté des choses.

   b) Lise exprime une forte colère envers sa thérapeute, car elle croit reconnaître en elle sa grande sœur qui l'a abandonnée lorsqu'elle avait huit ans.

   c) La «potion magique» du docteur Desautels est à base de millepertuis.

   d) Depuis qu'il fait partie d'une équipe de hockey-balle, Sylvain prend plaisir à faire quelque chose et semble retrouver le goût de vivre.

   e) Anna se sent mieux depuis qu'elle a discuté avec son thérapeute du conflit obsédant entre sa sœur et elle.

RÉFLEXIONS SUR LA PSYCHOTHÉRAPIE

Le regard que nous venons de poser sur l'intervention thérapeutique nous amène à nous interroger sur l'efficacité globale des psychothérapies, que ce soit pour le traitement de la dépression ou pour tout autre problème. Pour répondre à cette question, les chercheurs ne peuvent malheureusement pas se contenter de demander aux patients dans quelle mesure leur état s'est amélioré. Ils doivent plutôt affronter les nombreuses difficultés inhérentes à l'évaluation de toute forme de thérapie. Examinons quelques-unes de ces difficultés.

Le *succès* d'une thérapie dépend, bien sûr, de la façon dont ce terme est défini, tant par les thérapeutes que par leurs clients. Pour les psychologues chercheurs et la majorité des psychologues cliniciens, le succès d'une thérapie se traduit par l'élimination des symptômes ou des souffrances qui ont amené la personne à entreprendre cette thérapie. Cependant, de nombreux thérapeutes psychodynamiciens et humanistes croient que le fait que la personne se «sente mieux» constitue une mesure suffisante du succès d'une psychothérapie. Certains affirment qu'ils ne cherchent pas à guérir, que leur but n'est pas de changer le client, mais de l'amener à mieux se comprendre. Le point de vue du client sur l'efficacité de la thérapie pose aussi un problème. Souvent, des patients affirment que leur psychothérapie a été une réussite, même si le problème initial et les symptômes associés n'ont pas été éliminés. Cette apparente contradiction peut s'expliquer par la tendance à justifier la démarche que nous entreprenons: le client est motivé par la justification du temps, des efforts et de l'argent qu'il a consacrés à la psychothérapie ainsi que par l'interprétation de toute amélioration survenue dans sa vie comme le résultat de la thérapie.

Quoi qu'il en soit, le fait de *prétendre* qu'une psychothérapie est efficace ne peut se substituer à la *démonstration* de son efficacité, d'autant plus qu'une psychothérapie peut être coûteuse et s'étaler sur une longue période. Les pressions économiques et la progression des programmes de soins sur une grande échelle forcent d'ailleurs les thérapeutes de toutes les écoles de pensée à préciser l'efficacité des thérapies selon la population visée, les thérapies les plus efficaces pour un problème donné et les thérapies inefficaces ou potentiellement dangereuses (Barlow, 1994; Chambless, 1995; Orlinsky, 1994). Pour obtenir cette information, les chercheurs cliniciens conduisent des recherches cliniques contrôlées dans lesquelles des patients aux prises avec un problème psychologique donné se voient assigner aléatoirement un ou plusieurs types de thérapies (ou un groupe contrôle). Jusqu'à maintenant, des centaines d'études ont été effectuées pour évaluer l'efficacité de différents types de thérapies, d'interventions du genre counseling et de groupes d'entraide. Bien qu'il reste encore beaucoup à apprendre sur cette question, examinons ce qui ressort de ces études: certaines conclusions sont positives, mais d'autres apportent de mauvaises nouvelles aux thérapeutes.

1 LA PSYCHOTHÉRAPIE EST PRÉFÉRABLE À L'ABSENCE D'INTERVENTION.

Les personnes qui reçoivent un traitement professionnel, quel qu'il soit, améliorent davantage leur état que celles qui ne reçoivent pas d'aide (Lambert et Bergin, 1994; Lipsey et Wilson, 1993; Maling et Howard, 1994; Robinson, Berman et Neimeyer, 1990; Smith, Glass et Miller, 1980; Weisz *et al.*, 1995).

2 LA PSYCHOTHÉRAPIE PROFITE SURTOUT AUX PERSONNES QUI ONT DES PROBLÈMES CURABLES ET QUI DÉSIRENT AMÉLIORER LEUR ÉTAT.

Les psychothérapies axées sur les troubles émotionnels, les conduites qui mènent à l'échec et les difficultés à faire face aux situations de crise obtiennent un taux plus élevé de succès que celles visant les problèmes de personnalité durables et les troubles psychotiques. Les personnes qui gagnent le plus à suivre une psychothérapie sont celles qui possèdent déjà de bonnes capacités d'adaptation, qui sont bien préparées à suivre le traitement et qui sont prêtes à changer (Orlinsky et Howard, 1994; Strupp, 1982).

3 POUR LES TROUBLES BÉNINS ET LES PROBLÈMES DE TOUS LES JOURS, LES NON-PROFESSIONNELS PEUVENT ÊTRE AUSSI EFFICACES QUE LES THÉRAPEUTES PROFESSIONNELS.

Dans plusieurs métaanalyses portant sur l'efficacité des thérapeutes, on n'a observé aucune différence entre le taux global de réussite des thérapeutes professionnels et celui des non-professionnels (sans formation universitaire en santé mentale) (Christensen et Jacobson, 1994; Dawes, 1994; Smith, Glass et Miller, 1980; Strupp, 1982; Weisz *et al.*, 1987, 1995). Par exemple, une métaanalyse regroupant 150 études sur des psychothérapies menées auprès d'enfants et d'adolescents ne montre aucune différence globale, quant aux taux de réussite, entre des thérapeutes professionnels, des étudiants diplômés en formation de thérapeute et des thérapeutes non professionnels (Weiss *et al.*, 1995).

La psychothérapie est préférable à l'absence d'intervention: c'est une des principales conclusions des études portant sur son efficacité.

4 LA PSYCHOTHÉRAPIE EST RAREMENT NUISIBLE AU PATIENT ET, LE CAS ÉCHÉANT, C'EST L'INCOMPÉTENCE DU THÉRAPEUTE, SES PRÉJUGÉS ENVERS LE CLIENT OU SON COMPORTEMENT NON ÉTHIQUE QUI SONT EN CAUSE.

Certains thérapeutes peuvent causer un grand tort à leurs patients en manquant à l'éthique professionnelle ou en se laissant influencer par leurs propres préjugés (Brodsky, 1982; Garnets *et al.*, 1991; Lambert et Bergin, 1994; López, 1989; McHugh, 1993b; Pope et Bouhoutsos, 1986). Un certain nombre de psychologues craignent que les traitements nuisibles ou dangereux pour les patients ne soient en hausse, compte tenu de l'accroissement récent du nombre de thérapeutes dont la formation est insuffisante et qui utilisent des méthodes thérapeutiques non validées, telles que la communication assistée (voir le chapitre 2).

Le succès de la thérapie dépend aussi en grande partie de la qualité du lien qui unit le thérapeute et son client. Par exemple, la coopération et les sentiments positifs du patient durant les sessions thérapeutiques sont habituellement associés à un plus grand taux de succès. Les patients hostiles et faisant preuve d'une attitude négative ont tendance à résister au traitement et à moins en bénéficier (Orlinsky et Howard, 1994). La personnalité du thérapeute est tout aussi importante. Ce sont les qualités prônées par le psychologue humaniste Carl Rogers (voir le chapitre 8), telles que la chaleur humaine, l'empathie, l'authenticité et l'imagination, qui sont le plus associées au succès de la thérapie. Les thérapeutes qui réussissent le mieux ont tendance à être empathiques et à interagir activement avec leur client, ce qui est à l'opposé de l'«impartialité» et du détachement du thérapeute «observateur» (Orlinsky et Howard, 1994). Ces qualités ne sont pas l'apanage des psychologues professionnels, ce qui peut expliquer en partie pourquoi les non-professionnels sont souvent tout aussi efficaces que les psychologues professionnels dans le traitement des problèmes quotidiens.

La recherche a mis en évidence les limites de la thérapie. En effet, la thérapie ne peut transformer une personne en ce qu'elle n'est pas, elle ne peut la guérir du jour au lendemain et elle ne peut lui procurer une vie exempte de problèmes. De plus, la recherche montre que, dans la plupart des cas, les thérapies de courte durée sont suffisantes. Néanmoins, les psychodynamiciens ont sans doute raison en affirmant que certains aspects de la thérapie ne sont pas mesurables et que les méthodes expérimentales ne réussiront jamais à saisir l'«âme» ou l'essentiel de la psychothérapie. Comme le soulignent les humanistes, les psychothérapies ont cette fonction commune, et insaisissable, d'aider le client, d'une part, à explorer les grandes questions de la vie – comme la liberté, le libre arbitre, l'aliénation par rapport à soi et aux autres, la solitude et la mort – et d'autre part, à trouver le courage, la force et l'espoir nécessaires pour les affronter (Frank, 1985; Yalom, 1989). La psychothérapie peut aider des personnes à se débarrasser de modèles autodestructeurs et à prendre des décisions constructives. Elle peut parfois en aider à traverser des périodes difficiles, alors même qu'elles se sentent seules au monde ou incomprises. La psychothérapie aide les gens à découvrir l'origine de leur peine et de leur souffrance, et à aller de l'avant avec plus d'assurance. Il est malheureusement difficile d'évaluer statistiquement tous ces bénéfices, fréquents en psychothérapie.

LA PSYCHOLOGIE D'AUJOURD'HUI ET DE DEMAIN

Nous avons vu qu'aucune des perspectives de la psychologie décrites dans cet ouvrage ne détient le monopole de la compréhension du comportement humain. Nous avons donc avantage à faire preuve d'esprit critique quand nous voulons régler un problème personnel, comprendre le comportement énigmatique d'un ami ou adopter la position la plus judicieuse sur une question de politique sociale. Les points de vue parfois divergents et non complémentaires des différentes perspectives ne reflètent pas différentes réalités, mais plutôt différentes façons d'analyser la même réalité. Devant une telle complexité, l'élève ne doit surtout pas espérer trouver toutes les réponses à ses questions dans une seule perspective ni la réponse parfaite recoupant harmonieusement l'ensemble des perspectives.

Si de nombreux psychologues ne se réclament que d'une seule perspective, d'autres préconisent une approche fondée sur l'emprunt d'éléments à diverses perspectives selon le problème à résoudre. Cette approche, qui présente autant de variantes qu'il existe de perspectives, se nomme l'**éclectisme**. Elle a vu le jour dans les années 1950 et 1960, lorsqu'il est devenu évident pour certains qu'aucune perspective n'était en mesure d'expliquer tous les phénomènes humains ou qu'il était impossible de concevoir une technique thérapeutique nettement supérieure aux autres (Castonguay, 1987). On a alors assisté à des mariages de raison entre diverses perspectives dans l'espoir d'élargir le champ d'application des théories et des techniques thérapeutiques. Des humanistes se sont associés avec des psychanalystes, des cognitivistes avec des

Éclectisme

Approche selon laquelle le psychologue emprunte les meilleurs éléments de chaque perspective en fonction du problème abordé.

neuropsychologues; le dernier mariage en date a consacré l'union du béhaviorisme et du cognitivisme. On a mené une enquête auprès de 800 thérapeutes dont la formation se répartissait en psychologie clinique, en thérapie familiale, en travail social ou en psychiatrie: 68 % ont affirmé avoir une orientation éclectique (Jensen, Bergin et Greaves, 1990). Au Québec, on trouve plus de psychologues éclectiques que de psychanalystes, de béhavioristes ou d'humanistes (Reid, 1987).

L'éclectisme a autant de partisans que d'adversaires. Du côté des partisans, de nombreux psychologues croient qu'un certain nombre de perspectives sont complémentaires et qu'un jour viendra où il n'y aura plus qu'une seule perspective en psychologie. Étant donné que chaque perspective embrasse une partie du réel et non la totalité de ses phénomènes, certains considèrent qu'il est logique de s'intéresser au champ d'étude des autres perspectives (Reid, 1987). Même s'ils reconnaissent l'existence de contradictions entre les différentes tendances de la psychologie, ils considèrent qu'elles témoignent davantage de la jeunesse d'une discipline que de son incapacité à offrir un point de vue unifié sur l'être humain. S'ils constatent que l'unification des perspectives est un but lointain, ils voient dans les récents rapprochements entre les théories et les thérapies des signes encourageants en ce sens.

« J'utilise le meilleur de Freud, le meilleur de Jung et le meilleur d'oncle Marty, un type très brillant. »

Les thérapeutes à succès font preuve d'éclectisme dans le choix de leurs méthodes.

Du côté des opposants à l'éclectisme, certains pensent qu'il est absurde de chercher à intégrer des perspectives qui divergent sur le plan conceptuel. Prenons le cas de la psychanalyse et du béhaviorisme: les psychanalystes affirment que l'explication de la plupart des phénomènes psychologiques réside dans une série de causes ou de facteurs internes qu'ils appellent *inconscient*, alors que les béhavioristes postulent que les mêmes phénomènes sont le résultat de causes environnementales physiques et sociales. Les premiers sont internalistes, les seconds externalistes, deux prises de position contradictoires. Pour certains psychologues, être ou prétendre être à la fois psychanalyste et béhavioriste relève d'une méconnaissance des concepts de base de ces perspectives. Les psychanalystes ne nient pas l'influence de l'environnement social, le rôle des parents en particulier étant fondamental dans le développement psychosexuel, mais ils considèrent que l'inconscient module les effets de ce facteur et que c'est cette structure mentale qui explique, en dernier ressort, le comportement de l'individu. La vision des béhavioristes est tout aussi nuancée: ils ne nient pas l'existence de phénomènes internes, mais ils croient que ces phénomènes sont d'ordre biologique et ne peuvent en aucun cas expliquer l'ensemble du comportement humain et animal. Les béhavioristes s'opposent par contre à l'utilisation de concepts internes mentalistes pour expliquer le comportement. Pour eux, des entités non biologiques, comme le ça ou le surmoi, ne peuvent, si elles existent, influer sur des phénomènes biologiques comme le comportement. Le débat reste ouvert, mais bon nombre de psychologues s'entendent au moins sur un point: l'explication ultime du comportement ne peut être à la fois à l'intérieur et à l'extérieur de l'organisme, et ces deux points de vue opposés sont irréconciliables.

Le constat de la complexité et de la diversité des approches s'accompagne parfois de la tentation de simplifier à outrance la contribution des différentes perspectives. Le psychoverbiage, de plus en plus répandu, en est l'illustration parfaite. Parmi ceux qui s'y adonnent le plus volontiers, on compte malheureusement de nombreux psychologues et psychothérapeutes (Dawes, 1994; Yapko, 1994). Alors, il ne faut pas s'étonner que des néophytes expriment leurs réticences à l'égard des prétentions scientifiques de la psychologie. Les causes criminelles où les psychologues sont appelés à témoigner en sont un bon exemple. Étant donné que le jugement de nature clinique est un processus subjectif, il n'est pas étonnant que les thérapeutes se contredisent quand ils témoignent en tant qu'experts dans des causes criminelles, des procès portant sur la garde d'enfants ou des enquêtes relatant des mauvais traitements infligés à des mineurs (Faust et Ziskin, 1988). Avant d'accepter ou de rejeter le jugement exprimé par un «expert», une personne dotée d'un esprit critique devrait donc examiner les faits et les arguments théoriques à la base de ce jugement, tout en demeurant consciente qu'un autre «expert» pourrait considérer d'autres faits et les analyser à l'aide d'une autre théorie. Nous espérons que vous n'adopterez jamais l'attitude du juré qui a voté pour la condamnation d'une jeune femme accusée d'avoir fait preuve de violence sexuelle envers les enfants d'une garderie en Caroline du Nord: «Il n'y avait pas vraiment de preuves, a-t-il affirmé, mais les commentaires des thérapeutes m'ont convaincu de sa culpabilité.» (Dawes, 1994) Il est prudent de se montrer sceptique à l'égard des affirmations reposant uniquement sur un jugement clinique et d'essayer plutôt d'obtenir de l'information supplémentaire pour confirmer ou infirmer la culpabilité de l'accusé.

«L'incertitude touchant les connaissances et leurs applications dans le domaine de la santé mentale, écrit Dawes (1994), devrait amener *les professionnels responsables à adopter une attitude de prudence, d'ouverture et de questionnement.*» Nous pensons qu'il s'agit là d'un conseil judicieux, valable pour tous, psychologues chercheurs de toute orientation ou consommateurs de l'information et des services en psychologie. Une «attitude de prudence, d'ouverture et de questionnement» correspond évidemment à la pensée critique. À l'opposé, le psychoverbiage cherche à faire accepter passivement ses interprétations rapides, ses cures miracles et ses réponses toutes faites.

La psychologie scientifique s'est assigné une tâche plus ardue, mais en fin de compte plus gratifiante, que la psycho pop: elle reconnaît que les soucis quotidiens, les décisions difficiles à prendre, les conflits et, à l'occasion, les tragédies font partie de ce qui nous pousse à grandir. L'étude de la psychologie ne parviendra jamais à éliminer ni les crises émotionnelles, ni la douleur causée par les pertes, ni la colère éprouvée devant l'injustice; elle peut néanmoins soulager la détresse psychologique que tout être humain doit affronter au cours du long voyage qu'est sa vie. Nous avons vu dans cet ouvrage que les données empiriques accumulées par chacune des perspectives de la psychologie ont grandement contribué à la compréhension du comportement humain, à l'analyse des problèmes sociaux et au soulagement de la souffrance émotionnelle. Sous sa forme la plus superficielle qu'est la psycho pop, la psychologie rétrécit notre vision en proposant des solutions et des réponses rapides; sous ses formes les plus complexes, elle ouvre de nouveaux horizons en contribuant à une meilleure compréhension de l'être humain et de ses immenses capacités.

Réponses

Page 323

1. d. 2. c.

Page 333

1. a) Cognitive. b) Psychodynamique. c) Biologique. d) Béhavioriste. e) humaniste.

Page 335

1. De façon générale, toute forme de psychothérapie est préférable à l'absence d'aide psychologique; les gens qui obtiennent le plus de succès en thérapie sont ceux qui ont des problèmes curables et qui veulent s'améliorer; les non-professionnels sont tout aussi efficaces que les thérapeutes professionnels pour les problèmes quotidiens; dans certains cas, la thérapie peut nuire au patient à cause de l'incompétence du thérapeute ou de son comportement non éthique. 2. Le professeur Blitznik a-t-il démontré que les patients ayant suivi le TIC obtiennent de meilleurs résultats que des patients n'ayant suivi aucun traitement ou ayant suivi une autre thérapie? Comment les sujets ont-ils été sélectionnés? Comment le succès de la thérapie est-il défini? Les mêmes résultats ont-ils été obtenus par d'autres thérapeutes? La thérapie par l'immersion au brocoli (TIB) serait-elle aussi efficace?

RÉSUMÉ

1 La plupart des psychologues font soit de la recherche, soit de l'intervention clinique. Les chercheurs analysent surtout les phénomènes qui les intéressent dans le cadre d'une seule perspective, alors que les cliniciens se spécialisent habituellement dans une perspective donnée, bien que plusieurs d'entre eux croient que le traitement de nombreuses difficultés personnelles peut bénéficier de l'apport de plus d'une perspective.

2 Chaque perspective de la psychologie nous aide à mieux comprendre le problème de la consommation et de l'abus de drogues *psychotropes*. On classe les drogues selon leurs effets sur le système nerveux central ainsi que selon leurs répercussions sur le comportement et l'humeur. La plupart des drogues appartiennent à l'une ou l'autre des catégories suivantes : les *stimulants*, les *dépresseurs*, les *narcotiques* et les *hallucinogènes*.

3 Pour les tenants de la perspective biologique, la dépendance à l'alcool et à la drogue est une *maladie* qui met en cause différents processus biochimiques et qui est vraisemblablement en lien avec des prédispositions génétiques. Les psychodynamiciens essaient de déterminer les raisons inconscientes qui poussent un individu à abuser d'alcool ou de drogues. Selon les béhavioristes, la dépendance à l'alcool ou à la drogue survient lorsque les contingences environnementales stimulent ou renforcent les conduites associées à la consommation. Selon les humanistes, un état d'incongruence favorise la surconsommation de drogue ou d'alcool, c'est-à-dire que la personne ne parvient pas à intégrer de manière harmonieuse ses expériences dans son concept de soi. Les chercheurs cognitivistes ont observé que nos *prédispositions mentales* (nos attentes à l'égard des effets) influent fortement sur nos réactions aux drogues psychotropes.

4 Quelle que soit la perspective de la psychologie avec laquelle nous l'envisageons, l'abus d'alcool ou de drogue reflète les interactions de la physiologie, de la psychologie ainsi que des caractéristiques individuelles et environnementales. C'est en cherchant à mieux comprendre la contribution de chaque perspective que nous pouvons véritablement faire preuve d'esprit critique sur la consommation d'alcool et de drogue ainsi qu'évaluer de façon éclairée les politiques sociales qui y sont liées.

5 Pour soigner la dépression, plusieurs psychologues combinent des traitements issus de différentes perspectives de la psychologie. Les médecins généralistes et les psychiatres, qu'on associe à la perspective biologique, font surtout appel aux antidépresseurs, alors que les psychologues interviennent habituellement dans le cadre des quatre autres perspectives de la psychologie. Les psychodynamiciens visent le changement de la personnalité du patient grâce à l'analyse du transfert et des résistances au cours du rappel de conflits remontant à la petite enfance. Les béhavioristes cherchent à accroître les renforcements positifs chez la personne dépressive par la modification des contingences environnementales, le développement d'habiletés sociales, l'entraînement à la résolution de problèmes et l'entraînement à l'autocontrôle. Les humanistes aident la personne à mieux connaître son véritable soi afin de lui faire retrouver le chemin de la réalisation de soi. Les cognitivistes cherchent à modifier les modes de pensée du sujet qui sont à l'origine de ses pensées dépressives.

6 Les principales conclusions des nombreuses recherches cliniques contrôlées portant sur les psychothérapies sont les suivantes : la psychothérapie est préférable à l'absence d'intervention ; la psychothérapie profite surtout aux personnes qui ont des problèmes curables et qui désirent améliorer leur état; pour les troubles bénins et les problèmes de tous les jours, les non-professionnels peuvent être tout aussi efficaces que les thérapeutes professionnels; dans certaines circonstances, la thérapie est rarement nuisible au patient et, le cas échéant, ce sont les comportements du thérapeute qui sont en cause. Les recherches empiriques donnent à penser que les thérapies cognitives et béhavioristes sont les plus efficaces pour régler les problèmes ponctuels. Cependant, les psychothérapeutes d'orientation psychodynamique ont probablement raison de dire que certains aspects des thérapies ne sont pas mesurables.

7 L'*éclectisme*, qui consiste à utiliser divers éléments de plusieurs perspectives, est surtout employé en psychologie clinique. Il a donné lieu à des rapprochements entre différentes perspectives, qui ont pu laisser entrevoir l'émergence d'une grande théorie unificatrice en psychologie. Toutefois, de nombreux psychologues croient qu'un tel rapprochement est utopique puisque certaines perspectives prônent des points de vue opposés quant à leurs concepts.

8 Nous avons avantage à faire preuve d'esprit critique quand nous voulons régler un problème personnel, comprendre le comportement énigmatique d'un ami ou adopter la position la plus judicieuse sur une question de politique sociale. Pour éviter le piège de la psycho pop, il faut toujours considérer un problème sous plus d'un angle et en se basant sur la psychologie scientifique. C'est aussi une bonne façon d'élaborer une conception utile et satisfaisante de la pensée et des conduites de l'être humain.

Glossaire

A

Accommodation Dans la théorie de Piaget, processus consistant à modifier des structures cognitives existantes en réaction à une expérience ou à l'acquisition de nouvelles données.

Acte manqué Petit geste de l'individu, opposé à son intention consciente. Les actes manqués semblent être de simples accidents, mais, selon Freud, ils peuvent exprimer des pulsions plus ou moins bien contrôlées par le moi et toucher de façon inattendue le comportement de la personne.

Âge mental Mesure du développement intellectuel exprimé de façon à refléter le niveau moyen de développement intellectuel pour un âge donné. Un enfant a un âge mental de huit ans lorsque son résultat au test est similaire à la moyenne des résultats des enfants de huit ans, quel que soit son âge chronologique.

Agent de renforcement primaire Stimulus constituant en soi un renforcement. Il satisfait habituellement un besoin physiologique (par exemple, la nourriture). Synonyme : renforçateur primaire.

Agent de renforcement secondaire Stimulus ayant acquis des caractéristiques de renforcement grâce à son association avec un renforçateur primaire. Synonyme : renforçateur secondaire.

Algorithme Méthode infaillible de résolution de problèmes, applicable même si l'utilisateur n'en comprend pas le fonctionnement.

Amnésie de l'enfance Incapacité de se rappeler les événements et les expériences ayant eu lieu au cours des deux ou trois premières années de la vie. Synonyme : amnésie infantile.

Amnésie rétrograde Perte de la capacité de se souvenir d'expériences ou d'événements antérieurs à un moment donné.

Amorçage Méthode employée pour mesurer la mémoire implicite, qui consiste à exposer le sujet à des éléments d'information et à lui faire subir ultérieurement un test pour déterminer si cette information influe sur sa performance dans une autre tâche.

Angoisse Malaise qui se caractérise par l'inquiétude et l'appréhension. Dans la théorie psychanalytique, ce malaise peut avoir une cause réelle, extérieure, ou être engendré par un conflit entre les désirs du ça et les exigences de la conscience morale ou des règles sociales.

Angoisse de castration Terme psychanalytique désignant la peur inconsciente du jeune garçon d'être castré par son père tout-puissant, peur qui mène à la résolution du complexe d'Œdipe.

Apprentissage Tout changement de comportement, relativement permanent, qui résulte de l'expérience.

Apprentissage latent Forme d'apprentissage qui ne s'exprime pas immédiatement par une réponse explicite et qui se produit en l'absence apparente d'agent de renforcement.

Apprentissage par observation Processus d'apprentissage au cours duquel un individu acquiert un nouveau comportement en observant le comportement d'un autre individu (le modèle) plutôt qu'en en faisant d'abord l'expérience directe. Synonyme : apprentissage vicariant et apprentissage par modèle.

Approximations successives Dans la procédure de conditionnement opérant appelée façonnement, comportements ordonnés selon leur degré de rapprochement avec la réponse finale souhaitée.

Assimilation Dans la théorie de Piaget, processus consistant à incorporer à des structures cognitives existantes de nouvelles données pouvant être modifiées au besoin pour s'ajuster aux structures existantes.

Association libre Méthode d'exploration psychanalytique qui vise à faire resurgir les conflits inconscients et qui consiste pour le patient à dire spontanément tout ce qui lui vient à l'esprit.

Attention Processus cognitif qui consiste à trier ou à sélectionner certains comportements ou caractéristiques du modèle plutôt que d'autres.

Attention sélective Concentration de l'attention sur certains aspects de l'information et blocage des autres informations.

Attribution Tendance d'un individu à expliquer son comportement ou celui des autres en l'associant à des causes liées aux caractéristiques de la situation ou aux dispositions des individus.

Authenticité Condition thérapeutique favorisant la croissance, par laquelle le thérapeute doit faire preuve de congruence en se présentant au client tel qu'il est réellement.

Autoréalisation de la prophétie Attente qui se réalise, car la personne a tendance à agir de manière que sa prédiction s'accomplisse.

Axone Partie du neurone qui transmet l'influx nerveux du corps cellulaire à d'autres neurones.

B

Bâtonnets Récepteurs visuels qui réagissent aux variations de l'intensité lumineuse.

Béhaviorisme Approche psychologique qui met de l'avant l'étude du comportement objectivement observable et du rôle de l'environnement comme facteur déterminant du comportement humain et animal.

Besoin État déficitaire de l'individu, d'ordre biologique ou psychologique.

Besoin d'autodétermination Besoin de se percevoir comme la cause de ses propres comportements.

Besoin de compétence Besoin qu'une personne a de chercher à s'améliorer et à maîtriser ce qui lui arrive ; s'accompagne de la recherche de conditions stimulantes permettant l'amélioration de ses capacités et de ses habiletés.

Besoins de type D Catégorie de besoins qui poussent ou qui motivent la personne à rétablir l'équilibre : besoins physiologiques, besoins de sécurité, besoins d'amour et d'appartenance, et besoins d'estime.

Besoins de type E Catégorie de besoins qui, sans être vitaux, participent néanmoins de façon fondamentale au développement psychologique de la personne. Synonyme : besoins de croissance.

Bloc d'information Unité d'information signifiante dans la mémoire à court terme, qui peut être composée d'unités plus petites.

Bulbe rachidien Structure du tronc cérébral qui assure des fonctions automatiques, telles que la régulation du rythme cardio-respiratoire.

C

Ça Terme psychanalytique (traduction du mot allemand *Es*) désignant la partie du psychisme où résident les pulsions sexuelles et agressives; le ça confond les fantasmes avec la réalité et pousse l'individu à agir impulsivement.

Caractéristiques de l'expérience Selon la perspective humaniste, ensemble des propriétés de l'expérience: elle est subjective, unique, inobservable, mentale, directement accessible, mais accessible seulement à l'individu qui la vit.

Carte cognitive Représentation mentale de l'environnement qui guide les comportements vers un but.

Cellules ganglionnaires Neurones de la rétine qui reçoivent les informations des récepteurs visuels par l'intermédiaire des cellules bipolaires et dont les axones forment le nerf optique.

Cellules gliales Cellules qui maintiennent les neurones en place et leur fournissent des éléments nutritifs.

Cervelet Structure du cerveau qui contrôle le mouvement et l'équilibre et qui est à l'œuvre dans l'apprentissage de certains types de réponses simples.

Chromosome Structure allongée qui renferme les gènes.

Cognition sociale Étude de l'influence de l'environnement social sur les pensées, les croyances, les souvenirs, les perceptions de soi et des autres ainsi que de leur impact sur les relations interpersonnelles.

Complexe d'Œdipe Terme psychanalytique désignant le conflit qui consiste pour l'enfant à vouloir s'attribuer l'exclusivité du parent de sexe opposé et à considérer le parent de même sexe comme un rival; c'est le problème central du stade phallique du développement.

Comportement Tout mouvement, toute activité, toute manifestation observable ou potentiellement observable d'un organisme.

Concept Catégorie mentale regroupant des objets, des relations, des activités, des abstractions ou des attributs ayant des propriétés communes.

Conditionnement Forme d'apprentissage caractérisée par des associations entre des stimuli de l'environnement et les comportements d'un organisme.

Conditionnement d'ordre supérieur Dans le conditionnement répondant, opération par laquelle un stimulus neutre devient un stimulus conditionnel lorsqu'il est associé à un stimulus conditionnel déjà bien établi. Synonyme: conditionnement de second degré.

Conditionnement opérant Forme d'apprentissage qui consiste à associer en contingence un comportement et ses conséquences. Synonymes: conditionnement par contingence et conditionnement instrumental.

Conditionnement opérant par règle Forme de conditionnement opérant où une règle verbale joue le rôle d'un stimulus discriminatif en indiquant au sujet les conséquences associées à un comportement donné.

Conditionnement répondant Forme d'apprentissage qui consiste à associer par contiguïté un stimulus neutre à un stimulus inconditionnel.

Cônes Récepteurs visuels qui réagissent aux différentes longueurs d'onde et permettent de percevoir la couleur.

Confirmation des croyances Tendance à rechercher uniquement l'information appuyant ses propres croyances ou à ne prêter attention qu'à ce type d'information.

Conflit intrapsychique Terme psychanalytique désignant l'opposition entre les exigences contraires à l'intérieur même de la personnalité, c'est-à-dire entre ses trois systèmes (le ça, le moi et le surmoi).

Congruence État qui caractérise l'individu en accord avec lui-même.

Connaissances déclaratives Éléments de la mémoire se rapportant à des faits, à des règles, à des concepts et à des événements. Elles se subdivisent en connaissances sémantiques et en connaissances épisodiques.

Connaissances épisodiques Éléments de la mémoire se rapportant à des expériences personnelles et à leur contexte.

Connaissances procédurales Éléments de la mémoire associés à l'accomplissement de tâches ou à des habiletés et correspondant au savoir-faire.

Connaissances sémantiques Éléments de la mémoire se rapportant aux connaissances générales, y compris les faits, les règles, les concepts et les propositions.

Conscience Capacité pour une personne de se représenter son expérience au moyen de symboles, comme des mots ou des images, de manière conforme à la réalité.

Conscient Dans la théorie psychanalytique, terme qui qualifie ce à quoi nous pensons très exactement en ce moment, ce à quoi nous sommes occupés à penser ici et maintenant.

Conservation Principe selon lequel les propriétés physiques d'un corps (par exemple, le nombre d'éléments dans un ensemble ou la quantité de liquide dans un récipient) demeurent inchangées malgré le changement de forme ou d'apparence du corps.

Considération de soi Fait de s'aimer et de s'accepter soi-même. Le besoin de considération de soi se développe à partir du besoin de considération positive.

Considération positive Manifestation de sentiments positifs qu'une personne éprouve envers une autre et désignée habituellement par des termes comme «chaleur», «accueil», «respect», «acceptation», etc.

Considération positive conditionnelle Considération accordée à une personne si elle satisfait à certaines conditions.

Considération positive inconditionnelle Considération accordée à une personne sans aucune condition. Synonyme: regard positif inconditionnel.

Constance perceptuelle Perception stable des objets en dépit des changements de configuration sensorielle qui y sont associés.

Contiguïté Condition au cours de laquelle deux stimuli se produisent dans un même lieu et dans un court intervalle de temps.

Contingence Dans la terminologie de Skinner, relation séquentielle de dépendance (si, et seulement si) entre le comportement et ses conséquences.

Contre-conditionnement Dans le conditionnement répondant, processus consistant à associer un stimulus conditionnel déclenchant une réponse conditionnelle non désirée à un autre stimulus déclenchant une réponse incompatible avec la première.

Convergence binoculaire Indice de profondeur provenant de l'information des muscles qui contrôlent le mouvement des yeux.

Corps amygdaloïde Structure du cerveau jouant un rôle dans la stimulation et la régulation de l'émotion. Il intervient peut-être également dans l'association de souvenirs provenant de l'information transmise par plus d'un sens.

Corps calleux Faisceau de fibres nerveuses reliant les hémisphères cérébraux.

Corps cellulaire Partie du neurone qui assure sa survie et en détermine l'activation.

Cortex cérébral Structure composée de plusieurs couches minces de neurones recouvrant les hémisphères cérébraux. Les fonctions supérieures en dépendent dans une large mesure. Le mot latin *cortex* signifie « écorce ».

D

Déformation Dans la théorie rogérienne, mécanisme de défense qui consiste à interpréter l'expérience pour la rendre conforme à la conception du soi.

Dendrites Ramifications du corps cellulaire qui reçoivent l'influx nerveux en provenance d'autres neurones.

Déni Dans la théorie rogérienne, mécanisme de défense par lequel l'individu refuse de reconnaître une réalité pénible (interne ou externe).

Dépression majeure Trouble de l'humeur comportant des problèmes émotionnels (tristesse excessive), des troubles du comportement (apathie et perte d'intérêt pour les activités habituelles), des troubles cognitifs (sentiment non fondé de désespoir et faible estime de soi) et un dérèglement des fonctions physiologiques (fatigue et perte d'appétit).

Déterminisme Doctrine selon laquelle notre façon d'agir est entièrement déterminée par un réseau de causes préalables. Le déterminisme s'oppose au libre arbitre.

Discrimination du stimulus Tendance à réagir différemment à deux ou plusieurs stimuli similaires. Dans le conditionnement répondant, elle se produit lorsqu'un stimulus similaire au stimulus conditionnel ne déclenche pas la réponse conditionnelle. Dans le conditionnement opérant, le fait qu'un comportement a tendance à apparaître en présence d'un stimulus donné, mais non en présence de stimuli apparentés.

Disparité rétinienne Indice de profondeur lié à la légère différence de perception entre l'œil gauche et l'œil droit.

Dissonance cognitive État de tension se produisant lorsqu'une personne a simultanément deux cognitions psychologiquement incompatibles ou lorsque ses croyances sont en contradiction avec son comportement.

E

Éclectisme Approche selon laquelle le psychologue emprunte les meilleurs éléments de chaque perspective en fonction du problème abordé.

École de la relation d'objet Approche psychodynamique qui met l'accent sur l'importance des deux premières années de la vie d'un individu et qui remplace le « modèle pulsionnel » de Freud (selon lequel l'individu est essentiellement motivé par ses pulsions sexuelles et agressives) par un modèle relationnel (selon lequel l'individu est influencé par ses relations avec les autres).

Économie de jetons Technique de modification du comportement dans laquelle sont utilisés des renforçateurs secondaires, appelés *jetons,* que le sujet peut accumuler et échanger contre des renforçateurs primaires ou d'autres renforçateurs secondaires.

Effet de position sérielle Au cours du rappel d'une liste d'éléments, tendance à retenir plus fréquemment les premiers et les derniers éléments que les autres.

Efficacité personnelle Conviction d'une personne de posséder les capacités nécessaires pour atteindre par ses propres efforts les résultats qu'elle vise, tels que la maîtrise de nouvelles habiletés et l'atteinte de ses buts.

Électroencéphalogramme (EEG) Enregistrement de l'activité neuronale du cerveau captée par des électrodes.

Empathie Méthode thérapeutique par laquelle le thérapeute tente de comprendre les pensées, les sentiments et les comportements de son client à l'aide du cadre de référence de ce dernier.

Empirique Qualifie des données obtenues par l'observation, l'expérimentation ou la mesure.

Encodage Conversion de l'information en une forme appropriée au stockage et à la récupération.

Endorphines Substances chimiques présentes dans le système nerveux et semblables aux opiacés naturels par leur structure et leur action. Elles jouent un rôle dans la régulation de la douleur, le plaisir et la mémoire.

Enquête Méthode de recherche qui consiste à interroger les gens sur des aspects d'eux-mêmes qu'ils sont en mesure de décrire.

Équilibration Dans la théorie de Piaget, processus par lequel l'individu organise ses observations et ses expériences en un ensemble cohérent de significations.

Erreur fondamentale d'attribution Tendance à surestimer l'influence des caractéristiques individuelles et à négliger l'influence de la situation dans l'explication du comportement des autres.

Étude de cas Méthode qui consiste à décrire de façon détaillée une personne faisant l'objet d'une recherche scientifique ou d'un traitement dans le cadre d'une thérapie.

Expérience Tout ce que l'individu ressent ou pense par rapport à un événement. Pour Rogers, ce qui se passe dans l'organisme et qui peut devenir conscient.

Extinction Diminution d'une réponse apprise jusqu'à sa disparition complète. Dans le conditionnement répondant, elle se produit lorsque le stimulus conditionnel cesse d'être associé au stimulus inconditionnel. Dans le conditionnement opérant, elle se produit lorsqu'un comportement cesse d'être suivi par un agent de renforcement.

F

Façonnement Dans le conditionnement opérant, procédure au cours de laquelle des approximations successives du comportement souhaité sont renforcées. Il est employé lorsque la probabilité d'apparition spontanée du comportement est faible.

Fidèle Qualifie un test qui donne des résultats constants, quel que soit l'endroit ou le moment où il est administré.

Fonctionnalisme Ancienne doctrine psychologique qui mettait l'accent sur les fonctions ainsi que sur les conséquences pratiques du comportement et de la conscience.

Formation réticulée Dense réseau de neurones situé au centre du tronc cérébral, qui stimule le cortex, qui filtre l'information entrante et qui contribue à la régulation du sommeil, de l'éveil et de la vigilance.

G

Gaine de myéline Couche d'isolation qui entoure certains axones.

Gène Unité de base de l'hérédité qui est composée d'ADN et qui détermine la structure des protéines.

Généralisation du stimulus Tendance à réagir à un stimulus semblable au stimulus qui était intervenu dans le conditionnement initial. Dans le conditionnement répondant, elle se produit lorsqu'un stimulus similaire au stimulus conditionnel déclenche la réponse conditionnelle. Dans le conditionnement opérant, le fait qu'un comportement renforcé (ou puni) en présence d'un stimulus a tendance à apparaître (ou à disparaître) en présence de stimuli semblables.

Glandes endocrines Organes internes sécrétant les hormones et les libèrent dans la circulation sanguine.

Grille d'observation Outil de recherche scientifique qui permet de consigner les comportements observés.

Groupe contrôle Dans une expérience, groupe de référence où les sujets ne sont pas soumis à la variable indépendante. Synonyme: groupe témoin.

H

Habituation sensorielle Diminution ou disparition de la réponse sensorielle qui survient lorsque la stimulation est inchangée ou répétitive.

Hémisphères cérébraux Les deux moitiés opposées qui forment la portion supérieure du cerveau antérieur. Chez l'être humain, ils régissent la plupart des processus sensoriels, moteurs et cognitifs.

Héritabilité Estimation de la proportion d'un trait attribuable aux variations génétiques individuelles dans un groupe donné.

Heuristique Méthode empirique suggérant une ligne de conduite ou servant de guide dans la résolution de problèmes, mais ne garantissant pas l'obtention de la solution optimale. Elle est utilisée souvent comme raccourci pour résoudre des problèmes complexes.

Heuristique de disponibilité Tendance à évaluer la probabilité d'un événement donné en fonction de la facilité à en trouver des exemples.

Hippocampe Structure du cerveau jouant vraisemblablement un rôle dans le stockage en mémoire de l'information nouvelle.

Homéostasie État d'équilibre ou de satisfaction d'un organisme.

Hormones Substances chimiques sécrétées par des glandes et libérées dans la circulation sanguine. Elles peuvent influer sur le comportement et les émotions.

Hormones sexuelles Hormones qui régularisent la croissance et le fonctionnement des organes reproducteurs et qui stimulent le développement des caractéristiques sexuelles mâles et femelles.

Hypophyse Petite glande endocrine qui est située à la base du cerveau, qui sécrète plusieurs hormones et qui commande d'autres glandes endocrines.

Hypothalamus Structure du cerveau intervenant dans les émotions et les pulsions essentielles à la survie, telles que la peur, la faim, la soif et la reproduction. Il contrôle le système nerveux autonome.

Hypothèse Énoncé qui vise à prédire un ensemble de phénomènes. Une hypothèse scientifique précise les relations entre deux ou plusieurs variables et doit être soumise à un processus de vérification empirique.

Illusion de mouvement Perception de mouvement en l'absence de mouvement réel, provoquée par certains types de stimulations visuelles.

Illusion perceptuelle Perception erronée ou trompeuse de la réalité.

Imagerie par résonance magnétique (IRM) Méthode employée pour étudier, entre autres, les tissus cérébraux et faisant appel à des champs magnétiques et à des récepteurs radio.

Incongruence État qui caractérise l'individu en désaccord avec lui-même.

Inconscient Dans la théorie psychanalytique, terme qui qualifie ce à quoi nous ne pouvons pas penser parce que le moi et le surmoi s'y opposent, parce que ce serait trop angoissant. Selon Freud, les pensées et les désirs inconscients exercent une influence indirecte mais importante sur les comportements, les émotions et les pensées conscientes de l'individu.

Indices binoculaires Indices visuels de profondeur qui requièrent l'utilisation des deux yeux.

Indices monoculaires Indices visuels de profondeur accessibles par l'utilisation d'un seul œil.

Intelligence Caractéristique inférée du comportement d'une personne, habituellement définie par des habiletés: tirer des leçons de ses expériences, acquérir de nouvelles connaissances, penser de façon abstraite, agir en fonction de ses propres choix ou s'adapter aux changements de l'environnement.

Interférence proactive Oubli qui survient lorsque des éléments d'information appris antérieurement nuisent au rappel d'éléments similaires appris plus récemment.

Interférence rétroactive Oubli qui survient lorsque de nouveaux éléments d'information nuisent au rappel d'éléments similaires déjà emmagasinés.

Intériorisation Processus inconscient par lequel l'individu, au cours de son développement, intègre de façon durable dans sa propre personnalité des actions, des idées ou des sentiments qu'il observe chez des personnes importantes de son environnement.

Interprétation En thérapie psychanalytique, hypothèse que fait le psychanalyste à propos de la signification inconsciente des paroles et des gestes du patient, et qu'il peut communiquer à ce dernier au moment jugé opportun.

Intrapsychique À l'intérieur de l'esprit (psyché) ou de soi.

J

Jumeaux fraternels Jumeaux qui se développent à partir d'ovules différents et fécondés chacun par un spermatozoïde distinct. Synonyme: jumeaux dizygotes.

Jumeaux identiques Jumeaux qui se développent à partir du même ovule et du même spermatozoïde, et qui possèdent le même bagage génétique. Synonyme: jumeaux monozygotes.

L

Langage Système de règles qui permet de combiner des éléments sans signification propre, comme des sons ou des gestes, en énoncés dont la structure transmet une signification.

Lapsus Fait d'employer par erreur un mot à la place d'un autre.

Latéralisation du cerveau Spécialisation de chacun des hémisphères cérébraux pour des opérations psychologiques données.

Libido Terme psychanalytique désignant l'énergie psychique qui alimente les pulsions sexuelles du ça.

Libre arbitre Faculté propre à l'être humain de se soustraire volontairement aux déterminismes de nature interne (biologie et inconscient) et externe (environnement social). Le libre arbitre s'oppose au déterminisme.

Lieu de contrôle interne ou externe Croyance générale d'une personne liée au fait qu'elle exerce elle-même une maîtrise (*contrôle interne*) sur le résultat de ses actions ou qu'elle n'en exerce pas (*contrôle externe*).

Loi de Weber Loi de la psychophysique qui stipule que le changement nécessaire pour produire la plus petite différence perceptible entre deux stimuli est une proportion constante du stimulus original.

Mémoire à court terme (MCT) Type de mémoire de capacité limitée, jouant un rôle dans la rétention de l'information pendant de brefs intervalles de temps. Elle sert également à maintenir l'information récupérée de la mémoire à long terme pour une utilisation temporaire. Synonyme: mémoire de travail.

Mémoire à long terme (MLT) Type de mémoire intervenant dans la rétention de l'information sur une longue période.

Mémoire autobiographique Ensemble des souvenirs sur elle-même, réels ou reconstruits, qui constituent en quelque sorte le récit de la vie de la personne.

Mémoire Ensemble des aptitudes, des processus et des structures cérébrales qui permettent d'entreposer et de récupérer l'information apprise.

Mémoire explicite Rappel conscient et intentionnel d'un événement ou d'un élément d'information.

Mémoire implicite Rétention inconsciente en mémoire d'une expérience ou d'une information qui influe sur les pensées et les comportements ultérieurs.

Mémoire sensorielle (MS) Type de mémoire qui conserve momentanément des représentations extrêmement précises de l'information sensorielle.

Métacognition Connaissance ou conscience de ses propres processus cognitifs.

Méthode corrélationnelle Type de méthode qui permet de mesurer le degré de dépendance entre deux variables, *x* et *y*.

Méthode expérimentale Méthode qui rend possible la mise à l'épreuve d'une hypothèse dans des conditions données, au cours de laquelle le chercheur manipule les caractéristiques d'une variable pour déterminer l'influence qu'elle exerce sur une autre variable.

Modèle Objet, être humain ou animal dont un individu peut observer et reproduire les caractéristiques ou les comportements.

Modèle de traitement parallèle Modèle de la mémoire proposé en réaction au

modèle fondé sur le traitement de l'information. Il représente les connaissances, non comme des propositions ou des images, mais comme des connexions entre des milliers d'unités de traitement en interaction, distribuées dans un vaste réseau et fonctionnant toutes en parallèle. Synonyme: modèle connexionniste.

Modification du comportement Application de techniques de conditionnement dans le but d'enseigner de nouveaux comportements mieux adaptés ou de supprimer des comportements inappropriés ou problématiques.

Moi Terme psychanalytique désignant la partie du psychisme qui voit les choses de manière réaliste, qui contrôle les actions de l'individu et qui peut retarder la satisfaction des pulsions; le moi joue le rôle de médiateur entre le ça et la réalité ou entre le ça et le surmoi.

Motivation Processus cognitif qui incite ou qui pousse l'individu à poursuivre un but.

Motivation extrinsèque Forme de motivation qui provient de l'environnement de l'individu.

Motivation intrinsèque Forme de motivation qui provient de l'individu. Synonyme: autorenforcement.

Motivation vicariante Forme de motivation qui provient de l'observation des conséquences (agréables ou désagréables) du comportement d'un modèle.

Nerf Faisceau de fibres nerveuses dans le système nerveux périphérique.

Neuromodulateurs Substances chimiques présentes dans le système nerveux dont la fonction est d'augmenter ou de réduire l'activité de certains neurotransmetteurs.

Neurone Cellule qui transmet les signaux électrochimiques. C'est l'unité fondamentale des tissus nerveux.

Neuropsychologue Psychologue spécialisé dans l'étude des bases biochimiques et neurologiques du comportement et des processus mentaux.

Neurotransmetteur Substance chimique que le neurone émetteur libère dans la fente synaptique et qui modifie l'activité du neurone récepteur.

Observation systématique Méthode selon laquelle le chercheur observe et enregistre méticuleusement et systématiquement le comportement, sans intervenir.

Ondes alpha Ondes cérébrales d'amplitude relativement grande et de faible fréquence, caractéristiques de l'état de détente à l'état d'éveil.

Ondes delta Ondes cérébrales de faible fréquence et de forte amplitude, au rythme régulier, caractéristiques des stades 3 et 4 du sommeil lent.

Organisme Lieu de toute expérience, c'est-à-dire de tout ce qui est ressenti par la personne.

Oubli lié aux indices Incapacité de récupérer de l'information emmagasinée dans la mémoire à cause de l'insuffisance des indices de récupération.

Pensée conceptuelle Ensemble des opérations mentales effectuées sur des images mentales ou des symboles.

Pensée critique Pensée caractérisée par la capacité et la volonté de s'interroger sur la valeur de toute affirmation et de porter des jugements objectifs en s'appuyant sur des arguments fondés, ainsi que par la capacité de rejeter toute affirmation non étayée par des faits.

Pensée hypothéticodéductive Capacité d'associer de façon abstraite des idées ou des concepts afin d'en déduire logiquement des conclusions.

Perception Ensemble des processus par lesquels le cerveau organise et interprète l'information sensorielle.

Permanence de l'objet Dans la théorie de Piaget, compréhension, élaborée à la fin de la première année de la vie, qu'une chose continue d'exister même si elle ne peut plus être vue ni touchée.

Personnalité antisociale Trouble caractérisé par un comportement antisocial (comme l'habitude de mentir, de voler et, parfois, de se montrer violent), par l'absence de sentiments sociaux (comme l'empathie, la honte et la culpabilité) ainsi que par l'impulsivité.

Perspective biologique Approche du comportement centrée sur l'analyse des changements biologiques associés aux comportements, aux sentiments et aux pensées.

Perspective cognitive Approche qui met de l'avant l'étude des processus mentaux dans la perception, la mémoire, le langage, la résolution de problèmes et d'autres aspects du comportement.

Perspective écologique Approche qui tient compte, dans l'analyse du comportement, de l'interaction entre l'individu et les différents systèmes dont il fait partie.

Perspective évolutionniste Approche qui tente de rattacher certains comportements à des mécanismes adaptatifs hérités de notre passé de chasseurs-cueilleurs.

Perspective humaniste Approche qui favorise l'étude des caractéristiques uniques de l'être humain, comme le libre arbitre et le concept de soi.

Perspective psychodynamique Approche qui met l'accent sur la dynamique inconsciente des forces intérieures, conflictuelles et instinctives, qui orientent le comportement de l'individu.

Perspective socioculturelle Approche qui étudie l'influence du contexte social et culturel, de même que des caractéristiques situationnelles, sur les pensées et le comportement.

Placebo Substance neutre ou simulation de traitement utilisées comme mesure de contrôle au cours d'une expérience ou comme traitement par un médecin.

Préconscient Dans la théorie psychanalytique, terme qui qualifie ce à quoi nous ne sommes pas en train de penser en ce moment même, mais dont nous pourrions facilement nous souvenir avec un petit effort.

Principe de morale ou de perfection Principe qui régit le fonctionnement du surmoi en cherchant à conformer les actions du moi aux conceptions du bien et du mal que l'individu a intériorisées par l'entremise de ses parents et de la société.

Principe de plaisir Principe qui, selon Freud, régit le fonctionnement du ça en cherchant à diminuer la tension, à éviter la douleur et à procurer du plaisir.

Principe de réalité Principe qui, selon Freud, régit le fonctionnement du moi en cherchant des exutoires pour les énergies pulsionnelles tout en tenant compte des contraintes du monde réel.

Privation sensorielle Absence de stimulations sensorielles minimales.

Problème de recherche Question pour laquelle il n'existe pas actuellement de réponse claire, satisfaisante et définitive.

Processus cognitif Processus inféré, non directement observable, qui agit comme médiateur entre l'environnement et le comportement de l'organisme.

Processus inconscients Processus mentaux se déroulant hors du champ de la conscience et auxquels celle-ci n'a pas accès.

Processus préconscients Processus mentaux se déroulant hors du champ de la conscience, mais auxquels celle-ci a accès au besoin.

Proposition Unité de sens faite de concepts et exprimant une idée unitaire.

Protubérance annulaire Structure du tronc cérébral qui joue un rôle, entre autres, dans le sommeil, le réveil et le rêve.

Psychanalyse Théorie de la personnalité et méthode de psychothérapie élaborées par Sigmund Freud, mettant l'accent sur les motifs et les conflits inconscients.

Psychologie Étude scientifique du comportement et des processus mentaux.

Psychophysique Discipline psychologique qui étudie les relations entre les propriétés physiques des stimuli et les perceptions que nous en avons.

Psychotrope Se dit d'une drogue susceptible d'influer sur la perception, l'humeur, la cognition ou le comportement.

Pulsion Terme psychanalytique désignant une poussée qui prend sa source dans une excitation corporelle (tension) et qui fait tendre l'organisme vers un but. Exemple : les pulsions sexuelles.

Punition Ajout ou suppression d'un stimulus comme conséquence d'un comportement et diminution de la probabilité de réapparition de ce comportement dans des circonstances similaires (stimulus discriminatif).

Punition négative Opération qui consiste à retrancher un stimulus comme conséquence d'un comportement et à diminuer la probabilité de réapparition de ce comportement dans des circonstances similaires (stimulus discriminatif).

Punition positive Opération qui consiste à ajouter un stimulus comme conséquence d'un comportement et à diminuer la probabilité de réapparition de ce comportement dans des circonstances similaires (stimulus discriminatif).

Quotient intellectuel (QI) Mesure de l'intelligence qui consiste à diviser l'âge mental d'une personne par son âge chronologique et à multiplier le résultat par 100. De nos jours, ce calcul est effectué à partir de normes obtenues à l'aide de tests standardisés.

R

Raisonnement convergent Dans la résolution de problèmes, exploration mentale visant à trouver une seule réponse correcte à un problème donné.

Raisonnement déductif Raisonnement dans lequel une conclusion découle nécessairement de prémisses données ; si les prémisses sont vraies, alors la conclusion est vraie.

Raisonnement divergent Dans la résolution de problèmes, exploration mentale de solutions de rechange non conventionnelles. Ce raisonnement favorise la créativité.

Raisonnement inductif Raisonnement dans lequel les prémisses étayent une conclusion donnée, celle-ci pouvant néanmoins être fausse.

Rappel Aptitude à retrouver et à reproduire une information apprise.

Réapprentissage Méthode employée pour mesurer la rétention, dans laquelle le temps requis pour réapprendre un matériel donné est habituellement inférieur à celui requis pour l'apprentissage initial du même matériel.

Recherche descriptive Type de recherche qui permet d'observer et de décrire les comportements, mais qui n'en fournit pas une explication causale.

Reconnaissance Aptitude à déterminer qu'une information a déjà été apprise.

Récupération Activité qui consiste à retrouver l'information emmagasinée dans la mémoire en vue de l'utiliser.

Récupération spontanée Réapparition d'une réponse apprise après son extinction apparente.

Réductionnisme Tendance à expliquer des phénomènes complexes, se situant sur un certain plan de la réalité, par des principes excessivement simples ou relevant d'un niveau plus élémentaire de la réalité.

Réflexe Réponse simple et automatique à un stimulus.

Règle Consigne verbale que l'individu énonce avant d'émettre un comportement et qui décrit ce comportement et ses conséquences souhaitées ou attendues. Synonymes : instruction, ordre et conseil.

Renforcement Ajout ou suppression d'un stimulus comme conséquence d'un comportement et augmentation de la probabilité de réapparition de ce comportement dans des circonstances similaires (stimulus discriminatif).

Renforcement continu Programme de renforcement dans lequel un comportement donné est renforcé chaque fois qu'il se produit.

Renforcement intermittent Programme de renforcement dans lequel un comportement donné est parfois récompensé, mais pas toutes les fois.

Renforcement négatif Opération qui consiste à retrancher un stimulus comme conséquence d'un comportement et à augmenter la probabilité de réapparition de ce comportement dans des circonstances similaires (stimulus discriminatif).

Renforcement positif Opération qui consiste à ajouter un stimulus comme conséquence d'un comportement et à augmenter la probabilité de réapparition de ce comportement dans des circonstances similaires (stimulus discriminatif).

Répétition d'élaboration Association d'une information nouvelle à des connaissances déjà emmagasinées et analyse de la nouvelle information dans le but de la mémoriser. Synonyme : élaboration de l'encodage.

Répétition de maintien Répétition mécanique d'éléments d'information dans le but de maintenir leur accessibilité dans la mémoire.

Réponse conditionnelle (RC) Dans le conditionnement répondant, terme désignant une réponse déclenchée par un stimulus conditionnel et qui se produit lorsqu'un stimulus conditionnel a été associé par contiguïté à un stimulus inconditionnel.

Réponse inconditionnelle (RI) Dans le conditionnement répondant, terme désignant une réponse déclenchée de manière réflexe par un stimulus, sans apprentissage préalable.

Reproduction motrice Processus cognitif qui permet à l'individu de traduire en actions plus ou moins complexes les images et les mots qu'il a mémorisés.

Résignation acquise Apprentissage répété de l'échec par la punition ou par l'absence de renforcement, qui mène la personne à croire, à tort, qu'elle est incapable d'influer sur les

événements importants de sa vie. La personne cesse alors d'avoir des comportements susceptibles de lui éviter la punition ou de lui fournir un renforcement.

Résistance En psychanalyse, réaction d'évitement qu'a le patient quand la thérapie met au jour certaines idées inconscientes, fortement refoulées.

Rétention Processus cognitif qui consiste à traduire en mots ou en images les comportements du modèle qui ont fait l'objet d'une attention particulière et à stocker ces mots et ces images en mémoire.

Rétine Mince couche de cellules qui tapisse le fond de l'œil et contient les récepteurs de la vision.

Rythme biologique Fluctuation périodique, plus ou moins régulière, d'un système biologique. Il a parfois, mais pas nécessairement, des effets psychologiques.

 S

Sagesse rétrospective Tendance à surestimer sa capacité à prédire un événement après qu'il a eu lieu.

Scanographie Méthode d'analyse de l'activité biochimique du cerveau par injection d'une substance analogue au glucose et contenant un élément radioactif. Synonyme : tomographie par émission de positrons.

Schéma cognitif Réseau intégré de connaissances, de croyances et d'attentes se rapportant à un sujet donné ou à un aspect particulier de l'univers.

Schème Dans la théorie de Piaget, structure cognitive qui est commune à un ensemble de conduites et qui rend compte de la représentation des actions mentales et physiques.

Sensation Détection par les récepteurs sensoriels des changements physiques survenant dans l'environnement ou dans l'organisme et transmission de cette information au système nerveux central.

Seuil absolu La plus petite quantité d'énergie physique qu'une personne peut détecter de façon fiable.

Seuil différentiel La plus petite différence qui permet de différencier deux stimulations de façon fiable.

Sevrage Symptômes physiques et psychologiques qui surviennent lorsqu'une personne met fin à sa consommation régulière et importante de drogue.

Soi Somme des perceptions qu'une personne a d'elle-même, de ses caractéristiques et de ses relations avec les autres ainsi que des valeurs qu'elle attache à ces perceptions. Synonymes : soi réel et concept de soi.

Soi idéal Perception que l'individu a de ce qu'il souhaiterait être.

Sommeil paradoxal Phase du sommeil caractérisée par des mouvements oculaires rapides, l'absence de tonus musculaire et le rêve.

Statistiquement significatif Qualifie un résultat qu'il serait fort improbable d'obtenir par hasard.

Stimulus conditionnel (SC) Dans le conditionnement répondant, terme désignant un stimulus initialement neutre qui finit par déclencher une réponse conditionnelle après avoir été associé par contiguïté à un stimulus inconditionnel.

Stimulus discriminatif Stimulus particulier ou ensemble de stimuli qui indique à l'organisme la possibilité qu'un comportement donné soit suivi d'une conséquence donnée.

Stimulus inconditionnel (SI) Dans le conditionnement répondant, terme désignant un stimulus qui déclenche une réponse de manière réflexe, sans apprentissage préalable.

Stockage Mode de conservation du matériel encodé.

Structuralisme Ancienne approche en psychologie qui visait à déterminer les composantes de la conscience à l'origine de la pensée et des émotions.

Surmoi Terme psychanalytique désignant la partie du psychisme qui représente la moralité et les normes sociales intériorisées.

Symptôme Terme d'origine médicale qui, en thérapie psychanalytique, désigne un comportement visible ou un sentiment conscient que le patient décrit comme pénible. Le symptôme serait la manifestation en surface d'un processus non directement visible, c'est-à-dire d'un conflit intrapsychique inconscient.

Synapse Site où se produit la transmission de l'influx nerveux d'un neurone à un autre. Elle comprend la terminaison axonale, la fente synaptique et les récepteurs situés sur la membrane du neurone récepteur.

Système limbique Ensemble de structures du cerveau intervenant dans les réactions émotionnelles et le comportement motivé.

Système nerveux autonome Sous-système du système nerveux périphérique qui régit les organes internes et les glandes.

Système nerveux central (SNC) Partie du système nerveux composée du cerveau et de la moelle épinière.

Système nerveux parasympathique Sous-système du système nerveux autonome qui s'active pour détendre l'organisme et qui agit de façon à conserver l'énergie.

Système nerveux périphérique (SNP) Ensemble des parties du système nerveux, à l'exception du cerveau et de la moelle épinière. Il comprend les nerfs sensitifs et les nerfs moteurs.

Système nerveux somatique Sous-système du système nerveux périphérique reliant les récepteurs sensoriels et les muscles squelettiques qui permettent le mouvement volontaire.

Système nerveux sympathique Sous-système du système nerveux autonome qui mobilise les ressources de l'organisme en vue d'une action.

Tache aveugle Zone de la rétine dénuée de récepteurs sensoriels; c'est l'endroit où le nerf optique se dirige vers le cerveau. Désigne aussi la lacune correspondante dans le champ visuel.

Techniques thérapeutiques non directives Ensemble des techniques thérapeutiques utilisées par les humanistes. Ces techniques sont dites non directives parce qu'elles ne mènent pas à la solution du thérapeute, mais plutôt à celle du client. Exemples: empathie, clarification, reformulation et reflet.

Tendance à l'autoactualisation Pour Maslow et Rogers, motivation fondamentale qui pousse tout être humain à s'accomplir, à réaliser son plein potentiel (voir les besoins de type E).

Test d'aperception thématique (TAT) Test projectif de personnalité dans lequel on demande au répondant d'interpréter une série d'illustrations ambiguës mettant en scène des personnes.

Test de Rorschach Test projectif de personnalité dans lequel on demande au répondant d'interpréter des taches d'encre abstraites et symétriques.

Test projectif Test psychologique utilisé pour inférer les motivations, les conflits et la dynamique inconsciente de la personne sur la base de l'interprétation que celle-ci fait de stimuli ambigus ou non structurés.

Test psychologique Outil de recherche permettant de mesurer et d'évaluer les traits de personnalité, les états émotionnels, l'intelligence, les intérêts, les habiletés et les valeurs.

Thalamus Structure du cerveau qui transmet les messages sensoriels au cortex cérébral.

Théorie Système de suppositions et de concepts organisés, visant à expliquer un ensemble donné de phénomènes et leurs interrelations.

Théorie de l'activation-synthèse Théorie selon laquelle le rêve résulte de la synthèse et de l'interprétation faites par le cortex des signaux neuronaux que l'activité du tronc cérébral déclenche.

Théorie de l'apprentissage social Approche selon laquelle le comportement est appris et maintenu par l'observation et l'imitation des comportements des autres personnes.

Théorie des processus antagonistes Théorie de la perception de la couleur qui postule que le système visuel réagit de façon opposée à certaines paires de couleurs et à la présence du noir et du blanc.

Théorie trichromatique Théorie de la perception de la couleur qui postule l'existence de trois types de cônes qui sont sensibles à différentes longueurs d'onde et dont l'interaction serait à l'origine des variations de couleur.

Théories de l'apprentissage social et cognitif Théories de l'apprentissage qui, de façon générale, étudient l'interaction de l'individu avec son environnement et qui expliquent son comportement en mettant l'accent sur les processus cognitifs.

Thérapie centrée sur la personne Approche thérapeutique visant la croissance, où le thérapeute, tout en s'efforçant de faire part de son expérience personnelle, fait preuve d'authenticité et d'empathie, et pose sur son client un regard positif inconditionnel. Synonyme: thérapie centrée sur le client.

Tolérance À la suite de l'usage régulier d'une drogue, résistance accrue de l'organisme qui requiert des doses de plus en plus élevées pour obtenir les mêmes effets.

Trait Caractéristique permettant de décrire une personne et censée être stable dans le temps, malgré les changements de l'environnement.

Transfert Phase critique de la thérapie psychanalytique durant laquelle le patient transfère sur le thérapeute des émotions et des réactions inconscientes, comme ses réactions émotionnelles à l'égard de ses parents.

Tronc cérébral Partie du cerveau située au-dessus de la moelle épinière, qui assure des fonctions automatiques, telles que les battements du cœur et la respiration.

Trouble bipolaire Trouble de l'humeur caractérisé par l'alternance de périodes de dépression et de périodes d'euphorie.

Valide Qualifie une recherche ou un test qui mesure ce qu'il est censé mesurer.

Variable contaminante Variable qui ne fait pas partie du plan de recherche, mais qui peut exercer une forte influence sur les variables étudiées. Synonyme: variable parasite.

Variable décrite Toute caractéristique d'une personne ou de son entourage qui ne peut être observée, mais qui peut néanmoins faire l'objet d'une description par le sujet lui-même grâce à un questionnaire ou à une entrevue.

Variable dépendante Variable qui est mesurée par l'expérimentateur et qui peut être modifiée par l'influence de la variable indépendante. Synonyme: variable mesurée.

Variable indépendante Variable qui est manipulée ou provoquée par l'expérimentateur et qui constitue la cause présumée de la variable dépendante. Synonymes: traitement expérimental et variable manipulée.

Variable observée Tout phénomène qui varie et qui peut faire l'objet d'une observation à l'aide d'une grille d'observation.

Variables corrélationnelles (ou *x* et *y*) Caractéristiques du comportement ou de l'expérience de la personne qui varient naturellement, et qui peuvent être décrites et mesurées sur une échelle numérique.

Vécu Ensemble des expériences conscientes et inconscientes d'un individu.

Références

De langue française

Alexander, F. (1968). *Principes de psychanalyse.* Paris: Petite Bibliothèque Payot.

Bachelor, A. et P. Joshi (1986). *La méthode phénoménologique de recherche en psychologie.* Québec: Presses de l'Université Laval.

Bandura, A. (2003). *Auto-efficacité: le sentiment d'efficacité personnelle.* Bruxelles: De Boeck.

Bandura, A. (1973). *L'apprentissage social.* Bruxelles: Pierre Mardaga.

Barbeau, D. (1993). La motivation scolaire. *Pédagogie Collégiale, 7*(1), 20-27.

Barbeau, D., A. Montini et C. Roy (1997a). *Sur les chemins de la connaissance. La motivation scolaire.* Montréal: Association québécoise de pédagogie collégiale.

Barbeau, D., A. Montini et C. Roy (1997b). *Tracer les chemins de la connaissance. La motivation scolaire.* Montréal: Association québécoise de pédagogie collégiale.

Bélanger, J. (1978). Image et réalité du béhaviorisme. *Philosophiques, 5*(1), 3-100.l

Bergeron, A. et Y. Bois (1999). *Quelques théories explicatives du développement de l'enfant.* Saint-Lambert: Soulières.

Bouchard, C. (1987). Intervenir à partir de l'approche écologique: au centre, l'intervenante. *Service Social, 36* (2-3), 455-477.

Caouette, C.E. et C. Deguire (1993). Choisir son avenir: un programme innovateur pour raccrocheurs de niveau collégial. *Revue Québécoise de Psychologie, 14*(1), 135-150.

Castonguay, L. G. (1987). Rapprochement en psychothérapie: perspectives théoriques, cliniques et empiriques. Dans C. Lecompte et L. G. Castonguay (dir.), *Rapprochement et intégration en psychothérapie* (p. 3-22). Montréal: Gaëtan Morin Éditeur.

De Perrot, É. et M. Weyeneth (2004). *Psychiatrie et psychothérapie.* Bruxelles: De Boeck.

Desrosiers, K. et É. Royer (1995). Les troubles de l'attention avec hyperactivité: une synthèse des connaissances à l'intention des enseignants. *CRIRES, 2*(2).

Diamond, J. (2005). *Rapport sur la maladie d'Alzheimer et la recherche actuelle.* Texte révisé en 2006. Toronto: Société Alzheimer du Canada.

Doyon, F. (2006). Philo-pop versus psycho-pop. *Le Devoir* (en ligne), 6 et 7 mai.

Dubé, R. (1992). *Hyperactivité et déficit d'attention chez l'enfant.* Boucherville: Gaëtan Morin éditeur.

Durand, V. M. et D. H. Barlow (2002). *Psychopathologie: une perspective multidimensionnelle.* Paris: De Boeck.

Fenichel, O. (1953). *La théorie psychanalytique des névroses.* Paris: PUF.

Freud, S. (1954). *Cinq psychanalyses.* Paris: PUF.

Freud, S. (1929/1971). *Malaise dans la civilisation.* Paris: PUF.

Freud, S. (1920). Au-delà du principe de plaisir. Dans S. Freud, *Essais de psychanalyse.* Paris: Payot.

Freud, S. (1917/1968). Deuil et mélancolie. Dans S. Freud, *Métapsychologie.* Paris: Gallimard.

Freud, S. (1916-1917/1951). *Introduction à la psychanalyse.* Paris: Payot.

Freud, S. (1915/1968). Pulsion et destin des pulsions. Dans S. Freud, *Métapsychologie.* Paris: Gallimard.

Freud, S. (1908/1969). La morale sexuelle «civilisée» et la maladie nerveuse des temps modernes. Dans S. Freud, *La vie sexuelle.* Paris: PUF.

Freud, S. (1907/1969). Les explications sexuelles données aux enfants. Dans *La vie sexuelle.* Paris: PUF.

Hall, C. S. (1957). *L'A.B.C. de la psychologie freudienne.* Paris: Montaigne.

Huber, W. (1977). *Introduction à la psychologie de la personnalité.* Bruxelles: Pierre Mardaga.

Legendre-Bergeron, M. F. (1980). *Lexique de la psychologie du développement de Jean Piaget.* Chicoutimi: Gaëtan Morin éditeur.

Malcuit, G. et Pomerleau, A. (1986). *Terminologie en conditionnement et apprentissage.* Montréal: Presses de l'Université du Québec.

Malcuit, G., A. Pomerleau et P. Maurice (1995). *Psychologie de l'apprentissage: termes et concepts.* Maloine.

Margolin, J. C. (1996). L'humanisme. Paris: *Encyclopédie Universalis, 11,* 727-729.

Maslow, A. H. (1972). *Vers une psychologie de l'être.* Paris: Fayard.

May, R. (1971). L'apparition de la psychologie existentielle. Dans G. Allport, H. Feifel, A. H. Maslow, R. May et C. R. Rogers, *Psychologie existentielle* (p. 9-52). Paris: Épi.

Mounier, E. (1962). *Introduction aux existentialistes.* Paris: Gallimard.

Pelletier, L. G. et R. J. Vallerand (1993). Une perspective humaniste de la motivation: les théories de la compétence et de l'autodétermination. Dans R. J. Vallerand et E.E. Thill (dir.), *Introduction à la psychologie de la motivation.* Montréal: Études Vivantes.

Pervin, L. A. et John, O. P. (2005). *Personnalité: théorie et recherche.* Saint-Laurent: ERPI.

Purves, D., G.J. Augustine, D. Fitzpatrick, W.C. Hall, A.-S. LaMantia, J.O.McNamara et S.M. Williams (2005). *Neurosciences.* 2e éd., Bruxelles: Éditions De Boeck Université.

Reid, W. (1987). Psychanalyse et/ou béhaviorisme. Dans C. Lecompte et L. G. Castonguay (dir.), *Rapprochement et intégration en psychothérapie* (p. 51-61). Montréal: Gaëtan Morin éditeur.

Richard-Bessette, S. (2001). *Les articles sur les premières expériences sexuelles dans les magazines pour adolescentes: une analyse des règles de contingence.* Mémoire de maîtrise en psychologie. Montréal: UQAM.

Robert, M., et al. (1988). *Fondements et étapes de la recherche scientifique en psychologie.* Saint-Hyacinthe: Edisem.

Rogers, C. R. et G. M. Kinget (1976). *Psychothérapie et relations humaines: théorie et pratique de la thérapie non directive.* Louvain: Presses Universitaires de Louvain.

Roy, J., N. Mainguy, M. Gauthier et L. Giroux (2005). *Étude comparée sur la réussite scolaire en milieu collégial selon une approche d'écologie sociale.* Sainte-Foy: Programme d'aide à la recherche sur l'enseignement et l'apprentissage, Cégep de Sainte-Foy et Observatoire Jeunes et Société.

Santé Canada (2007) www.hc-sc.qc.ca/hl-vs/pubs/tobac-tabac/pstc-relct-2001/cigarette_f.html.

Sinclair, Robert C.; Hoffman, Curt; Mark, Melvin M.; Martin, Leonard L.; & Pickering, Tardif, J. (1992). *Pour un enseignement stratégique.* Montréal: Les Éditions Logiques.

Skinner, B.F. (1995). *L'analyse expérimentale du comportement.* Bruxelles: Pierre Mardaga.

Société canadienne de psychologie (2000). *Code canadien de déontologie professionnelle des psychologues.* http://www.cpa.ca/cpasite/userfiles/Documents/publications/codedéontologie(TEMP).pdf.

St-Arnaud, Y. (1987). Qu'est-ce que le béhaviorisme et la psychanalyse ont apporté à la psychologie humaniste? Dans C. Lecompte et L. G. Castonguay (dir.), *Rapprochement et intégration en psychothérapie* (p. 113-121). Montréal: Gaëtan Morin éditeur.

Thinès, G. (1980). *Phénoménologie et sciences du comportement.* Bruxelles: Pierre Mardaga.

Thinès, G. et A. Lempereur (1984). *Dictionnaire général des sciences humaines.* Louvain-la-Neuve: Ciaco.

Vallerand, R.J. et U. Hess (dir.) (2000). *Méthodes de recherche en psychologie.* Boucherville: Gaëtan Morin éditeur.

De langue anglaise

Abel, Gene G.; Mittelman, Mary; Becker, Judith V.; Rathner, Jerry; *et al.* (1988). Predicting child molesters' response to treatment. Conference of the New York Academy of Sciences: Human sexual aggression: Current perspectives. *Annals of the New York Academy of Sciences, 528,* 223–234.

Abrams, David B., & Wilson, G. Terence (1983). Alcohol, sexual arousal, and self-control. *Journal of Personality and Social Psychology, 45,* 188–198.

Ader, Robert, & Cohen, Nicholas (1993). Psychoneuroimmunology: Conditioning and stress. *Annual Review of Psychology, 44,* 53–85.

Affleck, Glenn; Tennen, Howard; Croog, Sydney; & Levine, Sol (1987). Causal attribution, perceived control, and recovery from a heart attack. *Journal of Social and Clinical Psychology, 5,* 339–355.

Alagna, Sheryle W., & Hamilton, Jean A. (1986). Science in the service of mythology: The psychopathologizing of menstruation. Paper presented at the annual meeting of the American Psychological Association, Washington, DC.

Alpert, Bené; Field, Tiffany; Goldstein, Sheri; & Perry, Susan (1990). Aerobics enhances cardiovascular fitness and agility in preschoolers. *Health Psychology, 9,* 48–56.

Amabile, T. M., & Hennessey, B. A. (1992). The motivation for creativity in children. In A. K. Boggiano & T. S. Pittman (eds.), *Achievement and motivation: A social developmental perspective.* New York: Cambridge University Press.

American Psychological Association (2003). Ethical principles of psychologists and code of conduct. *American Psychologist.* http://www.apa.org/ethics/code2002.html#history.

American Psychiatric Association (2000a). *The diagnostic and statistical manual of mental disorders, IV-TR.* Washington, DC: American Psychiatric Association.

American Psychiatric Association (2000b). Practice guideline for the treatment of patients with major depressive disorder (revision). *American Journal of Psychiatry, 157* (Suppl. 4).

American Psychiatric Association (1990). *Benzodiazepine dependence, toxicity, and abuse: A task force report of the American Psychiatric Association.* Washington DC: Author.

American Psychological Association (1984). *Survey of the use of animals in behavioral research at U.S. universities.* Washington, DC: Author.

Anastasi, Anne (1988). *Psychological testing* (6th ed.). New York: Macmillan.

Andersen, Barbara L.; Kiecolt-Glaser, Janice K.; & Glaser, Ronald (1994). A biobehavioral model of cancer stress and disease course. *American Psychologist, 49,* 389–404.

Anderson, John R. (1990). The adaptive nature of thought. Hillsdale, NJ: Erlbaum.

Andreassi, J. L. (1986). *Psychophysiology: Human behavior and physiological response* (2nd ed.). Hillsdale, NJ: Lawrence Erlbaum.

APA Commission on Violence and Youth (1993). *Violence and youth: Psychology's response.* Washington, DC: American Psychological Association.

Archer, John (2006). Testosterone and human aggression: An evaluation of the challenge hypothesis. *Neuroscience and Biobehavioral Reviews, 30,* 319–345.

Arendt, Josephine; Aldhous, Margaret; & Wright, John (1988, April 2). Synchronization of a disturbed sleep–wake cycle in a blind man by melatonin treatment. *Lancet, 1*(8588), 772–773.

Arkes, Hal R.; Faust, David; Guilmette, Thomas J.; & Hart, Kathleen (1988). Eliminating the hindsight bias. *Journal of Applied Psychology, 73,* 305–307.

Aserinsky, Eugene, & Kleitman, Nathaniel (1955). Two types of ocular motility occurring in sleep. *Journal of Applied Physiology, 8,* 1–10.

Ashton, P. T., & Webb, R. B. (1986). *Making a difference: Teachers' sense of efficacy and student achievement.* White Plains, NY: Longman.

Atkinson, Richard C., & Shiffrin, Richard M. (1971, August). The control of short-term memory. *Scientific American, 225*(2), 82–90.

Azrin, Nathan H., & Foxx, Richard M. (1974). *Toilet training in less than a day.* New York: Simon & Schuster.

Bahrick, Harry P. (1984). Semantic memory content in permastore: Fifty years of memory for Spanish learned in school. *Journal of Experimental Psychology: General, 113,* 1–29.

Bahrick, Harry P.; Bahrick, Phyllis O.; & Wittlinger, Roy P. (1975). Fifty years of memory for names and faces: A cross-sectional approach. *Journal of Experimental Psychology: General, 104,* 54–75.

Bahrick, H.P.; Bahrick, L.E.; Bahrick, A.S.; & Bahrick, P.E. (1993). Maintenance of foreign language vocabulary and the spacing effect. *Psychological Science, 4,* 316–321.

Bahrick, H.P., & Hall, L.K. (1991). Lifetime maintenance of high school mathematics content. *Journal of Experimental Psychology: General, 120,* 20-33.

Bailey, Ronald H. (1975). *The role of the brain.* New York: Time-Life Books.

Baillargeon, Renée (1991). Reasoning about the height and location of a hidden object in 4.5- and 6.5-month-old infants. *Cognition, 38,* 13–42.

Baker, Robert A. (1992). *Hidden memories: Voices and visions from within.* Buffalo, NY: Prometheus.

Bandura, Albert (1994). Self-efficacy. In *Encyclopedia of human behavior* (Vol. 4). Orlando, FL: Academic Press.

Bandura, A. (1993). Perceived self-efficacy in cognitive development and functioning. *Educational Psychologist, 28,* 117-148.

Bandura, Albert (1992). Self-efficacity mechanism in psychobiologic functioning. In R. Schwarzer (ed.), *Self-efficacy: Thought control of action.* Washington, DC: Hemisphere Publishing Corp.

Bandura, Albert (1986). *Social foundations of thought and action: A social cognitive theory.* Englewood Cliffs, NJ: Prentice-Hall.

Bandura, Albert (1977). *Social learning theory.* Englewood Cliffs, NJ: Prentice-Hall.

Bandura, Albert; Ross, Dorothea; & Ross, Sheila A. (1963). Vicarious reinforcement and imitative learning. *Journal of Abnormal and Social Psychology, 67,* 601–607.

Barinaga, Marcia (1992). Challenging the « no new neurons » dogma. *Science, 255,* 1646.

Bassetti, C.; Vella, S.; Donati, F.; Wielepp, P.; & Weder, B. (2000). SPECT during sleepwalking. *Lancet, 356,* 484-485.

Barkley, R. A. (1990). *Attention deficit hyperactivity disorder. A Handbook of diagnosis and treatment.* New York: The Guilford Press.

Barlow, David H. (1994). Empirically validated psychological procedures. Paper presented at the annual meeting of the American Psychological Association, Los Angeles.

Baron, Miron; Risch, Neil; Hamburger, Rahel; Man-del, Batsheva; *et al.* (1987, March 19). Genetic linkage between X-chromosome markers and bipolar affective illness. *Nature, 326,* 289–292.

Barsky, S.H.; Roth, M.D.; Kleerup, E.C.; Simmons, M.; & Tashkin, D.P. (1998). Histopathologic and molecular alterations in bronchial epithelium in habitual smokers of marijuana, cocaine, and/or tobacco. *Journal of the National Cancer Institute, 90,* 1198-1205.

Baum, William M. (1994). *Understanding behaviorism: Science, behavior, and culture*. New York: Harper-Collins.

Bechtel, William, & Abrahamsen, Adele (1990). *Connectionism and the mind: An introduction to parallel processing in networks*. Cambridge, MA: Basil Blackwell.

Beck, Aaron T. (1991). Cognitive therapy: A 30-year retrospective. *American Psychologist*, 46, 368–375.

Beck, Aaron T. (1988). Cognitive approaches to panic disorders: Theory and therapy. In S. Rachman & J.D. Maser (Eds.), *Panic: Psychological perspectives*. New York: Guilford Press.

Beck, Aaron T. (1985). Cognitive therapy. In H.I. Kaplan & J. Sandock (Eds.). *Comprehensive textbook of psychiatry* (4th ed.). Baltimore: Williams & Wilkins.

Beck, Aaron T. (1983). Cognitive theory of depression: New perspectives. In P.J. Clayton & J.E. Barrett (Eds.), *Treatment of depression: Old controversies and new approaches* (p. 265-290). New York: Raven Press.

Beck, Aaron T. (1967). *Cognitive therapy and the emotional disorders*. New York: International Universities Press.

Becker, Ernest (1973). *The denial of death*. New York: Free Press.

Becker, Ernest (1971). *The birth and death of meaning* (2nd ed.). New York: Free Press.

Begg, I. M.; Needham, D. R.; Douglas, R.; & Bookbinder, M. (1993). Do backward messages unconsciously affect listeners? No. *Canadian Journal of Experimental Psychology*, 47, 1-14.

Bekenstein, Jonathan W., & Lothman, Eric W. (1993). Dormancy of inhibitory interneurons in a model of temporal lobe epilepsy. *Science*, 259, 97–100.

Benjamin, J.; Li, L.; Patterson, C.; *et al.* (1996). Population and familial association between the D4 dopamine receptor gene and measures of novelty seeking. *Nature Generics*, 12, 81–84.

Benjamin, Jessica (1988). *The bonds of love: Psychoanalysis, feminism, and the problem of domination*. New York: Pantheon.

Bereiter, Carl, & Bird, Marlene (1985). Use of thinking aloud in identification and teaching of reading comprehension strategies. *Cognition and Instruction*, 2, 131–156.

Berenbaum, Sheri A., & Hines, Melissa (1992). Early androgens are related to childhood sex-typed toy preferences. *Psychological Science*, 3, 203–206.

Bergin, A.E., & Garfield, S.L. (1994). Overview, trends, and future issues. In A.E. Bergin et S.L. Garfield (eds.). *Handbook of psychotherapy and behavior change* (4th ed.). New York: Wiley.

Bernstein, Anne E., & Warner, Gloria M. (1993). *An introduction to contemporary psychoanalysis*. New York: Jason Aronson.

Bernstein, Ilene L. (1985). Learning food aversions in the progression of cancer and treatment. *Annals of the New York Academy of Sciences, 443*, 365–380.

Besalel-Azrin, V.; Azrin, N. H.; & Armstrong, P. M. (1977). The student-oriented classroom: A method of improving student conduct and satisfaction. *Behavior Therapy*, 8, 193–204.

Bettelheim, Bruno (1967). *The empty fortress*. New York: Free Press.

Bevan, William (1991). Contemporary psychology: A tour inside the onion. *American Psychologist, 46*, 475–483.

Biederman, I. (1987). Recognition-by-components: A theory of human image understanding. *Psychological Review*, 94, 115-147.

Bierut, Laura Jean; Heath, Andrew C.; Bucholz, Kathleen K.; *et al.* (1999). Major depressive disorder in a community-based twin sample: Are there different genetic contributions for men and women? *Archives of General Psychiatry*, 56, 557-563.

Birbaumer, N.; Veit, R.; Lotze, M.; Erb, M.; Hermann, C.; Grodd, W.; & Flor, H. (2005). Deficient fear conditioning in psychopathy. *Archives of General Psychiatry, 2005*, 62, 799-805.

Bjork, Daniel W. (1993). *B. F. Skinner: A life*. New York: Basic Books.

Bjork, R.A. (2000). Human factors 101: How about just trying things out? *APS Observer*, 13(3), 30.

Black, Donald W.; Wesner, Robert; Bowers, Wayne; & Gabel, Janelle (1993). A comparison of fluvoxamine, cognitive therapy, and placebo in the treatment of panic disorder. *Archives of General Psychiatry*, 50, 44–50.

Bliss, T. V., & Colhingridge, G. L. (1993). A synaptic model of memory: Long-term potentiation in the hippocampus. *Nature*, 361(6407), 31–39.

Bloom, Lois M. (1970). *Language development: Form and function in emerging grammars*. Cambridge, MA: MIT Press.

Blum, Kenneth, with James E. Payne (1991). *Alcohol and the addictive brain*. New York: Free Press/Science News Press.

Bohannon, John N., & Stanowicz, Laura (1988). The issue of negative evidence: Adult responses to children's language errors. *Developmental Psychology*, 24, 684–689.

Bohannon, John N., & Symons, Victoria (1988). Conversational conditions of children's imitation. Paper presented at the biennial Conference on Human Development, Charleston, South Carolina.

Bolos, Annabel M.; Dean, M.; Lucas-Derse, S.; Rams-burg, M.; *et al.* (1990, December 26). Population and pedigree studies reveal a lack of association between the dopamine D2 receptor gene and alcoholism. *Journal of the American Medical Association*, 264, 3156–3160.

Bothwell, R. K., Deffenbacher, K. A., & Brigham, J. C. (1987). Correlation of eyewitness accuracy and confidence: Optimality hypothesis revised. *Journal of Applied Psychology*, 72, 691–698.

Bouchard, Thomas J., Jr. (1997). IQ similarity in twins reared apart: Findings and responses to critics. In R. J. Steinberg & E. Grigorenko (eds.), *Intelligence: Heredity and environment*. New York: Cambridge University Press.

Bouchard, Thomas J., Jr. (1995). Nature's twice-told tale: Identical twins reared apart—what they tell us about human individuality. Paper presented at the annual meeting of the Western Psychological Association, Los Angeles.

Bouchard, Thomas J., Jr.; Lykken, David T.; McGue, Matthew; Segal, Nancy L.; *et al.* (1991). «Sources of human psychological differences: The Minnesota Study of Twins Reared Apart»: Response. *Science*, 252, 191–192.

Bouchard, Thomas I., Jr.; Lykken, David T.; MeGue, Matthew; Segal, Nancy L.; *et al.* (1990). Sources of human psychological differences: The Minnesota Study of Twins Reared Apart. *Science*, 250, 223–228.

Bouchard, Thomas I., Jr. (1984). Twins reared together and apart: What they tell us about human diversity. In S. W. Fox (ed.), *Individuality and determinism*. New York: Plenum.

Bousfield, W. A. (1953). The occurrence of clustering in the recall of randomly arranged associates. *Journal of General Psychology*, 49, 229–240.

Bowers, Kenneth S.; Regehr, Glenn; Balthazard, Claude; & Parker, Kevin (1990). Intuition in the context of discovery. *Cognitive Psychology*, 22, 72–110.

Bowlby, John (1958). The nature of the child's tie to his mother. *International Journal of Psycho-Analysis*, 39, 350–373.

Bradley, R. H.; Caldwell, B. M.; Rock, S. L.; *et al.* (1989). Home environment and cognitive development in the first 3 years of life: A collaborative study involving six sites and three ethnic groups in North America. *Developmental Psychology*, 25, 217–235.

Bradley, Robert H., & Caldwell, Bettye M. (1984). 174 children: A study of the relationship between home environment and cognitive development during the first 5 years. In Allen W. Gottfried (ed.), *Home environment and early cognitive development: Longitudinal research*. Orlando, FL: Academic Press.

Brainerd, C. J.; Reyna, V. F.; & Brandse, E. (1995). Are children's false memories more persistent than their true memories? *Psychological Science*, 6, 359–364.

Breggin, Peter R. (1991). *Toxic psychiatry*. New York: St. Martin's Press.

Breland, Keller, & Breland, Marian (1961). The misbehavior of organisms. *American Psychologist*, 16, 681–684.

Brennan, J. F. (1982). *History and systems of psychology*. Englewood Cliffs: Prentice-Hall.

Brodie-Scott, Cheryl, & Hobbs, Stephen H. (1992). Biological rhythms and publication practices: A follow-up survey, 1987–1991. Paper presented at the Southeastern Psychological Association, Knoxville, Tennessee.

Brodsky, Annette M. (1982). Sex, race, and class issues in psychotherapy research. In J. H. Harvey & M. M. Parks (eds.), *Psychotherapy research and behavior change*: Vol. 1. The APA Master Lecture Series. Washington, DC: American Psychological Association.

Bronfenbrenner, Urie (1979). *The ecology of human development: Experiments by nature and design*. Cambridge: Harvard University Press.

Brown, Alan S. (1991). A review of the tip-of-the-tongue experience. *Psychological Bulletin*, 109, 204-223.

Brown, Jonathon D. (1991). Staying fit and staying well. *Journal of Personality and Social Psychology*, 60, 555–561.

Brown, Roger, & Hanlon, C. (1970). Derivational complexity and order of acquisition in child speech. In J. R. Hayes (ed.), *Cognition and the development of language*. New York: Wiley.

Brown, Roger, & Kulik, James (1977). Flashbulb memories. *Cognition*, 5, 73–99.

Brown, Roger, & McNeill, David (1966). The « Tip of the tongue » phenomenon. *Journal of Verbal Learning and Verbal Behavior*, 22, 1–12.

Brown, S. P. (1996). A meta-analysis and review of organizational research on job involvement. *Psychological Bulletin*, 120, 235-255.

Bruer, J.T. (1999). *The myth of the first three years*. New York: Free Press.

Burke, Deborah M.; Burnett, Gayle; & Levenstein, Peggy (1978). Menstrual symptoms: New data from a double-blind study. Paper presented at the annual meeting of the Western Psychological Association, San Francisco.

Burke, Deborah M.; MacKay, Donald G.; Worthley, Joanna S.; & Wade, Elizabeth (1991). On the tip of the tongue: What causes word finding failures in young and older adults? *Journal of Memory and Language*, 30, 237–246.

Bushman, Brad J. (1995). Moderating role of trait aggressiveness in the effects of violent media on aggression. *Journal of Personality and Social Psychology*, 69, 950–960.

Bushman, Brad J. (1993). Human aggression while under the influence of alcohol and other drugs: An integrative research review. *Psychological Science*, 2, 148–152.

Byne, William (1993). Sexual orientation and brain structure: Adding up the evidence. Paper presented at the annual meeting of the International Academy of Sex Research, Pacific Grove, California.

Byne, William, & Parsons, Bruce (1993). Human sexual orientation: The biologic theories reappraised. *Archives of General Psychiatry*, 50, 228–239.

Cahill, L.; Haier, R.; Fallon, J.; Alkire, M.; Tang, C.; Keator, D.; Wu, J.; & McGaugh, J.L. (1996). Amygdala activity at encoding correlated with long-term, free recall of emotional information. *Proceedings of the National Academy of Sciences*, 93, 8016-8021.

Cahill, L.; Babinsky, R.; Markowitsch, H.; & McGaugh, J.L. (1995). The amygdala and emotional memory. *Nature*, 377, 295-296.

Cain, Kathleen M., & Dweck, Carol S. (1995, January). The relation between motivational patterns and achievement cognitions through the elementary school years. *Merrill-Palmer Quarterly*, 41, 25–52.

Camel, J. F.; Withers, G. S.; & Greenough, William T. (1986). Persistence of visual cortex dendritic alterations induced by post-weaning exposure to a super-enriched » environment in rats. *Behavioral Neuroscience*, 100, 810–813.

Camera, Wayne I., & Schneider, Dianne L. (1994). Integrity tests: Facts and unresolved issues. *American Psychologist*, 49, 112–119.

Campbell, Frances A., & Ramey, Craig T. (1995). Cognitive and school outcomes for high risk students at middle adolescence: Positive effects of early intervention. *American Educational Research Journal*, 32, 743–772.

Campbell, W. Keith, & Sedikides, Constantine (1999). Self-threat magnifies the self-serving bias: A meta-analytic integration. *Review of General Psychology*, 3, 23-43.

Campos, Joseph J.; Barrett, Karen C.; Lamb, Michael E.; Goldsmith, H. Hill; & Stenberg, Craig (1984). Socioemotional development. In P. H. Mussen (series ed.), M. M. Haith & J. I. Campos (vol. eds.), *Handbook of child psychology*: Vol. 2. Infancy and developmental psychobiology (4th ed.). New York: Wiley.

Canetto, Sylvia S. (1992). Suicide attempts and substance abuse: Similarities and differences. *Journal of Psychology*, 125, 605-620.

Caplan, Paula J. (1995). *They say you're crazy* Reading, MA: Addison-Wesley.

Carlson, Neil R. (2007). *Physiology of Behavior*, 9th ed. Allyn & Bacon.

Carpenter, William T., Jr.; Sadier, John H.; et al. (1983). The therapeutic efficacy of hemodialysis in schizophrenia. *New England Journal of Medicine*, 308(12), 669–675.

Carr, Edward G., & McDowell, Jack J. (1980). Social control of self-injurious behavior of organic etiology. *Behavior Therapy* 11, 402–409.

Carver, Charles S.; Scheier, Michael F.; & Weintraub, Jagdish K. (1989). Assessing coping strategies: A theoretically based approach. *Journal of Personality and Social Psychology*, 56, 267–283.

Caspi, Avshalom; Sugden, Karen; Moffitt, Terrie E.; et al. (2003). Influence of life stress on depression: Moderation by a polymorphism in the 5-HTT gene. *Science*, 301, 386-389.

Cermak, Laird S., & Craik, Fergus I. M. (eds.) (1979). *Levels of processing in human memory*. Hillsdale, NJ: Erlbaum.

Chambless, Dianne L. (1995). Training in and dissemination of empirically validated psychological treatments: Report and recommendations. *The Clinical Psychologist*, 48, 3–24.

Chan, Connie S., & Grossman, Hildineth Y. (1988). Psychological effects of running loss on consistent runners. *Perceptual & Motor Skills*, 66, 875–883.

Chance, Paul (1994). *Learning and behavior* (3rd ed.). Belmont, CA: Wadsworth.

Chance, Paul (1988, October). Knock wood. *Psychology Today*, 68–69.

Chipuer, Heather M.; Rovine, Michael J.; & Plomin, Robert (1990). LISREL modeling: Genetic and environmental influences on IQ revisited. *Intelligence*, 14,11–29.

Chomsky, Noam (1980). Initial states and steady states. In M. Piatelli-Palmerini (ed.), *Language and learning: The debate between Jean Piaget and Noam Chomsky*. Cambridge, MA: Harvard University Press.

Chomsky, Noam (1957). *Syntactic structures*. The Hague, Netherlands: Mouton.

Chrisler, J.C. (2000). PMS as a culture-bound syndrome. In J.C. Chrisler, C. Golden & P.D. Rozee, (eds.), *Lectures on the psychology of women* (2nd ed.). New York: McGraw-Hill.

Christensen, Andrew, & Jacobson, Neil S. (1994). Who (or what) can do psychotherapy: The status and challenge of nonprofessional therapies. *Psychological Science*, 5, 8–14.

Clark, Margaret S.; Milberg, Sandra; & Erber, Ralph (1987). Arousal state dependent memory: Evidence and some implications for understanding social judgments and social behavior. In K. Fiedler & J. P. Forgas (eds.), Affect, *cognition and social behavior*. Toronto: Hogrefe.

Clarke-Stewart, K. Alison; VanderStoep, Laima P.; & Killian, Grant A. (1979). Analyses and replication of mother–child relations at two years of age. *Child Development*, 50, 777–793.

Clifford, M. M. (1990). Students need challenge, not easy success. *Educational Leadership*, 48, 22-26.

Cofer, C. N. (1972). *Motivation and emotion*. Glenview, IL: Scott Foresman.

Collins, Allan M., & Loftus, Elizabeth F. (1975). A spreading-activation theory of semantic processing. *Psychological Review*, 82, 407–428.

Collins, Bud (1981, August 30). Rivals at Flushing Meadows. *The New York Times Magazine*, 71.

Comstock, George; Chaffee, Steven; Katzman, Natan; McCombs, Maxwell; & Roberts, Donald (1978). *Television and human behavior*. New York: Columbia University Press.

Conway, M.A.; Cohen, G.; & Stanhope, N. (1991). On the very long-term retention of knowledge acquired through formal education: Twelve years of cognitive psychology. *Journal of Experimental Psychology: General*, 120, 395-409.

Cooper, M. Lynne; Frone, Michael R.; Russell, Marcia; & Mudar, Pamela (1995). Drinking to regulate positive and negative emotions:

A motivational model of alcohol use. *Journal of Personality and Social Psychology*, 69, 990–1005.

Corder, E. H.; Saunders, A. M.; Strittmatter, W. J.; et al. (1993). Gene dose of apolipoprotein E type 4 allele and the risk of Alzheimer's disease in late onset families. *Science*, 261, 921–923.

Corkin, Suzanne (1984). Lasting consequences of bilateral medial temporal lobectomy: Clinical course and experimental findings in H. M. *Seminars in Neurology*, 4, 249–259.

Cornell-Bell, A. H.; Finkbeiner, S. M.; Cooper, M. S.; & Smith, S. J. (1990). Glutamate induces calcium waves in cultured astrocytes: Long-range glial signaling. *Science*, 247, 470–473.

Craik, Fergus I. M., & Tulving, Endel (1975). Depth of processing and the retention of words in episodic memory. *Journal of Experimental Psychology: General*, 104, 268–294.

Crain, Stephen (1991). Language acquisition in the absence of experience. *Behavioral & Brain Sciences, 14*, 597-650.

Critchlow, Barbara (1983). Blaming the booze: The attribution of responsibility for drunken behavior. *Personality and Social Psychology Bulletin*, 9, 451–474.

Crocker, Jennifer, & Major, Brenda (1989). Social stigma and self-esteem: The self-protective properties of stigma. *Psychological Review*, 96, 608–630.

Cross, A. J. (1990). Serotonin in Alzheimer-type dementia and other dementing illnesses. *Annals of the New York Academy of Science*, 600, 405–415.

Crystal, Jonathon D., & Shettleworth, Sara J. (1994). Spatial list learning in black-capped chickadees. *Animal Learning and Behavior*, 22, 77–83.

Csikszentmihalyi, M., & Rathunde, K. (1993). The measurement of flow in everyday life: Toward a theory of emergent motivation. In J. E. Jacobs (ed.), *Nebraska symposium on motivation: Developmental perspectives on motivation* (Vol. 40). Lincoln: University of Nebraska Press.

Curtiss, Susan (1977). *Genie: A psycholinguistic study of a modern-day «wild child.»* New York: Academic Press.

Damasio, Antonio R. (1994). *Descartes' error: Emotion, reason, and the human brain.* New York: Grosset/Putnam.

Darwin, Charles (1874). *The descent of man and selection in relation to sex* (2nd ed.). New York: Hurst.

Darwin, Charles (1872/1965). *The expression of the emotions in man and animals.* Chicago: University of Chicago Press.

Davidson, R.J.; Abercrombie, H.; Nitschke, J.B.; & Putnam, K. (1999). Regional brain function, emotion and disorders of emotion. *Current Opinion in Neurobiology, 9*, 228-234.

Davidson, Richard J.; Ekman, Paul; Saron, Clifford D.; Senulis, Joseph A.; & Friesen, Wallace V. (1990). Approach-withdrawal and cerebral asymmetry: I. Emotional expression and brain physiology. *Journal of Personality and Social Psychology*, 58, 330–341.

Davis, Joel (1984). *Endorphins: New waves in brain chemistry.* Garden City, NY: Dial Press.

Davis, Stephen F., & Palladino, Joseph, J. (2007). *Psychology.* 5th edition. Upper Saddle River: Prentice-Hall.

Dawes, Robyn M. (1994). *House of cards: Psychology and psychotherapy built on myth.* New York: Free Press.

Dawson, Neal V.; Arkes, Hal R.; Siciiano, C.; et al. (1988). Hindsight bias: An impediment to accurate probability estimation in clinicopathologic conferences. *Medical Decision Making*, 8(4), 259–264.

Dean, Geoffrey (1987, Spring). Does astrology need to be true? Part II: The answer is no. *The Skeptical Inquirer*, 11, 257–273.

de Bono, Edward (1971). *The dog exercising machine.* New York: Touchstone.

Deci, E. L., & Ryan, R. M. (1985). *Intrinsic motivation and self-determination in human behavior.* New York: Plenum.

Deci, E. L.; Schwartz, A.; Scheinman, L.; & Ryan, R. M. (1981). An instrument to assess adult's orientations toward control versus autonomy in children: Reflections on intrinsic motivation and perceived competence. *Journal of Educational Psychology*, 73, 642–650.

de Lacoste-Utamaing, Christine, & Holloway, Ralph L. (1982). Sexual dimorphism in the human corpus callosum. *Science*, 216, 1431–1432.

DeLoache, Judy S. (1987, December 11). Rapid change in the symbolic functioning of very young children. *Science*, 238, 1556–1557.

Dement, William (1992). *The sleepwarchers.* Stanford, CA: Stanford Alumni Association.

Dement, William (1978). *Some must watch while some must sleep.* New York: W. W. Norton.

Dement, William (1955). Dream recall and eye movements during sleep in schizophrenics and normals. *Journal of Nervous and Mental Disease*, 122, 263–269.

Dement, William, & Kieitman, Nathaniel (1957). The relation of eye movements during sleep to dream activity: An objective method for the study of dreaming. *Journal of Experimental Psychology*, 53, 339–346.

DeMyer, Marian K. (1975). Research in infantile autism: A strategy and its results. *Biological Psychiatry*, 10, 433–452.

Depression Guideline Panel (1993, April). Depression in primary care: Vol.1. *Detection and diagnosis. Clinical practice guideline, no. 5.* Rockville, MD: U.S. Department of Health and Human Services, Public Health Service, Agency for Health Care Policy and Research.

DeRubeis, R.J.; Gelfand, L.A.; Tang, T.Z.; & Simons, A.D. (1999). Medication versus cognitive behavior therapy for severely depressed outpatients: Mega-analysis of four randomized comparisons. *American Journal of Psychiatry*, 156, 1007-1013.

DeValois, R. L. (1960). Color vision mechanisms in the monkey. *Journal of General Physiology*, 43, 115-128.

DeValois, R. L., & DeValois, K. K. (1975). Neural coding of color. In E. C. Carterette & M. P. Friedman (eds.), *Handbook of perception* (Vol. 5). New York: Academic Press.

Devlin, B.; Daniels, M.; & Roeder, K. (1997). The heritability of I.Q. *Nature*, 388, 468-471.

Devolder, Patricia A., & Pressley, Michael (1989). Metamemory across the adult lifespan. *Canadian Psychology*, 30, 578–587.

Diamond, Marian C. (1993). An optimistic view of the aging brain. *Generations*, 17, 31–33.

DiFranza, Joseph K.; Winters, Thomas H.; Goldberg, Robert J.; Cinillo, Leonard; et al. (1986). The relationship of smoking to motor vehicle accidents and traffic violations. *New York State Journal of Medicine*, 86, 464–467.

Dimberg, U.; Thunberg, M.; & Elmehed, K. (2000). Unconscious facial reactions to emotional facial expressions. *Psychological Science*, 11(1), 86-89.

Dinges, David F.; Whitehouse, Wayne G.; Oinne, Emily C.; Powell, John W.; et al. (1992). Evaluating hypnotic memory enhancement (hypermnesia and reminiscence) using multitrial forced recall. *Journal of Experimental Psychology: Learning, Memory and Cognition*, 18, 1139–1147.

Dinsmoor, James A. (1992). Setting the record straight: The social views of B. F. Skinner. *American Psychologist*, 47, 1454–1463.

Dollard, John, & Miller, Neal E. (1950). *Personality and psychotherapy: An analysis in terms of learning, thinking, and culture.* New York: McGraw-Hill.

Dombeck, Mark (2007). *Humanistic Psychotherapy.* mentalhelp.net/poc/view_index.php?idx=35.

Drevets, W.C. (2000). Neuroimaging studies of mood disorders. *Biological Psychiatry*, 48, 813-829.

Duval, S., & Wicklund, R. A. (1972). *A theory of objective self-awareness.* New York: Academic Press.

Ebbinghaus, Hermann M. (1885/1913). *Memory: A contribution to experimental psychology* (H. A. Roger & C. E. Bussenius, trans.). New York: Teachers College, Columbia University.

Eberlin, Michael; McConnachie, Gene; Ibel, Stuart; & Volpe, Lisa (1993). Facilitated communication: A failure to replicate the phenomenon. *Journal of Autism and Developmental Disorders*, 23, 507–530.

Ebstein, R. P.; Novick, O.; Umanaky, R.; et al. (1996). Dopamine D4 receptor (D4DR) exon III polymorphism associated with the human personality trait of novelty seeking. *Nature Genetics*, 12, 78–80.

Edelson, Marshall (1994). Can psychotherapy research answer this psychotherapist's questions? In P. F. Talley, H. H. Strupp, & S. F. Butler (eds.), *Psychotherapy research and practice: Bridging the gap.* New York: Basic Books.

Egan, G. (1986). *The skilled helper: A systematic approach to effective helping* (3rd ed.). Pacific Grove, CA: Brooks/Cole.

Egan, G. (1975). *The skilled helper: A model for systematic helping and interpersonal relating.* Pacific Grove, CA: Brooks/Cole.

Egeland, Janice A.; Gerhard, Daniela; Pauls, David; Sussex, James; et al. (1987, February 26). Bipolar affective disorders linked to DNA markers on chromosome ll. *Nature,* 325, 783–787.

Eibl-Eibesfeldt, I. (1970). *Ethology: The biology of behavior.* New York: Holt, Rinehart & Winston.

Eich, Eric (1995). Searching for mood dependent memory. *Psychological Science,* 6, 67–75.

Eich, E., & Hyman, R. (1992). Subliminal self-help. In D. Druckman & R. A. Bjork (eds.), *In the mind's eye: Enhancing human performance.* Washington, DC: National Academy Press.

Ekman, P. (2003). *Emotions revealed.* New York: Times Books.

Ekman, Paul, & Heider, Karl G. (1988). The universality of a contempt expression: A replication. *Motivation and Emotion,* 12, 303–308.

Ekman, Paul; Friesen, Wallace V.; O'Sullivan, Maureen; et al. (1987). Universals and cultural differences in the judgements of facial expression of emotion. *Journal of Personality and Social Psychology,* 53, 712–717.

Elmes, D. G.; Kantowitz, B. H.; & Roediger, III, H. L. (1989). *Research methods in psychology,* 3rd ed. St.Paul: West Publishing Company.

Englander-Golden, Paula; Whitmore, Mary R.; & Dienstbier, Richard A. (1978). Menstrual cycle as focus of study and self-reports of moods and behavior. *Motivation and Emotion,* 2, 75–86.

Ennis, Robert H. (1986). A taxonomy of critical thinking dispositions and abilities. In J. B. Baron & R. I. Steinberg (eds.), *Teaching thinking skills.* New York: W. H. Freeman.

Epstein, Robert; Kirshnit, C. E.; Lanza, R. P.; & Rubin, L. C. (1984, March 1). «Insight» in the pigeon: Antecedents and determinants of an intelligent performance. *Nature,* 308, 61–62.

Eriksson, P.S.; Perfilieva, E.; Björk-Eriksson, T.; Alborn, A.M.; Nordborg, C.; Peterson, D.A.; & Gage, F.H. (1998). Neurogenesis in the adult human hippocampus. *Nature Medicine,* 4, 1313-1317.

Eron, Leonard D. (1995). Media violence: How it affects kids and what can be done about it. Invited address presented at the annual meeting of the American Psychological Association, New York.

Eron, Leonard D. (1982). Parent-child interaction, television violence, and aggression of children. *American Psychologist,* 37, 197–211.

Eron, Leonard D. (1980). Prescription for reduction of aggression. *American Psychologist,* 35, 244–252.

Eron, Leonard D., & Huesmann, L. Rowell (1987). Television as a source of maltreatment of children. *School Psychology Review,* 16, 195–202.

Ervin-Tripp, Susan (1964). Imitation and structural change in children's language. In E. H. Lenneberg (ed.), *New directions in the study of language.* Cambridge, MA: MIT Press.

Evans, Christopher (1984). *Landscapes of the night* (edited and completed by Peter Evans). New York: Viking.

Fancher, Robert T. (1995). *Cultures of healing.* New York: W. H. Freeman.

Faraone, Stephen V.; Kremen, William S.; & Tsuang, Ming T. (1990). Genetic transmission of major affective disorders: Quantitative models and linkage analyses. *Psychological Bulletin,* 108, 109–127.

Fausto-Sterling, Anne (1985). *Myths of gender: Biological theories about women and men.* New York: Basic Books.

Feather, N. T. (1966). Effects of prior success and failure on expectations of success and subsequent performance. *Journal of Personality and Social Psychology* 3, 287–298.

Feeney, Dennis M. (1987). Human rights and animal welfare. *American Psychologist,* 42, 593–599.

Fenigstein, A.; Scheier, M. F.; & Buss, A. H. (1975). Public and private self-consciousness, assessment and theory. *Journal of Consulting and Clinical Psychology,* 43, 522–527.

Ferster, C.B. (1973). A functional analysis of depression. *American Psychologist,* 28 (10), 857-870.

Festinger, Leon (1957). *A theory of cognitive dissonance.* Evanston, IL: Row, Peterson.

Fiez, J.A. (1996). Cerebellar contributions to cognition. *Neuron,* 16, 13-15.

Finkelhor, David (1984). *Child sexual abuse: New theory and research.* New York: Free Press.

Fiore, Edith (1989). *Encounters: A psychologist reveals case studies of abduction by extra-terrestrials.* New York: Bantam.

Fischhoff, Baruch (1975). Hindsight is not equal to foresight: The effect of outcome knowledge on judgment under uncertainty. *Journal of Experimental Psychology: Human Perception and Performance,* 1, 288–299.

Fisher, Ronald P., & Geiselman, R. Edward (1992). *Memory-enhancing techniques for investigative interviewing: The cognitive interview.* New York: C. C. Thomas.

Fiske, Alan P., & Haslam, Nick (1996). Social cognition is thinking about relationships. *Current Directions in Psychological Science,* 5, 143-148.

Flavell, John H. (1993). Young children's understanding of thinking and consciousness. *Current Directions in Psychological Science,* 2, 40–43.

Fleming, Raymond; Baum, Andrew; & Singer, Jerome E. (1984). Toward an integrative approach to the study of stress. *Journal of Personality and Social Psychology,* 46, 939–949.

Foa, Edna, & Emmelkamp, Paul (eds.) (1983). *Failures in behavior therapy.* New York: Wiley.

Forgas, Joseph P. (1998). On being happy and mistaken: Mood effects on the fundamental attribution error. *Journal of Personality and Social Psychology,* 75(2), 318-331.

Forsyth, G. Alfred; Arpey, Stacie H.; & Stratton-Hess, Caroline L. (1992). Correcting errors in the interpretation of research. Poster session paper presented at the annual meeting of the American Psychological Association, Washington, DC.

Fox, Nathan A., & Davidson, Richard J. (1988). Patterns of brain electrical activity during facial signs of emotion in 10-month-old infants. *Developmental Psychology,* 24, 230–236.

Fox, Ronald E. (1994). Training professional psychologists for the twenty-first century. *American Psychologist,* 49, 200–206.

Frank, Jerome D. (1985). Therapeutic components shared by all psychotherapies. In M. I. Mahony & A. Freeman (eds.), *Cognition and psychotherapy.* New York: Plenum.

Freed, C. R.; Breeze, R. E.; Rosenberg, N. L.; & Schneck, S. A. (1993). Embryonic dopamine cell implants as a treatment for the second phase of Parkinson's disease. Replacing failed nerve terminals. *Advances in Neurology,* 60, 721–728.

Freedman, Jonathan L. (1988). Television violence and aggression: What the evidence shows. In S. Oskamp (ed.), *Applied social psychology annual: Vol. 8. Television as a social issue.* Newbury Park, CA: Sage.

Freud, Anna (1946). *The ego and the mechanisms of defence.* New York: International Universities Press.

Freud, Sigmund (1961). *Letters of Sigmund Freud, 1873–1939* (E. L. Freud, ed.). London: Hogarth Press.

Freud, Sigmund (1933). *Femininity.* In Strachey, Standard edition (Vol. 22).

Freud, Sigmund (1924a). *The dissolution of the Oedipus complex.* In Strachey, Standard edition (Vol. 19).

Freud, Sigmund (1924b). *Some psychical consequences of the anatomical distinction between the sexes.* In Strachey, Standard edition (Vol. 19).

Freud, Sigmund (1923/1962). *The ego and the id* (Joan Riviere, trans.). New York: W. W. Norton.

Freud, Sigmund (1920/1963). The psychogenesis of a case of homosexuality in a woman. In S. Freud, *Sexuality and the psychology of love.* New York: Collier Books.

Freud, Sigmund (1920/1960). *A general intro- duction to psychoanalysis* (Joan Riviere, trans.). New York: Washington Square Press.

Freud, Sigmund (1915). Instincts and their vicissitudes. In *Collected papers of Sigmund Freud* (Vol. 4). London: Hogarth.

Freud, Sigmund (1908). *Civilized sexual moral- ity and modern nervousness*. In Strachey, Standard edition (Vol. 9).

Freud, Sigmund (1905b). *Three essays on the theory of sexuality*. In Strachey, Standard edition (Vol. 7).

Freud, Sigmund (1900/1953). The interpreta- tion of dreams. In J. Strachey (ed. and trans.), *The standard edition of the complete psycho- logical works of Sigmund Freud* (Vols. 4 and 5). London: Hogarth Press.

Frijda, Nico H. (1988). The laws of emotion. *American Psychologist*, 43, 349–358.

Fromm, Erich (1980). *Greatness and limitations of Freud's thought*. New York: Harper & Row.

Gale, Anthony (ed.) (1988). *The polygraph test: Lies, truth, and science*. London: Sage.

Gao, J.H.; Parsons, L.M.; Bower, J.M.; Xiong, J.; Li, J.; & Fox, P. (1996). Cerebellum implicated in sensory acquisition and dis- crimination rather than motor control. *Science*, 272, 545-547.

Garcia, John, & Koelling, Robert A. (1966). Relation of cue to consequence in avoidance learning. *Psychonomic Science*, 4, 23–124.

Gardner, Howard (1992). Scientific psychol- ogy: Should we bury it or praise it? *New Ideas in Psychology*, 10, 179–190.

Gardner, Howard (1985). *The mind's new science: A history of the cognitive revolution*. New York: Basic Books.

Gardner, Howard (1983). *Frames of mind: The theory of multiple intelligences*. New York: Basic Books.

Garnets, Linda; Hancock, Kristin A.; Cochran, Susan D.; Goodchilds, Jacqueline; & Peplau, Letitia A. (1991). Issues in psycho- therapy with lesbians and gay men: A survey of psychologists. *American Psychologist*, 46, 964–972.

Gazzaniga, Michael S. (1983). Right hemis- phere language following brain bisection: A 20-year perspective. *American Psychologist*, 38, 525–537.

Gelernter, Joel; O'Malley, S.; Risch, N.; Kranzler, H. R.; *et al.* (1991, October 2). No association between an allele at the D2 dopamine receptor gene (DRD2) and alco- holism. *Journal of the American Medical Association*, 266, 1801–1807.

Gelles, Richard J., & Straus, Murray A. (1988). *Intimate violence: The causes and conse- quences of abuse in the American family*. New York: Touchstone.

Gerboer, George (1988). Telling stories in the information age. In B. D. Ruben (ed.), *Information and behavior* (Vol. 2). New Brunswick, NJ: Transaction Books.

Gergen, Mary M. (1992). Life stories: Pieces of a dream. In G. Rosenwald & R. Ochberg (eds.), *Storied lives*. New Haven, CT: Yale University Press.

Gerrig, Richard J., & Zimbardo, Philip C. (2005). *Psychology and life*, 17th ed. Boston: Pearson.

Gibson, Eleanor J. (1994). Has psychology a future? *Psychological Science*, 5, 69–76.

Gillham, Jane E.; Reivich, Karen J.; Jaycox, Lisa H.; & Seligman, Martin E. P. (1995). Prevention of depressive symptoms in schoolchildren: Two-year follow-up. *Psy- chological Science*, 6, 343–351.

Giordano, Magda; Ford, Lisa M.; Shipley, Michael T.; *et al.* (1990). Neural grafts and pharmacological intervention in a model of Huntington's disease. *Brain Research Bulletin*, 25, 453–465.

Giorgi, A. (1971). Phenomenology and experi- mental psychology: 1, In A. Giorgi, W. Fisher, & R. von Eckartsberg (eds.), *Duquesne Studies in Phenomenological Psychology* (Vol. 1). Pittsburg: Duquesne University Press.

Gise, Leslie H. (ed.) (1988). *The premenstrual syndromes*. New York: Churchill Livingstone.

Glanzer, Murray, & Cunitz, Anita R. (1966). Two storage mechanisms in free recall. *Journal of Verbal Learning and Verbal Behavior*, 5, 351–360.

Gloor, P.; Olivier, A.; Quesney, L.F.; Andermann, F.; & Horowitz, S. (1982). The role of the limbic system in experiential phenomena of temporal lobe epilepsy. *Annals of Neurology*, 12, 129-144.

Goldman, Mark S.; Brown, Sandra A.; Christiansen, Bruce A.; & Smith, Gregory T. (1991). Alcoholism and memory: Broaden- ing the scope of alcohol-expectancy research. *Psychological Bulletin*, 110, 137–146.

Goleman, Daniel (1995). *Emotional intelligence*. New York: Bantam.

Golub, Sharon (1992). *Periods: From menarche to menopause*. Newbury Park, CA: Sage.

Goodenough, Donald R.; Shapiro, Arthur; Holden, Melvin; & Steinschriber, Leonard (1959). A comparison of dreamers and nondreamers: Eye movements, electro- encephalograms and the recall of dreams. *Journal of Abnormal and Social Psychology*, 59, 295–302.

Gore, P. M., & Rotter, Julian B. (1963). A personality correlate of social action. *Journal of Personality*, 31, 58–64.

Gorman, Jessica (1999). The 11-year-old debunker – child's experiment refutes "therapeutic touch". *Discover, 20(1)*, 62-63.

Gorn, Gerald J. (1982). The effects of music in advertising on choice behavior: A classical conditioning approach. *Journal of Marketing*, 46, 94–101.

Gould, Stephen Jay (1994, November 28). Curveball. [Review of The Bell Curve, by Richard J. Herinnatein and Charles Murray.] *The New Yorker*, 139–149.

Gould, Stephen Jay (1990, April). The war on (some) drugs. *Harper's*, 24.

Gould, Stephen Jay (1981). *The mismeasure of man*. New York: W. W. Norton.

Graf, Peter, & Schacter, Daniel A. (1985). Implicit and explicit memory for new associations in normal and amnesic subjects. *Journal of Experimental Psychology: Learning, Memory and Cognition*, 11, 501–518.

Greene, Robert L. (1986). Sources of recency effects in free recall. *Psychological Bulletin*, 99, 221–228.

Greenough, William T. (1991). The animal rights assertions: A researcher's perspective. *Psychological Science Agenda* (American Psychological Association), 4(3), 10–12.

Greenough, William T., & Anderson, Brenda J. (1991). Cerebellar synaptic plasticity: Rela- tion to learning vs. neural activity. *Annals of the New York Academy of Sciences*, 627, 231–247.

Greenough, William T., & Black, James E. (1992). Induction of brain structure by experience: Substrates for cognitive devel- opment. In M. Gunnar & C. A. Nelson (eds.), *Behavioral developmental neuro- science*: Vol. 24. Minnesota Symposia on Child Psychology. Hillsdale, NJ: Erlbaum.

Greenwald, Anthony G. (1992). New Look 3: Unconscious cognition reclaimed. *American Psychologist*, 47, 766–779.

Greenwald, A. G.; Spangenberg, E. R.; Pratkanis, A. R.; & Eskenazi, J. (1991). Double-blind tests of subliminal self-help audiotapes. *Psychological Science*, 2, 119-122.

Gregory, R. L., & Wallace, J. G. (1963). Recovery from early blindness: A case study. Mono- graph Supplement 2, *Quarterly Journal of Experimental Psychology*, No. 3.

Gross, Martin (1978). *The psychological society*. New York: Random House.

Grusec, Joan E.; Saas-Kortsaak, P.; & Simutis, Z. M. (1978). The role of example and moral exhortation in the training of altruism. *Child Development*, 49, 920–923.

Guilford, J.P. (1988). Some changes in the structure-of-intellect model. *Educational and Psychological Measurement*, 48, 1-4.

Guilford, J. P. (1950). Creativity. *American Psychologist*, 5, 444–454.

Haber, Ralph N. (1970, May). How we remem- ber what we see. *Scientific American*, 222, 104–112.

Hackett, Gail; Betz, Nancy E.; Casas, J. Manuel; & Rocha-Singh, Indra A. (1992). Gender, ethnicity, and social cognitive factors predicting the academic achievement of students in engineering. *Journal of Counseling Psychology* 39, 527–538.

Haier, Richard J.; Siegel, Benjamin V., Jr.; MacLachlan, Andrew; Soderling, Eric; *et al.* (1992). Regional glucose metabolic changes after learning a complex visuospatial/ motor task: A positron emission tomogra- phic study. *Brain Research*, 570, 134–143.

Haier, Richard J.; Siegel, Benjamin V., Jr.; Nuechterlein, Keith H.; Hazlett, Erin; *et al.* (1988). Cortical glucose metabolic rate cor- relates of abstract reasoning and attention studied with positron emission tomography. *Intelligence, 12,* 199–217.

Halgren, E.; Walter, R.D.; Cherlow, D.G.; & Crandall, P.H. (1978). Mental phenomena evoked by electrical stimulation of the human hippocampal formation and amygdala. *Brain, 101,* 83-117.

Halkides, G. (1958). *An experimental study of four conditions necessary for therapeutic change.* Thèse de doctorat non publiée. University of Chicago.

Hall, C. S., & Lindzay, G. (1978). *Theories of personality.* New York: John Wiley & Sons.

Hankin, Benjamin L., & Abramson, Lyn Y. (2001). Development of gender differences in depression: An elaborated cognitive vulnerability-transactional stress theory. *Psychological Bulletin, 127,* 773-796.

Hanson, F. Allan (1993). *Testing testing: Social consequences of the examined life.* Berkeley: University of California Press.

Hardie, E.A. (1997). PMS in the workplace: Dispelling the myth of cyclic function. *Journal of Occupational and Organizational Psychology, 70,* 97-102.

Hare, Robert D. (1993). *Without conscience: The disturbing world of the psychopaths among us.* New York: Pocket Books.

Hare, Robert D. (1965). Temporal gradient of fear arousal in psychopaths. *Journal of Abnormal Psychology, 70,* 442–445.

Harmon-Jones, Eddie; Brehm, Jack W.; Greenberg, Jeff; Simon, Linda; & Nelson, David E. (1996). Evidence that the production of aversive consequences is not necessary to create cognitive dissonance. *Journal of Personality and Social Psychology, 70,* 5–16.

Harris, Ben (1979). Whatever happened to little Albert? *American Psychologist, 34,* 151–160.

Harter, S. (1982). The perceived competence scale for children. *Child Development, 53,* 87-97.

Hawkins, Scott A., & Hastie, Reid (1990). Hindsight: Biased judgments of past events after the outcomes are known. *Psychological Bulletin, 107,* 311–327.

Heath, A.C.; Madden, P.A.F.; Bucholz, K.K.; et al. (2003). Genetic and genotype x environment interaction effects on risk of dependence on alcohol, tobacco, and other drugs: New research. In R. Plomin *et al.* (eds.), *Behavioral genetics in the postgenomic era.* Washington, DC: APA Books.

Heininnstein, Richard J., & Murray, Charles (1994). *The bell curve: Intelligence and class structure in American life.* New York: Free Press.

Helson, Ravenna; Roberts, Brent; & Agronick, Gail (1995). Enduringness and change in creative personality and the prediction of occupational creativity. *Journal of Personality and Social Psychology, 6,* 1173–1183.

Henry, W.P.; Strupp, H. H.; Schacht, T.E.; & Gaston, L. (1994). Psychodynamic approaches. In A.E. Bergin & S.L. Garfield (Eds.), *Handbook of psychotherapy and behavior change, 4th ed.,* 467-508, New York: Wiley.

Hergenhahn, B. R. & Olson, M. H. (2007). *An introduction to theories of personality.* 7th ed. Upper Saddle River: Prentice-Hall.

Hergenhahn, B. R. (1992). *An introduction to the history of psychology.* CA: Cole Publishing Company.

Hergenhahn, B. R. (1990). *An introduction to theories of personality.* New Jersey: Prentice-Hall.

Herman, John H. (1992). Transmutative and reproductive properties of dreams: Evidence for cortical modulation of brainstem generators. In I. Antrobus & M. Bertini (eds.), *The neuropsychology of dreaming.* Hillsdale, NJ: Erlbaum.

Heron, Woodburn (1957). The pathology of boredom. *Scientific American,* 196(1), 52–56.

Higgins, E.T.; Bond, N.; Klein, R.; & Strauman, T. (1986). Self-discrepancies and emotional vulnerability: How magnitude, accessibility, and type of discrepancy influence affect. *Journal of Personality and Social Psychology, 51,* 5-15.

Hilgard, Ernest R. (1991). Psychology as an integrative science versus a unified one. Invited address, presented at the annual meeting of the American Psychological Association, San Francisco.

Hill, Winfred F. (1990). *Learning: A survey of psychological interpretations.* New York: HarperCollins.

Hite, Shere (1987). *Women and love: A cultural revolution in progress.* New York: Knopf.

Hobson, J. Allan (1990). Activation, input source, and modulation: A neurocognitive model of the state of the brain-mind. In R. R. Bootzin, J. F. Kihlstrom, & D. L. Schacter (eds.), *Sleep and cognition.* Washington, DC: American Psychological Association.

Hobson, J. Allan (1988). *The dreaming brain.* New York: Basic Books.

Hobson, J. Allan, & McCarley, Robert W. (1977). The brain as a dream state generator: An activation-synthesis hypothesis of the dream process. *American Journal of Psychiatry, 134,* 1335–1348.

Hobson, Robert F. (1985). *Forms of feeling: The heart of psychotherapy.* London: Tavistock.

Hollon, Steven D.; Thase, Michael E.; & Markowitz, John C. (2002). Treatment and prevention of depression. *Psychological Science in the Public Interest, 3,* 39-77.

Holmes, David S. (1990). The evidence for repression: An examination of sixty years of research. In J. L. Singer (ed.), *Repression and dissociation.* Chicago: University of Chicago Press.

Holt, Jim (1994, October 19). *Anti-social science?* New York Times, op-ed page.

Hooker, Evelyn (1957). The adjustment of the male overt homosexual. *Journal of Projective Techniques, 21,* 18–31.

Hooven, Carole; Gottman, John M.; & Katz, Lynn E (1995). Parental mets-emotion structure predicts family and child outcomes. *Cognition and Emotion, 9,* 229–269.

Hopkins, Bill L. (1987). Comments on the future of applied behavior analysis. *Journal of Applied Behavior Analysis, 20,* 339–346.

Horn, G., & Hinde, R. A. (eds.) (1970). *Short-term changes in neural activity and behaviour.* New York: Cambridge University Press.

Horne, J.A. (1988). Sleep loss and «divergent» thinking ability. *Sleep, 11,* 528–536.

Horner, Althea J. (1991). *Psychoanalytic object relations therapy.* New York: Jason Aronson.

Horney, Karen (1939). *New ways In psychoanalysis.* New York: W.W. Norton.

Hornstein, Gail (1992). The return of the repressed: Psychology's problematic relations with psychoanalysis, 1909–1960. *American Psychologist, 47,* 254–263.

Horowitz, Mardi J. (1988). *Introduction to psychodynamics: A new synthesis.* New York: Basic Books.

Howard, George S. (1991). Culture tales: A narrative approach to thinking, cross-cultural psychology, and psychotherapy. *American Psychologist, 46,* 187–197.

Howe, Mark L., & Courage, Mary L. (1993). On resolving the enigma of infantile amnesia. *Psychological Bulletin, 113,* 305–326.

Hubbard, Ruth (1990). *The politics of women's biology* New Brunswick, NJ: Rutgers University Press.

Hubbard, Ruth, & Wald, Elijah (1993). *Exploding the gene myth.* Boston: Beacon Press.

Hughes, Judith M. (1989). *Reshaping the psychoanalytic domain: The work of Melanie Klein, W R. D. Fair-bairn, & D. W Winnicott.* Berkeley: University of California Press.

Hull, C. L. (1943). *Principles of behavior.* New York: Appleton-Century-Crofts.

Hull, J. G. (1981). A self-awareness model of the causes and effects of alcohol consumption. *Journal of Abnormal Psychology, 90,* 586-600.

Hull, J. G., & Young, R. D. (1983). The self-awareness-reducing effects of alcohol consumption: Evidence and implications. In J. Suls & A. G. Greenwald (eds.), *Psychological perspectives on the self* (Vol. 2). Hillsdale, N.J.: Erlbaum.

Hull, J. G.; Young, R. D.; & Jouriles, E. (1986). Applications of the self-awareness model of alcohol consumption: predicting patterns of use and abuse. *Journal of Personality and Social Psychology, 51,* 790-796.

Hunt, Morton M. (1993). *The story of psychology.* New York: Doubleday.

Hurst, William; Neisser, Ulnic; & Spelke, Elizabeth (1978, January). Divided attention. *Human Nature, 1,* 54–61.

Hurvich, L. M., & Jameson, D. (1974). Opponent processes as a model of neural organization. *American Psychologist, 29,* 88-102.

Jacobson, John W., & Mulick, James A. (1994). Facilitated communication: Better education through applied ideology. *Journal of Behavioral Education, 4,* 93–105.

Jacobson, N.S.; Dobson, K.S.; Truax, P.A.; Addis, M.E.; Koemer, K.; Gollan, J.K.;

Gortner, E.; & Prince, S.E. (1996). A component analysis of cognitive-behavior treatment for depression. *Journal of Consulting and Clinical Psychology, 64,* 295-304.

Jacobvitz, Robin N. S. (1990). Defining and measuring TV addiction. Paper presented at the annual meeting of the American Psychological Association, Boston.

Jacox, Ada; Cam, D. B.; & Payne, Richard (1994, March 3). New clinical-practice guidelines for the management of pain in patients with cancer. *New England Journal of Medicine, 330,* 651–655.

James, William (1890/1950). *Principles of psychology* (Vol. 1). New York: Dover.

Jarrett, R.B., & Rush, A.J. (1994). Short-term psychotherapy of depressive disorders: Current status and future directions. *Psychiatry, 57,* 115-132.

Jensen, Arthur R. (1981). *Straight talk about mental rests.* New York: Free Press.

Jensen, Arthur R. (1969). How much can we boost IQ and scholastic achievement? *Harvard Educational Review, 39,* 1–123.

Jensen, J. P.; Bergin, Allen E.; & Greaves, D. W. (1990). The meaning of eclecticism: New survey and analysis of components. *Professional Psychology: Research and Practice, 21,* 124–130.

Johnson, Marcia K. (1995). The relation between memory and reality. Paper presented at the annual meeting of the American Psychological Association, New York.

Jones, E.E. (1990). *Interpersonal perception.* New York: Macmillan.

Jones, Mary Cover (1924). A laboratory study of fear: The case of Peter. *Pedagogical Seminary 31,* 308–315.

Jones, Russell A. (1977). *Self-fulfilling prophecies.* Hillsdale, NJ: Erlbaum.

Kagan, Jerome (1993). The meanings of morality. *Psychological Science, 4,* 353, 357–360.

Kagan, Jerome (1989). *Unstable ideas: Temperament, cognition, and self.* Cambridge, MA: Harvard Univerally Press.

Kagan, Jerome, & Snidman, Nancy (1991). Infant predictors of inhibited and uninhibited profiles. *Psychological Science, 2,* 40–44.

Kahneman, Daniel, & Treisman, Anne (1984). Changing views of attention and automaticity. In R. Parasuraman, D. R. Davies, & J. Beatty (eds.), *Varieties of attention.* New York: Academic Press.

Kamin, Allen; Houston, Susan E.; Axton, Ted R.; & Hall, Rosalie (1995). Self-efficacy and race car driver performance: A field investigation. Paper presented at the annual meeting of the American Psychological Association, New York.

Kandel, Eric R., & Schwartz, James H. (1982). Molecular biology of learning: Modulation of transmitter release. *Science, 218,* 433–443.

Kanter, Rosabeth Moss (1977/1993). *Men and women of the corporation.* New York: Basic Books.

Karasek, Robert, & Theorell, Tomes (1990). *Healthy work: Stress, productivity and the reconstruction of working life.* New York: Basic Books.

Karney, Benjamin, & Bradbury, Thomas N. (2000). Attributions in marriage: State or trait? A growth curve analysis. *Journal of Personality and Social Psychology, 78(2),* 295-309.

Kassin, Saul (2004). *Psychology.* 4th edition. Upper Saddle River: Prentice Hall.

Katz, Lilian G. (1993, Summer). All about me. *American Educator, 17(2),* 18–23.

Kaufman, Joan, & Zigler, Edward (1987). Do abused children become abusive parents? *American Journal of Orthopsychiatry, 57,* 186–192.

Kazdin, A. E. (1977). *The token economy: A review and evaluation.* New York: Plenum.

Keirstead, Susan A.; Rasminsky, Michael; Fukuda, Y.; et al. (1989). Electrophysiologic responses in hamster superior colliculus evoked by regenerating retinal axons. *Science,* 246, 255–257.

Kelsoe, John R.; Ginns, Edward I.; Egeland, Janice A.; Gerhard, Daniela S.; et al. (1989). Re-evaluation of the linkage relationship between chromosome 11p loci and the gene for bipolar affective disorder in the Old Order Amish. *Nature,* 342, 238–243.

Kemnberg, Otto F. (1976). *Object relations theory and clinical practice.* New York: Jason Aronson.

Kendler, K. S.; Heath, A. C.; Neale, M. C.; Kessler, R. C.; & Eaves, L. J. (1992, October 14). A population-based twin study of alcoholism in women. *Journal of the American Medical Association,* 268, 1877–1882.

Kendler, Kenneth S.; Pedersen, Nancy; Johnson, Lars; Neale, Michael C.; & Mathie, A. (1993). A Swedish pilot twin study of affective illness, including hospital and population-ascertained subsamples. *Archives of General Psychiatry,* 50, 699-706.

Kesner, Raymond P.; Chiba, Andrea A.; & Jackson-Smith, Pamela (1994). Rats do show primacy and recency effects in memory for lists of spatial locations: A reply to Gaffan. *Animal Learning and Behavior,* 22, 214–218.

Kessler, Ronald C.; McGonagle, Katherine A.; Zhao, Shanyang; et al. (1994). Lifetime and 12-month prevalence of DSM-III-R psychiatric disorders in the United States: Results from the National Comorbidity Survey. *Archives of General Psychiatry,* 51, 8-19.

Kihlstrom, John F. (1995). From a subject's point of view: The experiment as conversation and collaboration between investigator and subject. Invited address presented at the seventh annual meeting of the American Psychological Society, New York.

Kihlstrom, John F.; Barnhardt, Terrence M.; & Tataryn, Douglas J. (1992). The psychological unconscious: Found, lost and regained. *American Psycholgist,* 47, 788–791.

Kim, Hannah L.; Streltzer, Jon; & Goebert, Deborah (1999). St. John's wort for depression: A meta-analysis of well-defined clinical trials. *Journal of Nervous and Mental Disease,* 187, 532-538.

Kimble, Gregory A. (1996). *Psychology: The hope of a science.* Cambridge, MA: MIT Press

Kimble, Gregory A. (1994). A frame of reference for psychology. *American Psychologist,* 49, 510–519.

King, Patricia M., & Kitchener, Karen S. (1994). *Developing reflective judgment: Understanding and promoting intellectual growth and critical thinking in adolescents and adults.* San Francisco: JosseyBass.

Kinsbourne, Marcel (1982). Hemispheric specialization and the growth of human understanding. *American Psychologist,* 37, 411–420.

Kirschenbaum, B.; Nedergaard, M.; Preuss, A.; et al. (1994). In vitro neuronal production and differentiation by precursor cells derived from the adult human forebrain. *Cerebral Cortex,* 4, 576–589.

Kleinmuntz, Benjamin, & Szucko, Julian J. (1984, March 29). A field study of the fallibility of polygraph lie detection. *Nature,* 308, 449–450.

Klerman, G.L. (1988). Depression and related disorders of mood (affective disorders). In A.M. Nicholi Jr. (Ed.), *The new Harvard guide to psychiatry.* Cambridge, MA: Harvard University Press.

Koch, Sigmund (1992). «Psychology» or «The psychological studies»? *American Psychologist,* 48, 902–904.

Koch, Sigmund (1981). The nature and limits of psychological knowledge: Lessons of a century qua «science.» *American Psychologist,* 36, 257–259.

Koegel, Robert L.; Schineibman, Laura; O'Neill, Robert E.; & Burke, John C. (1983). The personality and family-interaction characteristics of parents of autistic children. *Journal of Consulting and Clinical Psychology,* 51, 683–692.

Koeske, Randi D. (1987). Premenstrual emotionality: Is biology destiny? In M. R. Walsh (ed.), *The psychology of women: Ongoing debates.* New Haven, CT: Yale University Press.

Kohn, Alfie (1993). *Punished by rewards.* Boston: Houghton Mifflin.

Kosslyn, Stephen M. (1980). *Image and mind.* Cambridge, MA: Harvard University Press.

Kraemer, G. W.; Ebert, M. H.; Lake, C. R.; & McKinney, W. T. (1984). Hypersensitivity to d-amphetamine several years after early social deprivation in rhesus monkeys. *Psychopharmacology,* 82, 266–271.

Kramer, Peter (1993). *Listening to Prozac.* New York: Viking.

Krupa, D.J.; Thompson, J.K.; Thompson, R.F. (1993). Localization of a memory trace in the mammalian brain. *Science, 260,* 989-991.

Kunda, Ziva (1990). The case for motivated reasoning. *Psychological Bulletin,* 108, 480–498.

Kurdek, L.A. (1987). Sex role self schema and psychological adjustment in coupled homosexual and heterosexual men and women. *Sex Roles, 17,* 549–562.

Lakoff, Robin T., & Coyne, James C. (1993). *Father knows best: The use and abuse of power in Freud's case of «Dora.»* New York: Teachers College Press.

Lambert, Michael J., & Bergin, Allen E. (1994). The effectiveness of psychotherapy. In A. E. Bergin & S. L. Garfield (eds.), *Handbook of psychotherapy and behavior change* (4th ed.). New York: Wiley.

Land, E. H. (1959). Experiments in color vision. *Scientific American, 200* (5), 84-94, 96, 99.

Landry, D. W.; Zhao, K.; Yang, G. X.; Glickman, M.; & Georgiadis, T. M. (1993, March 26). Antibody-catalyzed degradation of cocaine. *Science, 259,* 1899–1901.

Lane, Charles (1994, December 1). The tainted sources of «The Bell Curve.» *New York Review of Books,* 14–18.

Langer, Ellen J. (1989). *Mindfulness.* Reading, MA: Addison-Wesley.

Langer, Ellen J., & Moldoveanu, Mihnea (2000). The construct of mindfulness. *Journal of Social Issues, 56,* 1-9.

Lau, Richard R. (1982). Origins of health locus on control beliefs. *Journal of Personality and Social Psychology, 37,* 322–334.

Lazarus, Arnold A. (1990). If this be research… *American Psychologist, 58,* 670–671.

Lazarus, Richard S. (1991). Cognition and motivation in emotion. *American Psychologist, 46,* 352–367.

Leahey, T. H. (1987). *A history of psychology.* Englewood Cliffs, NJ: Prentice-Hall.

LeDoux, Joseph E. (1989). Cognitive-emotional interactions in the brain. *Cognition and Emotion, 3,* 267–289.

Lee, Jerry W., & Hart, Richard (1985). Techniques used by individuals who quit smoking on their own. Paper presented at the annual meeting of the American Psychological Association, Los Angeles.

Lent, James R. (1968, June). Mimosa cottage: Experiment in hope. *Psychology Today,* 51–58.

Leproult, R.; Copinschi, G.; Buxton, O.; & Van Cauter, E. (1997). Sleep loss results in an elevation of cortisol levels the next evening. *Sleep, 20,* 865-870.

Levenson, Leah (1983). *With wooden sword: A portrait of Francis Sheehy-Skeffington, militant pacifist.* Boston: Northeastern University Press.

Levy, Jemre (1985, May). Right brain, left brain: Fact and fiction. *Psychology Today,* 38–39, 42–44.

Levy, Jerre; Trevarthen, Colwyn; & Sperry, Roger W. (1972). Perception of bilateral chimeric figures following hemispheric deconnection. *Brain, 95,* 61–78.

Levy-Lahad, Ephrat; Wasco, Wilma; Poomkaj, Pamvoneh; et al. (1995a). Candidate gene for the chromosome 1 familial Alzheimer's disease locus. *Science, 269,* 973–977.

Levy-Lahad, Ephrat; Wijsman, Ellen M.; Nemens, Ellen; et al. (1995b). A familial Alzheimer's disease locus on chromosome 1. *Science, 269,* 970–973.

Lewinsohn, P.M. (1974). A behavioral approach to depression. In R. Friedman & M. Katz (Eds.), *The psychology of depression: Contemporary theory and research.* Washington, DC: Winston-Wiley.

Lewinsohn, P.M.; Weinstein, M.; & Alper, T. (1970). A Behavioral approach to the group treatment of depressed persons: A methodological contribution. *Journal of Clinical Psychology, 26,* 525-532.

Lewis, Marc D. (1993). Early socioemotional predictors of cognitive competency at 4 years. *Developmental Psychology, 29,* 1036–1045.

Lieberman, David A. (1979). Behaviorism and the mind: A (limited) call for a return to introspection. *American Psychologist, 34,* 319–333.

Liebeskind, Arthur S. (1991). Chemical dependency and the denial of the need for intimacy. In A. Smaldino (ed.), *Psychoanalytic approaches to addiction.* New York: Brunner/Mazel.

Lightfoot, Lynn O. (1980). *Behavioral tolerance to low doses of alcohol in social drinkers.* Unpublished doctoral dissertation, University of Waterloo, Waterloo, Ontario.

Linday, Linda A. (1994). Maternal reports of pregnancy, genital, and related fantasies in preschool and kindergarten children. *Journal of the American Academy of Child and Adolescent Psychiatry, 33,* 416–423.

Lindvall, O.; Sawle, G.; Widner, H.; et al. (1994). Evidence for long-term survival and function of dopaminergic grafts in progressive Parkinson's disease. *Annals of Neurology, 35,* 172–180.

Linscheid, T.R. & Reichenbach, H. (2002). Multiple factors in the long-term effectiveness of contingent electric shock treatment for self-injurious behavior: a case example. *Research in Developmental Disabilities, 23,* 161-177.

Linton, Marigold (1978). Real-world memory after six years: An in vivo study of veiny long-term memory. In M. M. Grunebeing, P. E. Morris, & R. N. Sykes (eds.), *Practical aspects of memory.* London: Academic Press.

Linville, P.W., Fischer, G.W. & Fischoff, B. (1992). AIDS risk perceptions and decision biases. In J.B. Pryor & G.D. Reeder (eds.), *The social psychology of HIV infection.* Hillsdale: Erlbaum.

Lipsey, Mark W., & Wilson, David B. (1993). The efficacy of psychological, educational, and behavioral treatment: Confirmation from meta-analysis. *American Psychologist, 48,* 1181–1209.

Lipstadt, Deborah E. (1993). *Denying the Holocaust: The growing assault on truth and memory.* New York: Free Press.

Locke, E. A., & Latham, G. P. (1990). *A theory of goal-setting and task performance.* Englewood Cliffs, NJ: Prentice-Hall.

Locke, E. A.; Shaw, K.; Saari, L.; & Latham, G. (1981). Goal-setting and task performance: 1969-1980. *Psychological Bulletin, 90,* 125–152.

Loehlin, John C. (1992). *Genes and environment in personality development.* Newbury Park CA: Sage.

Loehlin, John C. (1988). Partitioning environmental and genetic contributions to behavioral development. Invited address presented at the annual meeting of the American Psychological Association, Atlanta.

Loftus, Elizabeth E. (1980). *Memory Reading,* MA: Addison-Wesley.

Loftus, Elizabeth E., & Zanni, Guido (1975). Eyewitness testimony: The influence of the wording of a question. *Bulletin of the Psychonomic Society, 5,* 86–88.

Loftus, Elizabeth F., & Palmer, John C. (1974). Reconstruction of automobile destruction: An example of the interaction between language and memory. *Journal of Verbal Learning and Verbal Behavior, 13,* 585–589.

López, Steven R. (1995). Testing ethnic minority children. In B. B. Wolman (ed.), *The encyclopedia of psychology psychiatry and psychoanalysis.* New York: Henry Holt.

López, Steven R. (1989). Patient variable biases in clinical judgment: Conceptual overview and methodological considerations. *Psychological Bulletin, 106,* 184–203.

Lovaas, O. Ivar (1977). *The autistic child: Language development through behavior modification.* New York: Halsted Press.

Lovaas, O. Ivar; Schreibman, Laura; & Koegel, Robert L. (1974). A behavior modification approach to the treatment of autistic children. *Journal of Autism and Childhood Schizophrenia, 4,* 111–129.

Luborsky, L., & Crits-Christoph, P. (1998). *Understanding transference: The core conflictual relationship theme method.* Washington, DC: American Psychological Association.

Luce, Gay Gaer, & Segal, Julius (1966). *Current research on sleep and dreams.* Bethesda, MD: U.S. Department of Health, Education, and Welfare.

Luengo, M. A.; Carrillo-de-la-Peña, M. T.; Otero, J. M.; & Romero, E. (1994). A short-term longitudinal study of impulsivity and antisocial behavior. *Journal of Personality and Social Psychology, 66,* 542–548.

Lundin, R. W. (1985). *Theories and systems of psychology.* Toronto: D. C. Heath and Company.

Luria, Alexander R. (1980). *Higher cortical functions in man* (2nd rev. ed.). New York: Basic Books.

Luria, Alexander R. (1968). *The mind of a mnemonist* (L. Soltaroff, trans.). New York: Basic Books.

Lykken, David T. (1981). *A tremor in the blood: Uses and abuses of the lie detector.* New York: McGraw-Hill.

Lytton, Hugh, & Romney, David M. (1991). Parents' differential socialization of boys and girls: A meta-analysis. *Psychological Bulletin, 109,* 267–296.

MacKinnon, Donald W. (1968). Selecting students with creative potential. In P. Heist (ed.), *The creative college student: An unmet challenge.* San Francisco: Jossey-Bass.

MacLean, Harry N. (1993). *Once upon a time: A true story of memory, murder, and the law.* New York: Harper-Collins.

Maddi, S., & Costa, P. T. (1972). *Humanism in personology: Allport, Maslow and Murray.* Chicago: Aldine & Atherton.

Maguire, E.A.; Gadian, D.G.; Johnsrude, I.S.; Good, C.D.; Ashburner, J.; Frackowiak, R.S.J.; & Frith, C.D. (2000). Navigation-related structural change in the hippocampi of taxi drivers. *Proceedings of the National Academy of Sciences, 97,* 4398-4403.

Mahoney, M.J. (1991). *Human change processes.* New York: Basic Books.

Maier, S.F., & Seligman, M.E.P. (1976). Learned helplessness: Theory and evidence. *Journal of Experimental Psychology, 105,* 3-46.

Maki, Ruth H., & Berry, Sharon L. (1984). Metacomprehension of text material. *Journal of Experimental Psychology: Learning, Memory, and Cognition, 10,* 663–679.

Malan, D.H. (1979). *Individual psychotherapy and the science of psychodynamics.* London: Butterworth.

Maling, Michael S., & Howard, Kenneth I. (1994). From research to practice to research to…. In P. F. Talley, H. H. Strupp, & S. E Butler (eds.), *Psychotherapy research and practice: Bridging the gap.* New York: Basic Books.

Marcus, Gary F.; Pinker, Steven; Ullman, Michael; Hollander, Michelle; *et al.* (1992). Overregularization in language acquisition. *Monographs of the Society for Research in Child Development, 57* (Serial No. 228), 1–182.

Markus, Hazel R., & Kitaysma, Shinobu (1991). Culture and the self: Implications for cognition, emotion, and motivation. *Psychological Review, 98,* 224–253.

Markus, Hazel R., & Numius, Paula (1986). Possible selves. *American Psychologist, 41,* 954–969.

Marlatt, G. Alan, & Rohsenow, Damaris J. (1980). Cognitive processes in alcohol use: Expectancy and the balanced placebo design. In N. K. Mello (ed.), *Advances in substance abuse* (Vol. 1). Greenwich, CT: JAI Press.

Marshall, Grant N. (1991). A multidimensional analysis of internal health locus of control beliefs: Separating the wheat from the chaff? *Journal of Personality and Social Psychology, 61,* 483–491.

Marshall, Grant N.; Wortman, Camille B.; Vickers, Ross R., Jr.; Kusulas, Jeffrey W.; & Hervig, Linda K. (1994). The five-factor model of personality as a framework for personality-health research. *Journal of Personality and Social Psychology, 67,* 278–286.

Maslow, A. H. (1987). *Motivation and personality* (3rd ed.). New York: Harper & Row.

Maslow, A. H. (1971). *The farther reaches of human nature.* New York: Viking.

Masson, Jeffrey (1984). *The assault on truth: Freud's suppression of the seduction theory.* New York: Farrar, Straus & Giroux.

Mather, Mara; Shafir, Eldar; & Johnson, Marcia K. (2000). Misremembrance of options past: Source monitoring and choice. *Psychological Science, 11,* 132-138.

May, Mitchell (1991). Observations on counter transference, addiction, and treatability. In A. Smaldino (ed.), *Psychoanalytic approaches to addiction.* New York: Brunner/Mazel.

Mayer, John D., & Salovey, Peter (1993). The intelligence of emotional intelligence. *Intelligence, 17,* 433–442.

Mayer, John D.; McCormick, Laura J.; & Strong, Sara E. (1995). Mood-congruent memory and natural mood: New evidence. *Personality and Social Psychology Bulletin, 21,* 736–746.

McClelland, David C. (1961). *The Archieving Society.* New York: Free Press.

McClelland, James L. (1994). The organization of memory: A parrallel distibuted processing perspective. *Revue Neurologique, 150,* 570-579.

McCloskey, Michael; Wible, Cynthia G.; & Cohen, Neal J. (1988). Is there a special flashbulb-memory mechanism? *Journal of Experimental Psychology: General, 117,* 171–181.

McConnell, James V. (1962). Memory transfer through cannibalism in planarians. *Journal of Neuropsychiatry 3* (Monograph Supplement 1).

McCrae, Robert R. (1987). Creativity, divergent thinking, and openness to experience. *Journal of Personality and Social Psychology, 52,* 1258–1265.

McCrae, Robert R., & Costa, Paul T., Jr. (1988). Do parental influences matter? A reply to Halverson. *Journal of Personality, 56,* 445–449.

McFarlane, J.M., & Williams, T.M. (1994). Placing premenstrual syndrome in perspective. *Psychology of Women Quarterly, 18,* 339-373.

McFarlane, Jessica; Martin, Carol L.; & Williams, Tannis M. (1988). Mood fluctuations: Women versus men and menstrual versus other cycles. *Psychology of Women Quarterly, 12,* 201–223.

McGlynn, Susan M. (1990). Behavioral approaches to neuropsychological rehabilitation. *Psychological Bulletin, 108,* 420–441.

McGue, Matt; Bouchard, Thomas J., Jr.; Iacono, William G.; & Lykken, David T. (1993). Behavioral genetics of cognitive ability: A life-span perspective. In R. Plumb & G.E. MeLearn (eds.), *Nature, nurture, and psychology.* Washington, DC: American Psychological Association.

McHugh, Paul R. (1993b, December). Psychotherapy awry. *American Scholar,* 17–30.

McKee, Richard D., & Squire, Larry R. (1993). On the development of declarative memory.

Journal of Experimental Psychology: Learning, Memory and Cognition, 19, 397–404.

McKinley, M.J., & Johnson, A.K. (2004). The physiological regulation of thirst and fluid intake. *News in Physiological Sciences, 19,* 1-6.

McLeod, Beverly (1985, March). Real work for real pay. *Psychology Today,* 42–44, 46, 48–50.

McNally, Richard J. (1994). *Panic disorder: A critical analysis.* New York: Guilford Press.

Medawar, Peter B. (1982). *Pluto's republic.* Oxford: Oxford University Press.

Mednick, Sarnoff A.; Huttunen, Matti O.; & Machón, Ricardo (1994). Prenatal influenza infections and adult schizophrenia. *Schizophrenia Bulletin, 20,* 263–267.

Meltzoff, Andrew N., & Gopnik, Alison (1993). The role of imitation in understanding persons and developing a theory of mind. In S. Baron-Cohen, H. TagerFlusbeing, & D. Cohen (eds.), *Understanding other minds.* New York: Oxford University Press.

Mercer, Jane (1988, May 18). Racial differences in intelligence: Fact or artifact? Talk given at San Bernardino Valley College, San Bernardino, California.

Merikle, P. M., & Skanes, H. E. (1992). Subliminal self-help audiotapes: A search for placebo effects. *Journal of Applied Psychology, 77,* 772-776.

Meyerowitz, Beth E., & Chaiken, Shelley (1987). The effect of message framing on breast self-examination attitudes, intentions, and behavior. *Journal of Personality and Social Psychology, 52,* 500–510.

Milad, M.R.; Vidal-González, I.; & Quirk, G.J. (2004). Electrical stimulation of medial prefrontal cortex reduces conditioned fear in a temporally specific manner. *Behavioral Neuroscience, 118,* 389-94.

Milavsky, J. Ronald (1988). Television and aggression once again. In S. Oskamp (ed.), *Applied social psychology annual: Vol. 8. Television as a social issue.* Newbury Park, CA: Sage.

Milgram, Stanley (1974). *Obedience to authority: An experimental view.* New York: Harper & Row.

Milgram, Stanley (1963). Behavioral study of obedience. *Journal of Abnormal and Social Psychology, 67,* 371–378.

Miller, Alice (1984). *Thou shalt not be aware: Psychoanalysis and society's betrayal of the child.* New York: Farrar, Straus & Giroux.

Miller, George A. (1956). The magical number seven, plus or minus two: Some limits on our capacity for processing information. *Psychological Review, 63,* 81–97.

Miller, Neal E. (1985). The value of behavioral research on animals. *American Psychologist, 40,* 423–440.

Miller, Paris M.; Smith, Gregory T.; & Goldman, Mark S. (1990). Emergence of alcohol expectancies in childhood: A possible critical period. *Journal of Studies on Alcohol, 51,* 343–349.

Miller, Richard L.; Brickman, Philip; & Bolen, Diana (1975). Attribution versus persuasion as a means for modifying behavior. *Journal of Personality and Social Psychology, 31,* 430–441.

Milner, Brenda (1970). Memory and the temporal regions of the brain. In K. H. Pribram & D. E. Broadbent (eds.), *Biology of memory.* New York: Academic Press.

Mischel, Walter (1984). Convergences and challenges in the search for consistency. *American Psychologist, 39,* 351–364.

Miachel, Walter (1973). Toward a cognitive social learning reconceptualization of personality. *Psychological Review, 80,* 252–253.

Mishkin, M.; Suzuki, W.A.; Gadian, D.G.; & Vargha-Khadem, F. (1997). Hierarchical organization of cognitive memory. *Philosophical Transactions of the Royal Society of London, B: Biological Science, 352,* 1461-1467.

Mitchell, Stephen A. (1993). Hope *and dread in psychoanalysis.* New York: Basic Books.

Moore, Timothy E. (1995). Subliminal self-help auditory tapes: An empirical test of perceptual consequences. *Canadian Journal of Behavioural Science, 27,* 9–20.

Moore, T. E. (1992). Subliminal perception: Facts and fallacies, *Skeptical Inquirer, 16,* 273-281.

Mukamal, Kenneth J.; Conigrave, Katherine M.; Mittleman, Murray A.; et al. (2003). Roles of drinking pattern and type of alcohol consumed in coronary heart disease in men. *New England Journal of Medicine, 348,* 109-118.

Mulick, James (1994, November/December). The non-science of facilitated communication. *Science Agenda* (APA newsletter), 8–9.

Müller, R.A.; Courchesne, E.; & Allen G. (1998). The cerebellum: So much more. [Letter.] *Science, 282,* 879-880.

Mulligan, R.; Van der Linden, M.; & Juillerat, A.C. (Eds.) (2003). *The clinical management of early Alzheimer's disease: A handbook.* Mahwah, NJ: Erlbaum.

Murphy, Sean (ed.) (1993). *Astrocytes: Pharmacology and function.* San Diego, CA: Academic Press.

Murphy, Sheila L. (2000). Deaths: Final data for 1998. *National Vital Statistics Reports, 48 (11),* 1, 10. Hyattsville, MD: National Center for Health Statistics.

Murphy, Sheila T.; Monahan, Jennifer L.; & Zajonc, R. B. (1995). Additivity of nonconscious affect: Combined effects of priming and exposure. *Journal of Personality and Social Psychology, 69,* 589–602.

Nadel, Lynn, & Zola-Morgan, Stuart (1984). Infantile amnesia: A neurobiological perspective. In M. Moscovitch (ed.*), Infantile memory: Its relation to normal and pathological memory in humans and other animals.* New York: Plenum.

Nash, Michael R. (1987). What, if anything, is regressed about hypnotic age regression? A review of the empirical literature. *Psychological Bulletin, 102,* 42–52.

Nedergaard, Maiken (1994). Direct signaling from astrocytes to neurons in cultures of mammalian brain cells. *Science, 263,* 1768–1771.

Needleman, Herbert L.; Riess, Julie A.; Tobin, Michael J.; et al. (1996). Bone lead levels and delinquent behavior. *Journal of the American Medical Association, 275,* 363–369.

Needleman, Herbert L.; Schell, Alan; Bellinger, David; Leviton, Alan; et al. (1990). The long-term effects of exposure to low doses of lead in childhood: An 11-year follow-up report. *New England Journal of Medicine, 322,* 83–88.

Neisser, Ulmic, & Harsch, Nicole (1992). Phantom flashbulps: False recollections of hearing the news about Challenger. In E. Winograd & U. Neisser (eds.), *Affect and accuracy in recall: Studies of «flashbulb memories.»* New York: Cambridge University Press.

Neisser, Ulric; Winogmad, Eugene; & Weldon, Mary Sue (1991). Remembering the earthquake: «What I experienced» vs. «How I heard the news.» Paper presented at the annual meeting of the Psychonomic Society, San Francisco.

Nelson, Thomas O., & Leonesio, R. Jacob (1988). Allocation of self-paced study time and the «labor in vain effect». *Journal of Experimental Psychology: Learning, Memory, and Cognition, 14,* 676–686.

Newman, Joseph P.; Widom, Cathy S.; & Nathan, Stuart (1985). Passive avoidance in syndromes of disinhibition: Psychotherapy and extraversion. *Journal of Personality and Social Psychology, 48,* 1316–1327.

Newman, Leonard S., & Baumeister, Roy F. (1994). «Who would wish for the trauma?» Explaining UFO abductions. Paper presented at the annual meeting of the American Psychological Association, Los Angeles.

Nezu, A.M. (1986). Efficacy of a social problem-solving therapy approach for unipolar depression. *Journal of Consulting and Clinical Psychology, 54,* 196-202.

Noelle-Neumann, Elisabeth (1984). *The spiral of silence.* Chicago: University of Chicago Press.

Nolen-Hoeksema, Susan (2002). Gender differences in depression: In I.H. Gotlib & C. Hammen (eds.), *Handbook of depression.* New York: Guilford.

Norman, D. A. (1988). *The psychology of everyday things.* New York: Basic Books.

Oatley, Keith (1993). *Best laid schemes: The psychology of emotions.* New York: Cambridge University Press.

Ogden, Jenni A., & Corkin, Suzanne (1991). Memories of H. M. In W. C. Abraham, M. C. Corballis, & K. G. White (eds.), *Memory mechanisms: A tribute to G. V Goddard.* Hillsdale, NJ: Erlbaum.

Ogilvie, D. M. (1987). The undesired self: A neglected variable in personality research. *Journal of Personality and Social Psychology, 52,* 379–385.

Olds, James (1975). Mapping the mind into the brain. In F. G. Worden, J. P. Swazy, & G. Adelman (eds.), *The neurosciences: Paths of discovery.* Cambridge, MA: Colonial Press.

Olds, James, & Milner, Peter (1954). Positive reinforcement produced by electrical stimulation of septal area and other regions of the rat brain. *Journal of Comparative and Physiological Psychology, 47,* 419–429.

Orlinsky, David E. (1994). Research-based knowledge as the emergent foundation for clinical practice in psychotherapy. In P. F. Talley, H. H. Strupp, & S. F. Butler (eds.), *Psychotherapy research and practice: Bridging the gap.* New York: Basic Books.

Ortony, Andrew; Clore, Gerald L.; & Collins, Allan (1988). *The cognitive structure of emotions.* Cambridge, England: Cambridge University Press.

Oskamp, Stuart (ed.) (1988). *Television as a social issue.* Newbury Park, CA: Sage.

Ozer, Elizabeth M., & Bandura, Albert (1990). Mechanisms governing empowerment effects: A self-efficacy analysis. *Journal of Personality and Social Psychology, 58,* 472–486.

Palmer, Stephen; Schreiber, Charles; & Fox, Craig (1991). Remembering the earthquake: «Flashbulb» memory for experienced vs. reported events. Paper presented at the annual meeting of the Psychonomic Society, San Francisco.

Parks, Randolph W.; Loewenstein, David A.; Dodrill, Kathryn L.; Barker, William W.; et al. (1988). Cerebral metabolic effects of a verbal fluency test: A PET scan study. *Journal of Clinical and Experimental Neuropsychology, 10,* 565–575.

Parlee, Mary Brown (1982). Changes in moods and activation levels during the menstrual cycle in experimentally naive subjects. *Psychology of Women Quarterly, 7,* 119–131.

Paul, Richard W. (1984, September). Critical thinking: Fundamental to education for a free society. *Educational Leadership,* 4–14.

Penfield, Wilder, & Perot, Phanor (1963). The brain's record of auditory and visual experience: A final summary and discussion. *Brain, 86,* 595–696.

Pennisi, Elizabeth (1994, January). A molecular whodunit. *Science News, 145,* 8–11.

Perry, Samuel W., & Heidrich, George (1982). Management of pain during debridement: A survey of U.S. burn units. *Pain, 13,* 267–280.

Peterson, C., & Vaidya, R.S. (2001). Explanatory style, expectations, and depressive symptoms. *Personality and Individual Differences, 31,* 1217-1223.

Peterson, Christopher, & Barrett, Lisa C. (1987). Explanatory style and academic performance among university freshmen. *Journal of Personality and Social Psychology, 53,* 603–607.

Peterson, Lloyd R., & Peterson, Margaret J. (1959). Short-term retention of individual verbal items. *Journal of Experimental Psychology, 58,* 193–198.

Phares, E. Jerry (1976). *Locus of control in personality*. Morristown, NJ: General Learning Press.

Piaget, Jean (1952). *The origins of intelligence in children*. New York: International Universities Press.

Piaget, Jean (1951). *Plays, dreams, and imitation in childhood*. New York: W. W. Norton.

Piaget, Jean (1929/1960). *The child's conception of the world*. Paterson, NJ: Littlefield, Adams.

Pines, Maya (1983, September). The human difference. *Psychology Today*, 62–68.

Pinker, Steven (1994). *The language instinct: How the mind creates language*. New York: Morrow.

Plante, Thomas G. (2005). *Contemporary clinical psychology*. 2nd ed. Hoboken, New Jersey: John Wiley and Sons.

Plomin, R.; DeFries, J.C.; McClearn, G.E.; & McGuffin, P. (2001). *Behavioral genetics* (4th ed.) New York: Worth.

Plomin, Robert (1989). Environment and genes: Determinants of behavior. *American Psychologist*, 44, 105–111.

Plomin, Robert (1988). The nature and nurture of cognitive abilities. In R. I. Steinberg (ed.), *Advances in the psychology of human intelligence* (Vol. 4). Hillsdale, NJ: Erlbaum.

Plomin, Robert, & Daniels, D. (1987). Why are children in the same family so different from one another? *Behavioral and Brain Sciences*, 10, 1–16.

Plotsky, Paul M.; Owens, Michael J.; & Nemeroff, Charles B. (1998). Psychoneuroendocrinology of depression: Hypothalamic-pituitary-adrenal axis. *Psychoneuroendocrinology*, 21, 293-307.

Plous, Scott L. (1991). An attitude survey of animal rights activists. *Psychological Science*, 2, 194–196.

Plutchik, Robert (1988). The nature of emotions: Clinical implications. In M. Clynes & I. Panksepp (eds.), *Emotions and psychopathology*. New York: Plenum.

Plutchik, Robert; Conte, Hope R.; Karasu, Toksoz; & Buckley, Peter (1988, Fall/Winter). The measurement of psychodynamic variables. *Hillside Journal of Clinical Psychology*, 10, 132–147.

Polich, John; Pollock, Vicki E.; & Bloom, Floyd E. (1994). Meta-analysis of P300 amplitude from males at risk for alcoholism. *Psychological Bulletin*, 115, 55–73.

Poole, Debra A. (1995). Strolling fuzzy-trace theory through eyewitness testimony (or vice versa). *Learning and Individual Differences*, 7, 87–93.

Pope, Kenneth, & Bouhoutsos, Jacqueline (1986). *Sexual intimacy between therapists and patients*. New York: Praeger.

Portenoy, Russell K. (1994). Opioid therapy for chronic nonmalignant pain: Current status. In H. L. Fields & I. C. Liebeskind (eds.), *Progress in pain research and management. Pharmacological approaches to the treatment of chronic pain*: Vol. 1. *New concepts and critical issues*. Seattle: International Association for the Study of Pain.

Poulos, Constantine X., & Cappell, Howard (1991). Homeostatic theory of drug tolerance: A general model of physiological adaptation. *Psychological Review*, 98, 390–408.

Prochaska, James O.; Norcross, John C.; & DiClemente, Carlo C. (1994). *Changing for good*. New York: Morrow.

Quirk, G.J.; Russo, G.K.; Barron, J.L.; & Lebron, K. (2000). The role of ventromedial prefrontal cortex in the recovery of extinguished fear. *The Journal of Neuroscience*, 20, 6225-6231.

Raine, Adrian; Brennan, Patricia; & Mednick, Sarnoff A. (1994). Birth complications combined with early maternal rejection at age one year predispose to violent crime at age 18 years. *Archives of General Psychiatry*, 51, 984–988.

Raine, Adrian; Buchsbaum, Monte S.; Stanley, Jill; et al. (1994). Selective reductions in prefrontal glucose metabolism in murderers. Paper presented at the annual meeting of the American Psychological Association, Los Angeles.

Raine, A.; Meloy, J.R.; Bihrle, S.; Soddard, J.; LaCasse, L.; & Buchsbaum, M.S. (1998). Reduced prefrontal and increased subcortical brain functioning assessed using positron emission tomography in predatory and affective murderers. *Behavioral Science and Law*, 16, 319-332.

Randi, James (1982, March). The 1980 divining tests. *The Skeptic*, 2–6.

Reeve, J. (1997). *Understanding motivation and emotion* (2nd ed.). Fort Worth, TX: Harcourt Brace College Publishers.

Rehm, L.P. (1977). A self-control model of depression. *Behavior Therapy*, 8, 787-804.

Reppert, Steven M.; Weaver, David R.; Rivkees, Scoff A.; & Stopa, Edward G. (1988). Putative melatonin receptors in a human biological clock. *Science*, 242, 78–81.

Reynolds, Brent A., & Weiss, Samuel (1992). Generation of neurons and astrocytes from isolated cells of the adult mammalian central nervous system. *Science*, 255, 1707–1710.

Reynolds, Kristi; Lewis, Brian L.; Nolen, John David L.; et al. (2003). Alcohol consumption and risk of stroke: A meta-analysis. *Journal of the American Medical Association*, 289, 579-588.

Richardson-Klavehn, Alan, & Bjork, Robert A. (1988). Measures of memory. *Annual Review of Psychology*, 39, 475–543.

Robins, Lee N.; Tipp, Jayson; & Przybeck, Thomas R. (1991). Antisocial personality. In L. N. Robins & D. A. Regier (eds.), *Psychiatric disorders in America*. New York: Free Press.

Robinson, Leslie A.; Berman, Jeffrey S.; & Neimeyer, Robert A. (1990). Psychotherapy for the treatment of depression: A comprehensive review of controlled outcome research. *Psychological Bulletin*, 108, 30–49.

Robinson, Paul (1993). *Freud and his critics*. Berkeley: University of California Press.

Robitscher, Jonas B. (1980). *The powers of psychiatry*. Boston: Houghton Mifflin.

Rodin, Judith (1988). Control, health, and aging. Invited address presented at the annual meeting of the Society of Behavioral Medicine, Boston.

Roediger, Henry L., & McDermott, Kathleen B. (1995). Creating false memories: Remembering words not presented in lists. *Journal of Experimental Psychology; Learning, Memory and Cognition*, 21, 803–814.

Roediger, Henry L., III (1990). Implicit memory: Retention without remembering. *American Psychologist*, 45, 1043–1056.

Roehrs, Timothy; Timms, Victoria; Zsyghuizen-Doorenbos, Ardith; Buzenski, Raymond; et al. (1990). Polysomnographic, performance, and personality differences of sleepy and alert normals. *Sleep*, 13, 395–402.

Rogers, S. (Winter, 1992-1993). How a publicity blitz created the myth of subliminal advertising. *Public Relations Quarterly*, 12–17.

Rogers, C. R. (1980). *A way of being*. Boston: Houghton Mifflin.

Rogers, C. R. (1977). *Carl Rogers on personal power: Inner strength and its revolutionary impact*. New York: Delacorte Press.

Rogers, C. R. (1972). *On becoming partners: Marriage and its alternatives*. New York: Delacorte Press.

Rogers, C. R. (1969). *Freedom to learn: A view of what education might become*. Columbus, OH: Chas. E. Merrill.

Rogers, C.R. (1966). *A therapist's view of personal goals*. Wallingford, PA: Pendle Hill.

Rogers, C.R. (1963). Toward a science of the person. In A. J. Sutich & M. A. Vich (eds.), *Readings in humanistic psychology* (21-50). New York: The Free Press.

Rogers, Carl (1961). *On becoming a person*. Boston: Houghton Mifflin.

Rogers, C.R. (1959). A theory of therapy, personality, and interpersonal relationships, as developed in the client-centered framework. In S. Koch (ed.), *Psychology: A study of a science* (Vol. 3). New York: McGraw-Hill.

Rogers, Carl (1951). *Client-centered therapy: Its current practice, implications, and theory*. Boston: Houghton Mifflin.

Rogers, C.R. (1942). *Counseling and psychotherapy*. Boston: Houghton Mifflin.

Root, R.W., & Resnick, R.J. (2003). An update on the diagnosis and treatment of attention-deficit/hyperactivity disorder in children. *Professional Psychology: Research and Practice*, 34, 34-41.

Rosa, Linda; Rosa, Emily; Sarner, Larry; & Barrett, Stephen (1998). A close look at therapeutic touch. *Journal of the American Medical Association*, 279, 1005-1010.

Rosen, B. R.; Aronen, H. J.; Kwong, K. K.; et al. (1993). Advances in clinical neuroimaging: Functional MR imaging techniques. *Radiographics*, 13, 889–896.

Rosen, K. D. (1977). *Psychobabble*. New York: Atheneum.

Rosenthal, Robert (1966). *Experimenter effects in behavioral research*. New York: Appleton-Century-Crofts.

Rosenzweig, Mark R. (1984). Experience, memory, and the brain. *American Psychologist*, 39, 365–376.

Ross, Michael (1989). Relation of implicit theories to the construction of personal histories. *Psychological Review*, 96, 341–357.

Rotter, Julian B. (1990). Internal versus external control of reinforcement: A case history of a variable. *American Psychologist*, 45, 489–493.

Rotter, Julian B. (1982). *The development and applications of social learning theory: Selected papers*. New York: Praeger.

Rotter, Julian B. (1966). Generalized expectancies for internal versus external control of reinforcement. *Psychological Monographs*, 80 (Whole no. 609, 1–28).

Roueché, Berton (1984, June 4). Annals of medicine: The hoof-beats of a zebra. *The New Yorker*, 71–86.

Ruggiero, Vincent R. (1988). *Teaching thinking across the curriculum*. New York: Harper & Row.

Rumelhart, David E.; McClelland, James L.; & the PDP Research Group (1986). *Parallel distributed processing: Explorations in the microstructure of cognition* (Vols. 1 and 2). Cambridge, MA: MIT Press.

Rush, Florence (1980). *The best kept secret: Sexual abuse of children*. Englewood Cliffs, NJ: Prentice-Hall.

Rushton, J. Philippe (1993). Cyril Burt: Victim of the scientific hoax of the century. Paper presented at the annual meeting of the American Psychological Association, Toronto, Canada.

Ryan, R. M., & Connell, J. P. (1989). Perceived locus of causality and internalization: Examining reasons for acting in two domains. *Journal of Personality and Social Psychology*, 57, 749-761.

Rymer, Russ (1993). *Genie: An abused child's flight from silence*. New York: HarperCollins.

Sacks, Oliver (1985). *The man who mistook his wife for a hat and other clinical tales*. New York: Simon & Schuster

Sadri, Golnaz, & Robertson, Ivan T. (1993). Self-efficacy and work-related behaviour: A review and metaanalysis. *Applied Psychology: An International Review*, 42, 139–152.

Sahley, Christie L.; Rudy, Jerry W.; & Gelperin, Alan (1981). An analysis of associative learning in a terrestrial mollusk: 1. Higher-order conditioning, blocking, and a transient US preexposure effect. *Journal of Comparative Physiology*, 144, 1–8.

Salvy, S., Mulick, J.A, Butter, E., Bartlett, R.K. & Linscheid, T.R. (2004). Contingent electric shock (SIBIS) and a conditioned punisher eliminate severe head banging in a preschool child. *Behavioral Interventions, 19*, 59-72.

Sanberg, Paul R.; Koutouzis, Ted K.; Freeman, Thomas B.; *et al.* (1993). Behavioral effects of fetal neural transplants: Relevance to Huntington's disease. *Brain Research Bulletin*, 32, 493–496.

Sank, Zachary B., & Strickland, Bonnie (1973). Some attitudes and behavioral correlates of a belief in militant or moderate social action. *Journal of Social Psychology*, 90, 337–338.

Santini, E.; Ge, H.; Ren, K.; Pena de Ortiz, S.; & Quirk, G.J. (2004). Consolidation of fear extinction requires protein synthesis in the medial prefrontal cortex. *The Journal of Neuroscience, 24*, 5704-5710.

Sapolsky, Robert M. (2000). The possibility of neurotoxicity in the hippocampus in major depression: A primer on neuron death. *Biological Psychiatry*, 48, 755-765.

Saxe, Leonard (1991). Lying: Thoughts of an applied psychologist. *American Psychologist*, 46, 409–415.

Scarr, Sandra (1993). Biological and cultural diversity: The legacy of Darwin for development. *Child Development*, 64, 1333–1353.

Scarr, Sandra, & Weinberg, Robert A. (1994). Educational and occupational achievement of brothers and sisters in adoptive and biologically related families. *Behavioral Genetics*, 24, 301–325.

Scarr, Sandra, & Weinberg, Richard A. (1977). Intellectual similarities within families of both adopted and biological children. *Intelligence*, 1, 170–191.

Schachter, Stanley, & Singer, Jerome E. (1962). Cognitive, social, and physiological determinants of emotional state. *Psychological Review*, 69, 379–399.

Schacter, Daniel L., & Moscovitch, Morris (1984). Infants, amnesics, and dissociable memory systems. In M. Moscovitch (ed.), *Infant memory*. New York: Plenum.

Schacter, Daniel L.; Chiu, C.-Y. Peter; & Ochsner, Kevin N. (1993). Implicit memory: A selective review. *Annual Review of Neuroscience*, 16, 159–182.

Schafer, J.B.P. (1978). *Humanistic psychology*. Upper Saddle River River, N.J.: Prentice Hall.

Schafer, Roy (1992). *Retelling a life: Narration and dialogue in psychoanalysis*. New York: Basic Books.

Schank, Roger, with Peter Childers (1988). *The creative attitude*. New York: Macmillan.

Schatzman, M.; Worsley, A.; & Fenwick, P. (1988). Correspondence during lucid dreams between dreamed and actual events. In J. Gackenbach & S. LaBerge (eds.), *Conscious mind, sleeping brain*. New York: Plenum.

Schneider, Allen M., & Tarshis, Barry (1986). *An introduction to physiological psychology*, 3rd ed. New York: Random House.

Schneider, K.J.; Bugental, James F. & Pierson, J. Fraser (Eds.) (2001). *The handbook of humanistic psychology: Leading edges in theory, research, and practice*. Thousands Oaks, CA: Sage Publications.

Schnell, Lisa, & Schwab, Martin E. (1990, January 18). Axonal regeneration in the rat spinal cord produced by an antibody against myelin-associated neurite growth inhibitors. Nature, 343, 269–272.

Schulkin, Jay (1994). Melancholic depression and the hormones of adversity: A role for the amygdala. *Current Directions in Psychological Science*, 3, 41–44.

Schultz, D. P., & Schultz, S. E. (1992). *A history of modern psychology*. FL: Harcourt Brace Jovanovich.

Schwartz, Barry, & Reilly, Martha (1985). Long-term retention of a complex operant in pigeons. *Journal of Experimental Psychology: Animal Behavior Processes*, 11, 337–355.

Sekuler, R., & Blake, R. (1994). *Perception*, 3th ed. New York: Knopf.

Seligman, Martin E. P. (1991). *Learned optimism*. New York: Knopf.

Seligman, Martin E. P. (1975). *Helplessness: On depression, development, and death*. San Francisco: W. H. Freeman.

Seligman, Martin E. P., & Hager, Joanne L. (1972, August). Biological boundaries of learning: The sauce béarnaise syndrome. *Psychology Today*, 59–61, 84–87.

Seligman, M.E.P., & Maier, S.F. (1976). Failure to escape traumatic shock. *Journal of Experimental Psychology*, 74, 1-9.

Shackelford, Todd K.; Buss, David M.; & Bennett, Kevin (2002). Forgiveness or breakup: Sex differences in responses to a partner's infidelity. *Cognition and Emotion, 16(2)*, 299-307.

Shaffer, John B. P. (1978). *Humanistic psychology*. Upper Saddle River: Prentice-Hall.

Shatz, Marilyn, & Gelman, Rochel (1973). The development of communication skills: Modifications in the speech of young children as a function of the listener. *Monographs of the Society for Research in Child Development*, 38.

Shedler, Jonathan; Mayman, Martin; & Manis, Melvin (1993). The illusion of mental health. *American Psychologist*, 48, 1117–1131.

Sheline, Yvette I. (2000). 3D MRI studies of neuroanatomic changes in unipolar major depression: The role of stress and medical comorbidity. *Biological Psychiatry*, 48, 791-800.

Shepard, Roger N. (1967). Recognition memory for words, sentences and pictures. *Journal of Verbal Learning and Verbal Behavior*, 6, 156–163.

Shepard, Roger N., & Metzler, Jacqueline (1971). Mental rotation of three-dimensional objects. *Science*, 171, 701–703.

Shermer, Michael (2000). *Why people believe weird things: Pseudoscience, superstition, and other confusions of our time*. New York: W.H. Freeman.

Sherman, Bonnie R., & Kunda, Ziva (1989). Motivated evaluation of scientific evidence. Paper presented at the annual meeting of the American Psychological Society, Arlington, Virginia.

Sherrington, R.; Rogaev, E. I.; Liang, Y.; *et al.* (1995). Cloning of a gene bearing missense mutations in early-onset familial Alzheimer's disease. *Nature*, 375, 754–760.

Shore, Steven N. (1992, Fall). Scientific creationism: The social agenda of a pseudo-science. *Skeptical Inquirer*, 17(1), 70–73.

Shuchman, Miriam, & Wilkes, Michael S. (1990, October 7). Dramatic progress against depression. The New York Times Magazine, pt. 2: *The Good Health Magazine*, 12, 30ff.

Siegel, A.; Roeling, T.A.P.; Gregg, T.R.; & Kruk, M.R. (1999). Neuropharmacology of brain-stimulation-evoked aggression, *Neuroscience & Biobehavioral Reviews* 23 (3), 359-389.

Siegel, Ronald K. (1989). *Intoxication: Life in pursuit of artificial paradise.* New York: Dutton.

Siegel, Shepard (1990). Classical conditioning and opiate tolerance and withdrawal. In D. J. K. Balfour (ed.), *Psychotropic drugs of abuse.* New York: Pergamon.

Siegel, Shepard, & Sdao-Jarvie, Katherine (1986). Attenuation of ethanol tolerance by a novel stimulus. *Psychopharmacology*, 88, 258–261.

Siegel, Shepard; Hinson, Riley E.; Kmank, Marvin D.; & MeCully, Jane (1982). Heroin «overdose» death: Contribution of drug-associated environmental cues. *Science*, 216, 436–437.

Sigman, M.; Neumann, C.; Carter, E.; et al. (1988). Home interactions and the development of Embu toddlers in Kenya. *Child Development*, 59, 1251–1261.

Simon, Herbert A. (1992). What is an «explanation» of behavior? *Psychological Science*, 3, 150–161.

Simons, Leon A.; McCallum, John; Friedlander, Yechiel; et al. (2000). Moderate alcohol intake is associated with survival in the elderly: The Dubbo study. *Medical Journal of Australia*, 172, 121-124.

Singer, Jerome L., & Singer, Dorothy G. (1988). Some hazards of growing up in a television environment: Children's aggression and restlessness. In S. Oskamp (ed.), *Applied social psychology annual: Vol. 8. Television as a social issue.* Newbury Park, CA: Sage.

Skal, David J. (1993). *The monster show: A cultural history of horror.* New York: W. W. Norton.

Skinner, B. F. (1990). Can psychology be a science of mind? *American Psychologist, 45,* 1206–1210.

Skinner, B. F. (1987). What is wrong with daily life in the Western world? In B. F. Skinner, *Upon further reflection.* Englewood Cliffs, NJ: Prentice-Hall.

Skinner, B. F. (1972). The operational analysis of psychological terms. In B. F. Skinner, *Cumulative record* (3rd ed.). New York: Appleton-Century-Crofts.

Skinner, B. F. (1953). *Science and human behavior.* New York: Macmillan.

Skinner, B. F. (1948). Superstition in the pigeon. *Journal of Experimental Psychology, 38,* 168–172.

Skinner, B. F. (1938). *The behavior of organisms: An experimental analysis.* New York: Appleton-Century-Crofts.

Skinner, B. F., & Vaughan, Margaret (1984). *Enjoy old age.* New York: W. W. Norton.

Slade, Pauline (1984). Premenstrual emotional changes in normal women: Fact or fiction? *Journal of Psychosomatic Research*, 28, 1–7.

Slobin, Daniel I. (1970). Universals of grammatical development in children. In G. B. Flores d'Arcais & W. J. M. Levelt (eds.), *Advances in psycholinguistics.* Amsterdam, Netherlands: North-Holland.

Smith, Mary Lee; Glass, Gene; & Miller, Thomas I. (1980). *The benefits of psychotherapy* Baltimore, MD: Johns Hopkins University Press.

Solanto, M. V. & Wender, E. H. (1989). Does methylphenidate constrict cognitive functioning? *Journal of the American Academy of Child and Adolescent Psychiatry*, 28, 897-902.

Solomon, P. R. (1979). Science and television commercials: Adding relevance to the research methodology course. *Teaching of Psychology*, 6, 26-30.

Spanos, Nicholas P.; DuBreuil, Susan C.; & Gabora, Natalie J. (1991). Four month follow-up of skill trainlog induced enhancements in hypnotizability. *Contemporary Hypnosis*, 8, 25–32.

Spear, L.P. (2000). Neurobiological changes in adolescence. *Current Directions in Psychological Science*, 9, 111-114.

Spearman, Charles (1927). *The abilities of man.* London: Macmillan.

Sperling, George (1960). The information available in brief visual presentations. *Psychological Monographs*, 74 (498).

Sperry, Roger W. (1982). Some effects of disconnecting the cerebral hemispheres. *Science*, 217, 1223–1226.

Sporer, S. L. & Schwandt, B. (2007). Moderators of nonverbal indicators of deception. *Psychology, Public Policy and Law*, 13, 1-34.

Sporer, S. L. & Schwandt, B. (2006). Paraverbal indicators of deception: A meta-analytic synthesis. *Applied Cognitive Psychology*, 20, 421-446.

Sporer, Siegfried L., Penrod, Steven, Read, Ron & Cutler, Brian (1995). Choosing, confidence, and accuracy: A meta-analysis of the confidence-accuracy relation in eyewitness identication studies. *Psychological Bulletin, 118*, 315-327.

Squire, Larry R.; Ojemann, Jeffrey G.; Miezin, Francis M.; et al. (1992). Activation of the hippocampus in normal humans: A functional anatomical study of memory. *Proceedings of the National Academy of Science*, 89, 1837–1841.

Staats, Carolyn K., & Stasts, Arthur W. (1957). Meaning established by classical conditioning. *Journal of Experimental Psychology, 54*, 74–80.

Stanovich, Keith (1996). *How to think straight about psychology* (4th ed.). New York: HarperCollins.

Steele, Claude M. (1994, October 31). *Bizarre black IQ claims abetted by media.* San Francisco Chronicle, oped page.

Steiner, Robert A. (1989). *Don't get taken!* El Cerrito, CA: Wide-Awake Books.

Stephan, K. M.; Fink, G. R.; Passingham, R. E.; et al. (1995). Functional anatomy of the mental representation of upper movements in healthy subjects. *Journal of Neurophysiology*, 73, 373–386.

Stern, Daniel (1985). *The interpersonal world of the infant.* New York: Basic Books.

Sternberg, Robert J. (1988). *The triarchic mind: A new theory of human intelligence.* New York: Viking.

Sternberg, Robert J. (1998). *In search of the human mind* (2nd ed.). Orlando, FL: Harcourt Brace.

Sternberg, Robert J., Wagner, Richard K., Williams, Wendy, M., & Horvath, Joseph A. (1995). Testing common sense. *American Psychologist, 50,* 912-927.

Sternberg, Robert J.; Okagaki, Lynn; & Jackson, Alice S. (1990). Practical intelligence for success in school. *Educational Leadership*, 48, 35–39.

Stewart, D.; Cudworth, C. J.; & Lishman, J. R. (1993). Misperception of time-to-collision by drivers in pedestrian accidents. *Perception*, 22, 1227-1244.

Stickler, Gunnar B.; Salter, Margery; Broughton, Daniel D.; & Alario, Anthony (1991). Parents' worries about children compared to actual risks. *Clinical Pediattics*, 30, 522–528.

Strahan, E.J.; Spencer, S.J.; & Zanna, M.P. (2002). Subliminal priming and persuasion: Striking while the iron is hot. *Journal of Experimental Social Psychology*, 38, 556-568.

Strickland, Bonnie R. (1989). Internal-external control expectancies: From contingency to creativity. *American Psychologist, 44,* 1–12.

Strickland, Bonnie R. (1965). The prediction of social action from a dimension of internal-external control. *Journal of Social Psychology*, 66, 353–358.

Strupp, Hans H. (1982). The outcome problem in psychotherapy: Contemporary perspectives. In I. H. Harvey & M. M. Parks (eds.), *Psychotherapy research and behavior change: Vol. 1. The APA Master Lecture Series.* Washington, DC: American Psychological Association.

Suedfeld, P. (1975). The benefits of boredom: Sensory deprivation reconsidered. *American Scientist*, 63 (1), 60-69.

Sulloway, Frank J. (1992). *Freud, biologist of the mind: Beyond the psychoanalytic legend* (rev. ed.). Cambridge, MA: Harvard University Press.

Talarico, J.M., & Rubin, D.C. (2003). Confidence, not consistency, characterizes flashbulb memories. *Psychological Science*, 14, 455-461.

Tartter, Vivien C. (1986). *Language processes.* New York: Holt, Rinehart and Winston.

Tavris, Carol (1992). *The mismeasure of woman.* New York: Touchstone.

Tavris, Carol (1989). *Anger: The misunderstood emotion* (rev. ed.). New York: Touchstone.

Taylor, Shelley E. (1995). *Health psychology* (3rd ed.). New York: McGraw-Hill.

Taylor, Shelley E. (1991). *Health psychology*, 2nd ed. New York: McGraw-Hill.

Taylor, Shelley E. (1989). *Positive illusions: Creative self-deception and the healthy mind.* New York: Basic Books.

Tellegen, Auke; Lykken, David T.; Bouchard, Thomas J., Jr.; *et al.* (1988). Personality similarity in twins reared apart and together. *Journal of Personality and Social Psychology*, 54, 1031–1039.

Thase, Michael E., & Kupfer, D.J. (1996). Recent developments in pharmacotherapy of mood disorders. *Journal of Consulting and Clinical Psychology*, 64, 646-659.

Thompson, Richard F. (1986). The neurobiology of learning and memory. *Science*, 233, 941–947.

Thorndike, Edward L. (1903). *Educational psychology.* New York: Columbia University Teachers College.

Thornton, E. M. (1984). *The Freudian fallacy: An alternative view of Freudian theory.* Garden City, NY: Dial.

Tolman, Edward C. (1948). Cognitive maps in rats and men. *Psychological Review, 55*, 189–208.

Tolman, Edward C. (1938). The determiners of behavior at a choice point. *Psychological Review, 45*, 1–35.

Tolman, Edward C., & Honzik, Chase H. (1930). Introduction and removal of reward and maze performance in rats. *University of California Publications in Psychology, 4*, 257–275.

Tracie, L. (1994). Construct accessibility and the misattribution of arousal: Schacter and Singer revisited. *Psychological Science, 5*, 15–19.

Tulving, Endel (1985). How many memory systems are there? *American Psychologist*, 40, 385–398.

Turkheimer, E. (2000). Three laws of behavior genetics and what they mean. *Current directions in psychological Science, 9*, 160-164.

Tversky, Amos, & Kahneman, Daniel (1973). Availability: A heuristic for judging frequency and probability. *Cognitive Psychology, 5*, 207-232.

Tzischinsky, Omna; Pal, I.; Epstein, Rachel; Dagan, Y.; & Lavie, Peretz (1992). The importance of timing in melatonin administration in a blind man. *Journal of Pineal Research*, 12, 105–108.

Ullian, E.M.; Sapperstein, SK.; Christopherson, K.S.; & Barres, B.A. (2001). Control of synapse number by glia. *Science, 291*, 657-661.

Underwood, B.J.; Keppel, G.; & Schulz, R.W. (1962). Studies of distributed practice: XXII. Some conditions which enhance retention. *Journal of Experimental Psychology*, 64, 112-129.

Usher, JoNell A., & Neisser, Ulric (1993). Childhood amnesia and the beginnings of memory for four early life events. *Journal of Experimental Psychology: General*, 122, 155–165.

Vaillant, George E. (ed.) (1992). *Ego mechanisms of defense.* Washington, DC: American Psychiatric Press.

Van Lancker, Diana R., & Kempler, Daniel (1987). Comprehension of familiar phrases by left- but not by right-hemisphere damaged patients. *Brain and Language, 32*, 265–277.

Vila, J., & Beech, H. R. (1980). Premenstrual symptomstology: An interaction hypothesis. *British Journal of Social and Clinical Psychology*, 19, 73–80.

Vokey, J. R., & Read, J. D. (1985). Subliminal messages: Between the devil and the media. *American Psychologist*, 40, 1231-1239.

Wade, C., & Cirese, S. (1991). *Human sexuality* (2nd ed.). San Diego: Harcourt Brace Jovanovich.

Wade, Carole, & Tavris, Carol (2005). *Invitation to psychology. Study edition* (3rd ed.). Upper Saddle River: Pearson.

Wade, Carole; Tavris, Carol; Saucier, Deborah; & Elias, Lorin (2004). *Psychology.* Canadian Edition. Toronto: Pearson.

Wagemaker, Herbert, Jr., & Cade, Robert (1978). Hemodialysis in chronic schizophrenic patients. *Southern Medical Journal*, 71, 1463–1465.

Wagenaar, Willem A. (1986). My memory: A study of autobiographical memory over six years. *Cognitive Psychology*, 18, 225–252.

Walker, Anne (1994). Mood and well-being in consecutive menstrual cycles: Methodological and theoretical implications. *Psychology of Women Quarterly*, 18, 271–290.

Waller, Niels G.; Kojetin, Brian A.; Bouchard, Thomas J., Jr.; Lykken, David T.; & Tellegen, Auke (1990). Genetic and environmental influences on religious interests, attitudes, and values: A study of twins reared apart and together. *Psychological Science*, 1, 138–142.

Wang, Alvin Y., & Thomas, Margaret H. (1992). The effect of imagery-based mnemonics on the long-term retention of Chinese characters. *Language Learning*, 42, 359–376.

Wang, Alvin Y; Thomas, Margaret H.; & Ouellette, Judith A. (1992). The keyword mnemonic and retention of second-language vocabulary words. *Journal of Educational Psychology*, 84, 520–528.

Watson, John B. (1913). Psychology as the behaviorist views it. *Psychological Review, 20*, 158–177.

Watson, John B., & Rayner, Rosalie (1920). Conditioned emotional reactions. *Journal of Experimental Psychology, 3*, 1–14.

Webb, Wilse B., & Cartwright, Rosalind D. (1978). Sleep and dreams. In M. Rosenzweig & L. Porter (eds.), *Annual Review of Psychology*, 29, 223–252.

Wechsler, David (1955). *Manual for the Wechsler Adult Intelligence Scale.* New York: Psychological Corporation.

Weil, Andrew T. (1972/1986). *The natural mind: A new way of looking at drugs and the higher consciousness.* Boston: Houghton Mifflin.

Weiner, B. (1984). Principles for a theory of student motivation and their application within an attributional framework. In R. Ames & C. Ames (eds.), *Student Motivation* (Vol. 1, p. 15-38). New York: Academic Press.

Weiner, Bernard (1986). *An attributional theory of motivation and emotion.* New York: Springer-Verlag.

Weisz, John R.; Weiss, Bahr; Alicke, Mark D.; & Klotz, M. L. (1987). Effectiveness of psychotherapy with children and adolescents: A meta-analysis for clinicians. *Journal of Consulting and Clinical Psychology*, 55, 542–549.

Weisz, John R.; Weiss, Bahr; Han, Susan S.; Granger, Douglas A.; & Morton, Todd (1995). Effects of psychotherapy with children and adolescents revisited: A meta-analysis of treatment outcome studies. *Psychological Bulletin*, 117, 450–468.

Wells, Gary L. (1993). What do we know about eyewitness identification? *American Psychologist*, 48, 553–571.

Wells, Gary L.; Luus, C.A. Elizabeth; & Windschitl, Paul D. (1994). Maximizing the utility of eyewitness identification evidence. *Current Directions in Psychological Science*, 3, 194–197.

Werner, P.; Pitt, D.; & Raine, C.S. (2001). Multiple sclerosis: Altered glutamate homeostasis in lesions correlates with oligodendrocyte and axonal damage. *Annals of Neurology, 50*, 169-180.

Westen, Drew (1991). Social cognition and object relations. *Psychological Bulletin*, 109, 429–455.

Whisman, Mark A. (1993). Mediators and moderators of change in cognitive therapy of depression. *Psychological Bulletin*, 114, 248–265.

White, Robert W. (1959). Motivation reconsidered: The concept of competence. *Psychological Review*, 66, 297–333.

Whitehurst, Grover J.; Falco, F. L.; Lonigan, C. J.; Fischel, J. E.; *et al.* (1988). Accelerating language development through picture book reading. *Developmental Psychology*, 24, 552–559.

Wicklund, R. A. (1975). Objective self-awareness. In L. Berkowitz (ed.), *Advances in experimental social psychology* (Vol. 9). New York: Academic Press.

Widner, H.; Tetrud, J.; Rehncrona, S.; *et al.* (1993). Fifteen months' follow-up on bilateral embryonic mesencephalic grafts in two cases of severe MPTP-induced Parkinsonism. *Advances in Neurology*, 60, 729–733.

Widom, Cathy S. (1989). Does violence beget violence? A critical examination of the literature. *Psychological Bulletin, 106*, 3–28.

Williams, Wendy M.; Blythe, Tina; White, Noel; Li, Jin; *et al.* (1996). *Practical intelligence fur school.* New York: HarperCollins.

Windholz, George, & Lamal, P. A. (1985). Kohier's insight revisited. *Teaching of Psychology, 12,* 165–167.

Wood, James M.; Nezworski, M. Teresa; Lilienfeld, Scott O.; & Garb, Howard N. (2003). *What's wrong with the Rorschach? Science confronts the controversial inkblot test.* San Francisco: Jossey-Bass.

Wood, Robert, & Bandura, Albert (1989). Impact of conceptions of ability on self-regulatory mechanisms and complex decision making. *Journal of Personality and Social Psychology, 56,* 407–415.

Woolfolk, Robert L., & Richardson, Frank C. (1984). Behavior therapy and the ideology of modernity. *American Psychologist, 39,* 777–786.

Wright, Daniel B. (1993). Recall of the Hillsborough disaster over time: Systematic biases of «flashbulb» memories. *Applied Cognitive Psychology, 7,* 129–138.

Wright, R. L. D. (1976). *Understanding statistics: An informal introduction for the behavioral sciences.* New York: Harcourt Brace Jovanovich.

Wurtman, Richard J. (1982). Nutrients that modify brain function. *Scientific American, 264*(4), 50–59.

Yalom, Irvin D. (1989). *Love's executioner and other tales of psychotherapy.* New York: Basic Books.

Yalom, Irvin D. (1980). *Existential psychotherapy.* New York: Basic Books.

Yapko, Michael (1994). *Suggestions of abuse: True and false memories of childhood sexual trauma.* New York: Simon & Schuster.

Young-Eisendrath, Polly (1993). *You're not what I expected: Learning to love the opposite sex.* New York: Morrow.

Zaccaria, J. S., & Weir, R. W. (1967). A comparison of alcoholics and selected samples of non-alcoholics in terms of a positive concept of mental health. *Journal of Social Psychology, 71,* 151-157.

Zhu, L.X.; Sharma, S.; Stolina, M.; *et al.* (2000). Delta-9-tetrahydrocannabinol inhibits antitumor immunity by a CB2 receptor-mediated, cytokine-dependent pathway. *Journal of Immunology, 165,* 373-380.

Zinberg, Norman (1974). The search for rational approaches to heroin use. In P. G. Bourne (ed.), *Addiction.* New York: Academic Press.

Sources
des illustrations et des photographies

G: à gauche; B: en bas; D: à droite; H: en haut; C: au centre.

Page couverture et ouverture de chapitre:

Pieter Brueghel II. *Kermesse avec théâtre et procession.* Musées royaux des Beaux-Arts de Belgique.

Index